SAP® Conversational AI

SAP PRESS

SAP PRESS ist eine gemeinschaftliche Initiative von SAP SE und der Rheinwerk Verlag GmbH. Unser Ziel ist es, Ihnen als Anwendern qualifiziertes SAP-Wissen zur Verfügung zu stellen. SAP PRESS vereint das Know-how der SAP und die verlegerische Kompetenz von Rheinwerk. Die Bücher bieten Ihnen Expertenwissen zu technischen wie auch zu betriebswirtschaftlichen SAP-Themen.

Damit Sie nach weiteren Büchern Ihres Interessengebiets nicht lange suchen müssen, haben wir eine kleine Auswahl zusammengestellt:

Klaus Kopecz
Anwendungsentwicklung auf der SAP Cloud Platform
Das SAP Cloud Application Programming Model
2021, 423 Seiten, geb.
ISBN 978-3-8362-7651-1
www.sap-press.de/5110

Beyer, Kumm, Lindner
User Experience mit SAP
2020, 510 Seiten, geb.
ISBN 978-3-8362-7302-2
www.sap-press.de/4991

Michael Englbrecht
Das neue SAPUI5-Handbuch
2021, 751 Seiten, geb.
ISBN 978-3-8362-7523-1
www.sap-press.de/5067

Alexander Kästner et al.
SAP Data Intelligence
Das umfassende Handbuch
2021, 611 Seiten, geb.
ISBN 978-3-8362-7724-3
www.sap-press.de/5138

Thomas Müller, Christian Pretzsch

SAP® Conversational AI

Rheinwerk
Publishing

Liebe Leserin, lieber Leser,

vielen Dank, dass Sie sich für ein Buch von SAP PRESS entschieden haben.

Mit Chatbots habe ich sehr unterschiedliche Erfahrungen gemacht. Als ich den Kundenservice eines Onlinehändlers nach dem Verbleib eines Pakets fragte, funktionierte der Service gut: Mit wenigen Fragen fand der Chatbots die wichtigsten Eckdaten des Versands heraus und leitete das Gespräch dann zur Klärung an einen Servicemitarbeiter weiter. Ein anderer Bot zur Terminvereinbarung hat mich dagegen verärgert: Als Alternative für einen Termin um 10:10 Uhr wurde mir einer um 10:20 Uhr am gleichen Tag angeboten. Wie wahrscheinlich ist es wohl, dass ich zehn Minuten später Zeit habe?

Die User Experience mit einem Chatbot hängt also stark davon ab, wie gut er die Intention der Nutzer*innen erkennt und wie passgenau er darauf reagiert. Als Chatbot-Entwicklerin oder -Entwickler haben Sie das in der Hand! Mit diesem Buch lernen Sie, wie die Plattform SAP Conversational AI Sie beim Bau und Training von Chatbots unterstützt und erhalten wertvolle Tipps zur Umsetzung.

Wir freuen uns stets über Lob, aber auch über kritische Anmerkungen, die uns helfen, unsere Bücher zu verbessern. Scheuen Sie sich nicht, mich zu kontaktieren. Ihre Fragen und Anmerkungen sind jederzeit willkommen.

Ihre Janina Schweitzer
Lektorat SAP PRESS

janina.schweitzer@rheinwerk-verlag.de
www.rheinwerk-verlag.de
Rheinwerk Verlag · Rheinwerkallee 4 · 53227 Bonn

Auf einen Blick

TEIL I Einführung

1 Ziele und Einsatzgebiete von Conversational User Experience 23

2 Einführung in SAP Conversational AI 47

TEIL II Entwicklung eines Chatbots

3 Einen Chatbot trainieren 85

4 Einen Chatbot aufbauen 131

5 Den Chatbot verbinden 179

6 Den Chatbot verbessern 201

7 Bot-Einstellungen 221

8 Frage-Antwort-Bots 247

TEIL III Fortgeschrittene Chatbot-Konzepte

9 Weiterführende Konzepte 269

10 Das Bot-Entwicklungsprojekt – ein Praxisbeispiel 309

11 Integration von SAP Conversational AI 353

12 Ausblick und zukünftige Technologien 405

Wir hoffen, dass Sie Freude an diesem Buch haben und sich Ihre Erwartungen erfüllen. Ihre Anregungen und Kommentare sind uns jederzeit willkommen. Bitte bewerten Sie doch das Buch auf unserer Website unter **www.rheinwerk-verlag.de/feedback**.

An diesem Buch haben viele mitgewirkt, insbesondere:

Lektorat Janina Schweitzer
Korrektorat Annette Lennartz, Bonn
Herstellung Denis Schaal
Typografie und Layout Vera Brauner
Einbandgestaltung Silke Braun
Coverbild iStock: 1042129420, 1211046367 © PhonlamaiPhoto
Satz SatzPro, Krefeld
Druck Beltz Grafische Betriebe, Bad Langensalza

Dieses Buch wurde gesetzt aus der TheAntiquaB (9,35/13,7 pt) in FrameMaker. Gedruckt wurde es auf chlorfrei gebleichtem Offsetpapier (90 g/m²). Hergestellt in Deutschland.

Bibliografische Information der Deutschen Nationalbibliothek:
Die Deutsche Nationalbibliothek verzeichnet diese Publikation in der Deutschen Nationalbibliografie; detaillierte bibliografische Daten sind im Internet über *http://dnb.dnb.de* abrufbar.

ISBN 978-3-8362-7922-2

1. Auflage 2021

Informationen zu unserem Verlag und Kontaktmöglichkeiten finden Sie auf unserer Verlagswebsite **www.rheinwerk-verlag.de**. Dort können Sie sich auch umfassend über unser aktuelles Programm informieren und unsere Bücher und E-Books bestellen.

Inhalt

Einleitung 15

TEIL I Einführung

1 Ziele und Einsatzgebiete von Conversational User Experience 23

1.1 Was ist Conversational User Experience? 23

1.2 Terminologie und Grundkonzepte 26

1.2.1 Natürliche Sprachverarbeitung 27
1.2.2 Dialogsysteme 34
1.2.3 Künstliche Intelligenz 35
1.2.4 Maschinelles Lernen 37

1.3 Geschichte der Chatbots 38

1.3.1 Die erste Hochphase: von ELIZA bis Deep Blue 38
1.3.2 Die Renaissance: Watson, Siri, Alexa und Google Assistant 40
1.3.3 Die Entwicklung bei SAP: SAP CoPilot und Recast.AI 41

1.4 Chatbot vs. digitaler Assistent 41

1.4.1 Chatbots 42
1.4.2 Digitale Assistenten 43
1.4.3 Conversational User Experience bei Chatbots und digitalen Assistenten 45

1.5 Zusammenfassung 46

2 Einführung in SAP Conversational AI 47

2.1 Die Plattform SAP Conversational AI im Überblick 48

2.1.1 Versionen 48
2.1.2 Einstiegsseite 49
2.1.3 Funktionen 55

2.2 **Verwaltungs- und Einstellungsmöglichkeiten im Benutzerprofil** 57
2.2.1 Eigenes Profil verwalten 57
2.2.2 Organisationen verwalten 59
2.2.3 Bots verwalten 68
2.2.4 Kollaborationen verwalten 70

2.3 **Arten von Bots** 71

2.4 **Erste Schritte zur Erstellung eines Chatbots** 73

2.5 **Verwendung vordefinierter Chatbot-Bestandteile** 80

2.6 **Zusammenfassung** 82

TEIL II Entwicklung eines Chatbots

3 Einen Chatbot trainieren 85

3.1 **Überblick über die Registerkarte »Train«** 86
3.1.1 Registerkarte »Intents« 87
3.1.2 Registerkarte »Entities« 88
3.1.3 Training und Testen von Bots 90
3.1.4 Forks bestehender Bots und Bausteine erstellen 91

3.2 **Gesprächsabsichten mit Intents definieren** 95
3.2.1 Einen Intent erstellen 96
3.2.2 Ausdrücke hinzufügen 99

3.3 **Das Entitätenkonzept** 100
3.3.1 Benutzerdefinierte Entitäten 101
3.3.2 Goldentitäten 108
3.3.3 Entitäten markieren 115

3.4 **Entitätsanreicherungen hinzufügen** 115

3.5 **Das Datenset testen** 120

3.6 **Unterstützte Sprachen** 122

3.7 **Anwendung von NLP-Technologien** 123

3.8 **Training des Beispiel-Bots** 125

3.9 **Zusammenfassung** 129

4 Einen Chatbot aufbauen 131

4.1 Überblick über die Registerkarte »Build« ... 132
4.1.1 Vergleich der Ansichten ... 133
4.1.2 Gruppen von Skills verwalten ... 134
4.1.3 Vorlagen für Bot-Einstellungen ... 137

4.2 Skills verwalten ... 138
4.2.1 Bestandteile eines Skills ... 138
4.2.2 Lebenszyklus eines Skills ... 142
4.2.3 Einen neuen Skill für den Beispiel-Bot anlegen ... 144

4.3 Trigger verwenden ... 145
4.3.1 Bedingungen ... 145
4.3.2 Evaluierung von Trigger-Bedingungen ... 148
4.3.3 Einen neuen Trigger für den Beispiel-Bot anlegen ... 149

4.4 Voraussetzungen definieren ... 150

4.5 Aktionen erstellen ... 155
4.5.1 Nachrichten senden ... 156
4.5.2 Verbindungen zu externen Services einrichten ... 168
4.5.3 Ausweichkanäle verwenden ... 171
4.5.4 Konversation modifizieren ... 171
4.5.5 Neue Aktionen für den Beispiel-Bot anlegen ... 175

4.6 Zusammenfassung ... 177

5 Den Chatbot verbinden 179

5.1 Bereitstellungskanäle ... 179

5.2 SAP Conversational AI Web Client ... 189
5.2.1 Integrationseinstellungen ... 190
5.2.2 Kanal anpassen ... 192

5.3 Fallback-Kanäle ... 194

5.4 Slack-Kanal für den Beispiel-Bot konfigurieren ... 197

5.5 Zusammenfassung ... 200

6 Den Chatbot verbessern 201

6.1 Einträge filtern 202

6.2 Protokoll der Sprachverarbeitung auswerten 204

6.2.1 Protokolleinträge filtern 205

6.2.2 Protokoll auswerten und Chatbot verbessern 205

6.3 Verwendungsmetriken 208

6.3.1 Zusammenfassung der Metriken 208

6.3.2 Metriken zu Konversationen 210

6.3.3 Darstellung von Skills, Intents und Entitäten 211

6.4 Trainingsanalyse 212

6.4.1 Validierungsdatei erstellen 214

6.4.2 Metriken zu Intents und Entitäten 215

6.5 Konversationsprotokolle 218

6.6 Zusammenfassung 220

7 Bot-Einstellungen 221

7.1 Einstellungen eines Chatbots 223

7.1.1 Allgemeine Einstellungen 223

7.1.2 Einstellungen zu Bereitstellungskanälen 223

7.1.3 Einstellungen für die Zusammenarbeit zur Bot-Entwicklung 224

7.1.4 Aliasse für Backend-Systeme definieren 225

7.1.5 Berechtigungen pflegen 226

7.1.6 Einstellungen zur Authentifizierung mit Token 228

7.1.7 Datenschutzrichtlinie zuweisen 231

7.1.8 Kritische Einstellungen 233

7.2 Versionen 234

7.2.1 Lebenszyklus von Bot-Versionen 235

7.2.2 Versionsspezifische Einstellungen 237

7.2.3 Eine neue Version für den Beispiel-Bot anlegen 240

7.3 Umgebungen verwenden 240

7.3.1 Lebenszyklus einer Umgebung 241

7.3.2 Umgebungsspezifische Einstellungen 243

7.3.3 Einen System-Alias für den Beispiel-Bot definieren 244

7.4 Zusammenfassung 245

8 Frage-Antwort-Bots 247

8.1 Frage-Antwort-Bot trainieren ... 249
- 8.1.1 Trainingsdatensatz erstellen ... 249
- 8.1.2 Antworten des Frage-Antwort-Bots zur Laufzeit analysieren ... 253

8.2 Frage-Antwort-Bots bauen ... 256

8.3 Frage-Antwort-Bot verbessern ... 259

8.4 Einen eigenen Frage-Antwort-Bot erstellen ... 261
- 8.4.1 Frage-Antwort-Bot anlegen ... 261
- 8.4.2 Laufzeitverhalten des Bots analysieren ... 263

8.5 Zusammenfassung ... 266

TEIL III Fortgeschrittene Chatbot-Konzepte

9 Weiterführende Konzepte 269

9.1 Laufzeitverhalten eines Chatbots testen ... 269
- 9.1.1 Vorschau auf eine Unterhaltung ... 270
- 9.1.2 Ansicht des JSON-Objekts ... 271
- 9.1.3 Die Debug-Konsole ... 274

9.2 Nutzung von API-Endpunkten ... 275
- 9.2.1 Dokumentation der API-Endpunkte ... 276
- 9.2.2 Kategorien von API-Endpunkten ... 278
- 9.2.3 API-Endpunkte für den Beispiel-Bot nutzen ... 281

9.3 Feinheiten des Laufzeitverhaltens eines Chatbots ... 288
- 9.3.1 Endlosschleife ... 289
- 9.3.2 Skill Stack ... 292

9.4 Mehrsprachigkeit und Ermittlung der Sprache ... 298
- 9.4.1 Umgang mit Sprachen ... 299
- 9.4.2 Laufzeitverhalten eines Chatbots bezüglich der Sprache ... 301

9.5 Skill-Disambiguierung ... 303
- 9.5.1 Laufzeitverhalten der Disambiguierung ... 304
- 9.5.2 Disambiguierung für Fortgeschrittene ... 307

9.6 Zusammenfassung ... 308

10 Das Bot-Entwicklungsprojekt – ein Praxisbeispiel 309

10.1 Von der Idee zum Chatbot-Projekt 310
10.1.1 Anwendungsfall auswählen und beschreiben 311
10.1.2 Szenario und Persona herausarbeiten 313

10.2 Vor Beginn der Implementierung 317
10.2.1 Rollen innerhalb des Entwicklungsteams 317
10.2.2 Modellierung der Daten und des Konversationsflusses 319
10.2.3 Datensatz für das Training zusammenstellen 321
10.2.4 Berechtigungen innerhalb des Entwicklungsprojekts 327

10.3 Implementierung des Chatbots 331
10.3.1 Intents und Entitäten anlegen 331
10.3.2 Entitäten anreichern 333
10.3.3 Einzelne Attribute abfragen 335
10.3.4 Verwendung von Scripting zur Darstellung von Nachrichten 341
10.3.5 Suche nach Filmen 344
10.3.6 Abfangen nicht unterstützter Sprachen 345

10.4 Den fertigen Bot bereitstellen 347
10.4.1 Versionen und Umgebungen einsetzen 348
10.4.2 Auswahl und Konfiguration der Bereitstellungskanäle 349
10.4.3 Web Client auf einer Seite einbinden 351

10.5 Zusammenfassung 352

11 Integration von SAP Conversational AI 353

11.1 Integration externer Ressourcen 354
11.1.1 Integrationskonzept 354
11.1.2 Variablen-Scripting 355
11.1.3 OData-Services 359
11.1.4 Entitätswerte aus externen Service-APIs abrufen 361
11.1.5 Abrufen der Entitätsanreicherung 365
11.1.6 Integration von Gravatar 368

11.2 Integration in die SAP Integration Suite 369
11.2.1 SAP Destination Service 370

11.2.2 System-Aliasse ... 372
11.2.3 Integration eines Beispiel-Bots ... 378

11.3 Integration ins SAP Fiori Launchpad ... 381
11.3.1 Integration des SAP Conversational AI Web Clients einrichten ... 382
11.3.2 Verwendung im SAP Fiori Launchpad ... 386
11.3.3 SAP Conversational AI Web Client per API steuern ... 387

11.4 Berechtigungskonzept und Single Sign-on ... 391
11.4.1 Single Sign-on einrichten ... 391
11.4.2 Identity Provider konfigurieren ... 393
11.4.3 Principal Propagation ... 394

11.5 Konfiguration eines SAP-S/HANA-Frontend-Servers ... 394

11.6 Automatisierte Tests der Enterprise Edition ... 396
11.6.1 Die Registerkarte »Test« ... 397
11.6.2 Testfall erstellen ... 398
11.6.3 Testläufe durchführen ... 401

11.7 Zusammenfassung ... 404

12 Ausblick und zukünftige Technologien 405

12.1 Zukünftige Funktionalität von SAP Conversational AI ... 405

12.2 Trends im Bereich der künstlichen Intelligenz ... 408
12.2.1 Wissensgraphen ... 409
12.2.2 Verbesserung von Sprachtechnologie ... 410

12.3 Trends im Bereich Conversational User Experience ... 412

12.4 Zusammenfassung ... 414

Anhang 417

A Glossar ... 419

B Literaturverzeichnis ... 421

C Das Autorenteam ... 425

Index ... 427

Einleitung

Als Softwareentwicklerin oder -entwickler werden Sie die Aufregung kennen, die man verspürt, wenn ein Programm in einer bisher unbekannten Sprache das erste Mal ein »Hallo Welt!« ausgibt. Und Sie kennen auch das Prickeln, wenn man sich in die Möglichkeiten und Eigenheiten einer neuen Programmiersprache einarbeitet. All dies können wir Ihnen auch beim Bau Ihres ersten Chatbots versprechen. Auch wenn Sie beim Trainieren und Bauen eines Chatbots eventuell auf bereits bekannte Konzepte treffen, werden Sie in eine neue und teils unbekannte Welt eintauchen.

Im Rahmen des Buches erhalten Sie nicht nur das theoretische Wissen, um einen Chatbot zu konzipieren und bauen zu können. Sie erhalten auch jede Menge Gelegenheiten, sich selbst an der Implementierung von Chatbots zu versuchen. Wir bieten Ihnen die Möglichkeit, ein kleines Entwicklungsprojekt von der Konzeption bis zur Bereitstellung zu verfolgen.

Aufbau des Buches

Das Buch gliedert sich in drei Teile, die aufeinander aufbauen und jeweils einen spezifischen Fokus haben.

Teil I

Teil I, »Einführung«, konzentriert sich darauf, Ihnen einen ersten Einblick in die Welt von Conversational User Experience (CUX) zu gewähren und Ihnen die Plattform SAP Conversational AI vorzustellen. Wir erläutern viele wichtige Grundprinzipien und wichtige Begriffe wie künstliche Intelligenz, maschinelles Lernen oder natürliche Sprachverarbeitung. Außerdem erhalten Sie einen umfassenden Überblick über einige grundlegende Konzepte der Plattform.

In **Kapitel 1**, »Ziele und Einsatzgebiete von Conversational User Experience«, konzentrieren wir uns auf die Erklärung zugrunde liegender Konzepte und Begriffe. Ziel soll es sein, eine gemeinsame Grundlage für die folgenden Kapitel zu schaffen. Dabei ist es wichtig, Begriffe wie natürliches Sprachverständnis und Sprachverarbeitung einordnen oder maschinelles Lernen und künstliche Intelligenz voneinander abgrenzen zu können. Dialogsysteme werden ebenso erläutert wie die Historie der Chatbot-Entwicklung. In diesem Rahmen darf auch ein Vergleich zwischen Chatbots und digitalen Assistenten nicht fehlen.

Nachdem wir die Grundlagen erörtert haben, widmen wir uns in **Kapitel 2**, »Einführung in SAP Conversational AI«, der Chatbot-Plattform von SAP. Wir führen Sie dazu Schritt für Schritt durch die Erstellung Ihres ersten Bots. Sie werden grundlegende Prinzipien der Plattform, wie beispielsweise Benutzerprofile, Organisationen und Bot-Typen kennenlernen. Außerdem beginnt in diesem Kapitel das mehrere Kapitel überspannende Beispiel, in dem wir einen Wetter-Bot anlegen.

Teil II

Teil II, »Entwicklung eines Chatbots«, taucht dann eine Ebene tiefer in die Chatbot-Plattform ein und konzentriert sich auf deren Angebote zur Unterstützung aller Etappen der Entwicklung, Bereitstellung und Wartung. Sie werden dabei lernen, wie Sie zwei verschiedene Arten von Bots trainieren, bauen, verbinden und verbessern können. Wir zeigen Ihnen, welche Einstellungen Sie pflegen können und welche Konzepte damit verbunden sind.

Beim Trainieren eines Chatbots geht es darum, dessen natürliches Sprachverständnis für ein bestimmtes Szenario auszubilden, damit dieser in der Lage ist, Nutzerabsichten (Intents) und Entitäten erfolgreich zu ermitteln. In **Kapitel 3**, »Einen Chatbot trainieren«, vermitteln wir Ihnen, was unter diesen Begriffen genau zu verstehen ist.

Nachdem Sie das Training abgeschlossen haben, ist es an der Zeit, Ihrem Chatbot einige Fähigkeiten beizubringen, was Sie in **Kapitel 4**, »Einen Chatbot aufbauen«, lernen. Dabei geht es prinzipiell um das Bauen von Skills, die die elementaren Bausteine eines Dialogs darstellen. In dem Kapitel erfahren Sie, wie Skills ausgelöst werden, wie Voraussetzungen definiert werden und welche Aktionen im Rahmen eines Skills ausgeführt werden.

Um einen fertigen Chatbot außerhalb der Designzeitumgebung der Plattform zu betreiben, muss dieser mittels eines Bereitstellungskanals mit der Außenwelt verbunden werden, was in **Kapitel 5**, »Den Chatbot verbinden«, behandelt wird. Besonders im Fokus steht hierbei der Web Client, die Konversationsoberfläche von SAP Conversational AI, die sich in praktisch jede Umgebung Ihrer Wahl integrieren lässt.

In **Kapitel 6**, »Den Chatbot verbessern«, lernen Sie, wie Sie den Bot und dessen Leistung im Betrieb überwachen können und welche Werkzeuge Ihnen zur Verfügung stehen, die richtigen Schlüsse zu ziehen, um Ihren Bot kontinuierlich verbessern zu können.

Nach einer genaueren Studie von **Kapitel 7**, »Bot-Einstellungen«, werden Sie nicht nur die verschiedenen Konfigurationen Ihres Chatbots besser verstanden, sondern auch einige essenzielle Konzepte Ihres Bots und der Plattform verinnerlicht haben.

Neben den intent-basierten Chatbots, um die sich der größte Teil des Buches dreht, gibt es einen zweiten Typ, der in **Kapitel 8**, »Frage-Antwort-Bots«, genauer beleuchtet wird. Diese Bots werden mithilfe von Dokumenten bestehend aus Frage-Antwort-Paaren trainiert und sind darauf spezialisiert, sämtliche Fragen von Nutzer*innen basierend auf den Informationen in diesem Dokument zu beantworten.

Teil III, »Fortgeschrittene Chatbot-Konzepte«, greift einige Themen auf, um sie weiter zu vertiefen. Besonders hervorzuheben sind dabei das Bot-Entwicklungsprojekt, in dessen Rahmen Sie die Konzeption eines Chatbots von Beginn bis zur Bereitstellung miterleben können, sowie die Integration von SAP Conversational AI, z. B. in die SAP-Systeme. Teil III

Kapitel 9, »Weiterführende Konzepte«, behandelt einen bunten Strauß verschiedener Konzepte und Lösungen. Die Lektüre des Kapitels wird Ihnen helfen, Ihr Wissen rund um die Plattform zu erweitern und sich weitere wichtige Fähigkeiten einer*s Bot-Entwickler*in anzueignen.

Im Rahmen von **Kapitel 10**, »Das Bot-Entwicklungsprojekt – ein Praxisbeispiel«, haben Sie die Gelegenheit, das Zustandekommen eines kleinen Projekts von der ersten Idee bis zur Bereitstellung mitzuverfolgen. Sie können dabei nicht nur viele wichtige Aspekte eines Bot-Entwicklungsprojekts beobachten, sondern erhalten auch wichtige Empfehlungen für die Entwicklung eines Chatbots.

In **Kapitel 11**, »Integration von SAP Conversational AI«, geben wir Ihnen einen umfassenden Überblick über die Integrationsmöglichkeiten der Chatbot-Plattform. Ein Schwerpunkt liegt hierbei auf der Integration mit der SAP Integration Suite und in SAP S/4HANA sowie auf Funktionalitäten, die in diesem Umfeld von besonderem Interesse sind.

Zum Abschluss des Buches wagen wir in **Kapitel 12**, »Ausblick und zukünftige Technologien«, einen Blick in die Zukunft und zeigen aktuelle Tendenzen der Chatbot-Entwicklung auf.

Unser Ziel als Autoren ist es, Ihnen keine Anweisungen geben zu müssen, wie Sie das Buch zu lesen oder zu konsumieren haben. Für uns war es wichtig, das Buch so zu strukturieren, dass Sie selbst entscheiden können, auf welche Art das Buch Ihnen die besten Dienste leisten wird. Leseempfehlungen

Ist Ihnen das Thema Chatbot-Entwicklung neu und möchten Sie sich gerne in aller Ruhe einarbeiten, empfehlen wir Ihnen, das Buch von vorne bis hinten zu lesen. Es ist auch kein Problem, wenn Sie dies beim Pendeln im Zug erledigen möchten. Wir haben versucht, so viele Screenshots in die Kapitel einzuarbeiten, wie Sie zum Verständnis benötigen. Falls Sie vor Ihrem Rechner sitzen, können Sie direkt über die Plattform auf die referenzierten Beispiele zugreifen und das Erlernte ausprobieren.

Falls Sie eher praktisch veranlagt sind, werden Sie sich freuen, dass es zu den wichtigsten Lernschwerpunkten gezielte Übungen gibt, die Ihnen mithilfe von Schritt-für-Schritt-Anleitungen die praktische Verwendung vermitteln. Falls dabei Fragen aufkommen, sollten Sie Dank des Glossars, des Index und der Querverweise in der Lage sein, eventuelle Wissenslücken schnell zu schließen, ohne lange nach der passenden Stelle zu suchen.

Informationskästen

In hervorgehobenen Informationskästen finden Sie in diesem Buch Inhalte, die wissenswert und hilfreich sind, aber etwas außerhalb der eigentlichen Erläuterung stehen. Damit Sie die Informationen in den Kästen sofort einordnen können, haben wir die Kästen mit Symbolen gekennzeichnet:

[»] In Kästen, die mit diesem Symbol gekennzeichnet sind, finden Sie Informationen zu *weiterführenden Themen* oder wichtigen Inhalten, die Sie sich merken sollten.

[+] Die mit dem *Tipp-Symbol* gekennzeichneten Kästen geben Ihnen spezielle Empfehlungen, die Ihnen die Arbeit erleichtern können.

[!] Kästen mit dem *Achtung-Symbol* weisen Sie auf typische Probleme oder Fallstricke hin.

[zB] Durch dieses Symbol kenntlich gemachte *Beispiele* weisen auf Einsatzbeispiele aus der Praxis hin.

Chatbot-Beispiele und Übungen

Da es uns als Autoren ein wichtiges Anliegen ist, Ihnen nicht nur theoretische Grundlagen zu vermitteln, sondern auch Ihre Fähigkeiten als Chatbot-Entwickler zu schulen und weiterzuentwickeln, haben wir einige Chatbots als Beispiel vorbereitet, auf die wir im Rahmen des Buches immer wieder referenzieren werden. All diese Bots gehören einer Organisation auf der Plattform SAP Conversational AI mit dem Namen **SAP CAI: Das Buch** an, die wir für Sie angelegt haben. Sie können diese Bots nach Belieben zur eigenen Verwendung kopieren. Diese Organisation finden Sie unter der Adresse: *https://cai.tools.sap/sap-cai-das-buch*

Machen Sie sich übrigens keine Sorgen, wenn Sie in diesem Abschnitt auf Begriffe treffen, die Sie noch nicht komplett einordnen können. Wir garantieren Ihnen, dass die Lektüre des Buches alle Fragen ausräumen wird. Einen vollständigen Überblick über die Chatbots, die Sie in diesem Buch antreffen werden, möchten wir an dieser Stelle trotzdem geben.

Wetter-Bot

Den ersten Chatbot, den Sie kennenlernen werden, ist der Wetter-Bot, den Sie begleitend zu der Lektüre von Kapitel 2 bis Kapitel 7 von Grund auf aufbauen können. Die Idee ist, das jeweils Gelernte unter Anleitung direkt in die Praxis umsetzen zu können, um das Verständnis zu festigen und eine Grundlage für weitere Entwicklungen auf eigene Faust zu legen. Damit Sie jede Anleitung unabhängig von den vorherigen nachvollziehen können, haben wir für jede Phase eine eigene Kopiervorlage erstellt, die Sie als jeweiligen Startpunkt nutzen können. Den Wetter-Bot finden Sie hier: *https://cai.tools.sap/sap-cai-das-buch/mein-wetterbot*

Der Wetter-Bot wird folgende Phasen durchleben:

- In Kapitel 2 wird der Bot angelegt.
- Das natürliche Sprachverständnis wird in Kapitel 3 trainiert.
- Die Skills des Chatbots werden in Kapitel 4 gebaut.
- In Kapitel 5 wird dieser mit der Außenwelt verbunden.
- Die Einstellungen werden in Kapitel 7 angepasst.
- In Kapitel 9 können Sie über API-Endpunkte das Wetter abfragen.

Nachrichtenformate

Die in Kapitel 4, »Einen Chatbot aufbauen«, vorgestellten Nachrichtenformate werden mithilfe des gleichnamigen Chatbots aufbereitet. So können Sie die Beispiele, die Sie in diesem Kapitel beschrieben finden, direkt an Ihrer Version der Kopiervorlage ausprobieren. Den Bot finden Sie unter: *https://cai.tools.sap/sap-cai-das-buch/nachrichtenformate*

Frage-Antwort-Bots

Um die Thematik der Frage-Antwort-Bots zu vertiefen, haben wir einen dedizierten Bot mit eben diesem Namen bereitgestellt. Dieser wurde mittels eines Dokuments mit Frage-Antwort-Paaren trainiert, das Sie nach erfolgreichem Forking als Referenz und zur eigenen Verwendung herunterladen können. Das Dokument enthält einige Frage-Antwort-Paare rund um die Implementierung dieses Bot-Typs. Den Frage-Antwort-Bot finden Sie unter: *https://cai.tools.sap/sap-cai-das-buch/frage-antwort-bot*

Laufzeitverhalten testen

Einen weiteren Chatbot werden Sie in Kapitel 9, »Weiterführende Konzepte«, kennenlernen. Dieser trägt den Namen **Laufzeitverhalten testen**, und genau das ist seine zentrale Bestimmung. Mithilfe dieses Chatbots können Sie mehrere Aspekte des Laufzeitverhaltens genauer unter die Lupe nehmen: *https://cai.tools.sap/sap-cai-das-buch/laufzeitverhalten-testen*

Film-Bot

Im Rahmen des Bot-Entwicklungsprojekts in Kapitel 10 wird ein kompletter Chatbot rund um Filme und Darsteller gebaut. Der dazugehörige Bot, den Sie ebenfalls als Kopiervorlage nutzen können, nennt sich **Film-Bot** und wartet in unserer Organisation auf Sie: *https://cai.tools.sap/sap-cai-das-buch/film-bot*

Eine beispielhafte Nutzerbefragung im Rahmen des Bot-Entwicklungsprojekts finden Sie durch den Chatbot mit dem Namen **Film Befragung**. Aus diesem Beispiel können Sie ableiten, wie Sie mithilfe eines Chatbots eine Befragung von Nutzer*innen durchführen können. Den Bot finden Sie unter folgender URL: *https://cai.tools.sap/sap-cai-das-buch/film-befragung*

Produktinformations-Bot

Als Teil des Integrationskapitels wird ein sehr einfacher Produktinformations-Bot namens **OData Beispielbot** erstellt, der unter *https://cai.tools.sap/sap-cai-das-buch/odata-beispielbot* kopiert werden kann. In der finalen Bot-Version unter *https://cai.tools.sap/sap-cai-das-buch/odata-beispielbot-final* wird ein frei zugänglicher OData-Webservice in den Bot-Dialog integriert und aufgerufen. Die damit abgefragten Daten werden für eine Bot-Antwort weiterverarbeitet.

Wir wünschen Ihnen nun viel Spaß beim Lesen und Nachbauen!

Thomas Müller und **Christian Pretzsch**

Danksagung

Christian Pretzsch

Ich möchte mich vor allem bei meiner Familie Isabell, Larissa und Hendrik Pretzsch und ganz besonders bei meinen Eltern Christa und Wolfgang Pretzsch bedanken, die mich in der Bucherstellungsphase in geistiger und nahrungstechnischer Weise am Leben erhalten haben.

Thomas Müller

Mein Dank gilt in erster Linie meiner wunderbaren Frau Fathya Zemmouri, ohne deren Unterstützung ich das Buch nicht hätte schreiben können, und meinen Kindern Radia und Elias, die mir jeden Tag Freude schenken. Außerdem möchte ich meinen Eltern Gerd und Ilona Müller danken, die mir während der Entstehung des Buches tatkräftig zur Seite standen.

Zum Schluss möchten wir uns beim Team des Rheinwerk Verlags bedanken, besonders bei unserer Lektorin Janina Schweitzer für die hervorragende Zusammenarbeit bei der Entstehung dieses Buches.

TEIL I

Einführung

Kapitel 1
Ziele und Einsatzgebiete von Conversational User Experience

1

In diesem Kapitel erläutern wir den Nutzen von Chatbots bzw. Conversational User Experience für Softwareprodukte. Für ein besseres Verständnis der folgenden Kapitel ist es für Sie wichtig, zentrale Begriffe und grundlegende Konzepte, z. B. natürliche Sprachverarbeitung, zu kennen.

Im ersten Teil dieses Buches, insbesondere im ersten Kapitel, bemühen wir uns darum, Ihnen ein grundlegendes Verständnis für die der Chatbot-Entwicklung zugrunde liegenden Konzepte und Begrifflichkeiten zu vermitteln. Den Fokus legen wir dabei immer auf eine ideale gesprächsorientierte Benutzererfahrung (*Conversational User Experience*, kurz CUX) und werden daher die einzelnen Themen nicht vollumfänglich beschreiben.

Dieses Kapitel ist in vier Abschnitte unterteilt. In Abschnitt 1.1 wenden wir uns der Frage zu, was CUX kennzeichnet, und stellen heraus, warum Sie die Benutzererfahrung beachten sollten. In Abschnitt 1.2 schauen wir uns einige Grundprinzipien und wichtige Begriffe in diesem Bereich an, vor allem Sprach- und Dialogverständnis, künstliche Intelligenz und maschinelles Lernen sowie Dialogmanagement. In Abschnitt 1.3 werfen wir einen kurzen Blick auf die Historie von Chatbots und digitalen Assistenten. Dieser Blick hilft, um die wachsende Motivation und Erwartungshaltung der Anwender*innen zu verstehen. In Abschnitt 1.4 erfahren Sie, was der Unterschied zwischen einem Chatbot und einem digitalen Assistenten ist und wie diese zusammenspielen.

1.1 Was ist Conversational User Experience?

Um die Frage zu klären, was überhaupt alles zur Benutzererfahrung bzw. zum Benutzererlebnis zählt, muss man die Nutzer*innen von Software in den Fokus der Betrachtung stellen. Wir können alles, was sich auf eine Anwenderin oder einen Anwender auswirkt, zum Benutzererlebnis zählen, beispielsweise die Leichtigkeit der Bedienung einer Anwendung, die Verständlichkeit ihrer Funktionen, die Performance, mit der Eingaben verarbeitet werden, und vieles mehr. Bei CUX spielt es auch eine Rolle, wie gut gesprochene Sprache erkannt wird. Bei grafischen Benutzerschnittstellen hat die Anzahl der Klicks Einfluss auf das Benutzererlebnis.

Warum sollte ich CUX beachten?

Die Auswirkungen einer schlechten oder unbefriedigenden Benutzererfahrung können Nutzer*innen wie Kund*innen oder Angestellte schnell frustrieren und damit zu geringerer Produktivität führen. Zudem können Firmen und Arbeitgeber, die sich nicht um ein gutes oder zumindest angemessenes Nutzererlebnis kümmern, leicht ein schlechtes Image erwerben und damit langfristig Nutzer*innen verlieren.

Nun fragen Sie sich wahrscheinlich, was so speziell an CUX ist im Vergleich zu Benutzererlebnissen im Allgemeinen? Bei CUX geht es vor allem um den sinnvollen und effektiven Einsatz von textueller und gesprochener natürlicher Sprache. Natürlich sind auch Mischformen mit grafischen Benutzerschnittstellen sehr verbreitet und vielleicht sogar essenziell für digitale Assistenten.

Chatbots und digitale Assistenten können bei vielen Aufgaben helfen. Mit ihrer Hilfe lassen sich der richtigen Einstiegspunkt finden, Fragen beantworten und sogar Aufgaben erledigen. All dies geschieht über *Kommunikation*. Daher betrachten wir im folgenden Abschnitt den Begriff der Kommunikation bzw. Konversation und Interaktion etwas näher. Von Bedeutung ist hier insbesondere die Mensch-Maschine-Kommunikation.

Mensch-Maschine-Interaktion

Wie der Begriff bereits verrät, geht es bei der *Mensch-Maschine-Interaktion* (MMI) darum, wie Menschen mit Computern interagieren können. Menschen bevorzugen dabei intuitive und für sie sehr einfache Möglichkeiten, die ihnen eine gelungene Interaktion garantieren. Hier sind die Kommunikationsschnittstellen mit dem System das Entscheidende.

Natürliche Sprachschnittstelle

Die meisten Menschen sind es gewohnt, sich mittels natürlicher Sprache auszutauschen und zu interagieren. Wenn man von Gesten, Gesichtsausdrücken und Ähnlichem einmal absieht, ist natürliche Sprache die intuitivste Variante der menschlichen Interaktion. Zugleich ist sie oft auch sehr komplex. Grafische bzw. textuelle sowie akustische und multimodale Schnittstellen bilden eine *natürliche Sprachschnittstelle*. Grafische und textuelle Übertragungswege spielen vor allem bei geschriebener Sprache eine Rolle. Akustische Signale werden bei gesprochener Sprache ausgetauscht. Multimodale Schnittstellen vereinen diese Arten der Kommunikation. Benutzerschnittstellen für Konversationen (*Conversational User Interfaces*, kurz CUIs) sind auf dem besten Weg, die Interaktion zwischen Anwender*innen, zwischen Unternehmen und Informationssystemen zu revolutionieren.

Menschen haben sich von klein auf Kommunikationsfähigkeiten über ihre Muttersprache antrainiert. Natürliche Sprache ist daher für viele Anwendungsfälle die einfachste und dabei gleichzeitig mächtigste und effizienteste Weise, wie Menschen mit Computersystemen interagieren können. Bei der Verwendung dieser natürlichen Sprachschnittstellen sprechen wir daher auch von *Mensch-Maschine-Kommunikation*.

Conversational User Interfaces

Heutzutage gehört die Nutzung von CUIs, wie den Messaging-Diensten WhatsApp und Facebook Messenger oder Sprachassistenten wie Alexa, Google und Siri für viele Menschen zum täglichen Umgang mit Softwaresystemen. Der Trend hin zu CUIs lässt sich unter anderem an folgenden Entwicklungen festmachen:

- Laut einer Erhebung von *Facebook* (siehe *http://s-prs.de/v792204*) erwarten etwa zwei Drittel der befragten Menschen in den nächsten zwei Jahren einen erhöhten Nachrichtenaustausch mittels Sprachschnittstellen speziell im Geschäftsumfeld.
- 67 % der Kunden weltweiter Unternehmen, werden bereits durch ein CUI betreut (siehe Albaum 2019, *http://s-prs.de/v792205*).
- 72 % der in einer Forrester-Umfrage befragten Kunden verschiedener Unternehmen sehen die Notwendigkeit, ihr Problem mehreren Kundenbetreuer*innen zu erklären, als schlechten Kundenservice an (siehe Lee, *http://s-prs.de/v792206*).
- Laut dem Beratungshaus Accenture beziffert sich der jährliche Verlust, den Unternehmen aufgrund schlechter Kundenbetreuung hinnehmen müssen, allein in den USA auf 1,6 Billionen US$ (siehe accenture Newsroom 2016, *http://s-prs.de/792207*).

CUIs, wie Dialogsysteme oder Chatbots, können überall dort erfolgreich zum Einsatz kommen, wo eine manuelle oder visuelle Interaktion entweder nicht oder nur schlecht möglich ist. In einem Auto würde eine manuelle oder visuelle Interaktion mit einem digitalen Assistenten die Fahrerin oder den Fahrer beispielsweise zu sehr vom Straßenverkehr ablenken. Sie wäre daher für diesen Anwendungsfall nicht geeignet. Sprachassistenten können durch ihre positiven Effekte bezüglich der Aufgabenbewältigung und Arbeitsabläufe zu einer höheren Produktivität führen, das Engagement von Nutzer*innen steigern und damit den Anbietern solcher Technologien ein innovatives Image verleihen.

Warum nicht überall CUX? Aber der Einsatz von CUX ist nicht in jedem Anwendungsfall sinnvoll. Aus diesem Grund haben die meisten Applikationen, die eine natürliche Sprachschnittstelle nutzen, d. h. Dialogsysteme, Chatbots, digitale Assistenten usw., daneben auch noch eine grafische Benutzerschnittstelle. Zur Programmierung von Dialogsystemen oder zur Darstellung von Grafiken wie Diagrammen und Tabellen eignen sich beispielsweise grafische Benutzerschnittstellen besser. Der Versuch, sich bei der Beschreibung eines Kuchendiagramms nur auf natürliche Sprache zu beschränken oder auf eine spezielle Schaltfläche einer Menüleiste zu verweisen, wenn Ihr Gegenüber diese nicht sehen kann, scheitert in aller Regel. In diesem Buch werden wir daher immer wieder auf die Auswahl passender Anwendungsfälle für CUX eingehen. Wichtig ist es, im Hinterkopf zu behalten, dass ein Chatbot, der nur natürliche Sprache verwendet, nicht für jeden Anwendungsfall geeignet ist, sondern dass bei einer geschäftlichen Nutzung in den meisten Fällen multimodale Ansätze zum Einsatz kommen.

Funktionsabdeckung durch CUIs Eine generelle Schwierigkeit bei Schnittstellen, aber vor allem bei CUIs ist der irreführende Eindruck, mehr als nur die beantwortbaren Äußerungen und Anfragen bedienen zu können. CUIs können nicht unbedingt alle Fähigkeiten des im Hintergrund stehenden Systems vollständig abdecken – müssen dies aber auch nicht. Aufgrund dieser falschen Erwartungshaltung kann eine schlechte oder noch nicht ausgereifte Verwendung einer Sprachschnittstelle negative Rückschlüsse auf die Funktionalität und Mächtigkeit der ganzen Lösung nach sich ziehen. Der Eindruck, dass eine Lösung bestimmte Funktionen nicht beherrscht, weil das CUI sie (noch) nicht anbietet, kann bei den Nutzer*innen schnell zu einer Enttäuschung führen.

Bei der Konzeption von Chatbots und digitalen Assistenten ist es daher wichtig, besser zu verstehen, wie CUX bei natürlichen Sprachschnittstellen entsteht. Dazu konzentrieren wir uns im folgenden Abschnitt auf einige wichtige Konzepte und Begrifflichkeiten.

1.2 Terminologie und Grundkonzepte

In diesem Abschnitt wollen wir uns die wichtigsten Konzepte von CUX anschauen und eine Terminologie für dieses Buch bereitstellen. Sie sollten zumindest ein Grundverständnis der im Folgenden beschriebenen Konzepte haben.

1.2.1 Natürliche Sprachverarbeitung

Teilbereiche natürlicher Sprachverarbeitung

Die Verarbeitung von natürlicher Sprache ist ein linguistisches Teilgebiet der künstlichen Intelligenz (KI). Sie erfordert die Transformation und Verarbeitung natürlicher Sprachdaten, sodass sowohl Menschen als auch Computer in der Lage sind, diese zu verstehen und zu verarbeiten. Zur natürlichen Sprachverarbeitung (*Natural Language Processing*, kurz NLP) zählen mehrere Teilbereiche:

- natürliches Sprachverständnis
- natürliche Sprachgenerierung
- automatische Spracherkennung
- automatische Sprachsynthese
- automatische Zusammenfassung
- automatische Übersetzung
- Informationsabruf (Information Retrieval)
- Informationsextraktion
- Gefühlsanalyse
- maschinelle Übersetzung
- Sprache-zu-Text- und Text-zu-Sprache-Transformation

NLP-Prozess

Stark vereinfacht besteht ein NLP-Prozess aus drei Unterprozessen:

- *natürliches Sprachverständnis* (Natural Language Unterstanding, kurz NLU)
- *Dialogmanagement* (DM)
- *natürliche Sprachgenerierung* (Natural Language Generation, kurz NLG)

Abbildung 1.1 veranschaulicht den Kreislauf von der Spracheingabe bis zur Sprachausgabe. Das natürliche Sprachverständnis findet sich hier im oberen Teil, gleich nach der Spracheingabe. Das Dialogmanagement findet in der Mitte dieses Kreislaufs statt und die natürliche Sprachgenerierung im unteren Bereich zur Vorbereitung der Sprachausgabe. Wir werden uns in den folgenden Abschnitten näher mit den einzelnen Teilen dieses Kreislaufs beschäftigen.

Für CUX und insbesondere für Chatbots und digitale Assistenten ist das natürliche Sprachverständnis einer der wichtigsten Prozesse. Daher wollen wir uns diesem Thema etwas ausführlicher widmen.

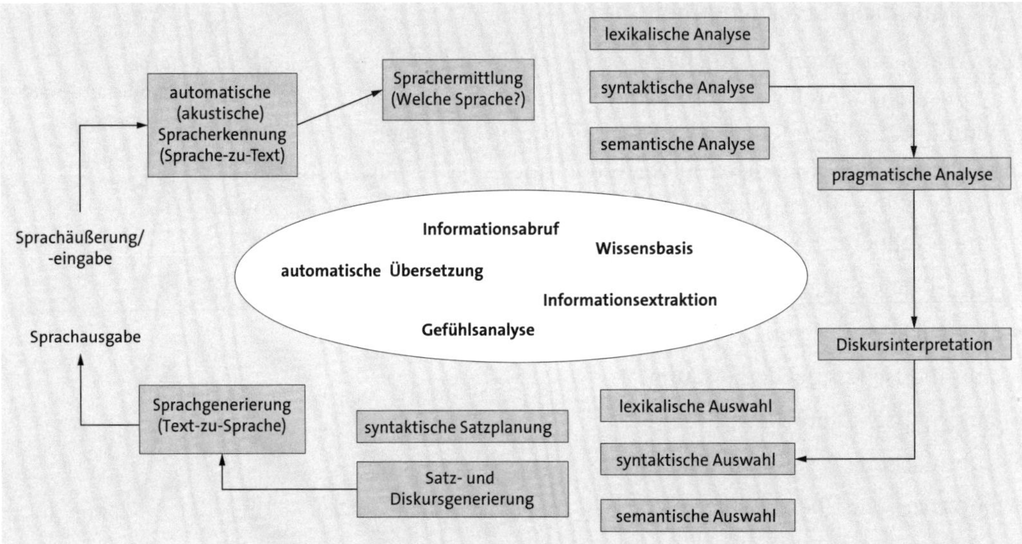

Abbildung 1.1 Schematischer Kreislauf der natürlichen Sprachverarbeitung

Natürliches Sprachverständnis

Ein sehr wichtiger Teil des natürlichen Sprachverständnisses ist die Analyse von Dialog- und Sprachdiskursen. In der Fachliteratur sowie auf vielen Plattformen, die zum Erstellen von Chatbots eingesetzt werden können, werden die Begriffe *Konversation* und *Dialog* als Synonyme verwendet.

Dialogsysteme

Wenn man *Dialogsysteme* verstehen will, muss man sich genauer mit dem Begriff *Dialog* auseinandersetzen. Nach McTear (siehe McTear 2004) ist ein Dialog in der Alltagssprache ein Haltungs- und Meinungsaustausch verschiedener Seiten, um Probleme und Meinungsverschiedenheiten auszuräumen. In aller Regel nehmen an einem Dialog zwei oder mehr Gesprächspartner, meist menschlichen Ursprungs, teil.

Natürlich gibt es eine Vielzahl an verschiedenen Dialogen, beispielsweise zur Pflege sozialer Kontakte (zu ihrem Aufbau, zum Aufrechterhalten und zum Beenden), zur sozialen Interaktion, zur Aufheiterung, zur Informationsgewinnung und zu vielem anderen. Dabei sind die folgenden vier Varianten von entscheidender Bedeutung:

- Dialog als Diskurs
- Dialog als teleologische Aktivität
- Dialog als kollaborierende und kooperative Aktivität
- Dialog als Sprachäußerung

Diskurs

Beim *Diskurs* kommt es im Gegensatz zum Monolog auf die Wechselseitigkeit an. Es gibt daher mindestens einen Sprechakt pro Dialogteilnehmer*in.

Teleologische Aktivität

Teleologie beschreibt die Auffassung, dass Handlungen zweckgerichtet sind. Zwei pragmatische Interpretationen des *teleologischen Dialogprinzips* sind die *Sprechakttheorie* und das *Kooperationsprinzip*. Da diese beiden Theorien beim Verständnis und dem Aufbau von Dialogsystemen wie Chatbots helfen, werden wir uns damit etwas näher befassen. Auch die Bedeutung von Dialogen als kollaborierende und kooperative Aktivität sowie als Sprachäußerungen wird von diesen Theorien beleuchtet.

Sprechakttheorie

Sprechakte kann man nach Austin (siehe Austin1962) und Searl (siehe Searl 1969) in die folgenden Teilakte untergliedern:

- Erstens umfasst jeder Sprechakt einen *Äußerungsakt* (*lokutionären Akt*), also die Wort- und Satzäußerung.
- Zweitens beziehen sich die Wörter jedes Sprechakts auf bestimmte Objekte, also Referenzen und Eigenschaften (Prädikationen). Der sogenannte *Propositionsakt* oder *propositionale Akt* trifft demnach eine Aussage über die Welt. Diese kann wahr oder falsch sein.
- Drittens wird ein *illokutionärer Akt* vollzogen, indem die Sprecherin oder der Sprecher etwas behauptet, fragt, befiehlt, verspricht usw. Der illokutionäre Akt ist somit die Redeabsicht oder die *Intention* einer Sprecherin oder eines Sprechers. Wenn die angesprochene Person die Intention der sprechenden Person erkennt, ist der illokutionäre Akt geglückt, andernfalls eben nicht.
- Der *perlokutionäre Akt* schließlich beschreibt die Wirkung, die ein Sprechakt beim Adressaten auslöst, also schlussendlich das, was aus der Interpretation der Intention folgt.

Während Äußerungsakte also einfach in der Äußerung von Wortreihen bestehen, sind illokutionäre und propositionale Akte dadurch charakterisiert, dass Wörter im Satzzusammenhang, in bestimmten Kontexten, unter bestimmten Bedingungen und mit bestimmten Intentionen geäußert werden.

[zB]

Sprechakte in einer einfachen sprachlichen Äußerung

Als Beispiel betrachten wir die Sprachäußerung: »Es regnet in Heidelberg.«

- Der lokutionäre Akt ist hier die Äußerung selbst, z. B. die Auswahl der Wörter, die die Sprecherin trifft. Alternativ wären andere Äußerungen möglich gewesen, wie beispielsweise: »Ich wollte dir nur Bescheid geben, dass laut Wetterbericht im Raum Heidelberg die Niederschlagswahrscheinlichkeit bei 100 % liegt.«

- Der propositionale Akt ist hier die Referenz auf eine deutsche Stadt, Heidelberg, und die Aussage, die zum Niederschlag an diesem Ort getroffen werden kann.
- Der illokutionäre Akt, die Intention, ist Aussage oder Meinungsmitteilung, die eine angemessene Relevanz für den Adressaten haben sollte. Die Sprecherin geht hier davon aus, dass das Wetter in Heidelberg für den Adressaten von Bedeutung ist, weil sie z. B. weiß, dass dieser dort gerade einen Spaziergang machen wollte.
- Der perlokutionäre Akt, ist das, was auf die Interpretation der Intention folgt. Der Adressat könnte der Äußerung glauben, davon ausgehen, dass diese Aussage wahr ist und zudem ein nützlicher Hinweis. Dies könnte zu der realen Handlung führen, dass der Adressat einen Regenschirm mitnimmt, falls er gerade nach Heidelberg aufbricht.

An diesem Beispiel sollte Ihnen auch die Bedeutung des Kontextes und des Zeitpunktes der Äußerung klarer geworden sein. Die Annahme, dass diese Äußerung zu einem kooperativem Zweck getätigt wurde, führt uns zum Kooperationsprinzip.

Kooperationsprinzip

Laut Grice (siehe Grice 1975) verhalten sich die Sprecher in einem Dialog bezüglich ihrer Konversationsabsichten in einer kooperativen Art und Weise. Er definiert vier *Konversationsmaximen*, das sind angenommene Grundregeln und -Interaktionsprinzipien für eine Konversation:

- **Maxime der Quantität (Information)**
  Die Äußerung sollte exakt so informativ sein, wie es für das Verständnis nötig ist.
- **Maxime der Qualität (Glaubwürdigkeit)**
  Die Äußerung sollte wahr und nicht falsch sein oder von der Sprecherin bzw. dem Sprecher selbst angezweifelt werden. Es sollte eine hinreichende Rechtfertigung vorhanden sein.
- **Maxime der Relevanz (Relation)**
  Die Äußerung sollte relevant im Dialogkontext sein.
- **Maxime des Stils (Modalität)**
  Die Äußerung sollte verständlich sein, also weder unklar noch mehrdeutig/ambig, unnötig wortreich oder ungeordnet.

Genau wie mit menschlichen Dialogpartner*innen muss man sich bei der Mensch-Maschine-Kommunikation, z. B. der Interaktion mit einem Chatbot, auf diese Maximen verlassen können, damit ein erfolgreicher Dialog entsteht. Im Kontrast zur konventionellen Bedeutung weichen die geäußerten und gemeinten Ausdrücke in der Bedeutung im Rahmen einer Konversation ab. Nicht geäußerte Aussagen können nicht aufgrund der Äußerungen erschlossen werden und lassen somit keine logische Ableitung zu. Sprechakttheorie und Kooperationsprinzip verdeutlichen die kollaborierenden und kooperativen Eigenschaften eines Dialogs, bei dem mindestens zwei Teilnehmende ihre Dialogziele verfolgen. Dabei spielen der Dialogwechsel und ein gemeinsamer Wissensgrundstock für den Erfolg eine wichtige Rolle.

Zwischentöne

Nicht zu vernachlässigen sind auch Sprachäußerungen, die nicht trivial zu erklären sind und sich zwischen gesprochenen und geschriebenen Dialogen stark unterscheiden. Während beim gesprochenen Dialog *Prosodie* (lautliche Eigenheiten wie Tonhöhe und Artikulation), *Intonation* (Betonung), Akzente und Pausen dominieren, sind beim geschriebenen Dialog die Wortauswahl, Wort- und Satzstellung sowie die Syntax (Wortstruktur) entscheidend. Dazu lassen sich in einem Live-Chat auch nichtgrammatikalische Äußerungen wie Zögern, Pausen und Ähnliches zählen. Typische Verarbeitungsschritte eines NLU-Systems bzw. -Prozesses sind daher die lexikalische, syntaktische, semantische und pragmatische Analyse sowie eine Diskursintegrationsanalyse.

Gerade das Kooperationsprinzip und die Theorie der Sprechakte bzw. deren Umsetzung in einem Chatbot werden Sie in diesem Buch und bei der Bot-Entwicklung ständig begleiten. Diese Einführung sollte Ihnen als Einstieg in die Thematik NLU erst einmal genügen. Wir wollen uns nun der natürlichen Sprachgenerierung zuwenden.

Natürliche Sprachgenerierung

In Abgrenzung zur *natürlichen Sprachsynthese*, die sich auf die Komposition einer akustischen Sprachausgabe fokussiert, geht es bei der natürlichen Sprachgenerierung meist um die Komposition der textuellen Sprachausgabe. In Bezug auf ein Dialogsystem, z. B. einen Chatbot, geht es also darum, die für eine Antwort relevanten Wörter zu selektieren und diese in einer syntaktisch und grammatikalisch korrekten Textform zu präsentieren. Natürlich sind auch hier Abstufungen hinsichtlich des Aufwands möglich, also beispielweise, ob man sich bei der Antwortgenerierung auf jede Frage einzeln konzentriert oder ob der gesamte Kontext eines Dialogs oder einer Konversation betrachtet wird. In letzterem Fall würde man von (Ko-)Referenzen Gebrauch machen, auf die wir in Abschnitt 3.7, »Anwendung von NLP-Technologien«, noch zurückkommen werden.

Typische Verarbeitungsschritte eines NLG-Systems bzw. -Prozesses sind die morphologische, lexikalische und semantische Auswahl, die syntaktische Satzplanung und -generation sowie die Diskursgeneration. Falls die Qualität der NLG schlecht ist, lässt dies einen Chatbot schnell unprofessionell aussehen, weil sich den Nutzer*innen dann beispielsweise Grammatikfehler zeigen.

Der dritte noch ausstehende NLP-Prozess nennt sich Dialogmanagement und soll nun unser Thema sein.

Dialogmanagement

Dialogmanagement (DM) erkennt den tatsächlichen Dialogkontext und generiert einen Zielzustand, der einer menschenähnlichen Konversation entspricht. Damit steuert eine Dialogmanagementkomponente den Kommunikationsfluss mit adäquaten Antworten und gegebenenfalls Fragen.

Dialogmanager

Ein Dialogmanager bildet oft das Kontrollzentrum eines Dialogsystems. Als zentrale Softwarekomponente kontrolliert er die Akzeptanz einer Sprachäußerung, produziert Systemausgaben für die Nutzer*innen, steuert die Interaktion mit internen und externe Wissensquellen und managt den Dialogprozess. Für einen gelungenen und für die Nutzer*innen zufriedenstellenden Dialog kann ein Dialogmanager triviale, aber auch sehr komplexe Strategien verwenden.

Dialogstrategien

Die folgenden Dialogstrategien sind essenzielle Bestandteile eines Dialogmanagers:

- **Dialoginitiative**
  Es gibt drei Kategorien für die Dialoginitiative: systemgesteuert, nutzergesteuert und eine Mischform. Bei einer *systemgesteuerten Dialoginitiative* leitet das System die Nutzer*innen und versucht, Informationslücken zu schließen, um einen erfolgreichen Dialog aufrechtzuerhalten, z. B. mit (Nach-)Fragen. Bei der *nutzergesteuerten Dialoginitiative* versucht das System adäquat auf Nutzeraktionen zu reagieren. Bei einem Mix wechselt die Kontrolle des Dialogsystems ab, d. h., Nutzer*innen und System können abwechselnd die Dialoginitiative ergreifen.
- **Dialogkontrollmethoden**
  Ein Dialogfluss oder Dialogstrukturen werden häufig durch *endliche Zustandsautomaten* (Finite State Machines) repräsentiert und zusammen mit Entscheidungsdiagrammen implementiert. Solche Modelle sind vor allem bei domänenspezifischen und klar abgegrenzten Dialogsystemen weit verbreitet. Abbildung 1.2 zeigt ein Beispiel für einen Urlaubsantrag.

  Das vorlagenbasierte Füllen von Platzhaltern (*Slot Filling*) ist eine andere weit verbreitete Methode, die sich ähnlich verhält, aber eine flexiblere Dialogsteuerung als die direkte Steuerung über vordefinierte Zustände ermöglicht. Bei unserem Urlaubsantragsbeispiel könnte man mit der Ausgabenvorlage »Bitte geben Sie Ihr <Platzhalter>Datum ein.« die Erfüllung der beiden notwendigen Bedingungen (Start- und Enddatum vorhanden) erreichen. »Start« und »Ende« würden anstelle des Platzhalters für die Ausgabe eingesetzt werden. Als Eingabe der Nutzer*innen würde dann nur ein Datum erwartet werden.

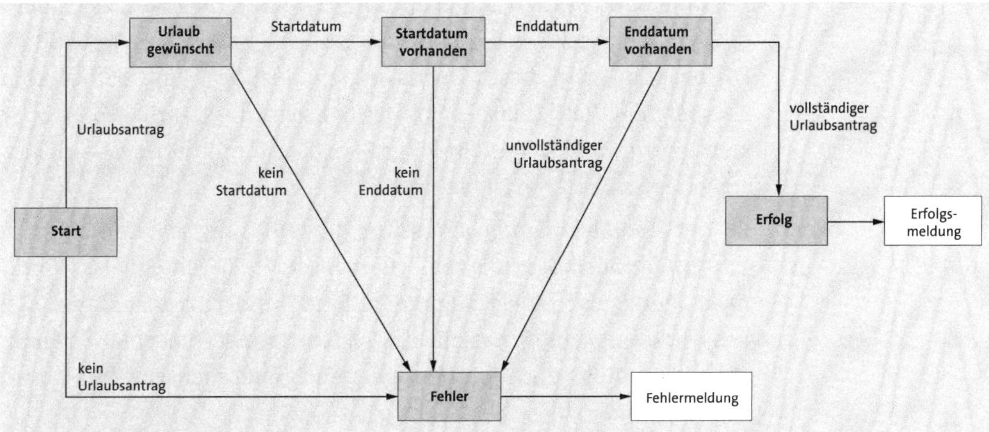

Abbildung 1.2 Endlicher Zustandsautomat, der einen vereinfachten Urlaubsantrag prozessiert

Die Vorlage wurde so generisch gewählt, dass sie für jedes Datum passen sollte (z. B. auch für ein Ablaufdatum, Lieferungsdatum usw.). Sie könnte daher nicht nur für die Bearbeitung von Urlaubsanträgen, sondern auch für andere Geschäftsbereiche eingesetzt werden.

Eine *agentenbasierte Dialogkontrolle* bedient sich oft der Methoden der KI oder des maschinellen Lernens (ML), um Probleme und Aufgaben kooperativ zu lösen. Sie können sich unter einem Agenten z. B. einen vollständigen Bot vorstellen, der eine bestimmte Domäne, wie z. B. einen Musikdienst für einen digitalen Assistenten abdeckt. Auch ist in diesem Bereich die Einbindung von Bots denkbar, die mit *intelligenter Robotic Process Automation* (iRPA) erstellt wurden. Die Nutzung von KI und ML erklären wir in Abschnitt 1.2.3, »Künstliche Intelligenz«, und in Abschnitt 1.2.4, »Maschinelles Lernen«.

- **Klärung, Disambiguierung und Grounding**
  Nach McTear (siehe McTear 2004) müssen Informationen zwischen Nutzer*innen und System oftmals über Subdialoge verifiziert werden, um Missverständnisse zu minimieren. Bei der *Klärung* wird versucht, falsch erkannte, unpassende oder falsche Interpretationen von Sprachäußerungen zu korrigieren. Beispielsweise könnte das Dialogsystem nachfragen, ob es einen Dialogkontextwechsel richtig verstanden hat und ob die zuvor angefangene und noch nicht abgeschlossene Aufgabe nach dem Wechsel des Dialogkontextes weiter prozessiert werden soll.

Beim *Grounding* (am ehesten mit Grundverständnis zu übersetzen) wird ein gemeinsames Grundwissen oder Grundverständnis zwischen Nutzer*innen und System aufgebaut und erweitert. Dies kann z. B. über implizites und explizites Feedback der Nutzer*innen geschehen. Mit jeder Dialogaktion wird dieses Grundwissen angepasst. Ein Chatbot könnte also bei dem Wetterbeispiel aus dem Abschnitt »Natürliches Sprachverständnis« mit einer Ja-Nein-Frage Feedback einfordern: »Du willst wissen, wie das Wetter in Heidelberg ist?«.

Bei der *Disambiguierung* geht es um die Auflösung von Konflikten oder Interpretationsmöglichkeiten. Hierbei ist zu beachten, dass Sprache mehrdeutig, also *ambig*, sein kann. Eine Auflösung oder Disambiguierung ist somit keine Schwäche des Systems, sondern normal, da entsprechende Konflikte und Mehrdeutigkeiten Teil der menschlichen Kommunikation sind.

- **Externe Wissensanreicherung**
  Zur *externen Wissensanreicherung* zählen nicht nur Anfragen an eine Datenbank, sobald eine Domäne oder der Kontext klar bestimmt werden konnten, sondern auch die Konsultierung weiterer Wissensquellen, wie Dialoghistorien, Aufgabenhistorien, gemeinsames Konversationswissen bzw. Hintergrundwissen, kulturelles Wissen, Wortschatzwissen, Ontologien und vieles mehr.

Dialogmanagement und CUX

Generell kann die formulierte Dialogantwort und damit das Dialogdesign bzw. die Dialogmodellierung essenziell für die Bewertung des Dialogs seitens der Nutzer*innen sein – und somit für die UX eines Dialogsystems. Wenn das Dialogmanagement schlecht ist, werden die Antworten schnell unpassend, irrelevant, ja vielleicht sogar dumm wirken. Dies kann Nutzer*innen schnell frustrieren oder sogar verärgern.

Damit haben Sie nun etwas über die wichtigsten NLP-Prozesse erfahren. Dieses Grundverständnis wird Ihnen bei der Lektüre dieses Buches, vor allem aber bei der Erstellung von Chatbots helfen.

1.2.2 Dialogsysteme

Frage-Antwort-Systeme

Eine spezielle Form der Dialogsysteme sind die sogenannten *Frage-Antwort-Systeme*. In diesen auf natürlicher Sprache basierenden Wissenssystemen geht es wortwörtlich um die Beantwortung von Fragen mittels CUIs. Sie können sich hier ein Computerprogramm vorstellen, das beispielsweise die besonders häufig gestellten Fragen (*Frequently Asked Questions*, kurz FAQ) zu Problemen oder einer Applikation, einem Produkt oder einem Prozess beantworten kann.

Aufgabenorientierung

Oft werden Frage-Antwort-Systeme anderen Dialogsystemtypen gegenübergestellt, z. B. *aufgabenorientierten* und *nicht aufgabenorientierten Dialogsystemen*:

- Aufgabenorientierte Dialogsysteme sind von einer domänenspezifischen Aufgabenlösung und/oder Aufgabenautomatisierung geprägt. Eine solche Aufgabe kann im Arbeitsumfeld z. B. das Anlegen eines Urlaubantrags oder eines Kalendereintrags sein. Automatisierbare Aufgaben können aber auch das Steuern von Licht und Musik im privaten Umfeld sein.
- Bei nicht aufgabenorientierten Dialogsystemen geht es vor allem um eine domänenunspezifische Konversation, die nicht direkt auf eine Aufgabenlösung abzielt. Solche Dialogsysteme werden daher auch Vergnügungs- oder soziale Dialogsysteme genannt.

Da auch eine soziale Bindung und die Pflege von sozialen Kontakten unserer Ansicht nach als Aufgabe gesehen werden kann, spielt die Unterscheidung zwischen aufgabenorientierten und nicht aufgabenorientierten Dialogsystemen in diesem Buch keine Rolle. Stattdessen sehen wir im Sinne der Sprechakttheorie und des Kooperationsprinzips alle Dialogsysteme als aufgaben- bzw. zielorientiert an. Es könnte beispielsweise ihre Aufgabe sein, die Nutzer*innen aufzuheitern oder von etwas abzulenken. Aus diesem Grund werden wir auch kein Bewertungskriterium für eine erfolgreiche Aufgabenlösung einführen.

1.2.3 Künstliche Intelligenz

Erläuterungen dazu, was *künstliche Intelligenz* (KI, engl. *Artificial Intelligence*, kurz AI) ist, füllt viele Bücher und bietet Platz für zahlreiche Diskussionen, Definitionen und Interpretationen. An dieser Stelle soll daher nur kurz auf die Deutung eingegangen werden, die für die Betrachtung von CUX relevant ist.

Erwartungshaltung und Realität

Viele Nutzer*innen haben eine sehr hohe Erwartungshaltung, was den Stand von künstlicher Intelligenz hinsichtlich ihres Sprachverständnisses, Dialogverständnisses sowie der Fähigkeit zur automatischen Spracherkennung und maschinellen Übersetzung angeht. Gerade im Bereich des Verständnisses natürlicher Sprache bleibt der tatsächliche Stand der Technik aktuell jedoch noch weit hinter den Erwartungen zurück. Es gibt noch keine künstliche Intelligenz, die eine natürliche Sprache wie ein Mensch semantisch versteht. Beim natürlichen Sprachverständnis werden Kontext, Bildung, Konventionen, kulturelle Gegebenheiten sowie die Reflexion von sich selbst und anderen vorausgesetzt. Zeit und Existenz müssen in Kontext gesetzt werden, grundlegende semantische Konzepte und Emotionen – oft durch Gestik, Haptik, Akustik übermittelt – müssen verstanden werden. In dieser Art wird das noch von keinem Computersystem geleistet.

Messung von Sprachintelligenz

Bei der Beurteilung künstlicher Intelligenz im Allgemeinen und für CUX im Speziellen stellt sich die Frage, wie sich Sprachintelligenz überhaupt messen lässt. In diesem Kontext sind bekannte Verfahren wie der *Turing-Test* und der *Loebner-Test* zu erwähnen und wie in Searls *Gedankenexperiment des chinesischen Zimmers* zu hinterfragen. Können wir einem Computersystem Intelligenz zusprechen, nur weil es nach meist noch von Menschen aufgestellten Regeln Daten (Sprachdaten) manipuliert?

[»]

Turing-Test, Loebner-Test und das chinesische Zimmer

Beim Turing-Test nach Alan Turing aus dem Jahr 1950 versuchte ein Mensch, nur anhand einer Computeroberfläche festzustellen, ob er mit einem Menschen oder mit einem Computer kommuniziert. Falls die Testerin oder der Tester den Computer als Menschen klassifizierten, galt der Test als bestanden.

Der Loebner-Test nach Hugh Loebner aus dem Jahr 1990 war eine Weiterführung des Turing-Tests, bei der Computerprogramme, die am menschenähnlichsten sind, geehrt wurden. Die Tester*innen mussten nach jedem Konversationsschritt (und nicht nur am Ende der Konversation) entscheiden, ob der Gesprächspartner menschlich oder ein Computer war.

Das chinesische Zimmer ist ein Gedankenexperiment nach John Searl aus dem Jahr 1980. Es stellt die Frage, ob Bewusstsein und Verständnis über regelbasierte Manipulation nachgewiesen werden können. Ein Computer kann demnach Sprachkenntnisse vortäuschen, ähnlich wie ein*e deutsche*r Muttersprachler*in, die oder der eine Anweisung auf Deutsch erhält, um chinesische Schriftzeichen zu tippen, chinesischen Testpersonen vortäuschen könnte, Chinesisch zu verstehen.

Gerade die Definition des Begriffs *Intelligenz* wird immer wieder angepasst. Beispielsweise galt das Schachspielen einmal als Zeichen von Intelligenz, und es war unvorstellbar, das Maschinen Menschen in dieser Disziplin schlagen. Heute scheinen Schlagwörter wie *emotionale Intelligenz* nicht mit den aktuell bekannten Ansätzen realisierbar zu sein. Wer weiß, wann wir auch dies mit anderen Augen sehen.

Diese Ausführungen sollen uns zum Thema KI im Allgemeinen erst einmal genügen. Bevor wir einen Rückblick auf die Geschichte von Chatbots werfen, ist jedoch noch ein Teilgebiet der künstlichen zu erwähnen, das maschinelle Lernen.

1.2.4 Maschinelles Lernen

Nach Mitchell (siehe Mitchel 2006) geht es beim *maschinellen Lernen* (ML) darum, wie man Computersysteme bauen kann, die automatisch ihre Erfahrungen verbessern. Außerdem geht es darum, grundlegende Gesetze zu definieren, um diese Lernprozesse zu steuern. Somit ist ML eher eine Teildisziplin der Informatik und der Statistik, bei der mithilfe von Algorithmen und basierend auf Trainingsdaten statistische Modelle aufgebaut werden. Der Erfolg des Ansatzes hängt dabei immens von der Qualität und der ausreichenden Menge der Trainingsdaten sowie von den Algorithmen ab. Stark vereinfacht hat man meistens sehr viele Quell- und Zieltrainingsdaten, mit denen ein regelkonformes Modell trainiert wird, um in der Folge unbekannte Daten in einer ähnlichen Weise behandeln zu können.

ML und natürliches Sprachverständnis

In den letzten Jahren wurden auch durch die verbesserten Rechenleistungen von Computern gerade die statistischen Ansätze stark verbessert und konnten ihr Potenzial andeuten. Auch innerhalb des natürlichen Sprachverständnisses haben einige Aufgaben erhebliche Verbesserungen durch ML erfahren, z. B. die automatische Spracherkennung für eine Sprache-zu-Text-Umwandlung, die Texterkennung oder maschinelle Übersetzungen. Noch vor wenigen Jahren hätten viele Wissenschaftler*innen Systemen, die in der Lage sind, Texte von einer natürlichen Sprache in eine andere zu übersetzen, eine gewisse Intelligenz zugesprochen, da beispielsweise semantisches Sprachverständnis vorausgesetzt wurde. Heute können solche Annahmen teilweise widerlegt werden.

Es gibt verschiedene Ansätze für maschinelles Lernen: symbolische Ansätze, bei denen Wissen und Regeln von Menschen festgehalten werden, und nicht symbolische Ansätze, wie *neuronale Netze*, bei denen dies nicht der Fall ist. In einem künstlichen neuronalen Netz werden Daten vereinfacht über Wahrscheinlichkeiten oder Vektoren abgebildet, deren Semantik Menschen nicht so einfach verstehen können. Diese Netze haben je nach Anwendungsfall und Lernmethode eine unterschiedliche Struktur und Verwendung. Im NLP-Bereich ist beispielsweise der *Word2vec-Algorithmus* gängig, bei dem jedes Wort als Vektor dargestellt wird. Bei den algorithmischen Ansätzen unterscheiden wir vor allem zwischen von Menschen »bewachtem« (supervised) Lernen und »unbewachtem« (unsupervised) Lernen. Es gibt hier natürlich noch weitere Abstufungen, wie teilüberwachtes, bestärktes Lernen, selbst initiiertes Training und andere. Auch über dieses Thema gibt es zahlreiche spezifische Bücher, die für eine Vertiefung Ihres Wissens besser geeignet sind.

Mit den Definitionen und Grundprinzipien dieses Abschnitts im Gepäck wollen wir uns als Nächstes der Historie von Chatbots und digitalen Assistenten zuwenden, um abschließend auf die Unterschiede zwischen diesen Konzepten zurückzukommen.

1.3 Geschichte der Chatbots

Die historische Entwicklung von Dialogsystemen bis hin zu den Chatbots und digitalen Assistenten der heutigen Zeit lässt sich am besten an konkreten Beispielen zeigen. In den folgenden Abschnitten stellen wir daher einige bedeutende Meilensteine vor.

1.3.1 Die erste Hochphase: von ELIZA bis Deep Blue

Erste Ansätze zur natürlichen Sprachverarbeitung

Die Geschichte der natürlichsprachigen Dialogsysteme reicht in die 1960er Jahre zurück. Zu dieser Zeit gab es die ersten Studien und Arbeiten zum automatischen maschinellen Übersetzen und zu natürlicher Sprachverarbeitung. In diesem Kontext war auch von künstlicher Intelligenz die Rede. Es gab zwei unterschiedliche Ansätze für die Sprachverarbeitung: einen, der von der theoretischen Dialogverarbeitung von natürlicher Sprache und KI geprägt war, und einen, bei dem es um die Simulation menschlicher Konversation mittels Mustererkennung und ähnlicher datengetriebener Techniken ging. Bei der Simulation menschlicher Konversation versuchten die Dialogsysteme, den Turing-Test zu bestehen. Die verwendeten Dialogprogramme erlaubten beispielsweise schnelle Themenwechsel oder lange Konversationen zu einem Thema und waren in der Lage, die Geschichte und den Kontext der Konversation zu berücksichtigen.

ELIZA

In Abbildung 1.3 sehen Sie einen Dialogausschnitt aus einem der berühmtesten Dialogprogramme aus dieser Zeit: *ELIZA*. Hier wurde das Gespräch einer Nutzerin bzw. eines Nutzers mit einem Psychotherapeuten simuliert. Ursprünglich wollte der Ersteller dieses Programms zeigen, dass man diese Therapieform nicht so leicht automatisieren kann und war dann von dem Erfolg überrascht. Die menschlichen Nutzer*innen nahmen dieses Programm, das oft in Frage-Antwort-Form agierte, sehr gut an, und es half ihnen, obwohl sie wussten, dass es sich um ein Computerprogramm handelte.

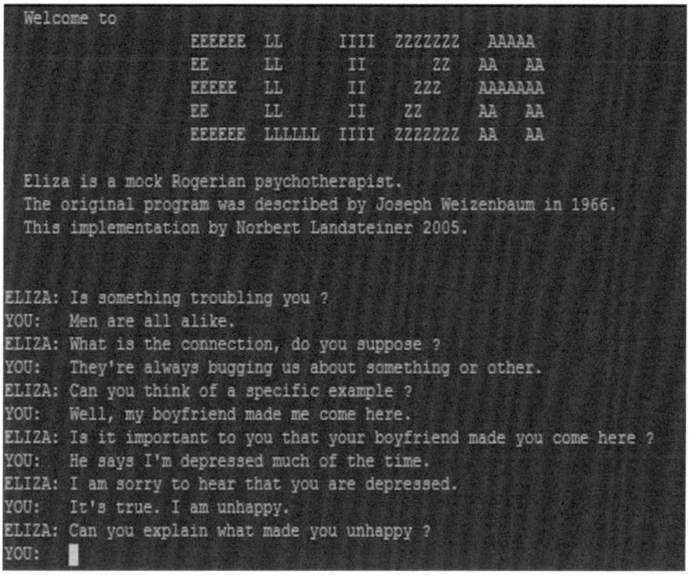

Abbildung 1.3 Beispielkonversation einer ELIZA-Nachbildung mit einem Probanden (Quelle: Wikipedia)

Beispiele bedeutender Dialogsysteme

Die folgende Auswahl stellt wichtige Dialogsysteme und damit Meilensteine der Bot-Entwicklung dar. In Klammern nennen wir jeweils den Autor bzw. Hersteller:

- **1966: ELIZA (Joseph Weizenbaum)**
  ELIZA war ein Programm zur Mensch-Maschine-Kommunikation, das mit Mustererkennung von schriftlicher Sprache arbeitete. Es verwendete reflektierende Fragen aus der psychologischen Praxis.
- **1972: SHRDLU (Terry Winograd)**
  SHRDLU war ein Programm, das Bauklötze auf Anweisung in einer vordefinierten Umgebung zu Formen wie Pyramiden, Türmen etc. zusammensetzte (*https://www.youtube.com/watch?v=bo4RvYJYOzI*). Es arbeitete mit natürlicher Sprache.
- **1972: PARRY (Kenneth Colby)**
  PARRY war ein Programm, das einen paranoiden Schizophrenen simulierte und dessen Geschichten erzählen sollte.
- **1989: Jabberwacky (Rollo Carpenter)**
  Jabberwacky war ein Programm, das eine natürlich wirkende und humorvolle Unterhaltung mit einem Menschen simulierte.
- **1990: Julia (Michael Mauldin)**
  Julia war ein Programm für textbasierte Rollenspiele, das an einer Vorstufe des 1991 ausgelobten Loebner-Preises teilnahm.

- **1991: PC Therapist III (Joseph Weintraub)**
  PC Therapist III war ein textbasiertes Programm, das einen Therapeuten simuliert, der einem Woody-Allen-Film zu entstammen schien, und das den ersten Loebner-Preis gewann.
- **1991: Dr. Sbaitso (Creative Labs)**
  Dr. Sbaitso war ein akustisches Sprachprogramm, das analog zu ELIZA einen Psychologen simulierte, jedoch auf Basis von Soundkarten (*https://www.youtube.com/watch?v=sV3pYZZ2jEw*). Der Name des Programms stand als Akronym für *Sound Blaster Artifical Intelligent Text to Speech Operator*.
- **1995: A.L.I.C.E. (Richard Wallace)**
  A.L.I.C.E war ein heuristisches KI-Programm, das als Vorlage für den 2013 erschienenen Film »Her« diente. Der Name stand als Akronym für *Artifical Linguistic Internet Computer Entity*.
- **1997: Deep Blue (IBM)**
  Deep Blue war kein Chatbot, sondern ein Schachcomputer, der mit verbesserter Hardware den menschlichen Schachweltmeister Kasparow schlug, der 1996 noch gegen Deep Blue gewonnen hatte.

1.3.2 Die Renaissance: Watson, Siri, Alexa und Google Assistant

Aufkommen digitaler Assistenten

Mit der Verbesserung der Rechenleistungen sind viele Berechnungen, die vorher zu aufwendig waren oder zu lange dauerten, realisierbar geworden. Dies führte zu völlig neuen Möglichkeiten und damit zu einer Renaissance der natürlichsprachigen Dialogsysteme. Ein wesentliches Merkmal dieser Phase, die bis heute andauert, ist die Evolution, die digitale Assistenten einleiteten. Vor allem kommerzielle Firmen griffen diesen Trend auf und investierten stark in diesen Bereich.

Kommerzielle digitale Assistenten

Hier folgt einer Auflistung bedeutender Dialogsysteme, die großen Einfluss und viel Aufmerksamkeit erlangt haben. Sie gaben der weiteren Entwicklung digitaler Assistenz damit einen starken Schub:

- **2006: Watson (IBM)**
  Watson war ein natürlichsprachiges Frage-Antwort-System, das als erstes Programm menschliche Gegner in dem Spiel Jeopardy schlug. Das grundlegende System wird heute noch für Frage-Antwort-Systeme verwendet, z. B. berät es mit *Watson für Onkologie* auch Krebsärzte bei der Wahl der besten Therapieansätze.
- **2010: Siri (Apple)**
  Siri ist ein intelligenter digitaler Assistent, der ab dem iPhone 4s natürlichsprachige Anfragen (gesprochen oder textuell) beantwortet.

- **2014: Alexa (Amazon)**
  Alexa ist ein virtueller Assistent, der hauptsächlich über stimmliche Interaktion gesteuert wird.
- **2016: Google Assistant (Google)**
  Auch Google brachte einen intelligenten persönlichen Assistenten für das Betriebsystem Android und andere Google-Produkte heraus, der sowohl gesprochene als auch eingegebene natürliche Sprache verarbeitet.

1.3.3 Die Entwicklung bei SAP: SAP CoPilot und Recast.AI

SAP CoPilot

Auch SAP hat in verschiedenen Formen schon länger in Dialogsysteme wie Chatbots und Vorstufen von digitalen Assistenten investiert. Der erste digitale Assistent von SAP, *SAP CoPilot*, wurde 2016 den SAP-Kunden vorgestellt und hauptsächlich im Umfeld der Cloud-Anwendungen eingeführt. Ähnlich den Funktionen von Siri und Alexa im privaten Bereich sollte SAP CoPilot Anwender*innen in Unternehmen bei ihrer Arbeit mit den SAP-Systemen unterstützen.

Recast.AI

Mit der Akquisition der französischen Firma *Recast.AI* (im Jahr 2018) wurde das Portfolio von SAP um eine nutzerfreundliche Anwendungsmöglichkeit ergänzt. Recast.AI hatte sich auf die Bereitstellung einer Plattform zum Erstellen von Chatbots spezialisiert, die auf einer hoch performanten, auf ML basierenden NLP-Lösung aufbaut. Mit dieser Plattform sollten Chatbots mit möglichst wenig bis gar keinem Programmierungsaufwand erstellt werden können.

SAP Conversational AI

Die Akquisition führte im Jahr 2019 zum Zusammenschluss der beiden Produkte SAP CoPilot und Recast.AI unter dem Namen *SAP Conversational AI*. Damit bietet SAP nun eine Plattform für die Entwicklung von Chatbots und Technologien für digitale Assistenz, auf die wir in den folgenden Kapiteln ausführlicher eingehen.

Nach diesem kurzen Ausflug in die Geschichte der Chatbots sehen wir uns genauer an, worin sich Chatbots und digitale Assistenten eigentlich unterscheiden.

1.4 Chatbot vs. digitaler Assistent

In diesem Abschnitt stellen wir die Unterschiede zwischen Chatbots und digitalen Assistenten heraus. Wir definieren die beiden Begriffe und grenzen die damit jeweils verfolgten Konzepte voneinander ab.

1.4.1 Chatbots

Ein *Chatbot* ist ein textbasiertes Dialogsystem, das zum Zweck der Mensch-Maschinen-Kommunikation entwickelt wird, also zur Interaktion zwischen einem Menschen und einem technischen System, einer Applikation oder einem Produkt. Solche Dialogsysteme sind domänenspezifisch und werden in der Regel sehr zielgerichtet entwickelt. Sie finden heute viele Chatbots, die sich auch einer grafischen Oberfläche als CUI bedienen und darüber ein Texteingabe- und Textausgabefeld anbieten. Somit ist ein Chatbot ein Computerprogram, das gesprochene oder geschriebene menschliche Sprache versteht und in Reaktion auf diese Spracheingaben Aktionen ausführen kann.

Frage-Antwort-Systeme

Aus Abschnitt 1.3, »Geschichte der Chatbots«, wissen Sie, dass die Geschichte der Dialogsysteme mit Frage-Antwort-Systemen begonnen hat. Auch heute noch stellt die Beantwortung von Fragen den Hauptteil der Funktionalität von Chatbots dar. Das bedeutet, Nutzer*innen können einem Chatbot Fragen zu speziellen Themengebieten stellen und erhalten bei einem geglückten Dialog eine Antwort.

Teilagierende Systeme

Die Frage-Antwort-Systeme haben sich jedoch von rein reaktiven Systemen zu teilagierenden Systemen entwickelt. Ein gutes Beispiel hierfür ist das sogenannte Slot Filling (das Füllen von Platzhaltern). Hierbei werden notwendige Pflichtparameter oder -attribute, die für eine erfolgreiche Prozessierung nötig sind, aktiv vom System nachgefragt. Das System reagiert also nicht bloß auf die Frage, die die Nutzerin oder der Nutzer stellt, sondern ergreift selbst die Dialoginitiative, wenn dies nötig ist, um eine Aufgabe zu erfüllen.

Erstellung von Chatbots

Auf den Aufbau und die Architektur von Chatbots werden wir in Abschnitt 2.3, »Arten von Bots«, noch eingehen. Beim Erstellen von Dialogsystemen wie Chatbots kommt es sehr auf die Umsetzung von NLP bzw. NLU an. Diese Prozesse haben große Auswirkungen auf das Dialogmanagement. Hierbei macht es einen großen Unterschied, ob ein Chatbot kommandogetrieben aufgebaut wird (also nur Kommandos nach einem bestimmten Aufbau verarbeiten kann) oder auf die Freiheit der natürlichen Sprache setzt. Moderne Chatbots sind heute schon oft eine Mischung aus den drei Dialogsystemtypen Frage-Antwort-System, aufgabenorientiertes und nicht aufgabenorientiertes System.

Chatbots sind eine notwendige, aber nicht hinreichende Voraussetzung für digitale Assistenz. Der Unterschied soll nun im Rahmen der Definition des digitalen Assistenten im folgenden Abschnitt im Fokus stehen.

1.4.2 Digitale Assistenten

Es gibt viele unterschiedliche Definitionen des *digitalen Assistenten*. Aus diesem Grund wollen wir Ihnen in diesem Abschnitt unser Verständnis des Begriffs im Kontext von CUX vermitteln.

Vielleicht das Wichtigste direkt am Anfang: Es sollte für ein Gerät, eine Firmensystemlandschaft usw. genau *einen* digitalen Assistenten geben. Ganz ähnlich wie bei dem einen Ring aus der Saga »Herr der Ringe« – es gibt den einen, um sie alle zu beherrschen. Mit »allen« sind im Kontext von Softwareanwendungen alle Aufgaben und unterstützten Produkte in einer Systemlandschaft gemeint. Die Erwartungshaltung der Nutzer*innen ist hier ganz klar, dass sie nicht einen digitalen Assistenten für das Betriebssystem, einen für Personalfragen und einen für jede angebundene Applikation eines anderen Herstellers aufrufen möchten. Stattdessen möchten sie genau eine Schnittstelle, also nur einen digitalen Assistenten bedienen. Dies ist auch gleich der größte Unterschied zu Chatbots, die in der Regel domänen- und produktspezifisch entwickelt werden. Bei Chatbots ist es noch denkbar diese aufgaben- und applikationsspezifisch aufzurufen.

Digitaler Concierge

Ein digitaler Assistent sollte Hilfestellung in jeglicher Situation leisten. Wir sprechen hier gerne von dem *Concierge-Prinzip*: Ein digitaler Assistent muss zumindest so viel von jeder Funktion und Applikation wissen, dass er weiß, wen (oder hier welche Funktion oder Anwendung) er fragen (bzw. aufrufen) muss. Analog zum Concierge muss er nicht unbedingt wissen, wie man eine Suppe kocht, aber er muss wissen, wie man den Koch oder die Köchin erreicht. Darüber hinaus sollte er den einen oder anderen Tipp haben, welche Suppe besonders gut schmeckt oder von vielen Personen nachgefragt wird. Ein digitaler Assistent muss auch nicht alle Systemfunktionen selbst ausführen können, sondern nur wissen, wie er eine Systemfunktion oder ein auf diese Funktion spezialisiertes Programm aufruft. Dass ein digitaler Assistent nicht alles selbst wissen und umsetzen muss, wird heute von den Nutzer*innen akzeptiert. Möglicherweise wird sich aber auch hier die Erwartungshaltung in Zukunft ändern.

Steuerungsfunktionen und Kontextwissen

Von einem digitalen Assistenten werden darüber hinaus mehr Steuerungsfunktionen, Kontextwissen und damit auch mehr Zugriff auf Applikationen und Funktionen erwartet als von einem Chatbot. Kalendereinträge, Zugang zu Nachrichtenapplikationen, bei mobilen Geräten Zugriff auf die GPS-Funktion und andere Gerätefunktionen, wie die Taschenlampe sind nur ein paar Beispiele, um anzudeuten, dass von einem digitalen Assistenten viel mehr verlangt und erwartet wird.

Erwartungshaltung

Gerade wenn man sich die Erwartungen von Nutzer*innen im Detail anschaut, können diese sehr weit auseinandergehen. Während manchen Nutzer*innen das Starten einer Applikation oder das Beantworten zu Fragen bezüglich dieser Applikation genügt, erwarten andere schon sehr komplexe Funktionssteuerungen, wie beispielsweise die Ausführung von Filteranweisungen und das Öffnen, Schließen und Aktivieren von Programmen.

Semantisches Wissen

Mit dem Zugang zu allen Funktionen und Applikationen wächst auch die Erwartungshaltung der Nutzer*innen an das *semantische Wissen* des digitalen Assistenten. Ist der digitale Assistent in der Lage, auf eine Funktion oder Applikation zuzugreifen, wird den Nutzer*innen quasi suggeriert, dass er Zugang zu allem hat. Damit entsteht die Erwartung, dass der digitale Assistent auch über alles Bescheid weiß. Dieser Effekt ist in etwa mit der Erwartungshaltung vergleichbar, wenn man Freunden Zugang zu persönlichen Informationen gibt und in der Folge davon ausgeht, dass diese die Informationen auch anwenden können und Bescheid wissen, ohne dass man alles erneut erklären müsste. Es wird eine gemeinsame Wissensbasis vorausgesetzt, das *Grounding* (siehe Abschnitt 1.2.1, »Natürliche Sprachverarbeitung«).

Natürliche Spracherkennung und Sprachsynthese

Die Erwartungshaltung, dass der digitale Assistent technischen Zugang z. B. auf Mikrofon und Lautsprecher des verwendeten Geräts hat, führt dazu, dass die Verarbeitung von Sprache zu Text (also die automatische Spracherkennung) und von Text zu Sprache (also die Sprachsynthese) sehr gut funktionieren muss. Ist dies nicht der Fall, führt dies zu Frustration bei den Nutzer*innen. Denken Sie einmal an Dialekte oder undeutliche Spracheingaben. Diese können schnell zu einer hohen Frustration führen und damit zu einer schlechten Beurteilung des gesamten digitalen Assistenten: »Meinen Assistenten benutze ich nicht – der versteht mich sowieso nicht!«

Personalisierung

Eine weitere Abstufung zu einem Chatbot besteht hinsichtlich des Personalisierungsgrades. Einen digitalen Assistenten möchten Nutzer*innen gegebenenfalls personalisieren, also z. B. die Stimme und vielleicht sogar das Aussehen (beispielsweise einen Avatar), Geschlecht und andere Attribute anpassen. Infolge des Aufbaus einer gemeinsamen Konversationsbasis über zahlreiche Dialoge mit dem Assistenten wird erwartet, dass die gemeinsame Wissensbasis auch personalisiert werden kann. Die Anwender*innen möchten also den eigenen Assistenten so trainieren, dass er die persönliche Wortwahl und Besonderheiten hinsichtlich des Wortverständnisses berücksichtigt. Diese Anforderung ist gerade im Kontext von Firmen sehr wichtig, die einen eigenen Firmenjargon pflegen und bestimmte Fachbegriffe häufig verwenden. Die Möglichkeit zur Personalisierung kann über den Erfolg und Misserfolg eines digitalen Assistenten entscheiden.

Natürlich gibt es noch viel mehr Aufgaben und mögliche Funktionen eines digitalen Assistenten, wie Pro-Aktivität und selbstständiges und automatisches Handeln. Auch das selbstständige Abarbeiten von Tätigkeiten, die von den Nutzer*innen programmiert und damit explizit gewünscht wurden, ist eine Anforderung. In Zukunft wird vielleicht auch erwartet, dass solche Tätigkeiten über eine bestimmte Nutzungsdauer selbstständig erlernt werden. Da auch hier die Erwartungen mannigfaltig sind und – wie bei den Anforderungen an reale menschliche Assistent*innen – vom Kaffeekochen bis zur Firmenteillenkung variieren, wollen wir es an dieser Stelle bei den genannten Funktionen belassen. Zum Abschluss dieses Kapitels werden wir uns jedoch noch kurz der Frage widmen, ob Sie in Chatbots oder einen digitalen Assistenten investieren sollten.

1.4.3 Conversational User Experience bei Chatbots und digitalen Assistenten

Chatbot oder digitaler Assistent?

Die meisten digitalen Assistenten, die es heute gibt, haben mit der Erstellung bestimmter Chatbot-Funktionen begonnen. In der Regel haben sie noch nicht das Level erreicht, das man von einem digitalen Assistenten erwartet. Viele Anbieter haben einen bestehenden Chatbot um Grundfunktionen eines digitalen Assistenten erweitert, z. B. um automatische Spracherkennung oder Sprachsynthese. Vor allem im Bereich des Wissensaufbaus und an der Mächtigkeit der digitalen Assistenz in Bezug auf KI wird heute noch viel gearbeitet. Bis alle Erwartungshaltungen auch in diesen Bereichen erfüllt sind, wird sich auch kein digitaler Assistent richtig durchsetzen können.

Chatbot als Grundfunktion eines Assistenten

Daher stellt sich die Frage, für welche Anforderungen man einen Chatbot benötigt und welche besser ein digitaler Assistent erfüllen könnte. Wie bereits angedeutet wurde, ist die Erwartungshaltung an einen digitalen Assistenten und dessen Funktionalität sehr komplex. Es erfordert daher ein sehr großes Engagement und Investitionen über mehrere Jahre hinweg, wahrscheinlich sogar über Jahrzehnte, einen digitalen Assistenten zu entwickeln. Aus diesem Grund legen wir den Fokus dieses Buches auf den essenziellen Grundbaustein digitaler Assistenz, nämlich den Aufbau einer CUX durch die Erstellung von Chatbots. Sie werden merken, dass dies abhängig vom Anwendungsfall weder eine triviale Aufgabe ist noch schnell realisierbar. Bereits die Bereitstellung eines Chatbots, der alle Erwartungshaltungen der Nutzer*innen erfüllt und zu einer positiven CUX führt, ist eine komplexe Tätigkeit.

Daher lautet unsere Empfehlung, mit dieser Aufgabe zu beginnen. Vor allem, wenn Sie Ihren Nutzer*innen ein angenehmes Nutzungserlebnis bereiten wollen, müssen sie auch für diese Aufgabe bereits mit einer andauernden Investition rechnen. Auch ein Chatbot muss ständig aktualisiert, angepasst und verbessert werden. Natürlich hat sich SAP etwas überlegt, um Sie dabei zu unterstützen, nämlich die Plattform SAP Conversational AI.

1.5 Zusammenfassung

In diesem Kapitel haben Sie die wichtigsten Begriffe und Grundkonzepte im Kontext von CUX kennengelernt, wie natürliche Sprachverarbeitung und Sprachverständnis, Dialogwissen, maschinelles Lernen und andere. Sie wissen nun, warum CUX so wichtig ist und wofür man Chatbots und digitale Assistenten einsetzen kann. Auch aus der historischen Betrachtung heraus verstehen Sie nun den Unterschied zwischen einem Chatbot und einem digitalen Assistenten.

Im folgenden Kapitel lernen Sie die Lösung SAP Conversational AI kennen und erfahren, wie Ihnen diese bei der Entwicklung von Chatbots helfen kann.

Kapitel 2
Einführung in SAP Conversational AI

Nach der Einführung im vorherigen Kapitel wollen wir uns nun SAP Conversational AI zuwenden. In diesem Kapitel lernen Sie die Chatbot-Plattform kennen, bevor wir die einzelnen Funktionen in den folgenden Kapiteln vertiefen.

In diesem Kapitel erhalten Sie einen Überblick über die Plattform *SAP Conversational AI*, mit der Chatbots gebaut werden können, und die bereitgestellten Technologien zum Bauen von digitalen Assistenten. Da hier viele verschiedene Technologien verwendet werden, konzentrieren wir uns an dieser Stelle jeweils auf eine kurze Einführung. Wir erklären wichtige Konzepte und geben einen Überblick über die SAP-Lösung. Zudem wollen wir Ihnen den praktischen Einstieg in die Chatbot-Entwicklung anhand eines ersten Beispiel-Bots erleichtern. In Teil II, »Entwicklung eines Chatbots«, gehen wir die Schritte zur Chatbot-Entwicklung im Detail durch, und Sie werden die Plattform dabei noch besser kennenlernen.

Zu Beginn dieses Kapitels stellen wir in Abschnitt 2.1 die Plattform SAP Conversational AI vor. Wir unterscheiden die verfügbaren Versionen und sehen uns den Aufbau der Einstiegsseite und die Hauptbestandteile der Plattform an. Anschließend erläutern wir in Abschnitt 2.2 die Organisation der Plattform anhand von Benutzerprofilen und Organisationen. In Abschnitt 2.3 stellen wir die verschiedenen Bot-Arten vor, die mit der Plattform entwickelt werden können. Danach kommen wir in Abschnitt 2.4 zu unserem praktischeren Beispiel und gehen die ersten Schritte bei der Bot-Erstellung mit Ihnen gemeinsam durch. In Abschnitt 2.5 erläutern wir abschließend, wie man vordefinierte Bot-Bestandteile bei der Entwicklung verwenden kann.

SAP Conversational AI ist eine kollaborative Plattform, mit der Sie einfach und ohne oder nur mit wenig Programmierung einen funktionalen Chatbot entwickeln können. Wie viel Aufwand Sie für die Chatbot-Entwicklung aufbringen müssen, hängt natürlich, wie so oft, von Ihrem Anwendungsfall ab.

2.1 Die Plattform SAP Conversational AI im Überblick

Ende-zu-Ende-Entwicklungsplattform

SAP Conversational AI bietet Technologien und eine Webbenutzeroberfläche (*Web-UI*) zum Erstellen, Bauen und Testen von Chatbots für Ihre geschäftlichen und individuellen Anforderungen. Die Technologieplattform hilft Ihnen bei der Entwicklung und unterstützt Sie, angefangen mit der Anbindung Ihres Chatbots an verschiedene Kanäle bis hin zur Analyse, um Ihren Chatbot verbessern zu können. Es handelt sich demnach um eine *Ende-zu-Ende-Entwicklungsplattform*.

Einordnung im SAP-Portfolio

SAP Conversational AI ist ein Teil des KI-Portfolios von SAP und der *SAP Business Technology Platform*. Die Plattform gehört damit zu einer der vier grundlegenden Säulen des SAP-Portfolios, den *intelligenten Technologien*. Zu diesen gehören neben KI (abgedeckt durch SAP Conversational AI und *SAP Intelligent Robotic Process Automation*) auch das Internet der Dinge (abgedeckt durch *SAP Internet of Things* und *SAP Edge Services*). Weitere Informationen zu den intelligenten Technologien finden Sie unter der URL *http://s-prs.de/v792202*.

Generell legt SAP bei SAP Conversational AI sehr viel Wert auf eine einfache Benutzbarkeit, sowohl für Chatbot-Entwickler*innen als auch für die Anwender*innen. Die Plattform selbst ist eine Cloud-Anwendung, die Sie über Ihren Webbrowser aufrufen können. Wir empfehlen Ihnen die Benutzung von Google Chrome als Browser, aber natürlich ist jeder moderne Browser geeignet. Die Plattform erreichen Sie unter der URL *https://cai.tools.sap/*.

2.1.1 Versionen

Community und Enterprise Edition

Als Cloud-Lösung erscheint vierteljährlich eine Version von SAP Conversational AI, die eine verbesserte UX bewirken sollte. Funktionale Erweiterungen, die Nutzer*innen aber nicht direkt verwenden müssen und die die bestehenden Bots nicht beeinflussen, können jederzeit ausgeliefert werden. Seit der Version aus dem Juni 2020 gibt es SAP Conversational AI in zwei verschiedenen Varianten: einer Gemeinschaftsversion (*Community Edition*) und einer Unternehmensversion (*Enterprise Edition*):

- Die Community Edition ist nicht kostenpflichtig. Für den Zugang wird lediglich eine gültige E-Mail-Adresse benötigt.
- Die Enterprise Edition ist gebührenpflichtig. Unter der URL *https://cai.tools.sap/pricing* können Sie sich über die Preise informieren.

Die beiden Versionen unterscheiden sich hauptsächlich hinsichtlich der Verarbeitung und Speicherung der Daten eines Chatbots. Außerdem gibt es

Unterschiede hinsichtlich der Funktionalität zur Integration in SAP-Produkte. Wenn Sie möchten, dass Ihre Daten nicht mit denen anderer Anwender*innen zusammen gespeichert werden, sondern in einem eigens für Sie reservierten Cloud-Mandanten (*Tenant*), sollten Sie die Enterprise Edition wählen. Diese Version ermöglicht Ihnen die Verwaltung und den Verbrauch von Daten unabhängig von anderen Mandanten. Mit der Enterprise Edition stellen Sie sicher, dass Daten, die zu einem bestimmten Mandanten gehören, nur für die Benutzer sichtbar sind, die Zugriff auf den Mandanten haben. Bei Verwendung gemeinsam genutzter Ressourcen ermöglicht die Enterprise Edition einen niedrigeren Mindestpreis pro Kunde. Außerdem eröffnen sich damit Möglichkeiten zur einfachen Integration Ihres Chatbots in andere SAP-Produkte, weil die Mandantentrennung für viele SAP-Lösungen relevant und für die Sicherheit von Kundendaten wichtig ist.

Zudem gibt es mit der Enterprise Edition funktionale Erweiterungen im Vergleich zur Community Edition. Beispielsweise ist eine direkte Nutzung der über den SAP Destination Service verwalteten Zieladressen innerhalb des Unternehmensnetzwerkes für eine Verbindung möglich. Wir kommen darauf in Abschnitt 11.2, »Integration in die SAP Integration Suite«, zurück. Darüber hinaus können Sie Ihre Bot-Versionen in Form eines automatisierten Tests testen.

2.1.2 Einstiegsseite

Aufbau der Einstiegsseite

Nachdem Sie die Adresse *https://cai.tools.sap* in die Adresszeile Ihres Browsers eingegeben haben, erreichen Sie die Einstiegsseite von SAP Conversational AI (siehe Abbildung 2.1). Hier finden Sie allgemeine Informationen zu SAP Conversational AI. Neben dem Schriftzug SAP Conversational AI in der Kopfzeile werden Ihnen drei Registerkarten angezeigt. Auf der rechten Seite finden Sie die Anmelde- bzw. Registrierungsoption. Auf die einzelnen Funktionen auf der Einstiegsseite gehen wir nun ein wenig näher ein:

- Mit dem Absprung auf die Registerkarte **Documentation** werden Sie zur offiziellen Dokumentation von SAP Conversational AI auf einem neuen Browser-Tab weitergeleitet.
- Auf der Registerkarte **Blog** finden Sie nützliche Artikel, Blogs und auch Videoanleitungen und Tutorials zu SAP Conversational AI.
- Auf der Registerkarte **Learn more about our product** finden Sie nützliche Informationen und auch Referenzen rund um das Produkt SAP Conversational AI.

- Mit der Anmeldung über die Schaltfläche **LOG IN** können Sie fortfahren, wenn Sie bereits registriert sind. Ist dies nicht der Fall, müssen Sie sich vorher noch über einen Klick auf die Schaltfläche **SIGN UP** registrieren.

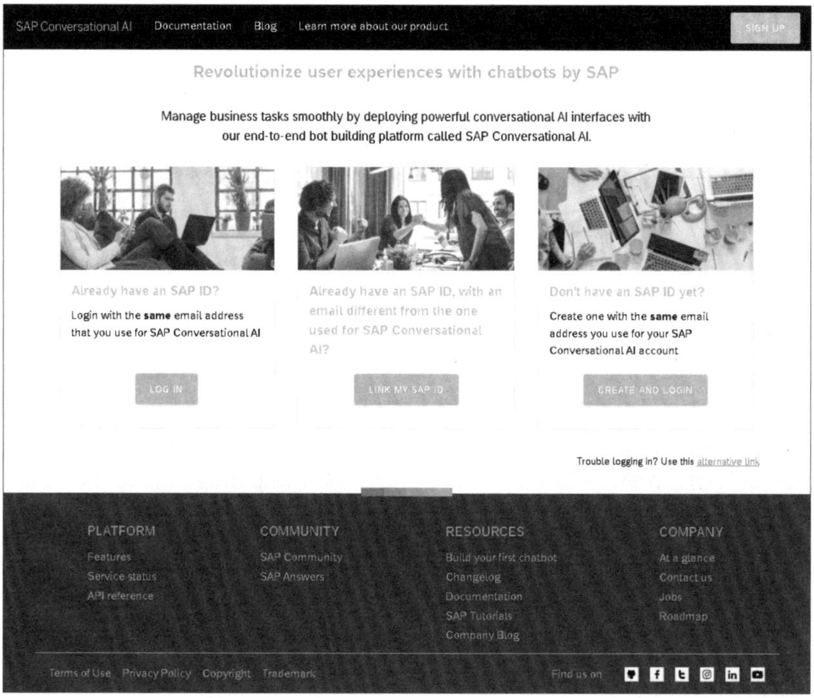

Abbildung 2.1 Einstiegsseite von SAP Conversational AI

> **Konsistenz der Kopfzeile**
>
> Der linke Teil der Kopfzeile wird bis auf die Registrierungsoption auch nach der erfolgreichen Anmeldung beibehalten.

Registrierung

Als ersten Schritt müssen Sie sich einmal mit einer gültigen und für Sie erreichbaren E-Mail-Adresse registrieren. In Abbildung 2.2 sehen Sie das Registrierungsfenster von SAP Conversational AI. Hier müssen Sie folgende Angaben machen:

❶ **Persönliche Angaben**
Sie müssen unter **First Name** Ihren Vornamen, unter **Last Name** Ihren Nachnamen und unter **E-Mail** Ihre E-Mail-Adresse eingeben.

❷ **Passwort**
Bei der Passworterstellung zeigt Ihnen ein Hilfefenster die bereits erfüllten Passwortbedingungen an (die Farbe Grün und ein Häkchen bedeu-

ten, dass die jeweilige Bedingung erfüllt ist). Ein Passwort muss acht Zeichen lang sein und mindestens einen Groß- und einen Kleinbuchstaben sowie mindestens eine Zahl und ein Sonderzeichen enthalten.

❸ **Nutzungsbedingungen**
Sie müssen den Konditionen der Datenverwaltung und den Nutzungsbedingungen von SAP Conversational AI zustimmen.

Haben Sie alle Pflichtfelder gefüllt, können Sie sich mit einem Klick auf die Schaltfläche **Register** registrieren.

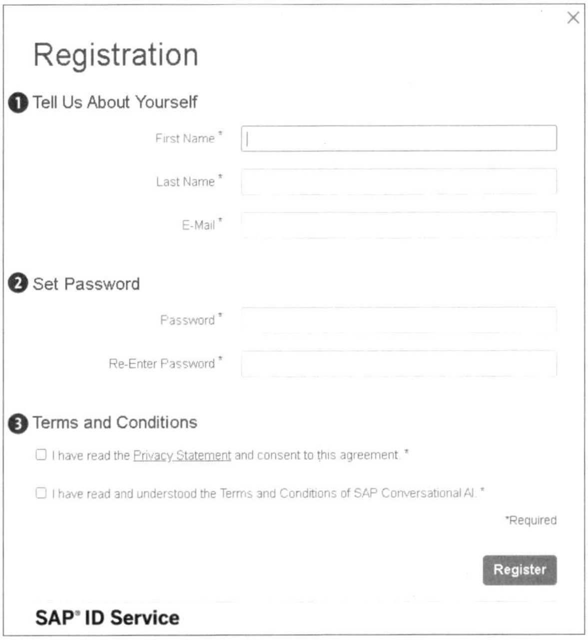

Abbildung 2.2 Registrierung für die Nutzung von SAP Conversational AI

Nach der Registrierung wird Ihnen eine E-Mail mit einem Aktivierungslink zugesendet. Klicken Sie auf diesen Aktivierungslink. Nach der erfolgreichen Registrierung erhalten Sie die Bestätigung, dass ein Benutzerkonto für Sie erstellt und aktiviert wurde (siehe Abbildung 2.3).

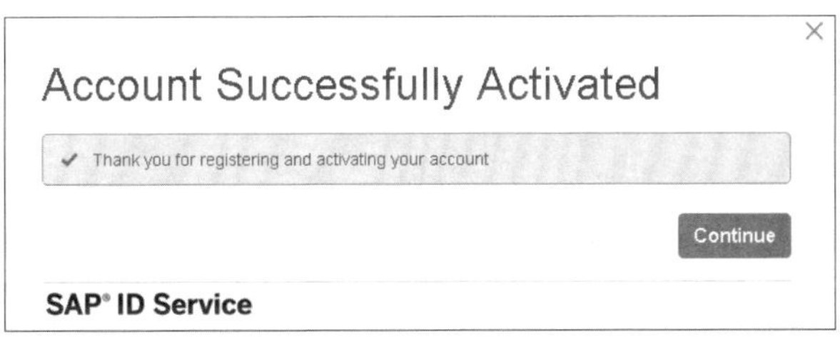

Abbildung 2.3 Erfolgreiche Aktivierung

Startseite nach der ersten Anmeldung

Nach Ihrer ersten Anmeldung, beispielsweise über den Aktivierungslink, sehen Sie Ihre Profilübersichtsseite. In einem Willkommensfenster können Sie Informationen durch Blättern nach rechts abrufen (siehe Abbildung 2.4). Der gelb markierte Punkt im unteren Bereich zeigt Ihnen den Fortschritt dieser geführten Prozedur an.

Abbildung 2.4 Willkommensfenster nach der Anmeldung

Anmeldung

Möchten Sie sich erneut anmelden, gelangen Sie durch einen Klick auf die Schaltfläche **LOG IN** auf den Anmeldebildschirm (siehe Abbildung 2.5).

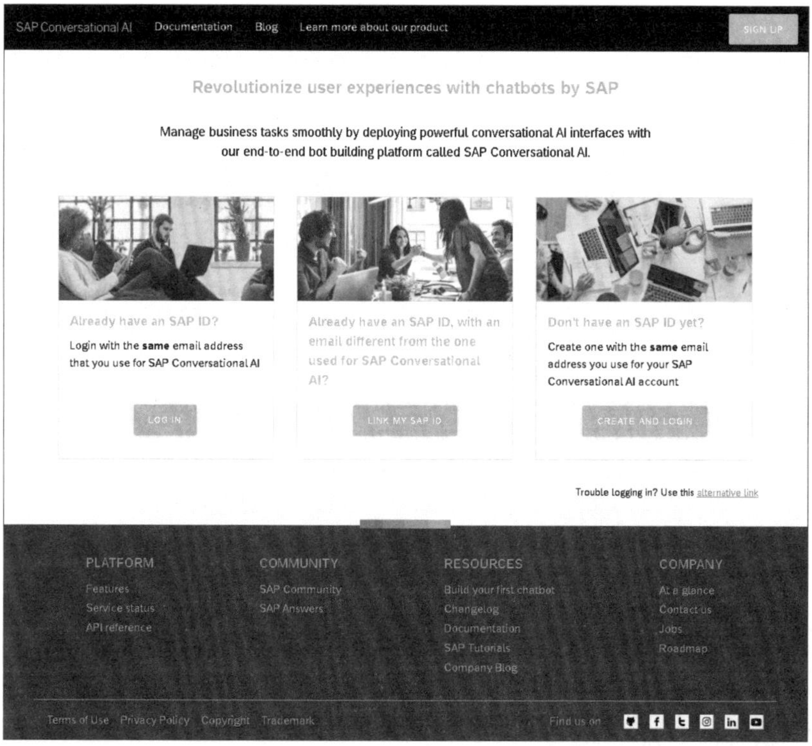

Abbildung 2.5 Anmeldebildschirm

Profilübersichtsseite

Nach der Anmeldung gelangen Sie auf eine Profilübersichtsseite (siehe Abbildung 2.6).

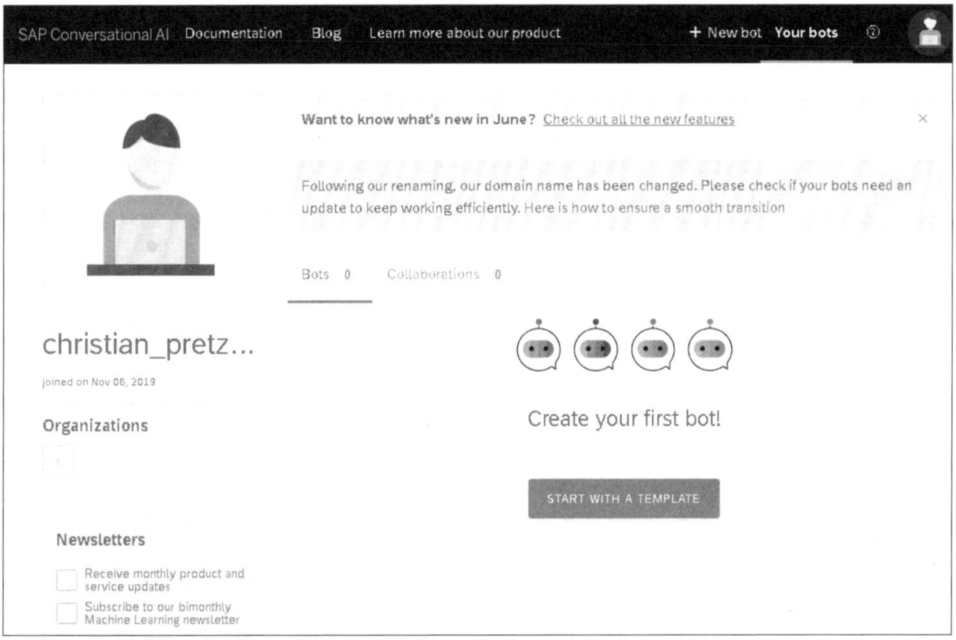

Abbildung 2.6 Profilübersichtsseite in SAP Conversational AI

Ihre Profilübersichtsseite besteht aus der Ihnen bereits bekannten Kopfzeile, in der Sie nun aber neue Funktionen auf der rechten Seite finden. Auf der linken Seite finden Sie eine Profil- und Organisationsleiste und im zentralen Arbeitsbereich eine Inhaltsanzeige mit den zwei Registerkarten **Bots** und **Collaborations**. Beide zeigen jeweils null an, da Sie noch nicht an einer Chatbot-Entwicklung beteiligt sind. Später wird Ihnen hier die jeweilige Anzahl der Bot-Beteiligungen bzw. Kollaborationen angezeigt.

An zentraler Stelle können Sie einen Wizard zur Erstellung eines ersten Chatbots, z. B. mittels vordefinierter Inhalte, über die Schaltfläche **START WITH A TEMPLATE** aufrufen. Auf diese Funktion gehen wir in Abschnitt 2.4, »Erste Schritte zur Erstellung eines Chatbots«, und Abschnitt 2.5, »Verwendung vordefinierter Chatbot-Bestandteile«, näher ein.

Funktionen der Profilübersichtsseite

Die folgenden Funktionen finden Sie rechts in der Kopfzeile:

- Mit der Schaltfläche **+ New bot** starten Sie eine geführte Prozedur zur Erstellung eines Chatbots. Es handelt sich um die gleiche Funktion, die Sie auch über die Schaltfläche **START WITH A TEMPLATE** erreichen.
- Über die Schaltfläche **Your bots** kehren Sie stets zur Profilübersichtsseite zurück. Sie stellt damit eine Art Abkürzung zu Ihrer Chatbot-Übersicht

auf der Plattform dar. In Abbildung 2.6 ist die Profilübersichtsseite bereits ausgewählt, und die Registerkarte **Bots** ist vorausgewählt, daher ist diese Schaltfläche farbig unterstrichen.

- Mit einem Klick auf das Fragezeichensymbol (?) öffnen Sie das Hilfemenü. Hier haben Sie drei Optionen, die nach der Wahl auf einem neuen Browser-Tab erscheinen:
  - **Documentation**: Sie können das SAP Help Portal in einem separaten Browserfenster öffnen.
  - **Ask your question**: Sie können zur *SAP Community* wechseln, wo Sie Hilfestellungen finden.
  - **Recent updates**: Sie können eine Informationsseite zu den neuesten Änderungen der Plattform aufrufen.
- Mit einem Klick auf das Profilsymbol () können Sie jederzeit zu Ihrer Profilübersichtsseite oder zu Ihren persönlichen Einstellungen wechseln. Außerdem können Sie sich hier von der Plattform abmelden.

Profil- und Organisationsleiste

Auf der linken Seite sehen Sie Ihren *Avatar* in der Profil- und Organisationsleiste.

[+]

Personalisierung über Gravatar

Falls Sie im Internetdienst *Gravatar* ein Bild hinterlegt und sich mit der gleichen E-Mail-Adresse an SAP Conversational AI angemeldet haben, erscheint statt des Standard-Avatars Ihr in Gravatar hinterlegtes Profilbild. Dies wird in Abschnitt 11.1.6, »Integration von Gravatar«, genauer beschrieben.

Unterhalb des Avatars sehen Sie Ihren Benutzerkontonamen und die Angabe, wann Sie dieses Konto erstellt haben. Ihr Benutzerkonto (das Ihre Identität innerhalb von SAP Conversational AI repräsentiert) kann Mitglied einer beliebigen Anzahl von *Organisationen* sein. Ihre Organisationen sehen Sie unterhalb der Angaben zu Ihrem Benutzerkonto. In Abschnitt 2.2.2, »Organisationen verwalten«, erläutern wir deren Bedeutung.

Im Bereich **Newsletters** können Sie sich für Mitteilungsschreiben von SAP Conversational AI oder aus dem Bereich der übergeordneten Organisation *Künstliche Intelligenz, Fokus auf Maschinelles Lernen* von SAP einschreiben. Letztere vermittelt Ihnen Neuigkeiten rund um die intelligenten Technologien und die SAP Business Technology Platform. Falls Sie sich dafür entschieden haben, einen solchen Newsletter zu abonnieren, können Sie dies in den Profilpräferenzen wieder rückgängig machen (siehe Abschnitt 2.2.1,

»Eigenes Profil verwalten«). Die E-Mails enthalten wichtige Informationen zu den jeweiligen Plattformen und Technologien, z. B. zu neuen oder auch eingestellten Funktionalitäten und Kanälen.

2.1.3 Funktionen

Die Plattform SAP Conversational AI setzt auf vier großen funktionalen Säulen auf, die für eine Chatbot-Entwicklung nötig sind:

- Bot Training
- Bot Builder
- Bot Connector
- Bot Analytics

Wir werden uns in diesem Abschnitt etwas ausführlicher mit den einzelnen Säulen beschäftigen, denen wir in Teil II dieses Buches auch jeweils ein spezifisches Kapitel gewidmet haben. Diesen vier Säulen werden Sie auch bei der Bot-Erstellung und -verwaltung in Form von Registerkarten begegnen. In diesem Einführungskapitel wollen wir diese Funktionsbereiche grob vorstellen, bevor wir in den folgenden Kapiteln umfassender darauf eingehen.

Bot Training

Mit der Registerkarte **Train** bzw. der Säule *Bot Training* können Sie die NLP-Technologie (Natural Language Processing) von SAP Conversational AI nutzen, um Chat-Absichten (*Intents*) und Entitäten zu erstellen. Damit trainieren Sie das Sprachverständnis Ihres Chatbots zu den gewünschten Themengebieten. Sie können dabei automatisch vorgeschlagene Ausdrücke nutzen, um das Trainingsdatenset schnell zu vergrößern, und es Ihrem Bot zu ermöglichen, seine Nutzer*innen genauer zu verstehen. Wenn Sie einen neuen Ausdruck für einen Intent eingeben, schlägt die Plattform automatisch zusätzliche Ausdrücke vor, die Sie dem Intent einfach hinzufügen können. Bereits mit kleinen Datensätzen können Sie so durch schnelles Training einen funktionierenden Bot erstellen.

Das Vorschlagen von zusätzlichen Äußerungen wird für die vier Hauptsprachen Englisch, Französisch, Deutsch und Spanisch unterstützt. Sie können Bots eigenhändig in mehreren Sprachen erstellen und erhalten für diese vier besondere Unterstützung. In Abschnitt 3.6, »Unterstützte Sprachen«, gehen wir ausführlicher darauf ein.

Bot Builder

Mit der Registerkarte **Build** bzw. der Säule *Bot Builder* können Sie Fähigkeiten (*Skills*) verwenden, um Gesprächsflüsse aufzubauen und anpassbare Bots zu erstellen. Hier widmen Sie sich der Dialogmodellierung bzw. dem Dialogmanagement, dessen Ziele Sie in Abschnitt 1.2.1, »Natürliche Sprachverarbeitung«, kennengelernt haben.

Die Werkzeuge innerhalb des Bot Builders dienen dazu, Anforderungen und Chatbot-Antworten bzw. -Aktionen einzurichten. Dazu stehen verschiedene vorkonfigurierte Ausgabeelemente, wie Karten, Schaltflächen, Listen usw., zur Verfügung.

Nutzen Sie auch die Möglichkeit, das Bot-Gedächtnis bzw. den Speicher (*Memory*) zu beeinflussen. Der Memory ist eine Art Konversationskontext für Gespräche, die denen zwischen Menschen ähneln. Diese mächtige Option wird im Abschnitt »Speicher der Konversation manipulieren« in Abschnitt 4.5.4 näher beschrieben.

Die Verbindungsfunktionen verwenden Sie, um Geschäftsinformationen abzurufen oder eine Verbindung mit einem externen System herzustellen, beispielsweise um Aktionen darauf auszuführen. Ein *Webhook* oder *Consume API Service* kann beispielsweise einen einfachen HTTP-Aufruf an Ihr Backend-System darstellen. Sie können bei einem Webhook die Authentifizierung sowie den Inhalt des Headers und des Bodys des Webhooks konfigurieren. In Kapitel 4, »Einen Chatbot aufbauen«, tauchen wir tiefer in diese Thematik ein.

Für Ihre Zielsysteme können Sie dabei *Single Sign-on* (SSO) oder eine andere Authentifizierung konfigurieren. Nach der SSO-Authentifizierung können die Nutzer*innen mit Ihrem Chatbot interagieren, ohne jedes Mal erneut Anmeldeinformationen angeben zu müssen. Hierauf gehen wir in Kapitel 11, »Integration von SAP Conversational AI«, genauer ein.

Bot Connector

Mit der Registerkarte **Connect** bzw. der Säule *Bot Connector* können Sie Ihren Bot mit fast allen gängigen Messaging-Kanälen verbinden (z. B. Amazon Alexa, Microsoft Teams, Facebook Messenger, SAP CoPilot, Slack, Twilio und Twitter). Zudem haben Sie die Möglichkeit, sich mit dem *SAP Conversational AI Web Client* zu verbinden und diesen Bereitstellungskanal in Ihre Weblösung zu integrieren, ohne dass eine zusätzliche Benutzerauthentifizierung erforderlich ist. Somit können Sie eine konsistente Conversational User Experience (CUX) anbieten, die problemlos auch in andere SAP-Produkte eingebunden werden kann.

Zusätzlich können Sie einen Rückfall- bzw. Ausweichkanal (*Fallback*) einrichten und integrieren, damit beispielsweise Konversationen von Ihrem Chatbot an eine*n menschliche*n Mitarbeiter*in übertragen bzw. von dieser oder diesem weitergeführt werden kann. Sie können Lösungen für den Kundensupport, z. B. das *SAP Customer Engagement Center* oder *Intercom*, als solche Fallback-Kanäle einrichten.

In Kapitel 5, »Den Chatbot verbinden«, schauen wir uns die einzelnen Verbindungsoptionen genauer an.

Bot Analytics

Auf der Registerkarte **Monitor** bzw. mit den Funktionen der Säule *Bot Analytics* können Sie verstehen und überwachen, wie Ihr Bot verwendet wird. Dazu werden folgende Funktionen bereitgestellt:

- Ein *Protokoll-Feed*, mit dessen Hilfe Sie Ihre Protokolle beispielsweise nach Intent, Sprache, Datum und Beurteilung filtern können. Sie können alle Protokolle auch als *CSV-Datei* herunterladen.
- Verwendungsmetriken, z. B.:
  - Anzahl der Konversationen und Benutzer
  - Anzahl der täglich, im Monat oder Jahr gesendeten Nachrichten
  - am häufigsten verwendete Skills oder Intents
- Trainingsanalysen, mit denen Sie die Leistung des Trainingsdatensatzes Ihres Bots untersuchen können
- Vorschläge, wie Sie die Bot-Leistung verbessern und sicherstellen können, dass Ihr Trainingsdatensatz die bestmöglichen Bedingungen der Bot-Anwendung abdeckt

In Kapitel 6, »Den Chatbot verbessern«, werden wir uns diese Funktionen genauer ansehen und deren Anwendung zeigen.

2.2 Verwaltungs- und Einstellungsmöglichkeiten im Benutzerprofil

SAP Conversational AI bietet verschiedene Verwaltungs- und Einstellungsmöglichkeiten an, die wir in diesem Abschnitt beschreiben. Sie können Ihr eigenes Profil konfigurieren sowie Ihre Organisationen, Ihre Bots und Ihre Kollaborationen verwalten.

2.2.1 Eigenes Profil verwalten

Ihr Benutzerkonto bzw. Ihr Profil sowie die Chatbots, an deren Entwicklung Sie teilhaben, können Sie nach der erfolgreichen Anmeldung einsehen. Über einen Klick auf die Schaltfläche **Your bots** oder den Eintrag **Your profile** in Ihrem Benutzermenü ( ) können Sie die entsprechenden Bereiche direkt ansteuern. Mit den Einstellungsmöglichkeiten im Bereich der Bots beschäftigen wir uns in Abschnitt 2.2.3, »Bots verwalten«. An dieser Stelle werfen wir zunächst einen Blick auf die Einstellungsmöglichkeiten Ihres Benutzerprofils.

Profileinstellungen

Öffnen Sie Ihr Benutzermenü ( ), und wählen Sie den Eintrag **Settings**. Sie gelangen zu den Einstellungen für Ihr Benutzerkonto (siehe Abbildung 2.7).

Dort finden Sie unter dem Menüeintrag **Profile** die für Ihr Benutzerkonto hinterlegte E-Mail-Adresse und Ihren Benutzernamen und können diese bei Bedarf ändern.

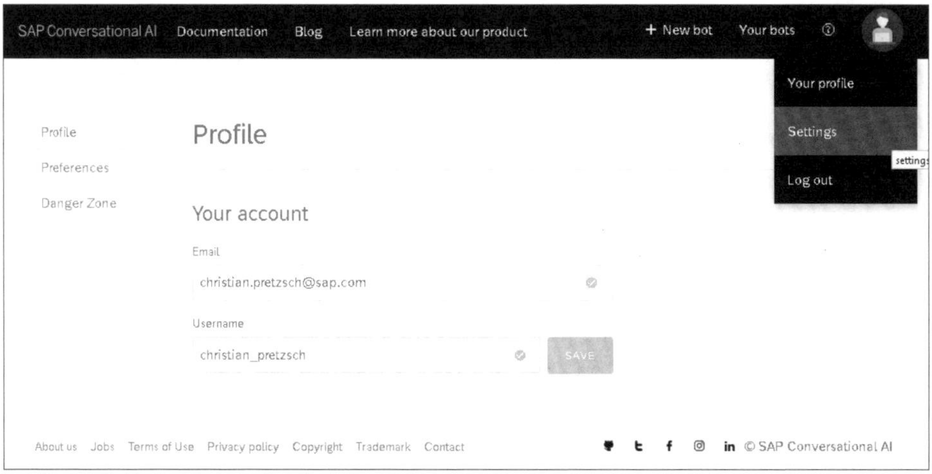

Abbildung 2.7 Profileinstellungen

Profilpräferenzen

Über den Menüeintrag **Preferences** gelangen Sie in die Profilpräferenzen (siehe Abbildung 2.8). Hier können Sie Ihre Zeitzone festlegen und einstellen, welche Newsletter Sie erhalten möchten. Wenn Sie bereits für alle Newsletter registriert sind, können Sie diese Option nicht mehr auf Ihrer Profilübersichtsseite sehen.

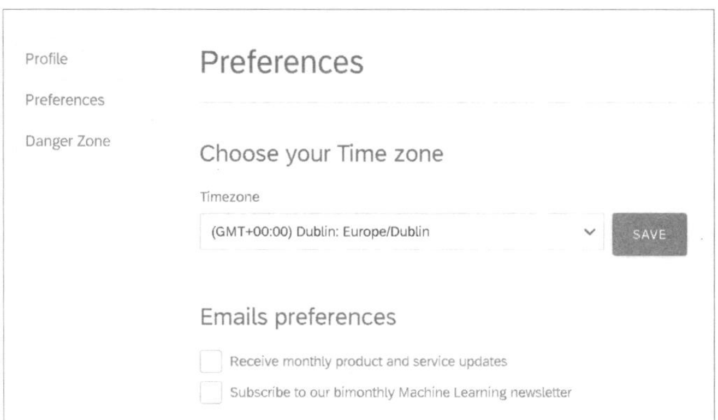

Abbildung 2.8 Profilpräferenzen einstellen

Danger Zone

Im Bereich **Danger Zone** können Sie Ihr Benutzerkonto und damit auch Ihre Bots löschen (siehe Abbildung 2.9). Beachten Sie jedoch, dass diese Aktionen nicht wieder rückgängig zu machen sind. Außerdem können Sie Ihr Profil über die Schaltfläche **MAKE PRIVATE** verbergen. Mit dieser Einstellung können Sie nicht gefunden werden, und damit auch nicht für Kollaboration ausgewählt oder einer Organisation zugeordnet werden.

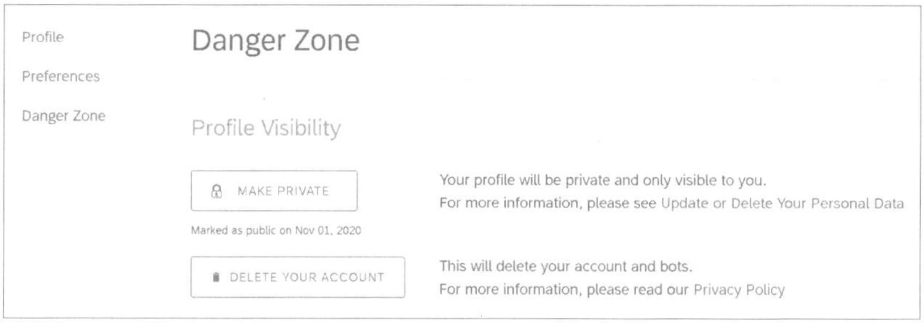

Abbildung 2.9 Danger Zone

2.2.2 Organisationen verwalten

Private und öffentliche Organisationen

Organisationen in SAP Conversational AI sind gemeinsam genutzte Konten, mit denen Personengruppen gleichzeitig an vielen Chatbots arbeiten können. Sie können sowohl private als auch öffentliche Organisationen erstellen:

- *Öffentliche Organisationen*, deren Chatbots sowie deren Mitglieder können alle einsehen.
- *Private Organisationen* können erst mal nur von ihren Mitgliedern eingesehen werden.

Mehr zur Verwaltung des Zugriffs auf die Organisationen erfahren Sie in Abschnitt 7.1.5, »Berechtigungen pflegen«.

Organisation anlegen

Sehen Sie wie in Abbildung 2.6 unter **Organizations** nur ein Plussymbol ( ), sind Sie noch keiner Organisation zugeordnet und verwalten auch keine. Klicken Sie auf dieses Plussymbol, um eine neue Organisation anzulegen. Sie gelangen zu dem Dialog **Create your Organization** (siehe Abbildung 2.10). Hier können Sie öffentliche oder private Organisationen erstellen.

Nachdem Sie einen Namen vergeben (wir wählen hier einfach den Namen »SAP CAI: Das Buch«), optional eine Beschreibung für Ihre Organisation hinzugefügt und gegebenenfalls die Zugänglichkeit bzw. Sichtbarkeit von privat (**Private**) auf öffentlich (**Public**) geändert haben, klicken Sie auf die Schaltfläche **CREATE ORGANIZATION**, die Sie zur Organisationsübersichtsseite bringt.

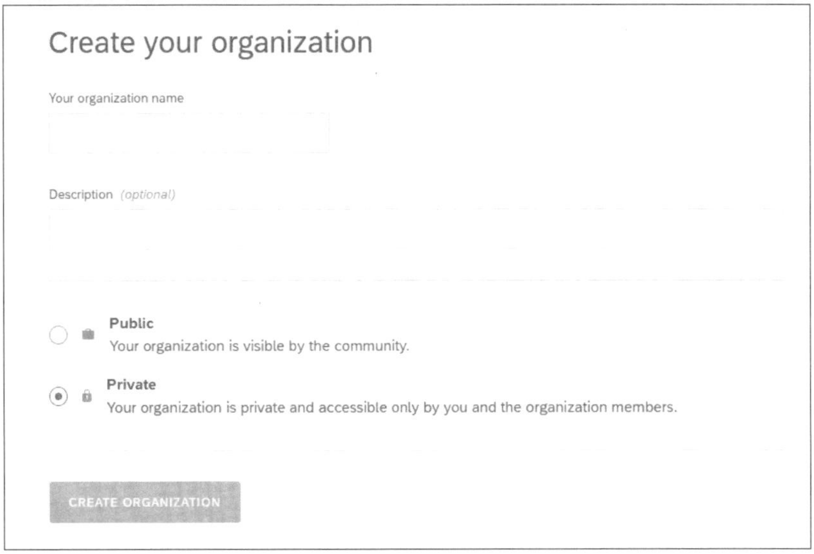

Abbildung 2.10 Dialog zur Organisationserstellung

[»]

Namen sind Slugs

Namen in SAP Conversational AI sind sogenannte *Slugs* und repräsentieren damit den letzten Teil eines Pfades oder einer URL. Die Bezeichnung Slug hat ihren Ursprung in Zeitungsredaktionen und steht in diesem Umfeld für einen eindeutigen Bezeichner eines Artikels, der sich noch in der Entstehung befindet.

Ziel der Slugs in SAP Conversational AI ist es, URLs in einem für Menschen lesbaren Format zu präsentieren, damit Nutzer*innen aus diesen direkt ableiten können, wo sie sich befinden. Da Slugs per definitionem Teil von URLs sind, dürfen sie sich nur aus »unreservierten« Zeichen zusammensetzen. Dies sind laut RFC 3986 Zahlen, Buchstaben sowie der Bindestrich (-), Punkt (.) und die Tilde (~). Um einen gültigen Slug zu erzeugen, werden daher in SAP Conversational AI sämtliche Zeichen, die nicht Zahl oder Buchstabe sind, durch einen Bindestrich ersetzt. Aus der Eingabe »Ich bin ein Slug« wird demnach »ich-bin-ein-slug«. Weitere Informationen zu Slugs finden Sie auch unter *http://s-prs.de/v792203*.

Überblick über eine Organisation

Analog zur Profilübersichtsseite erhalten Sie auf der Organisationsübersichtsseite, die Sie per Klick auf ein Organisationssymbol erreichen, alle Informationen zu einer Organisation. Wie in Abbildung 2.11 erkennbar, sehen Sie auf der linken Seite den Organisationsnamen, die Beschreibung und die Mitglieder in einem Schnellüberblick. In unserem Beispiel hat die Organisation erst ein Mitglied. Falls Sie die Organisation erstellt haben, werden Sie automatisch als Verwalter*in (*Admin*) und damit Mitglied dieser Organisation geführt.

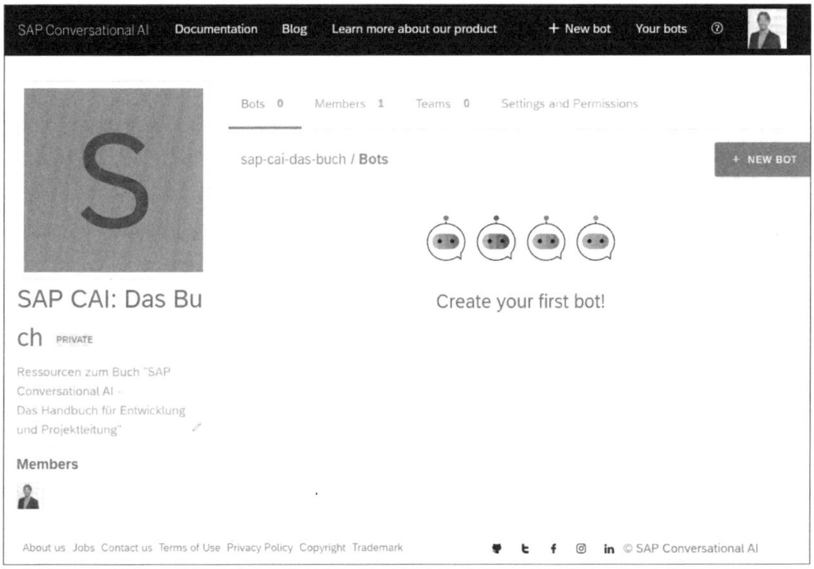

Abbildung 2.11 Organisationsübersichtsseite

Im zentralen Bereich können Sie Informationen zu den **Bots**, Mitgliedern (**Members**) und **Teams** dieser Organisation über Registerkarten aufrufen. Auf der Registerkarte **Settings and Permissions** können Sie außerdem die Einstellungen und Berechtigungen dieser Organisation verwalten. Auf die Funktionen der einzelnen Registerkarten gehen wir in den folgenden Abschnitten ein.

Wenn Sie der Admin einer Organisation sind, können Sie allen Mitgliedern dieser Organisation eine Basisberechtigung zuweisen, z. B. »nur Lesen«, »Lesen und Schreiben« usw. Darüber hinaus können Sie den *Teams*, die aus einem oder mehreren Mitgliedern der Organisation bestehen, zusätzliche Berechtigungen zuweisen.

[+]

Organisationsnamen einblenden

Sie können den vollständigen Namen einer zugeordneten Organisation einblenden, indem Sie mit dem Mauszeiger auf der Initiale der Organisation verweilen, die in der Profil- und Organisationsleiste links angezeigt wird (hier **S**). Der vollständige Name wird dann in einem *Tooltip* angezeigt, in Abbildung 2.12 ist das der Name **SAP CAI: Das Buch**.

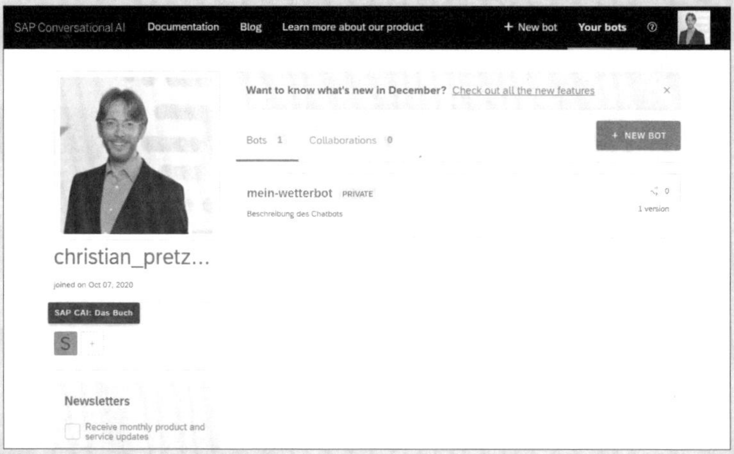

Abbildung 2.12 Tooltip mit dem Organisationsnamen, hier auf der Profilübersichtsseite

Verwalten von Bots

Auf der Registerkarte **Bots** können Sie die Chatbots innerhalb der Organisation neu anlegen und verwalten. Wir werden uns mit der Bot-Übersicht in Abschnitt 2.2.3, »Bots verwalten«, eingehender beschäftigen.

Mitglieder einer Organisation verwalten

Auf der Registerkarte **Members** können Sie als Admin die Mitglieder einer Organisation verwalten. Sind Sie ein einfaches Mitglied, können Sie die Mitglieder hier lediglich einsehen. In Abbildung 2.13 sehen Sie die Administrationssicht, da die ausgewählte Organisation nur ein Mitglied hat, das automatisch Admin ist.

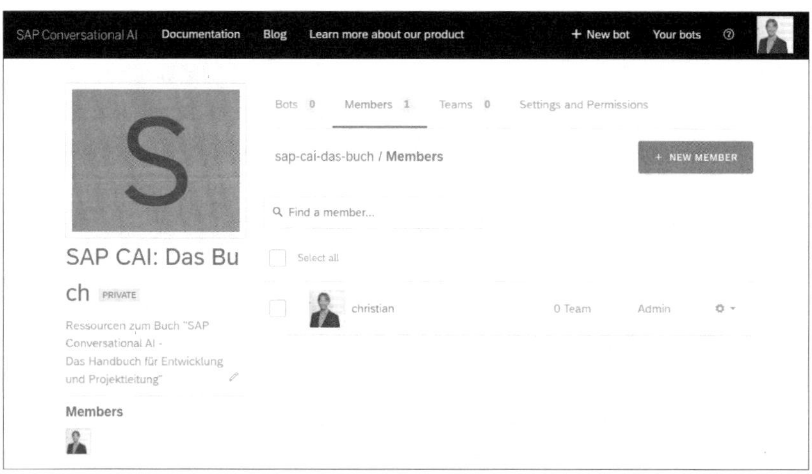

Abbildung 2.13 Organisationsmitglieder verwalten

[!]

Nachfolgeregelung sicherstellen

Wenn Sie der einzige Admin einer Organisation sind und Ihr Unternehmen verlassen, stellen Sie sicher, dass Sie den Bot-Besitz und damit die Admin-Rolle auf ein anderes Teammitglied übertragen.

Eine Organisation muss immer mindestens einen Admin haben. Wenn eine Organisation nur einen Admin hat, kann dieser seine eigene Rolle nicht aktualisieren, sich selbst aus der Organisation entfernen oder das eigene Konto löschen, bis er ein anderes Mitglied zum Admin gemacht hat.

Mitglieder hinzufügen

Wenn Sie Admin einer Organisation sind, können Sie Mitglieder zu dieser Organisation hinzufügen und daraus entfernen. Um Mitglieder hinzuzufügen, klicken Sie auf die Schaltfläche **+ NEW MEMBER**. Um ein Mitglied zu entfernen, klicken Sie auf das Zahnradsymbol (⚙ ▾) rechts neben dem Benutzernamen. Es öffnet sich ein Dropdown-Menü, in dem Sie den Eintrag **REMOVE FROM ORGANIZATION** wählen.

[!]

Keine automatische Löschung aus einer Organisation

Wenn ein Mitglied das Unternehmen verlässt, muss der Admin dieses Mitglied manuell aus der Organisation entfernen. Andernfalls kann ein Bot, auf den dieses Mitglied Zugriff hatte, trotz der deaktivierten Firmenanmeldung auch weiterhin für dieses Mitglied zugänglich sein.

Teams pflegen

Mitglieder hinzufügen

Über die Registerkarte **Teams** können die Teams innerhalb einer Organisation gemanagt werden. Wenn Sie der Admin einer Organisation sind, können Sie Teams erstellen, verwalten und ihnen zusätzliche Berechtigungen zuweisen. Außerdem können Sie den Teams über die Schaltfläche **+ NEW MEMBER** neue Mitglieder hinzufügen. Alternativ können Sie Mitglieder auch über die Registerkarte **Members** hinzufügen. Hier öffnen Sie das Einstellungsmenü zu einem Mitglied über das Zahnradsymbol (⚙ ▾) und wählen den Eintrag **ADD TO TEAM**, um dieses Mitglied einem Team hinzufügen.

Teamübersichtsseite

Abbildung 2.14 zeigt die initiale Teamübersichtsseite unserer Organisation. Hier sind noch keine Teams gepflegt.

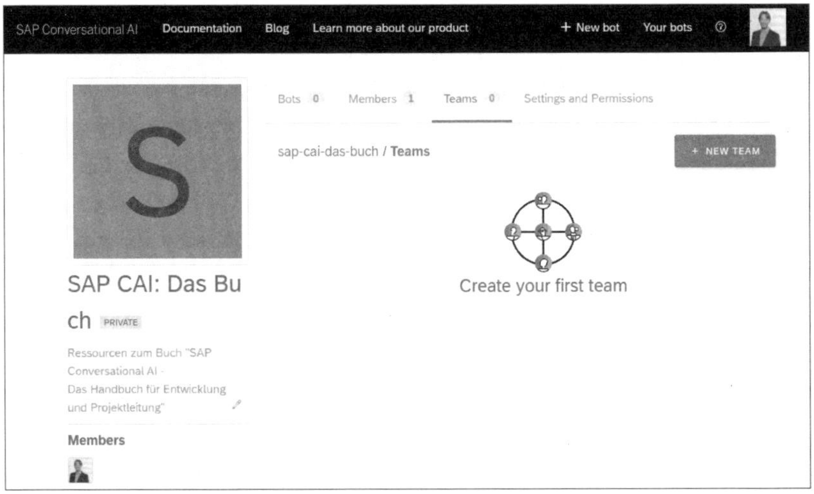

Abbildung 2.14 Initiale Teamübersichtsseite

Team anlegen

Um ein Organisationsteam anzulegen, klicken Sie auf die Schaltfläche **+ NEW TEAM**. Sie benötigen erst einmal nur einen Namen für das Team, wir wählen hier »bot-entwickler«. Diesen können Sie nachträglich über einen Klick auf das Stiftssymbol (✎), neben dem Namen eines Teams wieder ändern. Mit einem Klick auf das Mülleimersymbol (🗑) daneben, können Sie das Team löschen (siehe Abbildung 2.15).

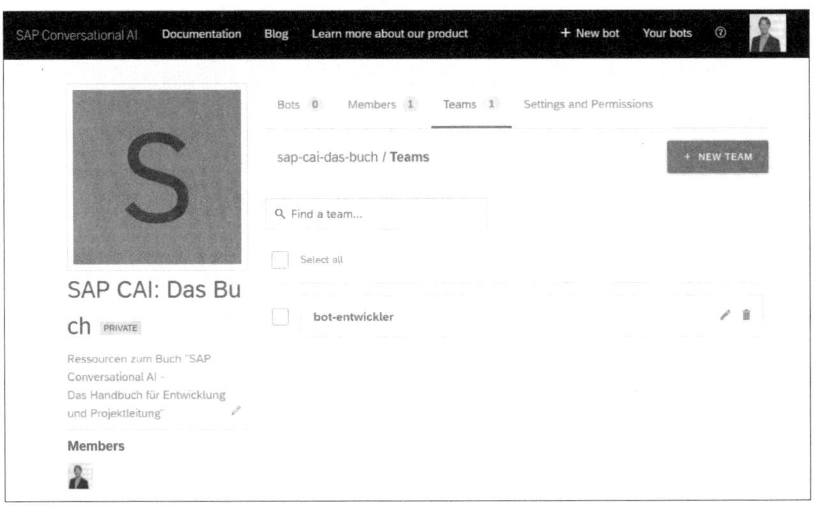

Abbildung 2.15 Team anlegen

Mitglieder ansehen

Die Mitglieder eines Teams können Sie über einen Klick auf den Namen des Teams einsehen. Weisen Sie sich selbst dem Team »bot-entwickler« über die Schaltfläche **+ NEW MEMBER** zu. Wo in der Organisationsverwaltung Sie sich gerade befinden, können Sie an dem Breadcrump-Pfad unterhalb der Registerkarten erkennen, in Abbildung 2.16 **sap-cai-das-buch/Teams/bot-entwickler**.

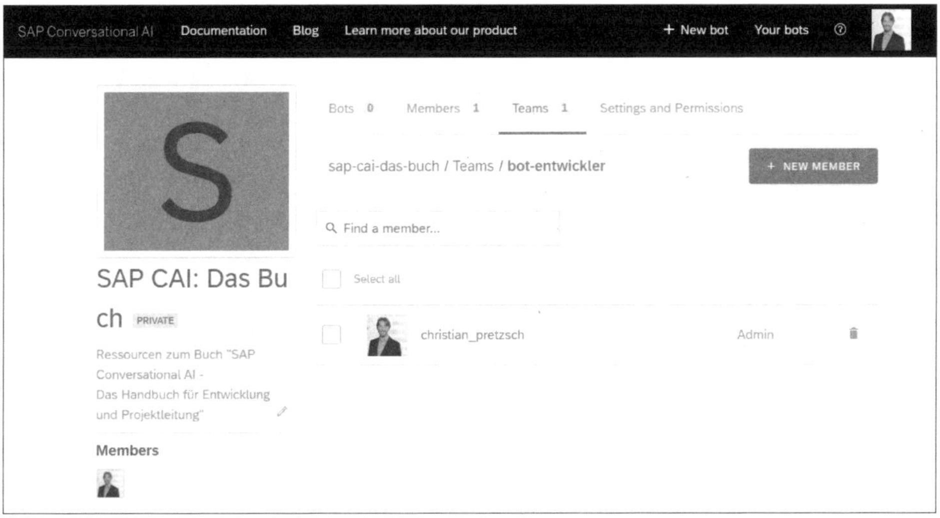

Abbildung 2.16 Mitglieder eines Organisationsteams

Einstellen und Berechtigungen pflegen

Über die Registerkarte **Settings and Permissions** gelangen Sie zu den Einstellungen und Berechtigungen einer Organisation (siehe Abbildung 2.17). Wenn Sie der Admin einer Organisation sind, können Sie die Einstellungen ändern, z. B. den Namen der Organisation ändern, Berechtigungen zuweisen, die Organisation privat oder öffentlich machen oder die Organisation löschen.

Organisation öffentlich machen

Wenn Sie eine Organisation öffentlich machen, bleiben die vorhandenen privaten Bots privat, d. h., sie bleiben nur für die Mitglieder der Organisation sichtbar. Wenn Sie eine öffentliche Organisation hingegen privat machen, werden die vorhandenen öffentlichen Bots ebenfalls privat.

Produktivorganisation

Für Ihren produktiven Einsatz gibt es eine spezielle SAP-Organisation (außer bei der Enterprise Edition). Nur die Bots, die der von SAP bereitgestellten Produktivorganisation zugeordnet sind, dürfen produktiv verwendet werden. Der Link zur Produktivorganisation wird Ihnen per E-Mail zugeschickt. Falls Sie bereits mit der Entwicklung eines Bots begonnen haben, können Sie Ihre vorhandenen Bots in diese Organisation verschieben. Weitere Informationen hierzu finden Sie in SAP-Hinweis 2831752.

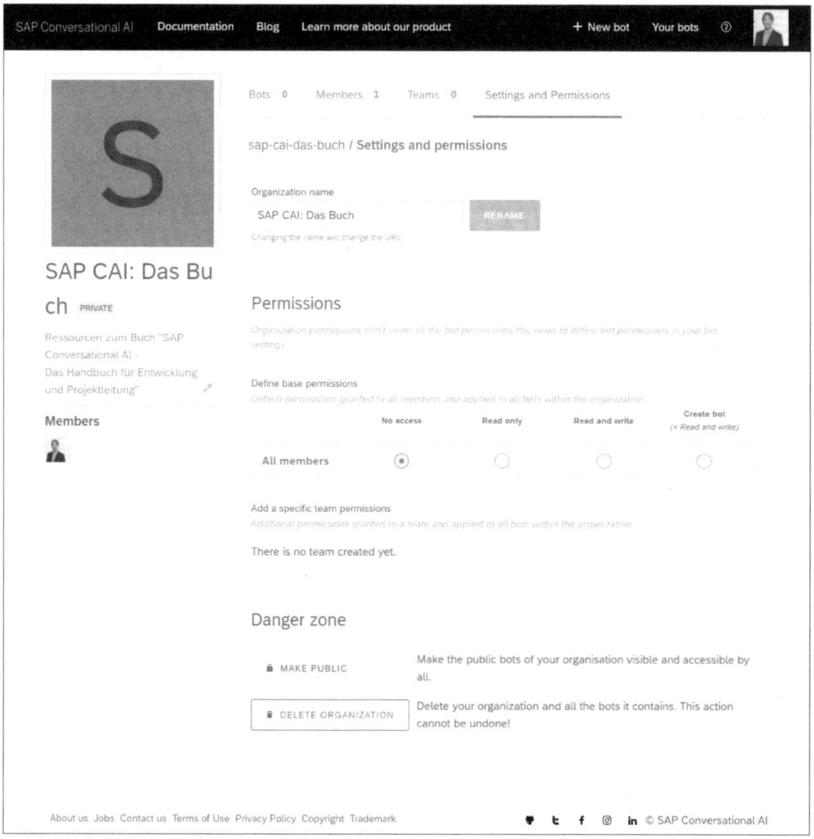

Abbildung 2.17 Einstellungen und Berechtigungen einer Organisation

Berechtigungen auf Organisationsebene

Als Admin einer Organisation können Sie allen Mitgliedern der Organisation eine der folgenden Berechtigungen als Basisberechtigung zuweisen. Zudem können Sie einem Team aus einem oder mehreren Mitgliedern der Organisation eine der folgenden Berechtigungen als zusätzliche Berechtigung zuweisen:

- **No access**
  Mitglieder der Organisation, die nur über die Berechtigung **No access** (kein Zugriff) verfügen, können keine privaten Bots der Organisation sehen oder darauf zugreifen. Sie können jedoch auf die öffentlichen Bots zugreifen.
- **Read only**
  Mitglieder der Organisation, die nur über die Berechtigung **Read only** (nur Lesen) verfügen, können im schreibgeschützten Modus auf alle Bots der Organisation zugreifen, d. h., sie können alle Bots der Organisation anzeigen, suchen und filtern. Sie können auch alle Bots der Organi-

sation kopieren (d. h. einen *Fork* erstellen), jedoch nur zu einem Ziel, an dem sie Lese- und Schreibzugriff (**Read and write**) haben.

- **Read and write**
  Mitglieder der Organisation, die nur über die Berechtigung **Read and write** (Lesen und Schreiben) verfügen, können im Lese-/Schreibmodus auf alle Bots der Organisation zugreifen, d. h., sie können alle Bots der Organisation bearbeiten, löschen, übertragen und kopieren sowie *Token* neu laden.
- **Create bot (+ Read and write)**
  Mitglieder der Organisation, die über die Berechtigung **Create bot (+ Read and write)** (Bot erstellen und Lesen und Schreiben) verfügen, haben denselben Zugriff wie Mitglieder mit Lese- und Schreibberechtigung (**Read and write**). Außerdem können sie neue Bots erstellen.

Admins einer Organisation haben immer alle Rechte, d. h., sie verfügen über die Berechtigung **Create bot (+ Read and write)**. Außerdem können sie die Einstellungen der Organisation ändern sowie Teams und Mitglieder verwalten.

Basisberechtigungen

Die Basisberechtigungen sind die Standardberechtigungen, die allen Mitgliedern der Organisation gewährt und auf alle Bots innerhalb der Organisation angewendet werden. Für neue Organisationen lautet die Standardbasisberechtigung **No access** (kein Zugriff).

Teamberechtigungen

Falls Sie bereits Organisationsteams angelegt haben, können Sie als Admin diese Teamberechtigungen pflegen, wie in Abbildung 2.18 dargestellt. Markieren Sie die zusätzliche Berechtigung für das Team dazu einfach über die Auswahlfunktion.

Teamberechtigungen werden auf alle Bots innerhalb der Organisation angewendet. Die zusätzlichen Berechtigungen werden nur für Teams bereitgestellt. Möchten Sie sie einzelnen Mitgliedern zuweisen, erstellen Sie einfach ein Team mit nur diesem einen Mitglied.

Wenn Sie ein neues Team erstellen, wird die Basisberechtigung als Standardberechtigung für dieses Team festgelegt. Die Basisberechtigung ist auch die mindestens erforderliche Einstellung, die für die Teamberechtigung festgelegt werden kann.

Bot an eine Organisation übertragen

Sie können einen vorhandenen Bot von Ihrem Benutzerkonto auf ein Organisationskonto oder von einem Organisationskonto auf ein anderes Organisationskonto übertragen, indem Sie in den Bot-Einstellungen in der **Danger Zone** die Funktion **TRANSFER OWNERSHIP** wählen (siehe auch Abschnitt 7.1.8, »Kritische Einstellungen«).

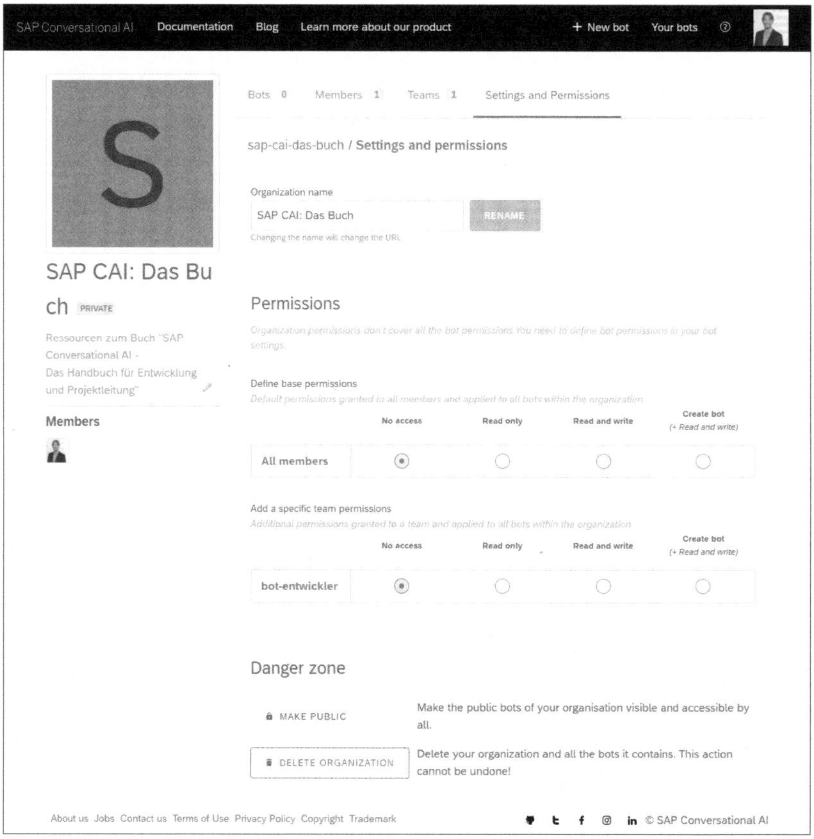

Abbildung 2.18 Berechtigungen eines Organisationsteams anpassen

2.2.3 Bots verwalten

Bots sind die zentrale Entwicklungseinheit der Plattform SAP Conversational AI. Die Abkürzung steht für *Chatbot*. Was ein Chatbot ist, wissen Sie aus Abschnitt 1.4, »Chatbot vs. digitaler Assistent«. Welche Arten von Bots SAP Conversational AI unterscheidet, erläutern wir in Abschnitt 2.3, »Arten von Bots«.

Übersicht der Bots

Generell können Sie alle Bots, deren Entwicklung Sie in Ihrem Profil gestartet haben, auf der Registerkarte **Bots** einsehen, je nach Herkunft auf Ihrer Profil- oder Organisationsübersichtseite. An wie vielen Bot-Entwicklungen Sie bereits beteiligt sind, können Sie leicht an der Zahl auf der Registerkarte **Bots** ablesen. Darunter werden Ihnen alle Bots mit Namen, der Beschreibung, optional Themen, den vorhandenen Versionen und eventuellen Hinweisen aufgelistet. Die Liste in Abbildung 2.19 enthält lediglich einen Bot, von dem es eine Version gibt.

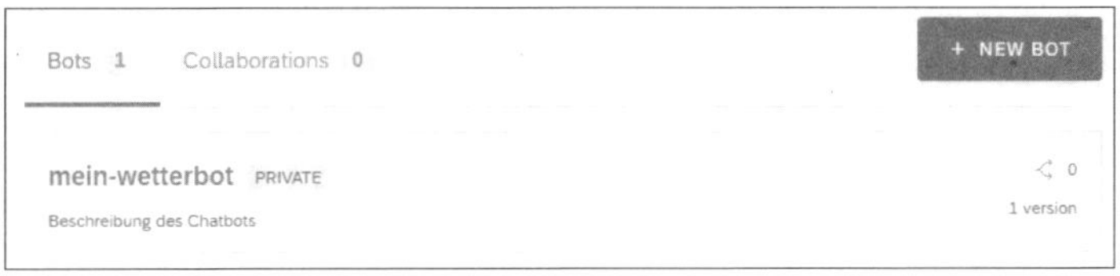

Abbildung 2.19 Übersicht der Bots

In Abbildung 2.20 sehen Sie einen weiteren Bot in der Übersicht, der als Kopie des ersten Bots angelegt wurde. Hier werden bereits einige Zusatzinformationen angezeigt. An dem Link **Missing data** rechts können Sie leicht erkennen, das hier noch Informationen fehlen. Über den Link werden Sie direkt zur Einstellungsseite des Bots geleitet. Da hier die Kennzeichnung **PRIVATE** fehlt, handelt es sich um einen öffentlichen Bot. Darüber hinaus sehen Sie ein Thema des Bots: **weather** (Wetter) sowie die Zusatzinformation, dass es sich bei diesem Bot um eine Kopie (**forked from**) handelt. Außerdem wird der Autor und Name des Original-Bots angezeigt.

Abbildung 2.20 Zusatzinformationen eines Bots

Mit einem Klick auf einen Bot-Namen in der Liste, z. B. auf **mein-wetterbot** gelangen Sie zur Bot-Entwicklungsumgebung von SAP Conversational AI (siehe Abbildung 2.21).

Aufbau der Entwicklungsumgebung

Sie finden hier die bereits bekannte Kopfzeile der Plattform ❶, einen Kopfbereich mit den Details zum aufgerufenen Bot ❷ und die Registerkarten **Train**, **Build**, **Test**, **Connect** und **Monitor** ❸, die wir in Abschnitt 2.1.3, »Funktionen«, bereits vorgestellt haben. Über die Schaltfläche **Settings** ❹ gelangen Sie zu den Bot-Einstellungen. Zu jeder dieser Registerkarten und auch zu den Bot-Einstellungen finden Sie ein eigenes Kapitel in Teil II, »Entwicklung eines Chatbots«. Nach Aufruf der Entwicklungsumgebung ist standardmäßig die Registerkarte **Train** geöffnet.

Über das Auswahlmenü im Kopfbereich ❺ können Sie die angezeigte Version Ihres Bots ändern. Über die Schaltfläche **FORK** ❻ können Sie sich eine Kopie des Bots anlegen, und mit der Schaltfläche **Training** ❼ wird das dem Bot zugrunde liegende Modell neu berechnet. Weil für den in Abbildung 2.21 angezeigten Bot noch keine Intents angelegt wurden, werden Sie ermuntert, Ihren Bot mit einem neuen Intent oder vordefinierten Inhalten anzureichern ❽.

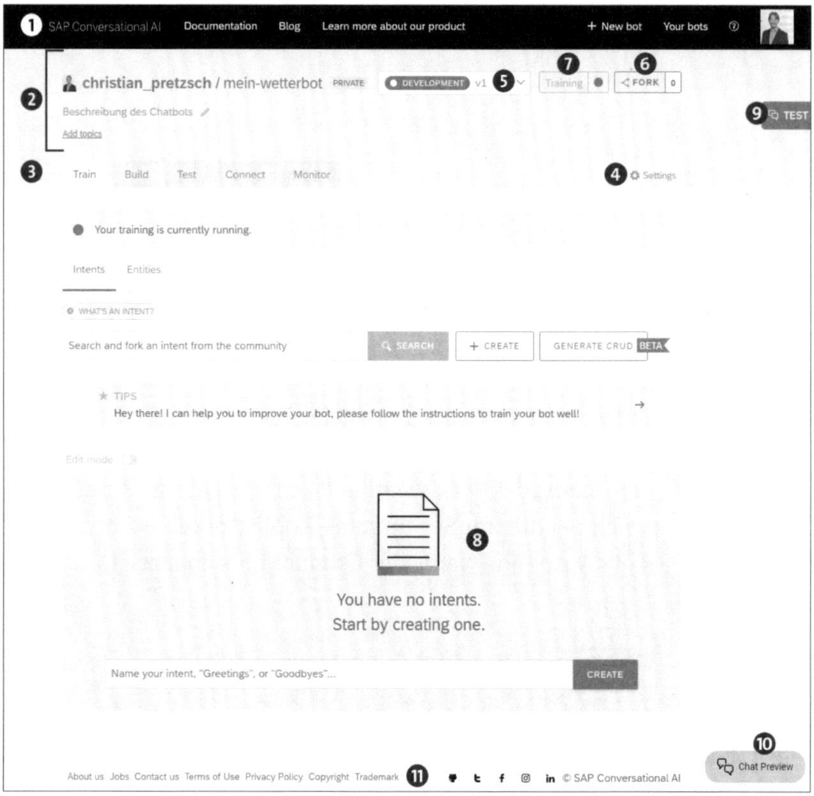

Abbildung 2.21 Bot-Entwicklungsumgebung von SAP Conversational AI

Am rechten Bildschirmrand können Sie die zwei Schaltflächen **TEST** ❾ und **Chat Preview** ❿ erkennen, die beide eine grafische Möglichkeit zum Testen Ihres Chatbots aufrufen. Mit der Testkonsole können Sie das NLP testen. Im Chat Preview können Sie den vollständigen Bot testen.

In der Fußzeile der Umgebung können Sie auf weitere Internetseiten abspringen ⓫, wie Urheberrecht, Kontaktmöglichkeiten mit SAP und andere.

In Abschnitt 2.4, »Erste Schritte zur Erstellung eines Chatbots«, zeigen wir Ihnen den Umgang mit den einzelnen Funktionen am Beispiel eines ersten einfachen Bots.

2.2.4 Kollaborationen verwalten

Bots anderer Mitglieder

Auf der Registerkarte **Collaborations** können Sie alle Bots einsehen, die von einer anderen Bot-Entwicklerin oder einem anderen Bot-Entwickler angelegt wurden und für die Sie als Mitarbeiter*in eingetragen sind. Der einzige

Unterschied zur Bot-Übersicht auf der Registerkarte **Bots** ist der, dass Ihnen vor dem Bot-Namen noch das Benutzerkonto der Erstellerin bzw. des Erstellers des Bots angezeigt wird, in Abbildung 2.22 **thomas11**. Sie sehen hier entweder eine Organisation oder einen Benutzernamen.

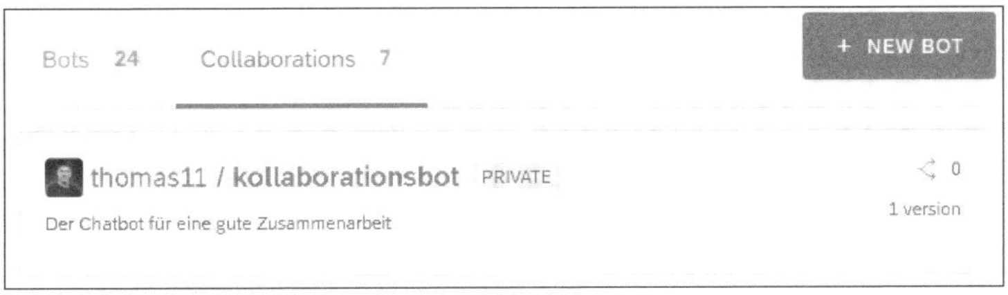

Abbildung 2.22 Anzeige eines Kollaborations-Bots

Klicken Sie auf den Profil- oder Organisationsnamen oder den Bot-Namen, um zur Entwicklungssicht für diesen Bot zu gelangen. Es ist möglich, dass Sie dort nur eingeschränkte Berechtigungen haben. Für andere Benutzerkonten und Kollaborations-Bots werden Sie wahrscheinlich nur einen lesenden Zugriff haben.

2.3 Arten von Bots

SAP Conversational AI unterscheidet zwei Arten von Bots: intent-basierte Bots und FAQ-Bots. Beide Arten werden mit der gleichen geführten Prozedur erzeugt, die Sie über die Schaltfläche **+ NEW BOT** oder die Registerkarte **+ New bot** aufrufen. Bevor wir uns diesen Wizard in Abschnitt 2.4, »Erste Schritte zur Erstellung eines Chatbots«, anhand eines konkreten Beispiels genauer anschauen, erklären wir in diesem Abschnitt die Unterschiede zwischen den beiden Bot-Arten.

Intent-basierte Chatbots

Wesentlich für das Verständnis der Kernkonzepte von SAP Conversational AI ist die Unterscheidung zwischen Intents und Skills. Mit diesen Entitäten können Sie einen intent-basierten Chatbot erstellen, der eine gesamte Konversation mit einem Benutzer abbilden kann:

- **Trainingsdatensatz**
  Ein *Trainingsdatensatz* besteht aus vielen Sätzen, die in Intents organisiert sind. Sie stellen dar, was Nutzer*innen zu Ihrem Chatbot sagen, also die *Illokution* (siehe Abschnitt 1.2.1, »Natürliche Sprachverarbeitung«). Der Trainingsdatensatz wird verwendet, um den Bot zu trainieren, die Bedürfnisse der Nutzer*innen zu verstehen und die richtige Konversation auszulösen, d. h. die richtigen Antworten und einen reibungslosen Konversationsablauf.

- **Skill**
  Skill ist ein Gesprächs- bzw. Dialogblock, der einen klaren Zweck hat und den Ihr Bot ausführen kann, um ein Ziel zu erreichen. Sie müssen diese Skills konfigurieren, um den Umfang Ihres Bots zu erweitern. Mit anderen Worten: Hier wird der perlokutionäre Akt definiert (siehe Abschnitt 1.2.1, »Natürliche Sprachverarbeitung«).

Die intent-basierten Bots sind die am häufigsten erstellten Bots in SAP Conversational AI.

Frage-Antwort-Bots

Ein Frage-Antwort-Bot ermittelt Antworten zu den Nutzerfragen aus einem oder mehreren Dokumenten, die Sie als CSV-Dateien hochladen können. Diese Art von Bots wird in SAP Conversational AI als *FAQ-Bot* bezeichnet. Die bereitgestellten Dokumente müssen vordefinierte Fragen- und Antwortpaare enthalten. Auf diese Weise kann Ihr Chatbot die Nutzerfragen den Fragen mit der besten Übereinstimmung zuordnen und eine Antwort abrufen, ohne die Absicht der Frage zu interpretieren.

Um solche Bots weniger komplex zu gestalten, werden die Intents vorab trainiert, und der Bot enthält eine Reihe vordefinierter Skills. Sie können die Chatbot-Antworten Ihren Geschäftsanforderungen anpassen. Verschiedene FAQ-Bots unterscheiden sich nur über ihre Inhalte voneinander.

Entwicklungsumgebung für die Bot-Arten

Die Entwicklungsumgebung für die verschiedenen Bot-Arten sieht immer gleich aus. Nur der Inhalt der einzelnen Registerkarten und die Möglichkeiten der Bot-Entwicklung unterscheiden sich, da jeweils ein anderer Schwerpunkt gesetzt wird. In Abbildung 2.21 haben Sie bereits die Entwicklungsumgebung für einen intent-basierten Chatbot gesehen. Abbildung 2.23 zeigt die Entwicklungsumgebung für einen FAQ-Bot.

Auch der Prozess zur Bot-Erstellung weicht bei den verschiedenen Bot-Arten leicht ab. Anders als bei einem intent-basierten Bot können Sie bei FAQ-Bots keine vordefinierten Inhalte wählen, sondern laden eine CSV-Datei mit Ihren Frage- und Antwortpaaren als Inhalte hoch. Eine Auswahl an vorgefertigten Skills ist bereits Teil Ihres FAQ-Bots, z. B. Gesprächsbausteine für Smalltalk und zur Abfrage der Kundenzufriedenheit. Auf die Erstellung von FAQ-Bots gehen wir in Kapitel 8, »Frage-Antwort-Bots«, ausführlicher ein.

[»]

Multi-Bots

Neben den intent-basierten und FAQ-Bots hat SAP noch einen weiteren Bot-Typ angekündigt, den *Multi-Bot*. Diese Art von Bots wurde jedoch zum Zeitpunkt der Drucklegung dieses Buches noch nicht unterstützt. In Kapitel 12, »Ausblick und zukünftige Technologien«, erfahren Sie mehr darüber.

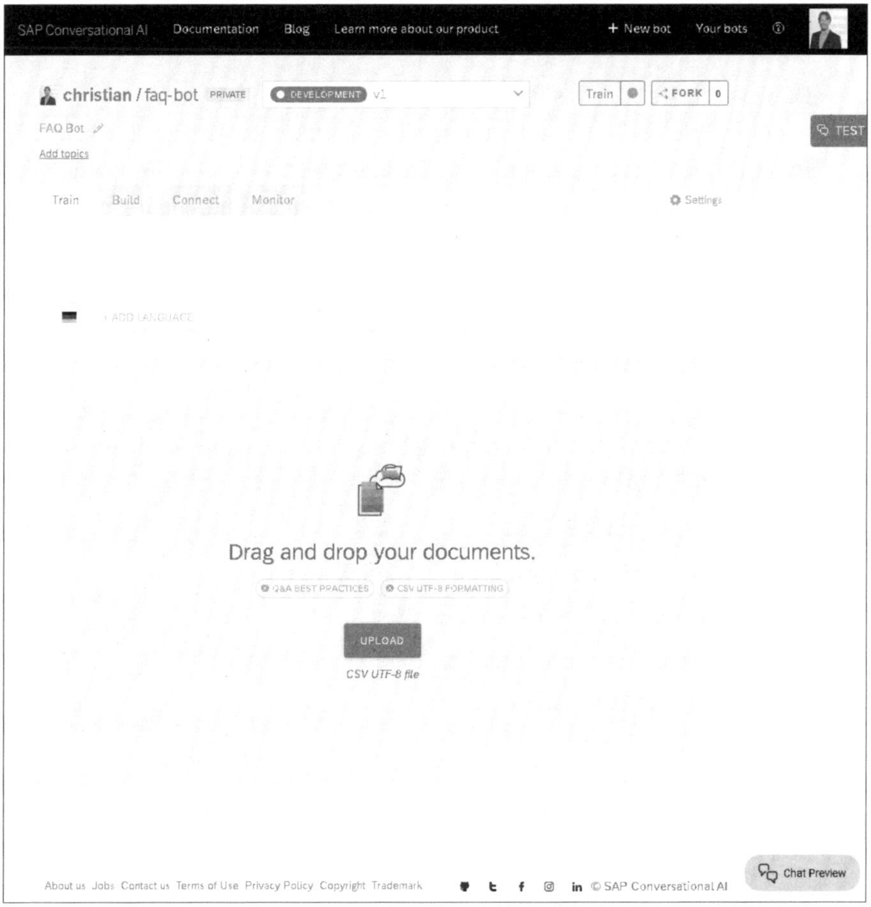

Abbildung 2.23 Entwicklungsumgebung für einen FAQ-Bot

2.4 Erste Schritte zur Erstellung eines Chatbots

Vorüberlegungen

Wenn Sie die allgemeinen Konzepte von SAP Conversational AI verstanden haben, wird es Zeit, Ihren ersten Chatbot zu erstellen. Dazu sollten Sie sich im Vorfeld über den Anwendungsfall Gedanken machen, also überlegen, was Ihr Chatbot können sollte und wie er die Nutzer*innen unterstützen soll. Außerdem müssen Sie sich entschieden haben, ob Sie die Entwicklung innerhalb Ihres eigenen Benutzerkontos oder innerhalb einer Ihrer Organisationen starten möchten, in denen Sie die Berechtigung für die Erstellung von Bots haben.

Ziel dieses Abschnitts

In diesem Abschnitt erstellen wir einen ersten Chatbot. Dabei setzen wir auf den in den vorangegangenen Abschnitten erworbenen Kenntnissen auf. Ziel dieses Abschnitts ist es, das Vorgehen bei der Erstellung eines Chatbots zu verstehen und Ihrem Benutzerkonto einen ersten Bot hinzuzufügen.

Da wirklich jeder etwas über das Thema Wetter beizutragen weiß, wollen wir einen Wetter-Bot bauen. Unterhaltungen über das Wetter sind ja häufig Inhalte von Konversationen, vor allem als Einleitung, Überbrückung oder Smalltalk. Unser intent-basierter Bot soll demnach einen häufig geführten und leicht verständlichen Dialog über das Wetter abbilden.

Benutzerkonto aufrufen

Sie werden Ihren ersten Bot unter Ihrem Benutzerprofil erstellen. Nach der erfolgreichen Anmeldung klicken Sie dazu auf die Schaltfläche **Your bots**, um zu Ihrer Profilübersichtsseite zu wechseln, falls Sie sich nicht bereits dort befinden.

Schritte zur Erstellung eines Bots

Der Wizard, der Sie bei der Erstellung Ihres Bots begleitet, beinhaltet die folgenden fünf Schritte:

1. Auswahl der Bot-Art
2. Optional: Selektion vordefinierter Fähigkeiten
3. Eingabe notwendiger Details zum Bot
4. Einstellen der Datenschutzrichtlinien
5. Selektion der Sichtbarkeit des Bots

Auswahl der Bot-Art

Wählen Sie im ersten Schritt, ob Sie einen Bot erstellen möchten, der Aktionen/Skills ausführen kann (**Perform Actions**), oder einen, der Antworten auf Benutzerfragen (FAQs) abruft, die sich z. B. auf eine Richtlinie oder einen anderen statischen Inhalt beziehen (**Retrieve Answers**). Abbildung 2.24 zeigt diese Auswahl. Wenn Sie mit dem Mauszeiger über die jeweilige Kachel fahren, erhalten Sie zusätzliche Informationen zu dieser Bot-Art, die Ihnen die Auswahl erleichtern.

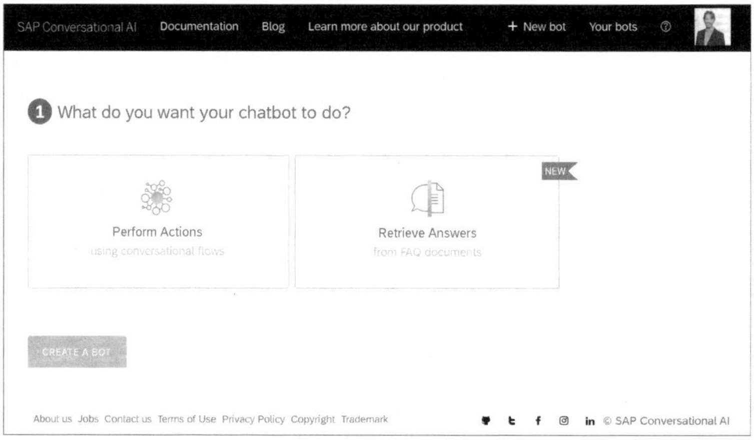

Abbildung 2.24 Intent-basierten oder Frage-Antwort-Bot erstellen

Mit einem Mausklick auf eine der Kacheln, selektieren Sie die Art Ihres Bots und können in der Prozedur fortfahren.

Vordefinierte Skills selektieren

Für intent-basierte Bots können Sie in Schritt 2 eine oder mehrere vordefinierte Skills als Ausgangspunkt für Ihren Bot wählen, wenn Sie das möchten. In Abbildung 2.25 sind die vordefinierten Skills: Begrüßung (**Greetings**), Geplauder (**Small Talk**), Gespräch über das Wetter (**Weather**), Abfrage der Kundenzufriedenheit (**Customer Satisfaction**) und Stellen eines Weckers (**Set Alarm**) für die englische Sprache dargestellt. Auf deren Inhalte gehen wir in Abschnitt 2.5, »Verwendung vordefinierter Chatbot-Bestandteile«, ausführlicher ein. Sie können diese Skills Ihres Bots bei Bedarf anpassen oder sogar löschen, sobald Sie bereit sind, Ihre eigenen Skills zu erstellen.

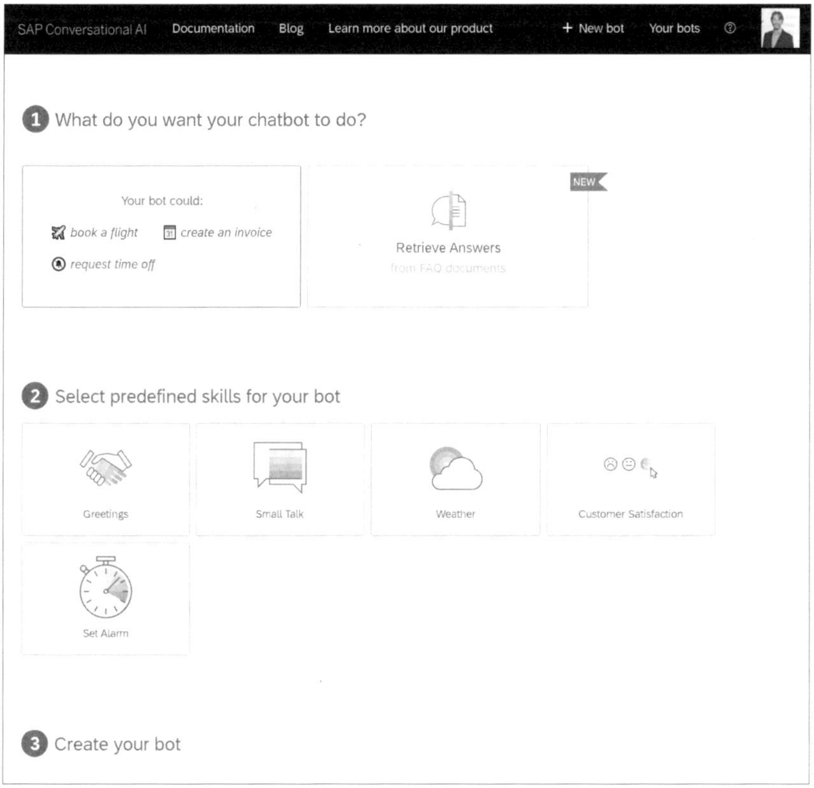

Abbildung 2.25 Auswahl vordefinierter Skills

Für unseren ersten Bot wählen Sie nur **Greetings** und fahren dann mit Schritt 3 fort. Einen vordefinierten **Weather**-Skill gibt es für deutschsprachige Bots noch nicht, daher werden wir diesen für unseren Wetter-Bot selbst aufbauen.

[»]

Später noch vordefinierte Skills hinzufügen

Wenn Sie bei der Erstellung Ihres Bots in Schritt 2 noch keine vordefinierten Skills selektiert haben und später dennoch welche verwenden möchten, können Sie diese auch nachträglich noch hinzufügen. Sie stehen unter *https://cai.tools.sap/scaffolder/starter-skills-de* zur Verfügung und können von dort mit der Funktion **Fork** kopiert werden.

Eigenschaften des Bots definieren

In Schritt 3 bei intent-basierten Bots (Schritt 2 bei FAQ-Bots) erfassen Sie die notwendigen Eigenschaften Ihres Bots (siehe Abbildung 2.26):

- **Name**
  In das Feld **Your bot name** geben sie einen Namen ein. Dieser wird dann in einem bestimmten Format verwendet (in Kleinbuchstaben und mit Bindestrichen anstelle von Leerzeichen), das Ihnen in einem gelb hinterlegten Hinweisfeld angezeigt wird. Für Ihren ersten Bot geben Sie den Namen »Mein Wetterbot« ein.

[»]

Reservierte Schlüsselwörter

Folgende englische Schlüsselwörter dürfen bei der Erstellung eines neuen Bots (sprachunabhängig) nicht im Bot-Namen verwendet werden:

'regen_token', 'upgrade', 'fork', 'forks', 'search', 'action', 'actions', 'notion', 'notions', 'dependency', 'dependencies', 'prerequisite', 'prerequisites', 'intent', 'intents', 'workflow', 'workflows', 'expression', 'expressions', 'token', 'tokens', 'word', 'words', 'entity', 'entities', 'gazette', 'gazettes', 'language', 'languages', 'log', 'logs', 'instance', 'instances', 'settings', 'clusterings'

- **Beschreibung (optional)**
  Wenn Sie im Feld **Description** eine Beschreibung eingeben möchten, können Sie diese anschließend im Kopfbereich der Bot-Plattform unterhalb des Bot-Namens sehen. Diese Zusatzinformation ist nicht unbedingt notwendig, kann Ihnen jedoch helfen, Ihre Bots zu unterscheiden. Für Ihren ersten Bot geben Sie eine Beschreibung ein, die Ihnen gefällt, z. B. »Mein erster Chatbot für Wetterinformationen«.
- **Thema (optional)**
  Fügen Sie Ihrem Bot im Bereich **Topics** bis zu sechs Themen hinzu (z. B. Wetter, Kundensupport, Personalwesen, Zahlungen oder Ähnliches). Indem Sie Ihren Bot auf diese Weise kategorisieren, kann SAP Conversational AI geeignete Trainingsdaten vorschlagen, um Ihren Bot später zu verbessern. Wählen Sie für unser Beispiel das Thema »Weather«.

- **Sprache**
  Stellen Sie die Standardsprache für Ihren Bot ein. Sie können später weitere Sprachen hinzufügen. Wir werden in Abschnitt 3.6, »Unterstützte Sprachen«, ausführlicher auf das Thema Sprachen eingehen. Wählen Sie für unser Beispiel **German** (Deutsch).

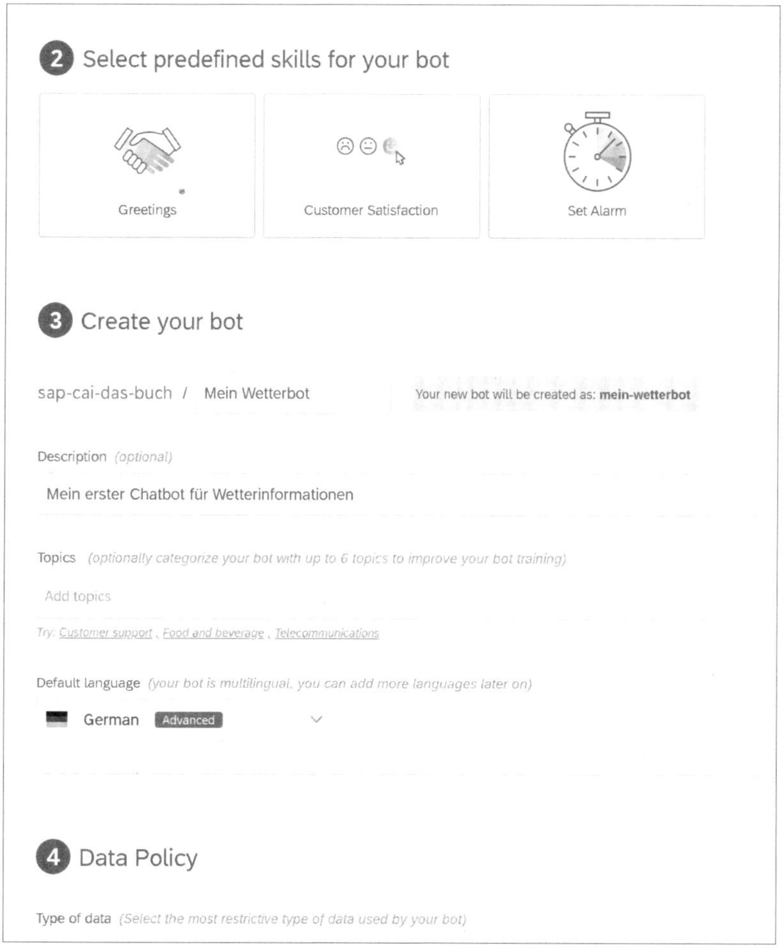

Abbildung 2.26 Details zum Bot eingeben

Nachdem Sie alle Details eingegeben haben, gehen Sie zum nächsten Schritt über.

Datenschutzrichtlinie einstellen

Um die Anforderungen der Europäischen Datenschutz-Grundverordnung (DSGVO) zu erfüllen, wählen Sie im nächsten Schritt die Art der von Ihrem Bot verarbeiteten Daten (nicht persönlich, persönlich, sensible persönliche Daten oder gesundheitliche Daten) aus. Geben Sie außerdem an, ob es sich bei den Anwender*innen um einen besonders schützenswerten Personenkreis (**Vulnerable**) handelt, wie z. B. Kinder oder Jugendliche (siehe Abbildung 2.27). Wenn Sie eine Datenschutzrichtlinie gewählt haben, wird Ihnen ein Hinweis zur Datenspeicherung angezeigt.

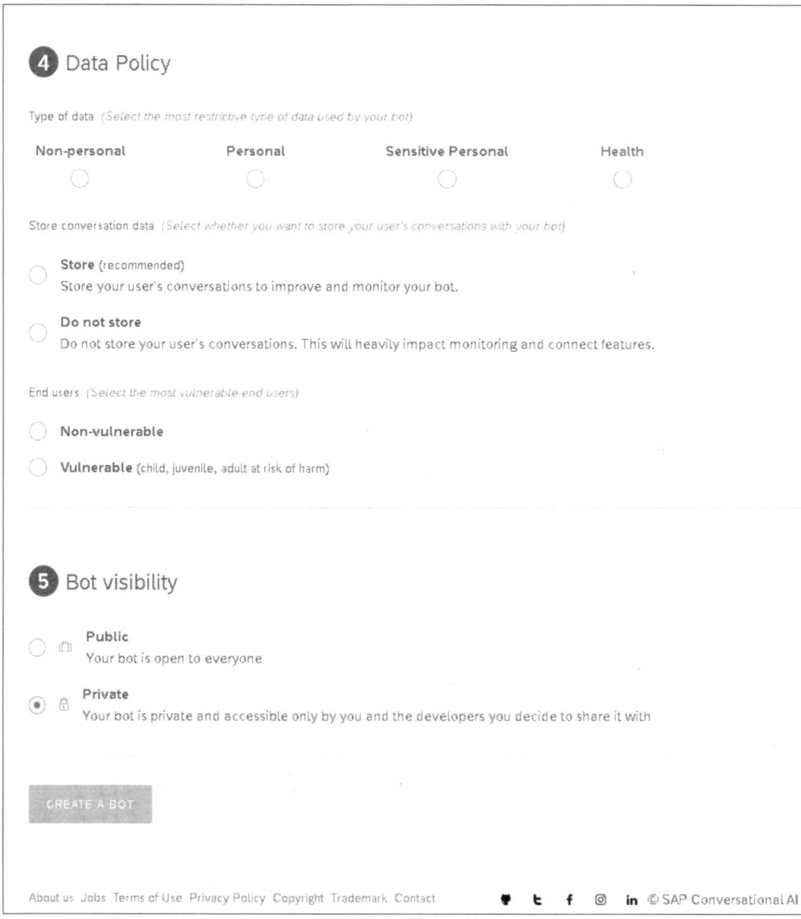

Abbildung 2.27 Datenschutzrichtlinien auswählen

[»]

Gesundheitsdaten nicht unterstützt

Es ist aktuell nicht möglich, einen Bot zu erstellen, der gesundheitsbezogene Daten verwendet, da die Plattform die besonderen rechtlichen Speicheranforderungen für diesen Datentyp nicht erfüllt.

Anschließend können Sie wählen, ob Sie Ihre Konversationsdaten speichern möchten (**Store**) oder nicht (**Do not store**). Diese Auswahl müssen Sie nur treffen, wenn Sie den SAP Conversational AI Web Client und Webchat-Kanäle verwenden. Wenn Sie die Konversationsdaten nicht speichern möchten, werden die Daten auf der Registerkarte **Monitor** nicht im Protokoll-Feed, den Verwendungsmetriken (insbesondere nicht die Entitätswerte, Anreicherungswerte und Benutzeräußerungen) sowie den Konversationsprotokollen angezeigt. Für Ihren Wetter-Bot wählen Sie die Einstellungen **Non-personal**, **Store** und **Non-vulnarable** aus.

Sichtbarkeit des Bots

Geben Sie abschließend an, ob Ihr Bot öffentlich oder privat sein soll. Die Auswahlmöglichkeiten für die Sichtbarkeit Ihres Bots werden auch von der von Ihnen zuvor ausgewählten Datenschutzrichtlinie bestimmt. Unter Berücksichtigung der Datenschutzrichtlinie ergeben sich die in Tabelle 2.1 aufgeführten Optionen für die Sichtbarkeit Ihres Bots.

Datenschutzrichtlinie	Bot-Sichtbarkeit	Datenaufbewahrungsfrist
nicht persönlich	Sie können öffentlich oder privat als Sichtbarkeit Ihres Bots auswählen. Wenn Ihr Bot privat ist, können nur Sie und die Entwickler*innen, mit denen Sie diesen Bot teilen möchten, auf diesen zugreifen.	unbegrenzt
persönlich	Die Sichtbarkeit des Bots wird automatisch auf privat gesetzt. Mit dieser Datenschutzrichtlinie können Sie keinen öffentlichen Bot erstellen.	drei Jahre
sensible persönliche Daten	Die Sichtbarkeit des Bots wird automatisch auf privat gesetzt. Mit dieser Datenschutzrichtlinie können Sie keinen öffentlichen Bot erstellen.	ein Jahr
Gesundheitsdaten	SAP Conversational AI unterstützt keine Gesundheitsdaten.	keine

Tabelle 2.1 Datenschutzrichtlinie und Sichtbarkeit

Belassen Sie es für Ihren Wetter-Bot bei der Einstellung **Private**.

Bot anlegen

Vervollständigen und beenden Sie den Bot-Erstellungsprozess durch einen Klick auf die Schaltfläche **CREATE A BOT**. Damit haben Sie Ihren ersten Bot mit dem Namen **mein-wetterbot** erstellt. In der Entwicklungsumgebung für intent-basierte Bots sollte er Ihnen nun ähnlich wie der Bot in Abbildung 2.28 angezeigt werden.

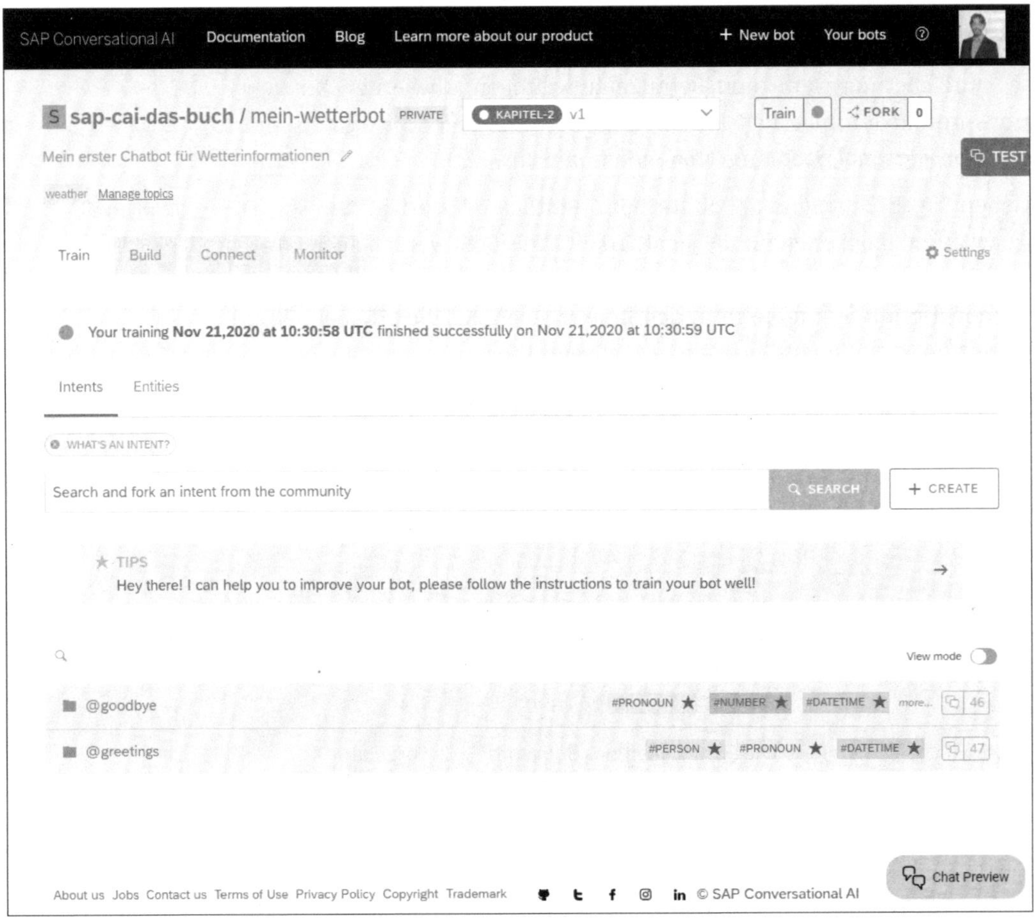

Abbildung 2.28 Bot-Übersicht Ihres Wetter-Bots

2.5 Verwendung vordefinierter Chatbot-Bestandteile

SAP Conversational AI liefert vorgefertigte Bausteine, d. h. Intents und Skills, aus, um Ihnen einen einfachen Einstieg in die Bot-Entwicklung zu ermöglichen. Dabei handelt es sich um sehr häufig verwendete Inhalte, die von einem Chatbot gemeinhin erwartet werden. Um allgemeine Themen und ein breites Spektrum abzudecken, sind sie sehr hilfreich. Für speziellere Anforderungen können Sie die Bausteine selbst anpassen. Generell können bei intent-basierten Bots vordefinierte Inhalte während des Erstellungsprozesses hinzugeführt werden. Bei FAQ-Bots werden sie automatisch hinzugefügt. Bei einem intent-basierten Bot können sie auch zu jeder Zeit nachträglich noch ergänzt werden.

Vordefinierte Inhalte nicht für alle Sprachen unterstützt

Welche vordefinierten Bestandteile Sie einbinden können, hängt ganz von der Sprache Ihres Chatbots ab. Wählen Sie daher zuerst die Sprache aus, bevor Sie den vorgefertigten Inhalt auswählen.

Inhalte der einzelnen Skills

Im Folgenden stellen wir Ihnen die Inhalte der einzelnen Skills genauer vor:

- **Begrüßung (Greetings)**
  Mit dem vorgefertigten Inhalt **Greetings** sollte Ihr Bot jegliche Begrüßungen in der gewählten Sprache verstehen. Zusätzlich ist auch ein Intent namens **@goodbye** zur Verabschiedung enthalten. Sowohl der Intent **@goodbye** als auch der Intent **@greetings** werden über den Skill **greetings** angesprochen. Ihr Bot sollte bei der Sprachauswahl Deutsch also beispielsweise auf »Hallo« und »Tschüss« reagieren.
- **Geplauder (Small Talk)**
  Mit den verschiedenen Intents (wie **@ask-feeling**, **@want-drink**, usw.) und dem Skill **small-talk**, die für die Sprachen Englisch und Französisch verfügbar sind, sollten Sie einen Einstieg in mehrere Themen einer zwischenmenschlichen Konversation haben. Folgende Intent-Themen werden abgedeckt: Gefühle, Getränkewunsch, Äußerung des Unglücklichseins, Frage nach dem Hersteller, Frage nach Neuigkeiten, Abfrage der Zeit, Suche nach Hilfe, Neustart, Äußerung des Glücklichseins, Dank, Beschimpfung, Witze, Komplimente und Lachen.
- **Wetter (Weather)**
  Mit dieser Auswahl erhalten einen Wetter-Intent **@get-weather** und einen Wetter-Skill **weather**, aktuell verfügbar für die Sprachen Englisch und Französisch. Damit sollte Ihr Bot in der Lage sein, Fragen nach dem Wetter für einen Ort beantworten zu können.
- **Kundenzufriedenheit (Customer Satisfaction)**
  Mit diesem Inhalt erhalten Sie Ja- und Nein-Intents (**@yes** und **@no**) sowie einen Skill **customer-satisfaction**, mit dem Sie nach einer Bewertung der Kundenzufriedenheit auf einer Skala von 1 bis 5 fragen können. Außerdem kann der Bot damit fragen, ob der Benutzer einen Kommentar hinterlassen möchte.

- **Wecker stellen (Set Alarm)**
  Mit den vier Intents zum Stellen eines Weckers (**@set-alarm**) sowie zum Anzeigen (**@show-alarm**), Ändern (**@modify-alarm**) und Löschen (**@delete-alarm**) der eingestellten Weckzeit und den zugehörigen Skills »Wecker stellen« (**set-alarm**) und »Wecker verwalten« (**manage-alarm**) sollten Sie das Rüstzeug haben, um Weckerfunktionalität mit Ihrem Chatbot abbilden zu können.

2.6 Zusammenfassung

In diesem Kapitel haben Sie einen Überblick über die Plattform SAP Conversational AI erhalten und sollten die zugrunde liegenden Konzepte verstanden haben. Sie haben Ihren ersten eigenen Beispiel-Bot **mein-wetterbot** erstellt und damit einen Einstieg in die Chatbot-Entwicklung mit SAP Conversational AI gefunden. Im folgenden Teil II werden wir die in diesem Kapitel angesprochenen Themen vertiefen.

TEIL II

Entwicklung eines Chatbots

Kapitel 3
Einen Chatbot trainieren

3

In diesem Kapitel lernen Sie, wie Sie einen Bot trainieren können, damit er ideal funktioniert. Dazu arbeiten wir mit Intents, Entitäten und deren Anreicherungen sowie weiteren NLP-Techniken.

Im zweiten Teil dieses Buches, beginnend mit diesem Kapitel, vertiefen wir das Wissen um die Entwicklung eines Chatbots mit SAP Conversational AI. Dazu schauen wir uns in diesem Kapitel die auf der Plattform SAP Conversational AI bereitgestellten Technologien und Funktionen für das natürliche Sprachverständnis (NLU) und die natürliche Sprachverarbeitung (NLP) genauer an. Ein Großteil davon ist auf der Registerkarte **Train** zu finden. Der Name der Registerkarte deutet bereits an, dass es hier um das Trainieren eines Modells für einen Chatbot geht, genauer gesagt um das Erstellen von Intents und Entitäten.

Modelle

Modelle für Chatbots können Sie sich wie eine Art Lego-Themenbaukasten vorstellen, z. B. das Themenset Mittelalter. Darin enthalten sind verschieden Elemente, von Bausteinen über vorgefertigte Module, beispielsweise für eine Ritterburg, bis hin zu programmierbaren Elementen. Es gibt eine Anleitung und spezielle Bausteine, die nur für dieses Themenset benötigt werden. Das Themenmodell ist quasi Ihr Bot-Modell. Die einzelnen Elemente können Sprachmodelle oder bestimmte Anwendungsfälle, Intents und Entitäten sein. All diese Elemente bilden ein Datenset für eine Bot-Version.

Intents und Entitäten

Intents und Entitäten bilden das Sprachverständnis eines jeden Chatbots und sind somit Voraussetzung für alles Weitere. Ein Intent kann lediglich eine Begrüßung oder ein wenig Smalltalk sein, kann jedoch auch jeden anderen Prozess oder Anwendungsfall abbilden, beispielsweise die Bestellung einer Pizza oder das Abfragen von Wetterinformationen.

In Abschnitt 3.1 geben wir Ihnen zum Einstieg einen Überblick über den Aufbau der Registerkarte **Train**. Nach der Lektüre von Abschnitt 3.2 werden Sie die Verwendung von Intents besser verstehen. In Abschnitt 3.3 stellen wir Ihnen das Entitätenkonzept von SAP Conversational AI vor und erläutern, wie Intents und Entitäten zusammenspielen. Mit Abschnitt 3.4 können Sie Ihr Verständnis für die Verwendung von Entitäten erweitern. Hier werden wir uns die Entitätsanreicherungen (*Enrichments*) anschauen. In Abschnitt 3.5 lernen Sie, wie Sie Ihre trainierten Modelle direkt auf der Plattform SAP Conversational AI testen können. In Abschnitt 3.6 erläutern wir das generelle Sprachkonzept eines Chatbots. Danach schauen wir uns in Abschnitt 3.7 weitere NLP-Technologien an, die Ihnen bei der Bot-Erstellung helfen. In Abschnitt 3.8 werden Sie das in diesem Kapitel erworbene Wissen direkt an einem Beispiel-Bot anwenden.

3.1 Überblick über die Registerkarte »Train«

Nach dem Öffnen der Registerkarte **Train** befinden Sie sich zunächst auf einer Übersichtsseite, auf der Sie alle Intents sehen, die zu dem ausgewählten Bot gehören. In Abbildung 3.1 sehen Sie die Registerkarte für unseren in Abschnitt 2.4, »Erste Schritte zur Erstellung eines Chatbots«, erstellten Chatbot **mein-wetterbot**. In unserem Beispiel gibt es erst mal noch keinen Intent.

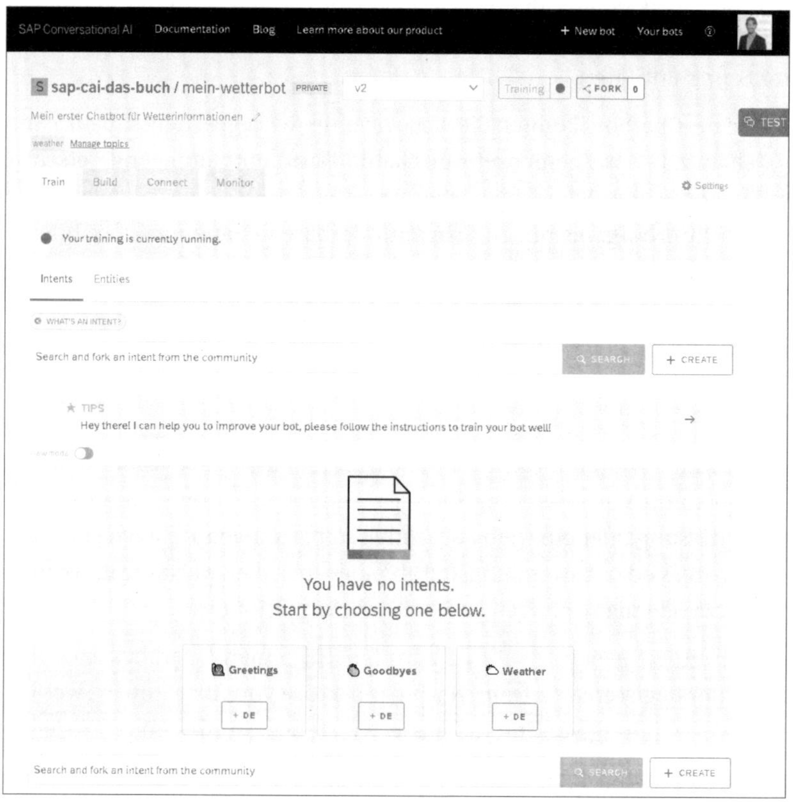

Abbildung 3.1 Registerkarte »Train« ohne Intents

Auf der Registerkarte **Train** finden Sie wiederum zwei Registerkarten, **Intents** und **Entities**. Deren Aufbau stellen wir in den folgenden Abschnitten kurz vor, bevor wir uns den verschiedenen Funktionen zum Training von Modellen für Chatbots zuwenden.

3.1.1 Registerkarte »Intents«

Link zur Dokumentation

Nach Aufruf der Registerkarte **Train** gelangen Sie standardmäßig zuerst auf die Registerkarte **Intents**. Hier finden Sie ganz oben eine Schaltfläche **WHAT'S AN INTENT?**. Über diese Schaltfläche können Sie die SAP-Dokumentation in einem extra Browserfenster aufrufen, um zu erfahren, was Sie sich unter einem Intent vorstellen können.

Suchfunktion

Danach folgt ein Sucheingabefeld. Über diese Suche finden Sie öffentlich zugängliche Intents, die Sie über die Fork-Funktion kopieren und als Vorlage für Ihre eigenen Intents verwenden können.

Mit der Schaltfläche **+ CREATE** neben dem Sucheingabefeld können Sie direkt Ihren ersten Intent erstellen. Wir verzichten erst einmal darauf und kommen in Abschnitt 3.2.1, »Einen Intent erstellen«, darauf zurück. Unter der Suchfunktion erhalten Sie Tipps und Hinweise, wie Sie Ihren Bot verbessern können.

Liste der Intents

Wenn Ihr Bot bereits Intents enthält, sehen Sie im unteren Bereich eine Liste dieser Intents (siehe Abbildung 3.2). Sind noch keine Intents vorhanden, erhalten Sie wie in Abbildung 3.1 einige Anregungen, um Intents auf Basis der vordefinierten Inhalte zu erstellen.

Ähnlich wie in der Bot-Übersicht können Sie mit einem Klick auf den Namen eines Intents in der Liste auf die Detailseite zu diesem Intent wechseln. Diese werden wir uns in Abschnitt 3.2, »Gesprächsabsichten mit Intents definieren«, genauer anschauen.

Anzeige- und Bearbeitungsmodus

Wenn Sie die Registerkarte **Train** aufrufen, wird Ihnen die Intent-Liste zunächst im Anzeigemodus dargestellt. Falls Sie die Intents bearbeiten möchten, müssen Sie den Schalter von **View mode** (Ansichtsmodus) rechts oberhalb der Liste auf **Edit mode** (Bearbeitungsmodus) umstellen.

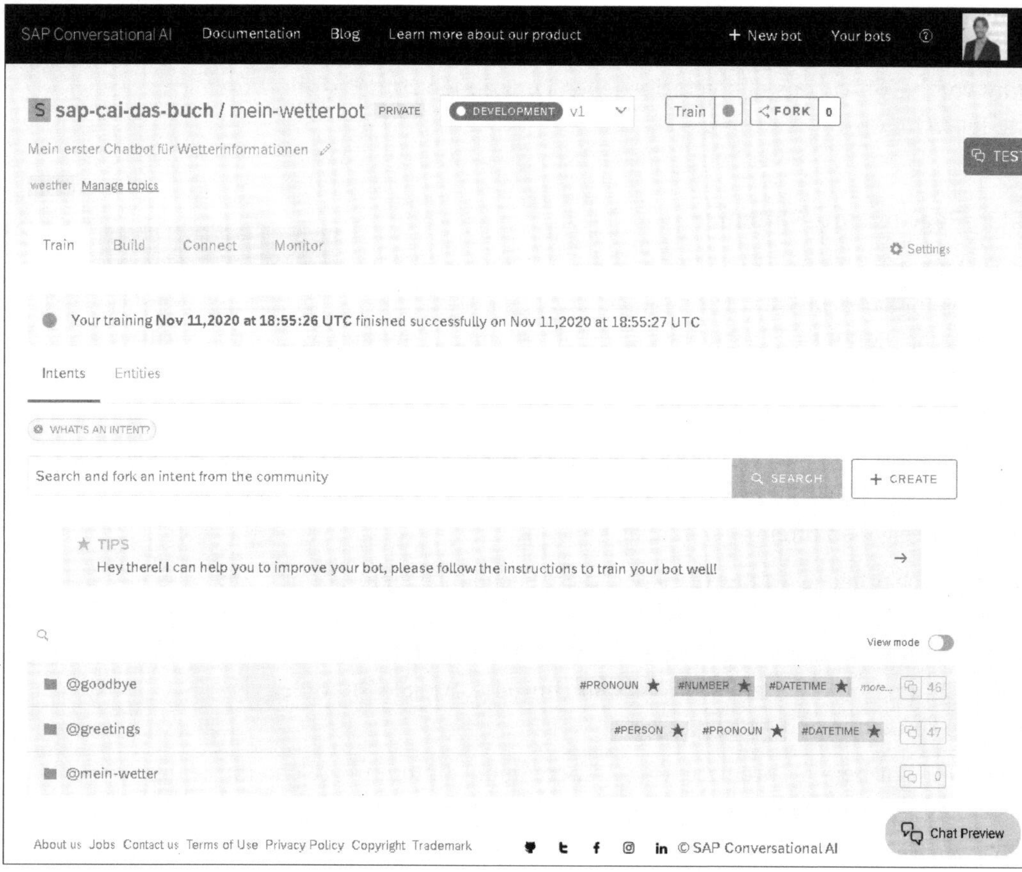

Abbildung 3.2 Intent-Übersicht mit dem Intent »mein-wetter«

3.1.2 Registerkarte »Entities«

Eine *Entität* ist ein Schlüsselwort, das aus einem Sprachausdruck extrahiert wird, z. B. #WETTERZUSTAND, bei einem Ausdruck, der das aktuelle Wetter thematisiert. Diese Schlüsselwörter sind für Sie wichtig, um eine Aufgabe automatisieren zu können. Wenn Sie auf einen Ausdruck klicken, werden diese hervorgehobenen Wörter mit einer Markierung, oder auch *Tag* genannt, angezeigt.

Wechseln Sie auf die Registerkarte **Entities**, erreichen Sie die Übersicht der selbst erstellten Entitäten. In Abbildung 3.3 werden noch keine erstellten Entitäten angezeigt.

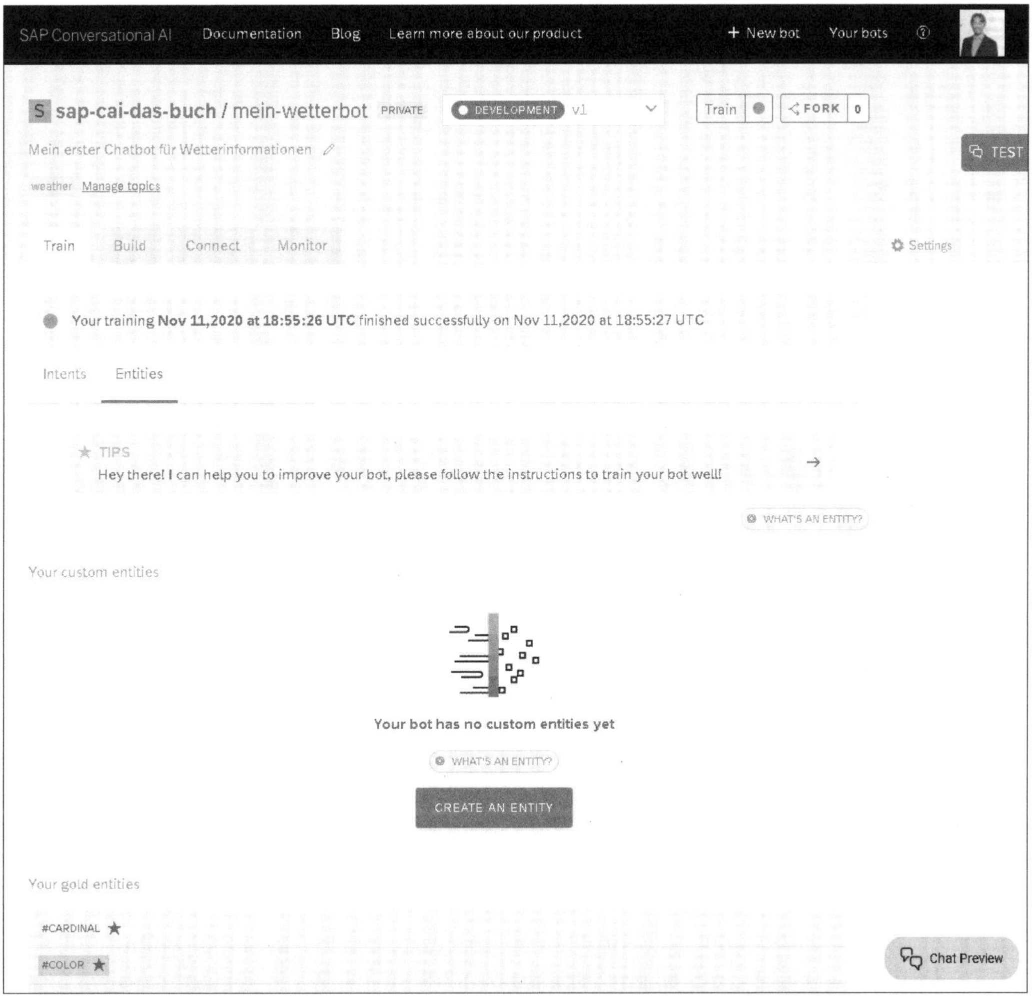

Abbildung 3.3 Entitätenübersicht ohne eine benutzerdefinierte Entität

Überblick über die Entitäten

Der Aufbau der Registerkarte **Entities** ist ähnlich wie der der Registerkarte **Intents**: Auch hier finden Sie wieder einen Tipps-Bereich und eine Schaltfläche **WHAT'S AN ENTITY?**, die Sie zur entsprechenden SAP-Dokumentation in einem extra Browserfenster führt.

Falls Sie noch keine benutzerdefinierte Entität (*Custom Entity*) erstellt haben, erhalten Sie über die Schaltfläche **CREATE AN ENTITY** Hilfestellung. Falls Sie bereits eine benutzerdefinierte Entität verwenden, wie es in Abbildung 3.4 der Fall ist, können Sie über die Schaltfläche **+ CREATE** weitere Entitäten hinzuzufügen. Neben den benutzerdefinierten Entitäten gibt es auch von SAP bereitgestellte Standardentitäten, die *Goldentitäten*, die wir Ihnen in Abschnitt 3.3, »Das Entitätenkonzept«, noch vorstellen.

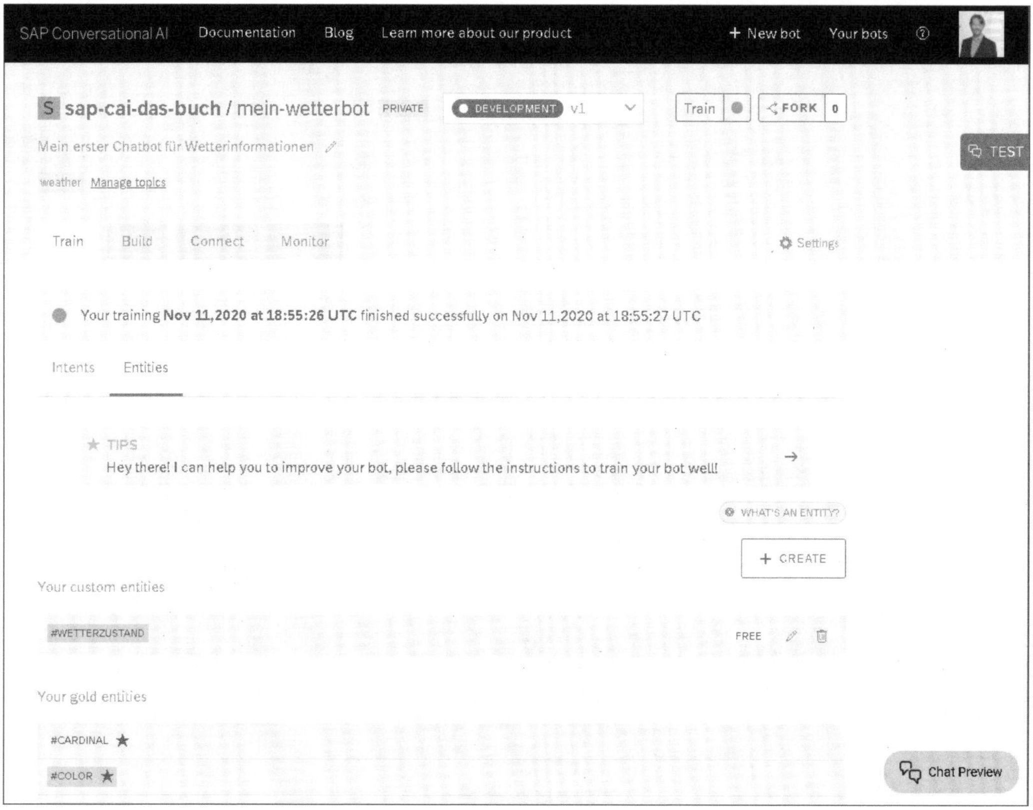

Abbildung 3.4 Entitätenübersicht mit einer benutzerdefinierten Entität

Unterhalb der Liste Ihrer benutzerdefinierten Entitäten sehen Sie eine Auflistung der Goldentitäten. Wie Sie es inzwischen bereits gewohnt sind, können Sie mit einem Klick auf den Entitätsnamen in die Detailansicht dieser Entität gelangen. Auch diese werden wir uns in Abschnitt 3.4 genauer ansehen.

3.1.3 Training und Testen von Bots

Neben den Übersichten der Intents und Entitäten finden Sie auf der Registerkarte **Train** Funktionen zum Trainieren eines Bots und zum Testen der Intents. Diese Funktionen schauen wir uns in diesem Abschnitt genauer an.

Training eines Bots

Sofern Ihr Bot nicht zu groß ist, ist die Standardeinstellung einer Bot-Version für den Trainingsmodus **Automatic**. Dies bedeutet, dass das Training automatisch bei jeder Änderung am Bot ausgelöst wird. Unterhalb der Registerkarten **Intents** und **Entities** wird Ihnen in einer Statuszeile der Zeitpunkt der letzten Trainingsaktualisierung angezeigt. Auch im automatischen Modus können Sie ein Training jedoch auch manuell erzwingen. Die Aktualisierung erreichen Sie jederzeit durch einen Klick auf die Schaltfläche **Train** im Kopfbereich.

Wenn Sie möchten, können Sie den Trainingsmodus in Ihren Bot-Einstellungen ändern, wie in Abschnitt 7.2.2, »Versionsspezifische Einstellungen«, beschrieben. Im manuellen Modus können Sie selbst entscheiden, wann Sie das Training Ihres Bots aktualisieren möchten. Während des manuellen Trainingsmodus sehen Sie anstelle des grünen Symbols neben der Schaltfläche **Train** einen gelben Kreis, wie in Abbildung 3.5 zu sehen. Er bedeutet, dass ein Training Ihres Bot-Modells nötig ist, bevor Ihre Änderungen berücksichtigt werden. Für die Zeit des Trainingslaufs wird Ihnen ein blauer Punkt angezeigt.

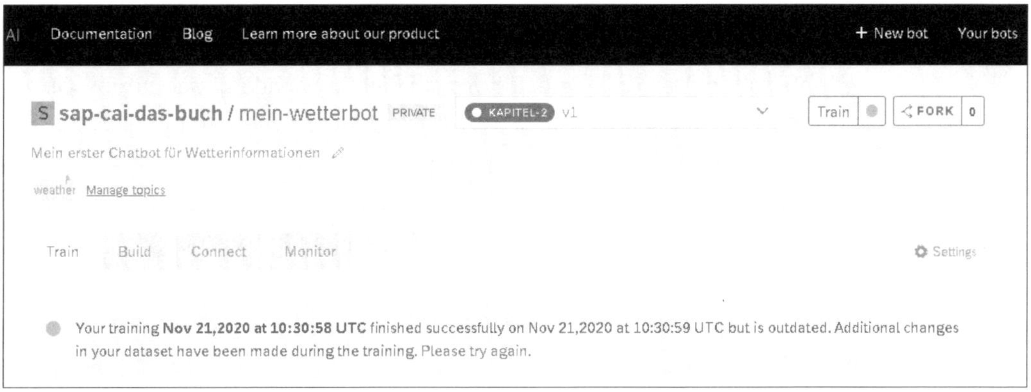

Abbildung 3.5 Neutraining des Bot-Modells nötig

Testen eines Bots

Sie können Ihre Intents über die Schaltfläche **TEST** testen, die Sie auf der rechten oberen Bildschirmseite finden. Mit dem Klick auf diese Schaltfläche rufen Sie eine NLP-Konsole auf. Hier können Sie testen, wie gut Ihr Bot bereits trainiert ist. In Abschnitt 3.5, »Das Datenset testen«, werden wir uns diese Testoption genauer anschauen. In Kapitel 6, »Den Chatbot verbessern«, geben wir Ihnen weitere Hinweise, wie Sie Ihr Bot-Training verbessern können.

3.1.4 Forks bestehender Bots und Bausteine erstellen

Wenn Sie beginnen, mit SAP Conversational AI zu arbeiten, möchten Sie möglicherweise die Bots anderer Entwickler*innen als Ausgangspunkt verwenden, um schnell einen einsatzbereiten Bot zu erhalten. Wenn Sie etwas versierter im Umgang mit SAP Conversational AI sind, möchten Sie vielleicht frühere Bots wiederverwenden, indem Sie diese für andere Anwendungsfälle anpassen. Möglicherweise möchten Sie auch einzelne Bausteine wie Intents, Skills oder Entitäten in mehreren Bots wiederverwenden. Sie können dies durch das Kopieren dieser Objekte über die Funktion **Fork** erreichen. Ein *Fork* ist ein weiterer Entwicklungszweig, der infolge einer Kopie eines Entwicklungsobjekts entsteht.

Forking Durch das Abspalten (*Forking*) einer Bot-Version, eines Skills, eines Intents oder einer Entität erstellen Sie eine persönliche Kopie des betreffenden Objekts. Das Forking ist eine Einwegoperation, die sich wie das Kopieren einer Datei in Ihr lokales Dateisystem verhält. Es wird keine direkte Verbindung zwischen dem Original und Ihrer Kopie hergestellt. Wenn Sie Ihren Fork weiterbearbeiten, hat das also keine Auswirkungen auf das Originalobjekt.

Über die Schaltfläche **FORK** können Sie auch eine ganze Bot-Version kopieren. Wenn Sie Bausteine auf der Detailebene wiederverwenden möchten, können Sie auch einzelne Intents, Skills oder benutzerdefinierte Entitäten abspalten. Das Forking dafür verhält sich je nachdem, was für ein Objekt damit kopiert wird, etwas anders. Im Folgenden sehen wir uns daher die Besonderheiten bei den einzelnen Objekten an.

[»]

Forking einer Bot-Version nur in eine andere Bot-Version

Sie können mit dem Forking immer nur eine andere Version eines Bots adressieren. Kopieren Sie einen ganzen Bot, müssen Sie als Ziel einen anderen Bot wählen.

Forking-Ziel und -Quelle Sie können einen Intent, Skill oder eine benutzerdefinierte Entität von ihren Quellen an jede Version eines Bots kopieren, für die Sie Lese- und Schreibberechtigungen haben. Das jeweilige Objekt wird dann in die spezifische Version des Ziel-Bots im ausgewählten Konto kopiert. Ausgangspunkt kann jeder Bot sein, für den Sie Leseberechtigung haben. Dies schließt private Bots von Ihrem Konto oder einer Organisation ein.

[»]

Sprachaktivierung

Wenn im Ursprungs-Bot Sprachen aktiviert sind, die im Ziel-Bot nicht aktiviert sind, werden die Daten für diese Sprachen kopiert, aber im Ziel-Bot ausgeblendet, bis die Sprache im Ziel-Bot aktiviert ist.

Fork eines Intents erstellen Um einen Intent zu kopieren, klicken Sie auf die Schaltfläche **FORK**. Ein Tooltip zeigt Ihnen an, welches Objekt kopiert wird, z. B. **Fork this intent**. Im darauffolgenden Pop-up-Fenster geben Sie den Ziel-Bot und die Zielversion sowie die Sprachen an, die Sie im Ziel unterstützen möchten (siehe Abbildung 3.6). Sie haben auch die Möglichkeit, die Daten des kopierten Intents mit denen eines Ziel-Intents zusammenzuführen. Bestätigen Sie die Erstellung des Forks über die Schaltfläche **Fork**.

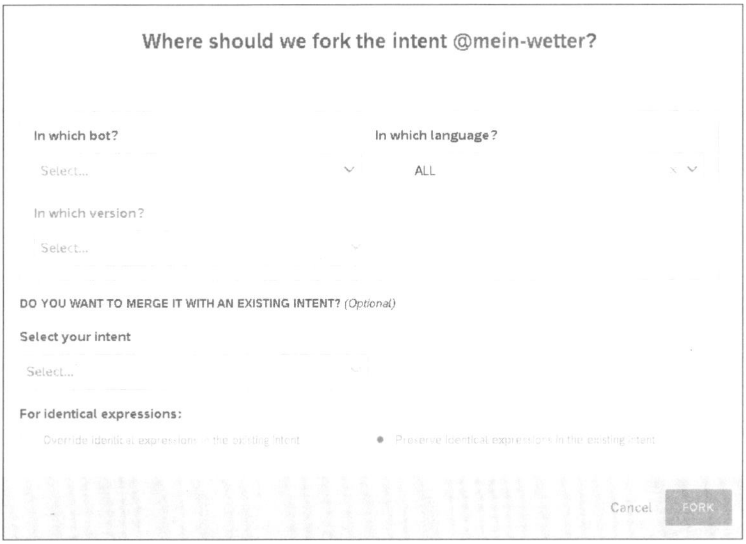

Abbildung 3.6 Fork eines Intents erstellen

Durch das Forking eines Intents wird eine Kopie der lokalisierten Ausdrücke erstellt. Darin sind auch die Entitäten enthalten, die mit Tags versehenen sein können. Bei benutzerdefinierten Entitäten werden alle Werte kopiert. Standardmäßig werden alle Sprachen eines Intents kopiert. Sie können jedoch festlegen, dass nur Ausdrücke und Entitäten in einer bestimmten Sprache kopiert werden.

Im Normalfall erzeugt das Forking einen neuen Intent in Ihrem Ziel-Bot. Anstatt einen neuen Intent zu erstellen, können Sie die Ausdrücke des Quell-Intents jedoch auch mit einem bestehenden Ziel-Intent zusammenführen. In beiden Fällen werden markierte Entitäten kopiert, sofern diese nicht auch im Ziel-Bot vorhanden sind. Sind sie im Ziel-Bot bereits vorhanden, werden sie nur verknüpft statt kopiert.

Fork einer Entität erstellen

Durch das Forking einer benutzerdefinierten Entität wird eine Kopie der Entität mit den entsprechenden Trainingsdaten und benutzerdefinierten Anreicherungen erstellt. Auch die Einstellung der Genauigkeit, mit der eine Entität mit einem im Sprachausdruck verwendeten Wort übereinstimmen muss (siehe Abschnitt 3.2.1, »Einen Intent erstellen«), wird mit kopiert. Alle Intents oder Skills, in denen die Entität verwendet wird, werden nicht automatisch kopiert. Bei freien Entitäten gehen die in den Intents angegebenen Trainingsdaten bzw. Markierungen verloren.

Standardmäßig werden Entitäten und ihre Werte in allen Sprachen kopiert. Sie können jedoch auch nur eine bestimmte Sprache auswählen. Wenn Sie Entitätswerte in mehreren Sprachen kopieren möchten, müssen Sie dies für jede Sprache einzeln tun.

Wenn Sie einen Fork von einer Entität erstellen, werden Ihnen folgende Optionen angeboten (siehe Abbildung 3.7):

- **Abspalten ohne Verschmelzung**
  Es wird eine Kopie der Entität in Ihrem Ziel-Bot erstellt. Die Entitätswerte, Anreicherungen und Service-API-Konfigurationen werden ebenfalls kopiert. Wenn Sie beispielsweise einen Fork einer Entität `#WETTERZUSTAND` erstellen und diese bereits im Ziel-Bot vorhanden ist, wird die Entität `#WETTERZUSTAND-1` erstellt, und alle Werte und Anreicherungen werden kopiert.

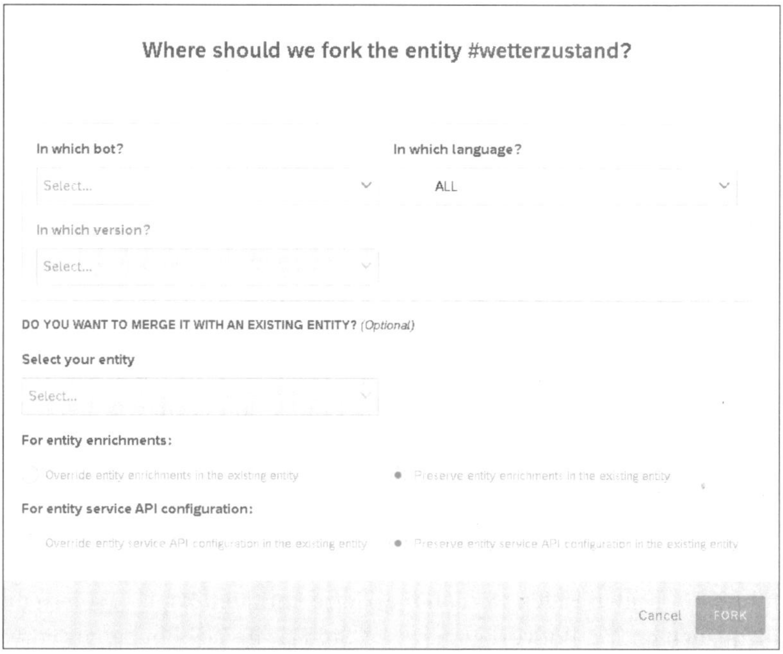

Abbildung 3.7 Forking einer Entität

- **Abspalten mit Verschmelzung**
  Anstatt eine neue Entität im Ziel-Bot zu erstellen, die einer bereits vorhandenen ähnelt (wie im Fall von `#WETTERZUSTAND` und `#WETTERZUSTAND-1`), können Sie die Entitätswerte der Quellentität auch mit denen der Zielentität zusammenführen. In diesem Fall haben Sie zwei Optionen für Entitätsanreicherungen und die Konfiguration der Entity-Service-API:

- *Überschreiben*: Mit der Einstellung **Override entity enrichments in the existing entity** bzw. **Override entity service API configuration in the existing entity** bleiben alle Anreicherungs- oder Entity-Service-API-Konfigurationen des Quell-Bots erhalten.
- *Beibehalten*: Mit der Einstellung **Preserve entity enrichments in the existing entitiy** bzw. **Preserve entity service API configuration in the existing entity** bleiben alle Anreicherungs- oder Entity-Service-API-Konfigurationen des Ziel-Bots erhalten.

3.2 Gesprächsabsichten mit Intents definieren

Sammlung von Sätzen einer Bedeutung

Ein Intent ist eine Sammlung von Sätzen, die alle einer gleichen Bedeutungsrubrik zuzuordnen sind. Die einzelnen Sätze können dabei sehr unterschiedlich lauten. Wenn ein*e Nutzer*in eine Nachricht an Ihren Bot sendet, sagt der in SAP Conversational AI implementierte Algorithmus voraus, mit welchen Intents diese Nachricht die meisten Ähnlichkeiten aufweist. Daraufhin entscheidet der Algorithmus, was die Absicht oder Intention der Nachricht ist. Diese Analyse entspricht der Interpretation des illokutionären Akts (siehe Abschnitt 1.2.1, »Natürliche Sprachverarbeitung«).

Die Reihe von Ausdrücken eines Intents bedeuten also das Gleiche, sind aber auf unterschiedliche Weise konstruiert. Intents sind für das Verständnis Ihres Bots von zentraler Bedeutung. Jeder Ihrer Intents repräsentiert eine Idee, die Ihr Bot verstehen kann. Sie sollten Ihrem Bot eine sinnvolle Menge an Intents zur Verfügung stellen, damit er Ihre Anforderungen erfüllen kann.

Empfehlungen für die Intent-Erstellung

Beachten Sie folgende Empfehlungen bei der Erstellung von Intents:

- Stellen Sie sicher, dass Ihre Intents deutlich genug voneinander abgegrenzt sind, um Missverständnisse und unnötige Verwirrung zu vermeiden.
- Versuchen Sie, in jedem Intent die gleiche Anzahl von Ausdrücken zu haben. Die Ausgewogenheit der Trainingsdaten ist wichtig für den ML-Ansatz (maschinelles Lernen), mit dem SAP Conversational AI arbeitet.
- Verwenden Sie in Ihren Ausdrücken so viele verschiedene grammatikalische Strukturen wie möglich.
- Stellen Sie sicher, dass die Ausdrücke, die Sie den verschiedenen Intents hinzufügen, eindeutig sind, um Verwechslungen von Intents zu vermeiden.

Intent für eine Wetteranfrage

Wir möchten dies an unserem Wetterbeispiel verdeutlichen. Sie möchten, dass Ihr Wetter-Bot es versteht, wenn ein*e Nutzer*in nach dem Wetter fragt. Dazu können Sie einen Intent namens »mein-wetter« erstellen und diesem Intent einige Ausdrücke zuordnen, den ein*e Nutzer*in verwenden könnte, um sich nach dem Wetter zu erkundigen:

- »Wie wird das Wetter in Walldorf?«
- »Scheint morgen die Sonne?«
- »Regnet es heute?«
- »Ist es draußen kalt?«
- »Es schneit heute Abend, richtig?«
- »Wetter Deutschland«
- »Zeig mir Wetterdetails für Baden-Württemberg!«

Alle diese Ausdrücke haben die Intention, Wetterinformationen abzufragen.

In den folgenden Abschnitten zeigen wir Ihnen, wie Sie einen Intent erstellen und diesem Ausdrücke hinzufügen.

3.2.1 Einen Intent erstellen

Alles, was Ihr Chatbot versteht, ist durch mindestens einen Intent definiert. Jeder Intent in SAP Conversational AI kann einer Aktion entsprechen, die ein*e Benutzer*in mit einem Skill ausführen möchte, oder einem Anwendungsfall.

Intent anlegen

Um einen Intent zu erstellen, navigieren Sie auf die **Train**-Registerkarte eines Bots und klicken auf die Schaltfläche **+ CREATE**. Im sich öffnenden Pop-up-Fenster benötigen Sie einen Namen für Ihren Intent und optional eine Beschreibung (siehe Abbildung 3.8).

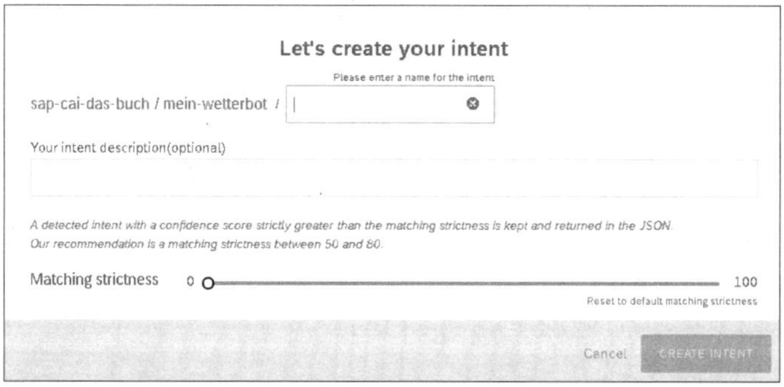

Abbildung 3.8 Erstellungsdialog eines Intents

Abgleich-genauigkeit

Sie haben auch die Möglichkeit, die für diesen Intent eine spezifische Abgleichgenauigkeit einzustellen. Dazu stellen Sie mit dem Schieberegler **Matching strictness** einen Wert zwischen null und 100 ein. Standardmäßig wird hier der Wert vorgegeben, der in Ihren Bot-Einstellungen definiert ist. Sie können die Abgleichgenauigkeit für alle Intents Ihres Bots gemeinsam oder einzeln definieren.

Mit der Abgleichgenauigkeit von 80 würde ein Intent mit einem Konfidenzwert (*Confidence Score*) von 0,8 herausgefiltert. Ein Intent mit einem Konfidenzwert von 0,81 oder höher wird berücksichtigt. Bei einer Genauigkeit von 100 muss ein Ausdruck innerhalb eines Intents genau mit der Äußerung des*r Nutzer*in übereinstimmen, um als solche erkannt zu werden. Die Standardgenauigkeit bzw. der Default-Wert ist auf 50 festgelegt.

Bot-Einstellungen

Die Abgleichgenauigkeit, die Sie in Ihren Bot-Einstellungen definieren, wird generell auf alle Intents und Entitäten mit Default-Einstellungen angewendet. Wenn Sie die Abgleichgenauigkeit zurücksetzen, wird der in den Bot-Einstellungen definierte Default-Wert auf alle Intents angewendet, auch wenn für diese Intents ein eigener Wert eingestellt war.

Mit einem Klick auf die Schaltfläche **CREATE INTENT** schließen Sie den Vorgang zur Erstellung des Intents ab. Alternativ können Sie ihn über die Schaltfläche **CANCEL** abbrechen.

Name eines Intents

Durch einen Klick auf den Namen bzw. Slug eines Intents können Sie dessen Inhalt einsehen. Am @-Zeichen erkennen Sie, dass es sich um einen Intent handelt. Alle Intent-Namen werden in SAP Conversational AI mit einem @ versehen (siehe Abbildung 3.9). Der vollständige Pfad im Beispiel lautet **mein-wetterbot/intents/@mein-wetter**, d. h., der **@mein-wetter**-Intent ist dem Bot **mein-wetterbot** zugeordnet. Diesen Pfad sehen Sie auch in der Browser-URL (bis auf das @Zeichen).

Abbildung 3.9 Pfadleiste des »mein-wetter«-Intents

[+]

Navigationshilfe über die Breadcrump-Leiste

Wenn Sie sich in einer Detailsicht befinden, können Sie über einen Klick auf ein Element in der Pfadleiste einfach wieder die Übersichtsseiten erreichen, z. B. die Intent- oder Entitätenübersicht.

Inhalt eines Intents In der Detailsicht sehen Sie die enthaltenen Ausdrücke (*Expressions*), die Ihren Bot darin schulen, die Absicht der Nutzer*innen zu verstehen (siehe Abbildung 3.10).

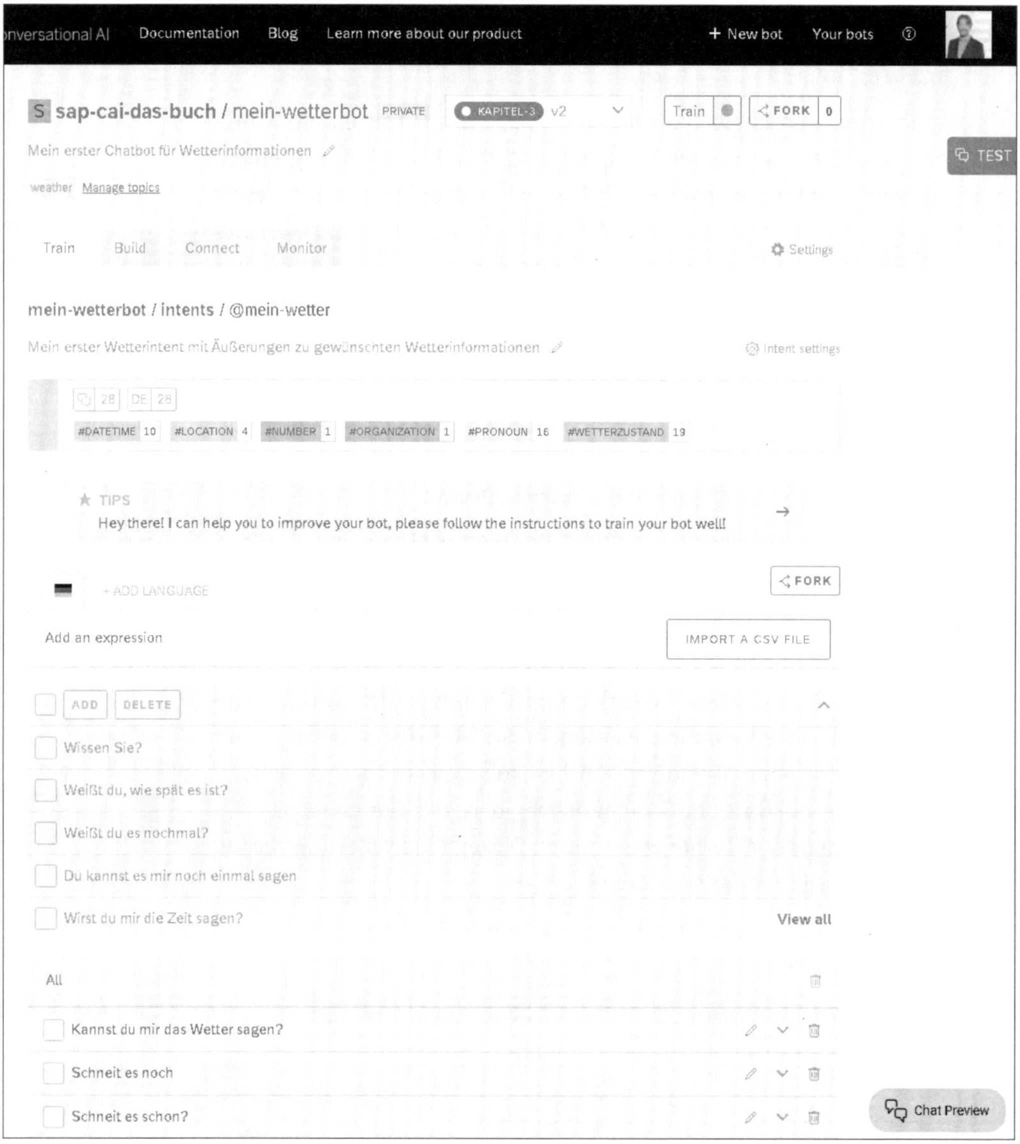

Abbildung 3.10 Intent-Anreicherung mit Ausdrücken

Aufgrund Ihrer Ausdrücke sowie der Informationen, die Sie bei der Erstellung des Bots angegeben haben, schlägt Ihnen SAP Conversational AI weitere Ausdrücke vor. Diese können Sie selektieren und mit der Schaltfläche **ADD** in Ihren Intent aufnehmen.

3.2.2 Ausdrücke hinzufügen

Ein Ausdruck ist ein Satz, den Ihr Bot verstehen kann. Es ist im Grunde etwas, das ein*e Nutzer*in im Gespräch mit Ihrem Bot sagen könnte. Ausdrücke sind in Intents organisiert und bilden das gesamte Wissen Ihres Bots. Je mehr Ausdrücke Sie haben, desto genauer kann Ihr Bot seine Nutzer*innen verstehen.

Vorschläge bei den vier Hauptsprachen

Wenn Sie einem Intent die Sprachen, für die die Funktionsstufe Fortgeschritten unterstützt wird (Deutsch, Englisch, Französisch oder Spanisch), hinzugefügt haben und in einer dieser Sprachen einen neuen Ausdruck eingeben, schlägt SAP Conversational AI automatisch zusätzliche Ausdrücke in dieser Sprache vor. Sie können dann einfach die vorgeschlagenen Ausdrücke zum Intent hinzufügen und so schnell den Trainingsdatensatz für Ihren Bot erstellen. Optimalerweise sollten einem Intent 20 oder mehr Ausdrücke zugeordnet sein.

Klicken Sie auf den Intent **@mein-wetter**, den Sie gerade Ihrem Bot hinzugefügt haben. Identifizieren Sie einige Ausdrücke, die Ihre Nutzer*innen wahrscheinlich verwenden werden. Sie können sich dabei an den Beispielen in der Einleitung von Abschnitt 3.2, »Gesprächsabsichten mit Intents definieren«, orientieren. Tragen Sie jeden in das Feld **Add an expression** ein, und drücken Sie die [↵]-Taste (siehe Abbildung 3.11).

Abbildung 3.11 Ausdrücke hinzufügen

Auswahl der Ausdrücke

Beachten Sie folgenden Empfehlungen bei der Auswahl und Formulierung der Ausdrücke:

- Versetzen Sie sich in die Lage der Nutzer*innen. Stellen Sie sich vor, was sie Ihren Bot fragen könnten.
- Idealerweise können Sie einige Nutzer*innen nach gängigen Äußerungen befragen.
- Begrenzen Sie Ihre Ausdrücke auf eine angemessene Länge.
- Fügen Sie Ihrem Intent mindestens 20 Ausdrücke hinzu.
- Trainieren Sie Ihren Bot mit möglichst abwechslungsreichen Ausdrücken.
- Achten Sie darauf, dass die Ausdrücke unterschiedlich strukturiert sind.
- Versuchen Sie, die verschiedenen Arten zu antizipieren, wie die Nutzer*innen nach etwas fragen könnte.

Sie sollten vor allem der Struktur Ihrer Ausdrücke Beachtung schenken. Sind alle Ausdrücke gleich strukturiert (z. B. »Wetter in Walldorf«, »Wetter in Heidelberg«, »Wetter in München«, »Wetter in Berlin« usw.) wird Ihr Bot weniger Erfolg beim Verstehen der Nutzer*innen haben. Sie sollten stattdessen eine gute Mischung anstreben und Ausdrücke verwenden, die sich in ihrer Struktur unterscheiden (z. B. »Lacht die Sonne in Heidelberg?«, »Ist es kalt in München?«, »Wie ist das Wetter in Köln?«, »Zeig mir das Wetter in Berlin«, »Wetter Frankfurt« usw.).

Ausdrücke importieren

Um Ihre Bot-Erstellung und insbesondere die Anreicherung mit Ausdrücken zu beschleunigen, können Sie diese auch aus einer CSV-Datei importieren. Dazu klicken Sie auf die Schaltfläche **IMPORT A CSV FILE** (siehe Abbildung 3.11) und wählen eine entsprechende Datei aus Ihrem lokalen Dateisystem aus.

Aufbau der CSV-Datei

Formatieren Sie die CSV-Datei wie folgt:

1. **Ausdruck**
   ein Satz oder eine Wortgruppe
2. **Sprache**
   Verwenden Sie den ISO-Code für die Sprache.

Drei Zeilen der Datei könnten demnach wie folgt aussehen:

```
"Wie wird das Wetter in Walldorf?";"de"
"Scheint morgen die Sonne?";"de"
"Regnet es heute?";"de"
```

Beachten Sie Folgendes beim Importieren von Ausdrücken:

- Sie können bis zu 10.000 Ausdrücke gleichzeitig importieren.
- Achten Sie darauf, die Dateigrößenbeschränkung von 1 MB nicht zu überschreiten.
- Sie können denselben Ausdruck nicht mehrmals zur selben Absicht hinzufügen.

In einem Ausdruck können Sie benutzerdefinierte Entitäten mit Tags versehen, um Ihren Bot so zu trainieren, dass er Schlüsselwörter in Ihren Sätzen erkennt. Wie Sie dabei vorgehen, zeigen wir Ihnen im folgenden Abschnitt.

3.3 Das Entitätenkonzept

Entitäten sind das Konzept, mit dem Schlüsselwörter in Ausdrücken erkannt werden. Sie sind wichtig, um eine Aufgabe zu automatisieren.

Arten von Entitäten

SAP Conversational AI erkennt automatisch 28 verschiedene Entitäten wie Datum/Zeit, Ort, Person usw. Diese Entitäten werden Goldentitäten genannt. Sie sind jedoch nicht auf die Verwendung dieser Goldentitäten beschränkt. Sie können auch Ihre eigenen benutzerdefinierten Entitäten mit Tags versehen, um Schlüsselwörter abhängig vom Kontext Ihres Bots erkennbar zu machen. Solche Schlüsselwörter können z. B. die Namen von U-Bahn-Stationen sein, wenn Sie einen Assistenten für den öffentlichen Nahverkehr erstellen, oder Albumtitel bei einem Musik-Streaming-Bot.

In SAP Conversational AI werden freie und eingeschränkte benutzerdefinierte Entitäten und die Goldentitäten unterschieden. Die verschiedenen Arten schauen wir uns nun genauer an.

3.3.1 Benutzerdefinierte Entitäten

Anwendungsfälle

Sie müssen nicht alle Wörter in Ihren Ausdrücken markieren. Markieren Sie nur, was wirklich berücksichtigt werden muss, um eine Bedeutung zu erkennen. Sie können benutzerdefinierte Entitäten aus drei verschiedenen Gründen verwenden:

- Sie möchten alle möglichen Vorkommen einer Kategorie in einem Satz erkennen. Sie bauen beispielsweise einen Nahverkehrs-Bot und möchten daher alle U-Bahn-Stationen erkennen.
- Sie möchten verstehen, ob etwas in einem Satz vorhanden ist oder nicht. Zum Beispiel möchten Sie wissen, ob die Nutzer*innen nach einem bestimmten Musiktitel eines Autors gefragt haben, also ob bestimmte Informationen bereits vorhanden sind oder nicht.
- Entitäten haben Einfluss auf die Absichtserkennung (*Intent Detection*). Sie können eine benutzerdefinierte Entität erstellen, die für eine Absicht eindeutig ist, um die Erkennung dieser Absicht zu erleichtern. Beispielsweise könnten Sie eine Entität mit Namen von Musik-Streaming-Anbietern, wie Spotify usw., erstellen und eine weitere mit Video-Streaming-Anbietern, wie Netflix usw. Bei der Erkennung können dann die Wörter »Spotify« und »Netflix« herangezogen werden, um bei einem Ausdruck wie: »Spiel mir Elvis mit ...« herauszufinden, ob die Nutzer*innen Musik von Elvis hören oder ein Video von ihm sehen möchten.

Arten von benutzerdefinierten Entitäten

Freie benutzerdefinierte Entitäten

Sie sollten eine *freie benutzerdefinierte Entität* (*Free Entity*) verwenden, wenn keine strenge Werteliste für die zu erkennenden Begriffe vorliegt und maschinelles Lernen alle möglichen Werte erkennen soll. Möchten Sie beispielsweise alle Buch-/Film-/Musiktitel, Wetterzustände, Musiker*innen, Regisseur*innen oder Autor*innen, Urlaubsantragstypen usw. erkennen, helfen Ihnen freie Entitäten weiter.

ML-Modell zur Erkennung

Diese Entitäten werden durch ML erkannt. Das bedeutet, dass Sie Beispiele für die Merkmale Ihrer Kategorie bereitstellen müssen, um das ML-Modell zu trainieren, das die Erkennung ermöglicht. Das heißt, Sie müssen mögliche Werte und die Art und Weise bereitstellen, wie diese in einem Satz verwendet werden.

Markieren bzw. taggen Sie in Ihrem Intent die entsprechenden Wörter oder eine Wortgruppe in den Ausdrücken, und fügen Sie Entitätsbezeichnungen hinzu. Eine praktische Anleitung dafür erhalten Sie in Abschnitt 3.8, »Training des Beispiel-Bots«. Markieren Sie diese Entität in jedem Ausdruck, und fügen Sie weitere Ausdrücke hinzu, bis Ihre Entität automatisch erkannt wird.

Werteliste für eine Entität bereitstellen

Sie können auch eine Liste mit Werten für eine Entität bereitstellen, ohne sie in den Ausdrücken zu kennzeichnen. Klicken Sie dazu auf eine benutzerdefinierte Entität. Fügen Sie dann einfach die Entitätswerte auf der Registerkarte **List of values** hinzu (siehe Abbildung 3.12).

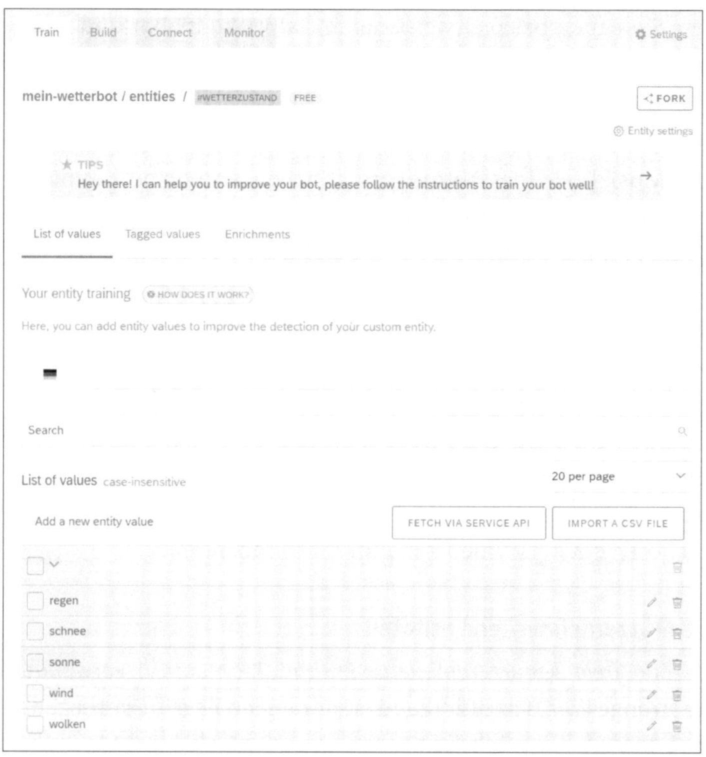

Abbildung 3.12 Beispielwerte einer benutzerdefinierten Entität

Alternativ können Sie auch eine CSV-Datei mit einer Werteliste hochladen. Diese Werte werden mit den von Ihnen kommentierten Ausdrücken kombiniert, um das Training des Entitätserkennungssystems zu verbessern.

[!]

Verhältnis der Beispielwerte beachten

Wenn Sie in der Liste von Entitätswerten zu viele Beispiele für Werte angeben, gibt der Algorithmus diesen mehr Gewicht im Vergleich zu den in den Ausdrücken markierten Begriffen. Letztere enthalten aber wichtige Kontextinformationen. Im schlechtesten Fall kann daher eine sehr umfangreiche Werteliste zu einer freien benutzerdefinierten Entität dazu führen, dass die Entitätswerte, die nicht in der Werteliste enthalten sind, nicht mehr zuverlässig erkannt werden.

Eingeschränkte benutzerdefinierte Entitäten

Eingeschränkte benutzerdefinierte Entitäten (*Restricted Entity*) sollten Sie verwenden, wenn Sie eine abgegrenzte Liste von Wörtern haben, deren Intent erkannt werden soll, und keine automatische Erkennung der Entität benötigen. In diesem Fall kann kein Wort als Entität erkannt werden, wenn es nicht in der abgeschlossenen Werteliste angezeigt wird.

Zum Beispiel könnten Sie einen Bot bauen, mit denen Ihre Kund*innen Pizza bestellen können. Sie möchten genau alle Pizzen erkennen, die Ihr Restaurant anbietet. Ein weiterer typischer Anwendungsfall aus der Geschäftswelt sind Kostenstellen (z. B. 001 für Verkauf, 002 für Entwicklung usw.). Auch in diesem Fall sollte ein Bot, der Nutzer*innen dabei unterstützt, eine Rechnung zu kontieren, nur die tatsächlich vorhandenen Kostenstellen des Unternehmens erkennen.

Eingeschränkte benutzerdefinierten Entitäten sollten sich nicht zu oft ändern. Die Werte sollten auch mengenmäßig überschaubar sein, falls Sie diese manuell pflegen wollen. Alternativ können Sie für diese Aufgabe eine Serviceanbindung verwenden, was wir in Abschnitt 11.1.4, »Entitätswerte aus externen Service-APIs abrufen«, zeigen werden.

Sie können eine eingeschränkte benutzerdefinierte Entität weiterhin in Ihren Ausdrücken markieren, dies hilft jedoch nicht bei der Entitätserkennung. Es werden lediglich zusätzliche Informationen für die Intent-Klassifizierung bereitgestellt.

Reguläre Ausdrücke für Entitäten

Eine Entität mit regulären Ausdrücken (*Regular Expressions*), eine sogenannte *RegEx-Entität* extrahiert Entitätswerte basierend auf einem Muster. Sie können also eine RegEx-Entität verwenden, wenn Sie zuvor eine Regel oder ein Muster erkannt haben, anhand derer diese Entität besser als durch ML-Training zu erkennen ist. Wenn Sie eine RegEx-Entität verwenden, müssen Sie keine strikte Liste aller möglichen Wörter erstellen und müssen die Entität auch nicht so trainieren, dass sie durch ML erkannt wird. Diese Entitäten werden ausschließlich basierend auf Ihrem definierten Muster automatisch erkannt. Daher ist es nicht möglich, RegEx-Entitäten in den Ausdrücken eines Intents zu kennzeichnen, und es wird keine Werteliste benötigt.

[»]

Keine Änderung des Entitätstyps möglich

Es ist nicht möglich, eine RegEx-Entität in einen anderen benutzerdefinierten Entitätstyp (frei oder eingeschränkt) zu ändern oder umgekehrt.

RegeEx-Muster definieren

Nach der Anlage einer Entität dieses Typs können Sie Ihr RegEx-Muster definieren und die unterstützten Python-Flags verwenden, wie in Abbildung 3.13 zu sehen.

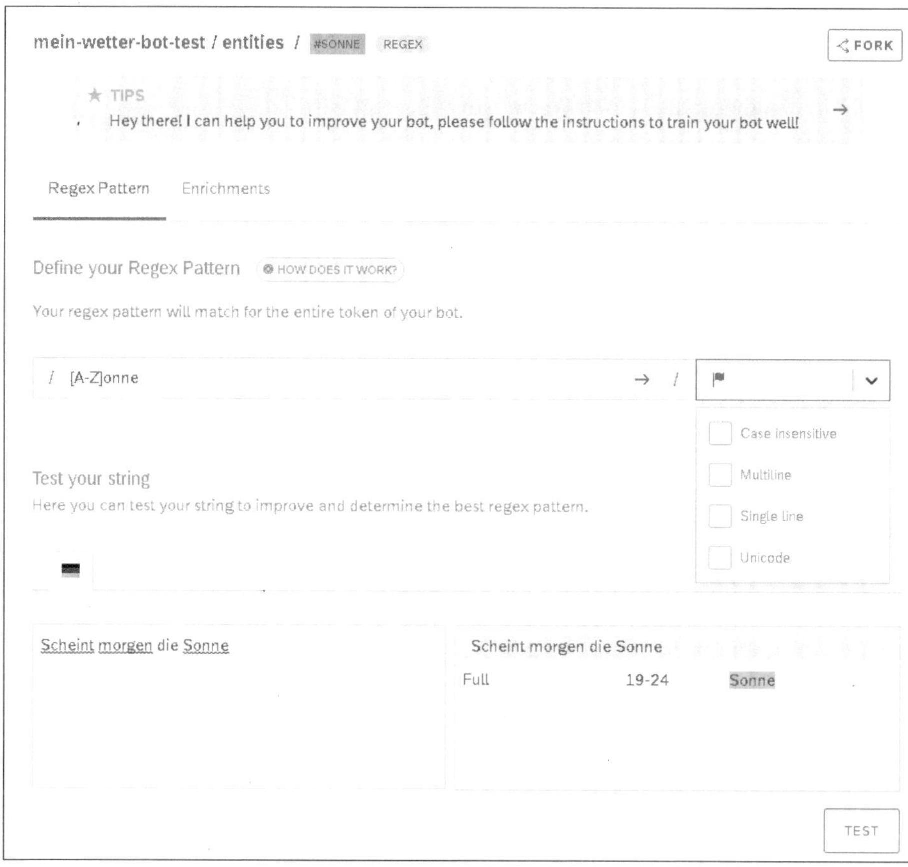

Abbildung 3.13 Beispiel einer RegEx-Entität, die »Sonne« erkennt

Ein Standardmuster, das einem gesamten Token-Wert entspricht, also der Zeichenfolge, die erkannt werden soll, wird bereits direkt nach der Anlage auf Ihre RegEx-Entität angewendet. Dies ist wichtig, da RegEx-Entitäten bei der Erkennung von Entitäten eine höhere Priorität haben als andere Arten von Entitäten (Goldentitäten, freie Entitäten oder eingeschränkte).

Handhabung von RegEx-Entitäten

Beachten Sie Folgendes bei der Verwendung von RegEx-Entitäten:

- Stellen Sie sicher, dass Ihr RegEx-Entitätsmuster eindeutig ist und nicht mit einem anderen RegEx-Entitätsmuster übereinstimmt. Wenn ein Token mit mehreren RegEx-Entitäten übereinstimmt, wird die längste Übereinstimmung zurückgegeben. Bei gleicher Länge wird jedoch die Entität mit dem ältesten Erstellungsdatum zurückgegeben.
- Bei mehreren Übereinstimmungen überschreibt die RegEx-Entität Gold-, freie und eingeschränkte Entitäten.

[+]

Weiterführende Informationen zu RegEx und Python

Weitere Informationen zu RegEx-Vorgängen finden Sie unter *https://docs.python.org/3/library/re.html*. Ein kurzes Beispiel für die Anlage von RegEx-Entitäten finden Sie in folgendem Video: *https://youtu.be/-NSH-dM4Qjd8*

Benutzerdefinierte Entitäten erstellen

Im Folgenden zeigen wir Ihnen, wie Sie eine benutzerdefinierte Entität anlegen:

1. Navigieren Sie zur Registerkarte **Entities**, und klicken Sie auf die Schaltfläche **CREATE AN ENTITY**. Falls Sie bereits eine benutzerdefinierte Entität verwenden, klicken Sie auf die Schaltfläche **+ CREATE** (siehe Abbildung 3.4). Eine weitere Option, Entitäten zu erstellen, erhalten Sie, wenn Sie Entitäten in Ihren Äußerungen markieren.
2. Geben Sie einen geeigneten Namen für die Entität ein, wählen Sie den Typ (**Restricted entity** oder **Free entity**) aus (siehe Abbildung 3.14).
3. Klicken Sie auf die Schaltfläche **CREATE**.

Nach der Erstellung wird der Name Ihrer Entität in der Breadcrump-Navigation um ein #-Symbol angereichert.

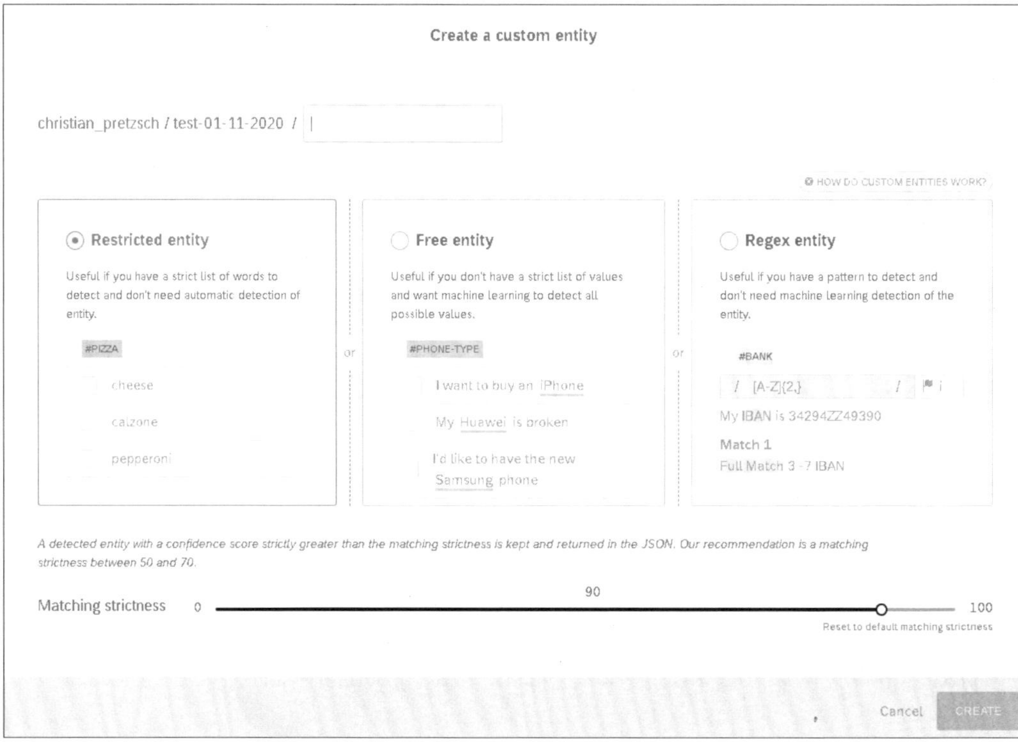

Abbildung 3.14 Erstellungsdialog einer Entität

Einstellen der Abgleichgenauigkeit

Sie können noch die Abgleichgenauigkeit für Ihre Entität definieren. Wenn Sie beispielsweise die eingeschränkte Entität #PIZZA mit Werten wie »Margherita« und »Peperoni« trainieren, könnten die Nutzer*innen auch »Margarita« oder »Peparoni« eingeben, wenn Sie eine niedrige Genauigkeit vorgeben. Durch Anpassen des Schiebereglers **Matching strictness** können Sie also festlegen, ob die Eingaben »Margarita« und »Peparoni« als #PIZZA betrachtet werden sollen oder nicht. Welche Einstellung für die Erkennung Ihrer Entität passt, hängt von den möglichen Schlüsselwörtern in Ihrem konkreten Anwendungsfall ab, z. B. von ihrer Länge. In mehreren Trainingsläufen und Tests können Sie etwas herumprobieren und so die richtige Einstellung finden.

Genau wie für die Intents erläutert, wird bei der hier gesetzten Einstellung eine Entität mit der Übereinstimmungsgenauigkeit 80, die mit einer Konfidenzwert von 0,8 erkannt wurde, herausgefiltert, und eine Entität, die mit einem Konfidenzwert von 0,81 oder höher erkannt wurde, wird berücksichtigt. Bei einer Strenge von 100 muss ein Wort genau mit einem Eintrag in der Liste übereinstimmen, um als Entitätswert erkannt zu werden. Standardmäßig ist der Wert für eine eingeschränkte Entität ist auf 90 festgelegt.

Standardwert

Der in Ihren Bot-Einstellungen definierte Wert entspricht einem Standardwert, der auf alle Entitäten angewendet wird. Falls Sie einen bestimmten Wert in den Einstellungen einer Entität definiert haben, überschreibt dieser den Standardwert. Wenn Sie die Abgleichgenauigkeitseinstellung zurücksetzen, wird der in den Bot-Einstellungen definierte Standardwert auf alle Entitäten angewendet (mit Standardwerten oder spezifischen Werten).

Details der Entität anzeigen

Mit einem Klick auf den Namen der eben angelegten Entität gelangen Sie in die Detailsicht (siehe Abbildung 3.15). Neben dem Namen, hier `#WETTERZUSTAND` können Sie auch den Entitätstyp erkennen, hier **FREE**.

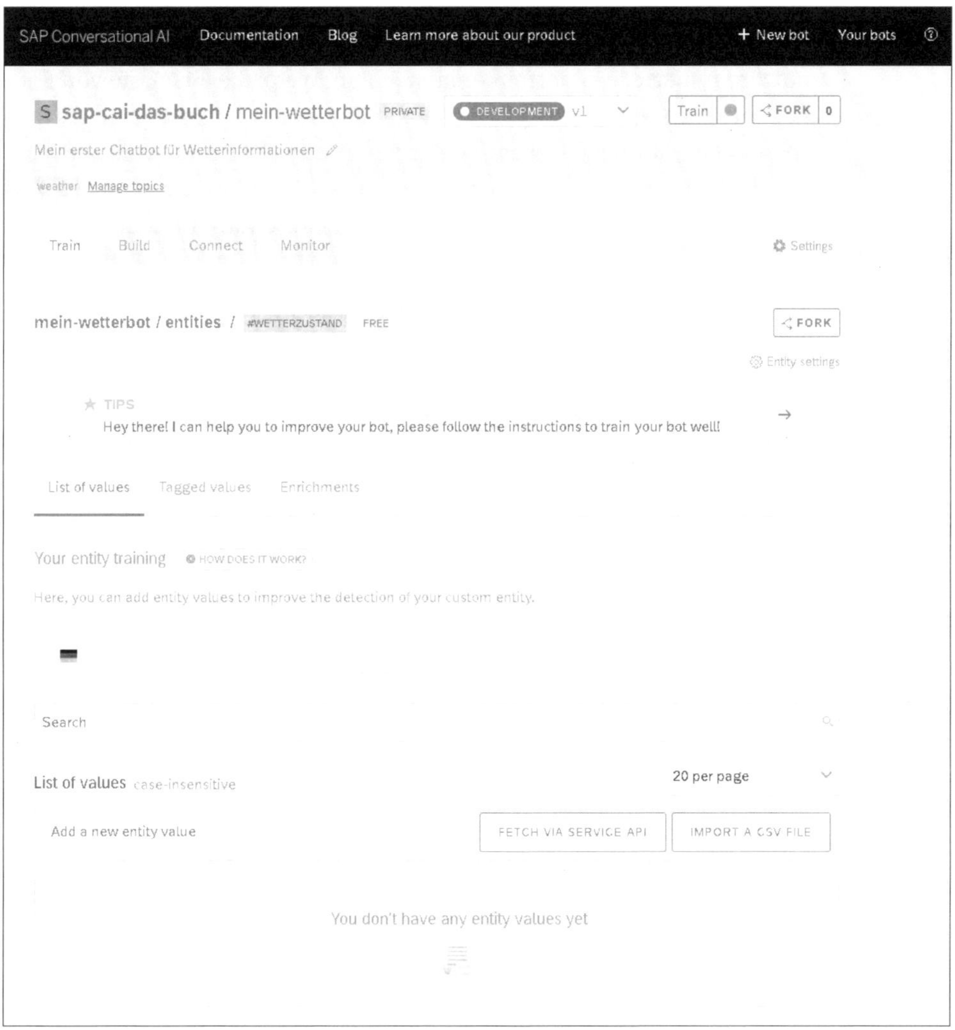

Abbildung 3.15 Detailsicht einer Entität

Während bei eingeschränkten benutzerdefinierten Entitäten die Werteliste auf der Registerkarte **List of values** im Fokus steht, sind es bei freien benutzerdefinierten Entitäten die annotierten bzw. getaggten Werte auf der Registerkarte **Tagged values**. Der dritten Registerkarte **Enrichments** widmen wir mit Abschnitt 3.4, »Entitätsanreicherungen hinzufügen«, einen eigenen Abschnitt. Hier können Sie Ihre benutzerdefinierten Entitäten um Anreicherungen erweitern.

Entitätswerte importieren

Abhängig von Ihren Geschäftsanforderungen verfügen Sie möglicherweise bereits über eine große Anzahl von Entitätswerten, mit denen Sie Ihre benutzerdefinierte Entität trainieren möchten. Wenn Sie eine Liste von Entitätswerten in einer CSV-Datei oder in einer externen Datenbank gespeichert haben, können Sie diese Werte importieren. Dazu laden Sie entweder die CSV-Datei hoch oder nutzen eine Service-API. Sie können beliebige APIs verwenden, solange sie dem REST-Format (Representational State Transfer) folgen.

CSV-Datei importieren

Eine CSV-Datei können Sie über die Schaltfläche **IMPORT A CSV FILE** importieren. In der Datei müssen jeweils der tatsächliche Entitätswert sowie der ISO-Code für die Sprache angegeben sein. Die Struktur des Dateiinhalts sollte also der einer Datei mit Ausdrücken entsprechen, die wir in Abschnitt 3.2.2, »Ausdrücke hinzufügen«, beschrieben haben.

Der Importvorgang mit der Zusammenführungsoption wird nicht ausgeführt, wenn der Wert in der Entität bereits vorhanden ist, das bedeutet, kein Wert wird doppelt in die Werteliste aufgenommen.

Service-API

Auf die zweite Option, Werte mittels einer Service-API aus einer Datenbank zu importieren, gehen wir Abschnitt 11.1, »Integration externer Ressourcen«, ein. Auch hierbei müssen die zu importierenden Werte ein bestimmtes, von SAP Conversational AI unterstütztes Format erfüllen.

[»]

> **Forking von Entitätswerten**
>
> Wenn Sie eine Entität per Forking kopieren, werden auch die Werte kopiert, die mithilfe einer CSV-Datei oder einer Service-API hinzugefügt wurden.

3.3.2 Goldentitäten

Alle Goldentitäten werden automatisch erkannt und vormarkiert. Dies bedeutet auch, dass Sie diese nicht deaktivieren können. Um Sie zu unterstützen, reichert SAP jede Goldentität mit wesentlichen Kerninformationen an. Wenn beispielsweise die Goldentität #DATETIME aufgrund der Äußerung »morgen« in einem Satz erkannt wird, wird eine formatierte Version der Datums- und Uhrzeitangabe in JSON zurückgegeben, die Sie als Antwort verwenden können. Listing 3.1 zeigt eine Beispielanreicherung für den #DATETIME-Entitätswert »morgen«. Wir werden uns diese im weiteren Verlauf dieses Abschnitts noch genauer ansehen.

```
{
  "formatted": "Samstag 01 Februar 2021 um 09:00:00 AM",
  "iso": "2021-02-01T09:00",
  "accuracy": "Tag",
  "chronology": "Zukunft",
  "state": "relativ",
  "raw": "morgen",
  "confidence": 0.92
}
```

Listing 3.1 Beispielanreicherung der Goldentität #DATETIME

[«]

Erkennung von Goldentitäten vermeiden

Es ist nicht möglich, die Erkennung von Goldentitäten zu deaktivieren. Möchten Sie, dass eine benutzerdefinierte Entität anstelle einer Goldentität erkannt wird, versuchen Sie, Ihren Trainingsdatensatz so zu verbessern, dass die Erkennung der Goldentität vermieden wird.

Verfügbare Goldentitäten

In Tabelle 3.1 sind die zum Zeitpunkt der Drucklegung dieses Buches verfügbaren 28 Goldentitäten aufgeführt, die SAP Conversational AI erkennt. Wir nennen die Entitäten in alphabetischer Reihenfolge und geben jeweils ein paar Beispiele für Werte, die bei dieser Entität erkannt werden können.

Goldentität (engl.)	Übersetzung (dt.)	Beispielwerte
#CARDINAL	Himmelsrichtung/ Koordinaten	Norden, Südosten, Nordwesten, Südsüdosten
#COLOR	Farbe	blau, rot, orange, dunkelblau, hellgrün
#DATETIME	Datum und Uhrzeit	nächsten Freitag, heute, 7. September 2021, 12.12.2021, heute Abend, Mitte November

Tabelle 3.1 Liste der Goldentitäten

Goldentität (engl.)	Übersetzung (dt.)	Beispielwerte
#DISTANCE	Entfernung	20 Meter, sieben Meilen, zehn Kilometer, 156 cm, 0,8 Fuß
#DURATION	Dauer	fünf Tage, ein Jahr, 27 Sekunden, zwei Tage und drei Stunden, 72 Wochen
#EMAIL	E-Mail-Adresse	halloConversationalAI@sap.com
#EMOJI	Emoji	:), :heart:
#IP	IP-Adresse	127.0.0.1, 192.157.0.54, 153.34.43.0
#INTERVAL	Zeitintervall	zwischen heute und morgen, von jetzt bis nächste Woche, Mittwoch, am 3. zwischen 14 und 15 Uhr, beginnend am Sonntag bis Montag
#JOB	Beruf	CTO, Landwirt, Finanzbuchhalter, Manager, Schauspielerin
#LANGUAGE	Sprache	Chinesisch, Englisch, Spanisch
#LOCATION	Ort	Berlin, San Francisco, Paris, Ost-London, Rheinwerkallee 4
#MASS	Gewicht	45 Pfund, einundzwanzig Gramm, siebenunddreißig kg, 0,98 mg, 23 Kilogramm
#MONEY	Geldbetrag	3,14 Euro, acht Millionen US Dollar, 6,56 Dollar, achtundsiebzig Zloty
#NATIONALITY	Staatsangehörigkeit	Deutsch, Französisch, Spanisch, Australisch
#NUMBER	Nummer	eintausend, 3, 9.000, sieben Millionen
#ORDINAL	Ordinalzahl	3., 158., letzter, siebter
#ORGANIZATION	Organisation	DFKI, Fraunhofer Institut, Lehman Brothers, NASA, Apple
#PHONE	Telefonnummer	+ 91-22-265 9000, 64 4 437-4746, 0682753582, (123) 123 1234
#PRONOUN	Pronomen	ich, wir, es, dein, unser

Tabelle 3.1 Liste der Goldentitäten (Forts.)

Goldentität (engl.)	Übersetzung (dt.)	Beispielwerte
#PERCENT	Prozent	99 %, 2 %, siebenundsiebzig Prozent, 12 Basispunkte
#PERSON	Person	Michael Adams, Dr. Angela Merkel, Janina, Thomas
#SET	Reihe	jeden Sonntag, jeden Tag, monatlich, alle 2 Wochen
#SORT	Sortierung	am wertvollsten, am besten, am wenigsten erschwinglich, am billigsten
#SPEED	Geschwindigkeit	10 km/h, sieben Meter pro Sekunde
#TEMPERATURE	Temperatur	25 Grad Celsius, 70 ° F, sieben Grad Celsius, 5 Rankine
#URL	URL	https://cai.tools.sap, localhost:9000, api.cai.tools.sap/v2/request
#VOLUME	Volumen	30 Ltr., zwei Fässer, 1/2 EL

Tabelle 3.1 Liste der Goldentitäten (Forts.)

Behalten Sie die aktuell verfügbaren Goldentitäten im Auge, da SAP Conversational AI die Erkennung und die aus den Entitäten gezogenen Informationen ständig verbessert sowie eventuell neue Goldentitäten hinzufügt. Eine aktuelle Liste mit Beispielen und formatierten Informationen finden Sie im SAP Help Portal unter *http://s-prs.de/v792200*.

Formatierung einer Goldentität

Im Folgenden sehen wir uns drei ausgewählte Goldentitäten genauer an, die sehr häufig verwenden werden: Datum und Uhrzeit, Ort und Nummer. Wir zeigen Ihnen jeweils eine Beispielausgabe in JSON und anschließend eine tabellarische Auflistung der *Anreicherungsschlüssel* von Goldentitäten.

#DATETIME

Ein Beispiel für die die Anreicherung der Goldentität #DATETIME für den Wert »morgen« haben Sie bereits in Listing 3.1 gesehen. Eine solche JSON-Anreicherungsdatei besteht jeweils aus Schlüssel-Wert-Paaren. Die Anreicherungsschlüssel werden um zusätzliche Informationen angereichert, die SAP Conversational AI aufgrund eines Ausdrucks ableitet. Tabelle 3.2 erklärt die in Listing 3.1 verwendeten Anreicherungsschlüssel.

Anreicherungsschlüssel	Bedeutung
`formatted`	Zeichenfolge; das geschriebene Format der Datums- und Uhrzeitangabe
`iso`	Zeichenfolge; der ISO-8601-Informationsstandard für die Datums- und Uhrzeitangabe in UTC
`accuracy`	Zeichenfolge; die Genauigkeit der Datums- oder Uhrzeitangabe. Diese Angabe kann z. B. auf das Jahr, den Monat, die Woche, den Tag, einen halben Tag, die Stunde, die Minute oder die Sekunde genau sein. Mehrere Angaben werden durch ein Komma (,) getrennt.
`chronology`	Zeichenfolge; der Zeitpunkt, auf den sich die Datums- oder Uhrzeitangabe bezieht. Dies kann die Vergangenheit, Gegenwart oder Zukunft sein.
`state`	Zeichenfolge; der Typ der Datums- oder Uhrzeitangabe. Diese kann relativ oder absolut sein.
`raw`	Zeichenfolge; der im Ausdruck verwendete Rohwert. In Listing 3.1 ist das der Wert »morgen«.
`confidence`	Gleitkommazahl/Float; der Konfidenzwert zwischen 0 und 1 für die Erkennung

Tabelle 3.2 Attribute der Goldentität #DATETIME

#LOCATION Listing 3.2 zeigt die JSON-Datei für die Angabe einer amerikanischen Adresse. Die hier verwendeten Anreicherungsschlüssel werden in Tabelle 3.3 erläutert.

```
{
  "formatted": "3410 Hillview Avenue, Palo Alto, CA 94304, United
States",
  "lat": 37.399169,
  "lng": -122.146475,
  "type": "establishment",
  "place": "ChIJEyiYgJ66j4ARVZ9bxK83pSQ",
  "street_number": "3410",
  "street_name": "Hillview Avenue",
  "postal_code": "94304",
  "city": "Palo Alto",
  "state": "CA",
  "country": "us",
```

```
  "raw": "3410 hillview avenue",
  "confidence": 0.99
}
```

Listing 3.2 Beispielanreicherung der Goldentität #LOCATION

Anreicherungsschlüssel	Bedeutung
`formatted`	Zeichenfolge; die vollständige Bezeichnung des Standortes
`lat`	Gleitkommazahl/Float; der Breitengrad des Ortes
`lng`	Gleitkommazahl/Float; der Längengrad des Ortes
`type`	Zeichenfolge; eine Präzision der Ortsangabe. Diese kann ein Land, eine Stadt, eine Lokalität, ein Postleitzahlgebiet, eine Route, eine bestimmte Kreuzung, eine politische Region, eine Nachbarschaft oder auch ein Flughafen, Park etc. sein.
`place`	Zeichenfolge; die *Google Places ID* des Standortes
`street_number`	Zeichenfolge; die Hausnummer der Adresse
`street_name`	Zeichenfolge; der Straßenname
`postal_code`	Zeichenfolge; die Postleitzahl
`city`	Zeichenfolge; die Stadt
`state`	Zeichenfolge; das Bundesland, der Staat oder die Provinz
`country`	Zeichenfolge; der ISO-3166-2-Code für das Land
`raw`	Zeichenfolge; der im Ausdruck verwendete Rohwert
`confidence`	Gleitkommazahl/Float; Der Konfidenzwert zwischen 0 und 1 für die Erkennung

Tabelle 3.3 Attribute der Goldentität #LOCATION

Falls ein Anreicherungsschlüssel nicht mit einem Wert versehen werden kann, dann wird der Wert »null« übergeben, wie in Listing 3.3 beispielsweise bei der Postleitzahl ("`postal_code`") zu sehen.

```
"location": [
      {
        "formatted": "Berlin, Germany",
```

```
      "lat": 52.52000659999999,
      "lng": 13.404954,
      "type": "locality",
      "place": "ChIJAVkDPzdOqEcRcDteW0YgIQQ",
      "street_number": null,
      "street_name": null,
      "postal_code": null,
      "city": "Berlin",
      "state": "Berlin",
      "country": "de",
      "raw": "berlin",
      "confidence": 0.94
    }
  ]
```

Listing 3.3 Adressanreicherung ohne vollständige Ermittlung

#NUMBER Listing 3.4 zeigt die JSON-Schlüssel-Wert-Paare für das Beispiel einer Nummer der Goldentität `#NUMBER`. Die Anreicherungsschlüssel erläutern wir in Tabelle 3.4.

```
{
  "scalar": 27000,
  "raw": "twenty-seven thousand",
  "confidence": 0.83
}
```

Listing 3.4 Beispielanreicherung der Goldentität #NUMBER

Anreicherungsschlüssel	Kommentar
`scalar`	Ganzzahl/Integer; die angegebene Zahl
`raw`	Zeichenfolge; der im Ausdruck verwendete Rohwert
`confidence`	Gleitkommazahl/Float; der Konfidenzwert zwischen 0 und 1 für die Erkennung

Tabelle 3.4 Attribute der Goldentität #NUMBER

[»]

Beispiele für die weiteren Goldentitäten

Informationen zur Formatierung der Anreicherungsschlüssel für die weiteren Goldentitäten finden Sie im SAP Help Portal unter: *http://s-prs.de/v792201*

3.3.3 Entitäten markieren

Tagging

Nun wollen wir uns dem Markieren bzw. Annotieren (*Tagging*) der Entitäten widmen. Wenn Sie eine freie benutzerdefinierte Entität verwenden, wenn Sie also keine strenge Werteliste nutzen, sondern maschinelles Lernen für die Erkennung aller möglichen Werte nutzen wollen, benötigt SAP Conversational AI Tags. Damit also Ihre benutzerdefinierten Entitäten durch maschinelles Lernen erkannt werden, müssen Sie Beispiele für die Merkmale bereitstellen. Mit diesen Beispielen wird das ML-Modell für die Erkennung trainiert. Bei den Beispielen handelt es sich um mögliche Werte sowie Beispiele für die Art und Weise, wie die Entität in einem Satz verwendet wird. Markieren Sie dazu in Ihrem Intent die entsprechenden Wörter oder eine Wortgruppe in einem Ausdruck, und ordnen Sie ihnen die Entitätsbezeichnung hinzu. Im folgenden Abschnitt zeigen wir das anhand eines Beispiels. Fahren Sie damit für jeden Ausdruck Ihres Intents fort, und fügen Sie so lange weitere Ausdrücke hinzu, bis Ihre Entität automatisch erkannt wird.

[«]

Faustregel für das Tagging

Als Faustregel für das Tagging können Sie davon ausgehen, dass Sie zwei Drittel Ihrer Ausdrücke manuell annotieren müssen, damit die Entitäten im restlichen Drittel automatisch erkannt werden. Wenn Sie Ihren Bot einmal trainiert haben und die automatische Erkennung funktioniert, können Sie weitere Ausdrücke einfach hinzufügen, solange dieses Verhältnis nicht verändert wird.

3.4 Entitätsanreicherungen hinzufügen

Anreicherungen (*Enrichments*) stellen eine Möglichkeit für Sie dar, Ihre Entitäten mit Zusatzinformationen zu versehen. Immer wenn eine Entität erkannt wird, wird die von der NLP-API zurückgegebene JSON-Datei zur Laufzeit mit zusätzlichen Informationen über die Entität angereichert. Sie kennen diese JSON-Dateien bereits aus Abschnitt 3.3.2, »Goldentitäten«.

Anreicherungen für Goldentitäten

Anreicherungen für Goldentitäten werden vom SAP-Conversational-AI-Team bei SAP festgelegt und können nicht von Ihnen selbst konfiguriert werden. Sie können jedoch zusätzliche Anreicherungen für benutzerdefinierte Entitäten konfigurieren. Beispielsweise könnten Sie eine benutzerdefinierte Entität namens `#KAESE` für einen Einkaufsassistenten erstellen. Wenn das Wort »`Bergkäse`« in einem Satz entdeckt wird, könnten Sie die JSON-Datei erhalten, deren Inhalt Sie in Listing 3.5 sehen.

```
{
  "value": "Allgäuer Bergkäse",
  "raw": "Bergkäse",
  "origin": "Deutschland, Ofterschwang",
  "price": "5,30 Euro",
  "confidence": 0.92
}
```

Listing 3.5 Beispieldatei mit den Anreicherungen für die Entität #KAESE

Anreicherungen für benutzerdefinierte Entitäten

Auf der Registerkarte **Enrichments** können Sie Anreicherungen für Ihre benutzerdefinierte Entität hinzufügen. Eine benutzerdefinierte Entität kann viele verschiedene Werte und Anreicherungen haben. Sie können statische Anreicherungen (*Map Enrichments*) für Werte hinzufügen, indem Sie diese manuell eingeben. Wenn Sie viele Anreicherungen in einem externen System gespeichert haben, können Sie alternativ Ihre Service-APIs so konfigurieren, dass diese Anreicherungen abgerufen werden (*Remote Enrichment*). Wenn während einer Konversation eine Entität erkannt wird, werden dann die API-Aufrufe an die entsprechenden Geschäftsservices gesendet, und die Anreicherungen für den angegebenen Entitätswert werden abgerufen.

Art der Anreicherung wählen

Wählen Sie je nach Anforderung die entsprechende Option aus (siehe Abbildung 3.16). Die Art der Anreicherung muss für jede Entität einzeln ausgewählt werden und gilt für diese für alle Sprachen.

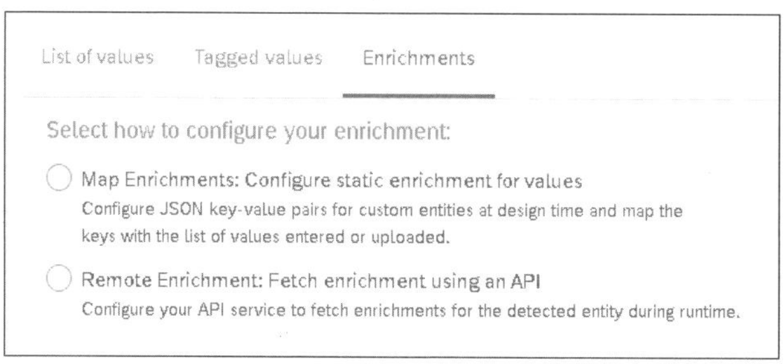

Abbildung 3.16 Statische Anreicherung oder über eine API

Statische Anreicherungen

Statische Anreicherungen können Sie in drei Schritten konfigurieren (siehe Abbildung 3.17):

1. Definieren Sie neue JSON-Paare aus Schlüssel und Standardwert, wie z. B. Ursprung (`origin`) und Preis (`price`) im Käse-Beispiel, indem Sie auf die Schaltfläche **+ ADD NEW PAIR** klicken.
2. Übernehmen Sie die Anreicherungsschlüssel einer Goldentität, die auf die Werte, die Sie in einer Gruppe definieren können, angewendet werden, indem Sie auf die Schaltfläche **+ ADD GOLD ENRICHMENT** klicken.

3. Erstellen Sie eine Gruppe von Entitätswerten über die Schaltfläche **+ ADD NEW GROUP**, und definieren Sie spezifische Anreicherungen für diese Schlüssel (z. B. den gewünschten Preis für den Entitätswert »Preis«).

Beachten Sie, dass die benutzerdefinierten Entitätsanreicherungen auf in einer Gruppe definierte Entitätswerte angewendet werden.

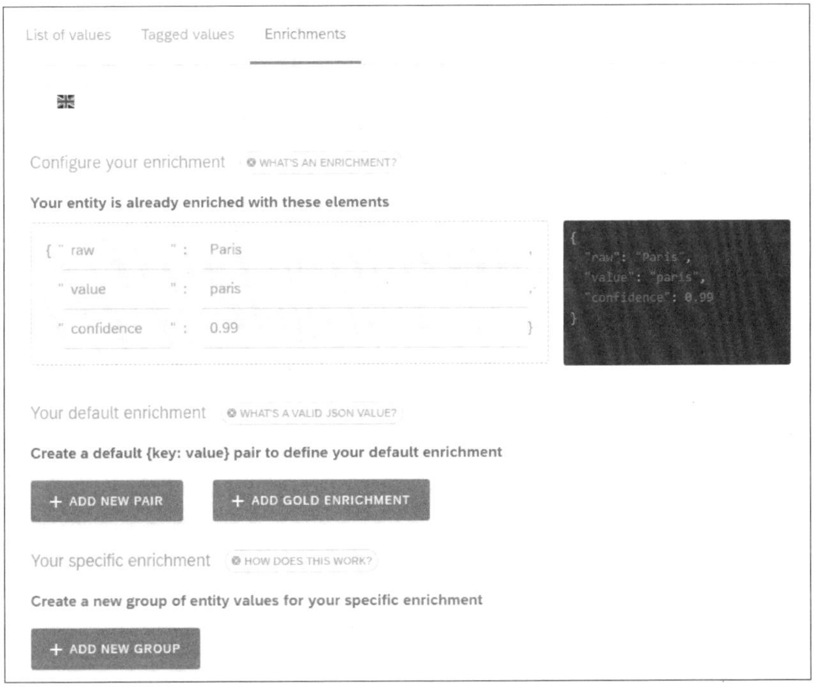

Abbildung 3.17 Statische Anreicherung einer benutzerdefinierten Entität

JSON-Paare definieren

Sie können neue JSON-Paare der Form `{Schlüssel, Standardwert}` erstellen, indem Sie einen Namen für den Schlüssel und eine Standardanreicherung angeben. Ein Anreicherungswert muss dabei immer ein gültiger JSON-Wert sein.

Schlüssel sind sprachunabhängig, während Anreicherungen sprachabhängig sind. Wenn Sie beispielsweise den Schlüssel für den Preis erstellen, heißt dieser in Ihrem JSON-Paar in allen Sprachen `"price"`. Wenn Sie für diesen Schlüssel keine Anreicherung definieren, wird der Wert `null` gesendet, z. B. `{"price": null}`.

Gruppe von Entitätswerten erstellen

Um eine Gruppe von Entitätswerten zu erstellen, klicken Sie auf **+ ADD NEW GROUP**. Geben Sie einen Namen für die Gruppe an, z. B. »bergkaese«, und bestätigen Sie mit **CREATE GROUP**. Danach fügen Sie Entitätswerte hinzu (mindestens ein Wert ist erforderlich). Sobald die Gruppe erstellt wurde, werden die Standardanreicherungen der im ersten Schritt erstellten Schlüssel-Wert-Paare diesen Werten zugewiesen.

Standardanreicherungen überschreiben

Die Standardanreicherung für einen Schlüssel kann mit bestimmten Anreicherungen überschrieben werden. Ein einzelner Schlüssel kann mehrere spezifische Anreicherungen aufweisen, ein Entitätswert kann jedoch nicht zu mehreren Gruppen gehören.

Eine bestimmte Anreicherung setzt sich stets aus folgenden Komponenten zusammen:

- einem gültigen JSON-Wert
- einer Liste von Entitätswerten

Abbildung 3.18 zeigt das für die Entitätswertgruppe **bergkaese**.

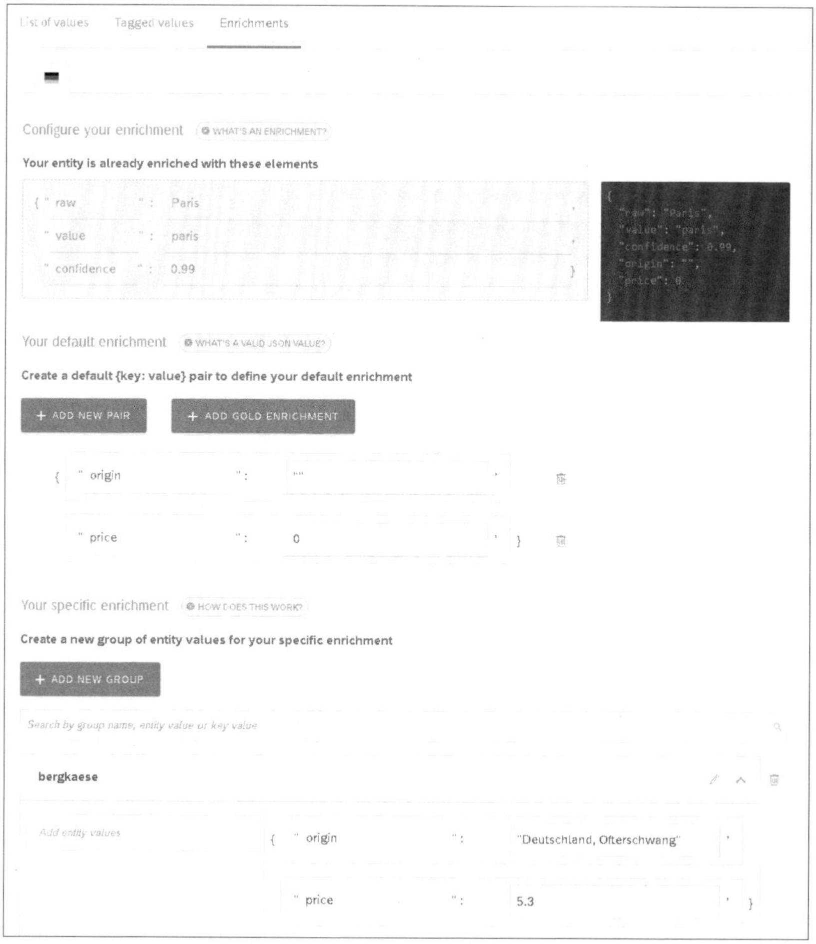

Abbildung 3.18 Beispielanreicherung für die Entität #KAESE und die Entitätswertgruppe »bergkaese«

Die Liste der Entitätswerte wird zur Laufzeit verwendet. Wenn eine benutzerdefinierte Entität erkannt wird, wird der entsprechende Wert mit dieser Liste von Entitätswerten verglichen, um zu entscheiden, welche spezifische Anreicherung angewendet werden soll.

Sie können benutzerdefinierten Entitäten auch Goldanreicherungen hinzufügen, um spezifischere Entitäten zu erstellen. Klicken Sie dazu auf die Schaltfläche **+ ADD GOLD ENRICHMENT**. Sie können beispielsweise eine benutzerdefinierte Entität `#DISCOUNT` erstellen und die Anreicherung der Goldentität `#PERCENT` verwenden, um den Schlüssel `scalar` für eine tatsächliche Zahl nutzen zu können oder eine Anreicherung der Goldentität `#LOCATION`, um den Schüssel `city` für eine Stadt nutzen zu können.

Goldanreicherungen

[!]

Goldanreicherungen nur für statische Anreicherungen verwenden

Sie können Goldanreicherungen nur zusammen mit statischen Anreicherungen zu Ihren benutzerdefinierten Entitäten hinzufügen und nicht zusätzlich zu Anreicherungen, die von einem API-Service abgerufen werden.

Beachten Sie Folgendes bei der Verwendung von Goldanreicherungen:

- Wenn Sie eine neue Gruppe für eine bestimmte Anreicherung hinzufügen, werden alle Goldanreicherungsschlüssel dieser Entität zu dieser Gruppe hinzugefügt. Sie können für jeden Anreicherungsschlüssel einen bestimmten Wert festlegen.
- Beim Löschen eines Goldanreicherungsschlüssels werden die weiteren Schlüssel dieser Goldentität als benutzerdefinierte Anreicherungsschlüssel gewertet. Wenn Sie diese Schlüssel nicht mehr benötigen, müssen Sie jeden dieser Schlüssel einzeln manuell löschen.
- Bei einer freien Entität ist die Liste der Entitätswerte frei bestimmbar und wird manuell erstellt. Darüber hinaus können Sie die Abgleichgenauigkeit für eine freie Entität konfigurieren.

Anreicherungen mittels Service-APIs

Alternativ zur manuellen Erstellung von Anreicherungen können Sie diese auch mittels einer Service-API abrufen. Dabei können Sie die Service-API-Konfiguration verwenden, die wir Ihnen in Abschnitt 11.1, »Integration externer Ressourcen«, an die Hand geben. Das Ergebnis dieses API-Abrufes muss ein JSON-Objekt sein. Sie haben die Möglichkeit, Ihre Service-API-Konfiguration zu testen und das Ergebnis über ein Skript in das gewünschte JSON-Format zu transformieren.

3.5 Das Datenset testen

Alles, was Sie bis hierher auf der Registerkarte **Train** erstellt haben, können Sie sich als das Datenset zu Ihrer Bot-Version vorstellen. Dieses wird mittels Trainings zu Ihrem Bot-Modell zusammengefasst und zur Laufzeit prozessiert bzw. verwendet. In der Testausführung können Sie die Daten z. B. in einer JSON-Datei einsehen.

Testkonsole aufrufen

Mit einem Klick auf die Schaltfläche **TEST** rechts im Kopfbereich der Trainingsumgebung erreichen Sie eine Testkonsole für die Intent- und Entitätserkennung, die Sie in Abbildung 3.19 sehen können. Geben Sie unten anstelle von **Type a sentence ...** einen Ausdruck ein, den Sie auch von Ihren Nutzer*innen erwarten.

Abbildung 3.19 Testkonsole für die Intent- und Entitätserkennung

Hier können Sie sehen, welcher Intent erkannt und welche Entitäten extrahiert werden. In unserem Beispiel wurde erkannt, dass sich die Nutzerin oder der Nutzer mit der Frage »Scheint morgen die Sonne?« auf den Intent **@mein-wetter** bezieht. Als Entitäten wurden die Goldentität `#DATETIME` und die benutzerdefinierte Entität `#WETTERZUSTAND` anhand der Werte »morgen« und »Sonne« erkannt.

JSON-Modus

Klicken Sie auf den Schalter **Smart view**, um in den JSON-Modus zu schalten, den Sie in Abbildung 3.20 sehen. Die JSON-Ansicht enthält viele nützliche Informationen zu der von Ihnen gesendeten Nachricht, z. B. alle Anreicherungen, die wir für die Goldentität bereitstellen können. Zudem können Sie die für diesen Test verwendete Schnittstelle einsehen. Diesen Erkennungstest für Ihre Intents oder Entitäten können Sie jederzeit ausführen, also unabhängig davon, in welchem Kontext der Plattform Sie sich gerade befinden.

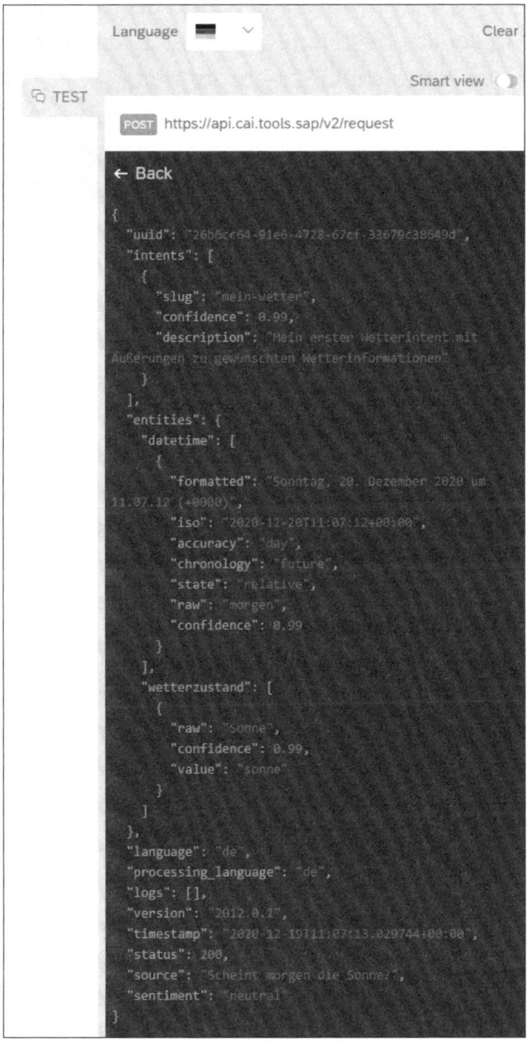

Abbildung 3.20 JSON-Ansicht (Pendant zu Abbildung 3.19)

Überprüfen Sie auch die JSON-Erkennung Ihrer Intents und Entitäten inklusive der Anreicherungen in der Testkonsole.

3.6 Unterstützte Sprachen

Funktionsstufen

Mit SAP Conversational AI erstellte Bots können mehrsprachig sein, d. h., ein und derselbe Chatbot kann mehrere Sprachen sprechen. SAP Conversational AI unterstützt derzeit alle Sprachen mit unterschiedlichen Funktionsstufen: fortgeschritten, Standard und Grundstufe.

- **Hauptsprachen**
  Die Funktionsstufe fortgeschritten (*advanced*) wird für die Sprachen Englisch, Deutsch, Französisch und Spanisch unterstützt. Sie ermöglicht eine Intent-Klassifizierung, benutzerdefinierte Entitäten, Goldentitäten, Stimmungsanalysen, Anreicherungen und Sprachermittlung.
- **Standardsprachen**
  Die Funktionsstufe Standard wird für die Sprachen Arabisch, Chinesisch, Dänisch, Finnisch, Hindi, Niederländisch, Italienisch, Japanisch, Katalanisch, Koreanisch, Norwegisch, Polnisch, Russisch und Schwedisch unterstützt. Sie ermöglicht eine Intent-Klassifizierung, benutzerdefinierte Entitäten und Sprachermittlung. Für diese Sprachen werden Stimmungsanalyse, Anreicherungen und Goldentitäten bisher nicht unterstützt.
- **Weitere Sprachen**
  Alle anderen Sprachen werden mit der Grundstufe (*basic*) unterstützt. Diese ermöglicht eine Intent-Klassifizierung und benutzerdefinierte Entitäten, aber keine Goldentitäten, Stimmungsanalysen, Anreicherungen oder Sprachermittlung.

Sprachen Intents zuordnen

Damit sich die Nutzer*innen mit Ihrem Bot in verschiedenen Sprachen unterhalten können, fügen Sie auf der Registerkarte **Train** die gewünschten Sprachen über die Schaltfläche **+ ADD LANGUAGE** (siehe Abbildung 3.11) für jeden Intent hinzu, und erstellen Sie Ausdrücke in diesen Sprachen. Das bedeutet, dass Sie jede Sprache einzeln pflegen müssen. Bei der Nutzung von Sprachen der Funktionsstufe Fortgeschritten schlägt SAP Conversational AI für jeden hinzugefügten Ausdruck zusätzliche Ausdrücke vor. So können Sie einem Intent schnell und einfach weitere Ausdrücke hinzufügen.

Sprachermittlung

SAP Conversational AI erkennt die Eingabesprache automatisch mittels der Sprachermittlung. Ihre Antworten für fortgeschrittene und Standardsprachen können Sie entsprechend anpassen, sodass sie zur ermittelten Sprache passen.

Nachdem SAP Conversational AI die Sprache erkannt hat, gelten die folgenden Regeln:

- Wenn Sie Ausdrücke in dieser Sprache hinzugefügt haben, werden diese zur Verarbeitung verwendet.
- Wenn Sie in dieser Sprache keine Ausdrücke hinzugefügt haben, wird Ihre Standard-Bot-Sprache (die *Default-Sprache*) für die Verarbeitung verwendet.

Den Umgang mit Sprachen erläutern wir in Abschnitt 9.4, »Mehrsprachigkeit und Ermittlung der Sprache«, ausführlicher.

3.7 Anwendung von NLP-Technologien

Neben den Goldentitäten stellt SAP Conversational AI auch verschiedene NLP-Funktionen zur Verfügung, die entweder automatisch für die Verarbeitung der natürlichen Sprachäußerungen in Ihrem Bot verwendet werden oder von Ihnen explizit gewählt werden können. Unter anderem wird eine Stimmungserkennung angeboten. Seit März 2020 unterstützt SAP Conversational AI allerdings nicht mehr die Erkennung von Sprechakten (siehe Abschnitt 1.2.1, »Natürliche Sprachverarbeitung«) und Satztypen. Im Folgenden sehen wir uns die automatischen Funktionen Satzanalyse und Stimmungserkennung sowie die wählbare Funktion zur Auflösung von Entitätsreferenzen an.

Satzanalyse

Die Analyse eines Satzes, den ein*e Nutzer*in in die Chatbot-Anwendung eintippt oder den Sie als Ausdruck einpflegen, können Sie sich als einen dreistufigen Prozess vorstellen:

1. Zuerst werden die Schlüsselwörter markiert, die sich Entitäten zuordnen lassen.
2. Dann werden die Schlüsselwörter im Satz durch die Entitäten ersetzt. Nehmen sie z. B. folgendes Schlüssel-Wert-Paar:

   "source": "Scheint morgen die Sonne?"

   Es wird wie folgt prozessiert:

   ```
   Scheint #DATETIME die #WETTERZUSTAND?
   ```
3. Das Ergebnis wird gemäß Ihrem Datensatz dem passenden Intent zugeordnet.

Wenn zwei Intents mindestens einen Ausdruck mit derselben Struktur aufweisen, kann dies dazu führen, dass der richtige Intent und damit die Absicht der Nutzerin oder des Nutzers nicht erkannt wird. Falls diese Unklarheit nicht aufgelöst werden kann, wird die Disambiguierung verwendet oder notfalls der Fallback-Skill getriggert (siehe auch Abschnitt 4.2.1, »Bestandteile eines Skills«).

Stimmungserkennung

Die Stimmungserkennung (*Sentiment Detection*) ist ebenfalls ein wichtiger Bestandteil der Analyse der Benutzereingaben. SAP hat sich entschlossen, dabei Richtlinien zu befolgen, die Gefühle mit einer höheren Granularität unterscheiden, als Sie es vielleicht gewohnt sind. Auf diese Weise können Sie verschiedene Ebenen positiver und negativer Eingaben behandeln, wie in Tabelle 3.5 dargestellt.

Polarität	Beispiel
`vpositive`	Sehr positiv: Wörter wie großartig, grandios, optimal, Liebe
`positive`	Positiv: Wörter wie gut, angenehm, einträglich, Favorit
`neutral`	Neutral: Wörter wie sachlich, Dokument, Verkaufsbestellung, Produkt
`negative`	Negativ: Wörter wie schlecht, traurig, unangenehm, Mangel
`vnegative`	Sehr negativ: Wörter wie mangelhaft, furchtbar, Hass

Tabelle 3.5 Werte der Stimmungserkennung

Entitätsreferenzen

Eine weitere Funktion ist die Auflösung von Entitätsreferenzen. *Referenzen*, insbesondere *Koreferenzen* stellen wichtige Konzepte in der Linguistik dar und beschreiben den Bezug eines sprachlichen Ausdrucks zu einem Bezeichner und damit eine Art Gegenstandsbeziehung. Die Plattform SAP Conversational AI bietet zwei Referenzauflösungsmethoden an: die Referenzauflösung von Pronomen und die von Beschreibungen.

Pronomen auflösen

Damit die Nutzer*innen sich in natürlicher Sprache sinnvoll mit Ihrem Bot unterhalten können, muss Ihr Bot in der Lage sein, Pronomen (wie »es« oder »das«) zu erkennen und sie Entitäten zuzuordnen, die zuvor in der Konversation erwähnt wurden.

Wir verdeutlichen das an folgender Beispielkonversation:

User: Wie viel kostet der Bergkäse?

Chatbot: Der Bergkäse kostet 5,30 Euro.

User: Ok, kaufe den.

Chatbot: Wie viel Bergkäse wollen Sie kaufen? ...

Damit Ihr Bot Pronomen auflösen kann, müssen Sie diese Funktion aktivieren. Dazu rufen Sie die Einstellungsseite **Settings** für Ihre Bot-Version auf, wählen die Optionen aus und setzen das Häkchen im Kontrollkästchen

Resolve pronouns (Pronomen auflösen, siehe Abbildung 3.21). In der Standardeinstellung ist die Pronomenauflösung nicht ausgewählt. Durch die Aktivierung kann Ihr Bot die folgenden Pronomen auflösen: sie (Singular), er, es, wir, sie (Plural), ihr, ihm, uns, ihnen, seinem, dies, das, usw. Der Bot ordnet das Pronomen »den« nun erfolgreich der Entität zu, hier der Käse-Entität mit dem Wert »Bergkäse«.

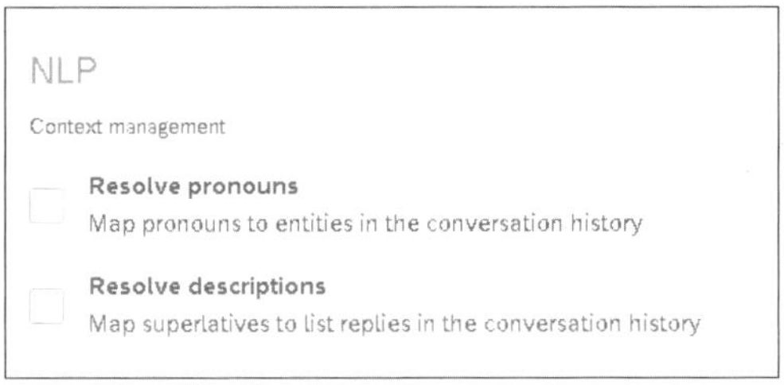

Abbildung 3.21 Pronomenauflösung aktivieren

Beschreibungen auflösen

Wenn Nutzer*innen sich auf Ihre Bot-Antworten beziehen wollen, verwenden sie oft Superlative wie »den billigsten« oder »den teuersten«. Dieser Verweis auf ein Element in der Nachricht muss Ihr Bot ebenso auflösen wie Verweise mittels einer Ordnungszahl wie »der erste« oder »zweiter«. Wenn der Bot beispielsweise eine Liste von Pizzen anzeigt, könnte ein*e Nutzer*in den Bot anweisen, die billigste Pizza (oder den kleinsten Salat oder den teuersten Wein) zu kaufen.

Auflösung von Superlativen und Ordnungszahlen

Damit Ihr Bot Superlative oder Ordnungszahlen Elementen in der Nachricht zuordnen kann, müssen Sie das Kontrollkästchen **Resolve descriptions** (Beschreibungen auflösen) in den Bot-Einstellungen aktivieren.

Beschreibungsauflösung nur für Hauptsprachen

Die Beschreibungsauflösung wird derzeit nur für die drei Hauptsprachen Englisch, Französisch und Spanisch unterstützt.

3.8 Training des Beispiel-Bots

Intent anlegen

Lassen Sie uns das Gelernte ausprobieren. Wir wollen dazu an dem Wetter-Bot weiterarbeiten, den Sie in Abschnitt 2.4, »Erste Schritte zur Erstellung eines Chatbots«, angelegt haben. Wählen Sie Ihren Bot aus, und klicken Sie auf die Schaltfläche **+ CREATE**, um einen Intent zu erstellen. Füllen Sie die Felder des Erstellungsdialogs aus. Dabei können Sie sich an den Werten in Abbildung 3.22 orientieren. Schließen Sie die Erstellung mit der Schaltfläche **CREATE INTENT** ab.

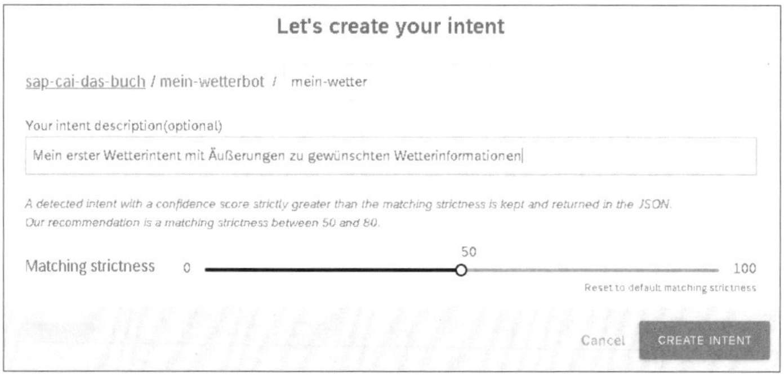

Abbildung 3.22 Erstellung des Wetter-Intents

Vorlage für den Beispiel-Bot verwenden

Falls Sie die ersten Schritte in Kapitel 2, »Einführung in SAP Conversational AI«, übergangen haben oder gerne mit einer sauberen Vorlage starten möchten, können Sie alternativ die Version v1 unseres Wetter-Bots kopieren, indem Sie einen Fork erstellen und damit weitermachen. Wählen Sie dafür unter *https://cai.tools.sap/sap-cai-das-buch/mein-wetterbot/train/intents* die Bot-Version **Kapitel-2 v1** aus.

Beispieläußerungen

Nach dem Klick auf **@mein-wetter** können Sie die Beispieläußerungen aus Abschnitt 3.2, »Gesprächsabsichten mit Intents definieren«, oder Ihre eigenen Äußerungen, mit denen Sie nach Wetterinformationen fragen würden, als Ausdrücke eingeben (siehe Abschnitt 3.2.2, »Ausdrücke hinzufügen«). Wenn Sie möchten, schauen Sie sich die Vorschläge von SAP Conversational AI an, und übernehmen Sie die eine oder andere Äußerung. In Abbildung 3.23 können Sie erkennen, dass es 13 Vorschläge der Plattform gibt. In diesen Ausdrücken wurden die Goldentitäten vom System bereits markiert.

Entitätswerte pflegen

Navigieren Sie anschließend über die Breadcrump-Navigation zurück zu Ihrem Bot, und wählen Sie die Registerkarte **Entities**. Hier können Sie Ihre erste freie benutzerdefinierte Entität #WETTERZUSTAND erstellen (siehe Abschnitt »Benutzerdefinierte Entitäten erstellen« in Abschnitt 3.3.1). Geben Sie ein paar Zustandswerte, wie beispielsweise »Regen«, »Schnee«, »Sonne«, »Wind« und »Wolken«, unter **List of values** an.

Nun navigieren Sie zurück zu Ihrem **@mein-wetter**-Intent. Hier wollen wir die Ausdrücke mit der Entität #WETTERZUSTAND markieren, wie in Abbildung 3.24 gezeigt. Dafür markieren Sie den passenden Begriff in Ihrem Audruck, hier »Sonne«, und wählen im Dropdown-Feld darunter Ihre Entität #WETTERZUSTAND aus.

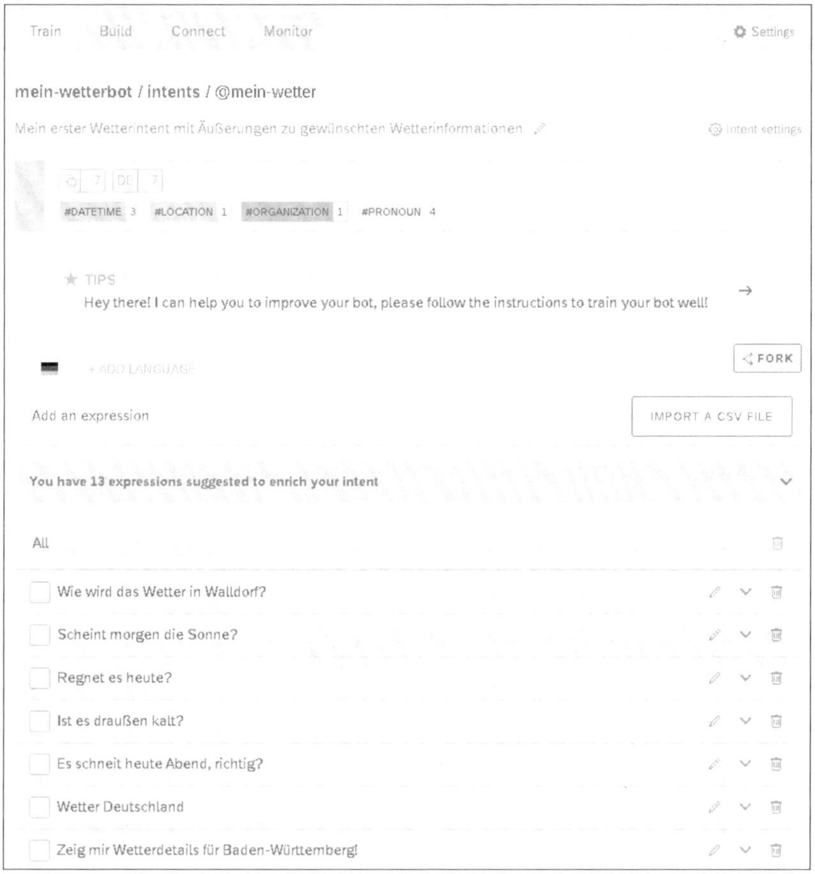

Abbildung 3.23 Intent-Erweiterung

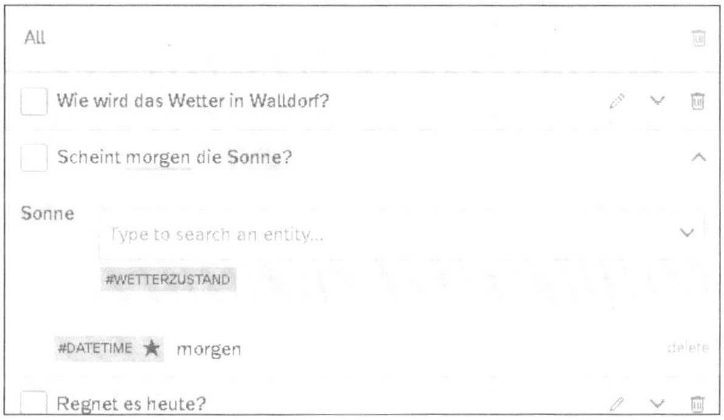

Abbildung 3.24 Markieren einer Entität

Neue Entität hinzufügen

Nachdem Sie ein oder mehrere Wörter in Ihrem Ausdruck markiert haben, sehen Sie eine Übersicht Ihrer Entitäten. Falls Sie noch keine passende Entität erstellt haben, können Sie diese auch direkt im Suchfeld erstellen, was

Ihnen SAP Conversational AI über eine dynamisch eingeblendete Extraschaltfläche anbietet.

Nun wird der Wert »Sonne« mit der Entität verknüpft, wie in Abbildung 3.25 zu sehen. Eine Liste der Werte, die Ihrer Entität zugeordnet ist, können Sie unter **Tagged values** einsehen.

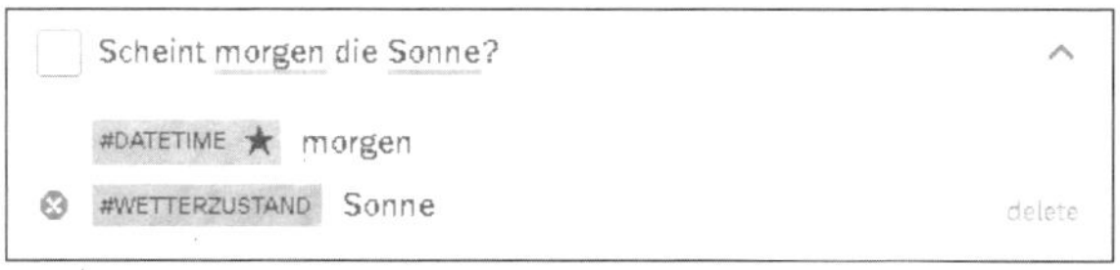

Abbildung 3.25 Markierte benutzerdefinierte Entität

Erkennungsqualität prüfen

Zum Abschluss können Sie Ihren Intent und die Erkennung Ihrer Entität mit der Funktion **TEST** überprüfen. Dafür geben Sie eine Äußerung im Feld **Type a sentence…** ein und vergewissern sich, dass Ihr Bot sowohl Ihren Intent als auch Ihre Entität richtig erkennt. Abbildung 3.26 zeigt eine erfolgreiche Erkennung.

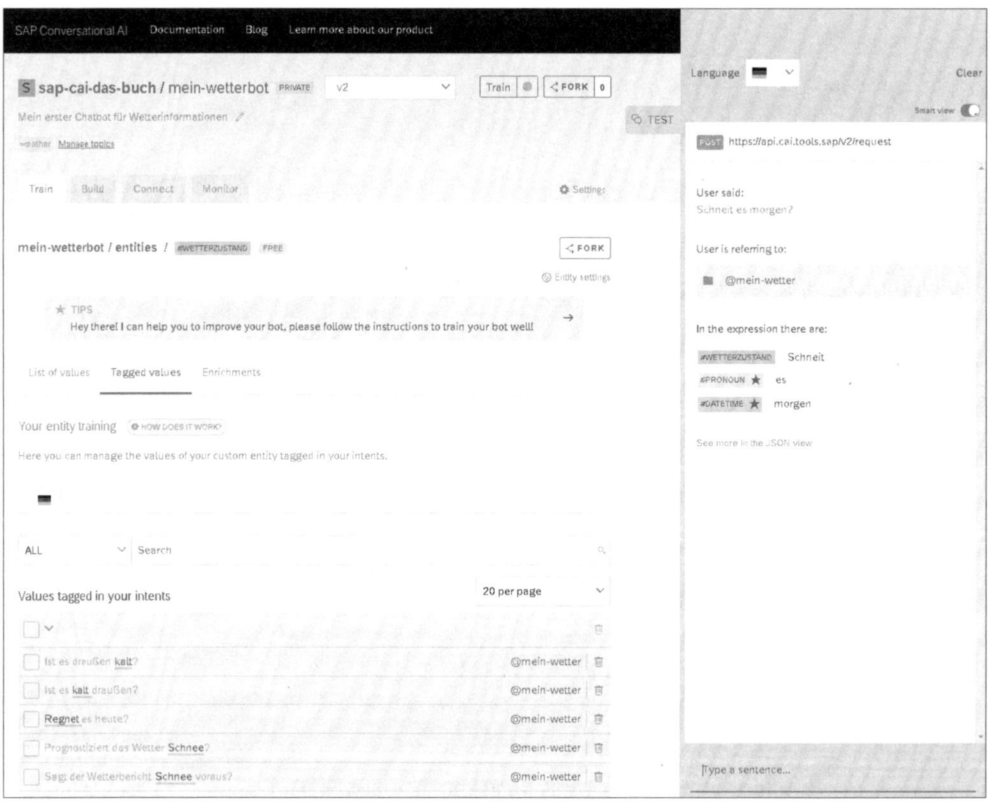

Abbildung 3.26 Test des Intents @mein-wetter und der Entität #WETTERZUSTAND

Wir werden diesen Wetter-Bot in den folgenden Kapiteln weiter entwickeln. Sie können auf die in den einzelnen Kapiteln erstellten Versionen immer im Download-Bereich des Buches zugreifen und sie mittels Fork kopieren, um damit weiterzuarbeiten.

3.9 Zusammenfassung

In diesem Kapitel sollten Sie nun einen guten Überblick erhalten haben, wie SAP Conversational AI natürliche Sprache versteht und verarbeitet. Außerdem sollten Sie wissen, was unter dem Training eines Bots verstanden wird. Sie kennen sich mit Forks aus und können selbst Intents und Entitäten erstellen. Außerdem kennen Sie den Unterschied zwischen einer Goldentität und einer eigenen, benutzerdefinierten Entität. Sie kennen weitere NLP-Technologien, die SAP Conversational AI verwendet, und können Ihre trainierten Modelle testen. Darüber hinaus haben Sie weitere Schritte zur Chatbot-Entwicklung auf der Plattform unternommen.

Kapitel 4
Einen Chatbot aufbauen

In diesem Kapitel konzentrieren wir uns darauf, die Programmlogik unseres Bots zu bauen und den Unterhaltungsfluss zu kontrollieren. Wir werden uns also die Registerkarte »Build« genauer anschauen.

Skills

Wie der Name bereits nahelegt, geht es auf der Registerkarte **Build** ums Bauen, genauer gesagt um das Aufbauen von Skills, also Fähigkeiten. Diese Skills sind die elementaren Bausteine einer jeden Unterhaltung mit einem Chatbot und haben in der Regel ein klar definiertes Ziel. Das kann beispielsweise, wie bei den vordefinierten Skills, einfach eine Begrüßung oder ein wenig Smalltalk sein. Ziel kann es jedoch auch sein, komplexere Prozesse abzubilden, wie z. B. die Bestellung einer Pizza.

Sie können sich das so vorstellen: Die auf der Registerkarte **Build** verfügbaren Funktionalitäten sind Ihr Werkzeugkasten, um die Bots Ihrer Träume zu erstellen. Oder zumindest die Träume jener, die Sie mit dem Bau eines Chatbots beauftragt haben. Im Rahmen dieses Kapitels wollen wir den Werkzeugkasten einmal ausleeren und Ihnen jedes der darin enthaltenen Werkzeuge vorstellen. Um den Rahmen des Kapitels nicht zu sprengen, werden wir uns konkrete Anwendungsfälle und weiterführende Konzepte in späteren Kapiteln genauer anschauen. Am Ende dieses Kapitels werden wir wieder alle Werkzeuge fein säuberlich verstauen, um sie in Kapitel 10, »Das Bot-Entwicklungsprojekt – ein Praxisbeispiel«, noch einmal auszupacken. Dann werden Sie nämlich nach unserer Anleitung lernen, im Rahmen eines größeren Bot-Projekts mit den Werkzeugen umzugehen.

Zu Beginn dieses Kapitels verschaffen wir uns in Abschnitt 4.1 einen Überblick über die Registerkarte **Build**, bevor wir uns in Abschnitt 4.2 dann deren elementaren Bausteinen, den Skills, widmen. Im Anschluss nehmen wir in Abschnitt 4.3 bis Abschnitt 4.5 die wichtigsten Bestandteile eines Skills unter die Lupe: Trigger, Voraussetzungen und Aktionen.

Weitere Anleitungen für den Wetter-Bot

Wir werden uns im Laufe des Kapitels immer wieder auf den bereits bekannten Wetter-Bot beziehen und ihn um die neu kennengelernten Bausteine erweitern. Natürlich können Sie die Funktionalitäten jederzeit selbst am Rechner austesten. Machen Sie sich keine Sorgen, dabei etwas an dem

Bot unwiederbringlich kaputt zu machen. Wir haben für jede Etappe der Entstehung eine Version des Wetter-Bots für Sie bereitgestellt, die Sie bei Bedarf per Fork in Ihr Benutzerprofil kopieren können. Die Anleitungen in diesem Kapitel bauen auf der Version v2 auf. Den Wetter-Bot finden Sie unter folgender URL: *https://cai.tools.sap/sap-cai-das-buch/mein-wetterbot*

4.1 Überblick über die Registerkarte »Build«

Grafische und Listensicht

Nach dem Öffnen der Registerkarte **Build** befinden Sie sich zunächst auf der Übersichtsseite, auf der Sie alle Skills sehen, die zu diesem Bot gehören. Sie können zwischen zwei verschiedenen Ansichten wählen, um Ihre Skills zu verwalten, der grafischen Ansicht (*Graphical View*) und der Listenansicht (*List View*). Zwischen den beiden Ansichten können Sie mithilfe der Menübox rechts oben auf der Registerkarte wechseln (). Abbildung 4.1 zeigt die Listenansicht. Falls Sie sich in der grafischen Ansicht befinden, finden Sie an gleicher Stelle auch die Auswahl der *Skill-Gruppen* ().

Abbildung 4.1 Registerkarte »Build« in der Listenansicht

Links befindet sich ein weiteres Menü mit drei Schaltflächen. Dieses Menü können Sie mithilfe des Pfeilsymbols (≪) verkleinern. Sie finden hier folgende Optionen:

- neuen Skill anlegen (**Add skill**)
- neue Skill-Gruppe anlegen (**Add skill group**)
- Bedienfeld zur Pflege von Vorlagen einblenden (**Add template**)

Skills des Wetter-Bots

Bei einem ersten Blick auf unseren Wetter-Bot werden Sie an dieser Stelle drei Skills sehen: den vordefinierten Skill **greetings**, den Sie bei der Erstellung des Wetter-Bots hinzugefügt hatten, sowie die Skills **fallback** und **disambiguation**. Letztere gehören zur Grundausstattung eines Chatbots und werden im Laufe dieses Kapitels noch genauer beleuchtet.

4.1.1 Vergleich der Ansichten

Jede der beiden Ansichten hat ihre Vor- und Nachteile, und je nachdem, was Sie gerade machen, wird eine der beiden Ihnen eher behilflich sein können. Daher erklären wir Ihnen im Folgenden, wo deren Stärken liegen.

Grafische Ansicht

Die grafische Ansicht erlaubt es Ihnen, die Skills logisch zu arrangieren, um beispielsweise den Fluss einer Unterhaltung abzubilden. Dazu werden die Sprunganweisungen (mehr dazu in Abschnitt 4.5.4, »Konversation modifizieren«) zu anderen Skills grafisch dargestellt, wie Sie Abbildung 4.2 entnehmen können. So bekommen Sie einen guten Überblick über die Beziehungen und das Verhältnis der Skills zueinander.

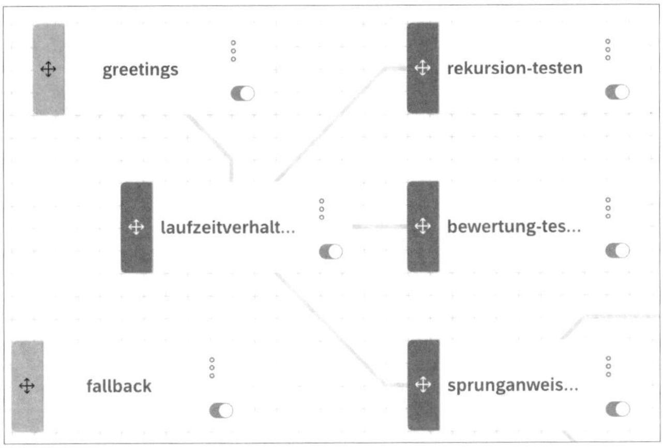

Abbildung 4.2 Darstellung von Sprunganweisungen

Leider ist der sichtbare Bereich schnell gefüllt, wenn man einen größeren Bot baut. Dadurch kann es schwierig werden, größere Bots und ihre Skills mit der grafischen Ansicht zu verwalten und dabei einen guten Überblick zu behalten.

Listenansicht

Die Listenansicht gibt dagegen einen guten Überblick über alle Skills Ihres Bots und verfügt über Funktionalität zur Massenverwaltung Ihrer Skills. Außerdem können Sie hier Ihre Skills diversen Skill-Gruppen zuordnen, wie wir im folgenden Abschnitt zeigen. Die logischen Zusammenhänge zwischen den Skills, die sich aus Sprunganweisungen ergeben, gehen in dieser Darstellungsweise jedoch leider verloren.

Die Kopfzeile der Liste bietet Ihnen folgende Möglichkeiten zur Massenverwaltung:

- **Markieren**
  Indem Sie das Kontrollkästchen in der Spalte **All** markieren, können Sie alle Skills und Skill-Gruppen des Bots markieren. Falls mindestens ein

Skill markiert ist, erscheint an dieser Stelle das Kontrollkästchen **Clear**. Falls Sie dieses auswählen, werden sämtliche Markierungen aufgehoben.

- **Suche**
  Klicken Sie auf das Lupensymbol (🔍) hinter dem Spaltentitel **Name**, um einen Skill anhand seines Namens zu suchen. Es wird dabei nach Buchstabensequenzen im Namen des Skills gesucht, unabhängig davon, ob sie am Anfang oder in der Mitte des Wortes vorkommen.
- **Skill-Gruppen verwalten**
  Sobald mindestens ein Skill markiert ist, ist ein Auswahlfeld zur Verwaltung der Skill-Gruppen (**Select group to move**) sichtbar. Auf diese Funktionalität gehen wir in Abschnitt 4.1.2, »Gruppen von Skills verwalten«, noch ein.
- **Aktivierung**
  Wenn mindestens ein Skill markiert ist, haben Sie die Möglichkeit, alle markierten Skills durch einen Klick mit der Maus zu aktivieren bzw. zu deaktivieren. Dazu müssen Sie einfach den Schalter **Active** betätigen und den entsprechenden Eintrag aus dem sich öffnenden Menü auswählen.
- **Löschen**
  Ebenfalls durch das Markieren von mindestens einem Skill wird ein Mülltonnensymbol (🗑) in der Kopfzeile sichtbar, über das Sie alle markierten Skills löschen können. Dies müssen Sie in einem Pop-up-Fenster bestätigen.

4.1.2 Gruppen von Skills verwalten

Um Ihnen das Leben bei der Verwaltung von Bots mit vielen Skills zu vereinfachen, können Sie auf Skill-Gruppen zurückgreifen, mit deren Hilfe Sie Ihre Skills ordnen können. Die Funktionalität der Skill-Gruppen spielt ihre Stärken vor allem im Rahmen der Listenansicht der Registerkarte **Build** aus.

Skill-Gruppen anlegen

Um eine neue Skill-Gruppe anzulegen, klicken Sie im Menü links auf die Schaltfläche **Add skill group**. Falls das Menü zugeklappt ist, wird die Schaltfläche nur durch das Symbol dargestellt (siehe Abbildung 4.1). In dem Pop-up-Fenster, das sich nun öffnet, können Sie den gewünschten Namen für die Gruppe eintragen und bestätigen. Die neue Skill-Gruppe wird nun ausgegraut in der Listenansicht oberhalb der bestehenden Skills angezeigt, wie Sie in Abbildung 4.3 sehen können. Hinter dem Namen steht in kursiver Schrift die Anzahl der Skills, die in dieser Gruppe enthalten sind. Bei einer neuen Skill-Gruppe sind das 0 Skills.

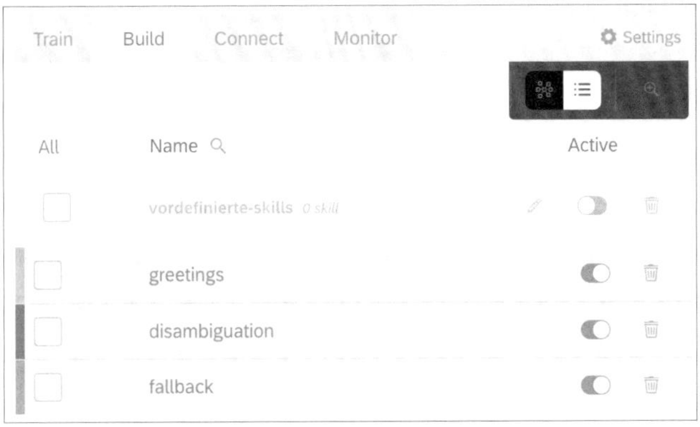

Abbildung 4.3 Neue Skill-Gruppe »vordefinierte-skills«

In der grafischen Ansicht können Sie auf die gleiche Weise neue Skill-Gruppen anlegen. Da jedoch in dieser Ansicht Skill-Gruppen nicht dargestellt werden, werden Sie die neue Gruppe erst mal nicht sehen können.

Skills hinzufügen

Nachdem Sie einen oder mehrere Skills markiert haben, wie im vorangegangenen Abschnitt beschrieben, erscheint in der Kopfzeile der Tabelle ein Auswahlfeld mit dem Text **Select group to move**. Hier können Sie aus einem Dropdown-Menü die Gruppe auswählen, der Sie einen Skill hinzufügen möchten. Nachdem Sie eine Skill-Gruppe ausgewählt haben, wird deren Name im Auswahlfeld angezeigt (siehe Abbildung 4.4), und die blaue Schaltfläche mit dem Häkchen ist aktiviert, mit der Sie die Auswahl bestätigen können.

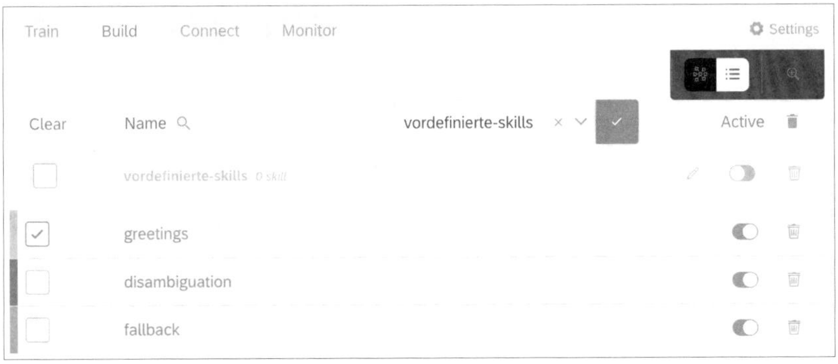

Abbildung 4.4 Hinzufügen eines Skills zu einer Skill-Gruppe

Die Listenansicht wird nun angepasst. Die ausgewählten Skills werden in die Gruppe verschoben und die Listenanzeige der Skills pro Gruppe auf den aktuellen Stand gebracht.

Skills entfernen

Das Entfernen von Skills aus Skill-Gruppen funktioniert prinzipiell wie das Hinzufügen. Falls sich mindestens einer der ausgewählten Skills in einer Skill-Gruppe befindet, erscheint ein weiterer Eintrag in dem Dropdown-Menü. Am Ende der Liste der verfügbaren Gruppen befindet sich ein weiterer Eintrag **Remove from group** in roten Buchstaben. Nachdem Sie die Auswahl bestätigt haben, werden alle vorher markierten Skills aus ihren jeweiligen Gruppen gelöscht. Für Skills, die vorher keiner Gruppe zugeordnet waren, ändert sich natürlich nichts.

Skill-Gruppen aktivieren

Ebenso wie jeder Skill haben auch Skill-Gruppen einen Aktivierungsstatus, der über einen Schalter gesetzt werden kann. Wird der Status auf Ebene der Skill-Gruppe geändert, müssen alle Skills, die in der Gruppe enthalten sind, der Vorgabe folgen. Wird beispielsweise eine Gruppe deaktiviert, werden ebenso alle Skills in dieser Gruppe deaktiviert.

Unabhängig vom Aktivierungsstatus der Skill-Gruppe können Sie jedoch einzelne Skills aktivieren oder deaktivieren; nicht alle Skills innerhalb einer Gruppe müssen also immer deren Status haben. Bei der nächsten Änderung des Status der Gruppe werden jedoch alles Skills wieder dem Beispiel der Gruppe folgen.

Skill-Gruppen können Sie auch in der grafischen Übersicht deaktivieren. Jedes Mal, wenn Sie dort einen Skill deaktivieren, der einer Skill-Gruppe zugeordnet ist, öffnet sich ein Pop-up-Fenster und bietet Ihnen an, die komplette Skill-Gruppe zu deaktivieren. Eine Aktivierung wird Ihnen auf diese Art jedoch nicht angeboten.

Verwaltung in der Listenansicht

Die Listenansicht bietet Ihnen weitere Möglichkeiten zur Verwaltung von Skill-Gruppen:

- **Name der Skill-Gruppe ändern**
  Um den Namen der Gruppe zu ändern, klicken Sie auf das Stiftsymbol ( ) hinter dem Namen. Dessen Anzeige verwandelt sich in ein Eingabefeld, und Sie können den Namen ändern.
- **Auf- und Zuklappen der Gruppe**
  Skill-Gruppen werden jeweils einzeln durch einen Mausklick auf die entsprechende Zeile auf- oder zugeklappt.
- **Skill-Gruppen löschen**
  Eine Skill-Gruppe lässt sich löschen, indem Sie das Mülltonnensymbol ( ) am Ende der Zeile anwählen. Wichtig zu erwähnen ist, dass nur die Gruppe gelöscht wird. Die Skills bleiben erhalten, sind danach aber keiner Gruppe mehr zugewiesen.

Skills in der grafischen Ansicht hervorheben

Skill-Gruppen sind eher für die Verwendung in der Listenübersicht optimiert. Es gibt jedoch eine interessante Funktionalität in der grafischen Übersicht, **Focus on skill group**, die sich hinter dem Lupensymbol ( ) neben dem Menü zur Auswahl der Ansichten versteckt.

Mit einem Klick auf die Lupe ( ) öffnet sich ein Dropdown-Menü, aus dem Sie eine Gruppe auswählen können, deren Skills hervorgehoben werden sollen. Alle Skills, die nicht zu der Gruppe gehören, werden verschwommen und halbtransparent dargestellt.

4.1.3 Vorlagen für Bot-Einstellungen

Vorlagen

Vorlagen sollen Ihnen helfen, gewisse Einstellungen auf Ebene des Bots zu pflegen, die Sie dann in allen Skills dieses Bots zur Verfügung stellen. Sie können beispielsweise eine Vorlage für HTTP-Kopfzeilen pflegen, die Sie dann in allen Aufrufen von API-Services dieses Bots wiederverwenden können.

Klicken Sie auf die Schaltfläche **Add templates**. Es öffnet sich ein zusätzliches Bedienfeld am rechten Bildschirmrand (siehe Abbildung 4.5).

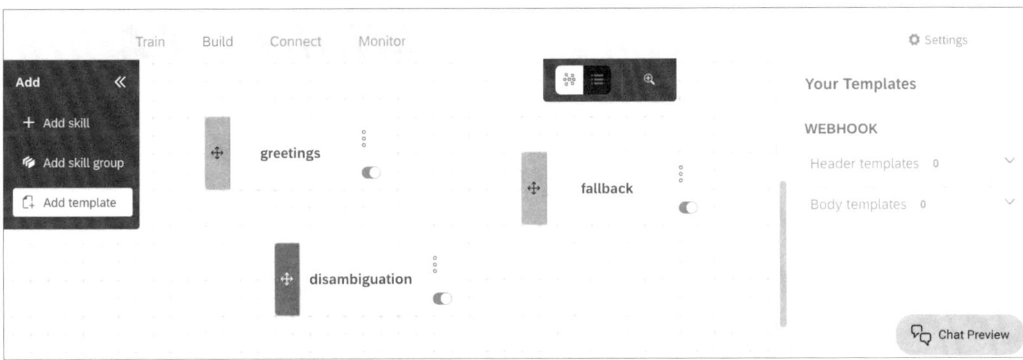

Abbildung 4.5 Bedienfeld zur Pflege der Vorlagen

Arten von Vorlagen

Sie können zwei verschiedene Arten von Vorlagen erstellen, die beide im Bereich der Verbindungen zu externen Services zum Einsatz kommen:

- **Header templates (HTTP-Kopfzeile)**
  Mit dieser Vorlage können Sie Schlüssel-Wert-Paare definieren, die in ausgehenden HTTP-Anfragen im Nachrichtenkopf stehen sollen.
- **Body templates (HTTP-Nachrichtenrumpf)**
  Mit diesem Vorlagentyp können Sie einen kompletten HTTP-Nachrichtenrumpf definieren.

Vorlagen können Sie auch direkt beim Pflegen der entsprechenden Aktionen zur Serviceanbindung erzeugen, indem Sie dort auf die Schaltfläche **SAVE AS NEW TEMPLATE** klicken.

4.2 Skills verwalten

Nachdem Sie sich ein wenig mit der Registerkarte **Build** vertraut gemacht haben, kommen wir zu dem zentralen Objekt dieses Kapitels, nämlich den Skills selbst. Dazu sehen wir uns den Skill **greetings** genauer an. An dessen Beispiel erläutern wir Ihnen die Bestandteile und den Lebenszyklus eines Skills. Anschließend zeigen wir Ihnen, wie Sie einen neuen Skill anlegen können.

Öffnen Sie den Skill **greetings**, indem Sie auf den Skill-Namen in der Listenansicht klicken. Sie gelangen zur Detailsicht des Skills in Abbildung 4.6.

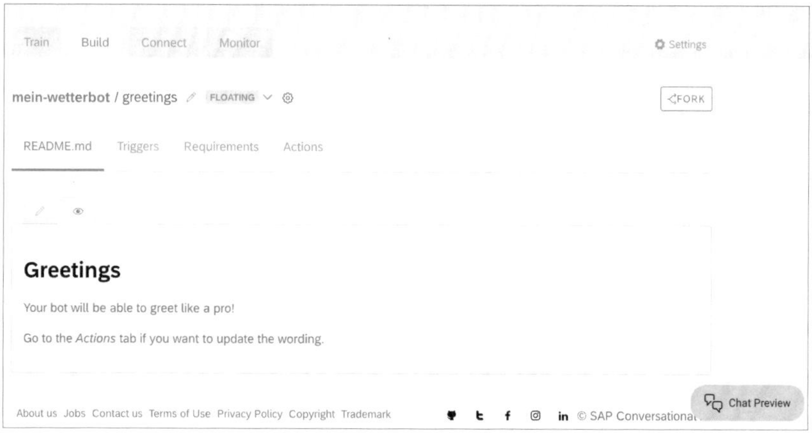

Abbildung 4.6 Skill »greetings« des Wetter-Bots

4.2.1 Bestandteile eines Skills

Ein Skill setzt sich aus den folgenden Teilen zusammen:

- Name
- Typ des Skills
- sprachabhängiger Titel des Skills
- Dokumentation oder Beschreibung (Datei **README.md**)
- Bedingungen zum Auslösen (*Trigger*)
- Voraussetzungen zur Ausführung (*Requirements*)
- Aktionen bei der Ausführung des Skills (*Actions*)

Auf die ersten vier Komponenten gehen wir direkt in diesem Abschnitt ein. Die Trigger, Voraussetzungen und Aktionen behandeln wir in Abschnitt 4.3 bis Abschnitt 4.5.

In der Breadcrump-Navigation sehen Sie den Namen des aktuellen Bots. Per Klick auf diesen Link gelangen Sie zurück auf die Übersichtsseite der Registerkarte **Build**. Das gleiche Ergebnis erzielen Sie übrigens, wenn Sie nochmals die Registerkarte **Build** anwählen.

Name des Skills

Auf den Namen des Bots folgt jener des Skills. Diesen können Sie im Nachhinein ändern, indem Sie auf die Schaltfläche mit dem Stiftsymbol (✎) klicken. Sie müssen dabei beachten, dass der Name des Skills (oder genau genommen dessen Slug) eindeutig sein muss. Falls dem nicht so sein sollte, hilft SAP Conversational AI mit dem Anhängen einer Zahl nach.

Skill-Typen

Beim Erstellen eines Skills müssen Sie sich für einen Typ entscheiden. Prinzipiell gibt es vier Varianten, aber unter normalen Umständen sollten nur die ersten beiden verfügbar sein, da es jeweils nur einen Fallback- und Disambiguierungs-Skill geben darf:

- **Business Skill (Geschäfts-Skill)**
  Sollte für Skills verwendet werden, die für die Kernfunktionalität des Bots benötigt werden.
- **Floating Skill (schwebender Skill)**
  Darunter sind Skills zu verstehen, die eine ergänzende Rolle spielen, wie beispielsweise Begrüßung, Smalltalk oder das Erzählen eines Witzes.
- **Fallback Skill (Ausweich-Skill)**
  Der Fallback Skill soll bei der Behandlung von Ausnahmesituationen helfen; auf ihn wird nur in Notfällen zurückgegriffen.
- **Disambiguation Skill (Disambiguierungs-Skill)**
  Dieser Skill kommt immer dann zum Einsatz, wenn der oder die Nutzer*in zurate gezogen werden muss, um eine nicht eindeutige Situation aufzulösen, da mehrere Skills ausgeführt werden könnten.

Ausführungslogik

Die ersten beiden Skill-Typen, Business und Floating, unterscheiden sich lediglich in ihrer Darstellung – die Skills des ersten Typs werden grün, die des zweiten orange dargestellt. Unser Skill **greetings** gehört zur Kategorie Floating, in der Breadcrump-Navigation wird der Name daher orange hinterlegt. Diese Unterscheidung soll Ihnen bei der Strukturierung Ihres Bots helfen und den Blick auf die Skills ein wenig übersichtlicher machen. Auf die Programmlogik während der Ausführung hat die Wahl des Typs jedoch keinen Einfluss.

Disambiguierungs- und Fallback-Skills

Ganz anders verhält es sich bei dem Disambiguierungs- und dem Fallback-Skill. Wenn Sie auf die Übersichtsseite eines Skills dieser Typen navigieren, wird Ihnen sofort ein Unterschied ins Auge fallen: Sie finden keine **Trigger**-Registerkarte; es können also keine Bedingungen zum Auslösen des Skills gepflegt werden. Diese Skills werden automatisch unter bestimmten Umständen ausgeführt:

- Fallback: wenn kein Skill zum Auslösen bestimmt werden konnte
- Disambiguierung: wenn mehrere Skills zum Auslösen bestimmt wurden

Eine weitere Besonderheit dieser beiden Skill-Typen ist, dass es sie immer nur einmal pro Bot geben darf. Da diese Skills bei der Erstellung eines jeden Bots automatisch erzeugt werden, sollten Sie nie Bedarf haben, selbst einen solchen Skill zu erzeugen. Und daher haben Sie unter normalen Umständen auch nur Business und Floating als Skill-Typen zur Auswahl, wenn Sie einen neuen Skill anlegen.

Falls Sie trotzdem allein aus Interesse einmal einen der beiden Skills erstellen möchten, können Sie einen bestehenden Skill dieser Typen jederzeit löschen. Danach steht dieser Typ beim Erstellen eines neuen Skills wieder zur Verfügung. Einen Bot ohne diese beiden Skills würden wir Ihnen jedoch nicht empfehlen, da dann die entsprechende Sonderbehandlung der Ausnahmefälle nicht stattfindet.

[»]

Fehlender Disambiguierungs-Skill

Der Skill vom Typ Disambiguation wurde erst Ende 2020 eingeführt. Daher wird es noch etliche »alte« Bots geben, die diesen Skill noch nicht besitzen. Falls Sie einen solchen Bot erstellt haben sollten, empfehlen wir Ihnen, diesen Skill möglichst zeitnah anzulegen, da erst mit der Existenz dieses Skills die Funktionalität der Disambiguierung funktionstüchtig ist.

Titel eines Skills

Unabhängig vom technischen Namen hat jeder Skill noch einen sprechenden und vor allem übersetzbaren Titel. Dieser Titel kommt auf der Plattform jedoch nur an einer Stelle zum Einsatz, nämlich im Kontext der Skill-Disambiguierung, um den Nutzer*innen ihre Wahlmöglichkeiten anzuzeigen. Deswegen ist dieser Titel auch in allen Sprachen verfügbar, die der Bot beherrscht. Falls Sie sich entscheiden sollten, den Titel in einer gegebenen Sprache nicht zu pflegen, wird als Ersatz der Name des Skills herangezogen. Für den Skill **greetings** könnten Sie beispielsweise den Titel »Den Chatbot begrüßen« pflegen.

Dokumentation des Skills

Damit all die Mühe, die Sie in den Entwurf eines Skills stecken, nicht eines Tages verloren geht, können Sie Ihr Wissen natürlich als technische Dokumentation hinterlegen, und zwar auf der Registerkarte **README.md**. In Anlehnung an das vom git-Repository-Dienstleister GitHub verwendete Format können Sie hier Ihre Dokumentation als Markdown-Datei pflegen, jedoch nur mit bis zu 5.000 Zeichen.

Um den Text zu pflegen, müssen Sie auf der Registerkarte **README.md** die Registerkarte wechseln, die durch das Stiftsymbol () ausgezeichnet ist (siehe Abbildung 4.6). Dort können Sie die Dokumentation im Markdown-Format pflegen. Zur formatierten Ansicht gelangen Sie wieder, indem Sie die Registerkarte öffnen, die mit dem Auge () versehen wurde.

[«]

Markdown-Format

Folgende Möglichkeiten der Formatierung sind Ihnen bei der Pflege der Registerkarte **README.md** gegeben:

- Zeilen, die mit #, ## oder ### beginnen, werden als Titel der ersten, zweiten oder dritten Ebene formatiert.
- **Fett** wird der Text, wenn er von zwei Sternen umklammert wird (**fett**).
- *Kursiv* wird er bei Umklammerung mit einem Stern (*kursiv*).
- Der dargestellte Text eines Links steht in eckigen Klammern, die dazugehörige URL in runden Klammern.
- Ein Zeilenumbruch wird durch zwei Leerzeichen am Zeilenende erreicht.
- Zeilen, die mit einem »>« beginnen, weisen ein Zitat aus, das sich auch über mehrere Zeilen ziehen kann.
- (Unnummerierte) Listeneinträge werden durch einen einleitenden Stern markiert.
- Vier Leerzeichen zu Beginn einer Zeile deklarieren einen Code- oder Listingblock.

Dokumentation nicht übersetzbar

Werfen Sie einen Blick auf die Dokumentation des vordefinierten Skills **greetings** in Abbildung 4.6. Sie ist in Englisch verfasst. Die Texte auf der Registerkarte **README.md** sind nicht übersetzbar und erscheinen in der Sprache, in der sie von der Bot-Entwicklerin oder dem Bot-Entwickler hinterlegt wurden, in diesem Fall eben auf Englisch.

4.2.2 Lebenszyklus eines Skills

Wie viele andere Artefakte im Software Engineering hat auch ein Skill einen klar definierten Lebenszyklus, der sich aus den folgenden Phasen zusammensetzt:

1. Konzeption
2. Anlegen
3. Implementierung und Wartung
4. Löschen

Auf die Konzeption und Implementierung eines Skills gehen wir in Kapitel 10, »Das Bot-Entwicklungsprojekt – ein Praxisbeispiel«, im Detail ein. Im Folgenden konzentrieren wir uns auf die essenziellen Ereignisse im Leben eines Skills, dessen Anlage, das Abspalten von Forks und das Löschen des Skills.

Skills anlegen

Das Leben eines Skills, der von Grund auf neu gebaut wird, beginnt mit Ihrem Klick auf die Schaltfläche **Add skill** links im Menü. Falls das Menü zugeklappt sein sollte, sehen Sie an der Stelle ein Plussymbol (+). In dem sich öffnenden Pop-up-Fenster können Sie den Namen des Skills angeben, den Typ wählen und den Titel in den jeweils verfügbaren Sprachen pflegen (siehe Abbildung 4.7). Nach einem Klick auf die Schaltfläche **Add** wird der neue Skill erstellt.

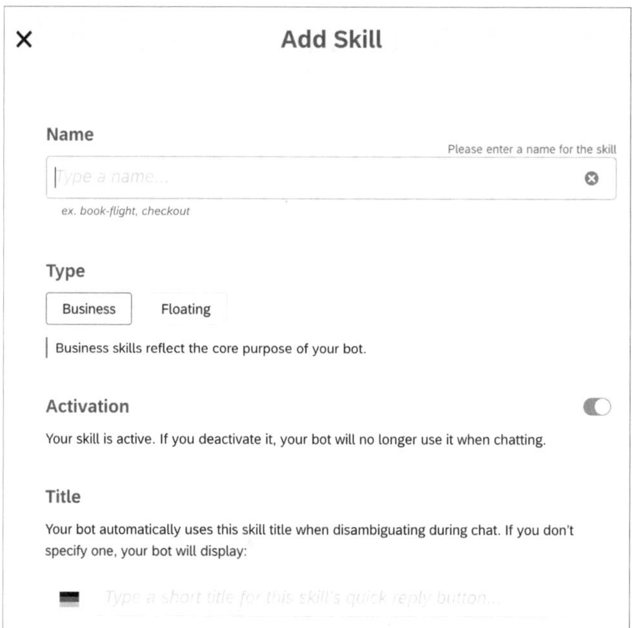

Abbildung 4.7 Pop-up-Fenster zum Anlegen eines neuen Skills

Fork eines Skills erstellen

Falls Sie während der Lektüre dieses Buches den Wetter-Bot Schritt für Schritt mitgebaut haben, werden Sie im Hintergrund bereits Ihren Fork eines Skills erstellt haben, vermutlich ohne es zu merken. Die drei Skills **greetings**, **fallback** und **disambiguation**, die Sie nach Erstellen des Bots dort vorgefunden haben, sind nämlich mittels Forking entstanden.

Abgesehen vom Konsumieren der vordefinierten Skills gibt es zwei weitere Szenarien, in denen das Forking von Skills zum Einsatz kommt:

- Zum einen können Sie auf sämtliche öffentliche Inhalte der Community zugreifen, Bots durchstöbern und sich die Skills anderer Bot-Entwickler*innen anschauen. Sie können Skills in fremden Bots zwar nicht vor Ort testen, aber Sie können jeden Skill, der Ihnen zusagt, einfach über die Schaltfläche **FORK** in einen Bot Ihrer Wahl kopieren (siehe Abbildung 4.8).

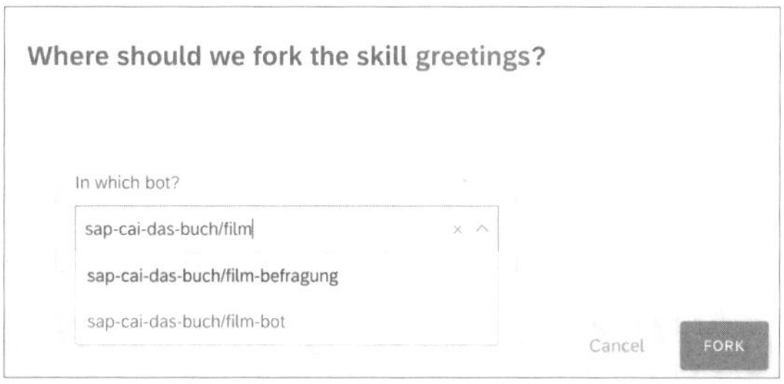

Abbildung 4.8 Kopieren eines Skills in einen anderen Bot

- Zum anderen können Sie die Funktionalität nutzen, um einen Skill aus Ihrem eigenen Bot als Vorlage für weitere Skills zu nutzen. Da der Slug des Skills in diesem Fall natürlich bereits belegt ist, wird der neue Skill-Name unter Anhängen eines Bindestrichs und einer aufsteigenden Zahl gebildet (z. B. **wetter-anzeigen-1**). Das ist übrigens plattformweit das Standardverhalten bei allen Konflikten mit Slugs.

[+]

Vordefinierte Skills für Fortgeschrittene

Beim Anlegen eines neuen Bots können Sie sich mittels Forking ganz komfortabel vordefinierte Skills aussuchen, die Sie Ihrem Bot gerne hinzufügen würden. Falls Sie das Konsumieren dieser vordefinierten Skills selbst in die Hand nehmen wollen, schauen Sie doch einmal die öffentlichen Bots der Organisation scaffolder (*https://cai.tools.sap/scaffolder*) an. Dort finden Sie beispielsweise den Bot **starter-skills-de**, von dem der Skill **greetings** abgespalten wurde.

Da es sich bei den Chatbots in der Organisation scaffolder um Bots der SAP-Conversational-AI-Community handelt, können Sie deren Skills über die Schaltfläche **FORK** in Ihren Bot kopieren.

Skills löschen

Unabhängig von der Art der Ansicht, in der Sie sich befinden, können Sie einen Skill mit einem Klick auf das Mülltonnensymbol (🗑) löschen. Die Listenansicht bietet darüber hinaus eine Möglichkeit zur Löschung mehrerer Skills. Klicken Sie dazu auf das Mülltonnensymbol (🗑) in der Kopfzeile der Tabelle, nachdem Sie die zu löschenden Skills ausgewählt haben.

Bevor ein Skill gelöscht wird, müssen Sie dies in einem Pop-up-Fenster bestätigen. Dieses Fenster weist Sie auch auf den wichtigen Umstand hin, das auch Aktionen gelöscht werden, die den zu löschenden Skill referenzieren, also beispielsweise Sprunganweisungen. Dynamische Referenzen aus Variablen oder in Skripten sind nicht davon betroffen. Diese werden erst zur Laufzeit ausgewertet, und es ist nicht möglich, sie zu bestimmen. Mehr zu Sprunganweisungen erfahren Sie in Abschnitt 4.5.4, »Konversation modifizieren«.

[!]

Mit Bedacht löschen

Gehen Sie besser vorsichtig mit dem Löschen von Skills um, da ein gelöschter Skill unwiederbringlich verloren ist.

4.2.3 Einen neuen Skill für den Beispiel-Bot anlegen

Sie haben nun Gelegenheit, an Ihrem ersten eigenen Bot weiterzuarbeiten. Falls Sie die letzte Etappe ausgelassen haben oder gerne mit einer sauberen Vorlage starten möchten, können Sie einen Fork der Version v2 unseres Wetter-Bots erstellen und damit weitermachen. Führen Sie dann die folgenden Schritte aus:

1. Navigieren Sie auf die Registerkarte **Build** Ihres Wetter-Bots, und legen Sie dort einen eigenen Skill mit dem Namen »wetter-anzeigen« an, wie im vorangegangenen Abschnitt gezeigt.
2. Als Typ wählen Sie **Business** aus, da es sich um einen Skill handelt, der die Kernfunktionalität unseres Bots erweitert, die Abfrage von Wetterdaten.
3. Nachdem Sie den Skill angelegt haben, navigieren Sie zur Detailseite und überzeugen sich, dass noch keine Informationen angezeigt werden.
4. Öffnen Sie die Registerkarte **README.md**, um eine Dokumentation dort abzulegen.
5. Öffnen Sie die Registerkarte mit dem Stiftsymbol. Hinterlassen Sie dort folgenden Text:

```
Skill wetter-anzeigen
===
Zeigt das Wetter an einem gegebenen Ort an.
```

Das sollte vorerst reichen. Natürlich können Sie Ihren Skill nach Belieben erweitern.

[+]

Namen für Ihre Skills finden

Unserer Erfahrung nach haben sich Skill-Namen nach dem Schema **nomen-verb** bewährt, also beispielsweise **wetter-anzeigen**. Um Großschreibung müssen Sie sich nicht sorgen. Skill-Namen werden generell in Kleinbuchstaben geschrieben und Großbuchstaben werden entsprechend umgewandelt.

Außerdem sollte der Name nicht zu lang sein. Zwar haben Sie 255 Zeichen zur Verfügung, aber wir würden Ihnen empfehlen, dieses Limit nicht voll auszureizen. Einerseits würde das unnötig lange URLs nach sich ziehen, andererseits werden so lange Skill-Namen ohnehin nicht vollständig dargestellt. Machen Sie sich also das Leben leichter, und verwenden Sie kurze Namen.

4.3 Trigger verwenden

Auslösebedingungen eines Skills

Das englische Wort *Trigger* bezeichnet ursprünglich den Abzug einer Schusswaffe und wird in unterschiedlichen Kontexten verwendet, um einen Auslöser oder Anstoß zu beschreiben. Auch ein Skill-Trigger in SAP Conversational AI beschreibt eine Auslösebedingung für einen Skill. Sie können jedem Skill beibringen, unter welchen Bedingungen dieser ausgeführt werden kann.

Einen Sonderfall stellen Skills ohne Trigger dar. Diese bieten sich nie zum Ausführen an. Sie können daher nur ausgeführt werden, wenn sie beispielsweise Ziel einer Sprunganweisung sind.

4.3.1 Bedingungen

Operanden und Operator

Skill-Trigger setzen sich aus mehr oder weniger komplexen Kombinationen von Bedingungen zusammen. Um Skill-Trigger besser verstehen zu können, sollten Sie sich also erst mit den Bedingungen elementarer Bausteine von Triggern vertraut machen.

Eine Bedingung setzt sich aus drei Bestandteilen zusammen:

- linker Operand
- Operator
- rechter Operand

Während der linke Operand und der Operator immer gegeben sind, hängt der rechte Operand in seiner Form von den ersten beiden ab.

Linker Operand Die potenziellen Werte des linken Operanden lassen sich in drei Gruppen einteilen, wie Sie auch in Abbildung 4.9 sehen können:

- **Was der oder die Nutzer*in sagt**
  In der Spalte **User says** finden Sie die Intents, die Ihnen in diesem Bot zur Verfügung stehen. Als linken Operanden können Sie einen Intent verwenden oder eines seiner Attribute:
  - `slug`
  - `confidence`
  - `description`
- **Eine entdeckte Entität**
  Die Spalte **entity is detected** stellt Ihnen eine Liste aller benutzerdefinierten Entitäten dieses Bots und aller Goldentitäten zur Auswahl. Ähnlich wie bei den Intents können Sie auch hier auf die Attribute der jeweiligen Entitäten zugreifen (siehe auch Abschnitt 3.3.2, »Goldentitäten«). In allen Fällen finden Sie die Attribute `confidence` und `raw`. Weitere Attribute sind von den Anreicherungen der jeweiligen Entitäten abhängig.
- **Werte aus der Unterhaltung**

  In der Spalte **in the conversation** finden Sie einige Attribute aus dem Kontext der Konversation. Von diesen stammen vier aus dem Bereich der Funktionen für die natürliche Sprachverarbeitung (NLP, siehe auch Abschnitt 3.7, »Anwendung von NLP-Technologien«):
  - `_sentiment` (Gefühl)
  - `_source` (Quelle)
  - `_language` (Sprache)
  - `_processing_language` (Prozessierungssprache)

  Vier weitere stammen aus der Verwaltung des Kontextes der Konversation:
  - `_memory`
  - `_skill`
  - `_skill_occurences`
  - `_conversation_language`

Wir werden uns in Kapitel 9, »Weiterführende Konzepte«, im Detail mit diesen Attributen und deren Verwendung beschäftigen.

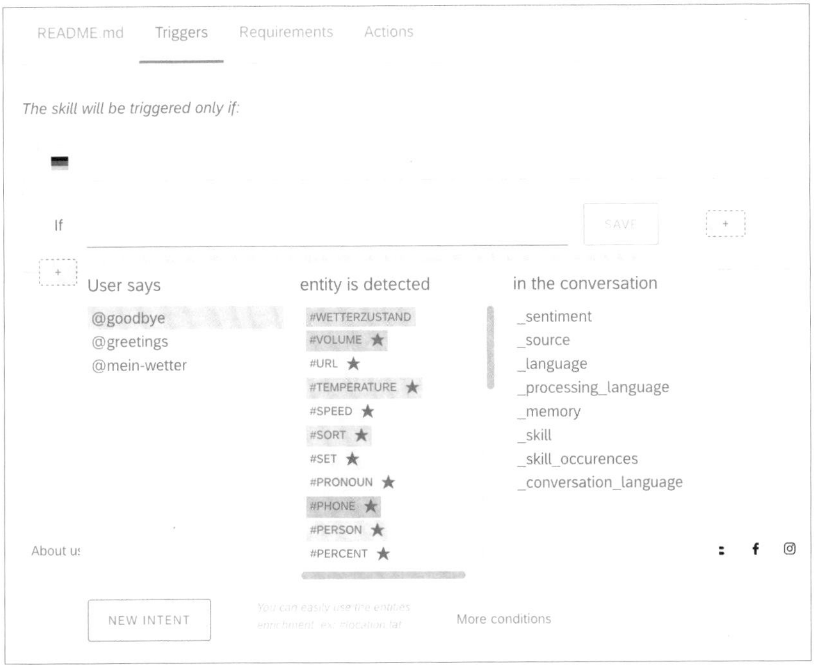

Abbildung 4.9 Wertehilfe für den linken Operanden

Die Liste der Operatoren besteht aus zehn Einträgen, bzw. aus fünf komplementären Operatorpaaren: **Operatoren**

- **Existenz (is-present/is-absent)**
  Dieses Paar von Operatoren prüft, ob ein Wert gesetzt ist, bzw. ob er fehlt. Beispielsweise kann man mit diesem Operatorpaar prüfen, ob ein Intent oder eine Entität erkannt wurde.
- **Gleichheit (is/is-not)**
  Im Fall von Zeichenfolgen wird bei der Prüfung der Gleichheitsoperatoren die Groß- und Kleinschreibung beachtet. Die beiden Zeichenfolgen »Wetter« und »wetter« sind also nicht gleich.
- **Gleichheit aus Liste (in/not-in)**
  Die logische Prüfung verhält sich wie die durch den regulären Gleichheitsoperator, es wird jedoch gegen eine Liste mehrerer Werte geprüft, ob mindestens einer oder keiner der Werte passt.
- **Numerischer Vergleich (greater-than/lower-than)**
  Diese Operatoren funktionieren nur in Verbindung mit numerischen Werten und führen Größer-als- oder Kleiner-als-Prüfungen durch.

- **Regulärer Ausdruck (matches/matches-not)**
  Mit diesen beiden Operatoren wird eine Prüfung auf Übereinstimmung mit einem regulären Ausdruck ausgeführt.

Rechter Operand

Die Art der möglichen Werte des rechten Operanden hängen von dem linken Operanden und dem Operator ab:

- Falls der linke Operand `_sentiment` ist, können Sie beim rechten Operanden aus einer Liste von fünf Niveaus auswählen, von sehr negativ bis sehr positiv.
- Falls der Operator `is-present` oder `is-absent` ist, wird nur auf die Existenz bzw. die Nicht-Existenz hin geprüft, und es wird kein rechter Operand benötigt.
- Im Fall von `in` und `not-in` haben Sie die Möglichkeit, eine Liste mit Werten einzugeben.
- Bei Verwendung der Operatoren `matches` und `matches-not` können Sie den rechten Operanden in Form eines regulären Ausdrucks unter Verwendung der Syntax der Sprache *Ruby* pflegen.

4.3.2 Evaluierung von Trigger-Bedingungen

Falls Sie bereits mit der *booleschen Algebra* vertraut sind, wird sich Ihnen der Aufbau komplexerer und verschachtelter Skill-Trigger direkt erschließen. Ein Beispiel sehen Sie in Abbildung 4.10.

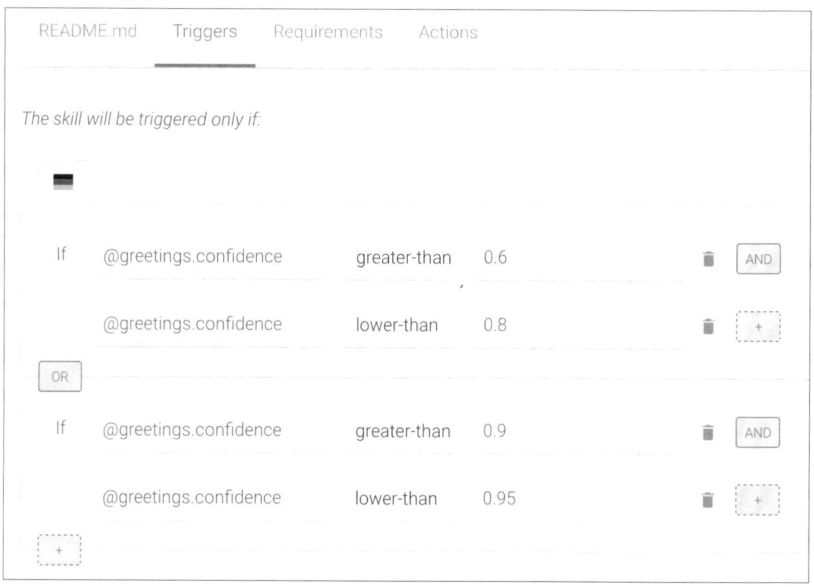

Abbildung 4.10 Verschachtelte Trigger-Bedingungen

Boolesche Verknüpfungen

Falls das nicht der Fall sein sollte, ist das auch kein Problem. Die Grundlagen sind schnell erklärt:

- **UND-Verknüpfung (AND)**
  Falls mehrere Bedingungen mit UND verknüpft sind, bedeutet dies, dass jede Bedingung erfüllt sein muss, damit die Trigger-Bedingung erfüllt ist.
- **ODER-Verknüpfung (OR)**
  Bei einer Verknüpfung mit ODER muss mindestens eine der Bedingungen erfüllt sein, um die Trigger-Bedingung zu erfüllen.
- **Verschachtelte Verknüpfung**
  Sie haben auch die Möglichkeit, Bedingungen zu schachteln, um komplexere Trigger zu definieren. Bei der Auflösung werden zunächst die inneren und erst anschließend die umschließenden Verknüpfungen ausgewertet.

Das Beispiel aus Abbildung 4.10 kann man sich also auch so vorstellen:

(a AND b) OR (c AND d)

Es müssen also entweder a und b erfüllt sein oder c und d. Für unser Beispiel bedeutet dies, dass der Trigger bei einer Konfidenz zwischen 0,6 und 0,8 oder zwischen 0,9 und 0,95 ausgelöst wird. (Bitte fragen Sie sich nicht, wieso man einen Trigger auf diese Art konfigurieren sollte. Als greifbares Beispiel ist es aber gut.)

4.3.3 Einen neuen Trigger für den Beispiel-Bot anlegen

Nachdem Sie jetzt einen Überblick über die Möglichkeiten zur Pflege von Trigger-Bedingungen bekommen haben, wenden wir uns wieder Ihrem Wetter-Bot zu. Für diesen Beispiel-Bot gibt es gar nicht so viel zu tun. In vielen Fällen ist es sinnvoll, den Skill 1 : 1 mit dem entsprechenden Intent zu verknüpfen, und so ist es auch in diesem Fall.

Intent ermittelt?

Wir legen daher einen neuen Skill-Trigger an, der prüft, ob der Intent **@mein-wetter** ermittelt wurde:

1. Navigieren Sie in Ihrem Wetter-Bot zu dem Skill **wetter-anzeigen**.
2. Öffnen Sie die Registerkarte **Trigger**.
3. Klicken Sie auf das Eingabefeld **If** zur Pflege eines neuen linken Operanden einer Bedingung (siehe Abbildung 4.9).
4. Wählen Sie den Intent **@mein-wetter** aus der ersten Spalte **User says** aus.
5. Bestätigen Sie Ihre Wahl mit einem Klick auf die Schaltfläche **SAVE**.
6. Der Operator **is-present** wird automatisch ausgewählt, wie Sie in Abbildung 4.11 sehen können. Damit sind Sie bereits am Ziel.

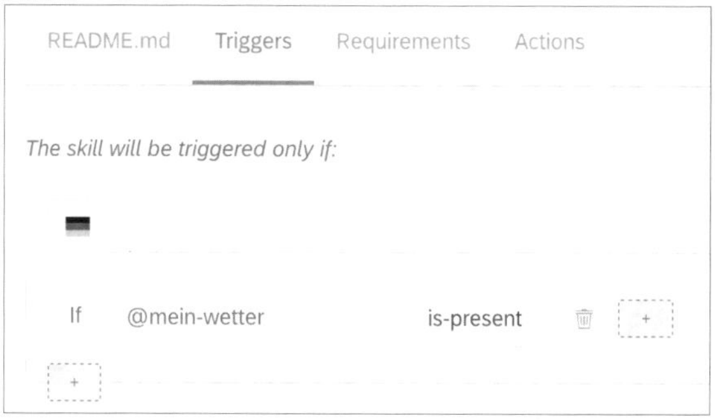

Abbildung 4.11 Trigger-Bedingung des Wetter-Bots

4.4 Voraussetzungen definieren

Informationen zur Ausführung

Nachdem anhand der Trigger bestimmt wurde, welcher Skill auszuführen ist, wird im nächsten Schritt geprüft, ob diesem Skill alle benötigten Informationen vorliegen. Diese Voraussetzungen können Sie auf der Registerkarte **Requirements** pflegen.

Denken Sie beispielsweise an den Skill zum Anzeigen des Wetters. Was wären Informationen, die dieser Skill benötigt, um erfolgreich ausgeführt werden zu können? Mit Sicherheit muss der Skill wissen, von welchem Ort er das Wetter anzeigen soll. Weitere Informationen könnten zur Ausführung des Skills interessant sein, aber nicht zwingend erforderlich, wie beispielsweise, ob Sie das in Europa übliche metrische oder das im angloamerikanischen Raum verbreitete imperiale Maßsystem bevorzugen. Hierzu können in vielen Fällen Standardwerte definiert werden, die angewendet werden, wenn nichts anderes definiert wird. Für einen deutschsprachigen Wetter-Bot kann man getrost das metrische Maßsystem als Standard verwenden.

Registerkarte »Requirements«

Auf der Registerkarte **Requirements** können Sie zum einen definieren, welche Informationen vorhanden sein müssen. Zum anderen haben Sie direkt hier die Möglichkeit, den Unterhaltungsfluss zu gestalten, um diese Informationen einzuholen, falls sie noch nicht vorhanden sein sollten.

Nehmen wir an, der oder die Nutzer*in fragt Ihren Wetter-Bot: »Wie ist das Wetter?« Die Spracherkennungsfunktion sollte nun die Information bekommen, dass der Intent **@mein-wetter** erkannt wurde, aber sonst keine Entitäten ermittelt werden konnten. Ihr Bot weiß also noch nicht, von welchem Ort er das Wetter anzeigen soll. Daher sollte Ihr Bot nun zurückfragen: »Von welchem Ort darf ich Ihnen das Wetter zeigen?«, woraufhin der oder die Nutzer*in angibt: »Walldorf«. Jetzt ist wieder die Spracherkennung an der Reihe und erkennt, dass es sich bei der Eingabe um die Goldentität `#LOCATION` handelt, also um einen Ort. Damit sind die Voraussetzungen erfüllt. Die Entität, die für die Ausführung des Skills benötigt wird, ist ermittelt.

Arten von Voraussetzungen

Wie bereits erwähnt, gibt es einerseits Voraussetzungen, die erfüllt werden müssen (*Required Information*), und andererseits solche, die zusätzliche Informationen (*Secondary Information*) enthalten. Falls noch kein Eintrag gepflegt ist, erwartet Sie auf der Registerkarte **Requirements** ein leeres Eingabefeld mit dem Hinweis **Select ...** Wenn Sie das Feld anwählen, öffnet sich eine Wertehilfe mit sämtlichen Entitäten Ihres Bots. Im Bereich **REQUIRED INFORMATION** werden hier die Intents angeboten (siehe Abbildung 4.12).

Abbildung 4.12 Wertehilfe beim Anlegen einer Voraussetzung

Variablenname für die Speicherung der Entität

Nachdem Sie die gewünschte Voraussetzung aus der Liste ausgewählt haben, erscheint ein weiteres Feld, in dem Sie den Namen der Variablen eintragen können, unter dem das entsprechende Datenobjekt zur späteren Verwendung bei der Skill-Ausführung in den Speicher geschrieben werden soll. Falls Sie beispielsweise die Entität `#LOCATION` unter dem Namen »ort« ablegen, wie in Abbildung 4.13 dargestellt, können Sie auf dieses Objekt im Speicher später mit der Variablen `memory.ort` zugreifen. Einen Eindruck davon können Sie bereits in der Vorschau bekommen, die rechts mit ein paar Scheindaten gefüllt dargestellt wird. Drücken Sie die [↵]-Taste, um Ihre Eingaben zu bestätigen.

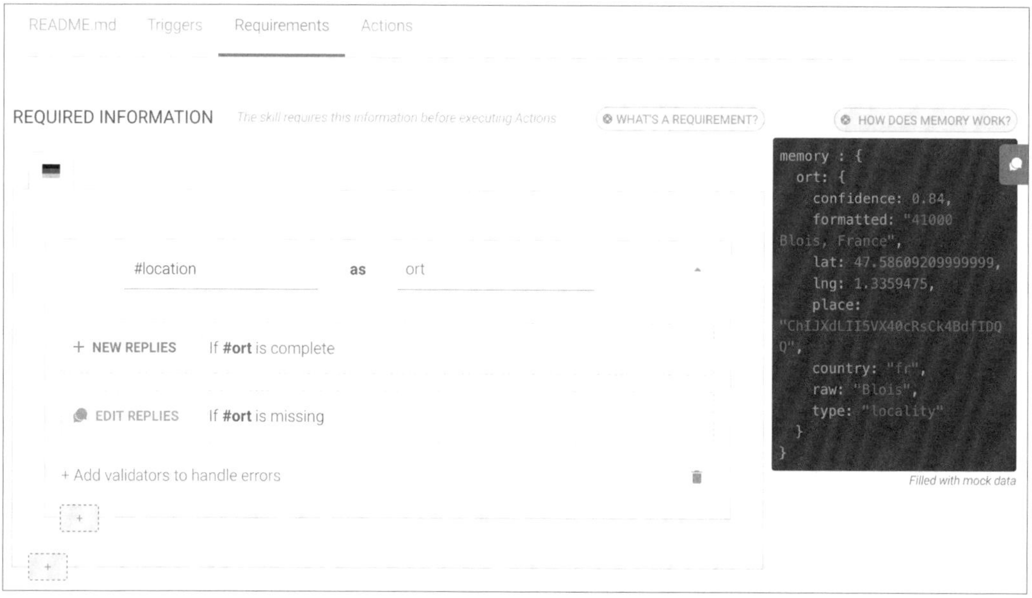

Abbildung 4.13 Voraussetzungen in einem Skill pflegen

Reaktion auf die Voraussetzung

Nun können Sie eine Reaktion auf das Erfüllen der Voraussetzung definieren. Klicken Sie dazu auf die Schaltfläche mit dem Pfeil (⌄) am Ende der Zeile, in der Sie die Speichervariable eingegeben haben. Sie gelangen zu der expandierten Sicht in Abbildung 4.13. Hier können Sie eine Reaktion für die Fälle definieren, dass der geforderte Wert fehlt (**is missing**) oder dass er vollständig ist (**is complete**). Falls noch keine Antwort des Chatbots gepflegt wurde, wird zu Beginn der Zeile **+ NEW REPLIES** stehen. Über einen Klick auf diesen Link können Sie eine neue Antwort pflegen. Andernfalls wird dort **EDIT REPLIES** stehen, womit Sie die bestehenden Antworten ändern können.

Fehlende Voraussetzungen

Die Antwort des Chatbots im Fall einer vollständig erfüllten Voraussetzung ist optional und dient nur der Rückmeldung an die Nutzer*innen. Bei fehlenden Werten ist eine Antwort dagegen zwingend erforderlich, damit die Voraussetzung erfüllt werden kann. Ein solche Antwort könnte z. B., wie eingangs erwähnt, nach dem Ort für die Ausführung des Skills **wetteranzeigen** fragen (siehe Abbildung 4.14).

Sie haben hier noch einige weitere Optionen, die wir uns in Abschnitt 4.5, »Aktionen erstellen«, ansehen werden.

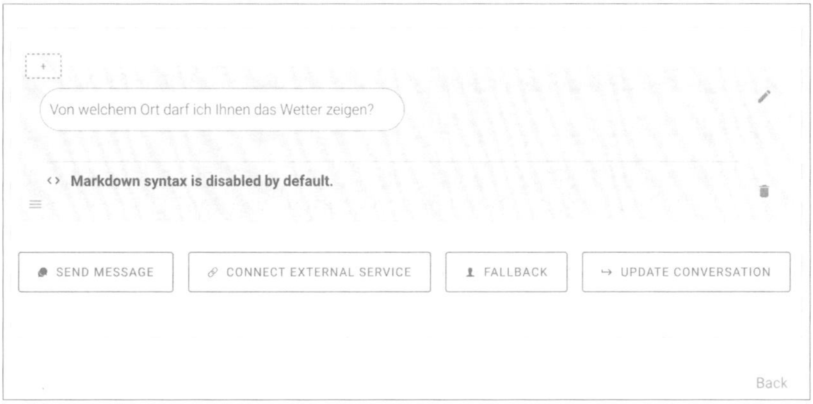

Abbildung 4.14 Rückfrage bei unvollständigen Voraussetzungen

Validierung der Eingabe

Nehmen wir mal an, Sie möchten aus irgendwelchen Gründen verhindern, dass Ihr Wetter-Bot das Wetter außerhalb Deutschlands anzeigt. Für eine solche Ausnahmebehandlung kann Ihnen die *Validierung* der Voraussetzung behilflich sein.

Klicken Sie auf den Link **+ Add validators to handle errors** (siehe Abbildung 4.13), um eine Validierung zur Fehlerbehandlung zu konfigurieren. Es erscheint eine neue Zeile, in der Sie Rückantworten für eine von Ihnen bestimmte Bedingung pflegen könne, also z. B. für den Fall, dass das in der Entität `#LOCATION` übermittelte Land nicht Deutschland ist (siehe Abbildung 4.15).

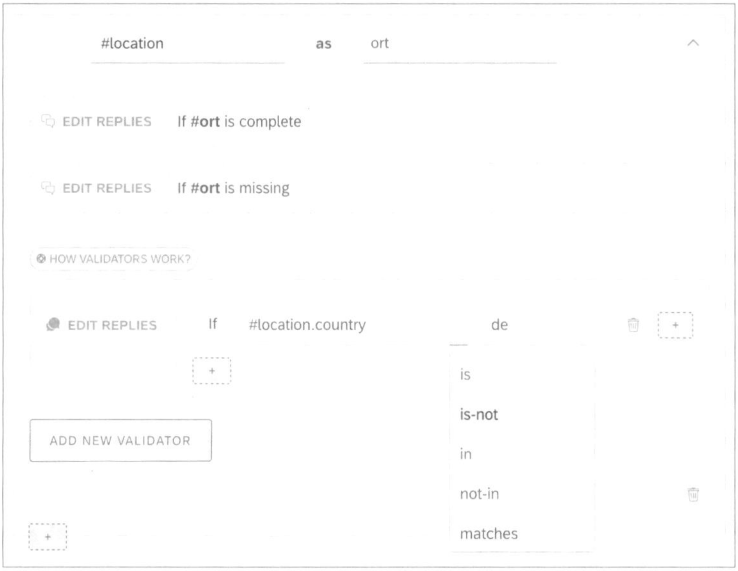

Abbildung 4.15 Pflege einer Validierung für den Wetter-Bot

Falls die gepflegte Bedingung zutrifft, wird die damit verbundene Aktion ausgelöst und die weitere Ausführung des Skills blockiert. In der Antwort könnten Sie beispielsweise nach einem anderen Ort fragen, der in Deutschland liegen soll.

Nur erfüllte Voraussetzungen können validiert werden

Dabei ist wichtig zu beachten, dass die Validierung erst ausgeführt wird, wenn die geforderte Voraussetzung erfüllt ist. Es handelt sich also von der Idee her um eine weiterführende Prüfung der bereits ermittelten Entität bzw. des ermittelten Intents.

Voraussetzung für den Wetter-Bot

Nun lassen Sie uns die Ärmel hochkrempeln und das Gelernte auf unseren Wetter-Bot anwenden:

1. Navigieren Sie in Ihrem Wetter-Bot zu dem Skill **wetter-anzeigen**.
2. Öffnen Sie die Registerkarte **Requirements**.
3. Erstellen Sie eine neue Voraussetzung im Bereich **REQUIRED INFORMATION**.
4. Wählen Sie im Menü der Wertehilfe die Entität **#location** und pflegen Sie »ort« als Namen der Speichervariablen.
5. Expandieren Sie den Bereich durch einen Klick auf das Pfeilsymbol ( ) am Ende der Zeile.
6. Öffnen Sie den Pflegedialog durch einen Klick auf die Zeile mit der Bedingung **If #ort is complete**.
7. Wählen Sie die Schaltfläche **SEND MESSAGE** aus (siehe Abbildung 4.14), um das Senden einer Nachricht als Reaktion des Bots zu definieren.
8. Klicken Sie auf die Schaltfläche **Text**.
9. Geben Sie den folgenden Text ein, der angezeigt werden soll, wenn die Voraussetzung erfüllt ist (siehe auch Abbildung 4.16):

   So ist das aktuelle Wetter in {{memory.ort.formatted}}

   Wir haben an dieser Stelle etwas vorgegriffen. Den Umgang mit Variablen und dem Speicher werden Sie in Abschnitt 4.5, »Aktionen erstellen«, erlernen.
10. Speichern Sie, indem Sie auf die Schaltfläche **SAVE** klicken, und schließen Sie den Dialog durch einen Klick auf **Back**.
11. Öffnen Sie den Pflegedialog für die Bedingung **If #ort is missing** durch einen Klick auf die entsprechende Zeile.
12. Wählen Sie wieder die Aktion **SEND MESSAGE** und **Text** aus.

13. Geben Sie folgenden Text ein:

    Von welchem Ort darf ich Ihnen das Wetter zeigen?

    Diese Frage soll der Nutzerin oder dem Nutzer gestellt werden, falls diese Information noch fehlt.
14. Speichern Sie, und schließen Sie den Dialog.

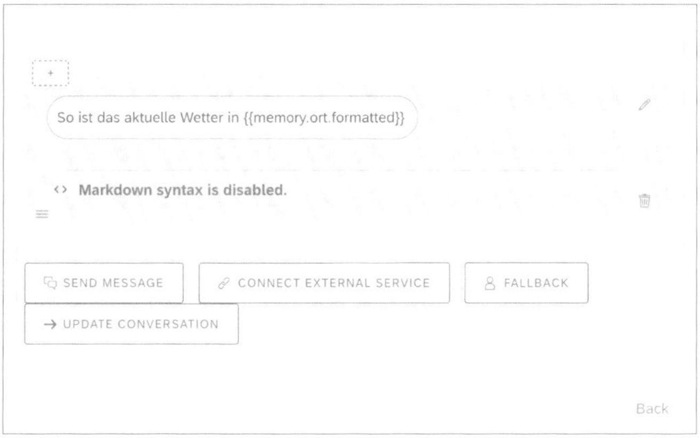

Abbildung 4.16 Textnachricht bei erfüllter Voraussetzung

Damit haben Sie die Voraussetzung `ort` gepflegt und können sich nun den weiteren Aktionen widmen.

4.5 Aktionen erstellen

Mehrere Aktionen für einen Skill

Bisher haben wir uns nur damit beschäftigt, was gegeben sein muss, damit ein Skill ausgeführt werden kann. Nun ist es an der Zeit, uns anzusehen, was Ihr Bot alles vollführen kann, wenn ein Skill ausgeführt wird. Im Beispiel unseres Wetter-Bots, sind das die Aktionen, um die aktuellen Wetterdaten von einem Wetterdienst zu laden und das Ergebnis als Textnachricht an die oder den Nutzer*in zurückzugeben.

Arten von Aktionen

Folgende Kategorien von Aktionen stehen Ihnen zur Verfügung:

- Senden von Nachrichten
- Aufrufe externer Services
- Weiterleitung zu Ausweichkanälen
- Sprunganweisungen
- Sprache der Konversation setzen
- Konversation zurücksetzen
- Manipulation des Speichers

[»]

Verwendung von Variablen in Aktionen

In vielen Fällen werden Sie bei der Erstellung von Aktionen auf dynamische Daten zurückgreifen wollen, die im Speicher Ihres Bots liegen. In dem Wetter-Bot möchten wir beispielsweise auf die ermittelte Entität `#LOCATION` zugreifen, um die Ortsangabe an den Wetterdienst weiterleiten zu können. Variablenzugriffe werden an Ort und Stelle durchgeführt, wenn Ihre Variablen mit `{{..}}` markiert sind.

Variablen im Speicher der Konversation sind unter dem Objekt `memory` abgelegt. Den formatierten Ortsnamen für den Wetterbericht finden Sie dann also unter: `{{memory.ort.formatted}}`

Aktionen ausführen

Aktionen werden generell in logischen Blöcken gruppiert, die sich *Nachrichtengruppen* nennen und aus beliebig vielen Aktionen bestehen können. Für jede dieser Gruppen können Sie Bedingungen definieren, unter denen sie ausgeführt werden soll, vergleichbar mit den Bedingungen der Skill-Trigger.

Die Gruppen werden immer der Reihenfolge nach ausgeführt. Diese Reihenfolge können Sie jederzeit nach Belieben anpassen, indem Sie die Nachrichtengruppen per Drag & Drop neu sortieren.

4.5.1 Nachrichten senden

Nachdem Sie bereits viele Werkzeuge kennengelernt haben, um Ihrem Bot das Verständnis der Eingabe beizubringen, wird es Zeit, Ihrem Bot das Kommunizieren beizubringen. Dies erreichen Sie in SAP Conversational AI durch das Pflegen von Nachrichten, die Ihr Chatbot an die Nutzer*innen schicken kann.

Darstellung von Nachrichten

In den folgenden Abschnitten lernen Sie die zur Verfügung stehenden Nachrichtenformate kennen. Darstellungshinweise beziehen sich in der Regel auf die auf der Plattform zur Verfügung stehenden Mittel, wie beispielsweise den *Chat Preview*. Die Darstellung der Nachrichten hängt stark von den verschiedenen Kanälen ab, über die Sie mit Ihrem Bot kommunizieren können. Jeder dieser Kanäle definiert die Nachrichtenformate unterschiedlich. Wir gehen in Kapitel 5, »Den Chatbot verbinden«, genauer auf einige der kanalspezifischen Beschränkungen ein.

[+]

Nachrichtenformate in den Logs der Konversation einsehen

Wenn Sie sich anschauen möchten, wie die Nachrichtenformate an das Chatfenster übertragen werden, können Sie sich diese in den Protokollen

(*Logs*) der Konversation genauer anschauen. Diese Logs erreichen Sie, indem Sie im **Chat Preview** auf das gelbe Infosymbol () in der rechten oberen Ecke der Antwort Ihres Bots klicken (siehe Abbildung 4.17).

Abbildung 4.17 Antwort des Chatbots im Chat Preview

Auf unterster Ebene des im JSON-Format dargestellten Logs befinden sich die Nachrichten, die Ihr Bot zurückschickt, unter dem Attribut `messages`. Wenn Sie ein wenig hinter die Kulissen schauen möchten, können Sie die folgenden Beispiele immer mal wieder an dieser Stelle nachvollziehen. Auf diese Weise können Sie Ihr technisches Verständnis für die Arbeitsweise von SAP Conversational AI weiter schärfen.

Verzögerung von Antworten

Bevor wir nun genauer auf die einzelnen Nachrichtenformate eingehen, greifen wir bereits eine Funktionalität heraus und erläutern die Möglichkeit, die Anzeige von Nachrichten gezielt zu verzögern. Sie können für jede Nachricht eine Verzögerungszeit in Sekunden pflegen. Diese Verzögerungszeit gilt jeweils für die Anzeige der darauffolgenden Nachricht. Die erste Nachricht kann nicht verzögert angezeigt werden. Die maximale Verzögerungszeit beträgt 5 Sekunden. Sie kann mit einer Genauigkeit von einer Nachkommastelle angegeben werden.

Die Idee dahinter ist es, Ihnen ein Werkzeug an die Hand zu geben, mit dem Sie den Fluss der Unterhaltung ein wenig natürlicher gestalten können. Die Nutzer*innen sollen das Gefühl haben, dem Tempo der Unterhaltung mit dem Bot folgen zu können. Besonders, wenn sich die Antwort des Bots auf mehrere Meldungen verteilt, kann es die Nutzer*innen überrumpeln, wenn alle Nachrichten gleichzeitig erscheinen. Rein technisch betrachtet werden alle Antworten gleichzeitig an die Nutzer*innen zurückgeschickt. Die Verzögerungen werden lediglich bei der Anzeige simuliert.

[«]

Chatbot zur Demonstration der Nachrichtenformate

Die Screenshots zur Veranschaulichung der verschiedenen Nachrichtenformate wurden alle mit der Hilfe eines Bots erstellt, den wir Ihnen natürlich zur Verfügung stellen. Sie finden ihn unter dem Namen **nachrichtenformate** in unserer öffentlichen Organisation mit dem Namen **SAP CAI: Das Buch** in SAP Conversational AI oder über diesen Link:

https://cai.tools.sap/sap-cai-das-buch/nachrichtenformate

Text

Texte formatieren

Ein Text ist das elementarste Format, um eine Nachricht an die Nutzer*innen Ihres Chatbots zu schicken. Der Text einer Nachricht kann bis zu 640 Zeichen lang sein. Ähnlich wie bei den Dokumentationen von Skills könnten die Texte im Markdown-Format bereitgestellt werden.

In der Regel sollte eine Antwort Ihres Bots nicht mehr als einen Satz umfassen. Das Maximum von 640 Zeichen ist daher sehr großzügig bemessen. Dieses Limit ist lediglich eine Empfehlung, da einige externe Kanäle Texte ab einer gewissen Länge abschneiden.

Text anlegen

In Abschnitt 4.4, »Voraussetzungen definieren«, haben wir bereits zwei Nachrichten im Format Text angelegt. Ein weiteres Beispiel mit verschiedenen Formatierungsmöglichkeiten sehen Sie in Abbildung 4.18. Sie haben folgende Möglichkeiten:

- Fett (umschließend Doppelsternchen **)
- Kursiv (umschließend einfache Sternchen *)
- Link ([Linktext in eckigen Klammern](URL in Klammern))
- Listen (Sternchen * als Aufzählungszeichen)
- Listing (Größer-als-Zeichen > am Zeilenbeginn)
- Listing mit Einrückung (doppeltes Leerzeichen nach dem Größer-als-Zeichen)

Im **Chat Preview** auf der rechten Seite können Sie nachvollziehen, wie sich Ihre Formatierungen auswirken. Der rohe Text wird während der Bearbeitung ohne Formatierung dargestellt. Die Verzögerung wurde in diesem Beispiel nicht gepflegt, was zur Folge hat, dass der Standardwert von 0 Sekunden angewendet wird.

Die grüne Zahl oben rechts im Eingabefeld zeigt Ihnen an, wie viele Zeichen Sie noch zur Verfügung haben. Sie können das Eingabefeld für den Text auch leer lassen. In diesem Fall wird in der Konversation eine leere Textnachricht dargestellt.

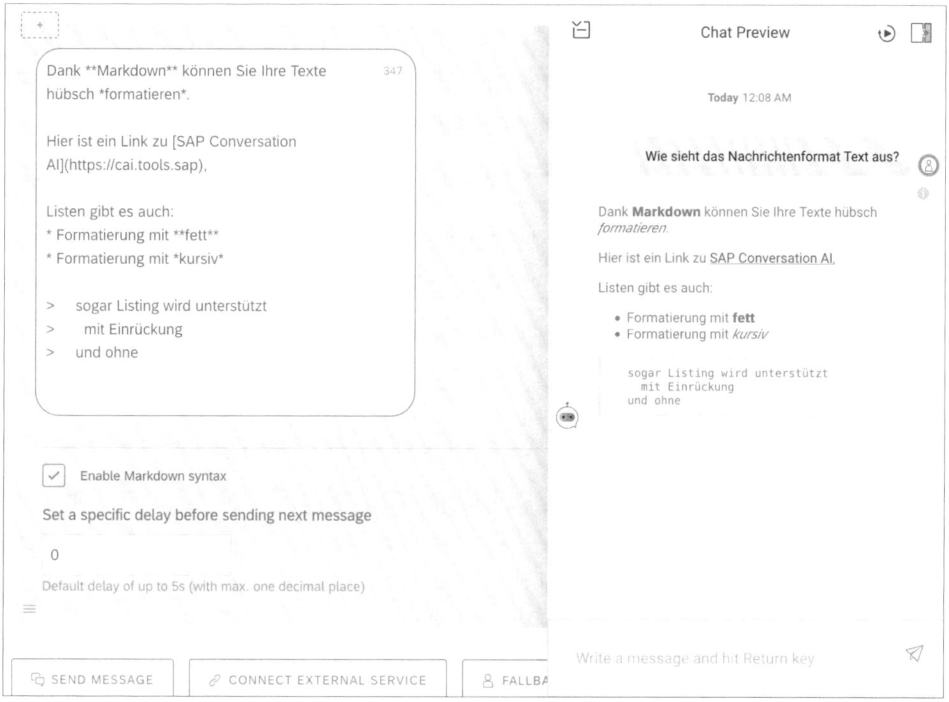

Abbildung 4.18 Beispiel zur Formatierung des Nachrichtenformats Text

Funktionsumfang des Markdown-Formats in Nachrichten

Beachten Sie, dass sich der Funktionsumfang der Markdown-Implementierung leicht von dem der Dokumentation auf der Registerkarte **README.md** unterscheidet. Im Rahmen von Textnachrichten ist eine reduzierte Zahl an Funktionen ausreichend. Unterstützt werden folgende Formatierungen:

- fett und kursiv
- Verknüpfungen/Links
- (unnummerierte) Listen
- Darstellung von Quelltext

Quick Reply

Neben dem Nachrichtenformat Text gibt es noch weitere Nachrichtenformate. *Quick Reply* (schnelle Antworten) ist ein Nachrichtenformat, das den Nutzer*innen Antwortmöglichkeiten vorgibt, die diese dann per Mausklick auswählen können. Sie können dafür mehrere Schaltflächen mit den zugehörigen Texten pflegen (siehe Tabelle 4.1). Wichtig ist, dass die einzelnen

Antworten kurz sein sollen. Dabei geht es nicht nur darum, den Nutzer*innen Tipparbeit abzunehmen, sondern auch darum, einen möglichst effizienten Dialogfluss zu gestalten. Die Auswahl der Nutzerin oder des Nutzers wird anschließend wie eine Texteingabe behandelt.

Element	Werte
Text	Empfehlung bis zu 640 Zeichen; unterstützt die Markdown-Formatierung.
Beschriftung der Schaltfläche	Eine kleine Schaltfläche ohne Inhalt wird dargestellt, wenn kein Titel gepflegt ist.
Wert der Schaltfläche	Falls der Wert nicht gepflegt ist, wird bei Auswahl der Schaltfläche eine leere Äußerung geschickt.

Tabelle 4.1 Attribute des Nachrichtenformats Quick Reply

Schaltflächen der Quick Replies

Im Vergleich zu anderen Schaltflächen weisen die der Quick Replies eine Besonderheit auf: Sie werden ausgeblendet, nach dem ein*e Nutzer*in sie ausgewählt hat. Es bleibt lediglich der Text stehen. Dies unterstreicht die beabsichtigte Conversational User Experience (CUX), dass dieses Nachrichtenformat den Nutzer*innen helfen soll, eine gezielte Antwort zu geben.

Quick Reply anlegen

Um eine Quick Reply anzulegen, wählen Sie die Aktion **SEND MESSAGE** und anschließend den Nachrichtentyp **Quick Reply**. Wie beim Nachrichtenformat Text können Sie hier einen Text pflegen. Außerdem können Sie eine mögliche Antwort hinzufügen, indem Sie auf die Schaltfläche **ADD QUICK REPLY** klicken. Pro Antwortoption können Sie dann die Beschriftung (**Quick reply title**) und den Wert (**Quick reply value**) der Schaltfläche pflegen (siehe Abbildung 4.19).

Abbildung 4.19 Pflege der Antwortoptionen einer Quick Reply

Wie Sie im Chat Preview rechts in Abbildung 4.20 erkennen können, werden nach der Auswahl durch die oder den Nutzer*in sämtliche Schaltflächen entfernt und durch den Text der jeweiligen Option ersetzt, im Beispiel **Ja**. Wenn Sie also den Nachrichtenverlauf im Nachhinein betrachten, ist nicht direkt ersichtlich, an welcher Stelle eine Quick Reply zum Einsatz gekommen ist.

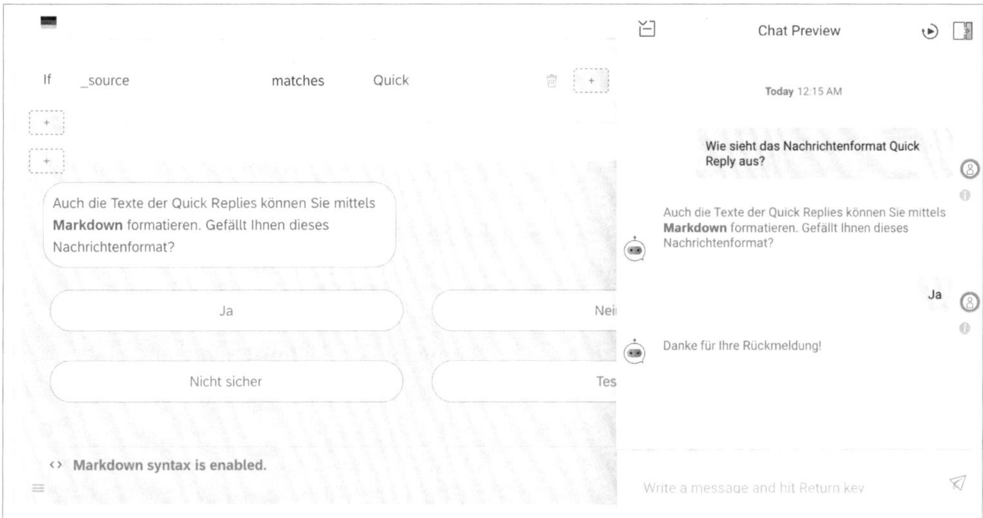

Abbildung 4.20 Anlage einer Antwort im Nachrichtenformat Quick Reply

Button

Schaltflächen, die über das Nachrichtenformat Button gesetzt werden, gehören zu den wichtigsten Steuerelementen grafischer Benutzeroberflächen. Auch im Bereich der multimodalen CUX führt kein Weg an ihnen vorbei. Sie bestehen aus einem anzuzeigenden Text, einem Typ und einem damit verbundenen Wert (siehe Tabelle 4.2). Sie sind, abgesehen natürlich von der Texteingabe, das wichtigste Element zur Interaktion mit dem Chatbot.

Element	Werte
Text	640 Zeichen
Beschriftung der Schaltfläche	Empfehlung bis zu 80 Zeichen
Wert der Schaltfläche	Abhängig vom Typ: ■ URL (Typ Link) ■ Postback (Typ Postback) ■ Telefonnummer (Typ Phone Number) ■ Skill (Typ Trigger Skill)

Tabelle 4.2 Attribute des Nachrichtenformats Button

Schaltflächentypen

Jede Schaltfläche hat einen bestimmten Typ, der festlegt, wie sich die Schaltfläche beim Klick verhalten soll. Dieser Typ kann im Nachhinein nicht mehr geändert werden. Wenn Sie eine neue Schaltfläche anlegen, müssen Sie sich für einen dieser vier Typen entscheiden:

- **Link (zu Verknüpfung navigieren)**
  Schaltflächen dieses Typs ermöglichen es Ihnen, zu externen Ressourcen zu navigieren. Diese können beispielsweise in einer neuen Registerkarte des Browsers geöffnet werden.

  Durch den Klick auf die Schaltfläche wird lediglich die Navigation zu der externen Ressource ausgelöst. Ihr Bot bekommt davon nichts mit, und das Auslösen der Aktion wird auch keine Spuren im Verlauf der Unterhaltung hinterlassen.
- **Postback (Antwort schicken)**
  Wenn Sie durch den Klick auf einer Schaltfläche den Versand einer Nachricht an den Bot auslösen möchten, ist *Postback* der Typ Ihrer Wahl. Nach dem Auslösen dieser Aktion wird der Titel der Schaltfläche im Nachrichtenverlauf angezeigt, als Nachrichtentext geschickt wird jedoch der Wert, den Sie für diese Schaltfläche hinterlegt haben. Auch bleibt die Schaltfläche nach einmaligem Auslösen aktiv, kann also erneut angeklickt werden.
- **Phone Number (Telefonnummer)**
  Mit dieser Art von Schaltfläche können Sie eine Telefonnummer verknüpfen. Wenn der Kanal, über den Sie Ihren Bot angeschlossen haben, das ermöglicht, wird die angegebene Nummer durch den Klick auf die Schaltfläche direkt angerufen. Andernfalls verhält sich diese Art der Schaltfläche wie ein Postback.
- **Trigger Skill (Skill auslösen)**
  Anders als Schaltflächen vom Typ Postback oder als Quick Replies sorgt der Klick auf eine Schaltfläche vom Typ *Trigger Skill* nicht dafür, dass die Eingabe durch die NLU-Funktionalität interpretiert wird. Stattdessen wird ein mit der Schaltfläche verknüpfter Skill direkt ausgeführt, ähnlich wie bei einer Sprunganweisung (siehe auch Abschnitt 4.5.4, »Konversation modifizieren«). Aus diesem Grund werden Schaltflächen vom Typ Trigger Skill und Sprunganweisungen in der grafischen Ansicht der Registerkarte **Build** auch in gleicher Art dargestellt.

[»]

Gültigkeit der Schaltflächen vom Typ Trigger Skill

Eine Besonderheit der Trigger-Skill-Schaltflächen ist, dass sie nach einmaliger Verwendung nicht mehr ausgeführt werden können. Dies liegt daran, dass für die Ausführung ein Kontext zugrunde gelegt wird, der zu einem späteren Zeitpunkt nicht mehr gültig ist.

Beschriftung der Schaltfläche

Unabhängig vom Typ der Schaltfläche können Sie einen Text pflegen, der auf dieser angezeigt werden soll. Die Länge von maximal 80 Zeichen ist kein hartes Limit, sondern lediglich eine Empfehlung.

Um eine Nachricht vom Typ Button zu erstellen, wählen Sie die Aktion **SEND MESSAGE** und den Typ **Button** aus. Ihnen wird als Erstes ein Eingabefeld für einen einleitenden Text angeboten, für den Sie wieder 640 Zeichen zur Verfügung haben. Anschließend können Sie über die Schaltfläche **ADD A BUTTON** eine Schaltfläche hinzufügen. In Abbildung 4.21 haben wir vier Schaltflächen ergänzt, um Ihnen die verschiedenen Typen zu zeigen.

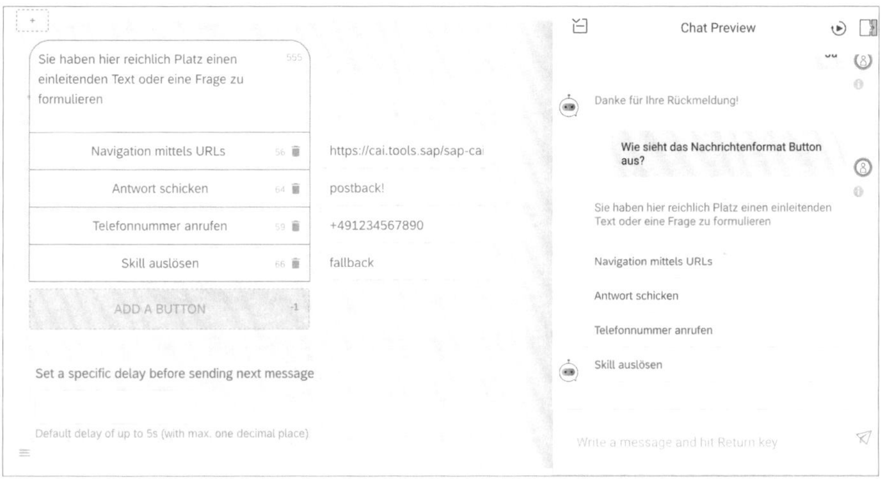

Abbildung 4.21 Beispiel für das Nachrichtenformat Button

Die Darstellung des Einleitungstextes und der verschiedenen Schaltflächen können Sie im Chat Preview auf der rechten Seite nachvollziehen.

Anzahl der Schaltflächen abhängig vom Kanal

Beim Anlegen der Schaltflächen wird Ihnen eventuell eine grüne Drei am rechten Rand der Schaltfläche **ADD A BUTTON** auffallen. Diese Zahl gibt die Anzahl Schaltflächen an, die Sie noch anlegen können. Mit jeder neuen Schaltfläche wird die Zahl kleiner, bis Sie schließlich null überschreiten und in den negativen Zahlenbereich kommen. Eigentlich können Sie eine unbegrenzte Anzahl an Schaltflächens pflegen, aber wie viele davon letztlich angezeigt werden, hängt von dem Kanal ab, an den Sie Ihren Bot angeschlossen haben.

Image

Einbindung über Referenz

Ein Bild sagt mehr als tausend Worte, heißt es. In einem grafischen Chat-Client darf dieses Nachrichtenformat daher nicht fehlen. Eine Nachricht vom Typ Image enthält eine URL, über die das Bild zur Laufzeit geladen wird.

Es gibt keine Möglichkeit, die Bilder, die Sie im Nachrichtenverlauf anzeigen möchten, in Ihren Bot hochzuladen und dort zu speichern. Alle Bilder müssen über URL referenziert werden und zur Laufzeit zum Herunterladen verfügbar sein.

Abbildung 4.22 zeigt die Anlage einer solchen Nachricht. Geben Sie die URL in das Eingabefeld ein. Es wird dann eine Vorschau des Bildes im Eingabefeld angezeigt.

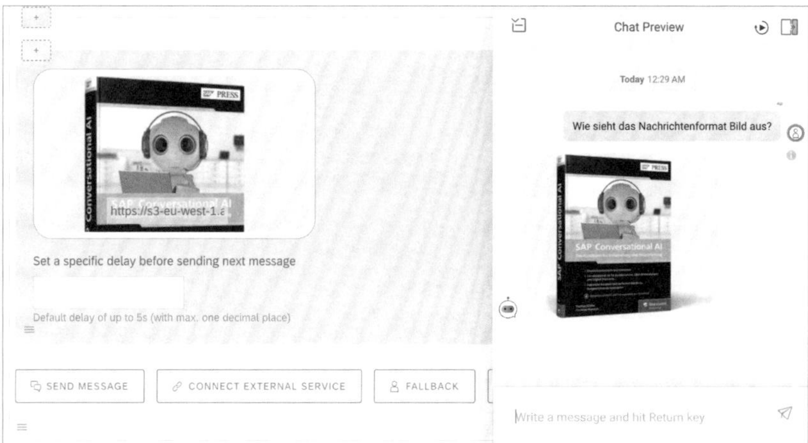

Abbildung 4.22 Beispiel für das Nachrichtenformat Image

Bilddimensionen beachten

Seien Sie vorsichtig mit Bildern in unüblichen Dimensionen. Abhängig vom Ausgangskanal kann die maximale Größe des Rahmens, der ein Bild umgibt, fest vorgegeben sein. Sollte das Bild überproportional hoch sein, wird es dann in der Höhe gestaucht.

Card

Bild und Zusatzinformationen

Das Kartenformat (*Card*) eignet sich hervorragend, um ein Produkt, eine Person oder einen Film vorzustellen (mehr zu Filmen in Kapitel 10, »Das Bot-Entwicklungsprojekt – ein Praxisbeispiel«). Mit diesem Nachrichtenformat können Sie ein Bild zusammen mit einigen Attributen zur Darstellung wichtiger Informationen anzeigen (siehe Tabelle 4.3).

Element	Werte
Image URL	URL, um das Bild zur Laufzeit zu laden
Title	80 Zeichen
Subtitle	80 Zeichen
Buttons	Bis zu drei Schaltflächen können unter der Karte dargestellt werden.

Tabelle 4.3 Attribute des Nachrichtenformats Karte

Obwohl es bei diesem Nachrichtenformat nicht verpflichtend ist, ein Bild zu verwenden, sollte die Darstellung eines Bildes mit Zusatzinformationen die vorrangige Motivation für die Verwendung dieses Nachrichtenformats sein.

Abbildung 4.23 zeigt die Anlage einer Nachricht vom Typ Karte. Für das Bild geben Sie wiederum eine URL in den oberen Bereich des Eingabefeldes ein. Darunter pflegen Sie einen Text ein, der sich aus einer Überschrift und z. B. einer passenden Produktbeschreibung zusammensetzt. Darunter können Sie einen Schaltfläche hinzufügen, die z. B. auf eine Webseite verlinkt, auf der man das abgebildete Produkt bestellen kann. Die Schaltflächen, die Sie in Verbindung mit dem Kartenformat verwenden können, bieten den vollen, im Abschnitt »Button« vorgestellten Funktionsumfang. Die Darstellung können Sie sich wieder im Chat Preview ansehen.

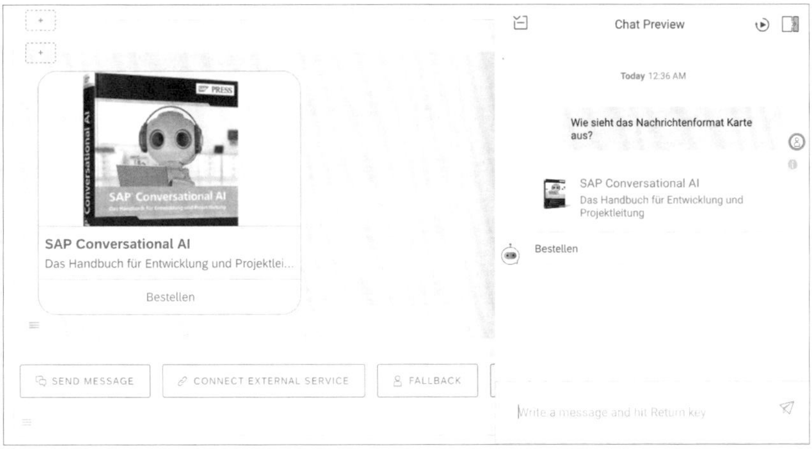

Abbildung 4.23 Beispiel für das Nachrichtenformat Karte

Karussell

Wenn Ihnen die Möglichkeiten des Nachrichtenformats Karte zusagen, Sie jedoch mehrere Karten benötigen, könnte Sie das Nachrichtenformat *Karussell* interessieren. Mit diesem Format können Sie nämlich mehrere Karten im Format eines Karussells anzeigen, das es Ihnen ermöglicht, per Animation horizontal durch mehrere Einträge zu scrollen.

Auch wenn es keine Begrenzung für die Anzahl der eingebundenen Kartenelemente gibt, sollten Sie sich gründlich überlegen, wie viele Sie davon anzeigen möchten. Möchten Sie den Nutzer*innen einfach die Möglichkeit geben, eine größere Menge an Einträgen zu durchstöbern, kann eine größere Anzahl noch sinnvoll sein. Ab einer gewissen Menge sollten Sie jedoch in Erwägung ziehen, auf das Listenformat umzusteigen.

Bei Auswahl dieses Nachrichtentyps werden bereits angelegte Karten in Zweierreihen angezeigt (siehe Abbildung 4.24), hier zwei Karten mit je einem Autorenbild und einem Infotext. Neue Karten können Sie über die Schaltfläche **CREATE NEW CARD** hinzufügen. Die Pflege der einzelnen Karten in einem Karussell funktioniert ähnlich wie die einer einzelnen Karte beim Nachrichtenformat Karte.

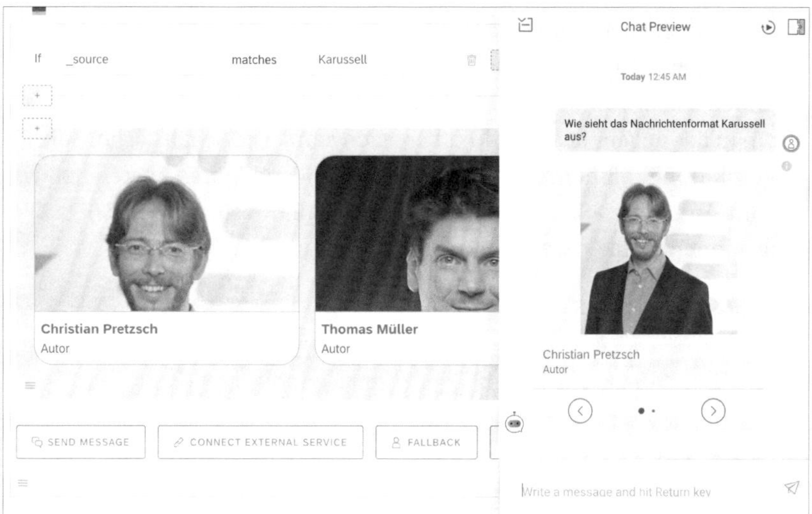

Abbildung 4.24 Beispiel des Nachrichtenformats Karussell

Im Chat Preview können Sie nun testweise über die Pfeiltasten zwischen den einzelnen Karten hin- und herblättern.

Liste

Anzeige mehrerer Objekte

Die bisher vorgestellten Nachrichtenformate sind nur zur Darstellung einzelner oder weniger Ausgabewerte geeignet. Falls Sie jedoch den Bedarf haben, mehrere Einträge anzuzeigen, wird das Nachrichtenformat *Liste* das Mittel der Wahl sein. Eine Liste kann sich aus den Elementen zusammensetzen, die in Tabelle 4.4 aufgeführt sind.

Element	Werte
Titel	80 Zeichen in der optionalen Kopfzeile
Untertitel	80 Zeichen in der optionalen Kopfzeile
Bild	in der optionalen Kopfzeile
Karten	Liste von Karten
Button	nur eine Schaltfläche erlaubt

Tabelle 4.4 Attribute des Nachrichtenformats Liste

In der optionalen Kopfzeile können Sie Titel und Untertitel sowie ein Bild einfügen. Ein Listeneintrag bietet einen ähnlichen Funktionsumfang wie das Nachrichtenformat Karte. Pro Listeneintrag kann jedoch nur ein Element vom Typ Button hinzugefügt werden. Unterhalb der Liste können Sie nochmals eine Nachricht vom Typ Button hinzufügen (siehe Abbildung 4.25).

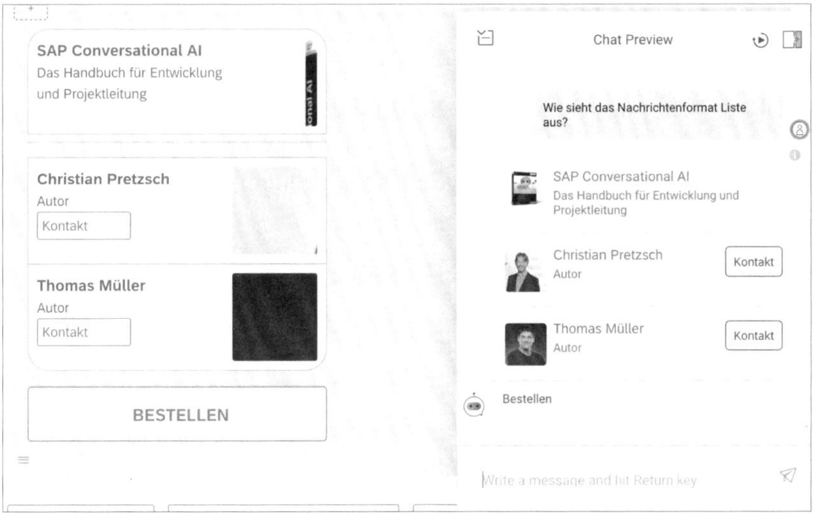

Abbildung 4.25 Beispiel für das Nachrichtenformat Liste

4.5.2 Verbindungen zu externen Services einrichten

In der Regel werden Sie bei der Planung eines Bot-Projekts auch an eine externe Datenquelle denken. Die Anzahl der Anwendungsfälle, die ohne eine Verbindung zu einem externen Service auskommen, der Ihrem Bot Daten liefert, ist überschaubar. Schon unser Wetter-Bot, der insgesamt nicht sehr komplex ist, benötigt aktuelle Wetterdaten, die wir von einem Drittanbieter beziehen müssen.

Ansätze zur Servicekonsumierung

SAP Conversational AI unterstützt zwei unterschiedliche Ansätze, um externe Services zu konsumieren, die wir uns im Folgenden kurz anschauen werden:

- Webhooks
- API-Services

Wählen Sie die Aktion **CONNECT EXTERNAL SERVICE** aus, um eine neue Serviceverbindung anzulegen. In dem daraufhin erscheinenden Menü können Sie sich über die Schaltflächen **Call Webhooks** oder **Consume API Services** für eine der beiden Arten entscheiden, wie Sie auch in Abbildung 4.26 sehen können.

Abbildung 4.26 Auswahl der Art der Serviceverbindung

Eigenschaften von Serviceverbindungen

Lassen Sie uns aber zunächst die Gemeinsamkeiten der beiden Arten von Verbindungen beleuchten:

- Sowohl Webhooks als auch API-Services basieren auf dem Übertragungsprotokoll HTTP.
- Es werden die HTTP-Methoden `GET`, `POST`, `PUT`, `PATCH` und `DELETE` unterstützt.
- Es ist ausschließlich eine verschlüsselte Datenübertragung mit *HTTP over TLS* (Transport Layer Security) zulässig.
- Zur Verbindung können auch *Destinations* des SAP Destination Service werden (mehr dazu in Abschnitt 11.2, »Integration in die SAP Integration Suite«).

- Sie können entweder absolute Pfade oder System-Aliasse mit relativen Pfaden verwenden.
- Die Authentifizierungsverfahren *OAuth2* und *Basic Authentication* (Basisauthentifizierung) werden unterstützt.
- Es kann eine beliebige Anzahl an Kopfzeilen (HTTP-Header) gepflegt werden.
- Für die Kopfzeilen und den Nachrichtenrumpf (HTTP-Body) können Vorlagen verwendet werden.

Beim Anlegen beider Arten von Serviceverbindungen müssen Sie zumindest eine URL pflegen, bevor Sie diese mit einem Klick auf die Schaltfläche **SAVE** speichern können. Die HTTP-Anfragemethode ist standardmäßig `POST` und muss von Ihnen bei Bedarf angepasst werden.

Webhooks

Das Konzept der Webhooks ermöglicht Ihnen die Implementierung von Erweiterungspunkten außerhalb der Plattform SAP Conversational AI. Dadurch haben Sie die freie Wahl der Technologie und der verwendeten Programmiersprache.

Beim Aufruf des Webhook-Service kann ein Standard-Nachrichtenrumpf (*Message Body*) übertragen werden, der auf der Registerkarte **Body** angezeigt wird (siehe Abbildung 4.27).

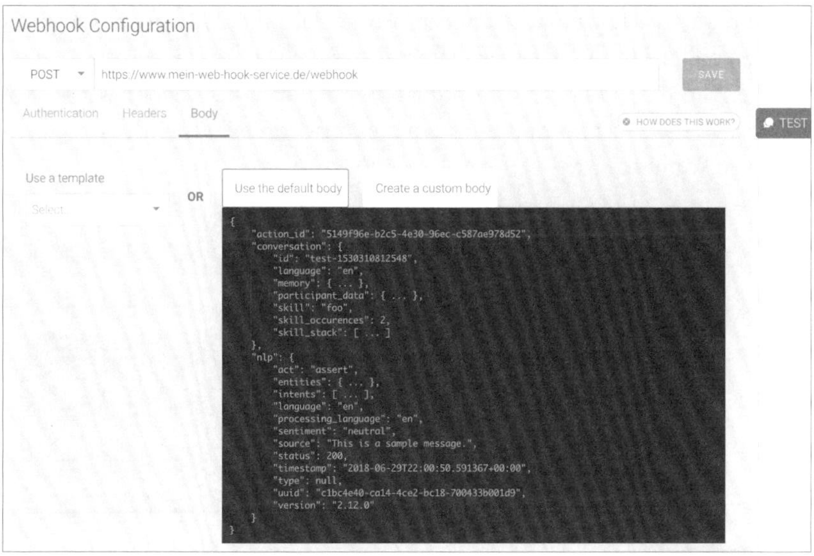

Abbildung 4.27 Webhook-Konfiguration

Durch das Bereitstellen dieser Daten soll der Implementierung des Webhook-Service ermöglicht werden, während der Bearbeitung auf den vollen

Kontext der Unterhaltung zuzugreifen. Sie können diesen aber auch mit einem frei definierten Nachrichtenrumpf überschreiben.

Die Antwort des Webhook-Service kann Elemente des Typs Nachricht enthalten oder den Speicher der Unterhaltung modifizieren.

Einsatz von Webhooks

Abgesehen von der Definition von Erweiterungspunkten kommen Webhooks bevorzugt bei der Einbindung von Middleware zum Einsatz. Die Implementierung des Webhook-Service wird in diesem Fall verwendet, um einen weiteren API-Service zu rufen, dessen Antwort zu verarbeiten und dann in das erwartete Antwortformat umzuwandeln. So können auch Services eingebunden werden, deren Verwendung nicht mit den Konzepten von SAP Conversational AI kompatibel sind.

API-Services

Im Gegensatz zu Webhooks richtet sich die Definition eines API-Service nicht nach einem vorgegebenen Muster, das standardmäßig den Kontext der Konversation überträgt, der von der Implementierung des Service verarbeitet wird. Ganz im Gegenteil gibt der Service vor, wie Anfragen geformt sein müssen und in welchem Format die Antworten geschickt werden.

Anders als bei Webhooks wird die Antwort nicht direkt interpretiert und beispielsweise als Nachricht an den oder die Nutzer*in des Chatbots weitergegeben, sondern in einen besonderen Speicherbereich der Konversation geschrieben. Hierfür können Sie auf der Registerkarte **Response** einen Variablennamen (**Namespace**) pflegen, unter dem die Antwort gespeichert werden soll. Diese ist dann als Attribut des Objekts `api_service_response` für die spätere Verwendung verfügbar. In Abbildung 4.28 haben wir die Variable `aktuelles-wetter` definiert, um die Antwort des Wetterdienstes speichern zu können.

Abbildung 4.28 Variablenname für API-Service-Antwort

Nachdem die Antwort des API-Serviceaufrufes abgelegt wurde, wird diese direkt im Anschluss in einer Nachricht vom Typ Text wiederverwendet.

4.5.3 Ausweichkanäle verwenden

Weiterleitung an Supportmitarbeiter

Ein Anwendungsbereich, in dem Chatbots bereits vermehrt genutzt werden, ist der Kundensupport. Stellen wir uns beispielsweise den Support-Bot eines Telekommunikationsdienstleisters vor. Mission dieses Bots sollte es sein, Aufgaben des Kundensupports zu übernehmen, die nicht unbedingt von einer Supportmitarbeiterin oder einem Supportmitarbeiter ausgeführt werden müssen, wie beispielsweise das Aktivieren oder Sperren einer SIM-Karte. In den meisten Fällen wird das ohne Komplikationen vonstattengehen, und das Anliegen der Kundin oder des Kunden kann mithilfe des Chatbots erfolgreich bearbeitet werden. Für den Fall, dass eine Supportmitarbeiterin oder ein -mitarbeiter die Konversation aufgreifen und weiterführen soll, können Sie einen *Ausweichkanal* definieren.

Wählen Sie dazu die Schaltfläche **FALLBACK** beim Anlegen einer neuen Aktion. Im folgenden Dialog können Sie den entsprechenden Kanal und eine Gruppe innerhalb dieses Kanals wählen. In Abschnitt 5.4, »Slack-Kanal für den Beispiel-Bot konfigurieren«, werden wir dies Schritt für Schritt zeigen.

[!]

Weitergabe personenbezogener Daten

Es ist wichtig zu beachten, dass beim Weiterleiten an den Ausweichkanal der Kontext der Konversation ebenfalls weitergereicht wird. Das könnte im Rahmen des Datenschutzes von Interesse sein, da in diesem Kontext unter Umständen persönliche Daten vorhanden sein könnten.

Sobald die Supportmitarbeiterin oder der Supportmitarbeiter ihren Dienst verrichtet haben, können sie die Unterhaltung schließen. Danach wird die Kontrolle der Konversation wieder an den Chatbot zurückgegeben, der nun dem Benutzer weiter seine Hilfe bereitstellen kann.

4.5.4 Konversation modifizieren

Hinter der Schaltfläche **UPDATE CONVERSATION** beim Anlegen einer Aktion verstecken sich einige weitere Funktionalitäten, die es Ihnen ermöglichen, die Unterhaltung oder deren Kontext im Hintergrund zu modifizieren. Diese stellen wir Ihnen in diesem Abschnitt kurz vor.

Sprunganweisungen

Fluss der Konversation steuern

Mithilfe einer Sprunganweisung ist es Ihnen möglich, eine Weiterleitung zu einem Skill desselben Bots zu definieren. Das ermöglicht es Ihnen, den Fluss der Unterhaltung unter Verwendung aufgabenspezifischer Skills zu modellieren. Das bedeutet, dass Ihre Skills nicht versuchen müssen, die gesamte Konversation abzubilden, sondern sich jeweils um eine abgeschlossene Aufgabe kümmern können.

Sprungziel definieren

Zur Pflege des Sprungziels steht Ihnen das Eingabefeld **Select a skill** zur Verfügung. Wenn Sie das Feld anwählen, öffnet sich ein Menü, das Ihnen sämtliche Skills des aktuellen Bots zur Auswahl zur Verfügung stellt, wie Sie in Abbildung 4.29 am Beispiel des Wetter-Bots sehen können.

Abbildung 4.29 Skillauswahl beim Pflegen einer Sprunganweisung

Das Sprungziel können Sie auf zwei verschiedene Arten verwalten:

- *Statische Sprungziele* können Sie pflegen, indem Sie einen der Skills aus dem Menü auswählen. Sie können die Liste der Skills auch filtern, indem Sie eine Zeichenfolge eintippen, nach der gesucht werden soll. Nachdem das Sprungziel definiert wurde, wird diese Verknüpfung auch in der grafischen Ansicht der Registerkarte **Build** dargestellt.
- *Dynamische Sprungziele* können Sie definieren, indem Sie eine Referenz zu einer Speichervariablen eingeben. Das Sprungziel kann dann erst zur Laufzeit ausgewertet werden, ist also zu diesem Zeitpunkt nicht bekannt. Aus diesem Grund kann eine solche Sprunganweisung auch nicht in der grafischen Ansicht dargestellt werden.

Ausführung der Sprunganweisung

Nachdem Sie das Sprungziel definiert haben, könen Sie einen der folgenden Ansätze wählen, wie die Sprunganweisung ausgeführt werden soll:

- **Direkte Ausführung**
  Zur Laufzeit wird der referenzierte Skill direkt ausgeführt (**Start the skill**). Erst nach dessen erfolgreicher Ausführung wird die darauffolgende Aktion des aktuellen Skills ausgeführt. Wird eine Voraussetzung des referenzierten Skills nicht erfüllt, kann dieser nicht erfolgreich ausgeführt werden und es wird mit der Prozessierung des auslösenden Skills fortgefahren.
- **Ausführung nach Benutzereingabe**
  Mit Wahl der Option **Wait for user input** wird der gewählte Skill nicht direkt ausgeführt, sondern für eine spätere Ausführung vorgemerkt. Alle weiteren Aktionen des aktuellen Skills werden noch ausgeführt, bevor die Nutzerin oder der Nutzer wieder etwas eingeben kann. Nach erfolgter Eingabe wird dann priorisiert versucht, den vorgemerkten Skill auszuführen.

Das Thema Sprunganweisungen birgt genug Komplexität, um es in Abschnitt 9.3, »Feinheiten des Laufzeitverhaltens eines Chatbots«, anhand einiger Beispiele zu vertiefen.

Sprache der Konversation ändern

Sprachauswahl durch Nutzer*innen

Die Sprache der Konversation wird eingangs nach der ersten Benutzereingabe ermittelt und bleibt für den kompletten Ablauf der Unterhaltung gesetzt. Das ist aber vielleicht nicht in allen Fällen das gewünschte Verhalten. Sie könnten beispielsweise Ihren Bot mit Skills ausstatten, die es den Nutzer*innen erlauben, die Unterhaltung auf explizite Anfrage hin in einer anderen Sprache fortzusetzen. Oder vielleicht gibt es Skills in Ihrem Bot, die nicht in allen Sprachen gut funktionieren. Durch die Option, die Sprache zu ändern, können Sie Ihren Nutzer*innen anbieten, diese Skills in einer passenderen Sprache fortzusetzen.

Unabhängig von den Beweggründen lässt sich die Sprache sehr einfach ändern. Wählen Sie einfach die Aktion **CHANGE LANGUAGE**, und wählen Sie im Menü die entsprechende Sprache aus. Mehr Informationen zu diesem Thema finden Sie in Abschnitt 9.4, »Mehrsprachigkeit und Ermittlung der Sprache«.

Konversation zurücksetzen

Speicher, Sprache und vorgemerkte Skills löschen

Der aktuelle Zustand der Konversation setzt sich unter anderem aus der aktuellen Sprache, dem Speicher und vorgemerkten Skills zusammen. Dieser Zustand hat einen Einfluss auf die Ausführung weiterer Skills. Wenn Sie sicherstellen möchten, dass das Prozessieren der nächsten Äußerung im Bot ohne Erinnerung an die bisherige Unterhaltung geschieht, können Sie die Konversation zurücksetzen, indem Sie die Aktion **RESET CONVERSATION** aktivieren.

Speicher der Konversation manipulieren

Den Speicher einer Konversation zu manipulieren, ist wohl Ihr mächtigstes Werkzeug der Speicherverwaltung. Sie können diese Aktion wählen, indem Sie den Eintrag **EDIT MEMORY** im Menü **UPDATE CONVERSATION** auswählen.

Anwendungsfälle

In den Speichermechanismus einzugreifen, kann verschiedene Motive haben. Vielleicht hat der aktuelle Skill eine Information ermittelt, die für die spätere Verwendung in einem anderen Skill relevant sein könnte. Oder Sie möchten vielleicht eine Voraussetzung, die in den Speicher geschrieben wurde, wieder zurücksetzen, damit die Voraussetzung zu einem späteren Zeitpunkt erneut erfüllt werden muss.

Ausführung der Speichermanipulation

Die Ausführung dieser Aktion erfolgt in drei Schritten:

1. **Zurücksetzen des gesamten Speichers**
   Falls Sie das Kontrollkästchen **Reset all memory** gesetzt haben (siehe Abbildung 4.30), wird zu Beginn der Ausführung der komplette Speicher geleert.

2. **Felder im Speicher setzen**
   Im nächsten Schritt können Sie einzelne Felder des Speichers gezielt definieren. Dafür müssen Sie für jedes Feld zunächst einen Variablennamen definieren, z. B. `product_names`. Im Anschluss können Sie den gewünschten Wert hinterlegen, indem Sie ein gültiges JSON-Objekt in dem Pop-up-Fenster pflegen, das sich öffnet, wenn Sie das Eingabefeld mit dem Mauszeiger auswählen. Weitere Felder können Sie mittels der Schaltfläche **+ Add Fields** hinzufügen.

   Sollten Sie den Wert der Speichervariablen statt per JSON mittels eines Skripts bestimmen wollen, können Sie den Schalter **Use scripting to build my JSON** oberhalb des Editorbereichs umstellen. Nun ist die JSON-Validierung deaktiviert, und Sie können den Wert dynamisch bestimmen lassen, wie Sie auch an dem Beispiel in Abbildung 4.30 sehen können, in dem mithilfe eines Skripts ein Array erzeugt wird.

3. **Felder im Speicher zurücksetzen**
   Falls Sie nicht den kompletten Speicher zurücksetzen möchten, können Sie auch gezielt einzelne Felder zurücksetzen, indem Sie unter **Unset Memory Field** den Namen des Feldes eingeben.

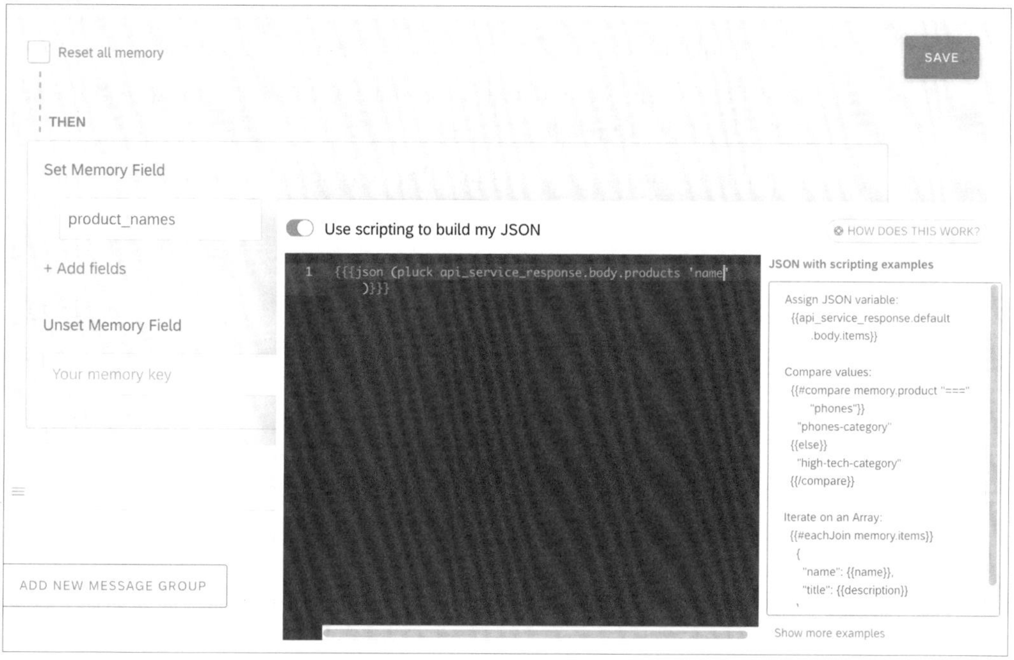

Abbildung 4.30 Pflegen einer Speichervariablen per Skript

4.5.5 Neue Aktionen für den Beispiel-Bot anlegen

Bisher hat Ihr Wetter-Bot nur einen Skill, um das aktuelle Wetter anzeigen zu können. Für diesen Skill haben Sie bereits die Trigger und Voraussetzungen korrekt gepflegt, aber sonst macht der Skill bisher nichts. Das wollen wir nun ändern.

Aktuelles Wetter abfragen

Um das aktuelle Wetter angeben zu können, benötigen Sie einen Wetterdienst, der Ihnen diese Daten über einer REST-Schnittstelle zur Verfügung stellt. In unserem Beispiel verwenden wir Wetterdaten von *OpenWeatherMap* (*https://openweathermap.org*). Dort können Sie sich registrieren und einen kostenlosen API-Key erhalten, mit dem Sie Ihren Wetter-Bot mit aktuellen Wetterdaten versorgen können. Das sollte nur ein paar Minuten in Anspruch nehmen. Sie können aber natürlich auch jeden anderen Dienstleister verwenden, indem Sie das Beispiel entsprechend anpassen.

Aktion anlegen

Aufbauend auf den Schritten in Abschnitt 4.4, »Voraussetzungen definieren«, sind nun folgende Schritte nötig, um die erste Aktion Ihres Wetter-Bots zu pflegen, das Lesen der Wetterdaten:

1. Erzeugen Sie eine neue Nachrichtengruppe, indem Sie auf die Schaltfläche **ADD NEW MESSAGE GROUP** auf der Registerkarte **Action** klicken. Diese Nachrichtengruppe soll die Daten von dem Wetterdienst holen

und die aktuelle Temperatur anzeigen. Eine Bedingung benötigen Sie dafür nicht.

2. Wählen Sie im Menü der Schaltfläche **CONNECT EXTERNAL SERVICE** den Eintrag **CONSUME API SERVICE**.
3. Wählen Sie als HTTP-Methode **POST** aus (siehe auch Abbildung 4.31).

Abbildung 4.31 Pflegen der Serviceverbindung des Wetter-Bots

4. Geben Sie folgende URL zum Lesen der Wetterdaten ein:

   https://api.openweathermap.org/data/2.5/weather?q= {{memory.ort.formatted}}&units=metric&lang=de&appid=<API-key>

   Den API-Key zur eigenen Verwendung müssen Sie sich selbst von OpenWeatherMap besorgen.
5. Auf der Registerkarte **Response** müssen Sie nun den Namensraum pflegen, unter dem die Antwort des Wetterdienstes gespeichert werden soll. Verwenden Sie als Namen »aktuelles-wetter« (siehe auch Abbildung 4.28).
6. Nun können Sie die erste Aktion mit der Schaltfläche **SAVE** speichern.

Wetterdaten als Antwort ausgeben

Erstellen Sie im Anschluss eine zweite Aktion vom Typ **SEND MESSAGE** in der Nachrichtengruppe. Wählen Sie als Nachrichtenformat **Text** aus. Tragen Sie als Nachricht folgenden Text ein:

Aktuelle Temperatur: {{api_service_response.aktuelles-wetter.body.main.temp}}

Auch diese Aktion ist fertig und kann gespeichert werden.

Nun sollte Ihr Wetter-Bot bereit für seinen ersten Wetterbericht sein, und Sie haben Gelegenheit, ein wenig mit Ihrem ersten Bot zu experimentieren. Bestimmt haben Sie schon die ersten Ideen, was Sie unbedingt ausprobieren möchten.

4.6 Zusammenfassung

In diesem Kapitel haben Sie die Werkzeuge der Registerkarte **Build** kennengelernt. Sie wissen nun, wie Sie Skills verwalten können, die elementaren Bausteine einer Konversation. Sie haben gelernt, aus welchen Elementen sich ein Skill zusammensetzt und wie Trigger, Voraussetzungen und Aktionen zusammenwirken, um eine CUX zu erzeugen. Außerdem hatten Sie bereits Gelegenheit, diese Funktionen an dem Wetter-Bot zu erproben.

Im folgenden Kapitel können Sie sich mit der Frage auseinandersetzen, wie Sie einen fertigen Bot für die Außenwelt zur Verfügung stellen können.

Kapitel 5
Den Chatbot verbinden

*In diesem Kapitel lernen Sie, wie Sie Ihre fertigen Chatbots auf der Registerkarte »Connect« mit Ihren Unternehmenssystemen und bekannten Kanälen verbinden können. Auf diese Weise integrieren Sie Ihren Chatbot in Ihre Systemlandschaft, sodass Sie Ihre Anwender*innen an den richtigen Stellen unterstützen können.*

In diesem Kapitel schauen wir uns die in SAP Conversational AI angebotenen Möglichkeiten an, um Ihren Chatbot mit Benutzeroberflächen, Nachrichtenplattformen oder Ähnlichem zu verbinden. Ein Großteil dieser Funktionen ist in die Registerkarte **Connect** integriert. Hier geht es um Verbindungen, genauer gesagt um das Erstellen von *Verbindungskanälen*, auch *Bereitstellungskanäle* genannt. In Abschnitt 5.1 zeigen wir Ihnen, wie diese Kanäle Ihnen helfen, Ihren Chatbot über gängige Benutzeroberflächen und Kommunikationskanäle zu konsumieren. Die Kanäle sind beispielsweise Voraussetzung für die Nutzung von Microsoft Teams, Slack, Webchat und andere Dienste.

Es gibt auch einen vordefinierten Kanal, den *SAP Conversational AI Web Client*, der für eine Integration in die SAP-Welt, insbesondere in das SAP Fiori Launchpad notwendig ist. Diesen Kanal sehen wir uns in Abschnitt 5.2 genauer an.

In Abschnitt 5.3 lernen Sie, wie Sie einen *Fallback-Kanal* erstellen und verwenden können, um eine Konversation beispielsweise an Ihre Hotline-Mitarbeiter*innen weiterzuleiten. Zum Schluss erweitern wir in Abschnitt 5.4 unseren Wetter-Bot um einen Verbindungskanal zu dem Instant-Messaging-Dienst Slack. Über diesen Kanal können Sie Ihren Wetter-Bot in einer Slack-App konsumieren.

5.1 Bereitstellungskanäle

Zunächst stellen wir in diesem Abschnitt die verschiedenen Verbindungsmöglichkeiten der Plattform vor.

Registerkarte »Connect« Rufen Sie die Registerkarte **Connect** auf. Hier sehen Sie zwei weitere Registerkarten. Die Registerkarte **User channels** ist vorselektiert und gibt Ihnen einen Überblick über die vorhandenen Kanäle zu verschiedenen Anwendungen für die Nutzer*innen (siehe Abbildung 5.1). Auf der zweiten Registerkarte **Fallback channels** verbergen sich die Kanäle für Ihre Fallback- oder Ausweichoptionen. Für die Anbindung jedes Kanaltyps gibt es geführte Anleitungen (**Guided Procedures**).

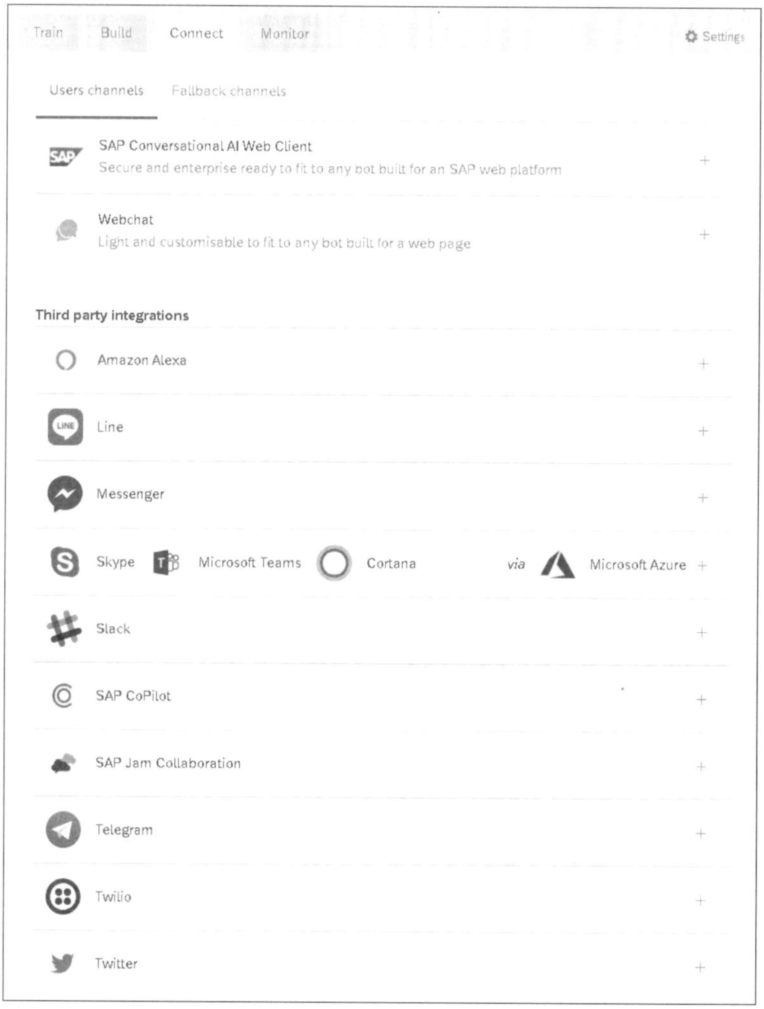

Abbildung 5.1 Verbindungsübersichtseite mit den verschiedenen Nutzerkanälen

Alternativ zu der Nutzung der hier bereitgestellten Kanäle können Sie über die *Bot Connector API* Zugriff auf bestimmte Funktionen der meisten Messaging-Kanäle erhalten. In diesem Fall können Sie die Nutzeranwendungen durch eigene Programmierung steuern.

Unterstützte Kanäle

Tabelle 5.1 und Tabelle 5.2 vergleichen die verfügbaren Kanäle und bieten eine umfassende Übersicht über deren Funktionen. Tabelle 5.1 führt die unterstützten grafischen Darstellungsmittel der Anwendungen für Ihre Chatbots auf, Tabelle 5.2 die Unterstützung der Bild-, Video- und Sprachausgabe.

Kanal	Text	Karte	Karussell	Schaltfläche	Schnell-antwort	Liste	Kunden-nachricht
Amazon Alexa	–	–	–	–	–	–	–
Facebook Messenger	×	×	–	×	×	×	×
LINE	×	×	×	–	–	–	–
Microsoft (Cortana, Skype, Teams)	×	×	×	×	×	×	×
SAP Conversational AI Webchat	×	×	×	×	×	×	×
SAP Conversational AI Web Client	×	×	×	×	×	×	–
SAP CoPilot	×	×	–	×	×	×	–
SAP Jam Collaboration	×	×	×	×	×	×	–
Slack	×	×	–	×	×	×	×
Telegram	×	–	–	–	–	–	–
Twilio	×	–	–	–	–	–	–
Twitter	×	–	–	–	×	–	×

Tabelle 5.1 Verfügbare Kanäle und unterstützte Chat-Funktionalität

Kanal	Bild/GIF	Stimme	Video
Amazon Alexa	–	×	–
Facebook Messenger	×	–	×
LINE	×	–	×
Microsoft (Cortana, Skype, Teams)	×	–	–
SAP Conversational AI Webchat	×	–	–
SAP Conversational AI Web Client	×	–	×

Tabelle 5.2 Kanalunterstützung bezüglich Stimme, Bildern und Videos

Kanal	Bild/GIF	Stimme	Video
SAP CoPilot	–	–	–
SAP Jam Collaboration	–	–	–
Slack	×	–	–
Telegram	×	–	–
Twilio	×	–	–
Twitter	–	–	–

Tabelle 5.2 Kanalunterstützung bezüglich Stimme, Bildern und Videos (Forts.)

Verarbeitung des Rich Formats

Wenn ein Kanal ein reichhaltiges Format (*Rich Format*) nicht nativ unterstützt, wird dieses Format vom Bot Connector verarbeitet, und der Inhalt wird neu geschrieben, sodass auf allen Kanälen eine lesbare Nachricht angezeigt wird.

[»]

Trigger Skill

Der Schaltflächentyp *Trigger Skill* (siehe Abschnitt 4.5.1, »Nachrichten senden«) wird derzeit nur von den Kanälen SAP Conversational AI Web Client und Webchat unterstützt.

Benutzerinformationen

Die *Benutzerinformationen* aus dem Chatbot werden in dem JSON-Objekt `participant_data` (Teilnehmerdaten) gespeichert und von dem Kanal selbst erfasst, mit dem Ihr Bot verbunden ist. Wenn eine Nutzerin oder ein Nutzer unterschiedliche Verbindungskanäle verwenden, um auf den Bot zuzugreifen, sind die Benutzerinformationen je nach Kanal unterschiedlich. In Tabelle 5.3 sind die von den verschiedenen Kanälen jeweils unterstützten Benutzerinformationen aufgeführt. Nicht alle Kanäle reichern das JSON-Objekt `participant_data` an, um Benutzerinformationen zu übertragen.

Bereitstellungskanal	Benutzerinformationen
Amazon Alexa	E-Mail-Adresse als Attribut `email`, Benutzername als Attribut `userName` (Vorname und Nachname)
Facebook Messenger	Benutzername als Attribut `userName` (Vorname und Nachname)

Tabelle 5.3 Übertragene Benutzerinformationen pro Kanal

Bereitstellungskanal	Benutzerinformationen
LINE	Benutzername als Attribut userName (Anzeigename)
SAP Conversational AI Webchat	–
SAP Conversational AI Web Client	E-Mail-Adresse als Attribut email, Nachname als last_name, voller Name als fullName (Vorname wird durch ein Leerzeichen vom Nachnamen getrennt)
SAP CoPilot	–
SAP Jam Collaboration	Benutzername als Attribut userName (Vorname und Nachname), jamId (ID des Benutzers)
Microsoft (Skype, Microsoft Teams, Cortana)	E-Mail-Adresse als Attribut email, Vorname als Attribut firstName, Nachname als Attribut lastName, Benutzername als Attribut userName (Vorname und Nachname)
Slack	Benutzername als Attribut userName (realer Name), E-Mail-Adresse als email
Telegram	–
Twilio	–
Twitter	Benutzername als Attribut userName (Name)

Tabelle 5.3 Übertragene Benutzerinformationen pro Kanal (Forts.)

[«]

Fallback-Kanal

Für den Fallback-Kanal gibt es kein participant_data-Objekt.

Falls Sie auf die Benutzerinformationen zugreifen wollen, können Sie beispielsweise die SAP-Conversational-AI-Variable {{participant_data.userName}} nutzen, falls dies vom verbundenen Kanal unterstützt wird. In Abbildung 5.2 können sie die beiden unterstützten Attribute in einer Beispielausgabe für Slack sehen.

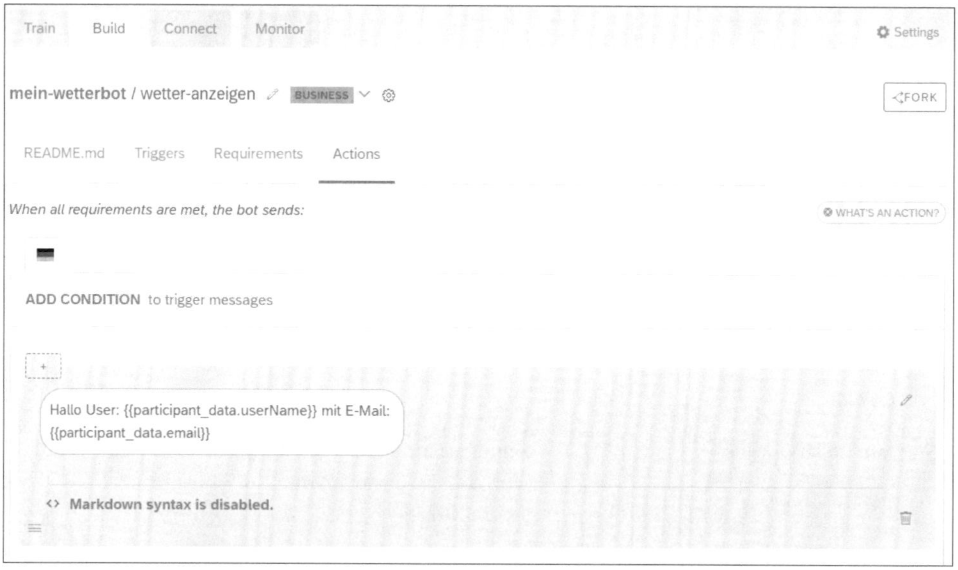

Abbildung 5.2 Beispielnachricht, die die Slack-Attribute verwendet

Die aufgelöste Beispielausgabe könnte dann wie folgt lauten, falls der Wert `userName = "Servicemitarbeiter"` und `email = "service@rheinwerk-verlag.de"` ist:

Hallo User: Servicemitarbeiter mit E-Mail: service@rheinwerk-verlag.de

Webchat

Der Webchat-Kanal wurde als Open-Source-Projekt auf GitHub entwickelt. Es handelt sich um einen weiteren Web-Client ähnlich dem SAP Conversational Web Client, der ursprünglich von Recast AI für die Plattform entwickelt und auch für den Chat Preview verwendet wurde. Im Chat Preview wurde dieser Client inzwischen vom SAP Conversational AI Web Client abgelöst, der bessere Sicherheitsfunktionen für Geschäftsanwendungsfälle bietet. Aus Abwärtskompatibilität wird der Webchat-Kanal weiterhin unterstützt, außerdem können Sie ihn sehr einfach nutzen. Sie können die Standardversion des Webchat-Kanals verwenden, die SAP auf der Plattform bereitstellt, oder die Open-Source-Version anpassen, indem Sie diese Version kopieren und selbst eine neue Version bereitstellen.

Webchat aktivieren

Um den Webchat-Kanal zu aktivieren, suchen Sie diesen auf der Registerkarte **Connect** Ihres Bots unter der Registerkarte **User channels** aus und klicken auf das Plussymbol. Sie gelangen zu der Ansicht in Abbildung 5.3, die sie in sechs Schritten durch die Konfiguration des Kanals führt.

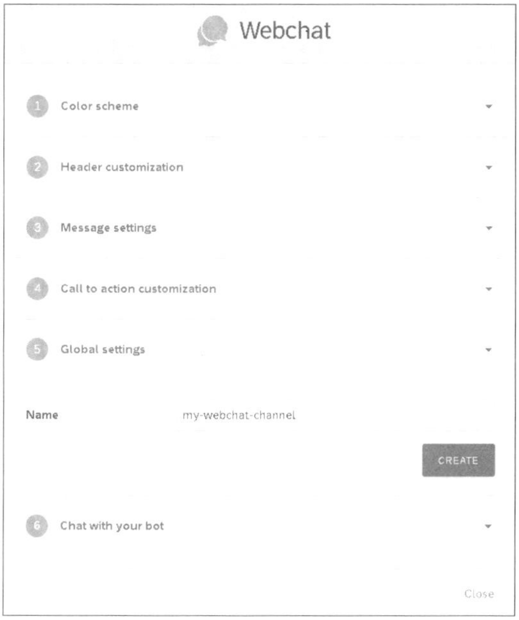

Abbildung 5.3 Geführte Prozedur zur Aktivierung des Webchat-Kanals

Folgen Sie der geführten Prozedur:

1. Zunächst konfigurieren Sie unter **Color scheme** Details wie das Farbschema, mit dem Ihr Chat gestaltet werden soll (siehe Abbildung 5.4).

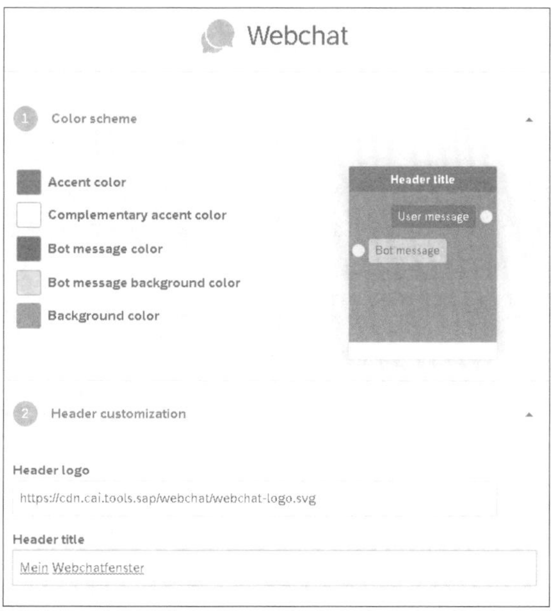

Abbildung 5.4 Konfiguration eines Webchats

2. Anschließend geben Sie den Titel, z. B. »Mein Webchatfenster«, ein, der zur Laufzeit im Kopfbereich des Chats angezeigt werden soll.
3. Dann konfigurieren Sie die Gestaltung der Nachrichten, wie das Bot-Symbol und das Benutzersymbol. Sie können auch den Text für Ihr Eingabefenster und eine Willkommensnachricht konfigurieren.
4. Im vierten Schritt können Sie das Logo und den Aktionstitel für den Webchat konfigurieren, damit Sie diesen z. B. auf Ihrer Homepage starten können.
5. Unter den **Global settings** können Sie die Sprache des Webchat-Menüs, die Speicherung der Konversation und weitere Einstellungen wie den Namen des Kanals konfigurieren. Mit einem Klick auf die Schaltfläche **Create** werden Ihnen die Einbindungsskripte erstellt (siehe Abbildung 5.5).

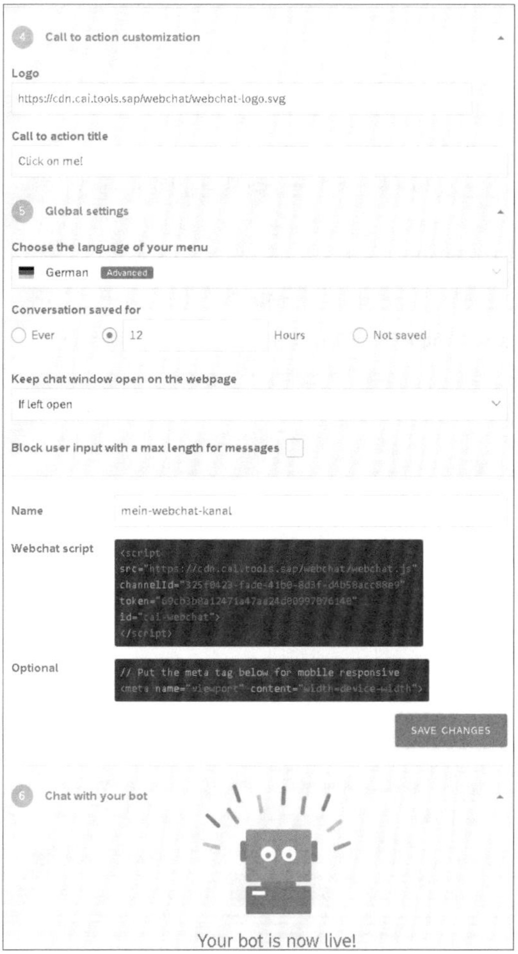

Abbildung 5.5 Konfiguration der Logos und allgemeinen Einstellungen eines Webchats

Wenn Sie möchten, können Sie die Länge der Nachrichten von Nutzer*innen auf maximal 512 Zeichen beschränken. Auf diese Weise können Sie vermeiden, dass Nutzer*innen zu viele Details in einer Nachricht abdecken, was es schwieriger für den Bot macht, den Intent der Nachricht zu erkennen, z. B. eine Aufforderung.

6. Nachdem Sie das erstellte Skript aus Schritt 5 in Ihre Internetseite, wahrscheinlich eine HTML-Seite, eingebunden haben, können Sie über diese Seite Ihren Bot ansteuern.
7. Verlinken Sie nach der Erstellung Ihres Webchatkanals noch die Bot-Version, die Sie verwenden wollen. Nutzen Sie dazu die Dropdown-Liste neben dem Webchat-Slug (siehe Abbildung 5.6).

Abbildung 5.6 Verlinkung von Bot-Version und Webchatkanal

Einschränkungen und Empfehlungen für Webchats

Für den Kanal Webchat gelten folgende Einschränkungen:

- Es werden maximal drei Nachrichten vom Typ Button angezeigt.
- Es werden maximal elf Nachrichten vom Typ Quick Reply angezeigt.

Außerdem sollten Sie sich an den folgenden Empfehlungen orientieren:

- maximal zwölf Listenelemente in Listen
- maximal zwölf Karten in einem Karussell

Slack

Neben dem für die Plattform SAP Conversational AI entwickelten Webchat-Kanal wollen wir uns noch zwei Beispiele für externe Kanäle ansehen, Slack und Microsoft Teams. *Slack* ist ein webbasierter Nachrichtendienst des US-amerikanischen Softwareunternehmens *Slack Technologies*. Er kann zur Kommunikation und Kollaboration zwischen Menschen genutzt werden, insbesondere im geschäftlichen Bereich zwischen Mitarbeiter*innen und Arbeitsgruppen.

Um einen Bot in eine Slack-App zu integrieren, können Sie ebenfalls einfach den Schritten der geführten Prozedur in SAP Conversational AI folgen (siehe Abbildung 5.7). In Abschnitt 5.4, »Slack-Kanal für den Beispiel-Bot konfigurieren«, werden wir Ihnen die Einrichtung dieses Kanals und die Einbindung in Slack exemplarisch an dem Wetter-Bot zeigen.

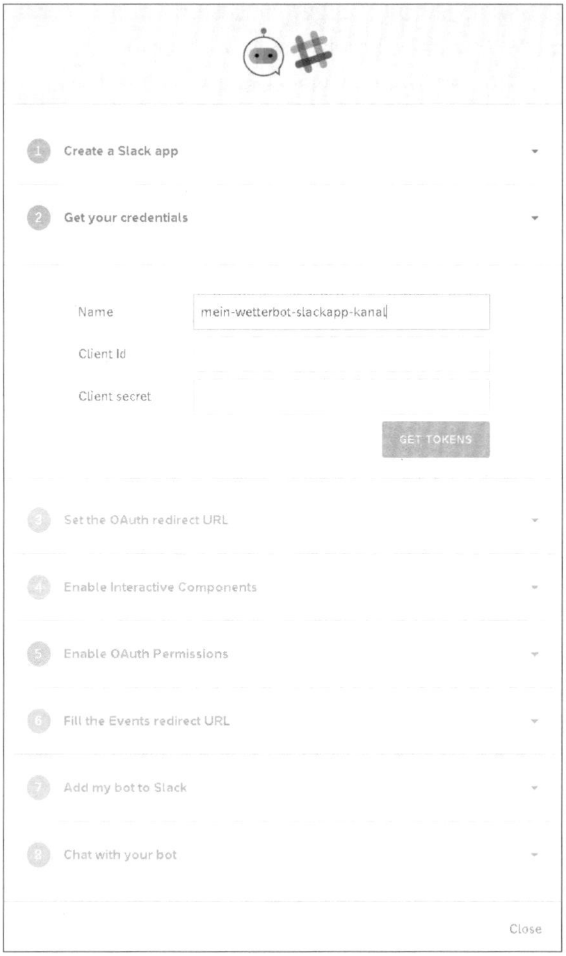

Abbildung 5.7 Geführte Prozedur zur Aktivierung des Slack-Kanals

Microsoft Teams

Microsoft Teams (abgekürzt *MS Teams*) ist eine vom US-amerikanischen Unternehmen Microsoft entwickelte Nachrichtenplattform, die Funktionen für Chats, Besprechungen, Notizen und Anhänge kombiniert. Auch diese Anwendung wird vor allem im geschäftlichen Kontext eingesetzt. Ebenso wie die ebenfalls von Microsoft bereitgestellten Anwendungen Skype und Cortana wird die Verbindung zu MS Teams über die Microsoft-Cloud-Plattform *Azure* hergestellt. Abbildung 5.8 zeigt die geführte Prozedur zur Aktivierung des Kanals MS Azure.

Gerade für die Einbindung eines Chatbots in Firmenapplikationen wie MS Teams benötigen Sie natürlich entsprechende Berechtigungen, um den Verbindungskanal konfigurieren und einstellen zu können.

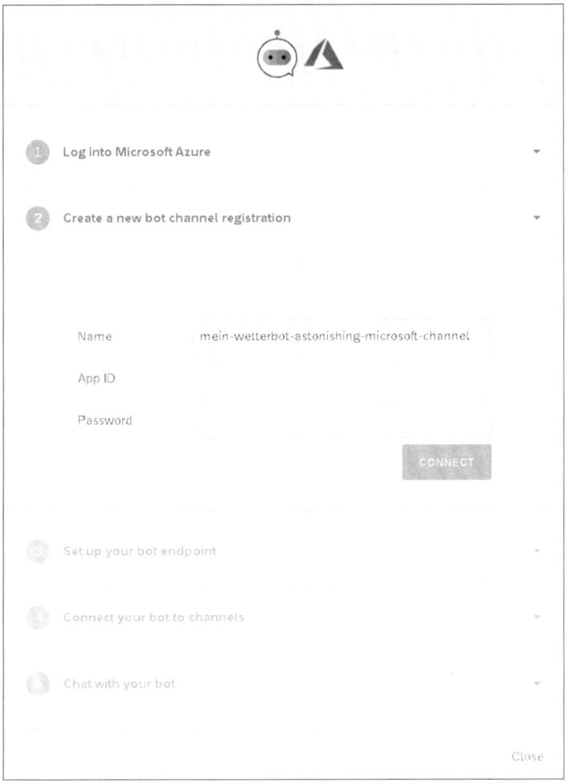

Abbildung 5.8 Geführte Prozedur zur Aktivierung des Kanals MS Azure

Nachdem Sie die verschiedenen verfügbaren Kanäle kennengelernt haben, gehen wir im folgenden Abschnitt ausführlicher auf den Kanal SAP Conversational AI Web Client ein. Dieser von SAP entwickelte Web Client gewährleistet die sichere Nutzung im Unternehmensumfeld. Beispiele für die Einbindung in SAP-Geschäftsanwendungen finden Sie in Kapitel 11, »Integration von SAP Conversational AI«.

5.2 SAP Conversational AI Web Client

Der SAP Conversational AI Web Client ist eine Benutzeroberfläche zum Herstellen einer Verbindung mit SAP-Conversational-AI-Chatbots. Es handelt sich um einen umfangreichen Web-Client, der Bot-Antworten mithilfe von UI-Steuerelementen rendern kann, die mit SAP Fiori kompatibel sind. Der SAP Conversational AI Web Client wird auch für den Chat Preview in SAP Conversational AI genutzt, den Sie im vorangegangenen Kapitel bereits kennengelernt haben.

Aktivierung

Wie in Abbildung 5.9 zu erkennen, sind für die Aktivierung und Verwendung des SAP Conversational AI Web Clients fünf Schritte nötig, durch die Sie ebenfalls von der Anwendung geführt werden. Am wichtigsten ist Schritt 1, in dem Sie die Verbindungseinstellungen pflegen, z. B. zu dem SAP Fiori Launchpad eines SAP-S/4HANA-Systems. Die Schritte 2 bis 5 dienen der Anpassung Ihres Kanals. Auf die einzelnen Schritte gehen wir in den folgenden Abschnitten ausführlicher ein.

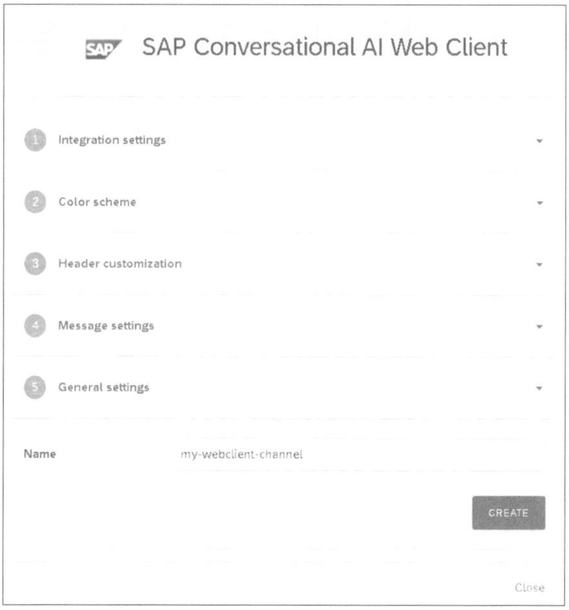

Abbildung 5.9 SAP Conversational AI Web Client – Aktivierung

5.2.1 Integrationseinstellungen

Integrationsmethoden

Der SAP Conversational AI Web Client bietet zwei Integrationsmethoden an, die Sie in Schritt 1 der geführten Prozedur konfigurieren können:

- Die erste Methode verwendet einen vorkonfigurierten Implementierungsbaustein (*Snippet*) mit einer eigenen Kanal-ID.
- Die zweite Methode verwendet eine Anwendungs-ID.

Verbindung über Snippet

Wenn der Web Client per Snippet eine Verbindung zu einem einzelnen Kanal herstellt, kann er potenziell in jede Unternehmenswebseite integriert werden, ohne dass eine Benutzerauthentifizierung erforderlich ist. Dazu geben Sie einfach einen technischen Namen für Ihren Kanal ein. Klicken Sie auf **Create**, wird ein Implementierungs-Snippet, wie in Abbildung 5.10 zu sehen, erzeugt und angezeigt. Dieses können Sie nun in Ihre Webanwendung einbinden. Anschließend können Sie mit Ihrem Bot chatten.

Abbildung 5.10 SAP Conversational AI Web Client – Code Snippet

Verbindung über Anwendungs-ID

Um die Anwendungs-ID-Methode verwenden zu können, muss der Web Client in die Hauptwebanwendung oder die Anwendungshülle (*Shell*) eines unterstützten SAP-Produkts integriert sein, beispielsweise in das SAP Fiori Launchpad eines SAP-S/4HANA-Systems. Es können alle Webanwendungen verwendet werden, die dieselben Sicherheits- und Authentifizierungsanforderungen erfüllen. Um den Web Client zu verwenden, müssen Sie als Pflichtparameter den Namen der Verbindung und eine Anwendungs-ID angeben. Optional können Sie einen Kanaltitel angeben. Die Integration eines Chatbots in das SAP Fiori Launchpad mithilfe des Web Clients zeigen wir Ihnen in Abschnitt 11.3, »Integration ins SAP Fiori Launchpad«.

Zuordnung mehrerer Kanäle

Damit ist die Anwendungs-ID-Methode eine sehr flexible Möglichkeit, um einen Kanal einer bestimmten Webanwendung zuzuordnen. Es wird auch die Zuordnung mehrerer Kanäle zu einem SAP Conversational AI Web Client unterstützt. In diesem Fall wird den Nutzer*innen beim Öffnen des Web Clients ein Menü angeboten, über das sie den bevorzugten Kanal auswählen können.

Außerdem können Sie Ihre eigene Schaltfläche zum Aufruf des Chat-Clients erstellen und Ereignisse implementieren, um den Web Client mithilfe der JavaScript-API zu öffnen und zu schließen. Ein Beispiel für so eine Schaltfläche ist etwa die Schaltfäche Chat Preview auf der SAP-Conversational-AI-Plattform (siehe Abbildung 5.11). Der SAP Conversational AI Web Client bietet eine öffentliche JavaScript-API, die zur Laufzeit in Ihrer Webanwendung verfügbar ist, sobald der Web Client geladen wird.

Abbildung 5.11 Beispielschaltfläche, um den Web Client zu starten

Alternativ können Sie hier die vom Web Client bereitgestellte Standardschaltfläche verwenden, die automatisch in Ihrer Webanwendung angezeigt wird. Zur Konfiguration können Sie die Bezeichnung der Schaltfläche sowie den Aktionstext zum Aufruf anpassen. Außerdem können Sie ein eigenes Logo einbinden.

Abbildung 5.12 zeigt den Chat Preview in SAP Conversational AI als Beispiel für den SAP Conversational AI Web Client im Einsatz.

Abbildung 5.12 Chat Preview in SAP Conversational AI

5.2.2 Kanal anpassen

Konfigurationsoptionen

Bei Verwendung der Snippet-Integration für einen einzelnen Kanal oder bei Verwendung der Anwendungs-ID können Sie das Erscheinungsbild und das Verhalten des SAP Conversational AI Web Clients anpassen. Diese Anpassungen erfolgen in Schritt 2 bis 5 der geführten Prozedur (siehe Abbildung 5.9):

- **Schritt 2: Farbschema**
  Sie können entweder das Standard-SAP-Design wie in Abbildung 5.12 verwenden oder ein eigenes benutzerdefiniertes Farbschema erstellen, indem Sie die verschiedenen zu verwendenden Grund- und Akzentfarben angeben.
- **Schritt 3: Header-Anpassung**
  Sie können den Kopftitel und das Logo des Web Clients definieren.

- **Schritt 4: Nachrichteneinstellungen**
  Sie können auch die Symbole definieren, die neben den Bot-Antworten (standardmäßig das Symbol) und neben den Nutzernachrichten (standardmäßig das Symbol) angezeigt werden. Sie können auch einen Eingabeplatzhalter, wie in Abbildung 5.13 zu sehen, sowie eine Begrüßungsnachricht definieren. Die Begrüßungsnachricht wird als erste Bot-Nachricht jedes Mal angezeigt, wenn der Benutzer den SAP Conversational AI Web Client erstmalig öffnet.

Abbildung 5.13 Eingabeplatzhalter für den SAP Conversational AI Web Client

- **Schritt 5: Allgemeine Einstellungen**
  In den allgemeinen Einstellungen können Sie Folgendes definieren:
  - die Lebensdauer einer Konversation mit einem Bot
  - die Sprache Ihres statischen Menüs, falls Sie mehr als einen Kanal für den SAP Conversational Web Client erstellt haben
  - das Verhalten des Web Clients beim Öffnen der Webanwendung durch die Nutzer*innen
  - die maximale Länge einer Benutzernachricht

Unterstützte Videoformate

Die folgenden Videodienste können per URL in einen über den SAP Conversational AI Web Client angebundenen Chatbot genutzt werden:

- YouTube
- Vimeo
- Dailymotion
- Videos bereitgestellt von SAP and SAP TV

Die unterstützten Videoformate sind MP4, WEBM, OGV und 3GP.

Unterstützte Bildformate

Die vom SAP Conversational AI Web Client unterstützten Bildformate sind BMP, GIF, ICO, JPEG, PNG, SVG und TIFF. Welche Formate genau verwendet werden können, hängt vom verwendeten Browser ab.

Einschränkungen und Empfehlungen für den SAP Conversational AI Web Client

Es gelten folgende Einschränkungen für die Anzeige von Chatbots mit dem Web Client:

- Es werden maximal 15 Schaltflächen und zwölf Listenelemente angezeigt.
- Es werden maximal elf Quick Replies angezeigt.

Wir empfehlen Ihnen außerdem im SAP Conversational Web Client maximal zwölf Karten als Teil eines Karussells zu verwenden.

5.3 Fallback-Kanäle

Ausweichen auf den Fallback-Kanal

Sehr wahrscheinlich wird es nicht so leicht, Ihren Bot gleich zu Beginn vollumfänglich an die Nutzer*innen auszuliefern. Außerdem wird es immer wieder Anwendungsfälle geben, bei denen die Mensch-Maschine-Interaktion nicht den gewünschten Erfolg verspricht. Aus diesem Grund ist es sinnvoll, in bestimmten Situationen auch weiterhin eine Mensch-zu-Mensch-Interaktion bzw. -Kommunikation einzubinden.

Intercom oder Kontaktzentrum

Es gibt in SAP Conversational AI zwei Fallback-Kanäle, die für solche Anwendungsfälle vorgesehen sind (siehe Abbildung 5.14):

- Intercom
- SAP Contact Center

Diese beiden Kanäle stellen wir Ihnen in diesem Abschnitt vor.

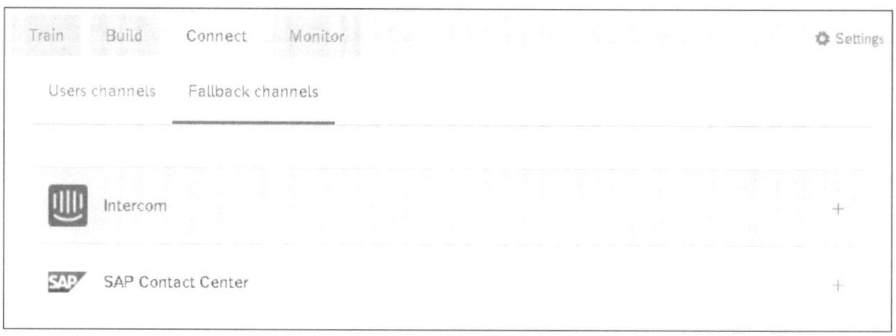

Abbildung 5.14 Rückfallkanäle auf der Registerkarte »Fallback channels«

Intercom

Intercom ist ein amerikanisches Softwareunternehmen, das eine Nachrichtenplattform bereitstellt, über die Unternehmen mit potenziellen und bestehenden Kund*innen kommunizieren können. Diese Kommunikation kann innerhalb einer unternehmenseigenen App, auf der unternehmenseigenen Website, über soziale Medien oder per E-Mail erfolgen.

Abbildung 5.15 zeigt die geführte Prozedur zur Konfiguration des Intercom-Kanals als Fallback-Kanal. Sie benötigen hier ein Zugangs-Token (**Access**

token) für die Intercom-Plattform, das Sie in Schritt 1 der geführten Prozedur von Intercom erhalten. Über die Schaltfläche **GET TOKEN** wird dieses Zugangs-Token in einer Webhook-URL eingebaut. Anschließend wird die Intercom-Verbindung in Schritt 2 über einen Intercom-Webhook eingerichtet. Schließlich können Sie in Schritt 3 die Verwendung des gerade konfigurierten Fallback-Kanals starten und diesen auf der Registerkarte **Build** in den Skills auswählen. Damit haben Sie Ihren Intercom-Kanal erfolgreich konfiguriert. Wählen Sie zum Abschluss die für diesen Kanal gültige Bot-Version aus.

Abbildung 5.15 Aktivierung von Intercom als Fallback-Kanal

SAP Contact Center

SAP Contact Center 365 ist eine SAP-Lösung, mit der Sie es Ihren Kund*innen ermöglichen können, Sie über ihre bevorzugten Kommunikationskanäle zu kontaktieren. Das können z. B. Sprachnachrichten, E-Mails, SMS-Nachrichten oder Nachrichten über Webchat- oder Messaging-Apps wie WhatsApp oder Facebook Messenger sein. Ihr Support kann den Kund*innen so die bestmögliche Conversational User Experience (CUX) bieten, indem es ihnen ein modernes Omnichannel-Kontaktcenter zur Verfügung stellt.

Abbildung 5.16 zeigt die geführte Prozedur zur Konfiguration dieses Fallback-Kanals. Sie benötigen wie in den Schritten 1 und 2 der geführten Prozedur eine Besucherchat-URL (**Visitor chat URL**) und die Adresse des Zielchats (**Destination chat address**). Schließlich können Sie in Schritt 3 die Verwendung des Fallback-Kanals einstellen bzw. den Skill auswählen, den

Sie auf der Registerkarte **Build** konfiguriert haben. Wählen Sie zum Abschluss die für diesen Kanal gültige Bot-Version aus.

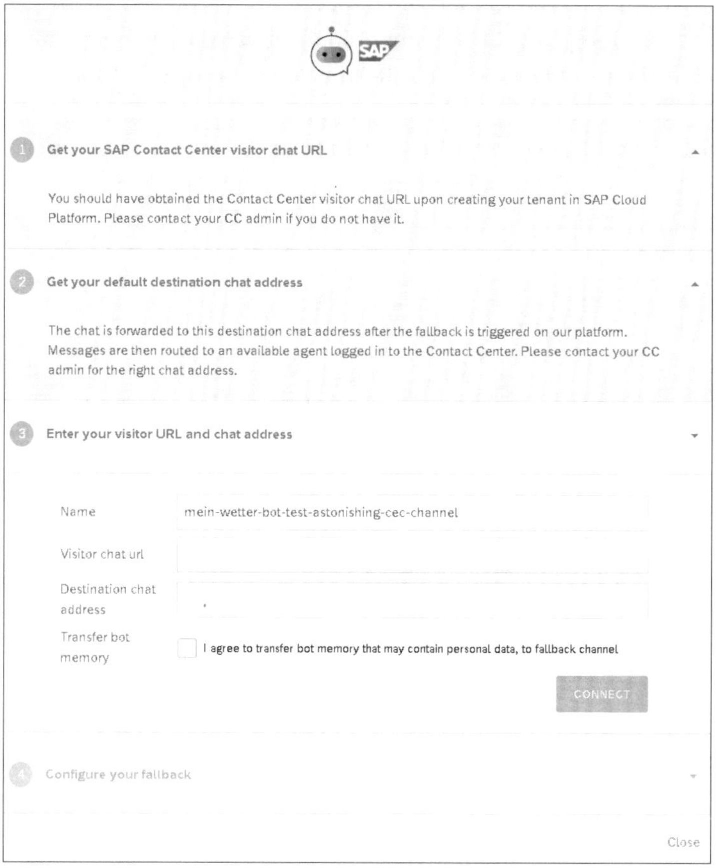

Abbildung 5.16 Fallback-Aktivierung des SAP Contact Centers

Benutzerinformationen

Wie in Abschnitt 5.1, »Bereitstellungskanäle«, bereits erwähnt, gibt es für Fallback-Kanäle kein JSON-Objekt `participant_data`, das die Benutzerinformationen aus dem Chatbot an den Kundendienst übermitteln würde.

Integrationsanforderungen

Intercom und SAP Contact Center sind nur zwei mögliche Kanäle für Ihre Anbindung an ein Callcenter oder ähnliche unterstützende Services. Alternativ können Sie einen eigenen Integrationskanal aufbauen. Um abzuschätzen, ob sich Ihr Kanal eignet, sollten Sie sich generell an folgenden Fragen orientieren:

- Stellt Ihnen Ihr Nachrichtenanbieter für Ihre Chats, die Kommunikation usw. eine API zur Verfügung?
- Erlaubt die API das Versenden (PUSH) von Nachrichten an einen Softwareagenten, z. B. um einen Hilfsdialog zu initiieren?

- Erlaubt die API das Erhalten (GET) einer Nachricht von einem Softwareagenten, beispielsweise zur Beantwortung einer Frage?
- Erlaubt die API eine Zustandsabfrage, z. B. ob ein Dialog als abgeschlossen gilt?

Eine Integration mit Ihrem Dienstleister kann gelingen, wenn diese Bedingungen erfüllt sind.

Potenziell können Sie jeden Ihnen bekannten Service an Ihren Chatbot anbinden, solange Sie diesen über einen Webhook oder einen API-Service aufrufen können. Natürlich wird es zukünftig noch weitere Services von SAP, anderen SAP-Kunden und -Partnern geben. Ein Beispiel für einen weiteren Service ist *Digital Support Experience*, eine ursprünglich in SAP CoPilot integrierte Funktion, die den Kontakt zum SAP-Support ermöglicht (siehe *http://s-prs.de/v792208*) und nun als SAP Build-in Support (siehe *http://s-prs.de/v792209*) weiterentwickelt wird.

5.4 Slack-Kanal für den Beispiel-Bot konfigurieren

In diesem Abschnitt fahren wir mit der Entwicklung unseres Wetter-Bots fort. Rufen Sie diesen in SAP Conversational AI auf. Falls Sie die Konfigurationen in Kapitel 4, »Einen Chatbot aufbauen«, übersprungen haben oder gerne mit einer sauberen Vorlage starten möchten, können Sie die Version v3 des von uns bereitgestellten Wetter-Bots (*https://cai.tools.sap/sap-cai-das-buch/mein-wetterbot/connect*) per Fork kopieren und mit dieser Version weitermachen.

Slack-Kanal aktivieren

Fügen Sie wie folgt einen Slack-Kanal hinzu:

1. Navigieren Sie auf die Registerkarte **Connect**.
2. Wählen Sie auf der Registerkarte **User Channels** die Registerkarte **Slack** aus.
3. Folgen Sie der geführten Prozedur zur Konfiguration des Kanals.
4. Legen Sie in Schritt 1 der geführten Prozedur eine Slack-App in der Slack-Anwendung in einem extra Browserfenster oder in Ihrer Desktop-Slack-Anwendung an. Wir haben den Titel unserer Beispiel-Slack-App: »SAP CAI – Das Buch« gewählt.
5. Fügen Sie in Schritt 2 der geführten Prozedur die Client ID und das Client Secret Ihrer Slack-App ein.
6. Konfigurieren Sie in den Prozedurschritten 3 bis 6 Ihre Einstellungen in Ihrer Slack-App.

7. Wenn Sie alle Schritte erfolgreich durchgeführt haben, können Sie die in Abbildung 5.17 gezeigte Erfolgsmeldung sehen.

Abbildung 5.17 Erfolgsmeldung nach Einrichtung des Slack-Kanals

Chatbot-Version zuordnen

Damit haben Sie Ihren Slack-Kanal erfolgreich verbunden. Wählen Sie nun die für diesen Kanal gültige Bot-Version aus, wie in Abbildung 5.18 gezeigt. Da Sie bisher keine weitere Version angelegt haben, sollte es nur die Version **DEVELOPMENT** geben.

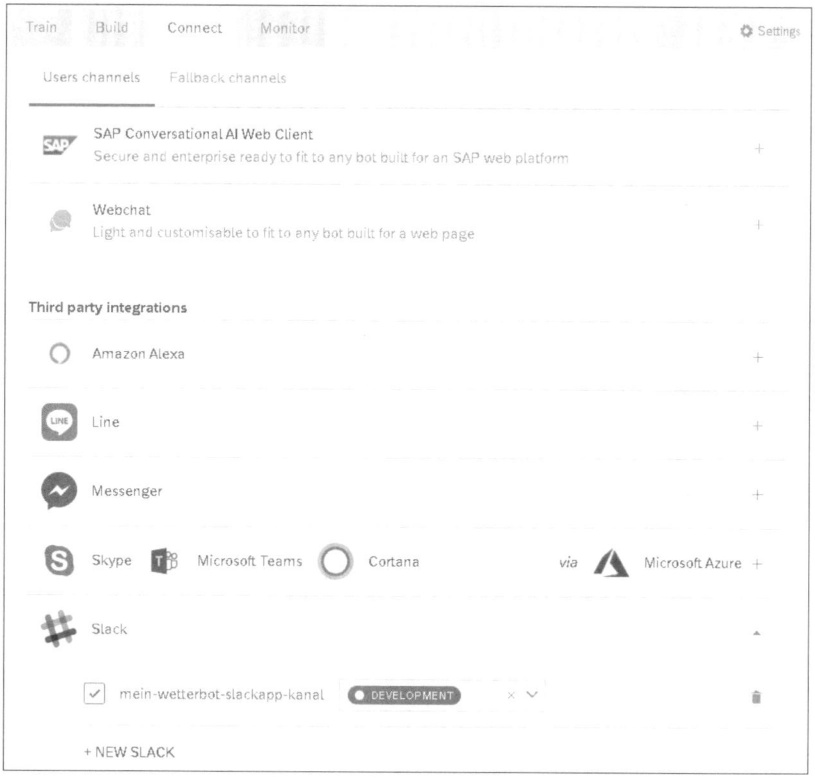

Abbildung 5.18 Slack-Kanal mit der Bot-Version verknüpfen

Integration testen

Nach der Einrichtung des Slack-Kanals in SAP Conversational AI können Sie Ihre Slack-Applikation öffnen, um die Einbindung des Wetter-Bots zu testen.

Dafür öffnen Sie, falls noch nicht geschehen, parallel zu Ihrer CAI-Plattform Ihre Slack-Anwendung, entweder im Browser oder in einer App. Fügen Sie dort in Ihrem Slack-Arbeitsplatz (Workspace) Ihre erstellte Applikation über **+ Add apps** ein, wie in Abbildung 5.20 zu sehen. In Abbildung 5.19 wurde die Slack-App »SAP CAI – Das Buch« über die Suchanfrage »CAI« gefunden.

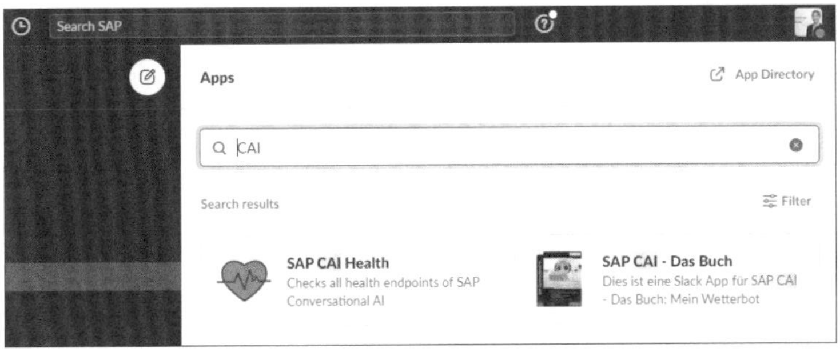

Abbildung 5.19 Anzeige von Apps in Slack

Wählen Sie bei der App-Suche den Namen Ihrer App aus. Wenn Sie Ihre App eingebunden haben, ist diese nun in Slack unter **Apps** zu sehen (siehe Abbildung 5.20).

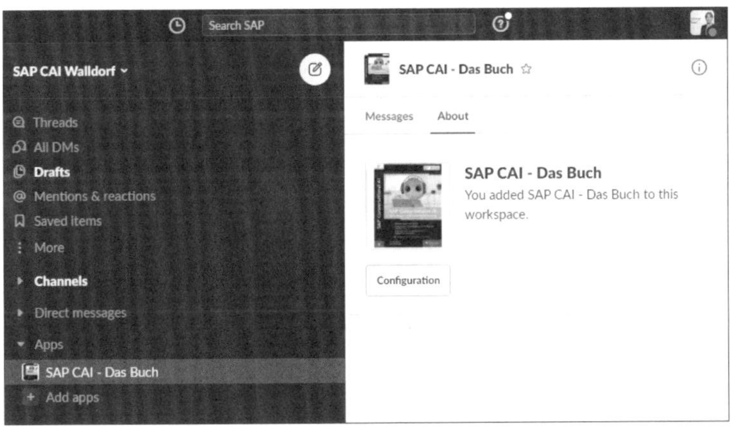

Abbildung 5.20 Integration der Slack-App »SAP CAI – Das Buch« in den Slack-Workspace »SAP CAI Walldorf«

Wechseln Sie nun von der Registerkarte **About** zu der Registerkarte **Messages**, um Ihren ersten Chat mit Ihrem Bot zu starten. In Abbildung 5.21 sehen Sie einen Beispieldialog aus unserem Wetter-Bot, der mittels der erstellten Slack-App nun in Slack ausgeführt wird. Die App »SAP CAI – Das Buch« verbindet sich dazu über den erstellten Slack-Kanal mit dem Wetter-Bot. Dieser antwortet genauso, wie Sie es von Ihrem Bot im Chat Preview von SAP Conversational AI gewohnt sind.

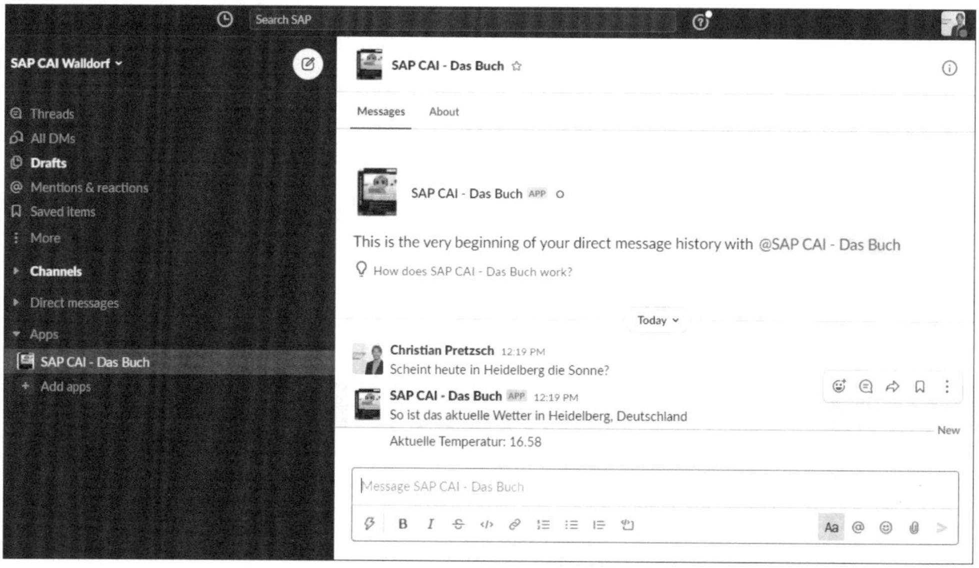

Abbildung 5.21 Beispieldialog in der Slack-App

5.5 Zusammenfassung

In diesem Kapitel haben Sie die Bereitstellungskanäle und deren Anbindung an die Plattform SAP Conversational AI kennengelernt. Sie kennen nun den SAP Conversational AI Web Client und den Webchat-Kanal und wissen, was es mit Fallback-Kanälen auf sich hat. Sie haben außerdem anhand des Wetter-Bots gelernt, wie Sie einen Chatbot in eine Slack-Anwendung einbinden können.

Kapitel 6
Den Chatbot verbessern

*In diesem Kapitel geben wir Ihnen einen Überblick über die Registerkarte »Monitor«. Wir machen Sie mit den Werkzeugen vertraut, mit denen Sie Ihren Bot überwachen und die richtigen Schlüsse ziehen können, um Ihren Bot besser den Bedürfnissen der Nutzer*innen anzupassen.*

Nachdem der Fokus der vorangegangenen Kapitel auf dem Trainieren, Bauen und Bereitstellen von Chatbots lag, stellen wir in diesem Kapitel die Analyse des Laufzeitverhaltens in den Mittelpunkt. Sie bekommen einen Eindruck davon, wie Sie das gewünschte Verhalten beim Bauen Ihres Bots validieren und wie Sie Ihren Bot im laufenden Betrieb optimieren können. Alle Möglichkeiten des Monitorings finden Sie auf der Registerkarte **Monitor**. Für einen wohltrainierten Bot gibt es keine wichtigere Informationsquelle als den Blick auf die Anfragen der echten Nutzer*innen.

Registerkarte »Monitor«

Die Registerkarte **Monitor** lässt sich in zwei Bereiche unterteilen, das Filtermenü und den Hauptbereich. Linker Hand befindet sich das Filtermenü, das bei zu geringer Breite des Browserfensters ausgeblendet wird. In diesem Fall können Sie es über die Schaltfläche **SHOW FILTERS** wieder einblenden. Es öffnet sich ein schwebendes Filtermenü, das Sie über die Schaltfläche **HIDE** wieder ausblenden können (siehe Abbildung 6.1). Mit dem Filtermenü beschäftigen wir uns ausführlich in Abschnitt 6.1.

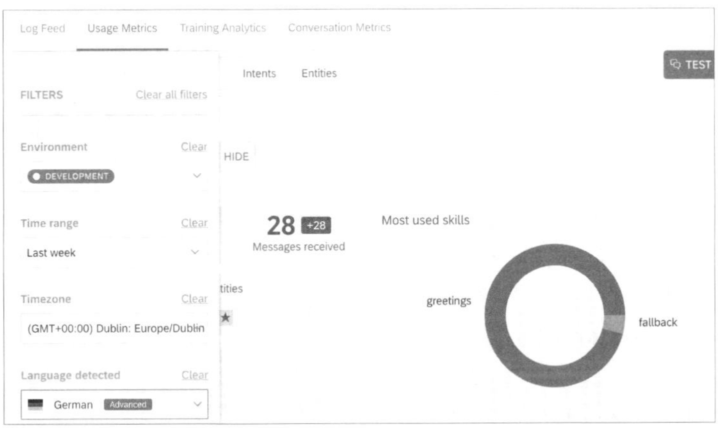

Abbildung 6.1 Registerkarte »Monitor« mit schwebendem Filtermenü

Der Hauptbereich nimmt den übrigen Raum der Registerkarte **Monitor** ein. Hier können Sie über weitere Registerkarten in die folgenden Bereiche des Monitorings abspringen:

- Protokolleinträge zur Sprachverarbeitung können unter **Log Feed** unter die Lupe genommen werden. Hier können Sie überprüfen, ob der Datensatz, mit dem Sie Ihren Bot trainiert haben, den Anfragen der Nutzer*innen standhält (siehe Abschnitt 6.2).
- Verwendungsmetriken werden im Bereich **Usage Metrics** angezeigt, den wir in Abschnitt 6.3 beleuchten werden. Dort können Sie unter anderem herausfinden, welche Teile Ihres Bots regelmäßig verwendet werden oder zu welchen Zeiten Ihr Bot mehr zu tun hat als zu anderen.
- Für Trainingsanalysen wird der Bereich **Training Analytics** bereitgestellt. Er hilft Ihnen, die Qualität Ihrer Trainingsdaten zu untersuchen. Wie Sie in Abschnitt 6.4 lesen können, gibt er Ihnen Hinweise, wie Sie Ihre Daten verbessern können.
- Konversationsprotokolle können Sie unter **Conversation Logs** studieren (siehe Abschnitt 6.5). Anhand der Protokolle sind Sie in der Lage zu verfolgen, wie Konversationen Ihrer Nutzer*innen im produktiven Umfeld ablaufen, und können Schlüsse daraus ziehen, um das Erlebnis für die Nutzer*innen noch zu verbessern.
- Kennzahlen zu Ihren Konversationen werden Sie in Zukunft im Bereich **Conversation Metrics** finden können.

6.1 Einträge filtern

Jede Äußerung, jeder ausgeführte Skill und jede Konversation hinterlassen Einträge in den Protokollen. Daher ist es unerlässlich, die Anzeige auf diejenigen Einträge einschränken zu können, die für Sie von Interesse sind. Die Filter in jedem Bereich der Registerkarte **Monitor** weisen gewisse Besonderheiten auf, die jeweils nur für das spezifische Szenario relevant sind. Abgesehen davon haben die Filter aller vier Bereiche viel gemeinsam. Wir erläutern daher in diesem Abschnitt zunächst die gemeinsamen Konzepte und Filter. In Abschnitt 6.2, »Protokoll der Sprachverarbeitung auswerten«, bis Abschnitt 6.5, »Konversationsprotokolle«, gehen wir dann auf die Besonderheiten der Filter in den einzelnen Bereichen ein.

Filtern nach Zeiträumen

Wenn Sie den Zeitraum einschränken möchten, zu dem Ihnen Einträge angezeigt werden sollen, können Sie einen Zeitraum in dem Menü **Time Range** (siehe Abbildung 6.1) spezifizieren. Sie können den Zeitraum entweder von frei definieren oder aus einer Liste von vordefinierten Zeitspannen wählen. Folgende Auswahlmöglichkeiten haben Sie dabei:

- in den letzten 24 Stunden (**Last 24h**)
- in der letzten Woche (**Last week**)
- im letzten Monat (**Last month**)
- ohne Zeiteinschränkung (**All time**)

[!]

Verwendung des Filterparameters »Time Zone«

Eine wichtige Rolle beim Anwenden des Filters spielt der Filterparameter **Time Zone**, der aber leider auch zu Verwirrung führen kann. Denn mit diesem Parameter können Sie bestimmen, für welche Zeitzone der Filter gültig sein soll.

Nehmen wir einmal an, Sie möchten alle Einträge für den vergangenen Sonntag sehen. Mit der korrekten Wahl der Zeitzone können Sie sicherstellen, dass alle Einträge zwischen Mitternacht am Samstag und Mitternacht am Sonntag angezeigt werden. Die Wahl des Filters hat jedoch keinen Einfluss auf die Darstellung der Zeitstempel in der Anzeige der Protokolleinträge. Diese werden weiterhin in koordinierter Weltzeit (UTC-Zeit) gemacht. Beispielsweise ist die mitteleuropäische Zeit der UTC-Zeit um eine Stunde voraus, was dazu führt, dass die gefilterten Einträge von Samstag 23:00 Uhr UTC bis Sonntag 23:00 Uhr UTC reichen.

Filtern nach der Sprache

Sie können prinzipiell nach jeder der von der Plattform unterstützten Sprachen filtern, unabhängig von den Sprachen, die Ihr Bot unterstützt. Dies kann sich als ganz praktisch erweisen, wenn Sie besser verstehen wollen, mit welchem Anliegen Ihr Bot in einer nicht unterstützten Sprache angesprochen wird.

Um das Filtern nach Sprachen besser anwenden zu können, kann es hilfreich sein, sich einige Grundlagen genauer vor Augen zu führen. In der Sprachverarbeitung gibt es zwei Attribute, die sich mit Sprachen auseinandersetzen, nämlich die *ermittelte Sprache* mit dem Attribut `language` und die *beim Prozessieren angewandte Sprache* mit dem Attribut `processing_language` (siehe auch Abschnitt 9.4, »Mehrsprachigkeit und Ermittlung der Sprache«).

Im Log Feed wird Ihnen die ermittelte Sprache angezeigt, also der Wert des Attributs `language`. Hierbei ist es jedoch wichtig zu beachten, dass eine Spracheermittlung nur dann erfolgt, wenn die Sprache nicht bereits vorgegeben ist. Das ist nämlich der Fall, wenn die Sprachverarbeitung aus einer bestehenden Konversation heraus mit bereits gesetzter Sprache aufgerufen wird (mehr dazu in Abschnitt 9.4).

[zB]

Keine Neuermittlung bei gesetzter Sprache

Nehmen wir beispielsweise an, dass Sie mitten in einer Konversation, die bisher auf Deutsch geführt wurde, eine Frage auf Französisch einstreuen. Dies würde dazu führen, dass der Eintrag im Protokoll mit der deutschen Flagge versehen wird, da aufgrund der bestehenden Konversation und deren Sprache keine weitere Sprachermittlung durchgeführt wurde.

Im Fall des Konversationsprotokolls ist das ein wenig einfacher, da sich der Filter dort auf die Sprache der Konversation bezieht oder besser gesagt auf die Sprache, in der eine Konversation endet.

Filtern nach Version und Umgebung

Ein weiterer wichtiger Punkt ist, dass in der Grundeinstellung der Filter erst einmal alle Einträge eines Bots dargestellt werden, also zu allen Versionen oder Umgebungen des Bots. (Mehr zu Versionen und Umgebungen erfahren Sie in Kapitel 7, »Bot-Einstellungen«.) Mittels eines Filters ist es jedoch möglich die Versionen und Umgebungen zu bestimmen, für die Sie Einträge angezeigt bekommen wollen.

Eine Besonderheit sollte an dieser Stelle nicht unerwähnt bleiben: Wird eine Version des Bots über eine Umgebung (**Environment**) ermittelt, werden sowohl die ID der Bot-Version als auch die der Umgebung mit dem Eintrag abgelegt. Der Eintrag erscheint also sowohl im Filter der entsprechenden Umgebung als auch in der zugehörigen Version im Augenblick des Prozessierens.

Filter zurücksetzen

Falls Sie einen einmal gesetzten Filter nicht mehr benötigen, können Sie diesen über die Schaltfläche **Clear** zurücksetzen.

6.2 Protokoll der Sprachverarbeitung auswerten

Zunächst möchten wir das Protokoll der Sprachverarbeitung in den Mittelpunkt stellen, das sich im Bereich **Log Feed** befindet. Diese Protokolleinträge bestehen aus Äußerungen, die von der Sprachverarbeitung prozessiert wurden. Für jeden dieser Einträge finden Sie folgende Informationen hinterlegt, wie Sie auch Abbildung 6.1 entnehmen können:

- ermittelte Intents
- ermittelte Sprache
- Zeit der Prozessierung

- erkannte Entitäten
- Konfidenzwert

Die Protokolleinträge stammen direkt aus der Sprachverarbeitung und sind unabhängig von Konversationen. Sie können diese also auch erzeugen, wenn Sie die Testkonsole für die Sprachverarbeitung verwenden (siehe Abschnitt 3.5, »Das Datenset testen«) oder eine HTTP-Anfrage direkt an den */request*-Endpunkt schicken (siehe Abschnitt 9.2, »Nutzung von API-Endpunkten«).

6.2.1 Protokolleinträge filtern

Abgesehen von den Filtern, die im vorangegangenen Abschnitt beschrieben wurden, gibt es zwei spezielle Szenarien beim Filtern von Protokolleinträgen: das Filtern nach Zuordnung zu Intents und das Filtern nach Archivierungsstatus.

Filtern nach Zuordnung zu Intents

Es gibt zwei unterschiedliche Strategien, um nach der Zuordnung zu einem Intent zu filtern:

- Zum einen können Sie im Dropdown-Menü **Intents** einen oder mehrere Intents zum Filtern auswählen.
- Zum anderen können Sie die das Kontrollkästchen **Matched** oder **Unmatched** setzen, um zu bestimmen, dass der Eintrag einem Intent zugeordnet sein muss oder eben nicht.

Sollen nur zugeordnete Einträge angezeigt werden, ist also **Unmatched** nicht ausgewählt, haben Sie auch die Möglichkeit, mit dem Schieberegler **Intent Matching Strictness** nach einem bestimmten Konfidenzwert zu filtern.

Filtern nach Archivierungsstatus

Wie Sie in Abschnitt 6.2.2, »Protokoll auswerten und Chatbot verbessern«, sehen werden, können Einträge des Protokolls in das Archiv verschoben werden. Diese Einträge sind dann erst mal nicht mehr im Protokoll sichtbar, können aber wieder angezeigt werden, indem Sie den Filter **Archived** unter dem Titel **Log Status** setzen. Mit diesem Filter können Sie zwischen den Einträgen des Archivs und den aktuellen Protokolleinträgen hin- und herwechseln.

6.2.2 Protokoll auswerten und Chatbot verbessern

Die Anzeige des Protokolls besteht aus einer Liste mit Protokolleinträgen, einer Kopfzeile mit einigen Steuerelementen und einer Filterspalte am linken Rand. Auf die Filterleiste und die Steuerelemente gehen wir im Folgenden näher ein. Zunächst sehen wir uns aber die Liste der Protokolleinträge ein wenig genauer an.

Aufbau der Protokolleinträge

Jeder Eintrag besteht aus den folgenden Spalten (siehe Abbildung 6.2):

- **All (Auswahlspalte)**
  Kontrollkästchen zum Markieren eines Eintrags. Die Aktionen, die Sie über die Steuerelemente in der Kopfzeile durchführen können, beziehen sich jeweils auf die markierten Einträge.
- **Intent**
  Als Nächstes wird der Intent angezeigt, der für die entsprechende Äußerung zur Laufzeit ermittelt wurde.
- **Ermittelte Sprache**
  In der dritten Spalte wird die zur Laufzeit ermittelte Sprache über ein Fahnensymbol angezeigt. Weitere Informationen finden Sie in der Beschreibung des zugehörigen Filters Language in Abschnitt 6.1, »Einträge filtern«).
- **Zeitstempel**
  Daneben wird der Zeitpunkt in UTC-Zeit angezeigt, zu dem die Äußerung prozessiert wurde.
- **Äußerung**
  In der Mitte einer Protokollzeile findet sich die bei der Sprachverarbeitung eingegangene und prozessierte Äußerung.
- **Konfidenzwert**
  Die vorletzte Spalte gibt den von der Sprachverarbeitung berechneten Konfidenzwert bei der Ermittlung des Intents aus.

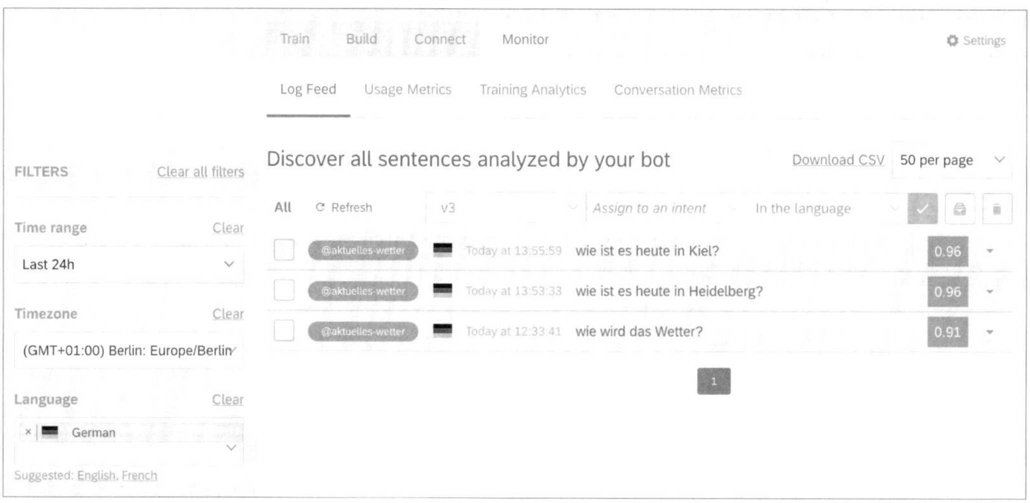

Abbildung 6.2 Filtern des Protokolls im Bereich »Log Feed«

Aufklappen der Detailansicht

Als weitere Details können Sie sich darstellen lassen, welche Entitäten ermittelt wurden und welchen Schlüsselwörtern in der Äußerung diese zugeordnet wurden. Klicken Sie dazu auf das Pfeilsymbol rechts in einer Protokollzeile ( ). Dies wird Sie mit Sicherheit an das Zuordnen der Entitäten erinnern, das Sie bereits von der Registerkarte **Train** her kennen (siehe Abschnitt 3.3.3, »Entitäten markieren«).

Steuerelemente

In der Kopfzeile über den Protokolleinträgen befinden sich die Steuerelemente, mit deren Hilfe Sie Ihren Chatbot auf Basis der analysierten und gefilterten Einträge verbessern können.

Protokolleinträge einem Intent zuweisen

Ein sehr interessantes Mittel zur Verbesserung des Datensatzes Ihres Bots besteht in der Möglichkeit, Einträge des Protokolls, die gar keinem Intent oder nicht dem richtigen zugeordnet werden konnten, diesem Intent manuell zuzuweisen. Es handelt sich hierbei um eine äußerst mächtige Funktionalität, die Ihnen helfen wird, die Qualität der Trainingsdaten kontinuierlich zu verbessern.

Um einen Eintrag einem Intent zuzuordnen, müssen Sie diesen lediglich auswählen und ihn dann mittels der Dropdown-Listen über dem Protokoll dem gewünschten Intent in der korrekten Version und der entsprechenden Sprache zuweisen (siehe Abbildung 6.3). Der entsprechende Eintrag wird anschließend in das Archiv verschoben. So einfach und schnell geht es, den Datensatz mit echten Äußerungen von Nutzer*innen zu verbessern.

Abbildung 6.3 Zuweisen eines Protokolleintrags zu einem Intent

Archivieren und Löschen von Einträgen

Durch das Auswählen eines Eintrags aktivieren Sie die beiden Schaltflächen zum Archivieren ( ) und zum Löschen ( ) des Eintrags, die sich rechts neben den Dropdown-Listen zur Zuordnung zu einem Intent befinden.

Wenn ein Eintrag für Sie keine direkte Bedeutung hat, Sie diesen aber nicht unwiderruflich löschen möchten, können Sie diesen ins Archiv verschieben. Klicken Sie dazu auf das Archivierungssymbol ( ). Dieser Eintrag ist in der Liste dann nicht mehr sichtbar und erscheint erst wieder, wenn der entsprechende Filter gesetzt wird, um archivierte Einträge anzuzeigen.

Wenn ein Eintrag über einen Klick auf die Schaltfläche zum Löschen (🗑) entfernt wird, gibt es kein Zurück mehr. Der Eintrag ist dann ohne weitere Rückfrage und unwiederbringlich verloren.

Protokoll herunterladen

Nachdem Sie das Protokoll nach Ihren Vorstellungen gefiltert haben, können Sie die Daten auch in Form einer CSV-Datei herunterladen. Da es sich bei den Einträgen um Äußerungen von echten Nutzer*innen handelt, könnten die so exportierten Daten auch für weitere Trainings- oder Testaktivitäten außerhalb des Datensatzes Ihres Bots interessant sein.

6.3 Verwendungsmetriken

Auch nach Auslieferung eines Chatbots, also im produktiven Betrieb, wollen Sie noch dessen Verwendung im Auge behalten, um zu verstehen wie gut er die Bedürfnisse der Nutzer*innen abzudecken vermag. Damit Sie sich dazu nicht auf Ihr Bauchgefühl verlassen müssen, bietet Ihnen SAP Conversational AI harte Zahlen im Bereich **Usage Metrics**.

Verwendungsmetriken auf Basis von Konversationen

Diese Verwendungsmetriken werden zur Laufzeit auf Basis von Konversationen gesammelt. Dies entspricht der üblichen Nutzung Ihres Chatbots mittels Bereitstellungskanälen, über den */dialog*-Endpunkt (siehe Abschnitt 9.2, »Nutzung von API-Endpunkten«) oder im Chat Preview. Im Vergleich dazu werden Protokolleinträge im Bereich **Log Feed** ebenfalls erzeugt, wenn Sie direkt mit der Sprachverarbeitung interagieren, also beispielsweise mittels der Testkonsole oder über den */request*-Endpunkt (siehe ebenfalls Abschnitt 9.2).

Filtern von Verwendungsmetriken

Verwendungsmetriken lassen sich nach Zeit, Sprache und Version bzw. Umgebung filtern, wie in Abschnitt 6.1, »Einträge filtern«, beschrieben.

Die Darstellung der Metriken lässt sich in fünf Bereiche einteilen, die Sie über die Schaltflächen oberhalb des scrollbaren Bereichs jeweils direkt ansteuern können.

6.3.1 Zusammenfassung der Metriken

Im ersten Bereich mit dem Titel **Summary** wird Ihnen eine kurze Zusammenfassung aller Metriken der übrigen Bereiche angezeigt. Die Darstellung erfolgt in Form von Kennzahlen oder Grafiken (siehe Abbildung 6.4).

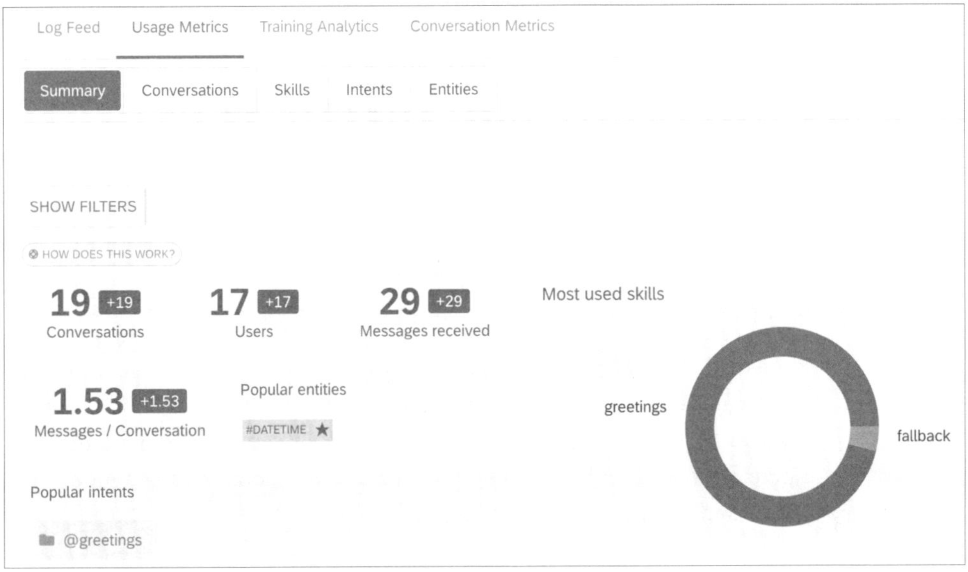

Abbildung 6.4 Zusammenfassung der Verwendungsmetriken

Aus dem Bereich **Conversations** werden Ihnen vier Kennzahlen dargeboten, die alle unabhängig von der im Filter gewählten Sprache sind:

- Konversationen (**Conversations**)
- Benutzer (**Users**)
- empfangene Nachrichten (**Messages received**)
- Nachrichten pro Konversation (**Messages/Conversation**)

Vergleichszeitraum

Diese Zahlen beziehen sich jeweils auf die im Filter spezifizierte Zeitspanne. Direkt hinter den einzelnen Kennzahlen sehen Sie eine weitere Zahl, die die Veränderung zum vorangehenden Zeitraum darstellt, z. B. **+19**. Handelt es sich dabei um eine Steigerung, ist diese Zahl grün hinterlegt, handelt es sich um eine Reduzierung, ist sie orange hinterlegt. Haben Sie beispielsweise mittels eines selbst definierten Filters als Zeitspanne die Kalenderwoche 40 gewählt, werden für den Vergleichswert die Zahlen von Kalenderwoche 39 herangezogen.

Verteilung der verwendeten Skills

Als Zusammenfassung des Bereichs **Skills** wird Ihnen in einem Kuchendiagramm die Verteilung der am häufigsten verwendeten Skills präsentiert. Für die Bereiche **Intents** und **Entities** werden Ihnen die beliebtesten Einträge der jeweiligen Kategorie in der Zusammenfassung präsentiert. Die Daten dieser drei Bereiche beziehen sich jeweils auf die durch Ihren Filter spezifizierte Sprache.

6.3.2 Metriken zu Konversationen

Grafiken zu den vier Kennzahlen

Im Bereich **Conversations** gibt es Grafiken zu den gleichen vier Kennzahlen, die bereits in der Zusammenfassung als Kennzahlen dargestellt werden, nämlich:

- Anzahl der Konversationen
- Anzahl der Benutzer
- Anzahl der empfangenen Nachrichten
- durchschnittliche Anzahl der Nachrichten pro Konversation

Für jede dieser Kennzahlen wird die Verteilung auf der Zeitachse unter Verwendung des im Filter spezifizierten Zeitraumes dargestellt (siehe Abbildung 6.5). Die kombinierten Daten dieser vier Diagramme stehen Ihnen übrigens auch als CSV-Datei zum Download bereit. Den entsprechenden Link **Download CSV** finden Sie oben rechts.

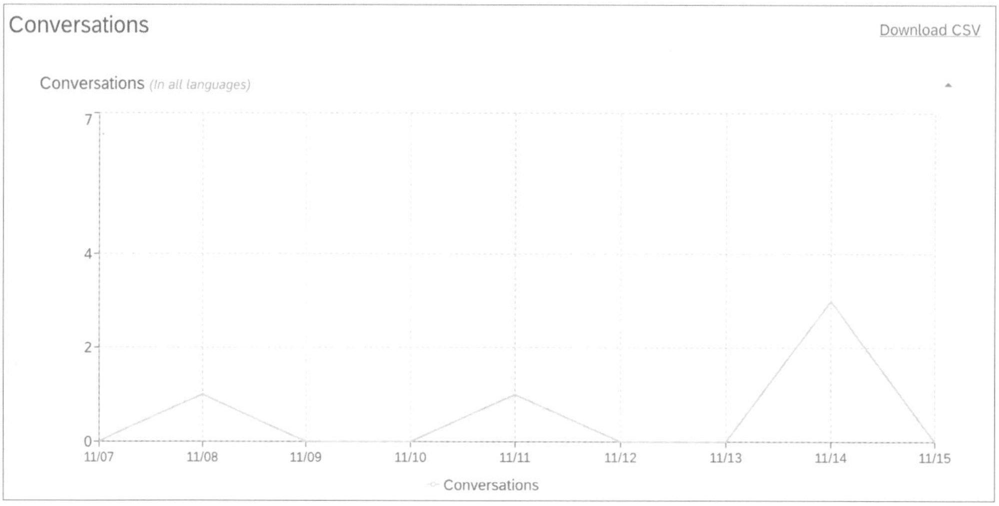

Abbildung 6.5 Verlauf der Anzahl der Konversationen

Ein typischer Tag/eine typische Woche

Des Weiteren stehen Ihnen zwei Grafiken zur Verfügung, die auf einer Zeitachse die Verteilung der ausgeführten Skills eines typischen Tages bzw. einer typischen Woche widerspiegeln. Diese beiden Darstellungen sind im Gegensatz zu den anderen Metriken zu Konversationen von der gewählten Sprache abhängig. Aus den Grafiken können Sie auf einen Blick entnehmen, zu welchen Stunden oder Wochentagen Ihr Bot viel zu tun hat und wann er sich eher langweilt (siehe Abbildung 6.6).

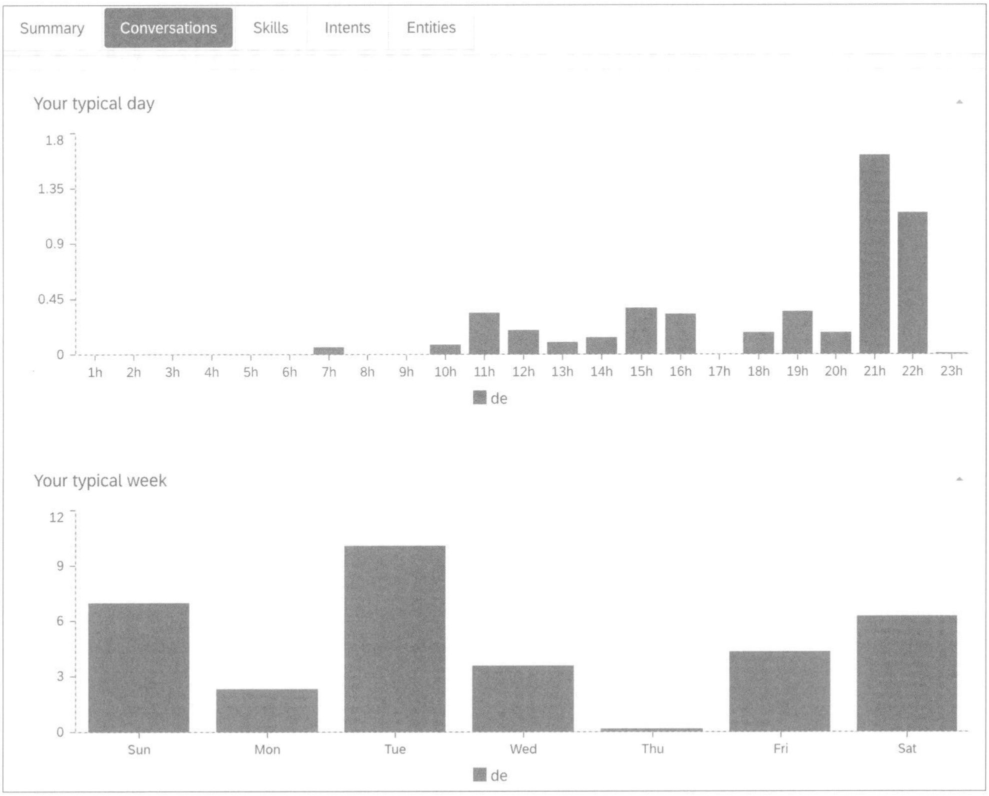

Abbildung 6.6 Skill-Verteilung an einem typischen Tag und in einer typischen Woche

6.3.3 Darstellung von Skills, Intents und Entitäten

Balkendiagramme

Die Häufigkeit der ausgeführten Skills, ermittelten Intents oder erkannten Entitäten wird mithilfe eines Balkendiagramms dargestellt (siehe Abbildung 6.7). In diesem Diagramm finden Sie alle Einträge, die mindestens einmal vorkommen. Wie bereits erwähnt, sind die Daten zu Skills, Intents und Entitäten abhängig von der gewählten Sprache.

Falls ein Skill, ein Intent oder eine Entität nicht vorkommen, werden diese unterhalb der Grafik im Bereich **Skills never used** aufgelistet. Die Einträge des Balkendiagramms lassen sich entweder alphabetisch nach den Namen der Skills sortieren oder auf- bzw. absteigend nach Anzahl der Vorkommnisse.

Auch die hier dargestellten Daten können Sie als CSV-Datei herunterladen, indem Sie den entsprechenden Link in der Titelzeile ausführen.

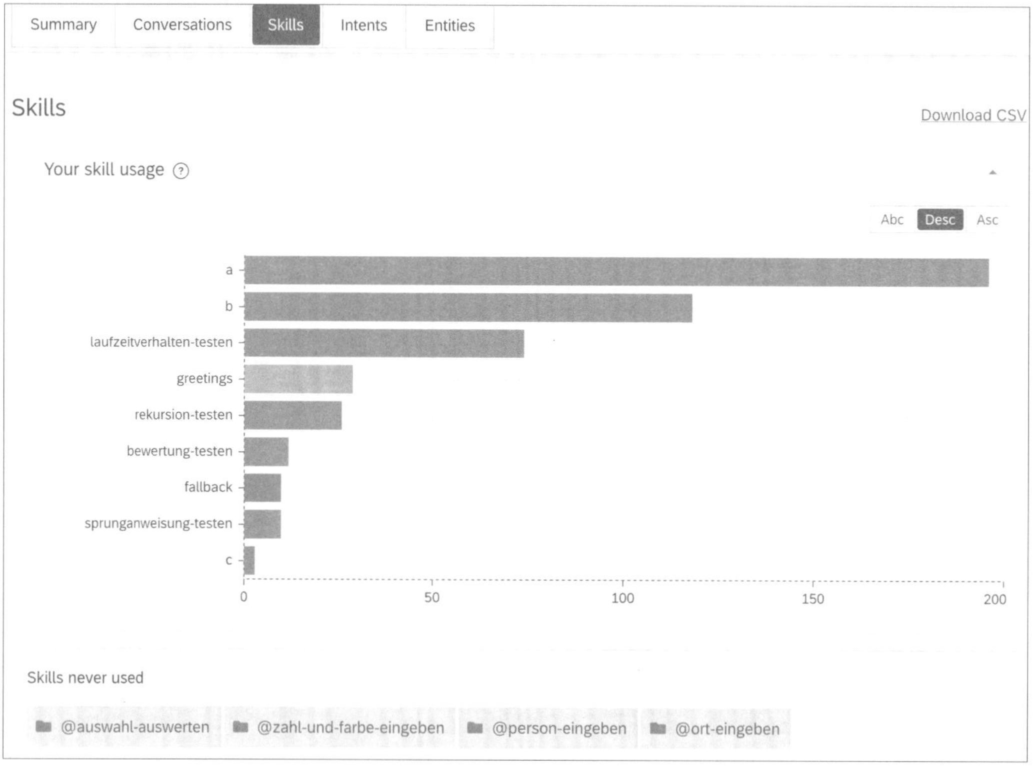

Abbildung 6.7 Balkendiagramm der ausgeführten Skills

6.4 Trainingsanalyse

Mithilfe der Trainingsanalyse, die Sie auf der Registerkarte **Training Analytics** finden, können Sie Schwächen in dem Datensatz Ihres Bots ermitteln und diesen gezielt verbessern. Es handelt sich hierbei also um ein Werkzeug, um das Sprachverständnis und damit das Ermitteln von Intents und Entitäten zu optimieren. Das Ergebnis eines Testlaufs einer Trainingsanalyse wird als *Benchmark* bezeichnet. Die Trainingsanalyse steht Ihnen nur zur Verfügung, wenn Ihr Bot mindestens vier Intents mit jeweils mindestens 30 Ausdrücken hat.

Filtern der Ergebnisse

Trainingsanalysen können Sie, genauso wie Verwendungsmetriken, nach Version und Umgebung, einer Zeitspanne und der verwendeten Sprache filtern. Diese Filter beziehen sich genau genommen auf die Testergebnisse von Trainingsanalysen, also auf die Benchmarks.

Darstellung der Trainingsanalysen

In der Kopfzeile des Hauptbereichs der Registerkarte **Training Analytics** befindet sich eine Dropdown-Liste zur Auswahl des anzuzeigenden Benchmarks, der in diesem Beispiel mit dem Zeitpunkt seiner Erstellung benannt ist (siehe Abbildung 6.8 links oben). Im Kopfbereich werden auch einige Metadaten des gerade dargestellten Benchmarks angezeigt, wie Name, Umgebung, Version und Sprache. Außerdem befinden sich dort Schaltflächen zum Umbenennen (✎) und Löschen (🗑) eines Testergebnisses sowie zum Starten eines neuen Testlaufs.

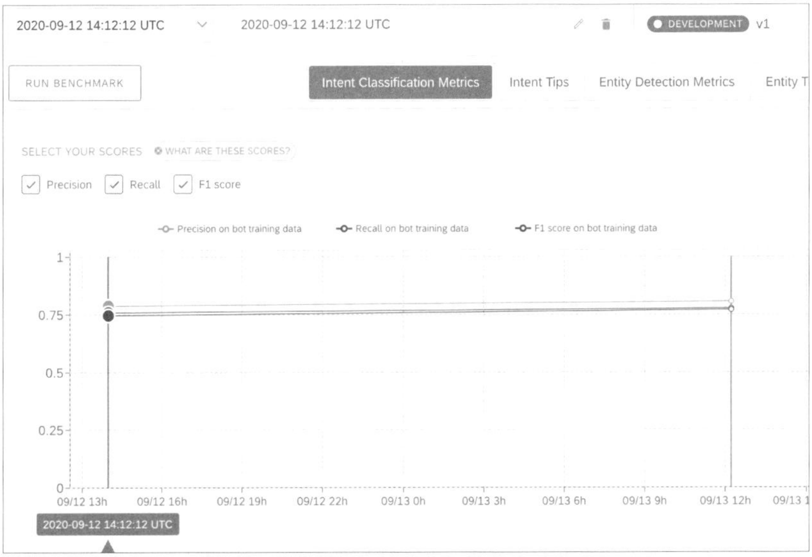

Abbildung 6.8 Darstellung eines Benchmarks

Benchmark-Test durchführen

Sie können einen neuen Testlauf starten, indem Sie auf die Schaltfläche **RUN BENCHMARK** klicken. In dem sich öffnenden Dialogfenster haben Sie dann die Möglichkeit, einen Namen für den Benchmark zu vergeben und die zu testende Version und Sprache zu bestimmen (siehe Abbildung 6.9).

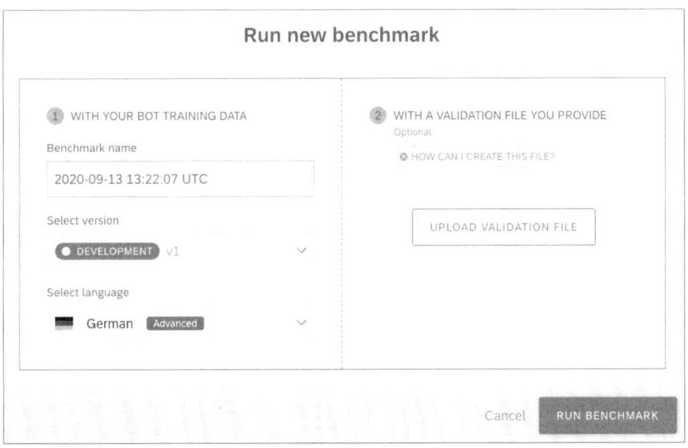

Abbildung 6.9 Ausführen eines Benchmark-Tests

Validierungsdaten

An dieser Stelle können Sie auch eine Datei mit Validierungsdaten hochladen, die bei der Erstellung des Benchmarks verwendet werden soll. Obwohl dieser Schritt optional ist, legen wir Ihnen nahe, einen guten Datensatz zu diesem Zweck zu erstellen, da Sie dadurch zuverlässigere Ergebnisse zur Qualität des Trainings Ihres Bots erhalten. Im Folgenden finden Sie einige Hinweise zur Erstellung einer Datei mit Validierungsdaten und zur Auswertung der Metriken.

[+]

Testläufe planen

Abhängig von der Größe Ihres Datensatzes kann der Testlauf einige Stunden in Anspruch nehmen, und Sie können jeweils nur einen Lauf gleichzeitig ausführen. Sie sollten den Datensatz Ihres Chatbots während eines Testlaufs nicht modifizieren, da dies das Testergebnis negativ beeinflussen könnte. Daher sollten Sie Testläufe gut planen, um sicherzustellen, dass Sie sich selbst in Ihrer täglichen Arbeit nicht damit behindern.

6.4.1 Validierungsdatei erstellen

CSV-Format

Achten Sie bei der Datei mit den Validierungsdaten darauf, dass diese im CSV-Format erstellt werden muss. Als Trennzeichen zwischen den Spalten wird ein Semikolon verwendet. In der ersten Spalte steht jeweils der Name des Intents in Anführungszeichen, in der zweiten Spalte der zu validierende Ausdruck, ebenfalls in Anführungszeichen, wie im folgenden Beispiel:

```
"intent";"expression"
"greetings";"Hallo"
"goodbye";"alla hopp"
```

Da sich der Lauf eines Benchmark-Tests immer nur auf eine Sprache bezieht, müssen Sie für jede Sprache Ihres Bots eine eigene Validierungsdatei erstellen.

Extraktion aus dem Protokoll

Da die Validierungsdaten möglichst widerspiegeln sollten, wie sich die Nutzer*innen Ihres Chatbots tatsächlich ausdrücken, empfehlen wir Ihnen, möglichst authentische Daten zu verwenden. Eine hervorragende Quelle dafür stellen die Protokolleinträge aus dem Bereich **Log Feed** dar. Diese können Sie als CSV-Datei exportieren (siehe Abschnitt 6.2.2, »Protokoll auswerten und Chatbot verbessern«). Leider ist das Erstellen der Validierungsdatei auch auf diesem Weg immer noch recht aufwendig, da beim Export ein anderes Format verwendet wird. Außerdem müssen Sie manuell überprüfen, ob die Ausdrücke jeweils den richtigen Intents zugeordnet wurden. Um diese Arbeit kommen Sie leider nicht herum, da es natürlich vorkommen kann, dass Einträge im Protokoll zu finden sind, die dem falschen Intent zugeordnet wurden.

[«]

Umfang der Validierungsdaten

Beim Erstellen der Validierungsdatei müssen Sie nicht für alle Intents Ihres Bots entsprechende Ausdrücke pflegen. Intents, die nicht zur Kernkompetenz des Chatbots gehören, müssen nicht unbedingt validiert werden. Unterm Strich müssen aber 85 % der Intents mit entsprechenden Validierungsdaten abgedeckt sein.

6.4.2 Metriken zu Intents und Entitäten

Ergebnisse der Benchmarks

Die Ergebnisse des Benchmark-Testlaufs sind in zwei Bereiche aufgeteilt, die die beiden Hauptaufgaben der Sprachverarbeitung abbilden:

- Intent-Klassifizierung (**Intent Classification**)
- Entitätenermittlung (**Entity Detection**)

Im Folgenden betrachten wir exemplarisch die Intent-Klassifizierung genauer. Die Beschreibungen lassen sich aber direkt auf die Trainingsanalyse zur Entitätenermittlung übertragen.

Entsprechend dem im Filter gewählten Zeitraum werden für alle Benchmarks die gemittelten Werte auf der Zeitleiste dargestellt. Somit können Sie mitverfolgen, wie sich Ihre Anstrengungen zur Verbesserung des Datensatzes mit der Zeit bezahlt machen.

Detaillierte Benchmarks

Die detaillierten Ergebnisse können Sie in tabellarischer Form studieren. In der Ergebnistabelle finden Sie ebenfalls die Größe des Datensatzes pro Intent sowie das *F-Maß* (**F1 score**) und die Größe des berechneten Rankings, wie Sie in Abbildung 6.10 sehen können. Je höher der Wert des Rankings, desto dringender sollten Sie das Training des entsprechenden Intents verbessern. Der Wert ergibt sich aus der Multiplikation der Abweichung des F-Maßes vom Höchstwert (beispielsweise 1–0,67 für **@greetings**) mit der Größe des Datensatzes (beispielsweise 48 für **@greetings**). Beachten Sie, dass die angezeigten Werte in der Tabelle bereits gerundet sind, falls Sie die Zahlen überprüfen möchten.

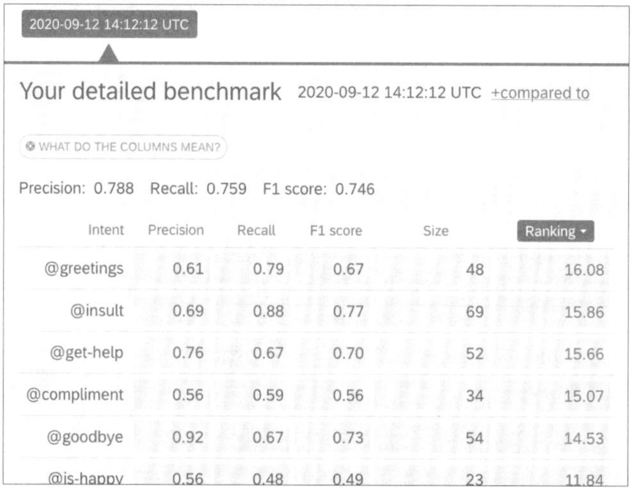

Abbildung 6.10 Tabellarische Darstellung der Benchmark-Ergebnisse

Beurteilung der Intent-Klassifizierung

Um die Benchmarks beurteilen und vergleichen zu können, werden alle Ausdrücke, die zu einem Intent gehören, evaluiert. Daraus werden die drei Werte für Genauigkeit, Trefferquote und F-Maß berechnet:

- **Genauigkeit**
  Die Genauigkeit (**precision**) gibt den Anteil korrekter Vorhersagen in allen Fällen an, in denen ein Intent bei der Evaluierung ermittelt wurde. Der Wert beantwortet also die Frage, wie oft eine Vorhersage korrekt war.

  Ein niedriger Genauigkeitswert ist ein Indikator dafür, dass der Datensatz für den entsprechenden Intent aufgeräumt werden muss.
- **Trefferquote**
  Die Trefferquote (**recall**) gibt das Verhältnis korrekter Vorhersagen für die Fälle an, in denen der Intent hätte ermittelt werden müssen. Im Gegensatz zur Genauigkeit sagt der Wert aus, wie hoch der Anteil korrekt zugeordneter Aussagen ist.

  Eine niedrige Trefferquote können Sie als Indiz dafür sehen, dass die entsprechende Intent-Erkennung besser trainiert werden muss, was Sie beispielsweise durch das Hinzufügen weiterer Ausdrücke erreichen können.
- **F-Maß**
  Das F-Maß oder genauer das F_1-Maß ist das gewichtete harmonische Mittel aus Genauigkeit und Trefferquote. Der Wert ist ein Indikator dafür, wie gut ein Intent trainiert wurde. Ein niedriger Wert ist ein Hinweis darauf, dass an dieser Stelle nachgearbeitet werden muss.

Mithilfe einer Dropdown-Liste können Sie die Ergebnisse eines weiteren Benchmark-Tests laden, um eine direkte Vergleichsmöglichkeit zu haben (siehe Abbildung 6.11).

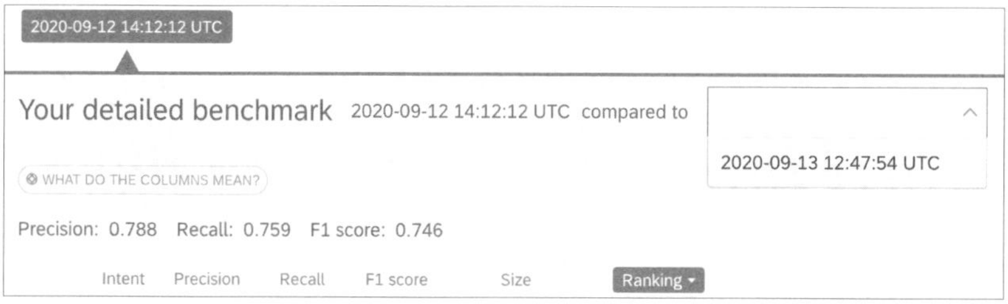

Abbildung 6.11 Auswahl eines weiteren Benchmarks als Vergleich

Konfusionsmatrix

Mittels der Konfusionsmatrix (*Confusion Matrix*), die auch unter der Bezeichnung *Wahrheitsmatrix* bekannt ist, bekommen Sie einen Überblick, welche Intents korrekt identifiziert wurden und wo sich zwei Intents in die Quere gekommen sind (siehe Abbildung 6.12). Sie hilft Ihnen, auf einen Blick zu verstehen, wie viele korrekte Zuordnungen es gab, und auch, wie viele richtige und falsche negative Befunde es gab und wie diese verteilt sind. Daraus lassen sich Schlussfolgerungen ziehen, an welchen Stellen Ihre Trainingsdaten noch verbessert werden können.

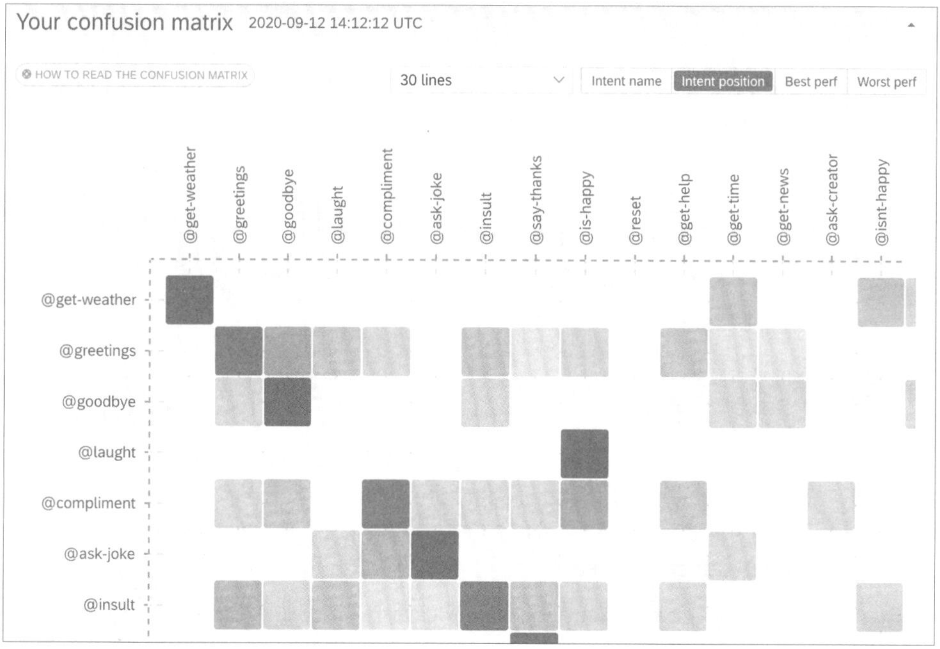

Abbildung 6.12 Konfusionsmatrix eines Benchmarks

6.5 Konversationsprotokolle

Aufzeichnung ganzer Konversationen

Mit den bisher vorgestellten Funktionalitäten des Monitorings sind Sie in der Lage, die Abdeckung und Qualität Ihres Datensatzes auf der Registerkarte **Train** zu optimieren. Außerdem haben Sie einen Überblick über die Ausführung, beispielsweise darüber, wie oft gewisse Skills Ihres Bots verwendet werden. Was Ihnen bisher noch fehlt, sind die passenden Werkzeuge, um besser verstehen zu können, wie die Konversation abläuft und wie die Skills hierbei zum Einsatz kommen, um die Konversation zu einem erfolgreichen Ende zu bringen. Genau hier kommen die Konversationsprotokolle im Bereich **Conversation Logs** zum Einsatz.

[!]

Berechtigung für die Konversationsprotokolle

Um die Konversationsprotokolle nutzen zu können, müssen Sie die entsprechenden Berechtigungen haben. Diese haben Sie automatisch, wenn es sich um einen Bot handelt, der direkt Ihrem Benutzerkonto zugeordnet ist. Sollte der Bot jedoch in einer Organisation beheimatet sein, benötigt Ihr Benutzer erst die entsprechenden Berechtigungen, um das Konversationsprotokoll einsehen zu dürfen. Diese werden auf Ebene von Teams gepflegt. Im Rahmen des Bot-Entwicklungsprojekts in Abschnitt 10.4, »Den fertigen Bot bereitstellen«, gehen wir anhand eines Beispiels auf dieses Thema ein.

Spezifische Filter

Wie Sie es bereits bei den anderen Funktionalitäten im Bereich des Monitorings gesehen haben, bieten auch die Konversationsprotokolle die bekannten Filter nach Umgebung, Zeit und Sprache an. Um aus der möglicherweise sehr langen Liste aufgezeichneter Konversationen die für Sie relevanten zu ermitteln, gibt es folgende weitere Filter:

- nach Konversations-ID
- nach Skills
- nach Intents
- nach Entitäten

Sie können jede beliebige Kombination der vier Filter verwenden, müssen dabei jedoch beachten, dass die Filter mit einer UND-Verknüpfung ausgewertet werden. Es muss also jede einzelne der über die Filter gepflegten Bedingungen erfüllt werden.

Filtern nach Konversations-ID

Falls Sie ganz konkret nach einer bestimmten Konversation suchen, deren eindeutige ID Sie kennen, können Sie Ihre Konversationsprotokolle direkt nach dieser ID filtern. Sie müssen diese jedoch komplett eingeben; der Einsatz von Wildcards, beispielsweise Sternchen, wird nicht unterstützt.

Filtern nach Skills, Intents oder Entitäten

Da sich die drei Filter für Skills, Intents und Entitäten gleich verhalten, behandeln wir diese an dieser Stelle zusammen. Die zu filternden Werte können Sie jeweils aus einer Dropdown-Liste auswählen. Ein ausgewählter Wert wird dann in einer grau hinterlegten Box im entsprechenden Feld angezeigt (siehe Abbildung 6.13). Dieser Wert kann mit einem Klick auf das kleine Kreuzsymbol (×) wieder entfernt werden.

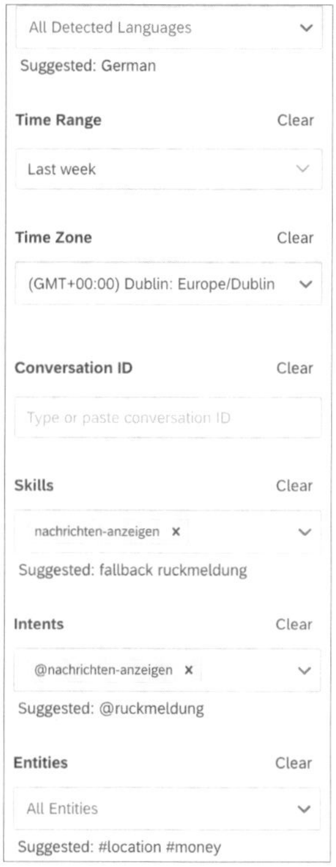

Abbildung 6.13 Filtern der Konversationsprotokolle

Mehrere Werte auswählen

Sie können pro Filter mehrere Werte auswählen. In diesem Fall werden diese Werte pro Filterkriterium mit einer ODER-Verknüpfung kombiniert. Falls Sie beispielsweise zwei Skills ausgewählt haben, werden alle Konversationen angezeigt, bei denen entweder der erste oder der zweite Skill zur Ausführung gekommen sind.

Konversationsprotokolle analysieren

Falls Sie bereits mit dem Testen Ihres Bots im Chat Preview vertraut sind, kennen Sie bereits alle Grundlagen zum Arbeiten mit den Konversationsprotokollen. Wir werden in Abschnitt 9.1, »Laufzeitverhalten eines Chatbots testen«, genauer darauf eingehen.

Die aufgezeichneten Konversationen werden in eben diesem Format wiedergegeben, inklusive der Dialoganalyse (**Dialogue Analysis**) und der Debug-Ansicht (**Debug Information**). Sie können sich durch das Selektieren einer Antwort des Chatbots sämtliche Details zum Zustand der Konversation zu diesem Zeitpunkt anzeigen lassen und sich durch sämtliche Protokolleinträge arbeiten, die mit diesem Zeitpunkt verbunden sind (siehe Abbildung 6.14).

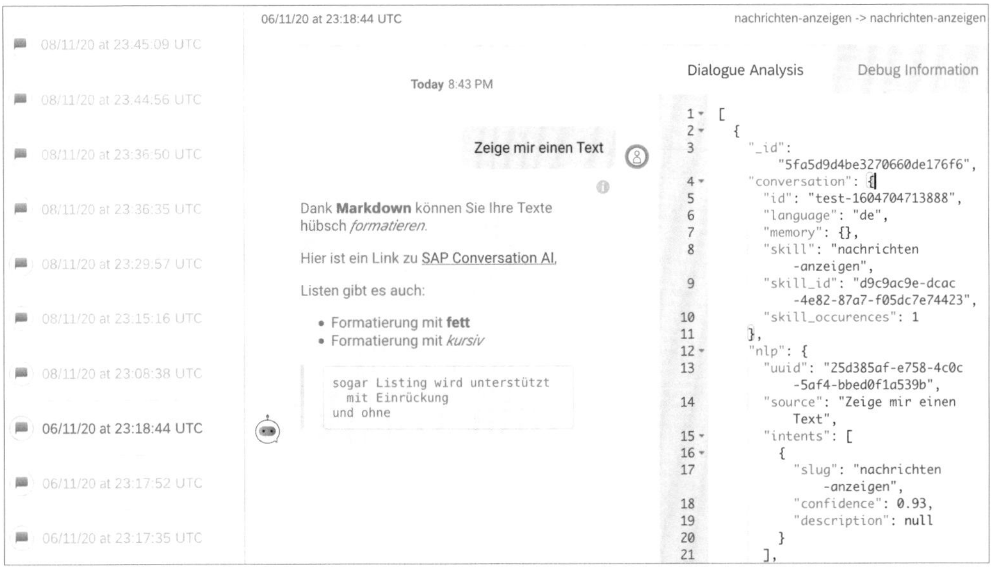

Abbildung 6.14 Analyse einer Konversation

Als Alternative zur Auswertung im Chat-Preview-Format können Sie die Konversationsprotokolle mit Ihren gesetzten Filtern auch herunterladen und außerhalb der Plattform analysieren. Die exportierten Daten sind im CSV-Format formatiert.

6.6 Zusammenfassung

Nach der Lektüre dieses Kapitels sollten Sie in der Lage sein, die Werkzeuge, die Ihnen auf der Registerkarte **Monitor** zur Verfügung gestellt werden, zur Verbesserung Ihres Chatbots einzusetzen. Ihre Trainingsdaten können Sie verbessern, indem Sie das Protokoll der Sprachverarbeitung auswerten und die darin enthaltenen Äußerungen nutzen, um Ihren Chatbot weiter zu trainiern. Außerdem können Sie dank der Trainingsanalyse die Qualität Ihres Datensatzes überprüfen und diese gezielt verbessern.

Um die Verwendung des Chatbots nachvollziehen zu können, können Sie die Verwendungsmetrik zurate ziehen und bei Bedarf durchgeführte Konversationen und deren Logs nachverfolgen. Im folgenden Kapitel beschäftigen wir uns mit den Bot-Einstellungen.

Kapitel 7
Bot-Einstellungen

Willkommen am zentralen Schaltpult Ihres Chatbots! In den Bot-Einstellungen finden Sie Schalter und Hebel, um sämtliche Aspekte im Leben Ihres Bots zu kontrollieren, und erhalten außerdem die eine oder andere Einsicht in dessen Innenleben.

Registerkarte »Settings«

Die Einstellungen, die Sie an Ihrem Bot auf der Registerkarte **Settings** tätigen können, sind auf mehrere Abschnitte verteilt, die sich wiederum in zwei Gruppen aufteilen, Bot-Einstellungen (**Bot Settings**) und Versionseinstellungen (**Versions Settings**).

In der Gruppe der Bot-Einstellungen finden Sie folgende Bereiche (siehe Abbildung 7.1):

- **Options (Optionen)**
  In diesem Bereich können Sie einige Einstellungen pflegen, die in allen Versionen oder Umgebungen Ihres Bots gültig sind, wie beispielsweise den Namen des Bots. Mehr dazu in Abschnitt 7.1.1.
- **Collaborators (Mithelfende)**
  Andere Nutzer*innen, die mit Ihnen an dem Bot arbeiten sollen, können Sie in dem Bereich **Collaborators** pflegen (siehe Abschnitt 7.1.3).
- **System Aliases (System-Aliasse)**
  Mittels der System-Aliasse, die Sie pro Umgebung definieren können, sind Sie in der Lage, API-Services und Webhooks relativ zu einem System-Alias zu pflegen (siehe Abschnitt 7.1.4).
- **Permissions (Berechtigungen)**
  Der Bereich **Permissions** ist nur sichtbar, falls der Bot einer Organisation angehört. Hier können Sie die Berechtigungen Ihres Bots deutlich feingranularer verwalten, als Sie es von den Berechtigungen Ihrer Organisation her kennen (siehe Abschnitt 7.1.5).
- **Tokens**
  Die Token zur Authentifizierung Ihres Bots finden Sie im gleichnamigen Bereich, den wir in Abschnitt 7.1.6 beschreiben. Ausgenommen davon sind Token, die spezifisch für eine Version oder eine Umgebung sind.

- **Data policy (Datenschutzrichtlinie)**
  Im Bereich **Data Policy** können Sie die Datenschutzrichtlinie Ihres Bots pflegen. Einen Einblick in deren Einfluss auf Ihren Chatbot erhalten Sie in Abschnitt 7.1.7.
- **Danger Zone**
  Einstellungen mit weitreichenden und teilweise unwiderruflichen Auswirkungen befinden sich zur Sicherheit in der sogenannten **Danger Zone** (siehe Abschnitt 7.1.8).

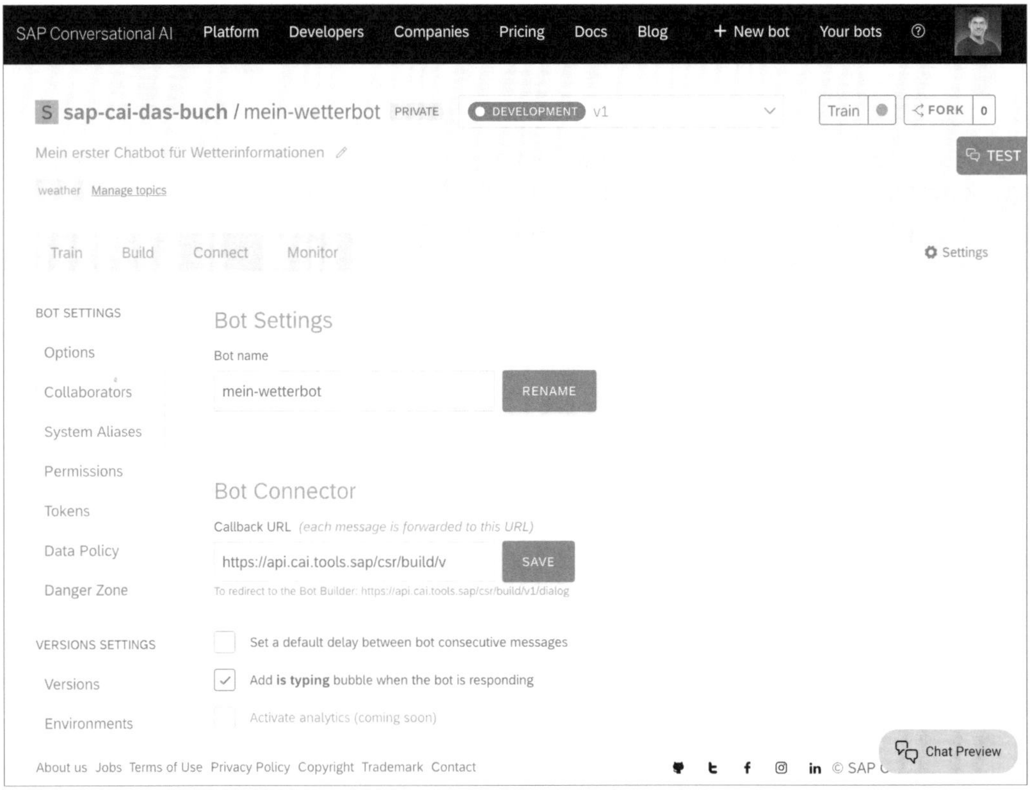

Abbildung 7.1 Bot-Einstellungen mit dem Bereich »Options«

Versionseinstellungen

In der Gruppe der Versionseinstellungen gibt es zwei Bereiche:

- **Versions (Versionen)**
  Die Versionen Ihres Bots und die zugehörigen Einstellungen werden im Bereich **Versions** gepflegt (siehe Abschnitt 7.2).
- **Environments (Umgebungen)**
  Die Zuordnung von Bot-Versionen zu Umgebungen erfolgt im Bereich **Environments** (siehe Abschnitt 7.3).

7.1 Einstellungen eines Chatbots

Einstellungen für den gesamten Bot

Einige der Bot-Einstellungen sind abhängig von der Version oder der Umgebung und können in einem dedizierten Bereich der Bot-Einstellungen gepflegt werden. Andere Einstellungen sind für den gesamten Bot und alle Versionen und Umgebungen gültig. Auf diese werden wir in diesem Abschnitt genauer eingehen.

7.1.1 Allgemeine Einstellungen

Im Bereich **Options** finden Sie jedoch eine Handvoll zentraler Einstellungen, die sich auf den gesamten Bot beziehen. Dazu gehört der Name des Bots, der nicht von einer Version abhängen kann.

Name des Bots

Den Namen des Bots können Sie recht einfach ändern, indem Sie im Feld **Bot name** einen neuen Namen zuweisen und auf die Schaltfläche **RENAME** klicken (siehe Abbildung 7.1). Sie werden bemerken, dass sich die URL in der Adresszeile Ihres Browsers an den neuen Namen anpasst und die Benutzeroberfläche neu geladen wird.

Für den neuen Namen Ihres Bots gelten die Regeln von Slugs wieder, wie es auch an anderen Stellen in SAP Conversational AI üblich ist. Falls Sie also versuchen, einem zweiten Bot den bereits vergebenen Namen **wetter-bot** zu geben, wird dieser den Namen **wetter-bot-1** erhalten. Vergessen Sie nicht, dass Sie keines der in Abschnitt 2.4, »Erste Schritte zur Erstellung eines Chatbots«, erwähnten Schlüsselwörter verwenden dürfen.

[!]

Nebenwirkungen der Namensänderung

Auch der Name eines Skills ist ein Slug. Die Slugs werden in SAP Conversational AI im Sinne von Clean URLs verwendet, um die Ressourcen direkt adressieren zu können. Das hat zur Folge, dass sämtliche URLs, die Ihren Bot direkt referenzieren, nicht mehr gültig sind, nachdem Sie Ihren Bot umgetauft haben.

7.1.2 Einstellungen zu Bereitstellungskanälen

Neben dem Namen Ihres Bots können Sie im Bereich **Options** einige Einstellungen in Bezug auf die Verwendung über die Bereitstellungskanäle pflegen:

- Callback URL
  Im Feld **Callback URL** können Sie die Adresse Ihrer Bot-Laufzeit pflegen. Standardmäßig ist hier die Adresse des */dialog*-Endpunktes voreinge-

stellt. Mehr zu diesem Endpunkt erfahren Sie in Abschnitt 9.2, »Nutzung von API-Endpunkten«.

Falls Sie jedoch möchten, dass Ihre Bereitstellungskanäle eine Middleware oder gar eine andere Bot-Laufzeit einbinden, können Sie die entsprechende Adresse an dieser Stelle pflegen. Es handelt sich hierbei aber um äußerst unübliche Anwendungsfälle, die Sie in der Regel nicht betreffen sollten.

- **Standardverzögerung**
  Indem Sie das Kontrollkästchen **Set a default delay between bot consecutive messages** markieren, können Sie eine Standardverzögerung pflegen, die für alle Nachrichtenformate zählt, für die Sie keinen eigenen Wert definiert haben. Weitere Information zu den Verzögerungen finden Sie in Abschnitt 4.5.1, »Nachrichten senden«.

  Falls Sie eine Standardverzögerung für Ihren Bot gepflegt haben, wird diese auf der Registerkarte **Actions** für alle Nachrichtenformate entsprechend dargestellt.
- **Sprechblase**
  Falls Sie das Kontrollkästchen **Add ›is typing‹ bubble when the bot is responding** gesetzt haben, werden Bot-Antworten während des Sendens mittels einer Sprechblase-Lade-Animation angezeigt, als sogenannte *Is Typing Bubble* (siehe Abbildung 7.2).

Abbildung 7.2 Lade-Animation beim Warten auf die Antwort des Bots

7.1.3 Einstellungen für die Zusammenarbeit zur Bot-Entwicklung

Das Konzept der Kollaboration (*Collaboration*) oder auch Zusammenarbeit haben Sie bereits in Abschnitt 2.2.4, »Kollaborationen verwalten«, kennengelernt. Wir haben es dort aber mehr aus der Sicht der Mitarbeitenden betrachtet, die neben ihren eigenen Bots auch noch Zugriff auf einige »fremde« Bots haben.

Zugriff gewähren

Wenn Sie anderen Bot-Entwickler*innen Zugriff auf Ihre Bots gewähren möchten, können Sie diese im Bereich **Collaborations** der Bot-Einstellungen als Kollaborator*in eintragen. Um Ihnen dabei das Leben leichter zu machen, wurde das Eingabefeld **Bot collaborators** mit einer Vorschlagssuche ausgestattet. Die Vorschläge helfen Ihnen dabei, die korrekten Namen der gewünschten Bot-Entwickler*innen zu finden (siehe Abbildung 7.3). Wählen Sie einen Vorschlag aus, und klicken Sie auf **ADD COLLABORATOR**, um dem Benutzer oder der Benutzerin den Zugriff auf Ihren Bot zu gewähren.

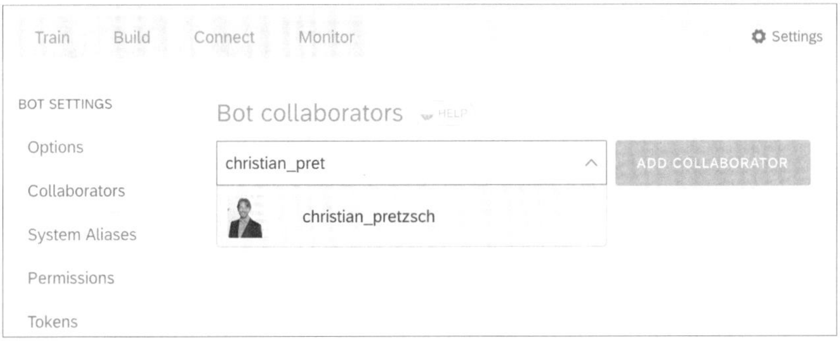

Abbildung 7.3 Hinzufügen eines neuen Kollaborators

7.1.4 Aliasse für Backend-Systeme definieren

Backend-Systeme abbilden

Üblicherweise werden die Umgebungen verwendet, um mehrstufige Systemlandschaften, beispielsweise für Entwicklung, Test und Produktion, abzubilden. Wenn Sie sich mit Ihrer Chatbot-Entwicklung im Unternehmensumfeld bewegen, gibt es unter Umständen zu jeder dieser Landschaften entsprechende Backend-Systeme. Das bedeutet, dass ein Bot mit der Umgebung **Development** sich mit einem Entwicklungssystem verbindet, ein Bot der Testumgebung mit einem Testsystem usw.

Um dieses Konzept zu verwirklichen, werden die Backend-Systeme jeweils durch einen System-Alias abgebildet. Dieser Alias wird dann für jede Umgebung entsprechend konfiguriert. Das Konzept wird in Abschnitt 11.2.2, »System-Aliasse«, nochmal ausführlicher behandelt.

Konfiguration auf Ebene der Umgebungen

Im Bereich **System Aliases** der Bot-Einstellungen werden die System-Aliasse lediglich definiert. Die eigentliche Konfiguration findet auf Ebene der Umgebungen statt. Dabei handelt es sich in erster Linie um eine entsprechende Basis-URL und die dazugehörige Authentifizierung, wie Sie in Abschnitt 11.2.2 erfahren werden.

Daher sind auch die Optionen in diesem Bereich der Bot-Einstellungen überschaubar (siehe Abbildung 7.4):

- **Alias hinzufügen**
  Sie können einen neuen System-Alias anlegen, indem Sie auf die Schaltfläche **+ Add Alias** klicken und den gewünschten Namen eingeben.
- **Alias ändern**
  Durch einen Klick auf die Schaltfläche mit dem Stiftsymbol () können Sie den Alias ändern.
- **Alias löschen**
  Über die Schaltfläche mit dem Mülltonnensymbol () können Sie einen nicht mehr benötigten Alias löschen. Falls ein Alias noch verwendet wird, ist diese Schaltfläche jedoch deaktiviert.

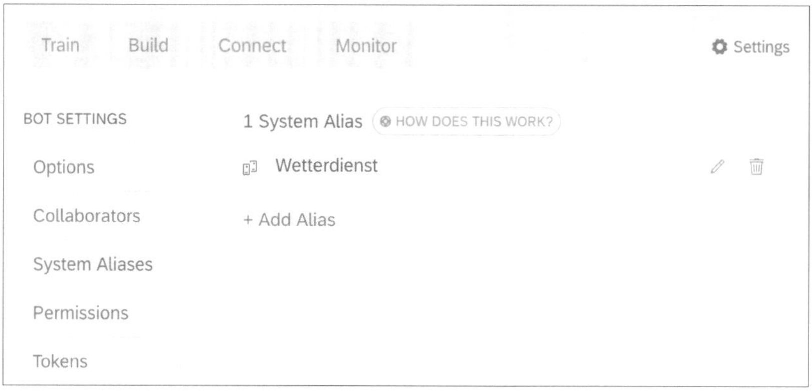

Abbildung 7.4 Pflegen von System-Aliassen

7.1.5 Berechtigungen pflegen

Das Berechtigungskonzept von SAP Conversational AI ist Ihnen bereits aus Abschnitt 2.2.2, »Organisationen verwalten«, bekannt. Die dort beschriebenen Berechtigungen können nur auf Ebene von Organisationen und Teams für alle enthaltenen Bots vergeben werden. So können Sie beispielsweise Lese- und Schreibberechtigungen allen Mitgliedern eines Entwicklungsteams für alle Bots zuweisen. Falls Sie aber die Berechtigungen gezielt pro Bot vergeben wollen oder sogar pro Registerkarte eines Bots, müssen Sie dies in den Einstellungen eines Bots tun.

Berechtigungen für einen persönlichen Bot

Da das Berechtigungskonzept auf der Zuordnung zu Organisationen und Teams beruht, ist es nicht möglich, die Berechtigungen für einen Bot zu pflegen, der im direkten Besitz einer Bot-Entwicklerin oder eines Bot-Entwicklers ist. Daher ist der Bereich **Permissions** in diesem Fall nicht sichtbar.

Um die Thematik Berechtigungen besser zu veranschaulichen, greifen wir sie in Abschnitt 10.2.4, »Berechtigungen innerhalb des Entwicklungsprojekts«, im Rahmen eines Projektbeispiels noch einmal auf und vertiefen sie.

Berechtigungen auf Ebene des Bots

Standardmäßig gelten für jeden Bot die Berechtigungen, die auf Ebene der Organisation vergeben wurden. Wenn Sie aber feiner an die Sache herangehen möchten, können Sie auf Ebene jedes einzelnen Bots ein wenig nachschärfen. Dort haben Sie nämlich die Möglichkeit, gezielt Berechtigungen für jede Registerkarte der Bot-Entwicklungsplattform zu vergeben. So könnten Sie beispielsweise, wie in Abbildung 7.5 dargestellt, einem Team von Data Scientists (**data-scientist**) gezielt Schreibzugriff auf die Trainingsdaten des Bots geben, während Sie für andere Bereiche weiterhin nur den Lesezugriff gewähren. Dazu muss lediglich in der Zeile **Train** das entsprechende Optionsfeld in der Spalte **Read and write** markiert werden.

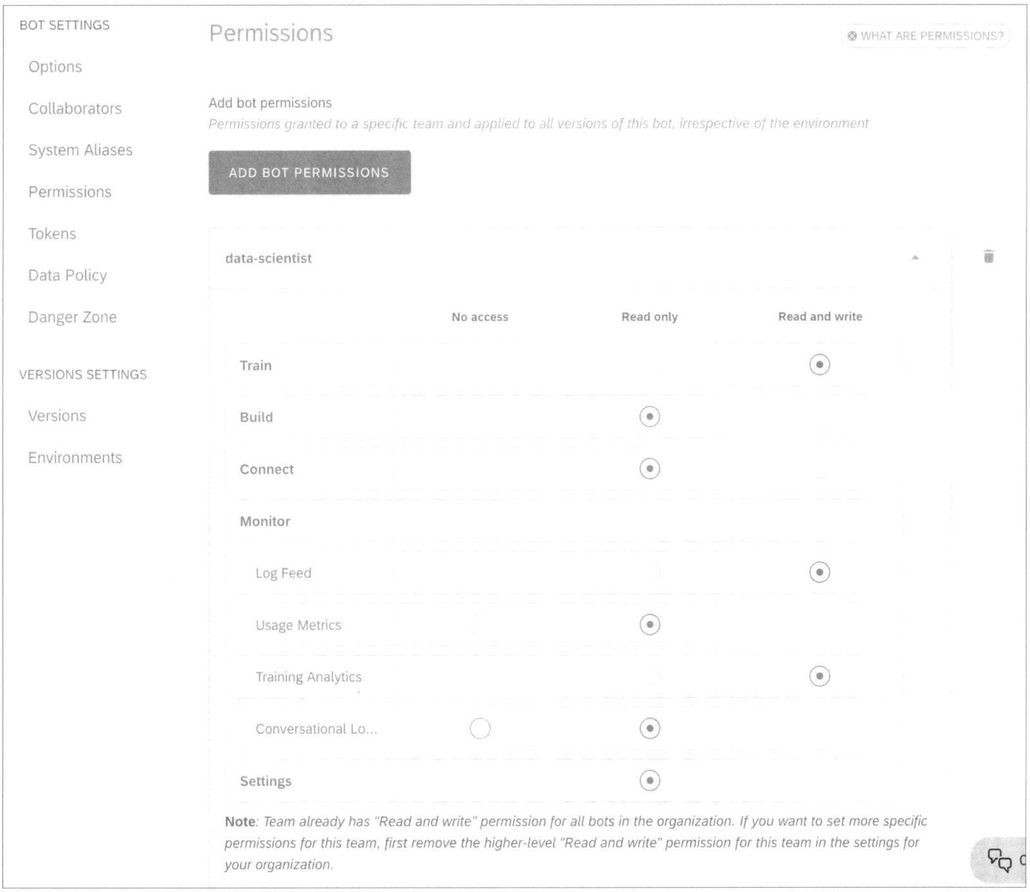

Abbildung 7.5 Berechtigungen eines Bots pflegen

Noch gezielter können Sie bei der Registerkarte **Monitor** vorgehen. Für diese Registerkarte können Sie im Bereich **Permissions** den Lesezugriff auf die **Usage Metrics** und **Conversation Logs** auch komplett untersagen, in dem Sie die Berechtigung **No Access** auswählen. Da man in diesen beiden Auswertungen keine Änderungen vornehmen kann, gibt es hier keine Möglichkeit, einen Schreibzugriff zu gewähren.

Berechtigungen auf Ebene der Umgebung

Eine weitere Möglichkeit, Berechtigungen präziser zu vergeben, besteht in der Vergabe der Berechtigungen für bestimmte Umgebungen. Dies ist jedoch nur für die Registerkarten **Train** und **Build** möglich, wie Sie Abbildung 7.6 entnehmen können. In dem Beispiel haben die Mitglieder des Teams **bot-entwickler** in der Umgebung **development** Lese- und Schreibberechtigung für die Registerkarten **Train** und **Build** erhalten. Diese Art der Berechtigungen können Sie für jede Kombination aus Team und Umgebung definieren. Für die übrigen Registerkarten (**Connect** und **Monitor**) sind die Berechtigungen immer für sämtliche Versionen und Umgebungen eines Bots gültig.

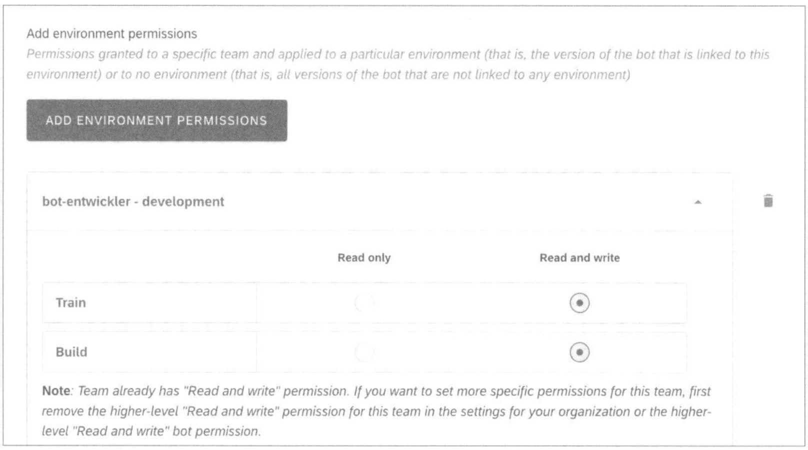

Abbildung 7.6 Berechtigungen für eine Umgebung pflegen

Mit den Berechtigungen auf Ebene der Umgebungen können Sie beispielsweise erreichen, dass Ihr Entwicklungsteam nur in einer Entwicklungsumgebung Schreibberechtigungen hat, um an dem Bot zu arbeiten. So können Sie sicherstellen, dass beispielsweise in der Test- oder Produktivumgebung niemand mehr schreibend auf den Bot zugreifen kann.

7.1.6 Einstellungen zur Authentifizierung mit Token

OAuth-Access-Token

Um mit einem API-Testprogramm Anfragen an die API-Endpunkte Ihres Bots schicken zu können, benötigen Sie neben dem Request- oder Development-Token ein dediziertes *Authentifizierungs-Token*. Dabei handelt es sich um ein *OAuth-Access-Token*, das Sie bei dem entsprechenden Authentifizierungsservice abrufen können.

Authentifizierungsstandard OAuth

Den Authentifizierungsstandard OAuth (*https://oauth.net*) gibt es in den Versionen 1.0 und 2.0. In der Regel ist die aktuelle Version OAuth 2.0 gemeint, wenn von OAuth die Rede ist. OAuth 2.0 hat seine Vorgängerversion abgelöst und ist zu dieser nicht abwärtskompatibel.

OAuth ist ein offener Authentifizierungsstandard, der von der *Internet Engineering Task Force* (IETF) veröffentlicht wurde. Der Standard zielt darauf ab, Dritten Zugriff auf geschützte Ressourcen zu gewähren, indem diese sich mittels dafür ausgestellter Token authentifizieren.

Laufzeit- oder Designzeit-Token

Bei der Authentifizierung wird unterschieden, ob Sie mit einem Laufzeit- oder einem Designzeit-Endpunkt kommunizieren (**Runtime APIs** oder **Designtime APIs**, siehe Abbildung 7.7). Für jede dieser Kategorien gibt es ein eigenes Token, das nur für deren Endpunkte gültig ist. Weitere Informationen zu den API-Endpunkten finden Sie in Abschnitt 9.2, »Nutzung von API-Endpunkten«.

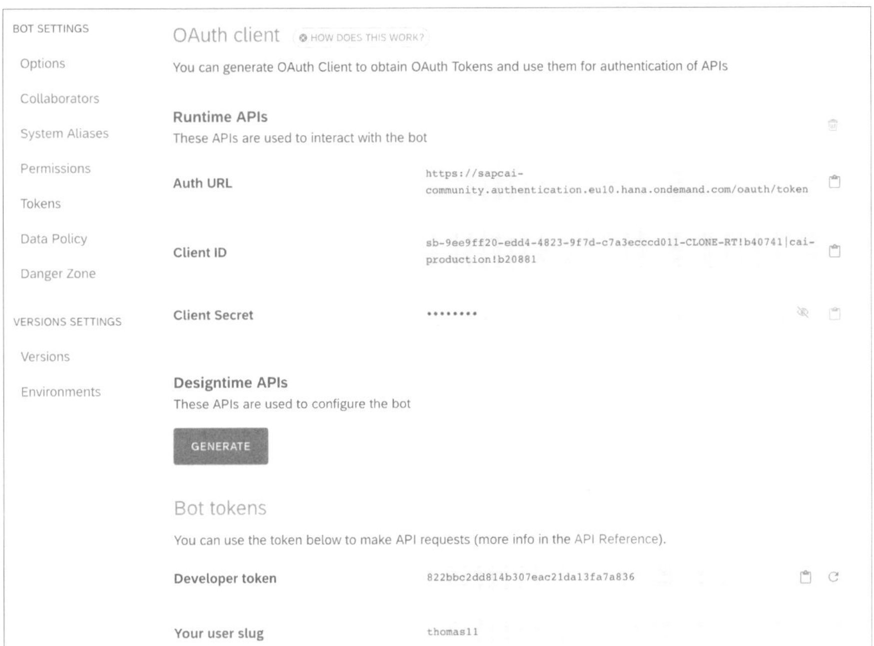

Abbildung 7.7 Konfiguration des OAuth-Clients zum Abrufen der Authentifizierungs-Token

Authentifizierungsstrategien

Die OAuth-Token haben eine Lebensdauer von 12 Stunden. Sie können im Bereich **Tokens** in den Bot-Einstellungen zwei Authentifizierungsstrategien konfigurieren, um das benötigte Token abrufen zu können (siehe Abbildung 7.8):

- **Client Certificate (Nutzerzertifikat)**
  Der OAuth-Client wird beim Abrufen des Authentifizierungs-Tokens über ein Zertifikat authentifiziert. Nachdem Sie sich für diese Authentifizierungsstrategie entschieden haben, öffnet sich ein Pop-up-Fenster mit einem großen Textfeld, in das Sie das Zertifikat in Textform kopieren können (siehe Abbildung 7.9).
- **Client Credentials (Nutzeranmeldedaten)**
  Bei dieser Strategie kommt der durch die OAuth-Protokolle definierte Genehmigungsprozess **Client Credentials** zum Einsatz, bei dem sich der OAuth-Client mittels **Client ID** und **Client Secret** authentifiziert, um im Gegenzug ein Access-Token zu erhalten.

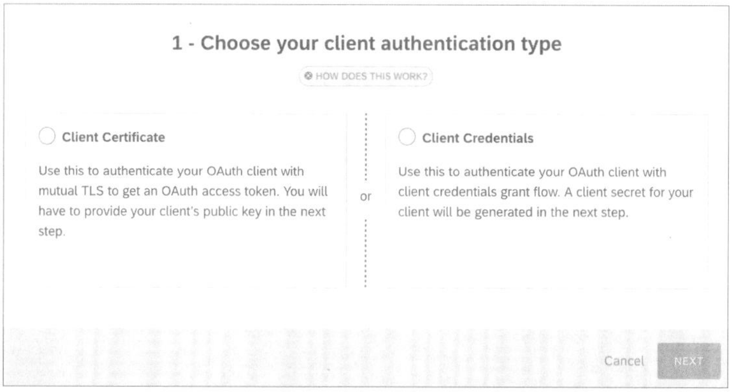

Abbildung 7.8 Auswahl der OAuth-Authentifizierungsstrategie

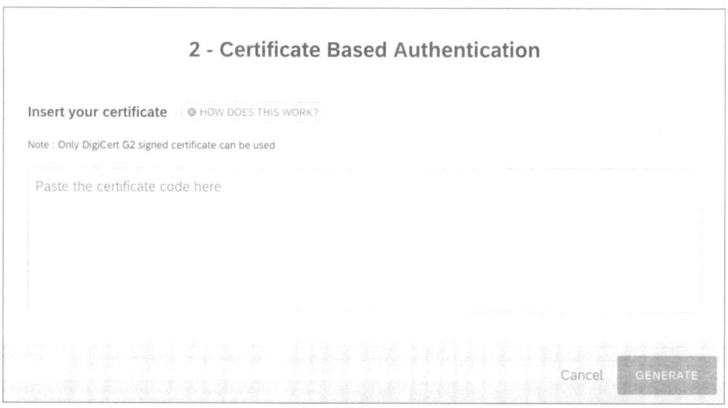

Abbildung 7.9 Konfiguration der Authentifizierung mit Zertifikat

Falls Sie sich mit der Verwendung von Zertifikaten auskennen und über eine entsprechende Infrastruktur verfügen, würden wir Ihnen empfehlen, sich auf diese Art zu authentifizieren. Unter Umständen kann jedoch die Verwendung von Zertifikaten nicht praktikabel sein und Sie kommen mit Client Credentials besser ans Ziel.

7.1.7 Datenschutzrichtlinie zuweisen

Bei der Erstellung Ihres Bots müssen Sie sich initial entscheiden, mit welcher Art von Daten Ihr Bot in Kontakt kommen wird und wie die Zielgruppe der Benutzer einzustufen ist (siehe Abschnitt 2.4, »Erste Schritte zur Erstellung eines Chatbots«). Diese Einstellungen können Sie jederzeit wieder ändern, nämlich im Bereich **Data policy** der Einstellungen Ihres Bots (siehe Abbildung 7.10).

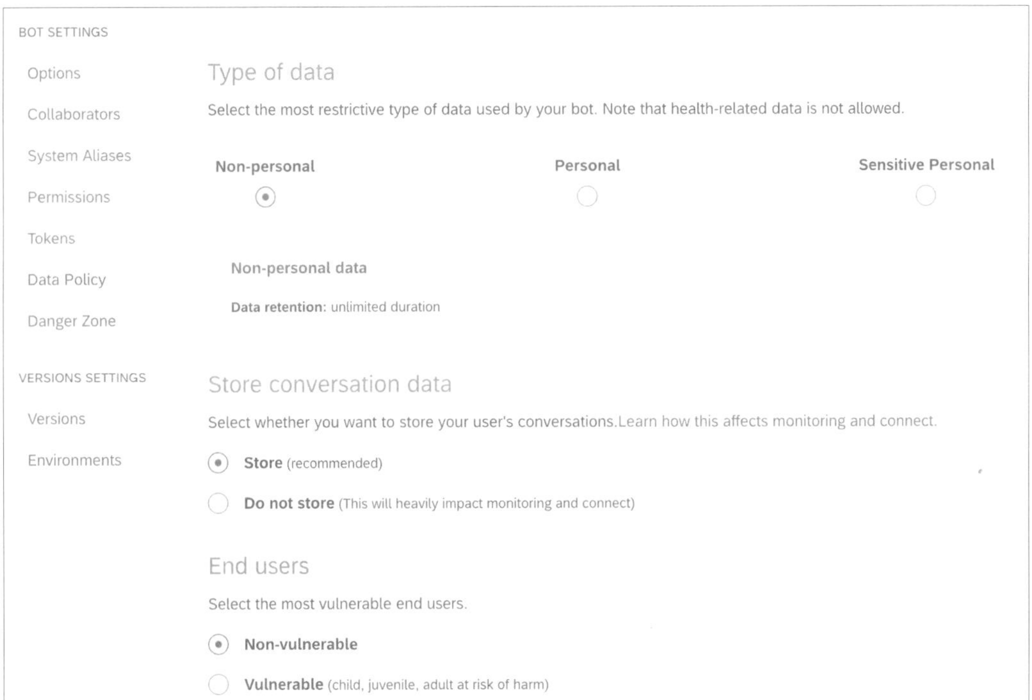

Abbildung 7.10 Pflegen der Datenschutzrichtlinien

Kategorien der Daten

Bei der Planung Ihres Bot-Projekts ist es daher wichtig, sich schon frühzeitig über die Art der Daten Gedanken zu machen. Ein verantwortungsvoller Umgang mit den Daten der Nutzer*innen beginnt mit der Wahl der richtigen Kategorie, bevor die eigentliche Implementierung des Bots beginnt. Bei der Wahl der Kategorie im Abschnitt **Type of data** ist es wichtig zu beachten, dass diese stets den sensibelsten Daten entsprechen muss, mit denen Ihr Bot in Kontakt kommt. Sie können dabei zwischen den folgenden drei Kategorien wählen:

- **Non-personal**
  Diese Kategorie wird im Deutschen üblicherweise als *nicht-personenbezogene Daten* bezeichnet. Es handelt sich also ausschließlich um Daten, die keinen Personenbezug haben. Diese Daten unterliegen keinen Beschränkungen bezüglich des Aufbewahrungszeitraumes.
- **Personal**
  Zu dieser Kategorie gehören sämtliche *personenbezogenen Daten*, also beispielsweise die Augenfarbe oder Haarfarbe einer Person, aber auch Daten, über die sich ein Bezug zu einer Person herstellen lässt, wie beispielsweise eine Kontonummer oder eine Personalnummer. Diese Daten dürfen nur drei Jahre lang aufbewahrt werden.
- **Sensitive Personal**
  Diese Art von Daten wird in § 46 des Bundesdatenschutzgesetzes recht sperrig als *besondere Kategorien personenbezogener Daten* bezeichnet. Dazu gehören unter anderem:
  - Daten zur ethnischen Herkunft
  - religiöse oder weltanschauliche Überzeugung
  - politische Meinung
  - Gewerkschaftszugehörigkeit
  - genetische Daten
  - biometrische Daten
  - Daten zum Sexualleben oder zur sexuellen Orientierung

  Diese Kategorie von Daten darf nur ein Jahr lang aufbewahrt werden.

Explizit nicht in den Kategorien enthalten sind Gesundheitsdaten. Aus datenschutzrechtlichen Gründen ist es nicht gestattet, einen Bot zur Verarbeitung dieser Kategorie von Daten zu bauen.

Konversationsdaten speichern

Im Bereich **Store conversation data** haben Sie mit der Einstellung **Do not store** die Möglichkeit, das Aufbewahren der Äußerungen und Konversationen Ihrer Nutzer*innen durch die Plattform zu unterbinden. Dies ist die einfachste Lösung in Bezug auf den Datenschutz, da schützenswerte Daten so gar nicht erst abgelegt werden. Es bedeutet aber auch, dass Ihnen auf der Registerkarte **Monitor** in den Bereichen **Log Feeds**, **Usage Metrics** und

Conversation Logs keine Daten angezeigt werden, die Sie zum Überwachen des produktiven Betriebs Ihres Bots und für seine Verbesserung nutzen könnten.

Klassifizierung der Nutzer*innen

Bei der Spezifizierung der Zielgruppe des Chatbots im Abschnitt **End users** verhält es sich ähnlich wie mit der Klassifizierung der Daten: Der oder die verwundbarste Nutzer*in bestimmt die Kategorie für den gesamten Bot. Sollte es also beispielsweise möglich sein, dass Jugendliche den Bot nutzen, muss die Einschränkung **Vulnerable** auf alle Nutzer*innen angewandt werden. Bei der Einteilung der Nutzertypen ist lediglich zu beachten, ob der Zielgruppe verwundbare Gruppen angehören, also beispielsweise Kinder, Jugendliche oder gefährdete Erwachsene.

7.1.8 Kritische Einstellungen

In den Bot-Einstellungen gibt es ein paar Aktionen, die ein wenig kritischer sind als andere und deren Ausführung unwiederbringliche Folgen haben kann. Diese Aktionen befinden sich in der **Danger zone**, um sicherzustellen, dass ihre Tragweite nicht unbedacht übersehen wird.

Besitz eines Bots übertragen

Jeder Bot benötigt eine*n Inhaber*in, die oder der entweder ein Benutzer der Plattform oder eine Organisation sein kann. Dieses Besitztum können Sie über die Aktion **TRANSFER OWNERSHIP** (siehe Abbildung 7.11) jederzeit übertragen, und zwar an jeden anderen Benutzer oder an jede Organisation, in der Sie Schreibberechtigungen besitzen.

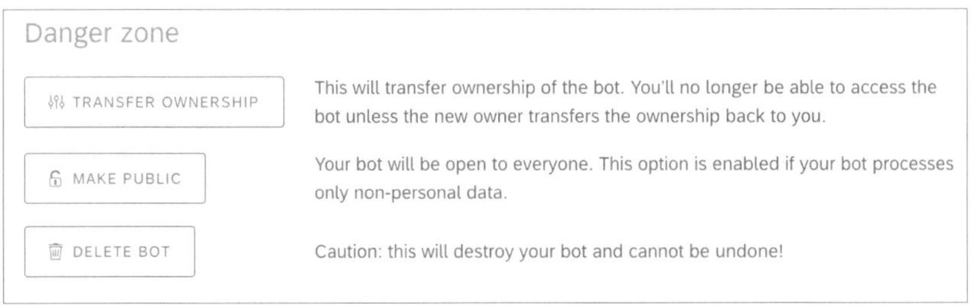

Abbildung 7.11 Die Gefahrenzone in den Bot-Einstellungen

Seien Sie aber vorsichtig: Nachdem ein Chatbot an eine neue Besitzerin oder einen neuen Besitzer übertragen wurde, haben Sie keinen Zugriff mehr auf diesen Bot. Überlegen Sie sich also lieber genau, ob Sie einen Bot übertragen möchten. Und es ist auch nicht falsch, ganz genau zu schauen, ob der*die neue Besitzer*in korrekt ausgewählt wurde. Diese Aktion lässt sich nicht rückgängig machen.

Sichtbarkeit ändern

Auch die Sichtbarkeit eines Bots können Sie ohne Weiteres ändern. Über die Schaltfläche **MAKE PRIVATE** machen Sie Ihren Bot privat, über die Schaltfläche **MAKE PUBLIC** machen Sie ihn öffentlich. Dies ist natürlich nur möglich, wenn der Bot nicht zu einer privaten Organisation gehört. In diesem Fall muss der Bot ebenfalls immer privat sein. Ebenfalls ist es nicht möglich, einen Bot öffentlich zu machen, der persönliche Daten verarbeitet.

Die verschiedenen Sichtbarkeiten und ihre Kombinierbarkeit mit den Datenschutzrichtlinien haben wir in Tabelle 2.1 in Abschnitt 2.4, »Erste Schritte zur Erstellung eines Chatbots«, erläutert. Auch die Funktionalität der Sichtbarkeiten sollten Sie mit Vorsicht genießen, insbesondere wenn Sie damit geistiges Eigentum oder Geschäftsgeheimnisse offenlegen könnten.

Bots löschen

Mit ganz besonderer Vorsicht sollten Sie die rote Schaltfläche **DELETE BOT** behandeln. Sie werden zwar sicherheitshalber in einem Pop-up-Fenster noch einmal gebeten, diese Aktion zu bestätigen, ist dies jedoch geschehen, wird Ihr Bot mit allen seinen Daten unwiderruflich gelöscht.

7.2 Versionen

Version v1

Wenn Sie einen neuen Bot erstellen, wird dieser anfangs immer mit der Version v1 erstellt. Diese Version wird Ihnen zu Beginn wohl nicht weiter auffallen und wird auf Ihre ersten Gehversuche in der Chatbot-Entwicklung auch keinen großen Einfluss haben. Spätestens wenn Ihr Bot einen zufriedenstellenden Stand erreicht hat und Sie gerne etwas ändern würden, ohne das bisher Erreichte in Gefahr zu bringen, werden Sie sich mit dem Thema Versionierung und dem Lebenszyklus eines Bots beschäftigen. Sobald Sie an einem Chatbot im produktiven Betrieb arbeiten, kommen Sie um die Beschäftigung mit den Versionen und Umgebungen nicht mehr herum.

Versionen Ihres Bots verwalten

Im Bereich **VERSIONS SETTINGS • Versions** können Sie alle Versionen Ihres Bots und deren Lebenszyklus verwalten sowie versionsspezifische Einstellungen vornehmen. Dort befindet sich eine Übersichtsseite, auf der Sie sämtliche Versionen Ihres Bots in Form einer Liste sehen können (siehe Abbildung 7.12). Am Ende jeder Zeile befindet sich ein Pfeilsymbol (⌄) zum Auf- und Zuklappen der versionsspezifischen Einstellungen.

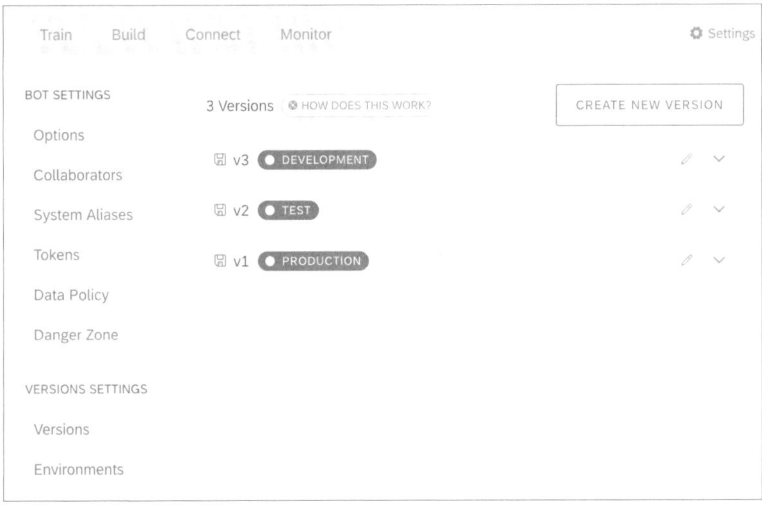

Abbildung 7.12 Übersicht der Versionen eines Chatbots

7.2.1 Lebenszyklus von Bot-Versionen

Der vollständige Lebenszyklus einer Bot-Version wird in den Einstellungen des entsprechenden Bots abgebildet. Im Folgenden beschreiben wir die entscheidenden Ereignisse im Leben einer Version.

Neue Version anlegen

Sie können eine neue Version für Ihren Chatbot anlegen, indem Sie auf die Schaltfläche **CREATE NEW VERSION** klicken, die sich in der rechten oberen Ecke befindet (siehe Abbildung 7.12). In dem sich daraufhin öffnenden Pop-up-Fenster können Sie der neuen Version einen Namen Ihrer Wahl geben. Sie können also dem vorgegebenen Muster (v1, v2, v3 ...) folgen, oder auch das Prinzip der *semantischen Versionierung* oder eine andere Logik Ihrer Wahl anwenden.

Semantische Versionierung

Das Konzept der semantischen Versionierung ist Ihnen vermutlich bekannt, auch wenn Sie den Namen eventuell nicht direkt zuordnen können. Die Spezifikation *Semantic Versioning 2.0.0* (*https://semver.org/*) ist ein Versuch, dieses Konzept zu standardisieren.

Eine semantische Version besteht aus drei Nummern (z. B. 1.0.1) und folgt dem Schema <MAJOR>.<MINOR>.<PATCH>. Diese Nummern definieren sich so: In einer neuen Patch-Version sind ausschließlich abwärtskompatible Korrekturen erlaubt. In einer Minor-Version darf neue Funktionalität hinzugefügt werden, solange sie zur Vorgängerversion kompatibel ist. In einer neuen Major-Version sind inkompatible Änderungen erlaubt.

Jede neue Version muss immer von einer Vorgängerversion desselben Bots abgeleitet werden. Diese Vorgängerversion können Sie mithilfe eines Dropdown-Menüs auswählen.

Klicken Sie abschließend auf die Schaltfläche **CREATE**, um das Erzeugen der neuen Version anzustoßen. Die neue Version erscheint zunächst ausgegraut. Technisch ist die neue Version nämlich ein Klon der Vorgängerversion und erst komplett einsatzbereit, sobald der Vorgang des Klonens abgeschlossen ist.

Version umbenennen

Sie können eine Version Ihres Bots umbenennen, indem Sie auf die Schaltfläche mit dem Stiftsymbol () am Zeilenende hinter dem Namen der Version klicken.

[»]

Namen von Versionen

Namen von Versionen sind Slugs, wie beispielsweise auch die Namen von Bots oder von Skills. Es gelten daher die gleichen Regeln und Beschränkungen. Falls Sie sich also entscheiden sollten, den Namen einer Version zu ändern, müssen Sie sicherstellen, dass sämtliche URLs, die diese Version direkt referenzieren, entsprechend angepasst werden.

Version löschen

Der Lebenszyklus einer Version endet mit einem Klick auf die Schaltfläche mit dem Mülltonnensymbol (). Diese befindet sich etwas versteckt in der rechten unteren Ecke der versionsspezifischen Einstellungen, wie Sie auch Abbildung 7.13 entnehmen können. Die Schaltfläche ist jedoch nur sichtbar, wenn eine Version nicht von einer Umgebung referenziert wird, da Sie in diesem Fall nicht gelöscht werden darf. Auch diese Aktion ist nicht umkehrbar. Sobald Sie also den Löschvorgang bestätigt haben, können Sie die gelöschte Version nicht wiederherstellen.

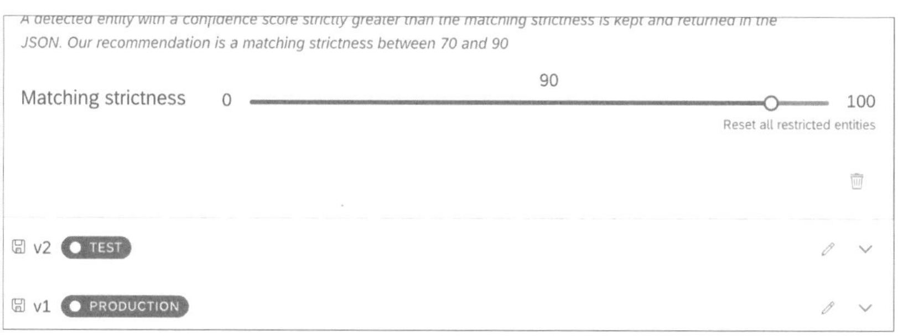

Abbildung 7.13 Schaltfläche zum Löschen einer Version

Löschen von Vorgängerversionen

Sie müssen sich beim Löschen einer Version übrigens keine Sorgen machen, dass die Folgeversionen dieser Version darunter leiden könnten. Beim Anlegen einer neuen Version wird zwar immer eine Vorgängerversion gepflegt, die neue Version ist dann jedoch unabhängig von dieser Vorgängerversion. Sollte also die Vorgängerversion zu einem späteren Zeitpunkt gelöscht werden, wird lediglich die Referenz auf diese Version zurückgesetzt. Die neue Version hat dann also keine Vorgängerversion mehr.

7.2.2 Versionsspezifische Einstellungen

Die Bot-Einstellungen, die Sie bisher kennengelernt haben, bezogen sich alle auf den ganzen Bot, unabhängig von der aktuellen Version oder Umgebung. Es gibt jedoch auch einige Einstellungen, die sich nur auf eine spezifische Version beziehen. Diese können Sie im Bereich **Versions** pflegen, nachdem Sie das Bedienfeld für versionsspezifische Einstellungen mithilfe des Pfeilsymbols (∨) aufgeklappt haben, was Sie auch in Abbildung 7.14 sehen können.

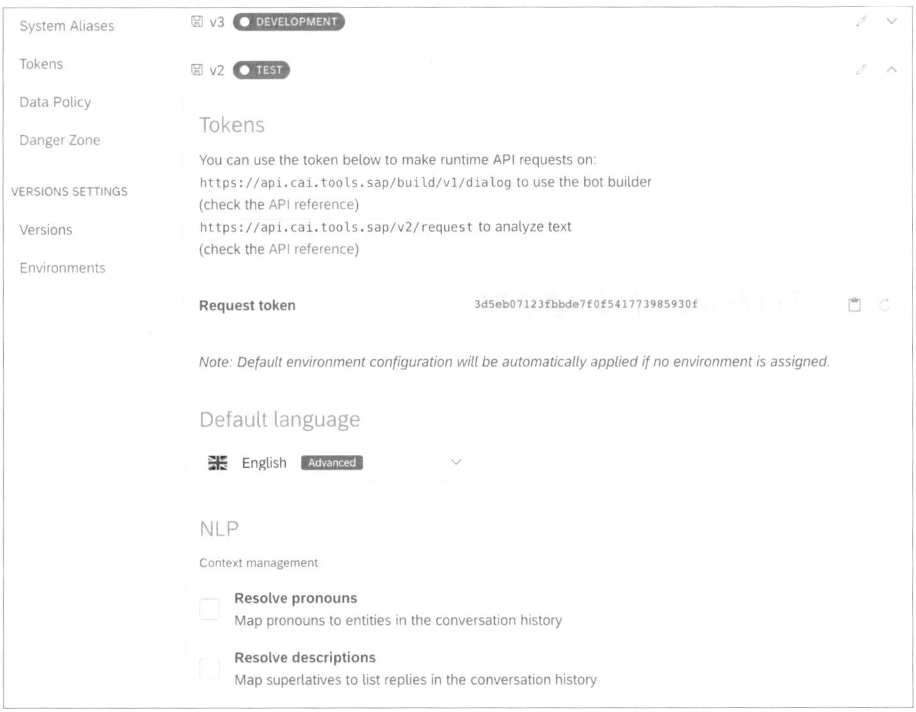

Abbildung 7.14 Pflegen der versionsspezifischen Einstellungen

Token

Um zur Laufzeit über API-Endpunkte auf eine bestimmte Version Ihres Bots zugreifen zu können, benötigen Sie ein versionsspezifisches *Request Token*, um diese Version zu identifizieren. Dieses Token können Sie im Bereich **Tokens** finden. Hinter dem Eingabefeld, in dem das Token angezeigt wird, befindet sich eine Schaltfläche mit einem Klemmbrettsymbol (📋). Mit deren Hilfe können Sie das Token in Ihre Zwischenablage kopieren.

Gehen Sie vorsichtig mit diesem Token um, denn in Kombination mit dem Authentifizierungs-Token authentifiziert es jeden, der dieses Token besitzt, für den Zugriff auf die Version. Sollten Sie Sorge haben, dass Ihr Request Token in falsche Hände geraten ist (oder einfach als Routineaktion, um die Sicherheit zu erhöhen), können Sie das aktuelle Token durch ein neues ersetzen. Dazu klicken Sie auf die Schaltfläche mit dem Neu-Laden-Symbol (↻). Beachten Sie, dass externe Kanäle, die das Request Token zur Identifizierung der Version verwenden, dann entsprechend angepasst werden müssen.

Standardsprache

Für jede Bot-Version muss eine Standardsprache definiert sein, die Sie bereits beim Anlegen eines neuen Bots bestimmen. Die Standardsprache ist die erste Sprache Ihres Bots, bevor Sie noch weitere Sprachen hinzufügen können. Falls Sie diese Sprache zu einem späteren Zeitpunkt anpassen möchten, können Sie dies im Bereich **Default language** machen.

Bei mehrsprachigen Chatbots hat diese Einstellung eine besondere Bewandtnis bei der Bestimmung der Konversationssprache (siehe auch Abschnitt 9.4, »Mehrsprachigkeit und Ermittlung der Sprache«).

Natürliche Sprachverarbeitung

Im Bereich **NLP** finden Sie einige Einstellungen, die sich direkt auf das Verhalten der natürlichen Sprachverarbeitung (NLP) beziehen (siehe Abbildung 7.15):

- **Kontext der Konversation**
  Die NLP-Technologien sind in der Lage, Koreferenzen in Form von Pronomina und Superlativen aufzulösen, die sich auf den Kontext der vorangegangenen Konversation beziehen. Dank der Auflösung von Superlativen könnten Sie beispielsweise in einem Chatbot, der Ihnen eine Liste von Flügen anzeigt, den billigsten auswählen.
- **Trainingsmodus**
  Wenn Sie einen Bot neu anlegen, ist anfangs der Trainingsmodus **Automatic** voreingestellt. Das bedeutet, dass Ihr Bot bei jeder Änderung automatisch das Sprachverarbeitungsmodell, das zur Laufzeit verwendet wird, neu trainiert. Bei einem kleinen Bot mit einem überschaubaren Datenset dauert das auch nur ein paar Sekunden und sollte Sie nicht weiter aufhalten.

Es gibt jedoch auch Argumente, die dafür sprechen, den Trainingsmodus auf **Manual** umzustellen, was bedeutet, dass das Modell nur neu trainiert wird, wenn Sie es explizit veranlassen:

- Bei einer gleichzeitigen Nutzung der Bot-Version durch Dritte kann automatisches Training dazu führen, dass ein unfertiger Zwischenstand bereits genutzt wird.
- Ab einer gewissen Größe kann das Training mehr Zeit in Anspruch nehmen und könnte Ihren Arbeitsfluss behindern.
- Auch wenn es für Sie keine monetären Folgen hat, kostet jedes Training Ressourcen, wie beispielsweise Rechenleistung und damit verbunden Energie.

- **Strenge der Trefferermittlung**
  Mithilfe des Schiebereglers **Matching strictness** (Abgleichgenauigkeitseinstellung) können Sie bestimmen, welchen Schwellenwert der Konfidenzwert für die Erkennung eines Intents oder einer Entität zur Laufzeit überschreiten muss, um als möglicher Treffer gewertet zu werden.

  Wenn Ihnen beispielsweise zur Laufzeit viele Konflikte angezeigt werden, da sich mehrere Intents als Treffer anbieten, können Sie versuchen, dies durch eine höhere Abgleichgenauigkeit zu beheben.

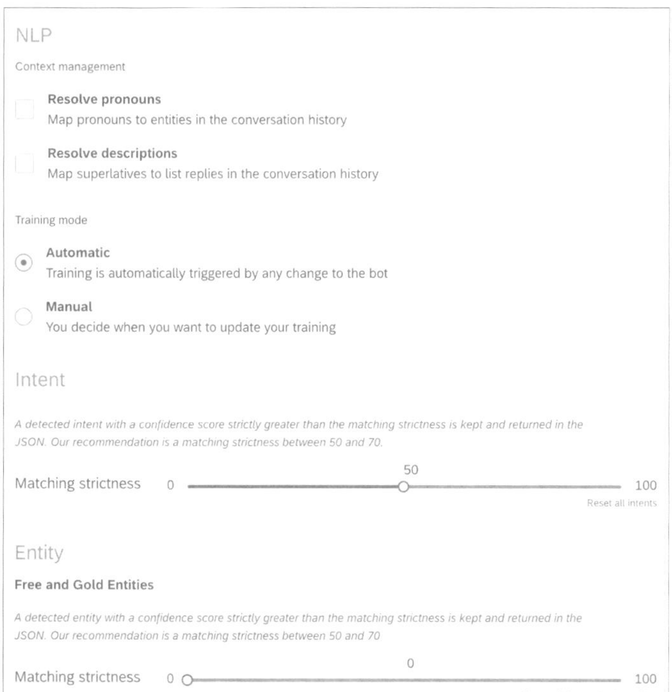

Abbildung 7.15 Einstellungen der natürlichen Sprachverarbeitung

7.2.3 Eine neue Version für den Beispiel-Bot anlegen

Nun ist es an der Zeit, Ihrem Wetter-Bot eine erste weitere Version hinzuzufügen. Diese neue Version wollen wir in Abschnitt 7.3.3, »Einen System-Alias für den Beispiel-Bot definieren«, gleich nutzen, um eine Basis-URL zu pflegen. Falls Sie das Beispiel lieber auf Basis einer frischen Vorlage nachvollziehen möchten, können Sie einen Fork der Version v4 unseres bereitgestellten Wetter-Bots erstellen und damit weiterarbeiten.

Version v2 für den Wetter-Bot

Die folgenden Schritte sind nötig, um die Version zu erstellen:

1. Begeben Sie sich in die Einstellungen Ihres Wetter-Bots, indem Sie die Registerkarte **Settings** öffnen.
2. Navigieren Sie in den Bereich **VERSION SETTINGS • Versions**.
3. Klicken Sie auf die Schaltfläche **CREATE NEW VERSION**.
4. Tragen Sie als Namen der neuen Version »v2« in das entsprechende Eingabefeld ein, und stellen Sie sicher, dass als Vorgängerversion »v1« ausgewählt ist (siehe Abbildung 7.16).

Abbildung 7.16 Anlegen einer neuen Version

5. Erzeugen Sie die neue Version, indem Sie auf die Schaltfläche **CREATE** klicken.

Sobald die neue Version v2 nicht mehr ausgegraut dargestellt wird, ist sie fertig angelegt.

7.3 Umgebungen verwenden

Konzept der Umgebungen

Wenn Sie einen Chatbot produktiv betreiben wollen, benötigen Sie entsprechende Werkzeuge, um neue Versionen ausliefern zu können, ohne den produktiven Betrieb zu beeinträchtigen. Natürlich wäre es nicht akzeptabel, wenn Sie Korrekturen und neue Funktionalität direkt in einer produktiven Version implementieren müssten. Zu diesem Zweck wurde das Konzept der Umgebungen (Environments) eingeführt.

Ebenso wie die Versionen unterstützen Sie die Umgebungen bei der Umsetzung eines Entwicklungslebenszyklus. In einer solchen Umgebung wird der Bot betrieben. Sie können beispielsweise Umgebungen zur Entwicklung, zur Qualitätssicherung und für den produktiven Betrieb einrichten. Jeder dieser Umgebungen ist ein eigenes Request Token zugeordnet, mit dessen Hilfe eine Anfrage oder Äußerung dieser Umgebung zugewiesen werden kann.

Umgebungen und Versionen

Jeder dieser Umgebungen können Sie eine bestimmte Version Ihres Bots zuweisen. Damit können Sie beispielsweise erreichen, dass eine wohlgetestete Version Ihres Bots in der produktiven Umgebung verwendet wird, während die darauffolgende Version in Ihrer Qualitätssicherungsumgebung auf Herz und Nieren getestet wird. Sobald die neue Version bereit für den produktiven Betrieb ist, müssen Sie lediglich die in Ihrer produktiven Umgebung verwendete Version entsprechend anpassen. Und genauso einfach lässt sich eine Version auch wieder aus dem produktiven Betrieb zurückziehen, falls ein Fehler in der Qualitätssicherung nicht entdeckt wurde.

7.3.1 Lebenszyklus einer Umgebung

Das Konzept der Umgebungen ist also eng mit jenem der Versionen verwoben. Dies macht sich auch bei der Pflege von Umgebungen im Bereich **Environments** bemerkbar (siehe Abbildung 7.17).

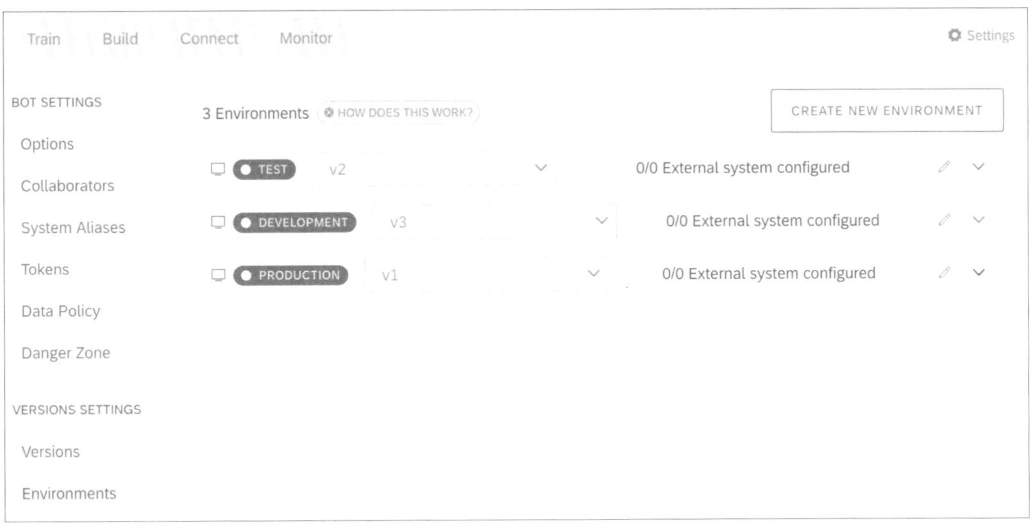

Abbildung 7.17 Übersicht der Umgebungen eines Chatbots

Umgebung anlegen

Eine neue Umgebung können Sie über die Schaltfläche **CREATE NEW ENVIRONMENT** oben rechts anlegen. In dem sich öffnenden Pop-up-Fenster geben Sie einen beliebigen Namen für die Umgebung an und wählen die Version Ihres Bots aus, die von dieser Umgebung referenziert werden soll.

Umgebung umbenennen

Vergleichbar mit dem Umbenennen einer Version lässt sich auch eine Umgebung umbenennen, indem Sie auf die Schaltfläche mit dem Stiftsymbol (✎) am Ende der Zeile klicken, in Abbildung 7.18 z. B. ganz oben in der Zeile der Umgebung **PRODUCTION** zu sehen. Auch Umgebungsnamen sind Slugs und folgen den üblichen Regeln und Beschränkungen.

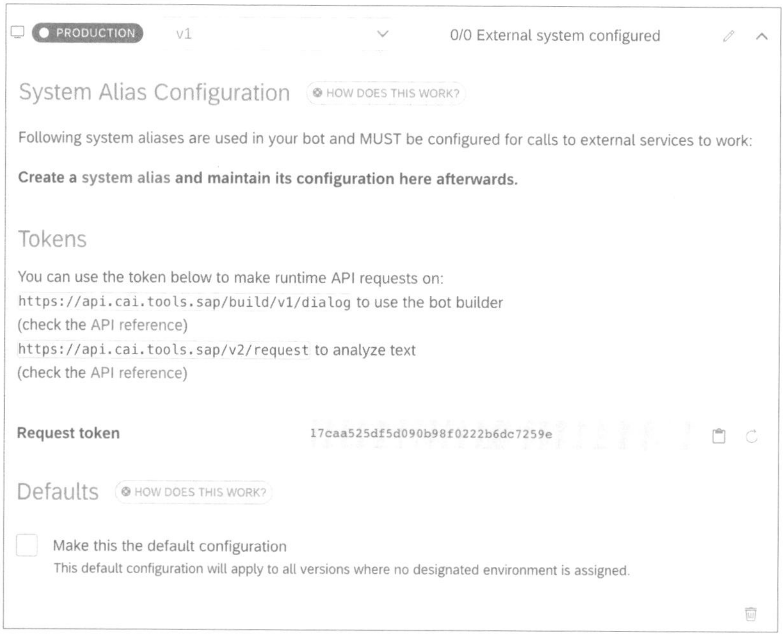

Abbildung 7.18 Pflege einer Umgebung in den Bot-Einstellungen

Version einer Umgebung anpassen

Sie können einer Umgebung eine neue Version zuweisen, indem Sie die entsprechende Version in dem Dropdown-Menü hinter dem Namen der Umgebung auswählen. Sobald Sie die Auswahl getätigt haben, werden Sie in einem Pop-up-Fenster um eine Bestätigung gebeten. Danach ist die neue Version direkt *live*. Das bedeutet, dass mit sofortiger Wirkung sämtliche Anfragen für diese Umgebung von der neuen Version bearbeitet werden.

Umgebung löschen

Die Schaltfläche zum Entfernen einer Umgebung befindet sich in der rechten unteren Ecke des entsprechenden Bedienfeldes. Da es sich auch beim Löschen einer Umgebung um eine kritische und nicht umkehrbare Aktion handelt, werden Sie sicherheitshalber in einem Pop-up-Fenster um Bestätigung gebeten.

7.3.2 Umgebungsspezifische Einstellungen

Es gibt auch umgebungsspezifische Einstellungen, die im Bereich **Environments** gepflegt werden, wenn auch deutlich weniger als spezifische Einstellungen für Versionen. Diese Einstellungen werden direkt in der Detailansicht einer Umgebung gepflegt.

Konfiguration der System-Aliasse

Schon in der Übersicht der vorhandenen Umgebungen finden Sie einen Hinweis auf den aktuellen Status der System-Aliasse, nämlich durch die Information, wie viele externe Systeme pro Umgebung konfiguriert sind (**External system configured**, siehe Abbildung 7.19). Unter der Übersicht der Umgebungen werden alle System-Aliasse Ihres Chatbots pro Umgebung aufgelistet. Über die Schaltfläche mit dem Pfeil-Symbol ( ) am Ende der Zeile können Sie den Pflegebereich für externe Systeme aufklappen und dort den Stamm der entsprechenden URL und die dazugehörige Authentifizierung hinterlegen. In Abbildung 7.19 ist dies für den Wetterdienst zu sehen, auf den wir mit unserem Wetter-Bot zugreifen. Ausführlicher ist die Konfiguration der System-Aliasse in Abschnitt 11.2.2, »System-Aliasse«, beschrieben.

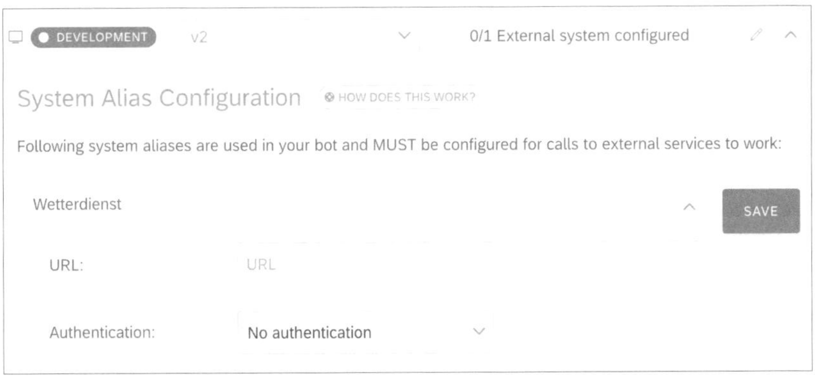

Abbildung 7.19 Pflege eines System-Alias in einer Umgebung

Request Token der Umgebung

Sie erhalten Zugriff auf das Request Token Ihrer Umgebung, indem Sie das Bedienfeld der entsprechenden Umgebung aufklappen. Dies können Sie mithilfe der Schaltfläche mit dem Pfeilsymbol ( ) am Ende der Zeile der Umgebung in der Übersicht der Umgebungen tun.

Das aktuelle Token können Sie über die Schaltfläche mit dem Klemmbrettsymbol ( ) in die Zwischenablage kopieren und über einen Klick auf das Neu-Laden-Symbol ( ) erneut generieren.

7.3.3 Einen System-Alias für den Beispiel-Bot definieren

System-Alias für den Wetter-Bot

Mit dem folgenden Beispiel endet die Entwicklung unseres Wetter-Bots. Lassen Sie uns dem Wetter-Bot zum Abschluss noch einen System-Alias für den Wetterdienst OpenWeatherMap hinzufügen. Diesen Alias implementieren wir in der neu erstellten Version v2:

1. Navigieren Sie in den Bot-Einstellungen in den Bereich **BOT SETTINGS • System Aliases**, und legen Sie dort einen neuen Eintrag an, indem Sie auf die Schaltfläche **+ Add Alias** klicken.
2. Geben Sie als Namen für den Alias »Wetterdienst« ein.
3. Nun öffnen Sie den Bereich **VERSION SETTINGS • Environments**, um Ihre Umgebung entsprechend anzupassen. Im Augenblick sollte der Umgebung **DEVELOPMENT** noch die Version v1 zugeordnet sein. Stellen Sie sicher, dass dieser Umgebung von nun an Version v2 zugeordnet wird, wie es bereits in Abbildung 7.19 zu sehen war.
4. Sie werden vermutlich auch direkt bemerken, dass 0/1 externe Systeme konfiguriert sind. Das wollen wir nun ändern. Öffnen Sie dazu den Pflegebereich des Alias **Wetterdienst** über einen Klick auf das Pfeilsymbol ().
5. Tragen Sie die URL »https://api.openweathermap.org« in das Eingabefeld **URL** ein.
6. Eine Authentifizierung müssen Sie nicht pflegen und können somit den Alias daher direkt über die Schaltfläche **SAVE** speichern.
7. Stellen Sie sicher, dass in dem Dropdown-Menü im Kopfbereich der Bot-Umgebung nun **DEVELOPMENT v2** angezeigt wird.
8. Navigieren Sie zur Registerkarte **Build** und dort in den Bereich **Actions**.
9. Suchen Sie die **API Service Configuration**, in der Sie die URL gepflegt haben, um das aktuelle Wetter zu lesen (siehe Abschnitt 4.5.5, »Neue Aktionen für den Beispiel-Bot anlegen«).
10. Schalten Sie über die Schaltfläche mit dem Stiftsymbol () in den Änderungsmodus um. Wählen Sie statt **Absolute URL** nun den Alias **Wetterdienst** aus, und entfernen Sie die Basis-URL. Diese entspricht der URL, die Sie bei Ihrem System-Alias hinterlegt haben. Die relative URL sollte nun wie folgt lauten:

    /data/2.5/weather?q={{memory.ort.formatted}}&units=metric&lang=de&appid=<API-key>
11. Speichern Sie die Änderung über die Schaltfläche **SAVE**. Nun sollte die API Service Configuration aussehen wie in Abbildung 7.20.

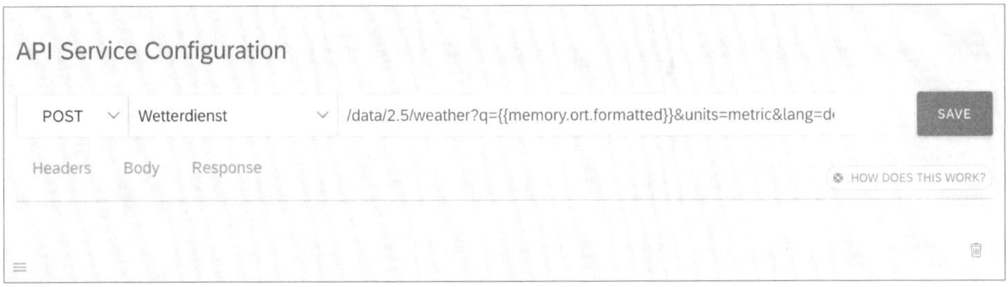

Abbildung 7.20 API-Service unter Verwendung eines System-Alias

Überprüfen Sie abschließend im **Chat Preview**, dass Ihr Bot in der Version v2 mit System-Alias genauso gut funktioniert, wie Sie es von der Version v1 her gewohnt sind.

7.4 Zusammenfassung

In diesem Kapitel haben wir Sie durch die Bot-Einstellungen begleitet. Sie wissen nun, welche Einstellungen Sie auf Ebene des Chatbots pflegen können und welche auf Ebene der Version oder Umgebung gepflegt werden. An einigen Stellen haben wir etwas weiter ausgeholt, um Ihnen nötige Konzepte, wie das der Umgebungen und Versionen, näherzubringen. Anhand des Wetter-Bots haben Sie das Gelernte abschließend angewendet.

Im folgenden Kapitel beschäftigen wir uns näher mit einer anderen Art von Bots, den Frage-Antwort-Bots.

Kapitel 8
Frage-Antwort-Bots

Neben den bereits bekannten Bots gibt es eine weitere Art von Bots, auf die wir bisher noch kaum eingegangen sind, nämlich die Frage-Antwort-Bots. Diese tun genau das, was ihr Name verspricht. Sie beantworten Fragen.

Wie bereits in Kapitel 2, »Einführung in SAP Conversational AI«, beschrieben, gibt es zwei Arten von Bots, die intent-basierten Chatbots und die Frage-Antwort-Bots, die auch als FAQ-Bots (*Frequently Asked Questions* oder zu Deutsch *häufig gestellte Fragen*) bezeichnet werden. Bisher haben wir fast ausschließlich mit den intent-basierten Bots gearbeitet. In diesem Kapitel arbeiten wir daher die Unterschiede zu den Frage-Antwort-Bots heraus.

Im Gegensatz zu intent-basierten Chatbots geht es bei Frage-Antwort-Bots um das Beantworten von Fragen. Aus diesem Grund wird diese Art von Bots auch nicht auf das Zuordnen einer Äußerung zu einer Absicht trainiert, sondern auf die korrekte Ermittlung einer Antwort auf eine Frage.

Aufbau von Frage-Antwort-Bots

Der Aufbau eines Frage-Antwort-Bots ist größtenteils identisch mit dem eines intent-basierten Chatbots. Auf den ersten Blick kann man gar nicht so recht erkennen, dass es sich um eine andere Art von Bot handelt. Den größten Unterschied finden Sie jedoch gleich auf der Registerkarte **Train**, mit der wir uns in Abschnitt 8.1 ausführlicher beschäftigen. Diese sieht für Frage-Antwort-Bots ganz anders aus als für intent-basierte Bots.

Im Gegensatz dazu kommt einem der Inhalt der Registerkarte **Build** gleich vertraut vor. Nach dem Öffnen präsentiert sich die Listenansicht mit vier vordefinierten Skills (siehe Abbildung 8.1), von denen einer den Namen **faq** trägt und sich nicht deaktivieren lässt. Bekannte Funktionen wie die grafische Ansicht, Skill-Gruppen oder Templates sind hier jedoch nicht verfügbar. Mehr dazu erfahren Sie in Abschnitt 8.2.

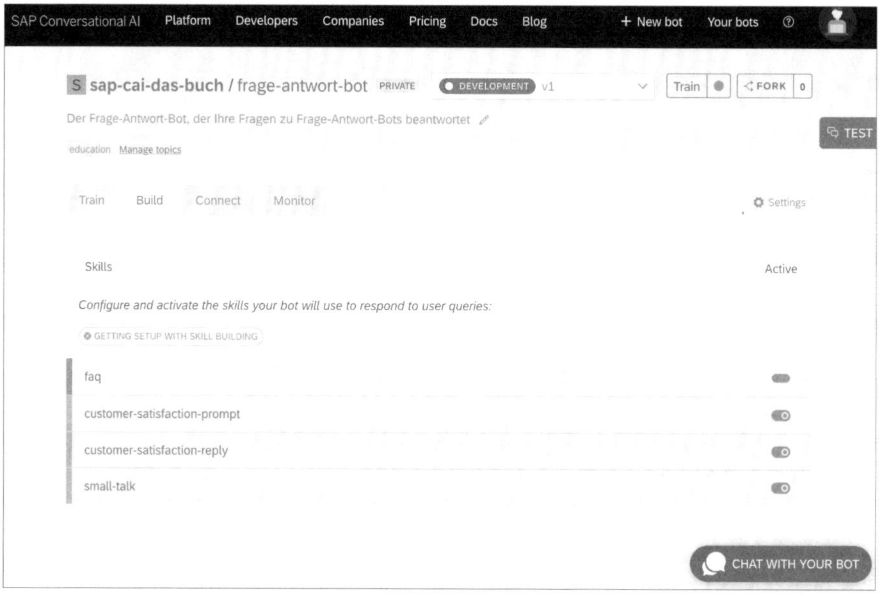

Abbildung 8.1 Registerkarte »Build« eines Frage-Antwort-Bots

Die Registerkarte **Connect** bietet keinen Anlass, auf weitere Details einzugehen. Sie bietet bei Frage-Antwort-Bots die gleiche Funktionalität wie bei intent-basierten Bots.

Der Inhalt der Registerkarte **Monitor** ist dagegen reduziert. Sie finden die **Log Feeds**, die **Usage Metrics** sowie die **Conversation Logs**. In Abschnitt 8.3, »Frage-Antwort-Bot verbessern«, gehen wir näher auf den Funktionsumfang ein.

Da sonstige Konzepte wie der Lebenszyklus des Bots, die Versionierung, Kollaboration oder Datenschutzrichtlinien bei Frage-Antwort-Bots identisch gehandhabt werden wie bei intent-basierten Chatbots, finden Sie auf der Registerkarte **Settings** die gleichen Einstellungen wie für intent-basierte Chatbots. Auf diese Einstellungen gehen wir daher nicht weiter ein.

Zum Abschluss dieses Kapitels erstellen Sie in Abschnitt 8.4 Ihren ersten eigenen Frage-Antwort-Bot.

[»]

Unterstützte Sprachen

Sie können Frage-Antwort-Bots nur in den vier Hauptsprachen, also Deutsch, Englisch, Französisch und Spanisch, anlegen. Ansonsten gilt für die Sprachunterstützung und das Laufzeitverhalten das Gleiche wie für intent-basierte Chatbots. In Abschnitt 9.4, »Mehrsprachigkeit und Ermittlung der Sprache«, gehen wir ausführlicher darauf ein.

8.1 Frage-Antwort-Bot trainieren

Trainingsdatensatz

Der Datensatz zum Trainieren eines Frage-Antwort-Bots setzt sich aus einem oder mehreren Dokumenten zusammen. Ein solches Dokument besteht jeweils aus Frage-Antwort-Paaren und wird angelegt, indem eine Datei hochgeladen wird. Für den trainierten Bot spielt es dann keine Rolle mehr, aus welchem Dokument ein Frage-Antwort-Paar stammt. In den folgenden Abschnitten zeigen wir Ihnen, wie Sie den Trainingsdatensatz für einen Frage-Antwort-Bot erstellen und mithilfe der Antworten des Bots das Laufzeitverhalten besser verstehen können.

8.1.1 Trainingsdatensatz erstellen

Sie können Ihre Dokumente mit den vorbereiteten Fragen und Antworten ganz einfach hochladen, indem Sie die entsprechende Datei per Drag & Drop auf der Fläche der Registerkarte **Train** fallen lassen. Alternativ können Sie die Datei über den Dateiauswahldialog Ihres Systems selektieren. Bevor der Inhalt erfolgreich hochgeladen werden kann, wird überprüft, ob alle Vorgaben erfüllt sind.

[«]

Vorgaben für die Dokumente

Damit die Dateien, die für die Dokumente genutzt werden, hinsichtlich ihrer Größe und ihres Inhalts den Anforderungen entsprechen, wurden einige technische Limitierungen für sie definiert:

- Die hochzuladende Datei muss eine UTF-8-kodierte CSV-Datei sein.
- Als Trennzeichen sind Komma, Semikolon oder senkrechter Strich (Pipe) erlaubt.
- Die Dateien dürfen eine Größe von 10 MB nicht überschreiten.
- Es dürfen maximal 20.000 Frage-Antwort-Paare pro Dokument hochgeladen werden.
- Eine Frage darf aus maximal 500 Zeichen bestehen.
- Für eine Antwort dürfen bis zu 2.000 Zeichen verwendet werden.
- Es dürfen nur zwei Spalten definiert werden, die erste für Fragen, die zweite für die Antworten.

Anzeige der Frage-Antwort-Dokumente

Die für einen Bot bereitgestellten Dokumente werden in einer Liste angezeigt. In Abbildung 8.2 besteht diese Liste aus einem einzigen Dokument, nämlich **frage-antwort-bot-de**. Ist ein Dokument erfolgreich hochgeladen, steht es an erster Stelle der Liste. Im Anzeigemodus (**View mode**) wird Ihnen die Anzahl der Frage-Antwort-Paare pro Dokument angezeigt. Nachdem Sie über den Schalter **Edit mode** in den Änderungsmodus gewechselt sind, können Sie Ihre Dokumente verwalten:

- Sie können Dokumente über die Schaltfläche mit dem Stiftsymbol ( ) umbenennen.
- Über die Schaltfläche mit dem Mülltonnensymbol ( ) können Sie ein Dokument löschen.
- Sie können die Reihenfolge der Dokumente mittels Drag & Drop anpassen.

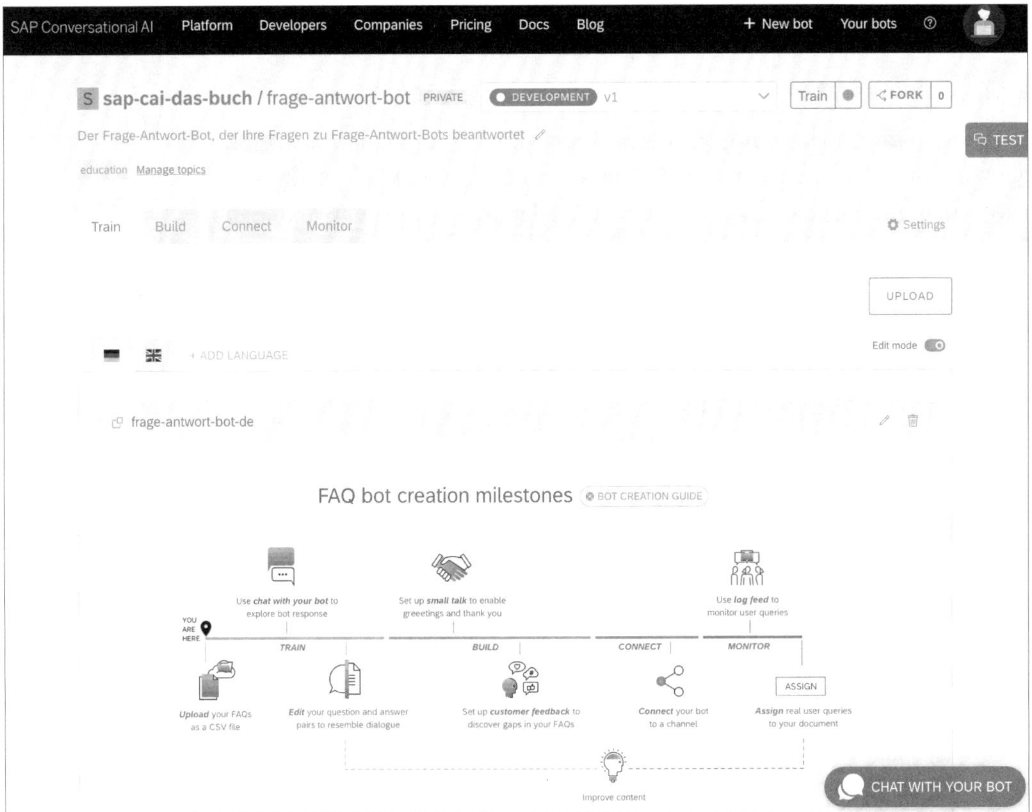

Abbildung 8.2 Registerkarte »Train« eines neuen Frage-Antwort-Bots

Sprachabhängigkeit

Bedenken Sie, dass die Dokumente sprachabhängig sind. Der Bot wird also jeweils mit den Frage-Antwort-Paaren des hochgeladenen Dokuments in der jeweiligen Sprache trainiert.

Pflegen der Frage-Antwort-Paare

Sobald eines oder mehrere Dokumente hochgeladen wurden, können Sie die Frage-Antwort-Paare nachbearbeiten. Öffnen Sie dazu das entsprechende Dokument auf der Registerkarte **Train**.

Da die Dokumente sehr groß werden können, können Sie die Liste der angezeigten Einträge nach Schlüsselwörtern, nach deren Markierungsstatus (**Flagged/Unflagged**) oder nach deren Aktivierungsstatus (**Enabled/Disabled**) filtern. In Abbildung 8.3 wurde beispielsweise nach Einträgen mit dem Schlüsselwort »CSV« gefiltert.

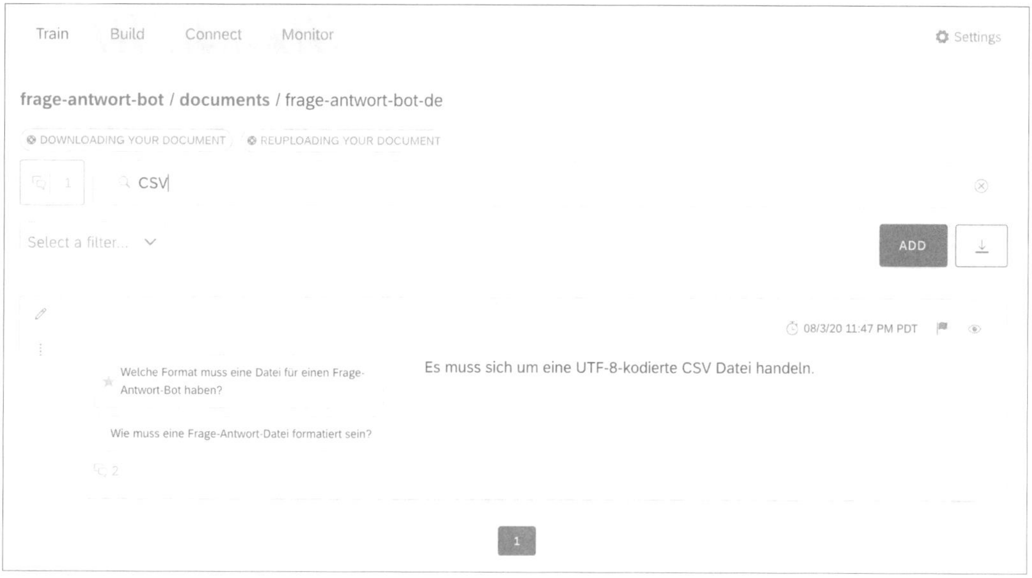

Abbildung 8.3 Frage-Antwort-Paare pflegen

Bei der Bearbeitung jedes einzelnen Frage-Antwort-Paares haben Sie die folgenden Möglichkeiten:

- **Eintrag markieren**
  Sie können einzelne Einträge gezielt markieren, damit Sie selbst und Ihre Kolleg*innen diese zu einem späteren Zeitpunkt einfach wiederfinden können. Markierungen beziehen sich direkt auf ein Frage-Antwort-Paar und sind nicht an einen Benutzer gekoppelt.

  Klicken Sie auf die Schaltfläche mit dem Flaggensymbol ( ), um einen Eintrag zu markieren. Alternativ wählen Sie **FLAG CONTENT** (bzw. **UNFLAG CONTENT**, um die Markierung zu entfernen) im Optionen-Menü, das Sie über die Schaltfläche mit den vier Punkten ( ) öffnen können.

- **Eintrag deaktivieren**
  Falls ein einzelner Eintrag gerade überarbeitet wird oder aus einem anderen Grund schnell vom Netz genommen werden muss, ohne den Betrieb des Bots zu beeinflussen, kann dieser Eintrag deaktiviert werden.

Eine deaktivierte Antwort steht dann zur Laufzeit nicht zur Verfügung. Um einen Eintrag zu deaktivieren, wählen Sie den Eintrag **DISABLE MATCHING** (bzw. **ENABLE MATCHING** zum Aktivieren) im Optionen-Menü, oder klicken Sie auf die Schaltfläche mit dem Augensymbol ( ).

- **Eintrag löschen**
  Wenn Sie ein Frage-Antwort-Paar nicht mehr benötigen, kann dieses unwiederbringlich gelöscht werden, indem Sie **DELETE** im Optionen-Menü auswählen.
- **Änderungsmodus aktivieren**
  Durch einen Klick auf die Schaltfläche mit dem Stiftsymbol ( ) wird der entsprechende Eintrag in den Änderungsmodus versetzt, den Sie in Abbildung 8.4 sehen können. Wenn Sie den Mauszeiger über eine Frage bewegen, erscheinen drei Schaltflächen zum Markieren ( ), Bearbeiten ( ) oder Entfernen ( ) der Frage (siehe Abbildung 8.4). Während Sie im Änderungsmodus sind, können Sie den Antworttext direkt modifizieren.
- **Fragetext bearbeiten**
  Nachdem Sie die Schaltfläche zum Bearbeiten einer Frage ( ) betätigt haben, können Sie den Text direkt vor Ort anpassen. Durch Betätigung der Eingabetaste bestätigen Sie die Änderung.
- **Frage entfernen**
  Durch einen Klick auf die Schaltfläche zum Entfernen ( ) einer Frage wird diese auf der Stelle und ohne Rückfrage gelöscht.
- **Als primäre Frage markieren**
  Ebenfalls im Änderungsmodus haben Sie die Möglichkeit, die *primäre Frage*, die einer Antwort zugeordnet ist, zu markieren ( ). Diese Frage wird mit einem Stern markiert. Sie wird ausgegeben, wenn den Nutzer*innen die Antwort präsentiert wird. Die primäre Frage kann nicht gelöscht werden und natürlich auch nicht als primäre Frage markiert werden.
- **Weitere Frage hinzufügen**
  Nachdem Sie in den Änderungsmodus gewechselt sind, sind Sie auch in der Lage, weitere Varianten einer Frageformulierung zu einer Antwort hinzuzufügen, indem Sie diese in das Eingabefeld mit dem Hinweis **Type a sample user question...** eingeben.

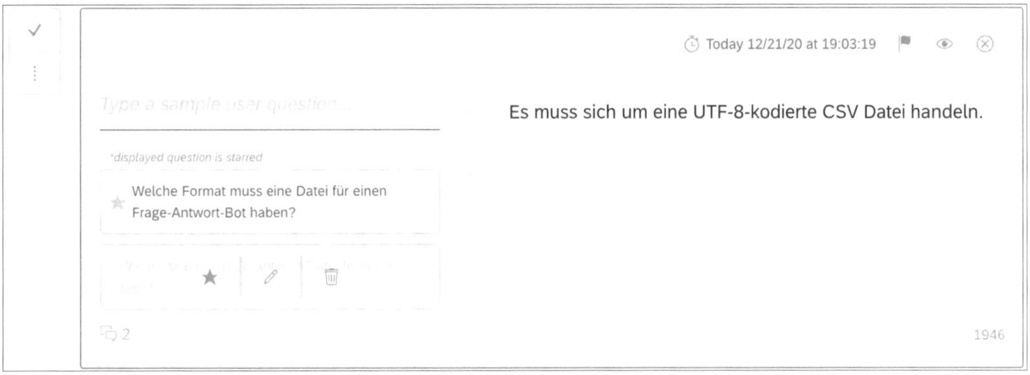

Abbildung 8.4 Änderungsmodus für ein Frage-Antwort-Paar

Mehrere Fragen pro Antwort

Wie Sie bereits gesehen haben, können Sie für eine Antwort mehrere Fragen hinterlegen, um den Frage-Antwort-Bots besser zu trainieren und ein weites Spektrum an möglichen Fragevarianten abzudecken. Sie können auch gleich mehrere Fragen pro Antwort in einem Dokument hochladen. Dazu muss ein bestimmtes Format eingehalten werden, das wir in Tabelle 8.1 an einem Beispiel zeigen. Sie können in der Spalte der Fragen mehrere Fragen untereinander angeben, solange in der Spalte der Antworten kein neuer Eintrag gepflegt wird. Die erste Frage, die in einer Reihe mit der Antwort steht, wird automatisch als primäre Frage bestimmt und im hochgeladenen Dokument mit einem goldenen Sternchen markiert.

Wie muss eine Frage-Antwort-Datei formatiert sein?	Es muss sich um eine UTF-8-kodierte CSV-Datei handeln.
Welches Format muss eine Datei für einen Frage-Antwort-Bot haben?	
Wie groß darf eine Datei mit Frage-Antwort-Paaren sein?	Die Datei darf maximal 10 MB groß sein.
Wie viele Frage-Antwort-Paare dürfen in einem Dokument enthalten sein?	In einem Dokument dürfen maximal 20.000 Frage-Antwort-Paare enthalten sein.

Tabelle 8.1 Beispiel eines Dokuments mit mehreren Fragen pro Antwort

8.1.2 Antworten des Frage-Antwort-Bots zur Laufzeit analysieren

Attribut »qna«

Um das Verhalten eines Frage-Antwort-Bots besser verstehen zu können, lohnt es sich, einen Blick auf die Daten zu werfen, die zur Laufzeit produziert werden. Für diese Art von Bots wird in der Antwort des Bots das spezielle Attribut qna gefüllt. Bei diesem Attribut handelt es sich um das gleiche Datenobjekt, das Sie als Antwort erhalten, wenn Sie eine Anfrage direkt an den Endpunkt */request/ask* des Frage-Antwort-Bots schicken.

Attribute der Bot-Antwort

Tabelle 8.2 listet die Attribute auf, die Ihnen in dem Attribut qna zur Laufzeit zur Verfügung gestellt werden (siehe auch Abbildung 8.5).

Attribut	Beschreibung
`status`	Gibt den Statuscode der Antwort an, beispielsweise 200 bei erfolgreicher Prozessierung.
`uuid`	Eindeutige ID der zu prozessierenden Anfrage. Diese hat für die Implementierung eines Frage-Antwort-Bots keine weitere Bedeutung.
`timestamp`	Zeitstempel der UTC-Zeit (koordinierte Weltzeit), der zum Abschluss des Prozessierens gesetzt wird
`disambiguations`	Gibt an, welcher Skill unter welchen Bedingungen zur Ausführung kommen soll. Auf die Zuordnung der Werte zu bestimmten Skills gehen wir in Abschnitt 8.2, »Frage-Antwort-Bots bauen«, ausführlicher ein. An dieser Stelle ist es wichtig anzumerken, dass es sich nicht um eine Disambiguierung im eigentlichen Sinne handelt, da hier keine Ambiguität aufgelöst wird. Der Begriff ist etwas irreführend. Mögliche Werte dieses Attributs sind: ■ faq ■ hello ■ goodbye ■ thank you ■ yes ■ no
`language`	Gibt die automatisch ermittelte Sprache an, für den Fall, dass keine Sprache vorgegeben war (siehe auch Abschnitt 9.4, »Mehrsprachigkeit und Ermittlung der Sprache«, für weitere Informationen zum Umgang mit Sprachen).
`processing_language`	die Sprache, die zum Prozessieren der Anfrage verwendet wird (siehe ebenfalls Abschnitt 9.4)
`source`	Enthält den Wert der eingegebenen Äußerung.

Tabelle 8.2 Attribute des Datenattributs »qna«

Attribut	Beschreibung
faq	Enthält im Antwortattribut answers ein Array von potenziellen Antworten sowie die Attribute des maximalen Konfidenzwertes (max_confidence) und des minimalen Konfidenzwertes (min_confidence).
faq.answers.question	Gibt die primäre Frage zur ermittelten Antwort wieder.
faq.answers.answer	Gibt den Text der ermittelten Antwort wieder.
faq.answers.confidence	der prozentuale Konfidenzwert, d. h., wie gut die ermittelte Antwort zur Frage passt
faq.answers.document_source	der Name des Dokuments, aus dem die ermittelte Antwort stammt
faq.max_confidence	der höchste Konfidenzwert aus der Liste der ermittelten möglichen Antworten
faq.min_confidence	der entsprechende niedrigste Konfidenzwert

Tabelle 8.2 Attribute des Datenattributs »qna« (Forts.)

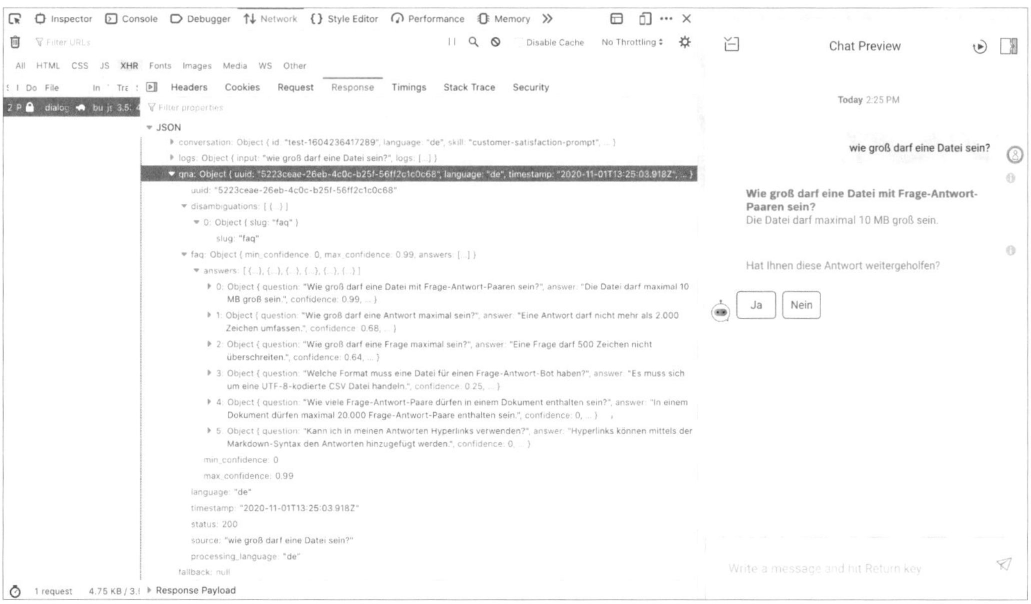

Abbildung 8.5 Das Attribut »qna« mit der Antwort eines Frage-Antwort-Bots

8.2 Frage-Antwort-Bots bauen

Beim Bauen eines Frage-Antwort-Bots werden Sie bemerken, dass Sie nicht die gleichen Freiheiten wie bei intent-basierten Bots genießen, um den Dialogfluss zu kontrollieren. Dieser ist zu weiten Teilen bereits vorgegeben. Sie haben jedoch ein paar Möglichkeiten, ihn Ihren eigenen Bedürfnissen anzupassen.

Skills deaktivieren

Ein Frage-Antwort-Bot besitzt vier Skills (siehe auch Abbildung 8.1). Da Sie weder neue Skills hinzufügen noch die vorhandenen Skills löschen können, wird es auch bei diesen vier Skills bleiben. Sie haben lediglich die Möglichkeit, diese Skills über den Schalter  zu deaktivieren. Ausgenommen davon ist der Skill **faq**, denn ohne diesen könnte der Bot keine Fragen beantworten, weswegen er nicht deaktiviert werden kann.

Detailsicht eines Skills

Wenn Sie die Detailsicht eines der Skills per Klick auf dessen Namen aufrufen, wird Ihnen auffallen, dass auch der Inhalt dieser Detailsicht im Vergleich zu der von Skills von intent-basierten Bots ordentlich zusammengekürzt wurde. Sie können ausschließlich die Aktionen pflegen, die übrigen Registerkarten sind nicht verfügbar, wie Sie in Abbildung 8.6 am Beispiel des Skills **small-talk** sehen können.

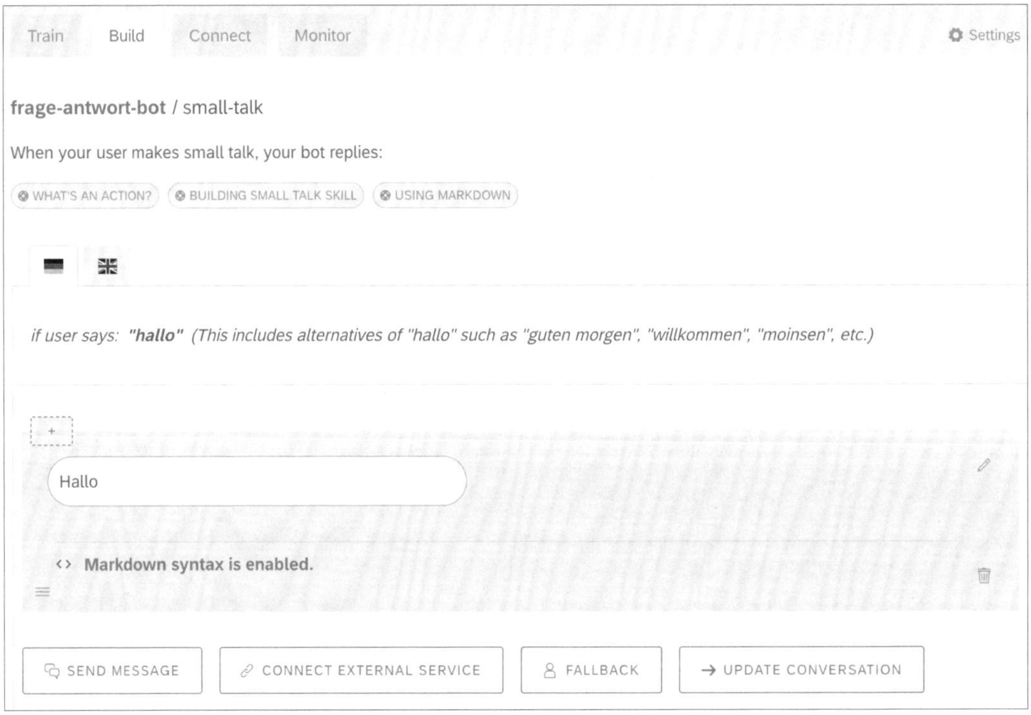

Abbildung 8.6 Der Skill »small-talk« für einen Frage-Antwort-Bot

Wenn man sich die Bedeutung der vier Skills genauer ansieht, erklärt sich auch, warum die Auswahlmöglichkeiten eingeschränkt sind:

- **faq**
  Falls eine Frage identifiziert wird, wird automatisch der Skill **faq** ausgeführt. Bestimmt wird dies durch den Wert `faq` des Attributs `disambiguations`.

  Sie können die Trigger-Bedingungen des Skills nicht weiter beeinflussen, und es existieren auch keine Voraussetzungen (Requirements) für das Ausführen eines **faq**-Skills. Außerdem gibt es einen speziellen Operanden `?qna`, den Sie bei der Evaluierung der Bedingungen der Nachrichtengruppen verwenden können.
- **customer-satisfaction-prompt**
  Dieser Skill wird infolge einer Sprunganweisung direkt nach dem Beantworten einer Frage vom Skill **faq** aus ausgeführt, um die Zufriedenheit der Nutzerin oder des Nutzers über Quick Replies (»Ja« oder »Nein«) zu erfragen. Daher benötigt dieser Skill keine Trigger-Bedingungen, und Voraussetzungen sind auch keine definiert.
- **customer-satisfaction-reply**
  Nachdem die Nutzerin oder der Nutzer eine der beiden Quick-Reply-Schaltflächen des Skills **customer-satisfaction-prompt** ausgewählt hat, wird automatisch der Skill **customer-satisfaction-reply** ausgeführt, um auf die Auswahl reagieren zu können. Zur Ermittlung der richtigen Bot-Antwort werden die Werte `yes` and `no` des Attributs `disambiguations` herangezogen. Es werden keine weiteren Trigger-Bedingungen benötigt, und auch hier gibt es keinen Anlass, eine Voraussetzung zu definieren.
- **small-talk**
  Falls die Nutzer*innen den Frage-Antwort-Bot begrüßen, sich verabschieden oder bedanken, gibt es den **small-talk**-Skill, der in den drei erwähnten Fällen automatisch ausgeführt wird. Wie der Bot antwortet, wird anhand der Werte `hello`, `goodbye` oder `thank you` des Attributs `disambiguations` bestimmt. Mehr Einfluss auf die Ausführung dieses Skills haben Sie nicht.

Neue Nachrichtengruppen

In allen Skills stehen Ihnen die üblichen und bereits bekannten Aktionen zur Verfügung, um das vordefinierte Verhalten Ihren Bedürfnissen anzupassen, jedoch mit der Einschränkung, dass Sie nur im **faq**-Skill neue Nachrichtengruppen anlegen und deren Bedingungen pflegen können. In den anderen Skills sind diese Gruppen und deren Bedingungen vorgegeben.

Zur Pflege der Bedingungen der Aktionsgruppen bekommen Sie bei Frage-Antwort-Bots ein spezielles Werkzeug an die Hand, nämlich den linken

Operanden `?qna` oder genauer gesagt die Operanden `?qna.faq.max_confidence` und `?qna.faq.min_confidence` (siehe Abbildung 8.7). Diese bilden den höchsten und den niedrigsten Konfidenzwert einer potenziellen Antwort ab.

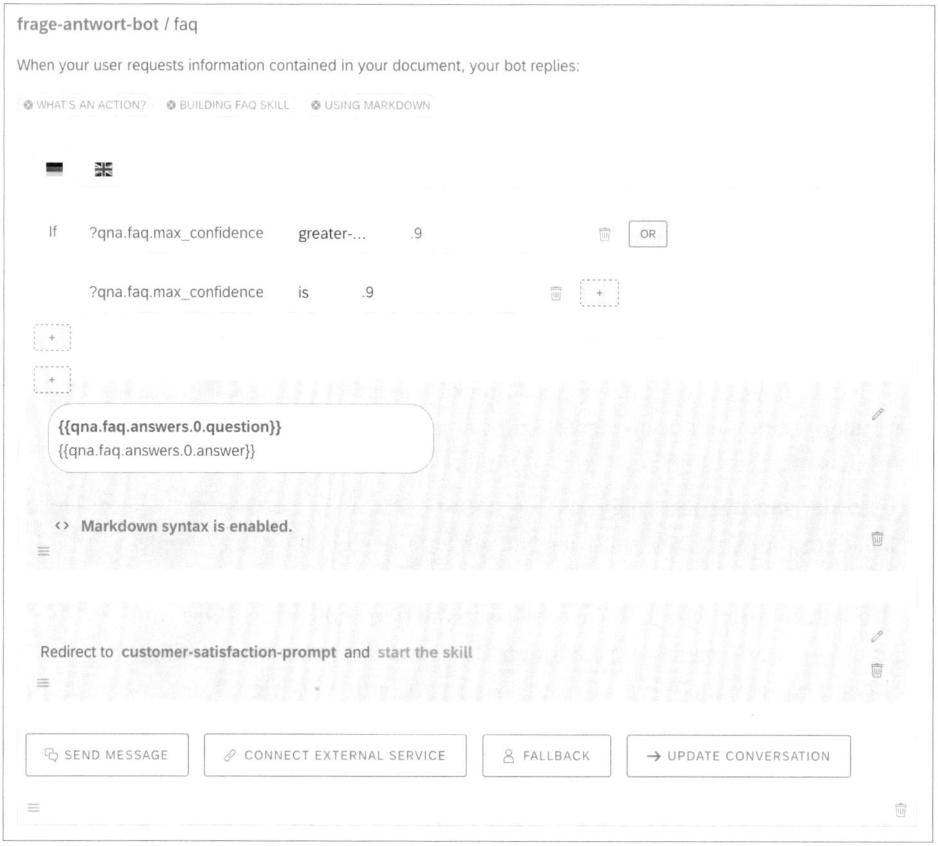

Abbildung 8.7 Mögliche Anpassungen am Skill »faq« eines Frage-Antwort-Bots

Bestimmung der gewünschten Antwort

Der Skill **faq** wird automatisch ausgeführt, wenn zur Laufzeit erkannt wurde, dass es sich bei der Äußerung einer Nutzerin oder eines Nutzers um eine zu beantwortende Frage handelt. Dies geschieht, wenn das Attribut `disambigiations` den Wert `faq` hat. In der standardmäßig voreingestellten Implementierung des Skills **faq** spielt der Operand `?qna.faq.max_confidence` eine entscheidende Rolle für das weitere Verhalten dieses Skills:

- Bei einem Wert der maximalen Konfidenz von 90 % oder höher können Sie davon ausgehen, dass die Antwort korrekt ermittelt werden konnte. In diesem Fall wird die Antwort mit dem höchsten Konfidenzwert umgehend als Antwort präsentiert.

- Falls der Wert der maximalen Konfidenz jedoch zwischen 5 % und 90 % liegt, wird den Nutzer*innen die Möglichkeit gegeben, die korrekte Antwort aus einer Liste der passendsten drei Treffer auszusuchen.
- Sollte für keine der möglichen Antworten der Konfidenzwert höher als 5 % sein, wird den Nutzer*innen lediglich eine Meldung präsentiert, dass keine passende Antwort ermittelt werden konnte.

Verhalten anpassen

Das beschriebene Verhalten ist jedoch nur das voreingestellte Standardverhalten. Der **faq**-Skill gibt Ihnen alle Freiheiten, um das Verhalten mittels diverser Aktionen anzupassen. Sie haben die volle Palette der Aktionen zur Verfügung, die Sie aus Abschnitt 4.5, »Aktionen erstellen«, kennen.

Über die Operanden `?qna.faq.max_confidence` und `?qna.faq.min_confidence` erfolgt ein direkter Zugriff auf die entsprechenden Attribute, die Sie in Abschnitt 8.1.2, »Antworten des Frage-Antwort-Bots zur Laufzeit analysieren«, kennengelernt haben. Mit deren Hilfe können Sie das im **faq**-Skill vordefinierte Laufzeitverhalten anpassen.

8.3 Frage-Antwort-Bot verbessern

Monitoring

Im Großen und Ganzen verhalten sich die Werkzeuge für das Monitoring Ihres Frage-Antwort-Bots, die sich auf der Registerkarte **Monitor** befinden, fast identisch zu denen eines intent-basierten Bots. Es gibt jedoch zwei Abweichungen in Bezug auf das Log-Feed-Protokoll, die wir an dieser Stelle gerne herausgreifen würden, nämlich die Filtereinstellungen und das Zuweisen von Protokolleinträgen.

Protokolleinträge filtern

Die Filtermöglichkeiten für Protokolleinträge folgen dem in Abschnitt 6.1, »Einträge filtern«, beschriebenen Muster, es gibt jedoch ein spezielles Filterkriterium: Mithilfe eines Schiebereglers **FAQ Confidence** sind Sie in der Lage, nach einem Bereich von Konfidenzwerten zu filtern (siehe Abbildung 8.8). Standardmäßig ist dieser Filter auf den Bereich von 0 bis 100 eingestellt, es sind also alle Einträge sichtbar.

Möchten Sie beispielweise nur die Einträge sehen, die einer Disambiguierung unterzogen wurden, müssen Sie den Filter auf den Bereich zwischen 5 und 90 einstellen. Mit diesem Filter sind Sie also in der Lage, Ihre Analyse des Protokolls auf diejenigen Äußerungen zu konzentrieren, mit denen Sie das Sprechverständnis Ihres Bots wirklich verbessern können.

Abbildung 8.8 Log-Feed-Protokoll eines Frage-Antwort-Bots

Zuweisen von Protokolleinträgen

Um Ihr Dokument aus Frage-Antwort-Paaren stetig verbessern zu können, haben Sie außerdem die Möglichkeit, Protokolleinträge als weitere Fragen zu einem der bestehenden Paare hinzuzufügen:

1. Klappen Sie einen Eintrag, dessen Äußerung Sie Ihren Trainingsdaten hinzufügen möchten, über das Pfeilsymbol am Ende der Zeile (▾) auf, wie z. B. die Äußerung »Wie viele Einträge kann ich in einem Dokument pflegen?« in Abbildung 8.8.
2. In dem sich öffnenden Bedienfeld finden Sie eine absteigend sortierte Liste der ermittelten Fragen mit den höchsten Konfidenzwerten.
3. Um diese Äußerung nun einem Frage-Antwort-Paar zuzuweisen, klicken Sie auf die Schaltfläche **ASSIGN**.
4. Darauf erscheint ein Pop-up-Fenster, das Ihnen die Möglichkeit gibt, den Text der Frage noch einmal zu überarbeiten (siehe Abbildung 8.9).

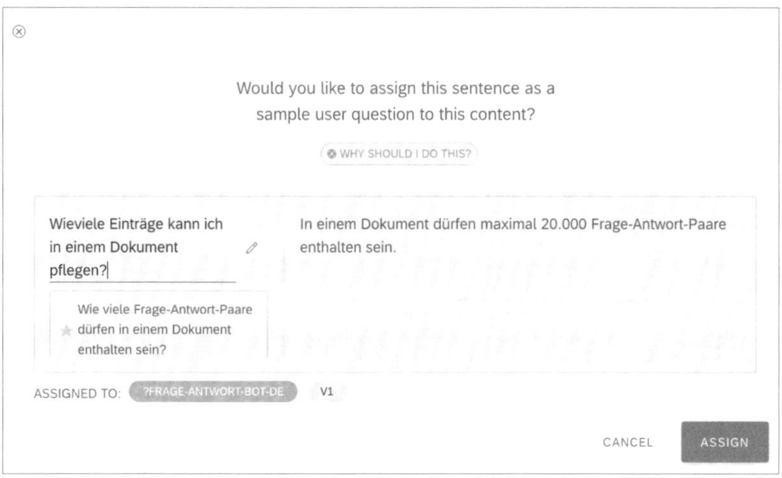

Abbildung 8.9 Zuweisen eines Protokolleintrags

5. Bestätigen Sie die Zuordnung, indem Sie erneut die Schaltfläche **ASSIGN** betätigen.

Nachdem ein Protokolleintrag einem Frage-Antwort-Paar zugewiesen wurde, wird dieser in der Protokollübersicht blau hervorgehoben. Wenn Sie diesen Eintrag nun aufklappen, erhalten Sie Hinweise zu der getätigten Zuweisung. Mit der Schaltfläche **UNASSIGN** können Sie die Zuweisung wieder aufheben, wie auch aus Abbildung 8.10 hervorgeht.

Abbildung 8.10 Detailansicht eines zugeordneten Protokolleintrags

8.4 Einen eigenen Frage-Antwort-Bot erstellen

In diesem Abschnitt zeigen wir Ihnen, wie Sie einen eigenen Frage-Antwort-Bot anlegen. Anschließend werden wir das Laufzeitverhalten dieses Bots genauer untersuchen. Ziel dieses Abschnitts ist es, die wichtigsten Schritte bei der Erstellung eines Frage-Antwort-Bots nachzuvollziehen. Auf die Qualität der Daten kommt es bei diesem Beispiel noch nicht an, solange die Frage-Antwort-Paare korrekt formatiert sind. Falls Sie sich jedoch die Mühe machen wollen und ein paar für Ihr Unternehmen oder Ihren Anwendungsfall passende Frage-Antwort-Paare zusammensuchen, können Sie Ihren Bot direkt einsetzen.

8.4.1 Frage-Antwort-Bot anlegen

Anlage-Assistent für Frage-Antwort-Bots

Gehen Sie wie folgt vor, um den Frage-Antwort-Bot anzulegen. Sie werden dabei von dem Wizard unterstützt, den Sie bereits aus Abschnitt 2.4, »Erste Schritte zur Erstellung eines Chatbots«, kennen:

1. Legen Sie einen neuen Bot an, indem Sie in Ihrem Benutzerprofil oder dem einer Ihrer Organisationen auf die Schaltfläche **+ New Bot** klicken.
2. Wählen Sie als Typ Ihres neuen Bots die Kachel **Retrieve Answers** aus.
3. Geben Sie Ihrem neuen Bot im Schritt **Create your bot** einen Namen, beispielsweise »mein-erster-faq-bot«. Bedenken Sie dabei, dass es sich bei Bot-Namen um Slugs handelt. Leerzeichen oder Unterstriche werden daher z. B. in Bindestriche umgewandelt.

4. Bei Bedarf können Sie eine Beschreibung und Themen pflegen. Für dieses Beispiel wird das jedoch keine Rolle spielen.
5. Stellen Sie sicher, dass die Standardsprache des Bots im Feld **Default language** entsprechend gesetzt wird. Für unser Beispiel bietet sich Deutsch an.

[»]

Verfügbare Sprachen für Frage-Antwort-Bots

An dieser Stelle mag Ihnen auffallen, dass nur die Sprachen mit fortgeschrittener Funktionalität zur Auswahl angeboten werden. Die übrigen Sprachen werden für Frage-Antwort-Bots nicht unterstützt und stehen daher nicht zur Auswahl.

6. Pflegen Sie im Schritt **Data policy** die Datenschutzrichtlinien Ihres Bots. Falls Sie nicht vorhaben, persönliche Daten in dem Dokument zu pflegen, können Sie getrost **Non-personal** als **Type of data** und **Store** bei der Auswahl **Store conversation data** wählen. Bestimmen Sie außerdem, ob es sich bei den Nutzer*innen dieses Bots um einen besonders schützenswerten Personenkreis handelt.
7. Im Schritt **Bot visibility** können Sie die Sichtbarkeit Ihres Bots einstellen. Falls Sie nicht vorhaben, Ihren Bot von Anfang an mit der Welt zu teilen, können Sie mit **Private** beginnen. Diese Einstellung können Sie jederzeit nach Belieben anpassen.
8. Schließen Sie die Erstellung des Bots mit einem Klick auf die Schaltfläche **CREATE A BOT** ab.

Frage-Antwort-Dokumente erstellen

Ein neu erstellter Frage-Antwort-Bot enthält noch keine Dokumente. Um ein neues Dokument zu erstellen, können Sie ein Tabellenkalkulationsprogramm Ihrer Wahl zu Hilfe nehmen und eine Tabelle anlegen. In die erste Spalte der Tabelle schreiben Sie eine Handvoll Fragen, in die zweite die entsprechenden Antworten. Speichern Sie das Dokument dann als UTF-8-kodierte CSV-Datei ab.

Zum Hochladen können Sie die Datei mittels Drag & Drop einfach auf der freien Fläche auf der Registerkarte **Train** fallen lassen oder den Dialog nutzen, der sich nach dem Klick auf die Schaltfläche **UPLOAD** öffnet.

Das hochgeladene Dokument wird nun auf der Übersichtsseite angezeigt, ähnlich wie Sie es bereits in Abbildung 8.2 gesehen haben. Nach dem Hochladen wird auch automatisch das Training Ihres Frage-Antwort-Bots gestartet. Sobald der Bot trainiert ist, wird Ihnen in der Kopfzeile neben dem Indikator **Train** ein grünes Licht angezeigt. Bei kleinen Dokumenten geht das sehr flott. Ihr Bot ist nun bereit.

8.4.2 Laufzeitverhalten des Bots analysieren

Nachdem Sie Ihren ersten Frage-Antwort-Bot angelegt haben, können Sie dessen Laufzeitverhalten analysieren.

[+]

> **Vorbereiteten Frage-Antwort-Bot analysieren**
>
> Sie können alternativ auch einen Bot analysieren, den wir für Sie vorbereitet haben, nämlich den Bot **frage-antwort-bot**, den Sie in unserer Organisation **SAP CAI: Das Buch** auf der Plattform finden: *https://cai.tools.sap/sap-cai-das-buch/frage-antwort-bot*. Sie können einen Fork dieses Bots erstellen und ihn anstelle Ihres selbst angelegten Bots verwenden.

8

Frage-Antwort-Bot testen

Öffnen Sie nun das Test-Chatfenster des Frage-Antwort-Bots über die Schaltfläche **Chat Preview**, und machen Sie sich bereit für Ihre erste Unterhaltung. Im ersten Versuch wollen wir dem Bot ein wenig entgegenkommen und eine Frage genauso stellen, wie sie in den Trainingsdaten zur Verfügung gestellt wurde. Geben Sie in den von uns bereitgestellten Bot also beispielsweise die folgende Frage ein:

»Wie groß darf eine Antwort maximal sein?«

Sie sollten nun die korrekte Antwort sehen, gefolgt von der durch den Skill **customer-satisfaction-prompt** erzeugten Rückfrage, ob Sie mit dem Ergebnis zufrieden sind. Falls die Antwort Ihren Erwartungen entspricht, klicken Sie auf **Ja**.

Disambiguierung

Falls eine Antwort nicht eindeutig bestimmt werden kann, da der Wert für das Attribut `max_confidence` niedriger als 90 % ist, wird mittels eines Disambiguierungsdialogs versucht, diese Ungewissheit aufzulösen. Versuchen Sie nun, eine solche Disambiguierung zu provozieren, indem Sie Ihre Frage so stellen, dass die passende Antwort nicht eindeutig ermittelt werden kann. Bei unserem Muster-Bot können Sie dies erreichen, indem Sie beispielsweise fragen: »Wie groß?«, wie Sie in Abbildung 8.11 dargestellt sehen.

Abbildung 8.11 Disambiguierungsdialog eines Frage-Antwort-Bots

Zur Klärung bietet Ihnen der Frage-Antwort-Bot nun drei mögliche Fragen an, damit Sie entscheiden können, was Sie eigentlich fragen wollten. In Abbildung 8.12 sehen Sie rechts die Rohdaten der Antworten, die unser vorbereiteter Bot in diesem Fall vorschlagen würde.

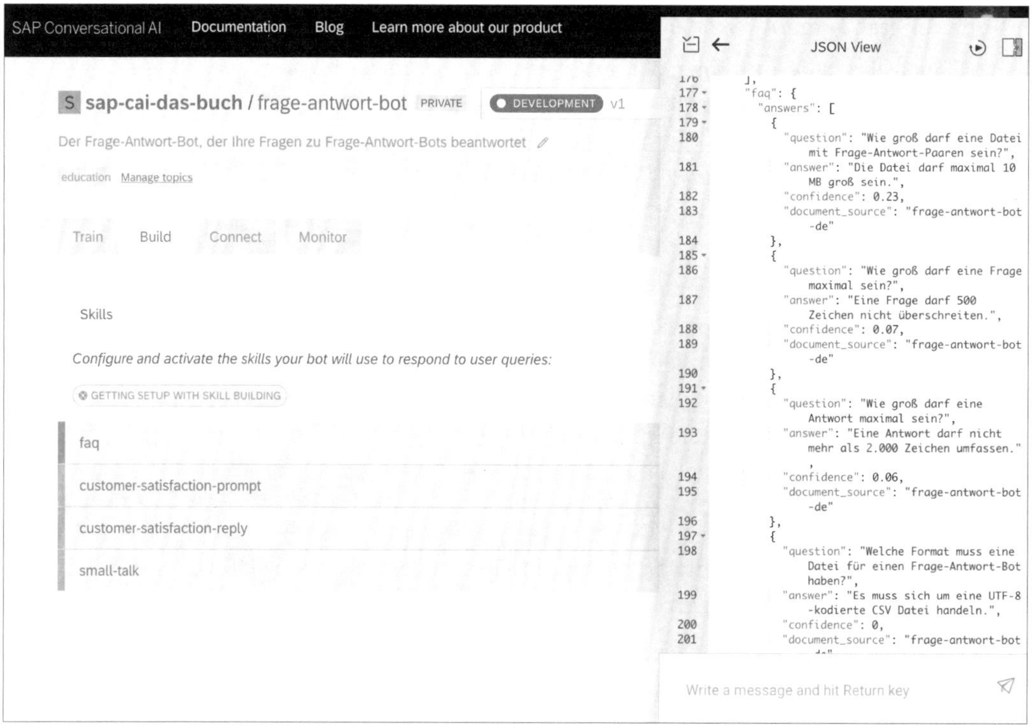

Abbildung 8.12 Mehrere Antworten bei geringer Konfidenz im JSON-Format

Skill »faq« erweitern

Wir gehen nun davon aus, dass die drei vorgeschlagenen Fragen nicht ausreichend sind. Vielmehr sollte Ihr Frage-Antwort-Bot die vier besten Fragen zur Auswahl anbieten. Dazu erweitern Sie den Skill **faq** entsprechend, um die passendsten vier Fragen anzuzeigen. Bei einem Bot mit einem umfangreichen Dokument können Sie auch mehr als vier Fragen anbieten. Bei diesem Beispiel geht es uns jedoch in erster Linie um das Verständnis des **faq**-Skills. Drei Fragen sind in der Regel ausreichend.

Erweitern Sie also die Nachrichtgruppe, die den Disambiguierungsdialog mithilfe des Typs Quick Reply erzeugt, um eine vierte Antwort auswählbar zu machen. Dazu müssen Sie das vorgegebene Muster um eine Option erweitern, wie Sie auch in Abbildung 8.13 sehen können.

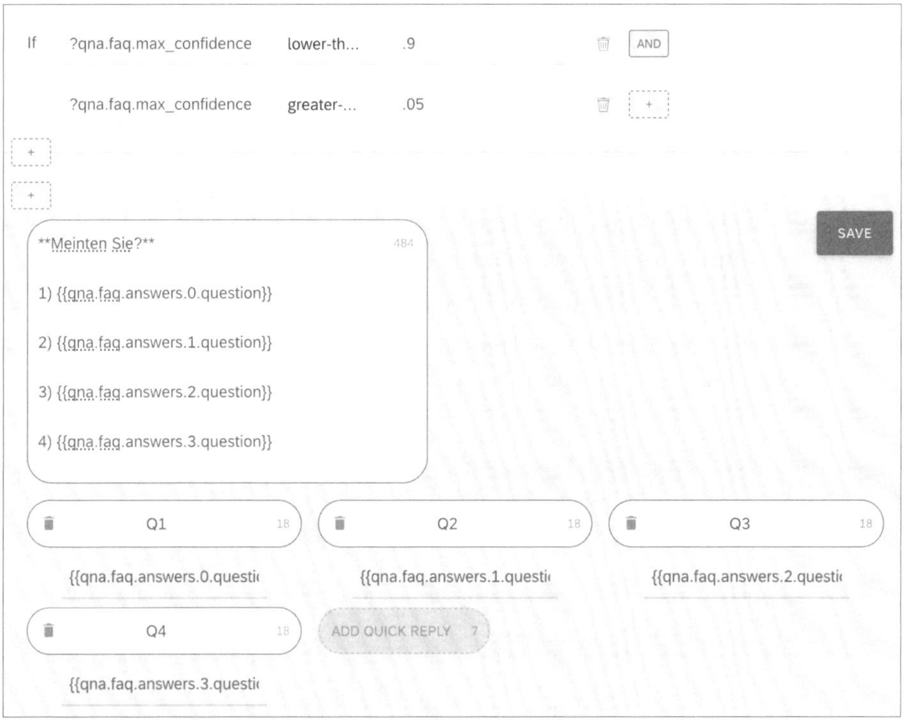

Abbildung 8.13 Erweiterung des Disambiguierungsdialogs

Versuchen Sie nun, mit der nächsten Frage, die Sie eingeben, weit genug von den Trainingsdaten entfernt zu liegen, sodass die höchste Konfidenz einer Antwort unter 5 % liegt. Dies gelingt bei unserem bereitgestellten **frage-antwort-bot** beispielsweise, wenn Sie ihn nach dem Wetter fragen. Wie Sie dem Aufbau des **faq**-Skills entnehmen können (siehe Abschnitt 8.2, »Frage-Antwort-Bots bauen«), wird in diesem Fall eine Meldung ausgegeben, dass keine passende Antwort ermittelt werden konnte (siehe Abbildung 8.14).

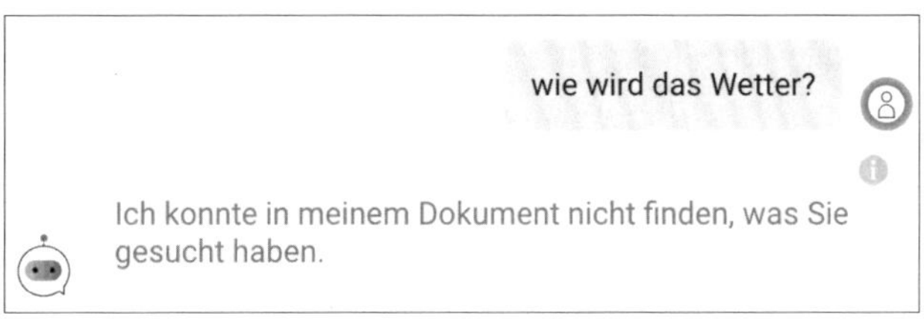

Abbildung 8.14 Der Frage-Antwort-Bot konnte keine passende Antwort ermitteln.

8.5 Zusammenfassung

Mit diesem Kapitel sollten Sie einen guten Überblick über die zweite Art von Bots bekommen haben, die auf der Plattform SAP Conversational AI entwickelt werden kann. Sie haben gesehen, wie sich das Training dieser Bots von dem der bisher behandelten intent-basierten Bots unterscheidet, welche Einschränkungen Sie beim Bauen der Skills haben und wie Sie diese Bots mithilfe von Protokolleinträgen weiter trainieren können.

Damit kommen wir zum Ende des zweiten Teils dieses Buches. Mittlerweile sollten Sie sich auf der Plattform gut auskennen. Im folgenden Teil werden wir einige wichtige Aspekte herausgreifen und diese weiter vertiefen.

TEIL III

Fortgeschrittene Chatbot-Konzepte

Kapitel 9
Weiterführende Konzepte

Einige Konzepte der Chatbot-Entwicklung verdienen es, nochmals gesondert hervorgehoben zu werden, sei es, weil sie besonders komplex sind oder weil sie nicht so recht in ein anderes Kapitel passten. Sie haben jedoch gemeinsam, dass sie wichtig für das Verständnis der Plattform sind.

In diesem Kapitel gehen wir auf einige weitere Konzepte von SAP Conversational AI ein, die bisher zu kurz gekommen sind. Sie werden sehen, dass es sich hierbei um einen bunten Strauß an Themen handelt. Hier ein kurzer Überblick:

- In Abschnitt 9.1 beschäftigen wir uns umfassender als bisher mit dem Chat Preview und dessen Funktionen zur Laufzeitanalyse.
- Abschnitt 9.2 gibt einen Einblick in die Verwendung der API-Endpunkte.
- In Abschnitt 9.3 werden wir anhand einiger Beispielen tief in das Laufzeitverhalten eines Chatbots eintauchen.
- In Abschnitt 9.4 stehen die Mehrsprachigkeit der Chatbots und die Ermittlung der Sprache von Nutzereingaben im Mittelpunkt.
- Zu guter Letzt widmen wir uns in Abschnitt 9.5 ausführlich der Skill-Disambiguierung.

9.1 Laufzeitverhalten eines Chatbots testen

Zu den Werkzeugen, die Sie benötigen, um einen Chatbot effizient und komfortabel zu bauen, gehört auch eine Vorschau, in der Sie Ihren Bot zur Laufzeit unter realistischen Bedingungen auf Herz und Nieren untersuchen können.

Dieses Werkzeug nennt sich in SAP Conversational AI Chat Preview und lässt sich von jeder Registerkarte aus mittels der gelben Schaltfläche **Chat Preview** in der rechten unteren Ecke der Anwendungsoberfläche öffnen.

9.1.1 Vorschau auf eine Unterhaltung

Die Vorschau ist im Wesentlichen ein Chat-Client, also ein Dialogfenster, in dem Sie sich mit Ihrem Chatbot unterhalten können. Zum Einsatz kommt hier der SAP Conversational AI Web Client, den Sie bereits in Abschnitt 5.2 kennengelernt haben. Abgesehen davon, dass Ihr aktuell in der Plattform angezeigter Bot automatisch in die Vorschau integriert ist und somit ohne weiteren Aufwand getestet werden kann, bietet Ihnen die Vorschau einige weitere Funktionalitäten, die wir Ihnen im Folgenden genauer erläutern. Sie machen den Chat Preview zu einem wichtigen Werkzeug für Sie.

Bedienung der Vorschau

Zunächst geben wir Ihnen eine kurze Einführung in die Bedienung der Vorschau (siehe Abbildung 9.1):

❶ **Eingabefeld**
Am unteren Rand des Vorschaufensters befindet sich das Eingabefeld im üblichen Stil eines Chat-Clients. Hier geben Sie die exemplarischen Äußerungen ein, die an Ihren Chatbot gesendet werden.

❷ **Gesprächsverlauf**
Ebenfalls vergleichbar mit anderen Chat-Clients ist die Anzeige des Gesprächsverlaufs. Blaue Sprechblasen zeigen die Aussagen der Nutzerin oder des Nutzers an, graue die Ihres Bots.

Eine Besonderheit sind die gelben Informationssymbole (ⓘ). Klicken Sie darauf, wird Ihnen das JSON-Datenobjekt angezeigt, das als Antwort auf eine Nutzeräußerung erzeugt wurde. Es bildet den aktuellen Zustand der Konversation ab und enthält auch sämtliche Logeinträge, die beim Prozessieren der Anfrage geschrieben wurden.

❸ **Konversation zurücksetzen**
Sie können eine Konversation zurücksetzen, indem Sie auf die Schaltfläche ⟲ (**Restart**) in der oberen Menüleiste des **Chat Preview** klicken. Dadurch löschen Sie den Gesprächsverlauf, der im Chatfenster angezeigt wird. Außerdem wird eine neue ID für die Konversation erzeugt. Das bedeutet, dass ein neuer Kontext aufgebaut wird und die Informationen aus dem vorangegangenen Kontext nicht mehr verfügbar sind.

❹ **Debug-Konsole**
Die Debug-Konsole öffnen Sie über die Schaltfläche ▯ (**Open debug panel**), sie erweitert das Chat-Client-Fenster. Mit ihrer Hilfe lassen sich die Ereignisse, die in den Logs abgebildet sind, besser analysieren.

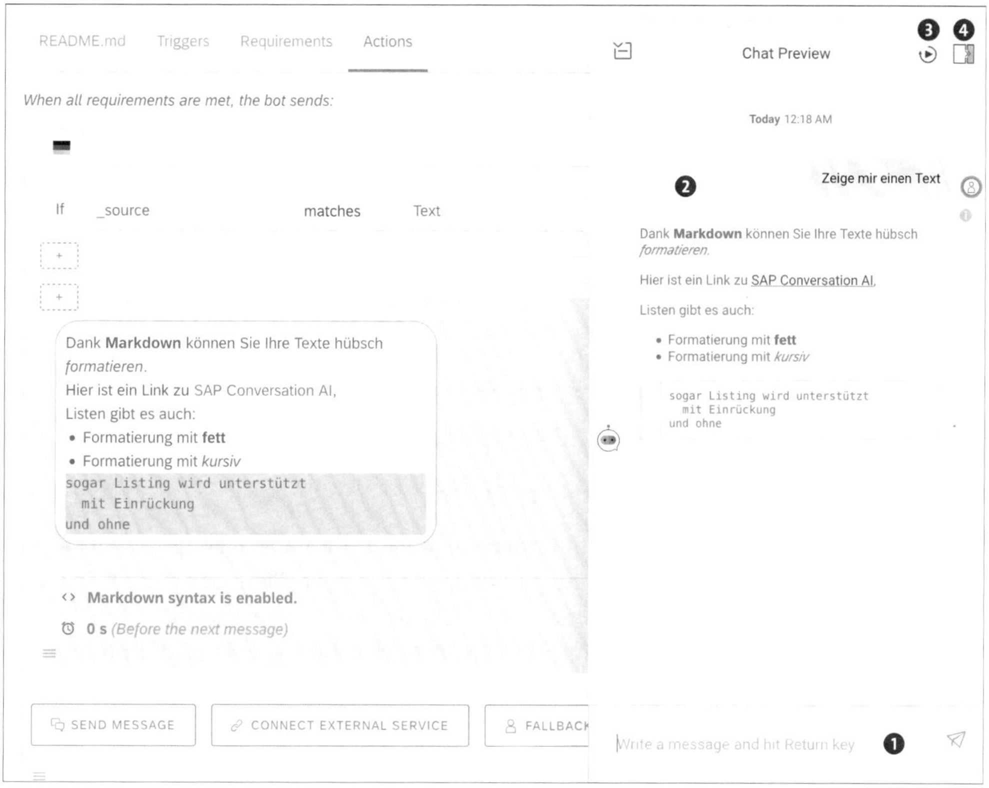

Abbildung 9.1 Vorschau auf eine Unterhaltung

9.1.2 Ansicht des JSON-Objekts

Datenobjekt eines Dialogs

Eine Momentaufnahme der Unterhaltung finden Sie in dem Datenobjekt der Antwort des */dialog*-Endpunktes gespiegelt, das Sie in Abbildung 9.2 sehen können. Um einen besseren Überblick zu bekommen, wurden in dem Screenshot die Attribute `nlp` und `logs` zugeklappt (erkennbar an dem Symbol). In der Antwort des Endpunktes werden folgende Attribute präsentiert:

- `nlp`
  Das Attribut `nlp` entspricht der Antwort der Laufzeitumgebung zur Sprachverarbeitung. Diese können Sie auch direkt am Endpunkt */request* abfragen.
- `messages`
  Sämtliche Nachrichten, die von Aktionen erzeugt werden, werden in dem Array `messages` an den Chat-Client übertragen. Jedes Objekt repräsentiert dabei eine Nachricht.

- `conversation`
  Dieses Attribut repräsentiert den Kontext der Konversation und wird im Anschluss genauer erläutert.
- `logs`
  Die Logeinträge, die beim Prozessieren einer Anfrage geschrieben werden, können Sie unter dem Attribut `logs` finden. Diese sind auch die Quelle für die Einträge in der Debug-Konsole und werden in diesem Rahmen im Folgenden noch genauer erläutert.
- `qna`
  Falls es sich um einen Frage-Antwort-Bot handelt, wird die Antwort der Sprachverarbeitung in diesem Attribut hinterlegt. Es handelt sich dabei um das Objekt, das Sie auch am Endpunkt */request/ask* direkt aufrufen könnten.
- `hasNextMessage`
  Dieses Attribut gehört nicht zu den Daten, die vom Endpunkt */dialog* erzeugt werden, sondern wird direkt vom Chat-Client ermittelt. Es zeigt an, ob auf die betreffende Nachricht weitere aus der gleichen Antwort folgen. Eine Antwort kann mehrere Nachrichten enthalten. Mithilfe des Attributs `hasNextMessage` kann festgestellt werden, ob es sich bei der betreffenden Nachricht um die letzte Nachricht handelt.

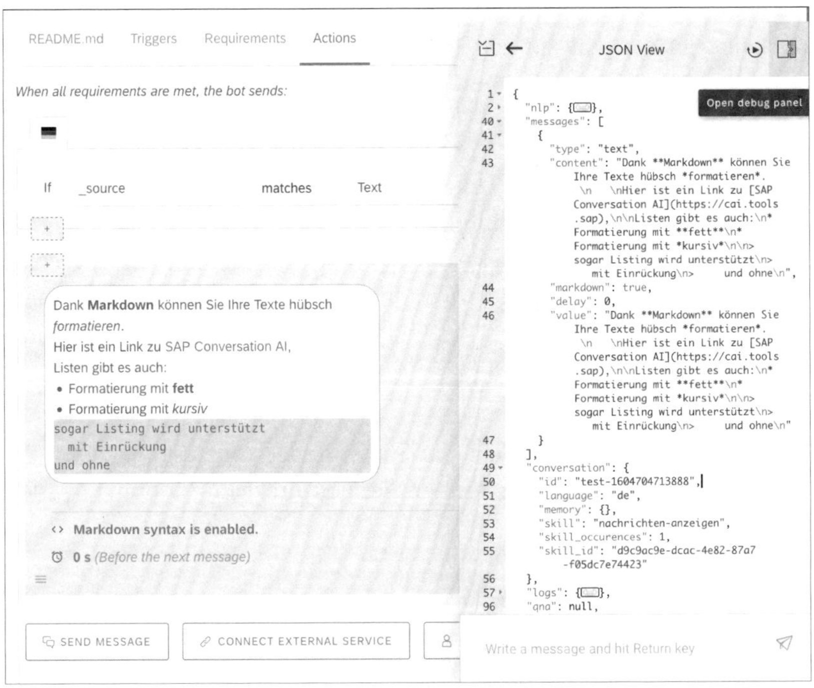

Abbildung 9.2 Antwort und Kontext einer Konversation

Der Zustand der Konversation

Eine zentrale Rolle spielt das Attribut `conversation`, das den aktuellen Zustand der Konversation widerspiegelt. Im Gegensatz zu den anderen Attributen, wie beispielsweise denen für die Logs oder die Nachrichten, deren Lebenszyklus nach dem Prozessieren einer Äußerung endet, besteht dieses Kontextobjekt für die komplette Konversation. Erst wenn Sie eine neue Konversation starten, indem Sie beispielsweise auf die Schaltfläche (**Restart**) klicken, wird der Zustand zurückgesetzt.

Der Zustand wird innerhalb des Attributs `conversation` durch folgende Attribute abgebildet (siehe Abbildung 9.2):

- `id`
  Bezeichnet die ID dieser Konversation. Solange Sie diese ID weiterverwenden, bleiben Sie im Kontext der Konversation. Die automatisch generierten IDs im Chat Preview bestehen übrigens aus der Zeichenfolge `test-`, gefolgt von einem Zeitstempel, formatiert in der sogenannten *Unix-Zeit* in Millisekunden.
- `language`
  Bezeichnet die aktuelle Sprache der Konversation. Mehr zu diesem Thema erfahren Sie in Abschnitt 9.4, »Mehrsprachigkeit und Ermittlung der Sprache«.
- `memory`
  Enthält eine Momentaufnahme des Arbeitsspeichers (*Memory*) der Konversation.
- `skill`
  Gibt den Slug des zuletzt ausgeführten Skills wieder.
- `skill_occurrences`
  In diesem Attribut wird gezählt, wie oft in Folge dieser Skill ausgeführt wurde. Mehr dazu lesen Sie in Abschnitt 9.3, »Feinheiten des Laufzeitverhaltens eines Chatbots«.
- `skill_id`
  Ergänzend zu dem Slug des letzten Skills finden Sie in diesem Attribut dessen technische ID. Diese ID bleibt bestehen. Auch wenn sich der Slug eines Skills ändert, kann dieser also mittels der ID weiterhin eindeutig identifiziert werden.

Skill Stack

Der aktuelle *Skill Stack* ist in diesen Daten nicht abgebildet. Dessen Bedeutung erklären wir in Abschnitt 9.3, »Feinheiten des Laufzeitverhaltens eines Chatbots«. Der Stack gehört zwar ebenfalls zu den essenziellen Informationen, die den Zustand der Konversation beschreiben, ist aber nur über den Endpunkt */conversation_states* verfügbar.

9.1.3 Die Debug-Konsole

Komplexe Konversationsprotokolle

Wenn Sie sich zum ersten Mal die Logs einer Konversation anschauen, kann es gut sein, dass Sie sich erst einmal überfordert fühlen. Mit ein wenig Übung werden Sie jedoch in der Lage sein, die gesuchten Informationen zügig ausfindig zu machen.

Richtig komfortabel ist die Auswertung der Logs allerdings nicht. Hinzu kommt, dass die Liste der Protokolleinträge unter Umständen ziemlich lang werden kann, da sich sämtliche Ereignisse, die beim Prozessieren einer Äußerung auftreten, in den Logs wiederfinden. Das beinhaltet z. B. auch die Informationen, welche Trigger ausgelöst wurden, ob die Voraussetzungen erfüllt waren oder welcher Skill letztendlich zur Ausführung gekommen ist. Außerdem werden sämtliche Aktionen während der Ausführung eines Skills protokolliert, unabhängig davon, ob beispielsweise eine Nachricht gesendet, der Arbeitsspeicher manipuliert oder eine Sprunganweisung ausgeführt wurde. Hinzu kommen Warnungen und Fehler, die beim Prozessieren auftreten.

Lesen der Logeinträge vereinfachen

Um das Konsumieren der Logeinträge einfacher und effizienter zu gestalten, wurde die Debug-Konsole entworfen. Vereinfacht gesagt ist diese nämlich lediglich eine übersichtlichere Darstellung der Logeinträge, die um aussagekräftigere Texte ergänzt werden. Außerdem werden die angezeigten Informationen auf ein sinnvolles Maß reduziert, um die Übersicht bewahren zu können. Falls Sie für eine genauere Analyse mehr Informationen benötigen, können Sie immer noch die Logs zurate ziehen.

Abbildung 9.3 zeigt die Debug-Konsole für die in den vorangegangenen Abbildungen dargestellte Konversation. Ein Konsoleneintrag besteht aus einem Titel, wie beispielsweise **Send a message**. Vor dem Titel befindet sich ein Dreieck (▾), mit dessen Hilfe Sie die Detailansicht eines Konsoleneintrags öffnen oder schließen können. Die Detailansicht kann, wie Sie auch in Abbildung 9.3 sehen können, aus einer zusätzlichen Erklärung oder auch aus einem JSON-Objekt bestehen.

In der Kopfzeile der Debug-Konsole befindet sich ein Schalter ( ) mit der Beschriftung **Logs**. Wenn Sie den Schalter aktivieren, bleiben alte Logeinträge bestehen. Andernfalls werden nach jeder Äußerung die alten Logeinträge wieder gelöscht.

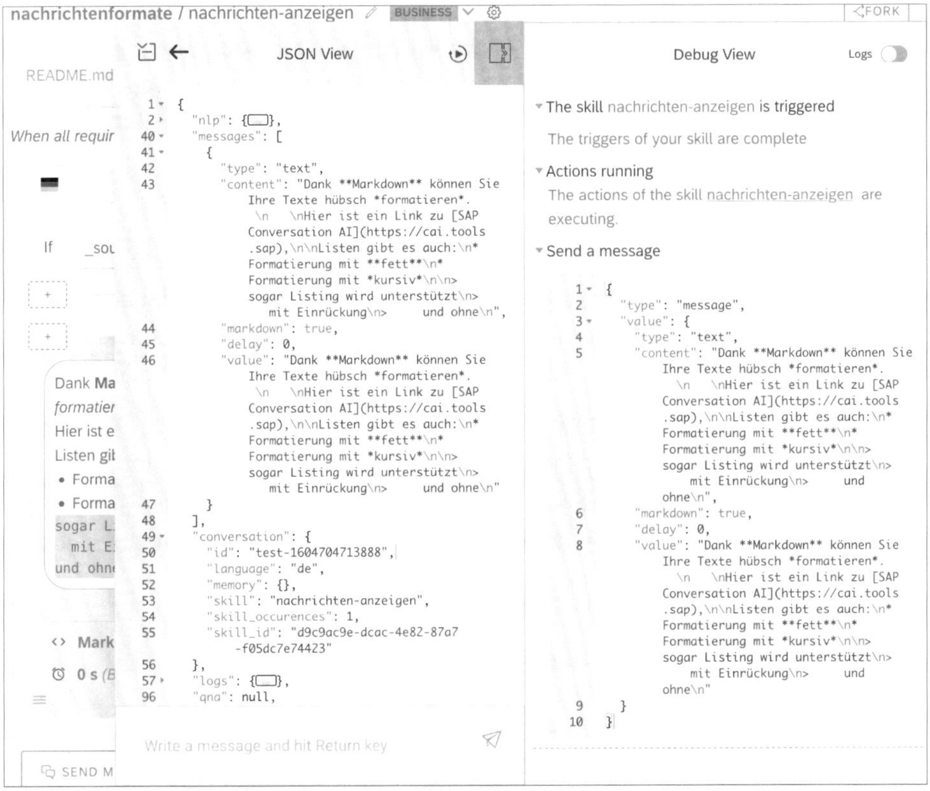

Abbildung 9.3 Debug-Konsole für eine Konversation

9.2 Nutzung von API-Endpunkten

Entwicklung mittels API-Endpunkten

Bisher haben wir uns darauf konzentriert, Ihnen die Nutzung der Plattform über die verschiedenen Registerkarten der Benutzeroberfläche zu zeigen. Aber viele Aspekte der Arbeit an einem Bot können Sie auch unabhängig von der Benutzeroberfläche erledigen, indem Sie *API-Endpunkte* verwenden. Es gibt sogar Endpunkte, die Funktionalitäten anbieten, die in dieser Form nicht auf der Benutzeroberfläche verfügbar sind. Wir zeigen Ihnen daher in diesem Abschnitt die Nutzung der API-Endpunkte.

[+]

Dokumentation der API-Endpunkte

Jeder dieser Endpunkte ist ausführlich dokumentiert, und es ist nicht der Anspruch dieses Abschnitts, diese Dokumentation zu ersetzen. Sie ist unter folgender URL verfügbar:

https://cai.tools.sap/docs/api-reference

HTTP-Client-Programm

Mit den API-Endpunkten können Sie über ein *HTTP-Client-Programm* kommunizieren, das Ihre HTTP-Anfragen direkt an die API-Endpunkte schickt. Sie können ein API-Testprogramm Ihrer Wahl verwenden oder einfach das kommandozeilenbasierte Programm *cURL*, das auf den meisten Betriebssystemen bereits vorhanden ist.

9.2.1 Dokumentation der API-Endpunkte

Damit Sie sich über die einzelnen API-Endpunkte in der Dokumentation informieren können, erklären wir Ihnen ihren grundlegenden Aufbau. Die Dokumentation lässt sich in drei Bereiche einteilen (siehe Abbildung 9.4):

- Auf der linken Seite befindet sich das Navigationsmenü.
- In der Mitte finden Sie die Dokumentation des jeweiligen Endpunktes.
- Im rechten Bereich wird Ihnen jeweils ein passendes Code-Snippet zur Verfügung gestellt, das sich auf die Verwendung des Kommandozeilenprogramms cURL bezieht.

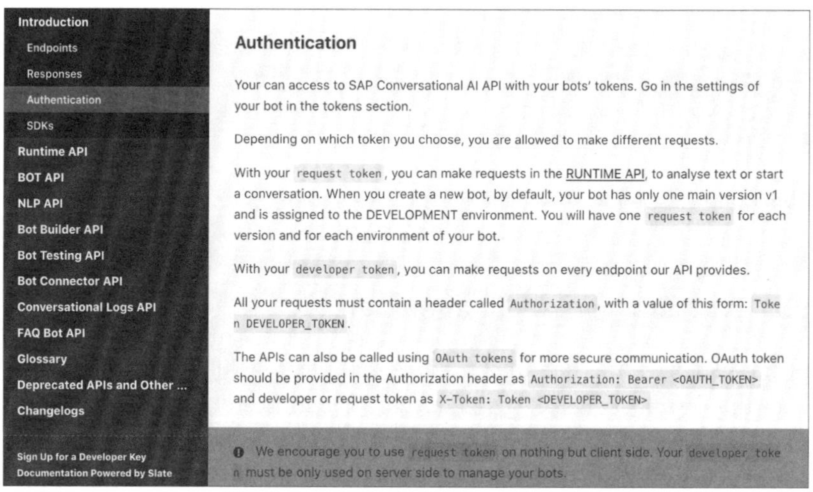

Abbildung 9.4 Aufbau der API-Endpunkt-Dokumentation

Authentifizierung

Jede Anfrage an einen API-Endpunkt muss authentifiziert sein. Bereits in Abschnitt 7.1.6, »Einstellungen zur Authentifizierung mit Token«, haben wir Ihnen die Konfigurationen dazu in den Bot-Einstellungen vorgestellt. Für die Anfrage an API-Endpunkte stehen Ihnen zwei unterschiedliche Authentifizierungsmethoden zur Verfügung:

- **OAuth-Token mit Request oder Developer Token**
  Dies ist die empfohlene Methode. Die Authentifizierung erfolgt mittels eines OAuth-Tokens in Kombination mit dem jeweiligen Request Token

oder Developer Token. Sie müssen die beiden Token in der Kopfzeile des HTTP-Aufrufes aufführen (OAuth-Token sind gerne auch ein wenig länger), wie in Abbildung 9.5 in cURL gezeigt. Dabei folgen Sie diesem Muster:

```
Authorization: Bearer <oauth_token>
X-Token: Token <request/developer token>
```

- **Nur Request oder Developer Token**
  Lediglich das Request oder Developer Token wird zur Authentifizierung verwendet. Dieses Token muss als HTTP-Kopfzeile in der Form `Authorization: Token <token>` an den API-Endpunkt gesendet werden.

Abbildung 9.5 cURL-Kommando mit Authentifizierungs-Token

Gültigkeit der OAuth-Token

Falls Sie sich für eine Authentifizierung mittels OAuth entscheiden sollten, was wir Ihnen nahelegen möchten, müssen Sie sich das entsprechende OAuth-Token zuvor ausstellen lassen. Es hat eine Gültigkeit von 12 Stunden. Mit welcher Authentifizierungsstrategie das Token ausgestellt wird, wird in den Einstellungen des Bots gepflegt (siehe Abschnitt 7.1.6, »Einstellungen zur Authentifizierung mit Token«). Ihnen steht zu diesem Zweck eine Authentifizierung per Zertifikat oder über den Client-Credentials-Genehmigungsprozess zur Verfügung. In Abschnitt 9.2.3, »API-Endpunkte für den Beispiel-Bot nutzen«, zeigen wir Ihnen den Umgang mit der OAuth-Authentifizierung am Beispiel unseres Wetter-Bots.

Laufzeit- und Designzeitendpunkte

Im Kontext der Authentifizierung gibt es zwei Gruppen von API-Endpunkten, nämlich für die Laufzeit (*Runtime API*) und die Designzeit (*Design Time API*). Für diese Gruppen von API-Endpunkten werden jeweils verschiedene Token verwenden:

- **Developer Token**
  Pro Bot gibt es immer genau ein Developer Token. Dieses Token benötigen Sie, wenn Sie auf die Designzeitdaten Ihres Bots zugreifen möchten. Vereinfacht gesagt betrifft das alles, was Sie auf den Registerkarten **Train**, **Build**, **Connect**, **Monitor** und **Settings** an Ihrem Bot pflegen können.
- **Request Token**
  Diese Token sind versions- bzw. umgebungsabhängig. Mithilfe dieser Token können Sie die korrekte Version oder Umgebung identifizieren.

URL-Präfixe

Das URL-Präfix wird dem Aufruf eines API-Endpunktes vorangestellt. Welches Präfix Sie verwenden, hängt davon ab, ob Sie die SAP Conversational AI Community Edition verwenden oder ob Sie Ihren eigenen Tenant im Rahmen der Enterprise Edition haben:

- Für die Community Edition wird folgendes Präfix verwendet: *https://<tenant>.sapcai.<region>.hana.ondemand.com/public/api/*
- Für Ihren Tenant in der Enterprise Edition wird folgendes Präfix verwendet: *https://api.cai.tools.sap/*

9.2.2 Kategorien von API-Endpunkten

Die Ihnen zur Verfügung stehenden API-Endpunkte sind in verschiedene Kategorien unterteilt, die Sie auch in der API-Dokumentation wiederfinden (siehe Abbildung 9.6).

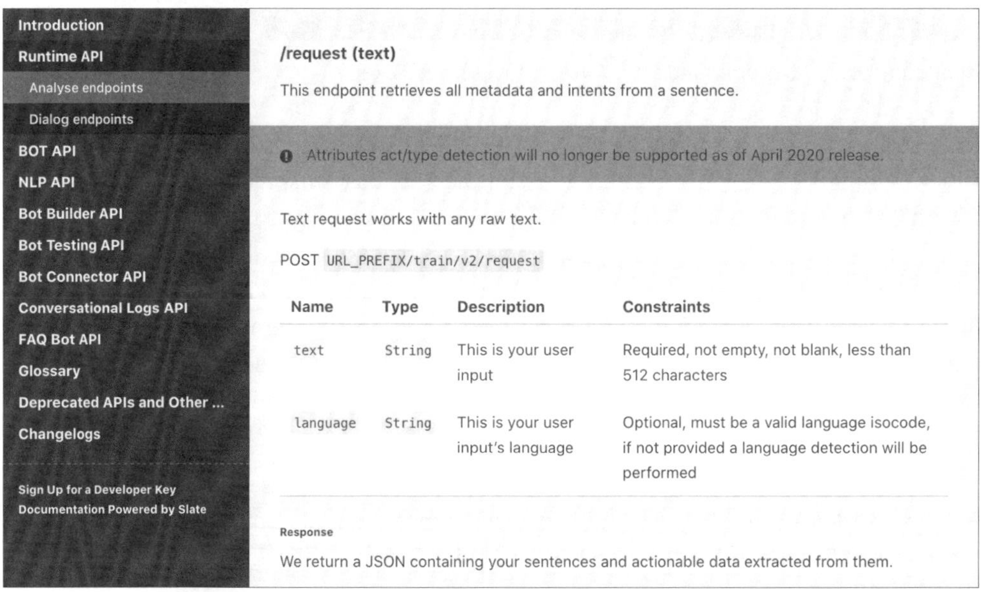

Abbildung 9.6 Kategorien in der Dokumentation der API-Endpunkte

Laufzeitendpunkte

In der Kategorie **Runtime API** befinden sich die beiden primären Laufzeitendpunkte:

- */request* ist der Laufzeitendpunkt der NLP-Technologien. Dieser wird normalerweise bei der Bestimmung der ausführbaren Skills von der Bot-Laufzeit aufgerufen.
- */dialog* ist der zentrale Endpunkt der Bot-Laufzeit. Dieser Endpunkt wird verwendet, wenn die Nutzer*innen mit dem Bot kommunizieren.

Da es sich in beiden Fällen um Endpunkte der Laufzeitumgebung handelt, müssen Sie sich beim Aufruf dieser Endpunkte mit einem versions- bzw. umgebungsspezifischen Request Token authentifizieren. Mittels dieser Endpunkte können Sie beispielsweise das Laufzeitverhalten Ihres Bots testen oder Sie könnten sogar ein eigenes Chatprogramm auf diese Weise mit Ihrem Bot verbinden.

[+]

Protokollebenen am /dialog-Endpunkt

Wenn Sie den */dialog*-Endpunkt mit den in der API-Dokumentation dokumentierten Parametern testen, wird Ihnen auffallen, dass in der Antwort das Attribut `logs` leer ist bzw. den Wert `null` hat. Es sieht also ganz anders aus als das Attribut `logs` in der JSON-Sicht des Chat Previews (siehe Abschnitt 9.1.2, »Ansicht des JSON-Objekts«). Das liegt an einem nicht dokumentierten Attribut namens `log_level`, das Sie aller Voraussicht nach nicht gesetzt haben. Den Unterschied können Sie mit den Entwicklerwerkzeugen Ihres Browsers nachvollziehen. Sehen Sie sich dort die Anfrage des Chat Previews an den */dialog*-Endpunkt genauer an, wird Ihnen auffallen, dass dort der Wert `info` für das Attribut `log_level` gesetzt ist (siehe Abbildung 9.7). Für das Attribut `log_level` können Sie die Werte `error`, `warning` oder `info` setzen, je nachdem, ob Sie nur Fehler oder auch Warnungen oder Informationen sehen möchten.

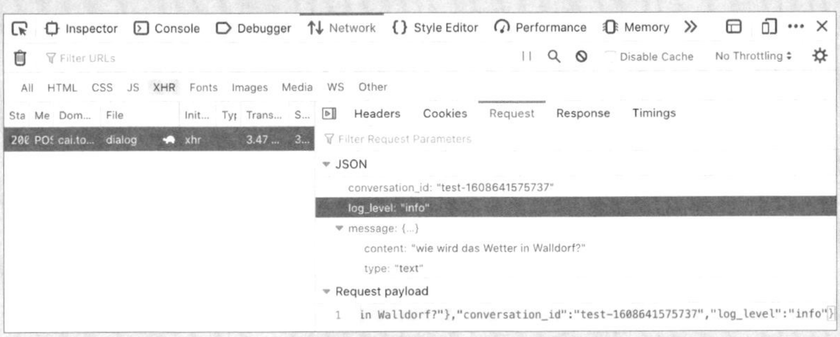

Abbildung 9.7 »log_level« in den Entwicklerwerkzeugen des Browsers

Bot-Endpunkte

Endpunkte der Kategorie **BOT API** geben Ihnen Zugriff auf die Metadaten Ihres Bots und erlauben Ihnen, den Namen, die Beschreibung oder die Sichtbarkeit des Bots anzupassen. Da es sich um Designzeitendpunkte handelt, müssen Sie sich beim Aufruf dieser Endpunkte mit dem Developer Token authentifizieren.

NLP-Endpunkte

Um die Daten für die Spracherkennung zu pflegen, die Sie von der Registerkarte **Train** her kennen, gibt es eine ganze Reihe an Designzeitendpunkten, die unter der Kategorie **NLP API** zusammengefasst sind. Beispielsweise können Sie die Intents oder Entitäten auf diese Weise verwalten. Für die Authentifizierung gegenüber diesen Endpunkten müssen Sie ebenfalls das Developer Token verwenden.

Bot-Builder-Endpunkte

In der Kategorie **Bot Builder API** befindet sich nur ein Endpunkt mit dem Namen */conversation_states*. Obwohl Sie sich an diesem Endpunkt mit dem Developer Token authentifizieren müssen, handelt es sich bei den übermittelten Daten um Daten, die aus der Laufzeit Ihres Bots stammen. Sie können über diesen Endpunkt den aktuellen Status einer Konversation lesen, aber auch nach Belieben modifizieren.

Bot-Connector-Endpunkte

Um Ihre Bereitstellungskanäle pflegen zu können, gibt es in der Kategorie **Bot Connector API** eine Reihe von Endpunkten, mit deren Hilfe Sie sich um Ihre Kanäle, Konnektoren und Konversationen kümmern können. Diese Endpunkte benötigen zur Authentifizierung das Developer Token. Es gibt jedoch in dieser Kategorie auch den Laufzeitendpunkt */messages*, mit dem Sie Nachrichten an eine bestehende Konversation eines Bereitstellungskanals senden können. Dieser benötigt zur Authentifizierung ein Request Token.

Conversational-Logs-Endpunkte

Zur Pflege der Logeinträge der Konversationen befindet sich in der Kategorie **Conversational Logs API** ein Endpunkt zum Massenlöschen von Logeinträgen namens */bulk_delete*. Mit dessen Hilfe können Sie sicherstellen, dass Logeinträge bereits vor Ablauf der Datenaufbewahrungsfrist gelöscht werden können. Da es sich um einen Designzeitendpunkt handelt, müssen Sie sich an diesem Endpunkt mit dem Developer Token authentifizieren.

Endpunkte für Frage-Antwort-Bots

Auch für Frage-Antwort-Bots gibt es in der Kategorie **FAQ Bot API** ausreichend Designzeitendpunkte, um diese Art von Bots zu pflegen und zu trainieren. Zur Authentifizierung benötigen Sie das Developer Token. Auch in dieser Kategorie gibt es außerdem einen Laufzeitendpunkt */request/ask*, der mit der Authentifizierung per Request Token verwendet werden kann, vergleichbar dem */request*-Endpunkt für intent-basierte Chatbots. Normalerweise wird dieser Endpunkt bei Frage-Antwort-Bots zur Laufzeit über den */dialog*-Endpunkt aufgerufen.

9.2.3 API-Endpunkte für den Beispiel-Bot nutzen

Metadaten zum Wetter-Bot auslesen

Damit Sie mit den API-Endpunkten ein wenig warm werden können, zeigen wir Ihnen den Umgang damit anhand unseres Wetter-Bots. Zunächst werden wir einen Designzeitendpunkt nutzen, um die Metadaten des Bots auszulesen. Anschließend werden wir über den */dialog*-Endpunkt und den */request*-Endpunkt zur Laufzeit eine Wettervorhersage abfragen und uns das Protokoll der Verarbeitung dieser Anfrage ansehen. Um möglichst unabhängig von spezifischen Technologien und Anwendungen zum Testen der API-Endpunkte zu bleiben, nutzen wir die cURL-Snippets aus der API-Dokumentation für unsere Beispiele.

Bot-Einstellungen zur Authentifizierung

Wir wollen uns mittels OAuth am API-Service authentifizieren. Daher müssen Sie zunächst einen Abstecher in die Bot-Einstellungen machen:

1. Navigieren Sie in den Bereich **Tokens** der Bot-Einstellungen Ihres Wetter-Bots auf der Registerkarte **Settings**.
2. Generieren Sie dort Ihre Zugangsdaten, um sich mithilfe des Client-Credentials-Genehmigungsverfahrens ein OAuth-Token zu besorgen. Klicken Sie dazu auf die Schaltfläche **GENERATE** im Abschnitt **Designtime APIs** (siehe Abschnitt 7.1.6, »Einstellungen zur Authentifizierung mit Token«).
3. Im sich öffnenden Pop-up-Fenster wählen Sie die Option **Client Credentials** aus und bestätigen Ihre Auswahl.
4. Im Abschnitt **Designtime APIs** sehen Sie jetzt die URL und die Zugangsdaten, um sich das OAuth-Token abholen zu können (siehe Abbildung 9.8).

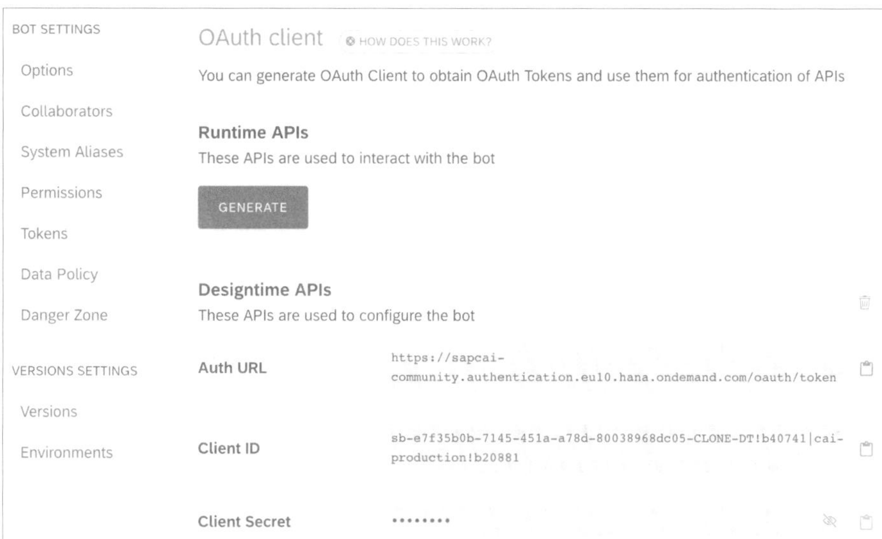

Abbildung 9.8 Zugangsdaten für das Designzeit-OAuth-Token

HTTP-Anfrage

Füllen Sie mit diesen Daten das folgende Muster der HTTP-Anfrage aus, das Sie in der Dokumentation als Snippet finden. Sie benötigen es, um das Token abzuholen und abzuschicken:

```
curl -X POST <Auth URL> -d 'grant_type=client_credentials&client_id=
<Client ID>&client_secret=<Client Secret>'
```

Tragen Sie den Befehl in die Kommandozeile ein.

HTTP-Antwort mit OAuth-Token

Im Rumpf der HTTP-Antwort befindet sich das Attribut `access_token`, das das benötigte OAuth-Token enthält. Kopieren Sie dieses in Ihre Zwischenablage, Sie werden es gleich benötigen.

Öffnen Sie nun die Dokumentation für den */bots*-Endpunkt:

https://cai.tools.sap/docs/api-reference/?shell#bots.

Code-Snippet auswählen

Da wir die Metadaten unseres Bots per HTTP-Anfrage anzeigen möchten, wählen wir das cURL-Snippet **Showing a bot**:

```
curl -H "Authorization: Token DEVELOPER_TOKEN" \
     -X GET "URL_PREFIX/core/v1/users/$USER_SLUG/bots/$BOT_SLUG"
```

Code-Snippet anpassen

Dieses Snippet wurde allerdings für die Authentifizierung ohne OAuth ausgelegt. Um es anzupassen, müssen Sie einen weiteren Parameter für den Nachrichtenkopf definieren:

```
-H "Authorization: Bearer <OAuth Token>"
```

Setzen Sie anstelle des Platzhalters `<OAuth Token>` das OAuth-Token ein, das Sie in die Zwischenablage kopiert hatten.

Des Weiteren muss der Parameter zur Bereitstellung des Developer Tokens angepasst werden. Statt des Feldnamens `Authorization`, der bereits für das OAuth-Token verwendet wird, muss der Feldname `X-Token` verwendet werden. Somit lautet der Parameter:

```
-H "X-Token: Token DEVELOPER_TOKEN"
```

Das zu verwendende Developer Token finden Sie im Bereich **Tokens** der Bot-Einstellungen direkt unterhalb der OAuth-Einstellungen.

Um das cURL-Snippet zu komplettieren, fehlt noch das Präfix der URL, das im Fall der Community Edition *https://api.cai.tools.sap/* lautet. Setzen Sie es anstelle des Platzhalters `URL_PREFIX` ein.

Den Wert des Parameters `$USER_SLUG` müssen Sie mit dem Namen Ihres Benutzerprofils für die SAP-Conversational-AI-Plattform ersetzen. Lassen Sie sich nicht von dem Namen des Platzhalters in die Irre führen. Falls Ihr Wetter-Bot nicht in Ihrem Benutzerprofil angelegt wurde, sondern im Besitz einer Organisation sein sollte, verwenden Sie einfach deren Namen.

Für den Parameter `$BOT_SLUG` muss zu guter Letzt der Name Ihres Bots eingetragen werden.

Die API-Endpunkte unseres Beispiel-Bots sind also mit der folgenden URL zu erreichen:

Vollständige Aufruf-URL

https://api.cai.tools.sap/core/v1/users/sap-cai-das-buch/bots/mein-wetterbot

Senden Sie die HTTP-Anfrage in der Kommandozeile ab, und vergleichen Sie die Antwort in Listing 9.1 mit den Daten Ihres Bots, die Sie beispielsweise aus den Bot-Einstellungen kennen. Vieles wird Ihnen bekannt vorkommen. Einige Details finden Sie jedoch nur in der HTTP-Antwort, wie beispielsweise technische UUIDs.


```
{
    "results": {
        "id": "f420aab3-274b-443e-92e7-fd8f24e1c483",
        "name": "mein-wetterbot",
        "slug": "mein-wetterbot",
        "description": "Mein erster Chatbot für Wetterinformationen",
        "private_data": false,
        "public": false,
        "store_conversation_data": true,
        "is_privatisable": true,
        "request_token": "20fbf85cc911157ac94111923b913811",
        "children_count": "0",
        "is_versioning_enabled": true,
        "versions_count": 5,
        "created_at": "2020-10-25T15:56:38.109Z",
        "data_policy": {
            "data_type": "non_personal",
            "end_user_type": "non_vulnerable"
        },
        "updated_at": "2020-10-25T15:58:42.507Z",
        "bot_type": "single",
        "user_id": "b812c310-a460-4036-b778-876027aaf579",
        "owner": {
            "owner": {
                "id": "b812c310-a460-4036-b778-876027aaf579",
                "description": "Ressourcen zum Buch \"SAP
                Conversational AI - \nDas Handbuch für Entwicklung
                und Projektleitung\"",
                "name": "SAP CAI: Das Buch",
                "slug": "sap-cai-das-buch",
```

```
            "allow_collaborators": true,
            "background_color": "#84d280",
            "base_permission_level": "no_access",
            "beta_enabled": false,
            "public": false,
            "current_permissions": "no_access"
        },
        "owner_type": "Organization"
    },
    "parent": null,
    "bot_topics": [
        {
            "id": "adc83bd7-a293-4251-a21a-b551a16d83aa",
            "name": "Weather",
            "slug": "weather"
        }
    ],
    "versions": [
        {
            "id": "d76013cd-8c3f-46bc-9653-c1e17e5aa25c",
            "name": "v5",
            "slug": "v5",
            "bot_id": "f420aab3-274b-443e-92e7-fd8f24e1c483",
            "bot_type": "single",
            "is_forking": false
        },
        {
            "id": "3b3ac821-2dca-406e-b87a-5efb667dcab1",
            "name": "v4",
            "slug": "v4",
            "bot_id": "f420aab3-274b-443e-92e7-fd8f24e1c483",
            "bot_type": "single",
            "is_forking": false
        },
        {
            "id": "35f0fbdd-64ea-4703-92a3-709f91eb1f6a",
            "name": "v2",
            "slug": "v2",
            "bot_id": "f420aab3-274b-443e-92e7-fd8f24e1c483",
            "bot_type": "single",
            "is_forking": false
        },
        {
```

```
                "id": "c7fa25b6-c645-4fd9-a948-b8eccf690313",
                "name": "v3",
                "slug": "v3",
                "bot_id": "f420aab3-274b-443e-92e7-fd8f24e1c483",
                "bot_type": "single",
                "is_forking": false
            },
            {
                "id": "35abc77b-dc9c-47fc-ac36-aaefb00fd4e7",
                "name": "v1",
                "slug": "v1",
                "bot_id": "f420aab3-274b-443e-92e7-fd8f24e1c483",
                "bot_type": "single",
                "is_forking": false
            }
        ],
        "current_permissions": {
            "train_permission": "read",
            "build_permission": "read",
            "connect_permission": "read",
            "settings_permission": "read",
            "monitor_permission": {
                "log_feed": "read",
                "training_analytics": "read",
                "usage_metrics": "no_access",
                "conversation_logs": "no_access"
            }
        }
    },
    "message": "Bot rendered with success"
}
```


Listing 9.1 Daten des Wetter-Bots von dem Endpunkt »/bots«

Nehmen Sie sich an dieser Stelle gern etwas Zeit, um diverse Designzeitendpunkte auszuprobieren. Sie werden sehen, dass viele Funktionalitäten der Plattform auf diese Art exponiert sind. Falls Sie in Versuchung geraten sollten, auch gleich den ersten Laufzeitendpunkt auszuprobieren, fahren Sie mit den folgenden Beispielen fort.

Verwendung des Laufzeitendpunktes »/request«

Als Nächstes wollen wir uns die Verwendung des Laufzeitendpunktes */request* anhand des Wetter-Bots anschauen, um Informationen aus der Laufzeit der Sprachverarbeitung des Bots abzurufen:

1. Öffnen Sie nun die API-Dokumentation (*https://cai.tools.sap/docs/api-reference*) auf der Seite des Analyseendpunktes */request*, indem Sie im Menü zu **Runtime API** und **Analyse endpoints** navigieren. Machen Sie sich mit dem Inhalt vertraut.
2. Um die HTTP-Anfrage an den Endpunkt */request* zu konstruieren, benötigen Sie das Snippet aus Listing 9.2.

```
curl -H "Authorization: Token REQUEST_TOKEN" \
     -H "Content-Type: application/json" \
     -d '{"text":"Hello ...", "language":"en"}' \
     -X POST "URL_PREFIX/train/v2/request"
```

Listing 9.2 cURL-Snippet für den Endpunkt »/request«

3. Holen Sie sich ein Laufzeit-OAuth-Token für den Endpunkt. Gehen Sie dabei genauso vor, wie für den Designzeitendpunkt */bots* gezeigt.
4. Fügen Sie einen weiteren Parameter `-H "Authorization: Bearer <OAuth Token>"` dem Snippet hinzu, und setzen Sie dort das Laufzeit-OAuth-Token ein.
5. Das Request Token, um die Version oder Umgebung des Bots zu identifizieren, befindet sich wieder in den Bot-Einstellungen. Übergeben Sie es mit Feldnamen `X-Token` in einem zusätzlichen Parameter, wie ebenfalls für den */bots*-Endpunkt gezeigt.
6. Ihr Nachrichtenrumpf muss aus einem gültigen JSON-Objekt bestehen. Dem Attribut `text` können Sie die Zeichenkette zuweisen, die als Eingabe der Nutzerin bzw. des Nutzers interpretiert werden soll. Da sie oder er mit einem Wetter-Bot redet, würde als Äußerung also beispielsweise passen: »Wie ist das Wetter in Walldorf?«
7. Das Attribut `language` zur Übermittlung der Sprache ist optional und kann gesetzt werden, um eine automatische Bestimmung der Sprache zu überspringen. Sie können es für dieses Beispiel einfach weglassen.
8. Als `URL_PREFIX` müssen Sie wieder das Präfix der Community Edition von SAP Conversational AI verwenden.
9. Senden Sie die so konstruierte HTTP-Anfrage an den */request*-Endpunkt.

Die Antwort entspricht exakt der bereits bekannten Struktur der NLP-Testfunktionalität (siehe Abschnitt 9.1.2, »Ansicht des JSON-Objekts«). Heben Sie sich diese Antwort erst mal auf, um sie später mit der Antwort des */dialog*-Endpunktes vergleichen zu können.

Verwendung von »/dialog«

Als weiteren Laufzeitendpunkt schauen wir uns den */dialog*-Endpunkt an. Wie bereits erwähnt, ist dieser Endpunkt der zentrale Zugang zu der Laufzeit Ihres Bots. In der API-Dokumentation finden Sie für diesen Endpunkt das cURL-Snippet aus Listing 9.3.

```
curl -H "Authorization: Token REQUEST_TOKEN" \
     -H "Content-Type: application/json" \
     -d '{"message": {"content": "Hello",
                      "type": "text"},
          "conversation_id": "CONVERSATION_ID"}' \
     -X POST "URL_PREFIX/build/v1/dialog"
```

Listing 9.3 cURL-Snippet des Endpunktes »/dialog«

Zur Authentifizierung nutzen Sie wieder ein OAuth-Token, kombiniert mit dem Request Token. Ergänzen Sie dazu wieder die entsprechenden Parameter, und übergeben Sie die Token. Als `URL_PREFIX` verwenden Sie wieder das der Community Edition.

Die Äußerung wird im Fall dieses Endpunktes in dem Attribut `content` des Nachrichtenrumpfes übermittelt. Verwenden Sie die gleiche Äußerung, wie für den */request*-Endpunkt, um die Ergebnisse vergleichen zu können. Als `conversation_id` können Sie eine Zeichenfolge Ihrer Wahl verwenden. Diese wird nämlich durch die Anfrage vorgegeben.

Vergleich der Antworten

Senden Sie die Anfrage über die Kommandozeile, und vergleichen Sie das Ergebnis mit dem des */request*-Endpunktes. Schauen Sie sich in beiden Antworten das Attribut `logs` an. Im Vergleich zu den Daten des Chat Previews (siehe Abschnitt 9.1, »Laufzeitverhalten eines Chatbots testen«) wird Ihnen auffallen, dass keine Logs geschrieben wurden. Das liegt daran, dass das nicht dokumentierte Attribut `log_level` im Chat Preview auf den Wert `info` gesetzt wird. Fügen Sie dieses Attribut auch Ihrer cURL-Anfrage hinzu, was zu dem Nachrichtenrumpf aus Listing 9.4 führt.

```
{
  "message": {
    "content": "Wie ist das Wetter in Walldorf?",
    "type": "text"
  },
  "conversation_id": "CONVERSATION_ID",
  "log_level": "info"
}
```

Listing 9.4 Nachrichtenrumpf einer Anfrage an den Endpunkt »/dialog«

Loglevel

In dem Ergebnis der HTTP-Anfrage werden Sie nun die gleichen Logeinträge finden, die Sie im Chat Preview sehen. Falls Sie weniger Einträge sehen möchten, können Sie auch hier die Loglevel `warning` oder `error` als Werte verwenden.

9.3 Feinheiten des Laufzeitverhaltens eines Chatbots

In diesem Abschnitt sehen wir uns das Laufzeitverhalten eines Chatbots noch ein wenig genauer an und arbeiten dabei einige Feinheiten anhand komplexerer Konstellationen heraus, wie Sprunganweisungen oder Skill Stack. Zu diesem Zweck haben wir einen eigenen Bot für Sie gebaut, anhand dessen Sie die verschiedenen Konstellationen verfolgen können. Anhand dieses Bots können Sie Ihr Verständnis der weiterführenden Konzepte der Chatbot-Entwicklung verbessern.

Aufbau des Beispiel-Bots

Der bereitgestellte Bot hat den Namen **laufzeitverhalten-testen** und befindet sich in der Organisation **sap-cai-das-buch**. Sie können ihn einfach unter folgender URL aufrufen:

https://cai.tools.sap/sap-cai-das-buch/laufzeitverhalten-testen

Sie können den Bot einfach im Ansichtsmodus analysieren. Um im vollen Umfang von den Beschreibungen in diesem Abschnitt zu profitieren, empfehlen wir Ihnen jedoch, einen eigenen Fork anzulegen, in dem Sie alles selbst ausprobieren können.

Einstiegspunkt

Als Einstiegspunkt dient der Skill **laufzeitverhalten-testen**. Der Trigger für diesen Skill ist der Intent **@laufzeitverhalten-testen**. Dessen Datenset besteht aus Äußerungen wie »Ich möchte das Laufzeitverhalten testen«. Der **greetings**-Skill leitet die Nutzer*innen direkt an den Skill **laufzeitverhalten-testen** weiter. Die Eingabe »Hallo« reicht also aus, um das Testszenario zu starten. Abbildung 9.9 zeigt den Aufbau des Bots in der grafischen Sicht der Registerkarte **Build**.

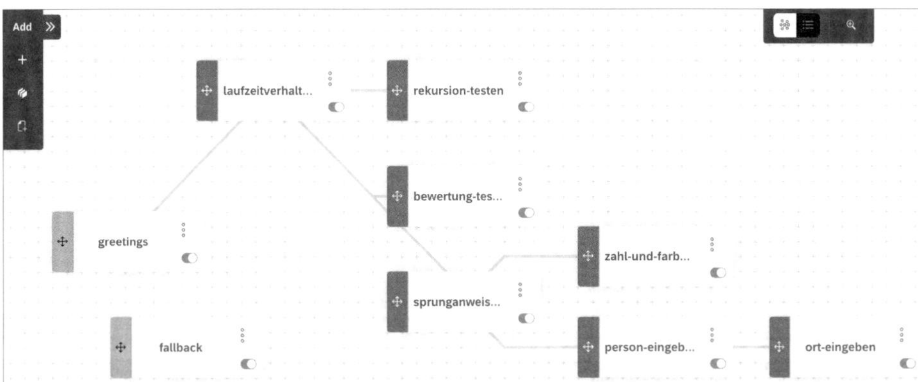

Abbildung 9.9 Überblick über die bereitgestellten Skills

Weitere Skills zur Umsetzung von Testszenarien

Aufgabe des Einstiegs-Skills **laufzeitverhalten-testen** ist es, den Nutzer*innen eine Reihe von Testszenarien anzubieten (siehe Abbildung 9.10). Die Nutzer*innen können eines davon über eine Schaltfläche auswählen:

- Rekursion
- Bewertung
- Sprunganweisung

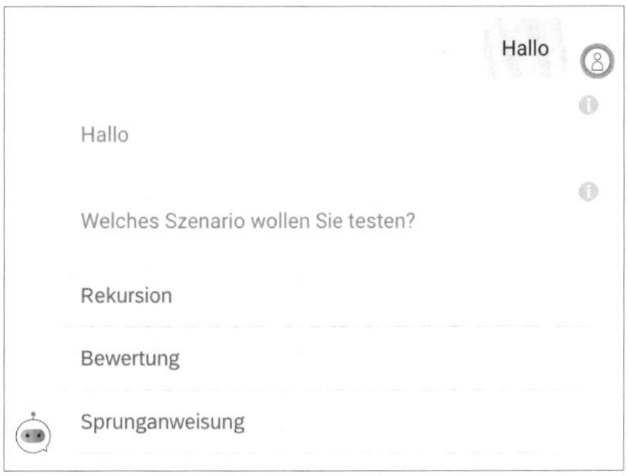

Abbildung 9.10 Chat Preview mit Schaltflächen für die Testszenarien

Die Schaltflächen sind vom Typ **Trigger Skill**, was bedeutet, dass die damit verbundenen weiteren Skills **rekursion-testen**, **bewertung-testen** und **sprunganweisung** direkt nach dem Klick auf die jeweilige Schaltfläche ausgeführt werden.

9.3.1 Endlosschleife

Schutz vor Endlosschleifen

Zunächst beschäftigen wir uns anhand des Beispiel-Bots mit einem Schutzmechanismus, der verhindern soll, dass Ihr Chatbot während der Ausführung von Rekursionen in einer Endlosschleife hängen bleibt.

Selbstaufruf eines Skills

Den Skill **rekursion-testen** haben wir so konfiguriert, dass er sich mittels einer Sprunganweisung selbst aufruft, wie Sie in Abbildung 9.11 in der zweiten Nachrichtengruppe sehen können. Das Scheitern wäre vorprogrammiert, wenn da nicht noch eine Bedingung wäre. Für die Nachrichtengruppe, in der sich die Sprunganweisung befindet, haben wir die Bedingung konfiguriert, dass der Wert des Attributs `skill_occurrences`, das angibt, wie oft in Folge der Skill ausgeführt wurde (siehe auch Abschnitt 9.1.2, »Ansicht des JSON-Objekts«), kleiner als 3 sein soll. Außerdem haben wir eine Nachricht erstellt, die ein kurzes Lebenszeichen von sich gibt und die aktuelle Anzahl der Skill-Ausführungen, also den Wert des Attributs `skill_occurrences`, ausgibt (»Hier werden Rekursionen ...«).

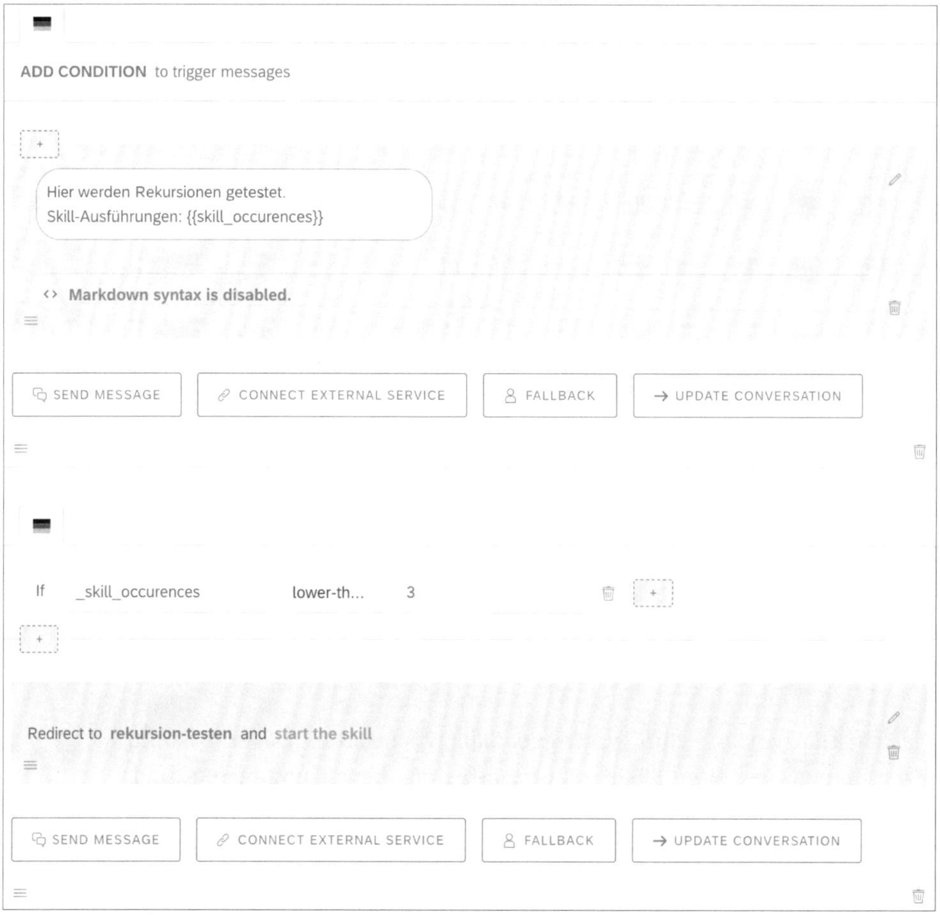

Abbildung 9.11 Konfiguration des Skills »rekursion_testen« zur Veranschaulichung von Endlosschleifen

Skill testen

Wenn Sie den Skill in dieser Form ausführen, indem Sie nach dem Start des Chatbots auf die Schaltfläche **Rekursion** klicken, passiert genau das, was Sie wohl erwartet haben: Dreimal wird die Textnachricht ausgegeben, und die Anzahl der Ausführungen wird bis auf 3 hochgezählt.

Modifikation der Bedingung

Nun lassen Sie uns den Skill ein wenig modifizieren, entweder rein gedanklich oder direkt in Ihrem eigenen Fork des Bots. Ändern Sie die Bedingung, indem Sie `If _skill_occurences lower-than 4` einstellen. Ein erneutes Ausführen zeigt, dass diese minimale Änderung schon verheerende Auswirkungen hat. Der Chatbot wird wegen des Laufzeitfehlers nur noch mit **No Reply** antworten können, wie Sie in Abbildung 9.12 sehen können. Keine Spur von den drei Nachrichten, die eigentlich bis zum Auftreten des Fehlers hätten geschrieben werden müssen.

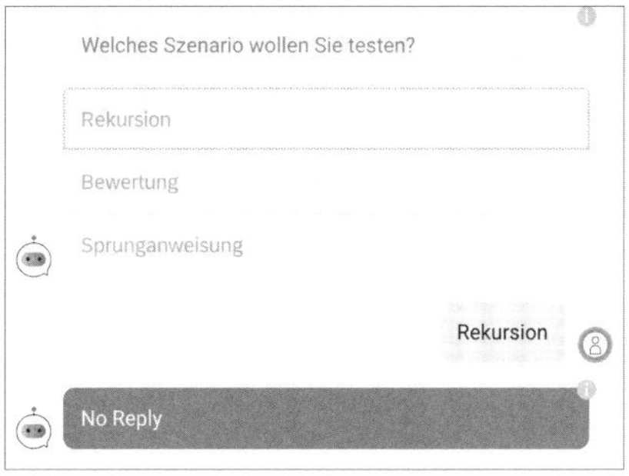

Abbildung 9.12 Endlosschleife im Chat Preview

Ein Blick in das JSON-Datenobjekt der Konversation (ⓘ) zeigt einen Fehler mit dem Code `E_RECURSION`. Der entsprechende Eintrag in der Debug-Konsole ist etwas deutlicher. Dort steht nämlich:

> *»Infinite loop detected«*

Es wurde also eine Endlosschleife entdeckt.

Abbruch einer Endlosschleife

Was lernen wir daraus? Zum einen, dass der Schutzmechanismus gegen Endlosschleifen in SAP Conversational AI ab der vierten Rekursion greift. Dreimal durfte der Skill hintereinander ausgeführt werden, beim vierten Mal wurde abgebrochen. Andererseits können wir aus dem Mangel an Nachrichten schließen, dass im Fall einer Rekursion keine einzige Nachricht ausgegeben wird. Theoretisch hätten ja vor dem Greifen des Schutzmechanismus drei Nachrichten geschrieben werden müssen.

Prozessierung der Nachrichten prüfen

Um zu analysieren, ob die Nachrichten überhaupt prozessiert wurden oder ob die Laufzeit bereits vorher abgebrochen hat, hilft Ihnen das Log der Konversation leider nicht weiter. Dies können Sie aber herausfinden, indem Sie eine Webhook- oder API-Service-Anfrage senden, und zwar vor der Sprunganweisung.

Diese sollte drei Anfragen abschicken, bevor der Schutzmechanismus greift. Und dem ist auch so. Es werden also alle Aktionen ausgeführt, bis zu dem Zeitpunkt, an dem die Endlosschleife diagnostiziert wird. Da jedoch die Prozessierung nach einem Laufzeitfehler abgebrochen wird, werden auch die bisher erstellten Nachrichten verworfen.

[«]

Schutz gegen Rekursionen austricksen

Vielleicht fragen Sie sich nun, ob Sie den Mechanismus austricksen könnten, indem Sie diesem Skill eine Sprunganweisung auf einen neuen Skill **rekursion-testen-2** hinzufügen, dem Sie dann eine Sprunganweisung auf einen weiteren neuen Skill **rekursion-testen-3** hinzufügen, in dem Sie eine

Sprunganweisung auf den ursprünglichen Skill **rekursion-testen** konfigurieren. Die Antwort ist nein. Auch damit kommt der Schutzmechanismus zurecht und fängt souverän die drohende Endlosschleife ab.

9.3.2 Skill Stack

Ein Stapel für Skills

Als Nächstes wollen wir Sie mit dem sogenannten *Skill Stack* (Skill-Stapel) vertraut machen, einem Konzept der Bot-Laufzeit zur Verwaltung der zu prozessierenden Skills. Auf diesen Stapel werden alle Skills gelegt, die Ihr Bot noch prozessieren muss, beispielsweise nach einer noch ausstehenden Benutzereingabe.

Warten auf eine Antwort

Stellen Sie sich vor, Ihr Bot soll die Nutzer*innen fragen, wie zufrieden sie mit dem Ergebnis sind:

»Sind Sie zufrieden? Wie viele Sterne würden Sie der Lösung geben?«

Nun ist es so, dass nicht alle Nutzer*innen eine Bewertung abgeben möchten. Sie möchten die Konversation aber auch nicht in eine Art Endlosschleife schicken, bis die Nutzer*innen endlich ihre Sterne vergeben haben. Wenn Sie eine Antwort auf die Bewertungsanfrage erhalten, ist das schön. Falls die Nutzer*innen aber stattdessen lieber wissen möchten, wie das Wetter in Walldorf wird, sollten sie auch dies fragen dürfen.

Dieses Verhalten wird in der Laufzeit erreicht, indem der Bewertungs-Skill als nächster Skill auf den Stapel gelegt wird. Nach der nächsten Äußerung der Nutzerin oder des Nutzers wird geprüft, ob alle Voraussetzungen des auf dem Stapel obenauf liegenden Skills erfüllt sind und ob dieser ausgeführt werden kann. Ist das nicht der Fall, wird auf normalem Weg versucht, den zur Benutzereingabe passenden Skill zu bestimmen.

Skill auf den Skill Stack legen

Es gibt zwei Techniken, um einen Skill auf den Skill Stack zu legen:

- das Erfüllen von Voraussetzungen
- Sprunganweisungen mit Benutzereingabe

Mit beiden Techniken werden wir uns in den folgenden Beispielen genauer beschäftigen. Wir beginnen mit dem Erfüllen von Voraussetzungen.

Voraussetzungen prüfen

Der Skill **bewertung-testen** wird automatisch gestartet, wenn Nutzer*innen das Szenario **Bewertung** im Chat auswählen. Bevor der Skill ausgeführt werden kann, muss jedoch eine Voraussetzung erfüllt sein: Die Nutzerin oder der Nutzer muss eine Anzahl von Sternen vergeben haben (siehe Abbildung 9.13). In der Validierung wird geprüft, ob die eingegebene Zahl im Bereich von null bis fünf liegt.

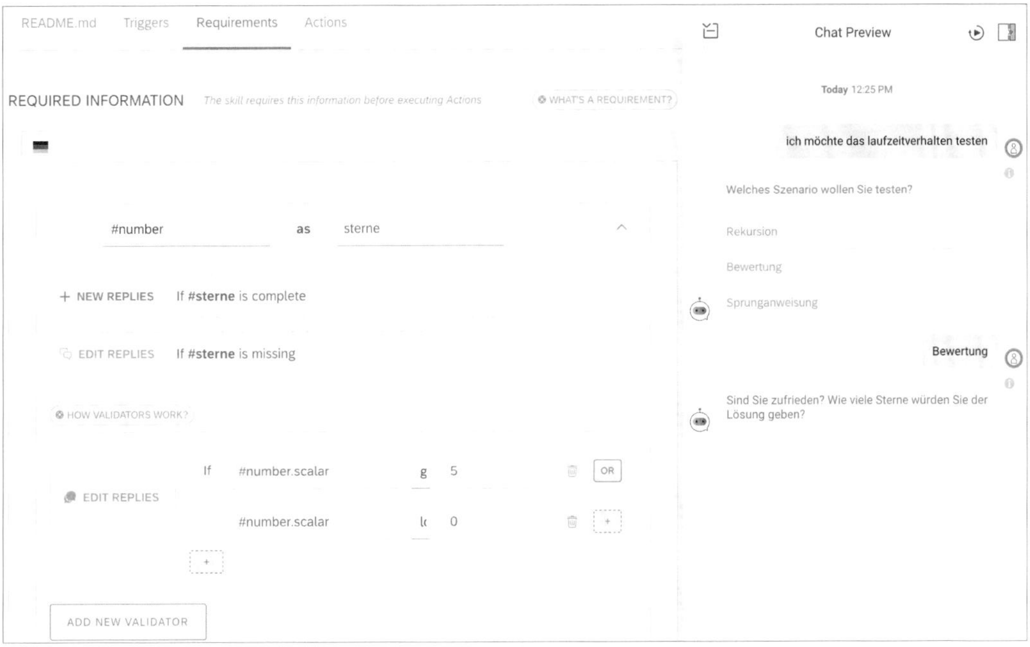

Abbildung 9.13 Voraussetzungen für die Ausführung des Skills »bewertung-testen«

Endpunkt »/conversation_states«

Um das Laufzeitverhalten der Skill-Stack-Verarbeitung genauer analysieren zu können, nutzen wir den Endpunkt */conversation_states*, mit dessen Hilfe Sie sich den aktuellen Zustand einer Konversation anzeigen lassen können. Zusätzlich zu den Informationen, die Sie in jeder Antwort des */dialog*-Endpunktes erhalten, wird mit diesem Endpunkt auch der Skill Stack ausgegeben. Um den Status einer Konversation mit dem */conversation_states*-Endpunkt abrufen zu können, benötigen Sie deren ID, die Sie aus den Konversationsprotokollen entnehmen können (siehe Abschnitt 6.5, »Konversationsprotokolle«).

Skill-Stack-Verarbeitung testen

Klicken Sie im Chat auf die Schaltfläche **Bewertung**, um den damit verbundenen Skill **bewertung-testen** direkt auszuführen. Wie zu erwarten, wird der Bot Sie fragen, wie viele Sterne Sie vergeben möchten, da die Speichervariable `sterne` noch nicht gefüllt werden konnte, die Voraussetzung für die Ausführung des Skills also noch nicht erfüllt ist.

Werfen Sie an dieser Stelle einen ersten Blick auf den Status der Konversation, indem Sie den Endpunkt */conversation_states* aufrufen. In der Antwort sehen Sie, dass das Attribut `skill`, das den letzten aktiven Skill anzeigt, den Wert `"bewertung-testen"` hat. In dem Array `skill_stack` befindet sich ein Eintrag, nämlich ebenfalls der aktuelle Skill "bewertung-testen" (siehe Listing 9.5).

```
{
    "results": {
        "id": "b7ddd9bd-69bb-4a1c-bbb7-090f4403982e",
        "conversation_id": "610688f8-...-04bd3e191198",
        "language": "de",
        "memory": {},
        "skill": "bewertung-testen",
        "skill_occurrences": 1,
        "builder": {
            "slug": "v"
        },
        "skill_stack": [
            "bewertung-testen"
        ]
    },
    "message": "Conversationstates rendered with success"
}
```

Listing 9.5 Beispiel für eine Antwort des Endpunktes »/conversation_states«

Warten des Skills Geben Sie nun keine Bewertung im Chat ab, sondern grüßen Sie den Bot, um statt des Skills **bewertung-testen** testhalber den Skill **greetings** anzustoßen. Prüfen Sie anschließend den Status der Konversation, indem Sie den Endpunkt */conversation_states* erneut aufrufen. Der letzte aktive Skill ist nun **greetings**, am Skill Stack hat sich jedoch nichts geändert. Ein Skill wird nur dann vom Skill Stack entfernt, wenn er erfolgreich ausgeführt wurde. Der Chatbot wartet also immer noch auf eine Bewertung.

Falls Sie nun eine Zahl eingeben, die nicht im erwünschten Zahlenbereich liegt, werden Sie eine Meldung von der Validierung erhalten (siehe Abbildung 9.14). Am Skill Stack wird sich weiterhin nichts ändern. Erst wenn Sie die gewünschte Anzahl an Sternen als Bewertung abgegeben haben, wird der Skill vom Skill Stack entfernt.

[»]

Schaltflächen mit Trigger Skill und Skill Stack

Übrigens hinterlässt ein Klick auf eine der Schaltflächen vom Typ Trigger Skill, wie beispieslweise **Rekursion**, **Bewertung** und **Sprunganweisung**, keine Spuren im Skill Stack, da kein nächster Skill zur Ausführung vorgemerkt wurde. Stattdessen werden die auf diese Art auswählbaren Skills direkt ausgeführt, wenn eine Nutzerin oder ein Nutzer auf die entsprechende Schaltfläche klickt.

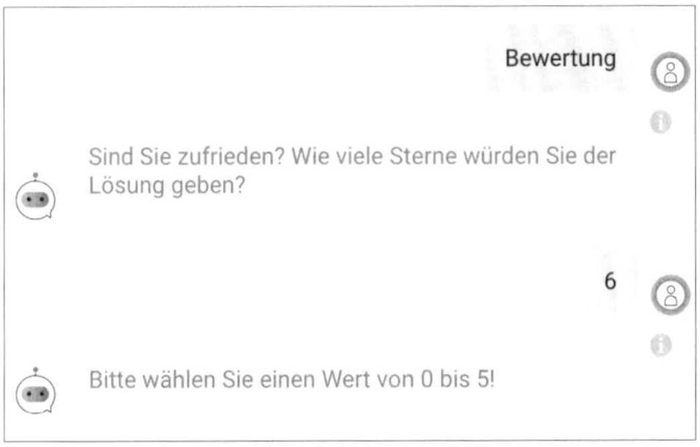

Abbildung 9.14 Ablehnung der Bewertung durch die Validierung

Sprunganweisungen mit Benutzereingabe

Wie bereits erwähnt, gibt es eine weitere Möglichkeit, einen Skill als nächsten auszuführenden Skill auf den Skill Stack zu legen, und zwar mittels einer Sprunganweisung mit Benutzereingabe. Auch diese Möglichkeit wollen wir Ihnen an einem Beispiel zeigen, das vielleicht ein wenig konstruiert wirkt, sich aber sehr gut eignet, um das Laufzeitverhalten besser zu verstehen.

LIFO-Prinzip

Startpunkt ist der Skill **sprunganweisung-testen**. Er legt mittels einer Sprunganweisung mit Benutzereingabe zwei Skills auf den Skill Stack (siehe Abbildung 9.15). Wichtig ist hierbei die Reihenfolge, in der die Sprunganweisungen ausgeführt werden: Zuerst soll der Skill **zahl-und-farbe-eingeben** und danach der Skill **person-eingeben** ausgelöst werden. Was später auf den Stapel gelegt wird, muss auch früher wieder heruntergenommen werden. Der Skill Stack wird nach dem sogenannten *LIFO-Prinzip* (last in first out) verarbeitet.

Angesprungene Skills

Die Skills **zahl-und-farbe-eingeben** und **person-eingeben** sind jeweils so aufgebaut, dass sie eine oder zwei Entitäten als Voraussetzung benötigen, um ausgeführt werden zu können. Bei der Ausführung wird dann lediglich der Wert der Entität wiedergegeben, um besser nachvollziehen zu können, was gerade ausgeführt wird. Der Skill **person-eingeben** definiert zusätzlich noch eine weitere Sprunganweisung mit Benutzereingabe an einen Skill **ort-eingeben**. Einen Gesamtüberblick über die Anordnung der Skill erhalten Sie in Abbildung 9.9.

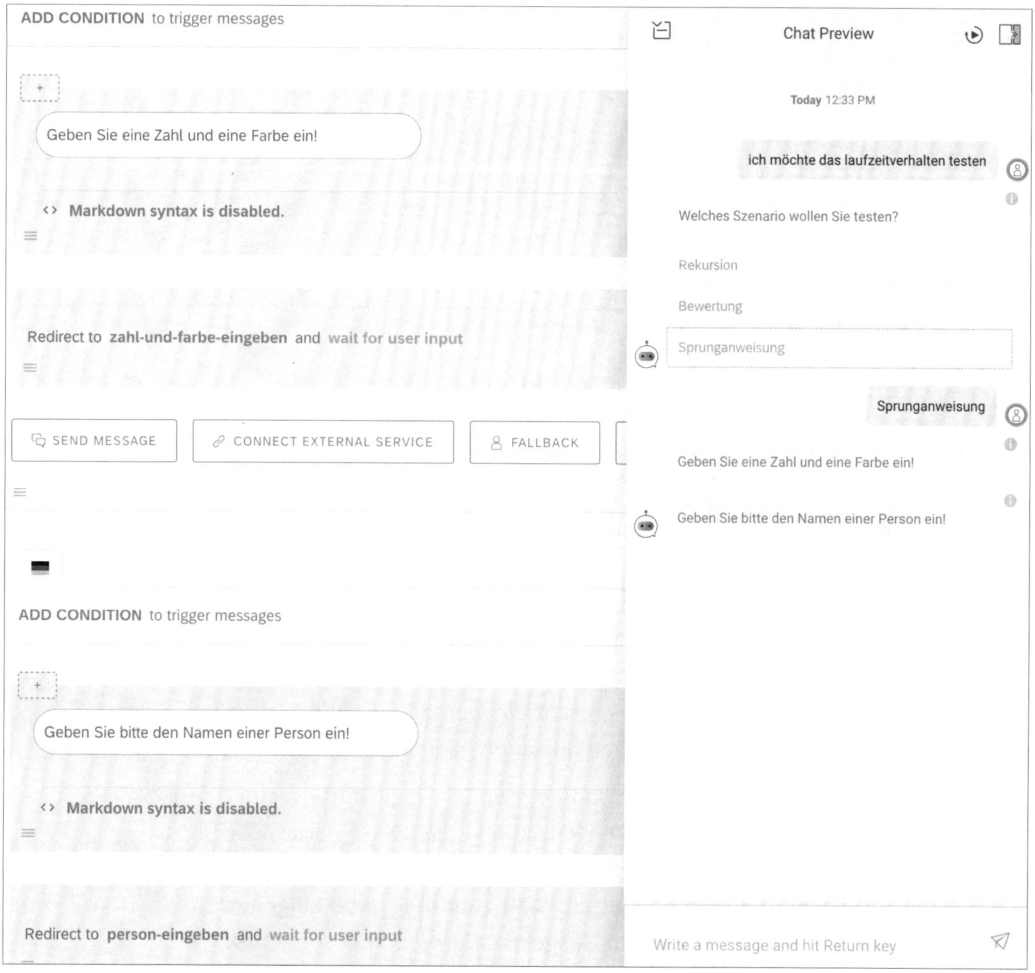

Abbildung 9.15 Sprunganweisungen im Skill »sprunganweisung-testen«

Das Laufzeitverhalten dieser Anordnung können Sie untersuchen, indem Sie im Chat auf die Schaltfläche **Sprunganweisung** klicken. Der Skill **person-eingeben** wird zuletzt auf den Skill Stack gelegt und ist somit der erste, der wieder zur Ausführung zur Verfügung steht. Eine Gegenprobe mit dem Endpunkt */conversation_states* zeigt, dass beide Skills jetzt auf dem Skill Stack liegen, wie Sie auch in Listing 9.6 sehen können.

```
{
    "results": {
        "id": "c46f2065-539a-49a9-b7a1-39d5e586a844",
        "conversation_id": "test-1608667792638",
```

```
        "language": "de",
        "memory": {},
        "skill": "sprunganweisung-testen",
        "skill_occurrences": 1,
        "builder": {
            "slug": "v"
        },
        "skill_stack": [
            "zahl-und-farbe-eingeben",
            "person-eingeben"
        ]
    },
    "message": "Conversationstate rendered with success"
}
```

Listing 9.6 Antwort des Endpunktes »/conversation_states« mit zwei Skills auf dem Skill Stack

Oberster Skill wird ausgeführt

Geben Sie jetzt einmal eine Zahl oder eine Farbe im Chat ein, die dem unteren Skill im Skill Stack, **zahl-und-farbe-eingeben**, als Voraussetzung dienen würden. Der Bot kann noch nichts mit dieser Eingabe anfangen, da er auf eine Person wartet, denn nur der oberste Skill **person-eingeben** kann ausgeführt werden. Jede andere Art der Eingabe, mit der ein beliebiger Skill ausgelöst werden kann, könnte ebenfalls verarbeitet werden, solange die Trigger-Bedingungen stimmen.

Nur wenn Sie mit Ihrer Eingabe die Voraussetzung des Skills **person-eingeben** erfüllen, wird dieser als oberster Skill des Skill Stacks ausgeführt und damit dann auch vom Skill Stack entfernt. Testen Sie diese Verhalten, und geben Sie den Namen einer Person ein. Der Skill wird Ihnen die Eingabe des Namens quittieren und wird vom Skill Stack entfernt. Dies können Sie gleich wieder mit dem Endpunkt */conversation_states* überprüfen.

Außerdem wird ein weiterer Skill auf den Skill Stack gelegt, der Skill **ort-eingeben**, was Ihnen ebenfalls durch eine entsprechende Textnachricht gemeldet wird (siehe Abbildung 9.16). Nun ist also der Skill **ort-eingeben** ganz oben auf dem Stapel und erwartet eine entsprechende Eingabe. Mit der Eingabe einer Zahl und einer Farbe müssen Sie also erneut warten und erst einen Ort eingeben, um im Fluss der Konversation voranzukommen. Auch hier kann der */conversation_states*-Endpunkt Ihnen tiefere Einblicke ermöglichen.

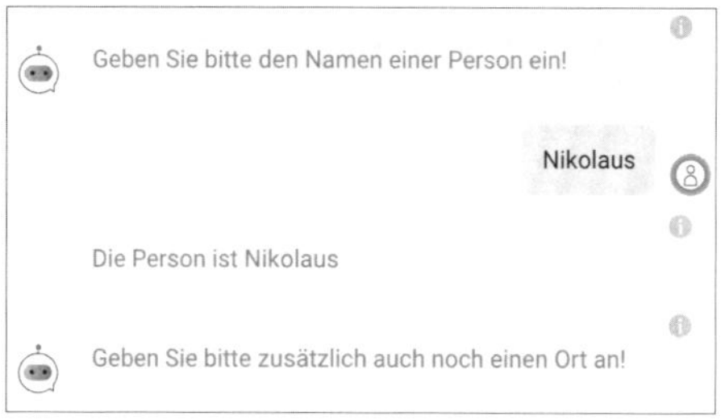

Abbildung 9.16 Ausführung des Skills »person-eingeben«

Nachdem Sie auch einen Ort eingegeben haben, ist der nächste und voraussichtlich letzte Skill an der Reihe, der von Ihnen die Eingabe von einer Zahl und einer Farbe verlangt. Erst nach erfolgter Eingabe ist der Skill Stack vollständig abgearbeitet.

[»]

Sprunganweisungen mit direkter Ausführung

Bei der Ausführung dieser Beispiele ist Ihnen eventuell bereits aufgefallen, dass Sprunganweisungen mit direkter Ausführung, wie beispielsweise zwischen den Skills **greetings** und **laufzeitverhalten-testen**, keine Einträge im Skill Stack erzeugen, da sie ja direkt ausgeführt werden. Nur später auszuführende Skills werden auf den Skill Stack gelegt.

9.4 Mehrsprachigkeit und Ermittlung der Sprache

Dass Chatbots, die mittels SAP Conversational AI gebaut werden, von Haus aus Mehrsprachigkeit unterstützen, sollte Ihnen spätestens seit der Lektüre von Kapitel 2, »Einführung in SAP Conversational AI«, bewusst sein. In diesem Kapitel legen wir nun ein wenig genauer dar, wie zur Laufzeit mit Sprachen und deren Ermittlung verfahren wird.

Wo spielen Sprachen eine Rolle?

Bevor wir uns im Detail mit dem Umgang mit Sprachen und dem Laufzeitverhalten beschäftigen, fassen wir kurz zusammen, welche Stellen für den korrekten Umgang mit Sprachen relevant sind. Einige davon haben Sie bereits gesehen:

- Training Ihres Chatbots auf der Registerkarte **Train**:
  - Die Ausdrücke, mit denen Sie die Intents trainieren, sind generell in allen Sprachen zu pflegen, die von Ihrem Bot unterstützt werden sollen.
  - Für Entitäten sind sowohl die Liste möglicher Werte als auch deren Anreicherungen (Enrichments) sprachabhängig und daher ebenfalls in allen von Ihrem Bot unterstützten Sprachen zu pflegen.

- Bau der Skills Ihres Bots auf der Registerkarte **Build**:
  - Sämtliche Trigger, Voraussetzungen und Aktionen sind jeweils in allen unterstützen Sprachen Ihres Bots zu pflegen.
  - Bei der Pflege von Bedingungen stehen Ihnen drei verschiedene sprachbezogene Aliasse zur Verfügung, die wir im Anschluss genauer erläutern:
    - `_language`
    - `_processing_language`
    - `_conversation_language`
  - Über die folgenden vordefinierten Laufzeitvariablen sind Sie in der Lage, auf dieselben Attribute zuzugreifen:
    - `{{nlp.language}}`
    - `{{nlp.processing_language}}`
    - `{{language}}`
  - Die aktuelle Sprache der Konversation kann mit Aktionen (**CHANGE LANGUAGE**, **RESET CONVERSATION**) beeinflusst werden.
  - Beim Aufruf eines Webhooks kann die Sprache über die HTTP-Antwort modifiziert werden.
- Beim Zugriff mittels API-Endpunkten:
  - Die Sprache tritt bei diversen Designzeitendpunkten in Erscheinung, mit denen sprachabhängige Daten gepflegt werden können, wie beispielsweise die Ausdrücke zum Trainieren von Intents.
  - Beim Laufzeitendpunkt */dialog* kann die Sprache der Konversation vorgegeben werden.
  - Bei den NLU-Laufzeitendpunkten */request* und */request/ask* kann die Sprache vorgegeben werden. In diesem Fall wird die automatische Sprachermittlung deaktiviert.
  - Der Endpunkt */conversation_states* kann die aktuelle Sprache der Konversation auslesen und überschreiben.

9.4.1 Umgang mit Sprachen

Bevor wir uns die diversen Szenarien für den Umgang mit Sprachen im Detail anschauen, erläutern wir einige wichtige Konzepte im Umgang mit Sprachen.

Sprache einer Konversation

Um zu verhindern, dass innerhalb einer Konversation unkontrolliert zwischen verschiedenen Sprachen hin- und hergesprungen wird, wird die

Sprache innerhalb einer Konversation stabil gehalten. Ähnlich verhält es sich ja mit Unterhaltungen von Mensch zu Mensch, in denen zwar mal ein paar Fremdwörter eingestreut werden, was aber in der Regel nicht zum Umstieg auf eine andere Sprache führt. Genau diese Fremdwörter könnten allerdings innerhalb einer Konversation mit einem Chatbot für Probleme sorgen. Basierend auf der Grundannahme, dass die Sprache der Konversation nicht einfach wechselt, wird diese daher explizit stabil gehalten und die Sprachermittlung bei Fremdwörtern übersprungen.

In einer Kommunikation von Mensch zu Mensch wäre es natürlich auch möglich, gezielt die Sprache zu wechseln. Das ist jedoch ein bewusster Akt, beispielsweise, weil ein*e fremdsprachige*r Kolleg*in zu der Unterhaltung gestoßen ist.

Sprache im Kontext der Konversation

Die aktuelle Sprache der Konversation finden Sie in deren Kontextobjekt `conversation`, abgebildet durch das Attribut `language`. Dieses finden Sie beispielsweise in der Antwort des Endpunktes */dialog*. Beim Bauen eines Skills können Sie mit dem Alias `_conversation_language` oder der Variablen `{{language}}` auf die Sprache der Konversation zugreifen.

Sprachermittlung

Bei der Sprachermittlung handelt sich um eine Funktionalität des natürlichen Sprachverständnisses, die jedes Mal zum Einsatz kommt, wenn keine Sprache vorgegeben ist. Dies ist der Fall, wenn Sie den API-Endpunkt */request* aufrufen, ohne den entsprechenden Parameter `language` zu bedienen, oder auch wenn für eine Konversation noch keine feste Sprache gesetzt ist.

Die Sprachermittlung arbeitet vollständig unabhängig von dem Chatbot oder dessen Umgebung und versucht ausschließlich anhand der Äußerungen deren Sprache zu ermitteln. Da bedeutet also, dass die Sprachermittlung beispielsweise nicht darauf achtet, welche Sprachen der Bot eigentlich beherrscht.

Das Ergebnis der Sprachermittlung finden Sie in dem Attribut `language` der Antwort des NLP-Endpunktes */request* und können es beim Bauen eines Skills über den Alias `_language` oder die Variable `{{nlp.language}}` verwenden.

Dabei ist es wichtig zu bedenken, dass eine Sprachermittlung nur erfolgt, wenn noch keine Sprache vorgegeben wird, also beispielsweise bei der ersten Äußerung einer neuen Konversation. Falls eine Sprache vorgegeben ist, wird ausschließlich dieser Wert reflektiert.

Standardsprache des Bots

Jeder Bot hat eine Standardsprache, die Sie beim Anlegen des Bots initial auswählen und die Sie in den Einstellungen Ihres Bots jederzeit anpassen können. Diese Sprache kommt als *Ausweichsprache* immer dann zum Einsatz, wenn eine Sprache ermittelt wird, die Ihr Bot nicht unterstützt. Somit wird gewährleistet, dass der Bot in einer unterstützten Sprache antworten kann.

9.4.2 Laufzeitverhalten eines Chatbots bezüglich der Sprache

Nachdem alle Grundlagen dargelegt wurden, sehen wir uns einige Szenarien in Bezug auf den Umgang mit Sprachen und deren Laufzeitverhalten genauer an.

Feste Konversationssprache ohne Sprachermittlung

Falls die Sprache einer Konversation nicht durch Sprachermittlung festgelegt, sondern durch externe Umstände bestimmt werden soll, kann diese von außen mitgegeben werden. Nehmen wir beispielsweise an, Sie möchten einen multilingualen Chatbot für ein internationales Unternehmen zur Verfügung stellen, der stets ausschließlich in der Landessprache des Standortes der aktuellen Nutzerin oder des Nutzers antworten soll. Dies könnten Sie verwirklichen, indem Sie mittels des Attributs `language` am */dialog*-Endpunkt bereits die landesspezifische Sprache des*der Nutzer*in setzen.

Um sich das Verhalten eines solchen Chatbots näher anzuschauen, können Sie mit dem Aufruf des */dialog*-Endpunktes eine neue Konversation beginnen und dabei eine Sprache im Parameter `language` explizit mitgeben. In Listing 9.7 sehen Sie beispielsweise eine Antwort des */dialog*-Endpunktes. In der Anfrage wurde die Sprache explizit auf Deutsch gesetzt, die Äußerung »How is the weather in Walldorf?« ist jedoch in Englisch. In der Antwort (aus Platzgründen stark gekürzt) sehen Sie, dass alle drei Sprachattribute auf die übergebene Sprache gesetzt sind, unabhängig von der Sprache der Äußerung. Sämtliche Logik zur Ermittlung der Sprache und zum Setzen der Konversationssprache wird damit ausgehebelt. Sie sind sogar in der Lage, auf diese Weise eine Sprache für die Konversation zu erzwingen, die von Ihrem Bot nicht unterstützt wird.

```
{
    "results": {
        "nlp": {
            "uuid": "cf033947-...-1da130ed8ea63636109",
            "source": "How is the weather in Walldorf?",
            "intents": [...],
            "entities": {...},
            "sentiment": "positive",
            "language": "de",
            "processing_language": "de",
            "version": "2012.0.1",
```

```
            "timestamp": "2020-12-22T16:45:10.268115+00:00",
            "status": 200,
            "logs": []
        },
        "messages": [...],
        "conversation": {
            "id": "a54bdb87-2679-4def-aaf4-d0ddac2fe580",
            "language": "de",
            "memory": {...},
            "skill": "wetter-anzeigen",
            "skill_occurences": 1,
            "skill_id": "79f0855f-...-15310ce84106"
        },
        "logs": {...},
        "qna": null,
        "fallback": null
    },
    "message": "Dialog rendered with success"
}
```

Listing 9.7 Gekürzte Antwort des Endpunktes »/dialog«

Ermittlung nicht unterstützter Sprachen

Nehmen wir als nächstes Beispiel an, Ihr Chatbot beherrscht Deutsch und Englisch und als Standardsprache ist Deutsch gesetzt. Nun wird der Chatbot in der ersten Äußerung einer Konversation aber auf Französisch angesprochen, was von der Spracheermittlung so auch korrekt wahrgenommen wird. Trotzdem greift in diesem Fall die Standardsprache. In den Attributen von `nlp` können Sie hübsch nachverfolgen. Während die ermittelte Sprache im Attribut `language` mit Französisch angegeben wird, werden Sie im Attribut `processsing_language` die Standardsprache Deutsch finden.

Genau diese Konstellation verrät Ihnen beim Bauen Ihrer Skills auch, dass eine nicht unterstützte Sprache ermittelt wurde. Wie Sie bereits gelernt haben, wird die Sprachermittlung nur dann durchgeführt, wenn bisher keine Sprache vorgegeben ist. Andernfalls wird das Attribut für die ermittelte Sprache immer den gleichen Wert wie das der Prozessierungssprache haben. Sollte also die ermittelte Sprache im Attribut `language` abweichen von der `processing_language`, kennen Sie die Ursache und können unter Umständen gezielt darauf reagieren.

Sprache der Konversation ändern

Es kann auch bestimmte Situationen geben, die das Ändern der Sprache einer Konversation erforderlich machen. Dies kann abhängig von Ihrem Szenario an mehreren Stellen geschehen:

- Sie können die Sprache mittels einer Aktion auf eine vom Chatbot unterstützte Sprache festlegen.
- In der Antwort eines Webhooks können Sie die Sprache nach Belieben setzen, müssen dann aber auch mit den Konsequenzen leben, falls diese Sprache nicht vom Bot unterstützt werden sollte.
- Der */conversation_states*-Endpunkt erlaubt Ihnen ebenfalls, die Sprache der Konversation nach Ihrem Gusto zu setzen – mit den gleichen Konsequenzen bei falscher Konfiguration wie bei den Webhooks.

All diese Möglichkeiten der Sprachbeeinflussung haben gemeinsam, dass die Sprache nicht auf den initialen Zustand zurückgesetzt werden kann.

Sprache zurücksetzen

Es gibt nur ein Mittel, um die Sprache einer Konversation auf den initialen Zustand zurückzusetzen: das Zurücksetzen der Konversation durch die entsprechende Aktion (siehe Abschnitt 4.5.4, »Konversation modifizieren«). Durch die Aktion **RESET CONVERSATION** werden sowohl der Speicher und der Skill Stack als auch die Sprache der Konversation auf den initialen Zustand zurückgesetzt. Dies ist also das einzige Mittel, eine erneute Ermittlung der Sprache zu erzwingen.

[!]

Keine Sprachermittlung bei Trigger-Skill-Schaltflächen

Seien Sie vorsichtig: In Kombination mit Schaltflächen des Typs Trigger Skill kann ein Zurücksetzen der Konversation dazu führen, dass keine Sprache für die Konversation ermittelt wird. Denn bei dieser Art von Schaltflächen wird der Skill direkt ausgeführt, ohne dass eine Sprachermittlung durchgeführt wird.

9.5 Skill-Disambiguierung

Ambiguitäten auflösen

Der Duden definiert den Begriff *disambiguieren* wie folgt (siehe *https://www.duden.de/rechtschreibung/disambiguieren*):

> *»die Ambiguität eines sprachlichen Zeichens, eines Ausdrucks (durch bestimmte syntaktische oder semantische Zuordnungen) aufheben; etwas eindeutig machen«*

Wir betrachten daher in diesem Abschnitt zunächst ein Beispiel für eine *Ambiguität* und sehen uns dann an, wie diese Situation aufgelöst wird und was Sie selbst machen können, um in solchen Fällen die Reaktion Ihres Bots zu steuern.

Beispiel für Ambiguität

Nehmen wir an, Sie haben einen Chatbot, der diverse Dienste rund um das touristische Reisen anbietet. Unter anderem hat er die beiden folgenden Skills:

- **bild-anzeigen: Bild eines Urlaubsziels anzeigen**
  Dieser Skill vermittelt den Nutzer*innen einen Eindruck von einem Urlaubsziel. Der entsprechende Intent wird bei Ausdrücken wie »Wie sieht es denn in Paris aus?« oder »Ich möchte mir ein Bild von Paris anschauen« ermittelt.
- **reise-buchen: Reise zu einem Urlaubsziel buchen**
  Dieser Skill bucht die Reise zu einem Urlaubsziel und wird ausgelöst durch einen entsprechenden Intent, der mit Ausdrücken wie »Ich würde gerne nach Paris reisen« trainiert wurde. Aber auch Ausdrücke wie »Ich möchte Paris sehen« sind im Datensatz enthalten.

Wie Sie erkennen können, gibt es hier eine gewisse Überlappung zwischen den Skills. Gibt ein*e Nutzer*in »Ich möchte Paris sehen« in den Chat ein, werden mehrere Skills ermittelt, die ausgeführt werden könnten. Das führt dazu, dass der Disambiguierungs-Skill herangezogen wird, um diese Ambiguität aufzuheben. Wie das genau funktioniert, sehen wir uns im Folgenden an.

9.5.1 Laufzeitverhalten der Disambiguierung

Lassen Sie uns kurz in Erinnerung rufen, was in Abschnitt 4.2.1, »Bestandteile eines Skills«, zum Thema Disambigurierung bereits erwähnt wurde. Der Disambiguierungs-Skill hat keine eigenen Trigger-Bedingungen und wird automatisch ausgeführt, wenn mehrere Skills zur Ausführung bereitstehen. Die Nutzer*innen können dann den richtigen Skill aussuchen. Aufgabe dieses Skills ist es also, den Nutzer*innen die aktuelle Situation zu erklären und die entsprechenden Auswahlmöglichkeiten anzubieten, um die Situation aufzulösen.

Kontextobjekt »disambiguation«

Damit der Skill die benötigten Informationen erhält, gibt es speziell für dessen Ausführung das Kontextobjekt `disambiguation`. Ein Beispiel für den Inhalt dieses Objekts sehen Sie in Listing 9.8. Der Code wurde von einer Webhook-Anfrage innerhalb des Disambiguierungs-Skills abgegriffen.

```
{
  "conversation": {
    ...
    "skill": "disambiguation",
    ...
```

```
  },
  "action_id": "1f95032c-4f2c-4b35-b614-06838c002b39",
  "nlp": {
    ...
    "source": "Ich möchte Paris sehen",
    ...
  },
  "api_service_response": {},
  "disambiguation": {
    "id": "67c0e05d-16d3-4ee2-9227-6bbda369642c",
    "type": "skill",
    "count": 2,
    "options": [
      {
        "trigger_id": "d1a4ac27-454f-4952-82e1-049fda52ed03",
        "skill_id": "91fef4fe-7ffc-4d54-8ef1-740174d8308a",
        "skill_slug": "bild-anzeigen",
        "label": "Zeigt ein Bild"
      },
      {
        "trigger_id": "d5a1a3af-9958-489d-8a76-1f495f2345cc",
        "skill_id": "40912fad-07a9-4f9d-9f85-69da5b1b9057",
        "skill_slug": "reise-buchen",
        "label": "Bucht eine Reise"
      }
    ]
  }
}
```

Listing 9.8 Disambiguierungskontext (gekürzt), von einem Webhook abgegriffen

Die Disambiguierungsoptionen werden hier im Attribut `options` als Array abgebildet. Das Objekt einer solchen Option besteht aus einer `trigger_id` und Informationen zu dem entsprechenden Skill. Diese Informationen umfassen die `skill_id`, den `skill_slug` und den Titel des Skills (`label`) in der aktuellen Sprache der Konversation.

Auflösen der Ambiguität

Mithilfe dieser Informationen sind Sie in der Lage, unter Zuhilfenahme von *Variablenskripten* (mehr dazu in Abschnitt 11.1.1, »Integrationskonzept«) einen Disambiguierungsdialog zu generieren, der eine Schaltfläche für jede der Optionen bereitstellt. Grundlage hierzu ist der Disambiguierungskontext.

Abbildung 9.17 zeigt das generische Skript zur Erzeugung eines Disambiguierungsdialogs, das Sie in jedem Disambiguierungs-Skill standardmäßig vorfinden. Die Schaltflächen erhalten ihre Titel durch die entsprechenden Skills. Sie sind vom Typ Trigger Skill (`"type": "trigger_skill"`). Als Wert des Attributs `value` spezifizieren Sie den Wert des Attributs `trigger_id` aus dem Disambiguierungskontext, damit die entsprechende Option ausgelöst werden kann, wenn die Nutzer*innen die Schaltfläche betätigen.

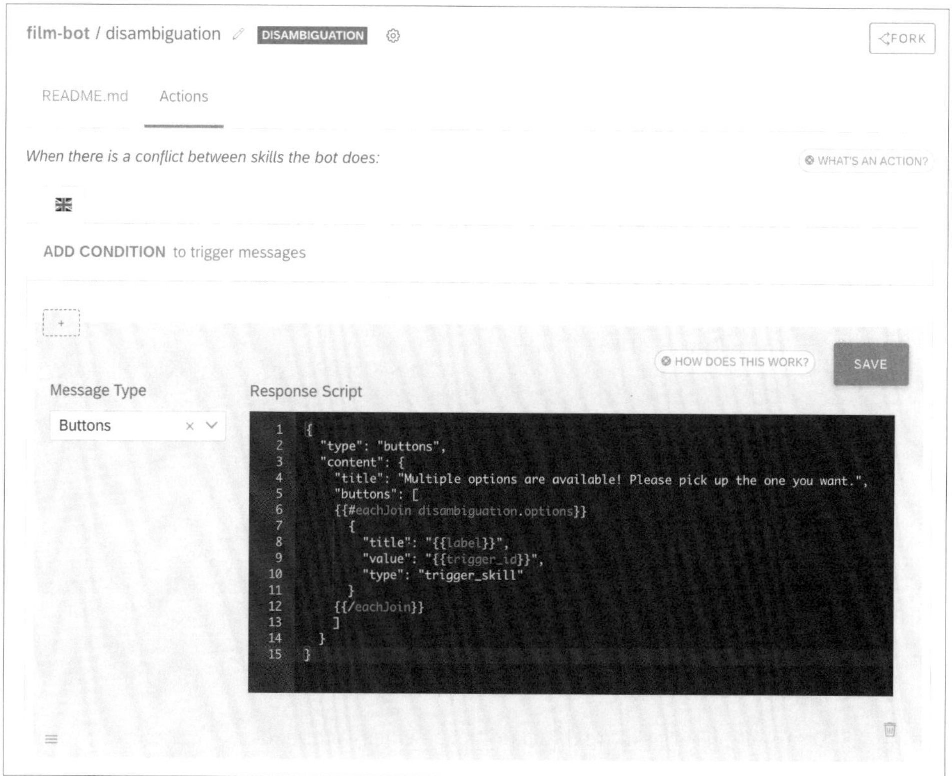

Abbildung 9.17 Skript des Standard-Disambiguierungsdialogs

Es ist ein kleiner, aber essenzieller Unterschied, ob beim Klick auf die Schaltfläche die Trigger-ID der entsprechenden Option hinterlegt ist oder die ID eines Skills, wie es üblicherweise bei Schaltflächen des Typs Trigger Skill der Fall wäre. Zur Erinnerung: Bei Ausführung eines Skills über eine Schaltfläche vom Typ Trigger Skill wird die Spracherkennung übersprungen. Das bedeutet, dass bei der Auswertung der Skills das Attribut `nlp` nicht verfügbar ist. Für eine Disambiguierung wäre dieses Verhalten jedoch unzureichend. Bei Ermittlung der Ambiguität liegt bereits ein Ergebnis der Spracherkennung vor, und es ist zwingend erforderlich, dass dieses dem auszuführenden Skill auch nach Auflösung der Ambiguität vorliegt. Und genau dies wird durch Verwendung des Attributs `trigger_id` als Wert der Schaltfläche erreicht.

9.5.2 Disambiguierung für Fortgeschrittene

Sobald Sie das bisher Beschriebene zum Thema Disambiguierung verinnerlicht haben, stehen Ihnen alle Türen offen, um den entsprechenden Skill nach Belieben anzupassen. Sie haben dazu im Prinzip den ganzen Werkzeugkasten der Bot-Entwicklung zur Verfügung. Jedoch müssen Sie bedenken, dass das Ziel stets die Auflösung der Ambiguität ist, die nur zu erreichen ist, wenn die Nutzer*innen auf eine Schaltfläche vom Typ Trigger Skill klicken.

Im Folgenden möchten wir Ihnen etwas Inspiration geben, wie Ihr Bot ganz individuell mit Ambiguität umgehen könnte.

Vielfältige Disambiguierung

Anstatt sämtliche Disambiguierungsdialoge auf die gleiche Art und Weise auszuführen, können Sie abhängig vom Anwendungsfall auch, verschiedene Strategien zur Auflösung der Ambiguität implementieren. Um dies zu erreichen, können Sie spezifische Bedingungen zur Ausführung von Nachrichtengruppen definieren. Über den Alias `_disambiguation` haben Sie in diesen Bedingungen Zugriff auf das entsprechende Kontextobjekt. So könnten Sie beispielsweise Nachrichtengruppen definieren, die ausgeführt werden, wenn es genau zwei Optionen gibt oder solche, die ausgeführt werden, wenn es mehr als fünf Optionen gibt. Sie könnten sogar spezifische Nachrichtengruppen für den Fall definieren, dass ein bestimmter Skill in der Liste der Optionen auftaucht.

Bekannte Ambiguitäten

Wie bereits in Kapitel 1, »Ziele und Einsatzgebiete von Conversational User Experience«, erläutert, ist natürliche Sprache in manchen Fällen ambig. Es ist daher nicht unwahrscheinlich, dass in der von Ihnen definierten CUX Ihres Chatbots eine ambige Verwendung von Äußerungen zu erwarten ist. Sie sind sich also beispielsweise bereits bei der Entwicklung Ihres Bots bewusst, dass in gewissen Fällen eine Disambiguierung zwischen zwei Skills nötig ist. Warum sollten Sie in diesen speziellen Fällen nicht eine besondere Behandlung anstelle des generischen Dialogs umsetzen? Eine kurze Analyse des Attributs `options` des Disambiguierungsobjekts sollte Ihnen helfen, entsprechende Situationen zu erkennen und die entsprechenden Bedingungen zu implementieren. Durch die Spezialbehandlung dieser Fälle wirkt Ihr Chatbot intelligenter, und Sie können das Nutzungserlebnis deutlich verbessern.

Lassen Sie uns das an unserem Beispiel der Disambiguierung veranschaulichen. Nehmen wir an, Sie stellen bei einer Analyse des Nutzungsverhaltens fest, dass eine signifikante Mehrheit der Nutzer*innen bei einer Disambiguierung zwischen diesen beiden Skills ein Bild sehen möchte. In diesem Fall könnten Sie mittels Sprunganweisung erst den Skill **bild-anzeigen** ausführen und dann anschließend fragen, ob die Nutzer*innen jetzt gerne noch einen Flug buchen würden.

Automatische Disambiguierung

Vielleicht möchten Sie in bestimmten Fällen sogar die Entscheidung der Nutzer*innen vorwegnehmen. Dynamische Sprunganweisungen können Sie in diesen Fällen in die Lage versetzen, das übliche Disambiguierungsverhalten auszuhebeln und die Konversation direkt mit der Ausführung des passenden Skills fortzusetzen.

Sie könnten z. B. implementieren, dass ein bestimmter Skill jedes Mal automatisch ausgeführt werden soll, wenn er zur Auswahl steht. Oder vielleicht möchten Sie sogar einen Webhook implementieren, der den automatisch auszuführenden Skill bestimmt und in den Speicher schreibt. Von dort kann der Skill dann aufgegriffen und mittels einer dynamischen Sprunganweisung direkt ausgeführt werden.

9.6 Zusammenfassung

In diesem Kapitel hatten Sie Gelegenheit, deutlich tiefer in einige Funktionen der Plattform zu blicken. Sie sollten jetzt in der Lage sein, mithilfe des Chat Previews das Laufzeitverhalten eines Bots zu untersuchen. Sie hatten Ihre ersten Kontakte mit den API-Endpunkten und haben diese an dem Wetter-Bot ausprobiert. Außerdem konnten Sie mithilfe eines Beispiel-Bots einige Feinheiten des Laufzeitverhaltens von Bots untersuchen und tiefer in die Funktionsweise der Sprachunterstützung der Plattform eintauchen. Zu guter Letzt haben Sie sich weiter mit der Skill-Disambiguierung vertraut gemacht und einige Anstöße zu deren Erweiterbarkeit erhalten.

Im folgenden Kapitel können Sie das Erlernte im Rahmen eines exemplarischen Bot-Entwicklungsprojekts umsetzen.

Kapitel 10
Das Bot-Entwicklungsprojekt – ein Praxisbeispiel

*Nichts fördert Ihr Verständnis und Ihre Fähigkeiten als Bot-Entwickler*in so sehr, wie die praktische Anwendung der erlernten Konzepte an einem konkreten Beispiel. Ein solches finden Sie in diesem Kapitel – angereichert mit vielen Tricks und Tipps.*

In diesem Kapitel haben Sie die Gelegenheit, die bisher vermittelten Konzepte im Rahmen eines kleinen Bot-Entwicklungsprojekts praktisch anzuwenden. Anhand dieses Beispiels stellen wir auch die essenziellen Phasen nach der eigentlichen Implementierung vor und ordnen die verschiedenen Aufgaben der Entwicklung in ihren Gesamtkontext ein.

Praktische Anwendung des Gelernten

Auf das Thema Projektmanagement an sich wollen wir in diesem Kapitel nicht eingehen. Vielmehr möchten wir Ihnen dabei behilflich sein, Ihr nun erlangtes Wissen zum Trainieren, Bauen, Verbinden und Verbessern von Chatbots in einem ersten eigenen Projekt anzuwenden. Ziel des Projekts soll es sein, die Vorgehensweisen bei der Chatbot-Entwicklung im Kleinen zu erproben, damit Sie diese in großen Entwicklungsprojekten sicher anwenden können. Und auf dem Weg wird es einige Gelegenheiten geben, um das bisher Erlernte zu vertiefen und auf einige Besonderheiten der Plattform SAP Conversational AI hinzuweisen.

In Abschnitt 10.1 beschäftigen wir uns mit dem Prozess, der mit einer ersten Idee anfängt und schließlich zu einem konkreten Projekt führt.

Danach führen wir in Abschnitt 10.2 die Aktivitäten auf, die wichtig sind, bevor Sie mit der eigentlichen Implementierung eines Chatbots beginnen können.

In Abschnitt 10.3 greifen wir einige Details der Implementierung heraus und erläutern diese im Rahmen des exemplarischen Entwicklungsprojekts.

In Abschnitt 10.4 zeigen wir Ihnen, wie sie den fertigen Chatbot für die Nutzer*innen bereitstellen können.

[+]

Herausforderungen der Softwareentwicklung

Einen Bot zu bauen bringt dieselben Herausforderungen mit sich, die aus anderen Software-Engineering-Projekten bekannt sind und die zu dem *agilen Manifest* geführt haben. Das agile Manifest definiert vier Leitsätze und zwölf Prinzipien, die dem Konzept der agilen Softwareentwicklung zugrunde liegen. Falls Sie noch nicht viel Erfahrung mit CUX gemacht haben, sind Sie noch nicht mit der Erwartungshaltung von Nutzer*innen in diesem Bereich vertraut. Wir empfehlen Ihnen daher umso mehr, sich mit den *Prinzipien der agilen Entwicklung* auseinanderzusetzen.

Das Wichtigste in Kürze: Binden Sie Ihre Kund*innen und Nutzer*innen in den Entwicklungsprozess mit ein. Lassen Sie sie die Fähigkeiten Ihres Bots regelmäßig testen. Auf Änderungen in den Anforderungen reagieren zu können ist wichtiger als das strikte Befolgen eines Entwicklungsplans. Seien Sie agil!

10.1 Von der Idee zum Chatbot-Projekt

Fragen zum Einsatz Ihres Chatbots

Vor Beginn eines Chatbot-Projekts sollten Sie in der Lage sein, die im Folgenden aufgeführten Fragen zu beantworten. Dazu sollten Sie schon früh anfangen, sich ein Bild des Szenarios zu machen, das Sie abbilden möchten, und eine Vorstellung davon bekommen, welche Nutzer*innen Sie damit bedienen möchten:

- Wie sieht die Zielgruppe Ihres Bots aus?
- Wie alt werden die Nutzer*innen sein?
- Handelt es sich um Gelegenheitsnutzer*innen oder um eingefleischte Profis?
- Werden Sie mit persönlichen Daten der Nutzer*innen arbeiten?
- Muss der Bot mehrere Sprachen unterstützen?
- Wie werden die Nutzer*innen mit dem Bot kommunizieren?
- Müssen die Nutzer*innen sich identifizieren?
- Welchen Anwendungsfall möchten Sie mit Ihrem Bot adressieren?
- Auf welche Art möchten Sie das Szenario herausarbeiten?

Falls die Antworten auf diese Fragen nicht bereits von Anfang an klar sind – ob durch äußere Umstände oder weil Sie bereits eine sehr klare Vision im Kopf haben – wäre nun, zu Beginn des Projekts, ein guter Augenblick, um darüber nachzudenken. Die folgenden Schritte können Ihnen dabei helfen.

10.1.1 Anwendungsfall auswählen und beschreiben

Kriterien zur Bestimmung des Anwendungsfalls

Im Fall unseres Beispielprojekts für dieses Kapitels war es an uns, einen passenden Anwendungsfall zu identifizieren und auszuwählen. Dafür hatten wir als Autoren natürlich bestimmte Kriterien, die wir Ihnen gerne offenlegen:

- **Leicht zugänglicher Anwendungsfall**
  Es soll keine Hürden oder Grundvoraussetzungen geben, um mit dem beschriebenen Szenario etwas anfangen zu können. Die damit verbundenen Herausforderungen und Ideen sollen ohne weitere Erklärungen ersichtlich sein.
- **Öffentlich verfügbare Datenquelle**
  Die zugrunde liegenden Daten sollen frei verfügbar sein und für alle jederzeit einfach konsumierbar, ohne besondere technische Grundvoraussetzungen oder monetäre Hindernisse.
- **Ansprechendes Datenmodell**
  Die verwendeten Daten müssen eine gewisse Vielfältigkeit besitzen, dürfen jedoch nicht zu komplex werden. Das Datenmodell soll beispielsweise verschiedene Objekte enthalten, die in Beziehungen zueinander stehen.
- **Mehrsprachigkeit**
  Die vorhandenen Daten sollten mehrsprachig sein, und außerdem sollten diese auch die deutsche Sprache unterstützen, damit Sie Ihren Bot auf Deutsch trainieren können.
- **Vielfältige Datenformate**
  Die vorhandenen Daten sollten eine wenig Vielfalt bieten, um die volle Funktionsbreite der Nachrichtenformate nutzen zu können. Bilder und externe Ressourcen lockern die grafische Darstellung einer CUX ein wenig auf.

Film-Bot

Glücklicherweise waren wir in der Lage, einen guten Anwendungsfall zu identifizieren: Wir bauen einen Film-Bot! Mit Spielfilmen und Darstellern kennen Sie sich sicher etwas aus. Die modellierten Datenobjekte sollten daher ohne weitere Erläuterung verständlich sein.

Datenquelle für den Anwendungsfall

Außerdem gibt es für diesen Anwendungsfall eine gut geeignete Datenquelle in Form der kollaborativen Filmdatenbank *The Movie DB* (*https://www.themoviedb.org*). Sie kann für private, nicht kommerzielle Entwicklungsprojekte kostenlos verwendet werden und ermöglicht Ihnen die Nutzung ihrer API-Endpunkte. Wir werden bei der Implementierung des Chatbots zwar unabhängig von dieser spezifischen Datenquelle bleiben, aber es ist natürlich schön zu wissen, dass Sie den Bot an eine echte Datenbank anschließen können, um ihn dann für private Zwecke nutzen zu können.

Beschreibung des Anwendungsfalls

Nach erster Analyse des Anwendungsfalls, ist es bereits möglich, einige grundlegende Aussagen und Entscheidungen zu treffen:

- **Zielgruppe**
  Bei der Zielgruppe handelt es sich um private Nutzer*innen, die den Chatbot gelegentlich in ihrer Freizeit nutzen werden. Der Chatbot soll keine browserbasierte Filmdatenbank ablösen, sondern ein komplementäres Angebot bieten, um schnell und gezielt an Informationen zu kommen.
- **Altersgruppe**
  Die Nutzer der Zielgruppe sind volljährig. Daher gibt es keinen Bedarf an einem Jugendschutzfilter oder gezielten Fähigkeiten für minderjährige Nutzer*innen. Eine Weiterentwicklung in diese Richtung könnte aber interessant sein.
- **Sprache**
  Der Chatbot muss in erster Linie die deutsche Sprache unterstützen, um die Zielgruppe zu bedienen. Werden in Zukunft jedoch weitere Sprachen unterstützt, kann dieser auch eine größere Zielgruppe erreichen.
- **Szenario**
  Das Szenario dreht sich ausschließlich um das Konsumieren von Filmdaten. Da die Nutzer*innen nur lesend auf die Informationen zugreifen werden, müssen sie sich nicht authentifizieren. Eine zukünftige Erweiterung zum Abgeben von Kommentaren und Bewertungen ist aber denkbar.
- **Datenschutz**
  Für das reine Konsumieren von Filmdaten wird der Chatbot nicht mit nutzerspezifischen Daten in Kontakt kommen oder diese prozessieren, sondern lediglich die existierenden Daten der Filmdatenbank weiterreichen. Es bestehen daher keine besonderen Anforderungen aus Perspektive des Datenschutzes.
- **Bereitstellung**
  Da ein zentraler Aspekt der CUX die Darstellung von Ergebnissen mittels der Nachrichtenformate Karte und Liste ist, soll der Fokus bei der Bereitstellung des Chatbots auf der Verwendung des SAP Conversational AI Web Clients liegen. Die Fähigkeit des Web Clients, solche »reichhaltigen« Nachrichtenformate anzuzeigen, übertrifft die anderer Bereitstellungskanäle. Außerdem lässt er sich in jede Website Ihrer Wahl integrieren.

10.1.2 Szenario und Persona herausarbeiten

Es gibt nicht die eine richtige Art, sich einem neuen Bot-Projekt zu nähern. Welche Herangehensweise sich eignet, hängt ganz davon ab, wie Ihr Szenario aussieht, welche Daten Sie nutzen möchten, wer Ihre Zielgruppe ist oder wie die CUX sein soll. Was in einem Anwendungsfall ganz formidabel funktioniert, kann in einem anderen Fall zu einem eher mauen Ergebnis führen.

Mögliche Herangehensweisen

Wir wollen in diesem Abschnitt einige mögliche Strategien ansprechen, die Ihnen bei einem guten Start in Ihr Projekt behilflich sein können:

- datengetriebenes Design
- nutzerorientiertes Design
- Design Thinking
- Nutzerverhalten

An dieser Stelle ist es wichtig anzumerken, dass diese Strategien sich nicht unbedingt streng voneinander abgrenzen lassen und in einigen Fällen auch komplementär sind.

[«]

Das Bauen von Chatbots will gelernt sein

Nicht unbedingt alles, was Sie aus anderen Bereichen der Softwareentwicklung kennen, lässt sich in gleicher oder ähnlicher Form beim Bauen von Chatbots anwenden. Machen Sie sich mit den Paradigmen dieser Form des Software-Engineerings vertraut.

Datengetriebenes Design

Wenn Ihnen zu Beginn des Projekts bereits ein Datenmodell vorliegt, ist natürlich ein naheliegender Ansatz, die komplette Konstruktion des Chatbots um diese Daten herum anzuordnen. Dieser Fall könnte eintreten, wenn Sie bereits auf einen existierenden OData- oder REST-Service zugreifen können oder sich an dem Modell der verwendeten Datenbank orientieren.

Nehmen wir unser Beispiel einer Filmdatenbank, ist das Wichtigste der Film. Ein Film hat bestimmte Attribute, wie beispielsweise den Titel, das Jahr der Veröffentlichung oder das Budget des Films. Außerdem weist das Datenobjekt Relationen zu anderen Objekten auf, wie z. B. zu den mitwirkenden Schauspieler*innen oder den Produktionsfirmen und Filmstudios.

Intents ableiten

Daraus lassen sich ohne große Mühe eine ganze Reihe an Intents ableiten, mit denen man direkt in das Design des Bots einsteigen kann. So kann man aus dem Attribut Jahr einen Intent ableiten, der mit Äußerungen wie »Aus welchem Jahr stammt der Film Shrek?« trainiert wird. Der dadurch ausgelöste Skill würde dann eine Textnachricht dieser Art ausgeben: »Der Film Shrek stammt aus dem Jahr 2001.«

Dieser Ansatz hat einige Vorteile, da er kostengünstig ist und sich schnell umsetzen lässt. Jedoch haben Sie dabei die Nutzer*innen und deren Anforderungen noch überhaupt nicht im Blick. Sie können nicht sagen, ob Sie mit diesem Ansatz eine CUX erreichen, die Ihre Nutzer*innen anspricht.

Nutzerorientiertes Design

Ein anderer Ansatz ist es, die Bedürfnisse und Ziele der Nutzer*innen in den Mittelpunkt des Designprozesses zu stellen. Dazu wird ein iterativer Prozess angewendet, der üblicherweise durch die folgenden vier Phasen definiert wird:

1. Kontext der Nutzung analysieren
2. Anforderungen definieren
3. Lösungsansatz beschreiben und umsetzen
4. Lösung evaluieren

Personas, Szenarien und Anwendungsfälle

Häufig eingesetzte Werkzeuge sind dabei Personas, Szenarien und Anwendungsfälle. Sobald Sie besser verstanden haben, um welche Zielgruppe es geht, und diese und deren Ziele in *Personas* beschrieben haben, ist es viel einfacher, die Lösung zu beschreiben und zu prüfen, ob Sie das Ziel erreicht haben.

Wird in einer Persona, die als Grundlage für die Erstellung des Film-Bots dient, beispielsweise festgehalten, dass diese sich beim Stöbern gerne treiben lässt, sollte die CUX dieser Persona anbieten, weitere Informationen zu einem Film oder einem Darsteller zu konsumieren. Die Beziehungen zu anderen Informationen sollten also genutzt werden, um einen Dialogfluss vorzuschlagen. Aus diesem Szenario könnten wir also den Schluss ziehen, dass Skills Folgeaktivitäten vorschlagen sollen, um den Nutzer*innen das weitere Stöbern zu erleichtern.

Ein klarer Vorteil des nutzerorientierten Ansatzes ist, dass die Nutzer*innen direkt in den Mittelpunkt des Designprozesses gestellt werden.

Personas für den Film-Bot

Die Personas werden mit viel Liebe zum Detail beschrieben, damit es im Designprozess leichter fällt, sich in sie hineinzuversetzen. Üblicherweise besitzt eine Persona einen fiktiven Namen und wird durch ein Bild dargestellt. Außerdem werden ihre Motivationen, Ziele und Wünsche zusammengefasst. Hinzu kommen noch ein grober Lebenslauf und einige Informationen zu Bildung, Fähigkeiten oder Kenntnissen.

Im Folgenden skizzieren wir in stark verkürzter Form die Personas, die im Rahmen des Film-Bot-Projekts von Relevanz sind:

- **Filmsuchende**
  Die Filmsuchende schaut gerne Filme, hat aber nicht die Zeit, viele Filme anzusehen. Daher wird die Auswahl jedes Films zelebriert, um sicherzugehen, dass es auch sicher der richtige ist und dass keine Minute vor dem Bildschirm mit einem unnötigen Film vergeudet wird.
- **Faktenlieferant**
  Es gibt keine Unterhaltung, die man nicht durch ein paar interessante Fakten anreichern könnte, sei es die Erwähnung eines Schauspielers, eines Films, einer Produzentin oder einfach nur einer Jahreszahl. Der Faktenlieferant wünscht sich daher einen Bot, der ihm hilft, schnell diese Fakten zu finden, etwa mit Fragen wie: »Wie viele Filme drehte Charlie Chaplin?«
- **Stöberer**
  Der Stöberer verliert sich gerne beim Durchstöbern der Filmdatenbank. Er empfindet es als schön, sich einfach mal treiben zu lassen und jeder interessanten Information nachzugehen, auch wenn er zum Schluss gar nicht mehr genau sagen kann, warum er gerade etwas über »Frühstück bei Tiffany« liest.
- **Wissenslückenfüllerin**
  Für die Wissenslückenfüllerin ist es schlimm, auf eine Information zu stoßen und zu merken, dass es da eine Wissenslücke gibt. Was war noch mal der teuerste Film des Jahres 2019? Und wie viel hat der noch mal gekostet? Worum ging es in dem Film eigentlich?

Design Thinking

Als prominente Methodik für benutzerorientiertes Design sollte *Design Thinking* nicht unerwähnt bleiben. Es gibt hier verschiedene Ansätze, die bestimmte Phasen innerhalb des Design-Thinking-Prozesses definieren. Wir schließen uns der Definition des Hasso-Plattner-Instituts an und halten die in Abbildung 10.1 gezeigten Phasen auch für ein Bot-Entwicklungsprojekt für relevant.

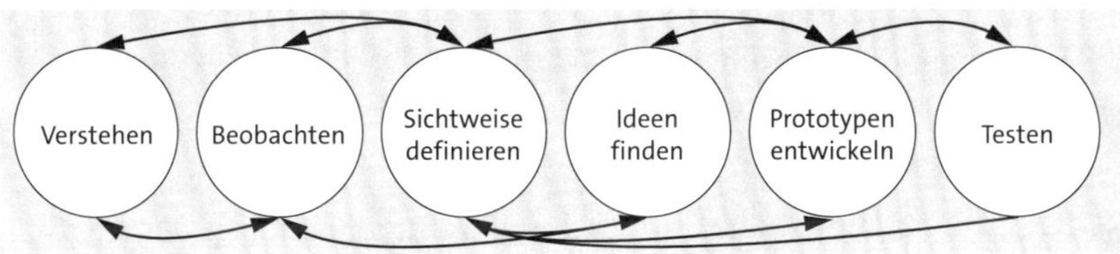

Abbildung 10.1 Design-Thinking-Phasen (Quelle: HPI Academy

1. **Verstehen**
   Sie verstehen und analysieren die relevanten Dimensionen der Problemstellung und erstellen einen Forschungsplan.

2. **Beobachten**
   Beobachten Sie Ihre Nutzer*innen, um die Problemstellung aus deren Perspektive zu verstehen.
3. **Sichtweise definieren**
   Führen Sie die Ergebnisse Ihrer Recherche zusammen und definieren Ihres Personas.
4. **Ideen finden**
   Anschließend entwickeln Sie Ideen, wie Sie Ihren Anwendungsfall am innovativsten lösen können, z. B. mit einen Film-Bot.
5. **Prototyp entwickeln**
   Beginnen Sie, Ihre Ideen auszuarbeiten und in Form eines Prototyps umzusetzen.
6. **Testen**
   Fangen Sie früh an, Ihren Prototyp zu testen und zu verproben. So können Sie Ihren Prototyp iterativ verbessern.

Danach beginnt der iterative Prozess von vorne. Sie müssen verstehen, ob Sie Ihren Anwendungsfall richtig gelöst haben usw. Ziel ist es, eine kontinuierliche Verbesserung zu erreichen, bis der gewünschte Perfektionsgrad erzielt wurde.

Das Thema Design Thinking füllt einige Bücher, wie beispielsweise den Titel »Design Thinking mit SAP« von Manuel Busse (SAP PRESS 2019). An dieser Stelle wollten wir nur einen kurzen Einstieg ermöglichen.

Nutzerforschung

Eine weitere Methode, sich den Nutzer*innen im Designprozess zu nähern, ist durch *Nutzerforschung*. Dieser Begriff beschreibt ein weites Feld der Analyse des Verhaltens von Nutzer*innen. Es gibt deutliche Überschneidungen dieses Ansatzes mit dem des benutzerorientierten Designs.

Bei der Entwicklung einer CUX lässt sich die Erforschung des Nutzerverhaltens sehr effizient zur Ermittlung von Anwendungsfällen einsetzen, aber auch zur Verbesserung der Trainingsdaten bereits bekannter Anwendungsfälle. Eingehende Äußerungen sind in der Regel mit einer bestimmten Absicht der Nutzer*innen verbunden, die es im Rahmen der Nutzerforschung herauszukristallisieren gilt.

Fragestellungen der Nutzer*innen

Sie können die Nutzerforschung komplett entkoppelt von der Chatbot-Plattform durchführen, indem Sie beispielsweise Ihre Testnutzer*innen dazu auffordern, sich vorzustellen, mit einem Film-Bot zu chatten und zehn Fragen an diesen Bot zu formulieren. Diese können mit einem Tabellenkalkulationsprogramm oder sogar mit Stift und Papier festgehalten oder per E-Mail abgefragt werden. Sie können das Sammeln der Fragen aber auch von einem eigens dafür konzipierten Bot übernehmen lassen. Die Auswertung können Sie dann nämlich direkt im Bereich **Log Feeds** auf der Registerkarte **Monitor** der SAP-Conversational-AI-Plattform vornehmen.

Kontinuierliche Verbesserung

Diese Methode kann auch im produktiven Betrieb Ihres Bots verwendet werden, um den Funktionsumfang iterativ zu verbessern. Sie benötigen dazu nur Zugriff auf das Protokoll eingehender Äußerungen.

Auch hinsichtlich des Detailgrades, mit dem Sie die Szenarien beschreiben, die Sie Ihren Testnutzer*innen erzählen, um diese nach passenden Äußerungen zu fragen, gibt es verschiedene Herangehensweisen. Sollte Ihnen bereits ziemlich klar sein, welche Personas existieren und welche Szenarien damit verbunden sind, können Sie diese Ihren Testnutzer*innen einleitend beschreiben, um die Nutzereingaben in gewünschte Bahnen zu lenken.

Alternativ können Sie eher darauf setzen, dass unvoreingenommene Testnutzer*innen ihrer Fantasie freien Lauf lassen. So können sie Ihnen vielleicht Ideen für Szenarien und Personas lieferen, an die Sie niemals gedacht hätten. Ein Vorteil dieses Ansatzes ist, dass Sie damit Äußerungen sammeln können, die Erwartungshaltungen gegenüber Ihrem Bot widerspiegeln, die Sie bisher noch gar nicht berücksichtigt haben. Die gesammelten Äußerungen können Sie Ihren Trainingsdaten hinzufügen. Nachteilig ist, dass Sie damit nicht unbedingt ein komplettes Bild eines Dialogflusses oder des gesamten Leistungsumfangs erstellen können. Und der Aufwand zum Sammeln und Auswerten der Äußerungen kann recht hoch sein.

10.2 Vor Beginn der Implementierung

Nachdem der Rahmen des Projekts gezogen ist und das Szenario anfängt, sich herauszukristallisieren, ist es an der Zeit, über die konkreten Vorbereitungen nachzudenken, die vor dem Start der eigentlichen Implementierung des Chatbots nötig sind. Es geht dabei um die Verteilung der Verantwortlichkeiten, die Modellierung der Daten und des Dialogflusses sowie um das Sammeln von Äußerungen, um einen Datensatz zum Trainieren Ihres Bots zusammenzustellen.

10.2.1 Rollen innerhalb des Entwicklungsteams

Definition der Rollen

Zu Beginn lohnt es sich, sich ein paar Gedanken zu den Rollen der Mitwirkenden in dem Projekt zu machen. Dabei wollen wir die Rollen, die in jedem Projekt üblicherweise besetzt sind, aber im Rahmen eines Bot-Projekts keine Besonderheiten aufweisen, unberücksichtigt lassen. Dabei handelt es sich beispielsweise um die Projektmanager, die Qualitätssicherung oder das Produktmanagement. In Abschnitt 10.2.4, »Berechtigungen innerhalb des Entwicklungsprojekts«, werden wir die relevanten Rollen noch einmal aufgreifen und entsprechende Berechtigungen vergeben.

Hier ein kurzer Überblick über die verschiedenen Rollen:

- **Bot-Entwickler*in**
  Die Aufgabe der Bot-Entwicklerin oder des Bot-Entwicklers ist es im weitesten Sinne, Chatbots zu bauen. Das bezieht sich in erster Linie auf die Implementierung von Skills. Die Aufgaben sind aber auch eng mit der Definition von Intents und dem damit einhergehenden Training verbunden.
- **Data Scientist**
  Der Bezeichnung *Data Scientist* ist im Umfeld der Bot-Entwicklung definitiv ein wenig hoch gegriffen. Das Feld der Data Science oder auch Datenwissenschaft ist komplexer und vielfältiger als die Aufgabenstellungen in einem Bot-Entwicklungsprojekt. Wir wollen im Rahmen unseres Beispielprojekts trotzdem mit der Rolle des Data Scientists arbeiten, da für große Projekte mit entsprechend umfangreichen und komplexen Datensätzen kein Weg an einem echten Datenwissenschaftler oder einer echten Datenwissenschaftlerin vorbeiführt. Deren Aufgabe ist es, die Datensätze zum Training des Sprachverständnisses aufzubereiten und für einen wohltrainierten Bot zu sorgen.
- **User Experience Designer**
  In einem Projekt wie dem zur Implementierung des hier beschriebenen Film-Bots gibt es zwei Aspekte, bei denen ein User Experience Designer mitwirken kann:
  - zum einen bei der Entwicklung des Interaktionsdesigns zwischen dem Nutzer und dem Chatbot, also bei der Definition des zu bauenden Bots und der Nutzerforschung
  - zum anderen beim Grafikdesign der zu implementierenden Nachrichtenformate

  Je nach Größe des Projekts können diese beiden Aspekte durch zwei getrennte Rollen abgebildet werden.
- **Admin**
  Die Rolle der Administratorin oder des Administrators ist weit gefasst. Konkrete Aufgaben eines Admins in der Chatbot-Plattform sind die Verwaltung der Benutzer und deren Berechtigungen, die Betreuung des Lebenszyklus der Chatbots sowie die Verbindung zu externen Bereitstellungskanälen.

10.2.2 Modellierung der Daten und des Konversationsflusses

Datenobjekte

Ein kurzer Blick auf die wichtigsten Datenobjekte hilft, die Beziehung zwischen diesen und deren Attribute besser zu verstehen. Die beiden führenden Datenobjekte unseres Szenarios sind Film und Person. Beide haben jeweils eine Liste vorgegebener Attribute, die Sie dem Diagramm in Abbildung 10.2 entnehmen können.

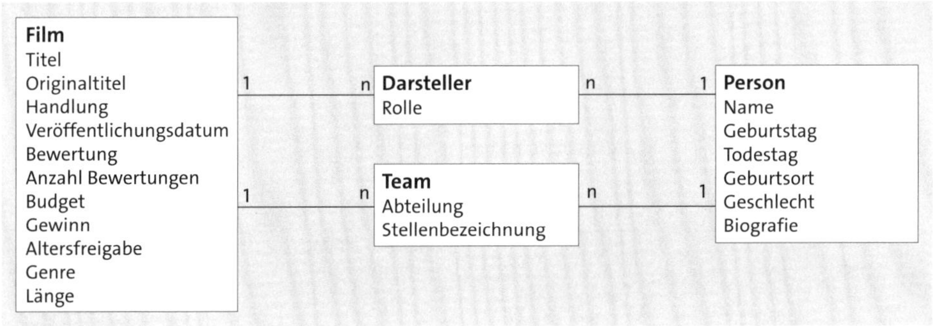

Abbildung 10.2 Modellierung der Daten

Für dieses Datenmodell definieren wir zwei verschiedene Beziehungen zwischen Film und Person, nämlich vor oder hinter der Kamera. Vor der Kamera sind Personen Darsteller*innen, die eine Rolle darstellen. Hinter der Kamera gibt es Mitarbeiter*innen, die einer bestimmten Abteilung angehören und eine Stellenbeschreibung haben, wie beispielsweise die Stelle Komponist (m/w/d) in der Abteilung Ton. Die Personen haben keine direkte Beziehung zum Film, sondern ihre Beziehung ist vermittelt durch den Beitrag, den Sie zu dem Film leisten.

Im Rahmen der Implementierung werden wir die Entitäten `#FILM` und `#MITWIRKENDE` definieren, um die Objekte Film und Person darzustellen.

Modellierung des Konversationsflusses

Bevor Sie mit der Implementierung Ihrer Skills beginnen, lohnt es sich, etwas Zeit in die Modellierung der Konversationen und deren möglichen Abläufe zu investieren. Um Ihnen eine beispielhafte Modellierung zu präsentieren, schauen wir uns einen möglichen Ablauf in Bezug auf die Entität `#FILM` genauer an.

Startpunkt bei diesen Überlegungen ist jeweils ein Intent, der aus der Äußerung Ihrer Nutzer*innen ermittelt wird (siehe Abbildung 10.3). Der Intent führt zur Ausführung eines Skills, wenn die darin definierten Trigger-Bedingungen erfüllt sind. Je nach Modellierung der Konversation kann dieser Skill dann zu einem weiteren Skill führen.

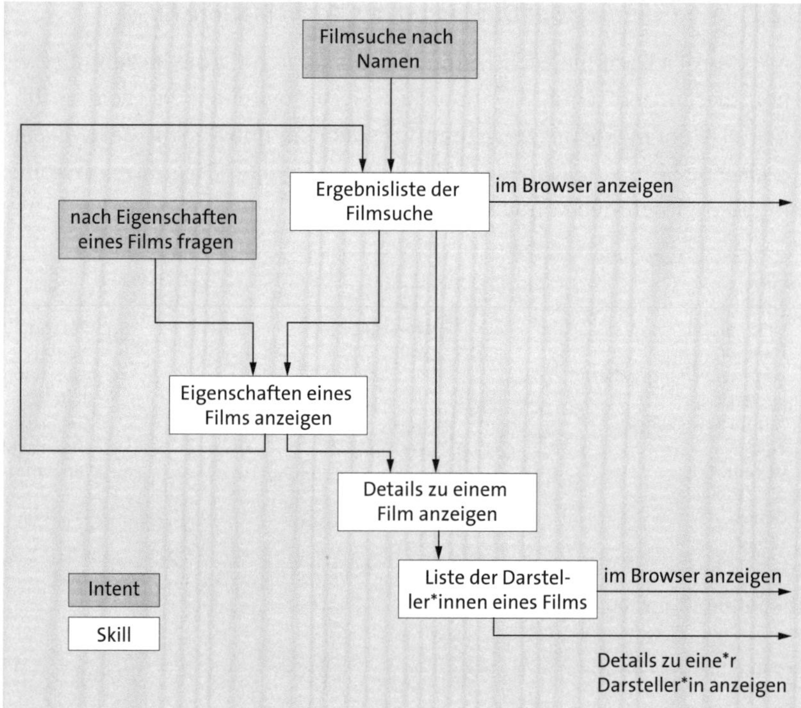

Abbildung 10.3 Konversationsfluss zur Entität #FILM

Ablauf der Unterhaltung

Diesen Ablauf der Unterhaltung gehen wir einmal Schritt für Schritt durch:

1. Wir beginnen unsere Nachverfolgung, wenn in einer Äußerung der Intent zur Darstellung der Eigenschaft eines Films erkannt wird, z. B.: »Von was handelt der Film Casablanca?«
2. Dieser führt zur Ausführung eines Skills mit dem Ziel, die Handlung des Films darzustellen. Den Nutzer*innen werden mittels Schaltflächen zwei Möglichkeiten zur Fortführung der Unterhaltung geboten:
   - Sind die Nutzer*innen mit dem ermittelten Film nicht zufrieden, weil der angegebene Name vielleicht nicht präzise genug war oder der Titel des Films ambig ist, können sie über eine Schalfläche eine Suche mit dem ursprünglich angegebenen Filmtitel ausführen, um den gewünschten Film zu ermitteln. Dies führt zur erneuten Ausführung des Skills zur Anzeige der gewünschten Eigenschaft, diesmal jedoch mit dem von den Nutzer*innen gewünschten Film.
   - Sind die Nutzer*innen zufrieden, können sie ebenfalls mittels einer Schaltfläche weitere Details zu dem ermittelten Film anzeigen lassen. Dies wird mithilfe des Nachrichtenformats Karte erreicht.

3. Unterhalb der Karte wird eine Schaltfläche angeboten, über die sich die Nutzer*innen die Darsteller*innen des Films anzeigen lassen können.
4. Nach dem Klick auf diese Schaltfläche wird eine nach Relevanz sortierte Liste der Darsteller*innen angezeigt. Jeder Listeneintrag bietet den Nutzer*innen die Möglichkeit, sich weitere Details zu der jeweiligen Schauspielerin oder dem Schauspieler anzeigen zu lassen. Da die Liste sehr lang und unübersichtlich werden kann, haben die Nutzer*innen auch die Option, sich die Liste im Browser auf der Webseite des Anbieters der Filmdatenbank anzeigen zu lassen.

Einstieg über Suche nach einem Filmnamen

Ein alternativer Einstieg erfolgt über die Suche nach einem bestimmten Filmnamen. Diese Suche führt zur Anzeige einer Liste mit passenden Filmtiteln. Es handelt sich hierbei um dieselbe Liste, die bereits beim Suchen nach dem passenden Film zu einer spezifizierten Eigenschaft zum Einsatz gekommen ist. Nur wird in diesem Fall der Skill zum Anzeigen der Details eines Films ausgeführt, nachdem sich die Nutzer*innen für einen Film entschieden haben. Auch dieser Skill bietet die Möglichkeit, die Ergebnisliste in Browser zu öffnen.

Aus dem Fluss ausbrechen

Im Rahmen des Konversationsflusses sollte darauf geachtet werden, dass die Nutzer*innen zu jeder Zeit in der Lage sind, aus dem modellierten Fluss auszubrechen. Dies könnte zum einen das Ziel haben, eine Aktion durchzuführen, die keinen Bezug zu der aktuellen Konversation hat. Zum anderen könnte der Ausbruch mit der Absicht verbunden sein, nach einer weiteren Eigenschaft des gleichen Films zu fragen. In diesem Fall muss der entsprechende Skill in der Lage sein, den Kontext aufzugreifen und den zuvor ermittelten Film ohne explizite Erwähnung zu verwenden. Nehmen wir an, die erste Äußerung war:

»Aus welchem Jahr ist der Film Casablanca?«

Dann sollte es in der darauffolgenden Äußerung ausreichend sein zu sagen:

»Um was geht es in dem Film?«

10.2.3 Datensatz für das Training zusammenstellen

Ein gut trainierter Chatbot braucht Trainingsdaten, viele Trainingsdaten. Wie Sie bereits in Kapitel 3, »Einen Chatbot trainieren«, gesehen haben, benötigen Sie einen soliden Satz von Ausdrücken, mit denen Sie Ihren Chatbot trainieren können. Und diese Daten müssen von guter Qualität sein, d. h. möglichst realistisch und unbefangen die potenziellen Nutzereingaben repräsentieren.

[+]

Zielgruppe vollständig abbilden

Falls Sie potenzielle Nutzer*innen in das Sammeln der Daten einbeziehen: Achten Sie darauf, möglichst die volle Diversität der Zielgruppe abzudecken. Damit können Sie das Risiko minimieren, dass es zu einer Voreingenommenheit in den Trainingsdaten kommt.

Im Folgenden stellen wir einige Strategien zum Sammeln von Trainingsdaten zusammen und bewerten diese kurz:

- **Eingabe durch Bot-Entwickler*innen**
  Die einfachste Methode ist wohl die direkte Eingabe einiger Ausdrücke, die Sie sich ausgedacht haben. Diese Strategie wird jedoch nicht zu einem durchschlagenden Erfolg führen. Probieren Sie es aus: Mit hoher Wahrscheinlichkeit wird die erste Person, die Sie bitten, Ihren neuen Bot zu testen, eine Frage auf eine Art formulieren, an die Sie nicht gedacht haben. Mit dieser Strategie können Sie jedoch ganz pragmatisch einen Grundstock legen und diese Daten für erste Testzwecke verwenden.
- **Nutzerbefragung**
  Um größere Mengen an Trainingsdaten von guter Qualität zusammenzutragen, lohnt es sich, Nutzer*innen aus der Zielgruppe zu befragen. Dazu erläutern Sie den Befragten kurz zusammengefasst den Kontext, in dem der Chatbot zum Einsatz kommen soll. Darauf aufbauend können Sie gezielt nach Ausdrücken fragen, die Sie bestimmten Intents zuweisen möchten.

  Die Möglichkeiten der Umsetzung sind dabei vielfältig und reichen vom guten alten Klemmbrett bis hin zu einer eigens dafür geschriebenen Anwendung, die die Eingaben von Nutzer*innen in eine Datenbank schreibt. Dabei ist es natürlich vorteilhaft, wenn die Ausdrücke bereits in digitaler Form gesammelt werden, da sie andernfalls noch einzutippen wären.
- **Nutzerbefragung mithilfe eines Chatbots**
  Auch ein Chatbot kann bei der Nutzerbefragung helfen. Die Nutzerbefragung wird in diesem Fall von einem eigens dafür konstruierten Chatbot durchgeführt. Der Bot ist so aufgebaut, dass er die Befragung durchführt, indem ein Fragekatalog abgearbeitet wird.

  Da sich diese Strategie hervorragend mit den Funktionalitäten der Plattform umsetzen lässt, werden wir sie im Anschluss noch genauer ausführen.

- **Testbetrieb und kontinuierliche Verbesserung**
  Falls Sie bereits einen Grundstock an Trainingsdaten haben und die Funktionalität des Chatbots bereits gebaut ist, können Sie diesen auch einer Testgruppe zur Verfügung stellen, um die korrekte Erkennung der Intents auf Herz und Nieren zu testen. Sie können dies beispielsweise gestützt durch eine Liste von Aufgaben machen, die die Tester*innen Ihnen mithilfe des Chatbots beantworten müssen. Achten Sie beim Stellen der Aufgaben darauf, möglichst auf Text zu verzichten, da Sie damit die Art der Fragestellung beeinflussen könnten.

Nutzerbefragung durch einen Chatbot

Da sich die Nutzerbefragung per Chatbot sehr gut in SAP Conversational AI verwirklichen lässt, gehen wir an dieser Stelle etwas ausführlicher darauf ein und erläutern Ihnen den Chatbot, den wir im Rahmen unserer Implementierung des Film-Bots genutzt haben. Abbildung 10.4 zeigt die grafische Ansicht dieses Bots auf der Registerkarte **Build**.

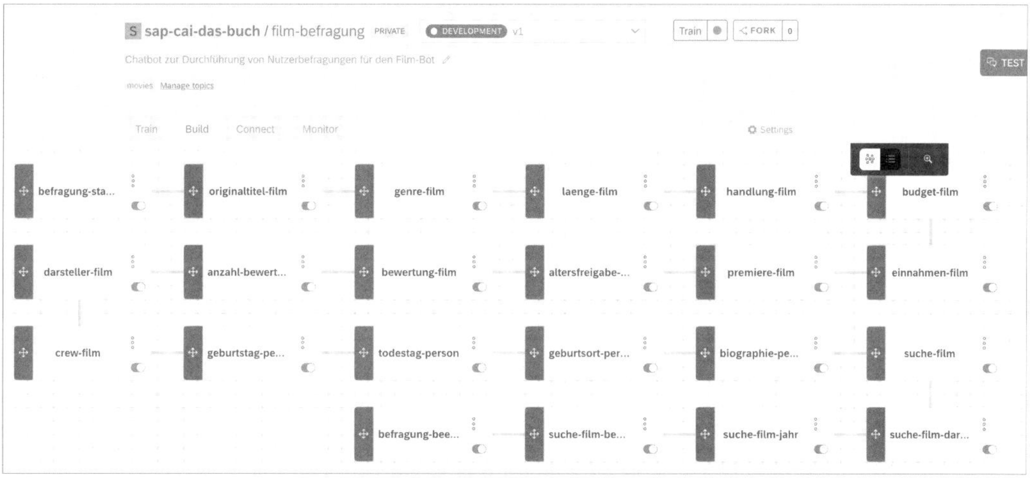

Abbildung 10.4 Nutzerbefragung mithilfe eines Chatbots

Mithilfe eines solchen Bots können Sie Ausdrücke von den Befragten sammeln, und zwar im Normalfall für jeden Intent Ihres geplanten Chatbots. Abgeleitet aus dem zuvor definierten Konversationsfluss, werden Intents benötigt, um diverse Attribute der Filme und Personen abzufragen sowie um nach Filmen zu suchen.

Implementierung des Nutzerbefragungs-Bots

In der Umsetzung ist ein Chatbot für eine Nutzerbefragung recht einfach. In erster Linie handelt es sich um eine Fleißarbeit, da für jede Frage ein Skill angelegt werden muss.

[»]

Beispiel für einen Chatbot zur Nutzerbefragung

Den Chatbot zur Nutzerbefragung haben wir Ihnen als Beispiel zur eigenen Verwendung und zum Nachverfolgen der Erklärungen in diesem Abschnitt auf der Plattform zur Verfügung gestellt. Er befindet sich in der Organisation **SAP CAI: Das Buch** und kann gerne von Ihnen als Fork weiterverwendet werden. Über den folgenden Link können Sie direkt auf ihn zugreifen: *https://cai.tools.sap/sap-cai-das-buch/film-befragung*

Da der Ablauf der Befragung komplett regelbasiert ist, verzichten wir auf die Erstellung eines Intents und der zugehörigen Trainingsdaten.

Aufbau der Skills

Die Skills zur Abfrage der Ausdrücke für die einzelnen Intents des Film-Bots haben jeweils den folgenden Aufbau:

- Da die Skills mittels Sprunganweisungen ausgelöst werden, benötigen Sie keine Trigger-Bedingung, um den passenden Skill zu ermitteln. Ausnahme ist der Skill **befragung-starten**, der ausgeführt wird, wenn das Wort »Start« eingegeben wird. Sie müssen sich in den Bedingungen eines speziellen Kniffs bedienen, den wir im folgenden Informationskasten »Trick bei der Umsetzung der Eingabe von Freitext« beschreiben.
- Voraussetzungen (Requirements) brauchen Sie in keinem der Skills dieses Bots.
- Als Aktionen müssen Sie jeweils die entsprechende Frage nach möglichen Äußerungen für den Intent pflegen. Diese können Sie als Textnachricht hinterlegen.

Im ersten Skill können Sie bei Bedarf auch noch eine Erklärung hinterlegen, was von den Befragten erwartet wird, wie Sie auch in Abbildung 10.5 sehen können.

Fluss der Befragung vorgeben

Ein interessanter Aspekt bei der Implementierung ist die Umsetzung des Ablaufs der Befragung, der sich in keiner Weise von den Eingaben der Befragten beeinflussen lassen darf. Dies können Sie durch eine Sprunganweisung mit Benutzereingabe erreichen. Auf diese Art müssen Sie jeden Skill der Befragung mit dem darauffolgenden verknüpfen. Dabei gibt es jedoch ein Problem: Diese Art der Sprunganweisung funktioniert nämlich nur dann richtig gut, wenn Sie mit der Eingabe eine Voraussetzung des referenzierten Skills erfüllen.

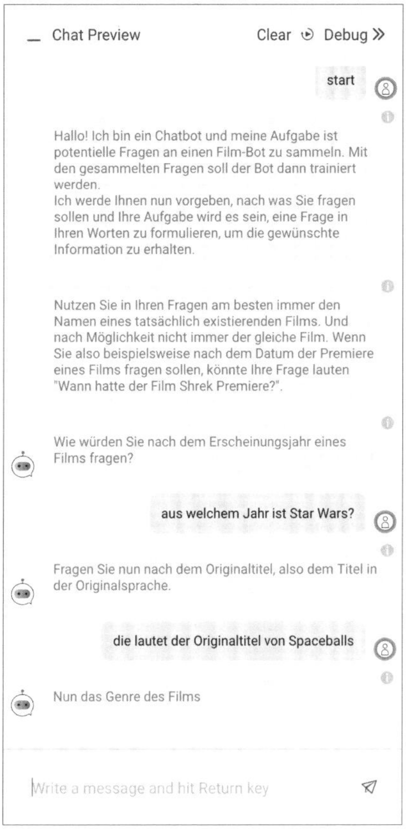

Abbildung 10.5 Chat Preview der Nutzerbefragung

Trick bei der Umsetzung der Eingabe von Freitext

Lassen Sie uns das an einem konkreten Beispiel demonstrieren, da hier einige Konzepte dahinterstecken, die es sich lohnt, zu verinnerlichen. Ziel ist es also, einen Skill im Rahmen der Nutzerbefragung zu definieren, der einen Freitext als Eingabe entgegennimmt. Ausgelöst wird dieser Skill durch eine Sprunganweisung der Art Benutzereingabe (**Wait for User Input**). Das bedeutet, dass der Skill oben auf den Skill Stack gelegt wird und nach der nächsten Äußerung mit besonderer Priorität behandelt wird. Konkret heißt das, dass der Bot erwartet, mit der nächsten Äußerung eine Entität geliefert zu bekommen, die zu einer der Voraussetzungen dieses Skills passt. Das ist bei Freitext wie in diesem Fall aber schwierig, denn der eingegebene Text wird nicht als Entität an sich erkannt. Von daher ist es nicht möglich, eine entsprechende Voraussetzung für diesen Skill zu definieren. Die Sprunganweisung mit Benutzereingabe bleibt wirkungslos, da eine Voraussetzung nicht erfüllt werden kann.

Es gibt jedoch eine Strategie, mit der Sie die Ausführung eines Skills nach einer solchen Sprunganweisung erzwingen können, ungeachtet dessen, ob eine Voraussetzung erfüllt wurde oder nicht. Sie müssen lediglich eine Trigger-Bedingung für den Skill definieren, die erfolgreich aufgelöst wird, um sicherzustellen, dass der Skill zur Ausführung kommt.

Im Fall unseres Skills würde es sich beispielsweise anbieten, gleichzeitig mit der Sprunganweisung im Speicher eine Variable `trigger` mit dem Wert `true` zu setzen. Diese kann dann als Trigger des Skills validiert werden; der Skill wird auch ohne Voraussetzung ausgeführt. Falls Sie die Äußerung weiterverarbeiten möchten, müssen Sie diese dann mittels des Alias **_source** direkt aus dem Datenobjekt `nlp` lesen, da die Äußerung nicht in eine Entität oder den Speicher überführt wurde. Sobald Sie diese Speichervariable nicht mehr benötigen, empfiehlt es sich, diese auch wieder zurückzusetzen.

Abgesehen davon müssen Sie sich in den Skills um nichts weiter kümmern als um das Stellen der Fragen, denn die Antworten der Befragten interessieren den Bot nicht. Er muss sie nicht weiterverarbeiten oder auswerten. Ziel ist es lediglich, diese Ausdrücke später in dem Protokoll der **Log Feeds** zu analysieren.

Durchführung der Nutzerbefragung

Nachdem Ihr Chatbot bereit ist und sämtliche Fragen abgebildet wurden, geht es an die eigentliche Befragung. Erste Etappe ist dabei die Bereitstellung Ihres Bots. Falls Sie die Infrastruktur haben, um einen Webchat oder einen Web Client zu integrieren und Ihren Befragten zur Verfügung zu stellen, würden sich diese Strategien anbieten. Andernfalls wäre eine Befragung über einen Bereitstellungskanal wie Slack oder Microsoft Teams eine mögliche Alternative (siehe auch Kapitel 5, »Den Chatbot verbinden«).

Sobald Ihr Bot bereitgestellt wurde, können Sie die Befragung planen. Da Sie für einen gut trainierten Bot viele Ausdrücke für Ihre Trainingsdaten brauchen, ist es zu empfehlen, eine entsprechend große Teilnehmergruppe einzubeziehen. Bedenken Sie, dass Sie mindestens 50 Ausdrücke pro Intent sammeln sollten und nach Möglichkeit auch gerne mehr.

Auswertung der Daten im Log Feed

Im letzten Schritt kommen Sie zu der wahren Fleißarbeit, die hinter jedem gut trainierten Bot steckt. Insgesamt haben wir 21 Fragen in der Umfrage gestellt. Nehmen wir mal an, dass Sie die Antworten von 50 Teilnehmern gesammelt haben, die jeweils einen möglichen Ausdruck eingegeben haben; dann haben Sie es nun mit stolzen 1.050 Äußerungen zu tun, die sortiert werden möchten. Und das sind eigentlich noch wenige für das Training eines Chatbots.

Intents zuordnen

Legen Sie spätestens jetzt einen Intent für jede Frage in SAP Conversational AI an. So sind Sie in der Lage, eine sehr praktische Funktionalität der Protokolle im Bereich **Log Feeds** zu nutzen, nämlich das direkte Zuweisen von Protokolleinträgen zu Intents (siehe Abbildung 10.6). Dies erreichen Sie, indem Sie den entsprechenden Protokolleintrag markieren, den gewünschten Intent (z. B. **@bewertung-film**) und die Sprache auswählen und zu guter Letzt bestätigen. Im Beispiel können Sie erkennen, dass die Intents zum gegebenen Zeitpunkt noch nicht gut trainiert waren. Nur bei einer Äußerung in diesem Auszug des Protokolls wurde ein Intent entdeckt und dieser auch nur mit einer Konfidenz von 0,66.

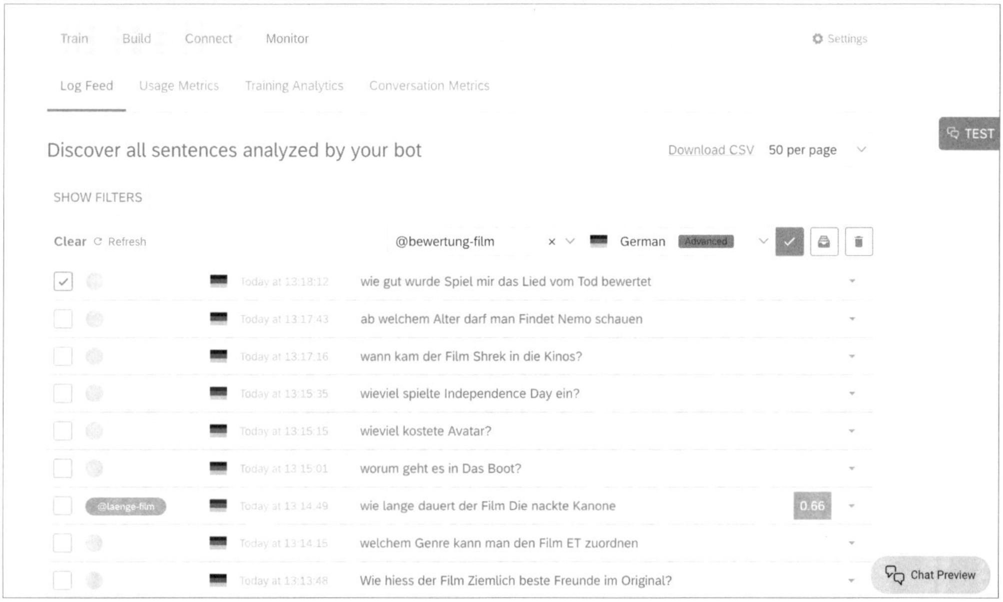

Abbildung 10.6 Protokolleinträge Intents zuordnen

Mit der hier trainierten Intent-Erkennung arbeiten wir in Abschnitt 10.3.1, »Intents und Entitäten anlegen«, weiter.

10.2.4 Berechtigungen innerhalb des Entwicklungsprojekts

Die Rollen, die für die Besetzung Ihres Projekts relevant sind, wurden bereits in Abschnitt 10.2.1, »Rollen innerhalb des Entwicklungsteams«, beschrieben. An dieser Stelle definieren wir nun, welche Berechtigungen zur Durchführung der beschriebenen Aktivitäten benötigt werden.

Least-Privilege-Prinzip

Bei der Verteilung der Berechtigungen sollten Sie immer das *Least-Privilege-Prinzip* als Leitmotiv heranziehen. Dieses Prinzip besagt, dass Nutzer*innen immer nur die mindestens erforderlichen Berechtigungen besitzen sollten, um ihre Arbeit ausführen zu können.

Teams innerhalb der Organisationen

Dieses Prinzip wenden wir auch bei der Verteilung der Berechtigungen auf Ebene der Organisationen an (siehe Abbildung 10.7). Wer keinem Team zugeordnet ist, erhält erst einmal keinen Zugriff auf die Bots und wird diese auch nicht sehen können. Nur Mitglieder der Organisation, die in einem der Teams **bot-entwickler**, **data-scientist** oder **ux-designer** sind, sind in der Lage, die Bots der Organisation zu sehen und lesend darauf zuzugreifen. Nur Admins bekommen von Haus aus die Schreibberechtigung für die Bots. Diese benötigen sie, um die Bot-Einstellungen bearbeiten zu können.

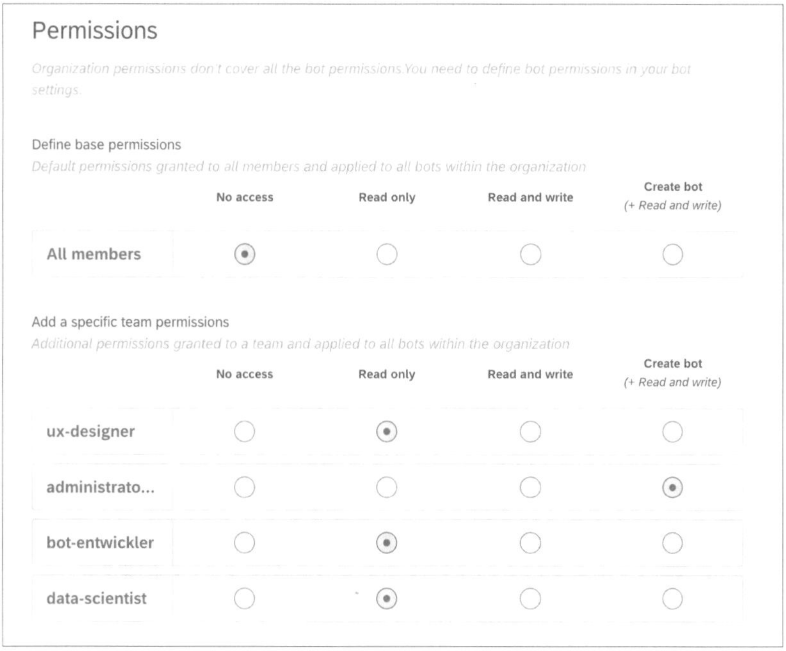

Abbildung 10.7 Teams und deren Berechtigungen

Teams auf Ebene des Bots

Nachdem der Grundstock des Berechtigungskonzepts auf Ebene der Organisation gelegt ist, können wir uns im nächsten Schritt die Verfeinerung der Berechtigungen auf Ebene des Bots anschauen. In den Bot-Einstellungen können Sie im Bereich **Permissions** gezielt die Berechtigungen der einzelnen Teams für verschiedene Bereiche der Plattform pflegen und diese sogar abhängig von der Umgebung verfeinern. Auch hier ist es wichtig, das Least-Privilege-Prinzip im Auge zu behalten.

Berechtigungen für den Data Scientist

Als erstes Beispiel betrachten wir die Rolle des Data Scientists und damit verbunden die Berechtigungen des Teams **data-scientist** (siehe Abbildung 10.8). Bisher ist dieses Team nur mit Leseberechtigungen auf Ebene der

Organisation ausgestattet. Um jedoch wie gewünscht wirken zu können, benötigt ein Data Scientist Schreibberechtigungen für die Registerkarte **Train** sowie für die Bereiche **Log Feed** und **Training Analytics** auf der Registerkarte **Monitor**. Außerdem erhält nur der Data Scientist Lesezugriff auf die sensiblen **Conversational Logs**, mit denen der Ablauf kompletter Konversationen nachverfolgt werden kann. Damit ist der Werkzeugkasten komplett, um nicht nur die Trainingsdaten zu pflegen, sondern auch im produktiven Betrieb die Qualität des Trainings zu überprüfen und gegebenenfalls nachzubessern.

Abbildung 10.8 Berechtigungen des Teams »data-scientist«

Monitoring-Berechtigungen für alle Umgebungen

Die Data Scientists besitzen diese Rechte für alle Umgebungen, nicht nur für die Umgebung **development**. Dies ist den Werkzeugen der Registerkarte **Monitor** geschuldet, die Zugriff auf die Protokolle aller Umgebungen und Versionen bieten. Das bedeutet jedoch nicht, dass die Data Scientists in der produktiven Umgebung arbeiten sollen, sondern auch immer nur in der Umgebung **development**.

Berechtigung für den Bot-Entwickler

An den Berechtigungen des Teams **bot-entwickler** kann man das Wirken des Least-Privilege-Prinzips gut beobachten (siehe Abbildung 10.9). Bot-Entwickler*innen enthalten sowohl auf Ebene der Organisation als auch auf Ebene der einzelnen Bots lediglich Leseberechtigung. Nur eine einzige Ausnahme ist definiert, nämlich für die Umgebung **development**. Dort benötigen sie Schreibberechtigungen für die Registerkarten **Train** und **Build**, womit auch genau das Aufgabengebiet dieser Rolle umrissen ist, nämlich Bots in der Entwicklungsumgebung zu bauen.

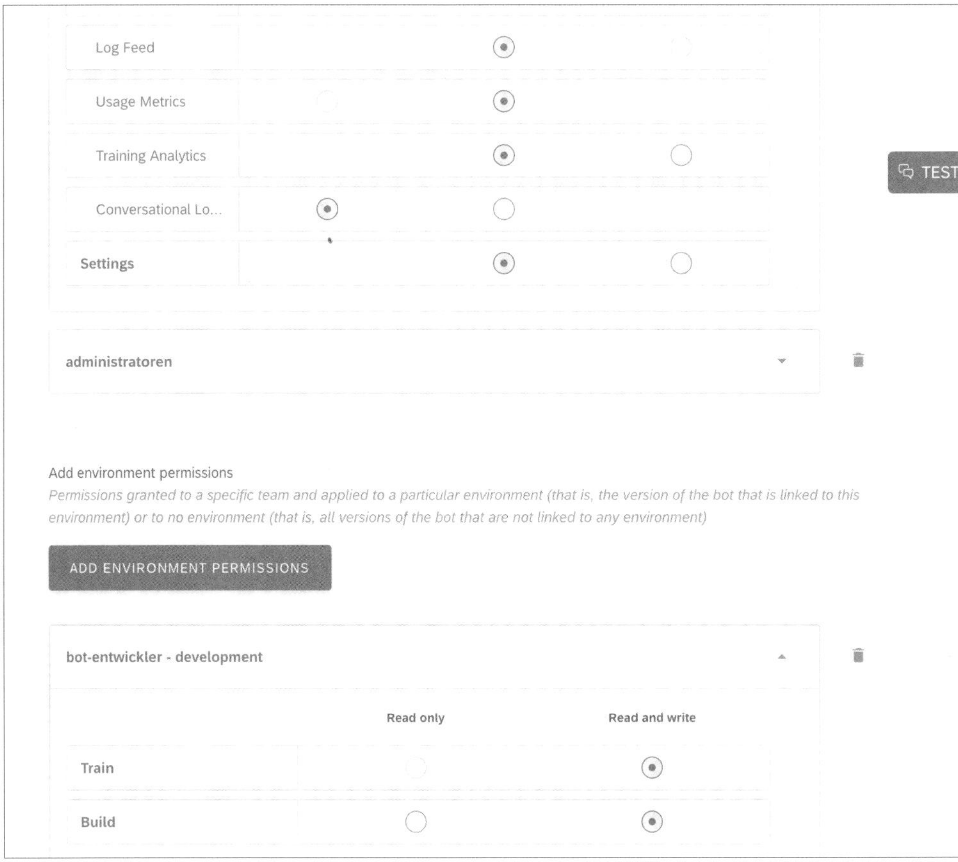

Abbildung 10.9 Berechtigungen des Teams »bot-entwickler«

Das Bot-Entwicklungsteam ist auch das einzige Team, das Skills bauen kann, natürlich mit Ausnahme der Admins der Organisation.

Zusammenarbeit in einem Projekt

Vielleicht fragen Sie sich nun, wie Sie in diesem Rahmen am besten mit der Funktionalität der Kollaboration umgehen. Zur Erinnerung: Sie können beliebige Bot-Entwickler*innen mit einem Benutzerprofil in der Community zur Zusammenarbeit an Ihrem Chatbot (als Kollaborator*innen) einladen. Damit sind volle Lese- und Schreibberechtigungen verbunden. Sie sollten das daher nicht tun, wenn Sie Ihre Berechtigungen auf Ebene einer Organisation verwalten.

Es spricht nichts dagegen, die Funktionalität der Kollaboration zu verwenden, wenn Sie einen Bot in Ihrem privaten Profil gemeinsam mit einem Freund oder einer Kollegin bearbeiten möchten. Für eine Organisation sollten aber alle Berechtigungen zentral innerhalb der Organisation verwaltet werden. Dieses Konzept würden Sie aushebeln, wenn Sie auf Ebene eines Bots einzelnen Benutzern außerhalb der Organisation vollen Zugriff gewährten.

10.3 Implementierung des Chatbots

In diesem Abschnitt beschäftigen wir uns genauer mit dem Bauen des Film-Bots. Sie haben bereits eine klare Vorstellung, welche Intents der Bot benötigt, und bereits Trainingsdaten für diese Intents gesammelt. Sie wissen, welche Entitäten Sie modellieren müssen, und können sich bereits vorstellen, wie die entsprechenden Skills geschnitten werden müssen. Damit ist es an der Zeit, loszulegen.

10.3.1 Intents und Entitäten anlegen

Intents aus Nutzerbefragungs-Bot nutzen

Dank der guten Vorbereitung und der Aufbereitung der Trainingsdaten wird das Anlegen der Intents zu einer einfachen Angelegenheit. Denn die Intents haben wir bereits in dem Bot zur Nutzerbefragung angelegt und mit Trainingsdaten gespeist. Diese Intents können Sie nun auf zwei Arten in den Film-Bot portieren:

- Forking der existierenden Intents aus dem Quellbot in den Zielbot
- Intent-Suche im Zielbot über die öffentlichen Intents und anschließendes Forking in den aktuellen Bot

Welche der beiden Strategien Sie wählen, ist Geschmackssache.

[«]

Forking großer Mengen von Intents

Leider gibt es keine Möglichkeit des *Massen-Forkings*. Es gibt aber einen kleinen Trick, mit dem Sie ein solches Massen-Forking simulieren können. Er nutzt die Tatsache aus, dass beim Forking eines Skills alle Abhängigkeiten mitgenommen werden. Erstellen Sie also einen Fork eines Skills, der einen Intent in einer Trigger-Bedingung referenziert, wird der Intent automatisch mitkopiert. Sie könnten also einen Skill anlegen, der alle Intents, die Sie kopieren möchten, als Trigger definiert. Anschließend müssen Sie nur einen Fork dieses Skills erstellen, um alle Intents mitzunehmen. Den Skill sollten Sie anschließend wieder löschen.

Falls Sie die Nutzerforschung anders als mit einem Chatbot durchgeführt haben, können Sie die Daten für jeden Intent stattdessen als CSV-Dateien hochladen.

Entitäten markieren

Nachdem Sie Ihre Intents auf diese Weise angelegt haben, folgt ein weiterer zeitaufwendiger Schritt, nämlich das Markieren der Entitäten. Wie bereits bei der Analyse des Anwendungsfalls festgestellt, gibt es zwei zentrale Entitäten: den Film und die Mitwirkenden. Diese beiden Entitäten müssen erst noch von Ihnen angelegt werden, bevor Sie sich daranmachen können, sie in den Ausdrücken zu markieren. Stellen Sie sicher, dass Sie diese als **Free Entity** anlegen, da in beiden Fällen eine strenge Werteliste nicht sinnvoll umgesetzt werden kann (siehe auch Abschnitt 3.3.1, »Benutzerdefinierte Entitäten«). Zu weiteren Einstellungen an den beiden Entitäten kommen wir noch im nächsten Abschnitt 10.3.2, »Entitäten anreichern«. Diese sind für die Markierung der Entitäten noch nicht nötig.

Ihre Aufgabe besteht nun darin, sich Intent für Intent, Ausdruck für Ausdruck durch Ihren Datensatz durchzuarbeiten und jedes Mal, wenn Sie eine Referenz auf einen Film oder eine darin mitwirkende Person finden, dieses Schlüsselwort zu markieren und ihm die passende Entität zuzuweisen. Abbildung 10.10 zeigt das am Beispiel der Trainingsdaten für den Intent **@biographie-person**.

Diese Arbeit kann ziemlich viel Zeit in Anspruch nehmen. Sie werden jedoch schon nach kurzer Zeit merken, dass sich das damit verbundene Training lohnt und immer mehr Entitäten von allein richtig erkannt werden.

[+]

Ermittlung von Goldentitäten »überschreiben«

Sie werden auch bemerken, dass die Entität `#MITWIRKENDE` in Konflikt mit der Goldentität `#PERSON` steht, da es sich in beiden Fällen um Personen handelt. Je häufiger Sie die Entität `#MITWIRKENDE` markiert haben, wird diese jedoch an Gewichtung gewinnen, und es wird immer seltener vorkommen, dass fälschlicherweise die Entität `#PERSON` ermittelt wird.

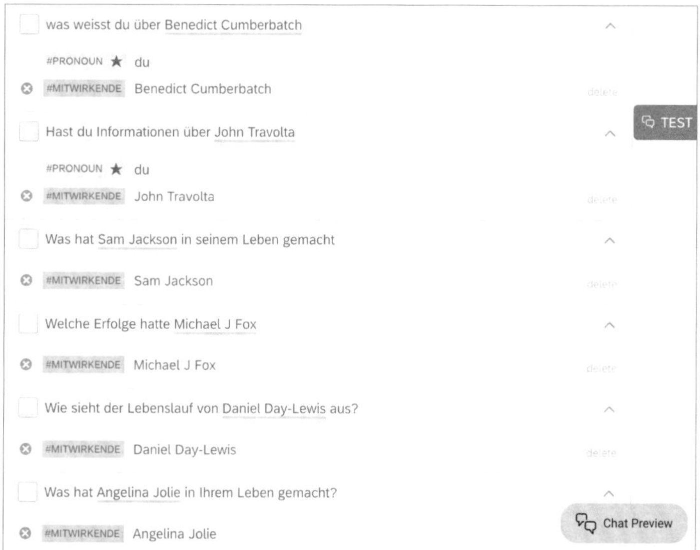

Abbildung 10.10 Trainingsdaten für den Intent »@biographie-person«

10.3.2 Entitäten anreichern

Die beiden in diesem Anwendungsfall verwendeten Entitäten `#FILM` und `#MITWIRKENDE` sind hervorragende Beispiele für den Mehrwert, den die Funktionalität der Entitätsanreicherung bietet. Denn um diese beiden Entitäten im Film-Bot verwenden zu können, reicht es nicht aus, sie in einem Ausdruck zu identifizieren. Sie müssen die erkannte Entität mit einem Katalog abgleichen, um die für die weiteren Szenarien benötigten Attribute, wie beispielsweise das Geburtsdatum einer Schauspielerin oder eines Schauspielers, laden zu können. Das Thema wird in Abschnitt 11.1.5, »Abrufen der Entitätsanreicherung«, noch ausführlicher behandelt.

API-Service zur Lieferung der Daten

Der erste Schritt bei der Konfiguration der Entitätsanreicherung in der Registerkarte **Train** ist die Pflege des API-Service, der Ihnen die entsprechenden Daten liefern soll. In unserem Anwendungsfall handelt es sich um einen Endpunkt zur Suche von Personen basierend auf einem Suchbegriff, wie Sie im URL-Feld in Abbildung 10.11 sehen können. Als Suchbegriff (URL-Parameter *query*) verwenden wir in diesem Szenario den Wert der ermittelten Entität, welchen wir mittels der Variablen `{{value}}` referenzieren können.

Nehmen wir an, die Äußerung lautet:

> *»Wann ist der Geburtstag von Daniel Day-Lewis?«*

Die dabei ermittelte Entität #MITWIRKENDE hat den Wert »Daniel Day-Lewis«. Dieser Wert wird somit als Parameter beim Laden der Entitätsanreicherung verwendet.

Nachdem Sie sämtliche Einstellungen, wie die HTTP-Methode, die relative URL und die Authentifizierungsmethode korrekt gepflegt haben, können Sie Ihre Einstellungen direkt testen, indem Sie den Wert der Entität eingeben und die Sprache auswählen (siehe Abbildung 10.11).

Abbildung 10.11 API-Service-Verbindung zur Anreicherung der Entität #MITWIRKENDE

Antwort des API-Endpunktes

Anhand der Antwort bekommen Sie gleich eine Idee davon, wie die Daten aussehen, die Sie vom Endpunkt erhalten, und welcher Transformationen es bedarf, um die benötigten Attribute herausziehen zu können. In diesem Fall sollte sich die Transformation recht einfach gestalten, da das Ergebnis des Endpunktes aus einer sortierten Liste von Personen besteht, mit dem besten Treffer an erster Stelle.

Die Transformation muss also einfach wie folgt den ersten Listeneintrag auswählen:

```
{{api_service_response.body.results.0}}
```

Dank der Vorschau können Sie direkt an echten Daten überprüfen, ob Ihre Transformation funktioniert, wie erwartet.

Validieren der Entitätsanreicherung

Sobald das erreicht ist, können Sie in der Testkonsole der Sprachverarbeitung prüfen, ob die Entitätsanreicherungen ihren Zweck erfüllen. Wie Sie in Abbildung 10.12 sehen können, wurden der Intent **@geburtstag-person** und die Entitäten #JOB und #MITWIRKENDE korrekt ermittelt. Um herauszufinden, ob auch die Entitätsanreicherungen korrekt sind, können Sie in die JSON-Ansicht wechseln und dort die Attribute der Entität #MITWIRKENDE einsehen.

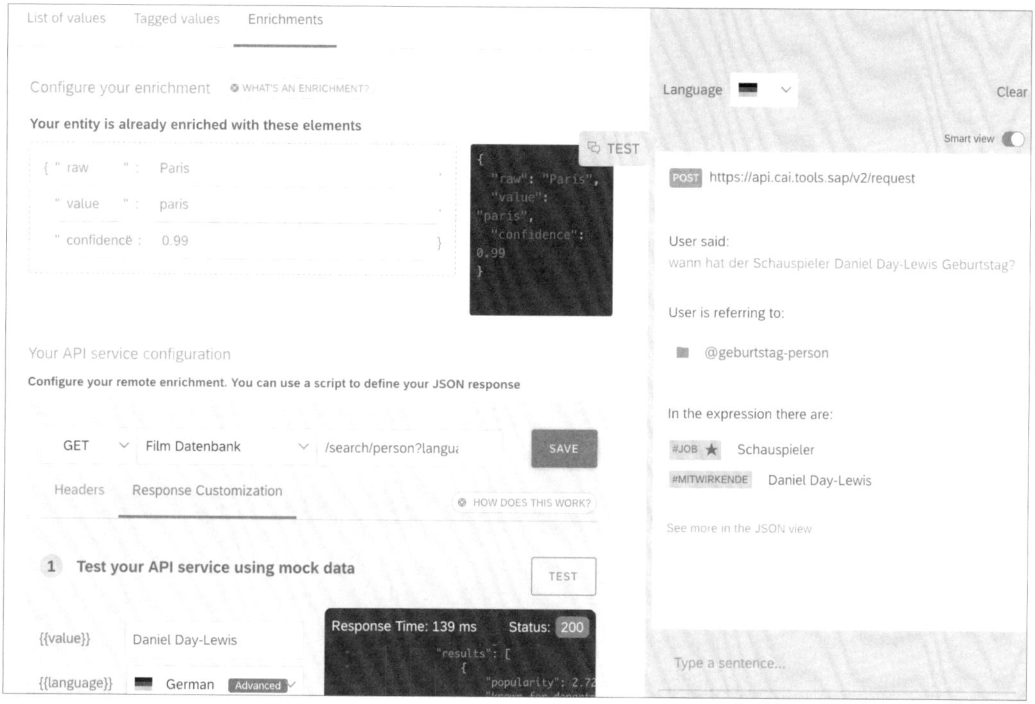

Abbildung 10.12 Testkonsole mit ermitteltem Intent und ermittelten Entitäten

10.3.3 Einzelne Attribute abfragen

Skills zur Abfrage von Attributen

Ein großer Teil der Intents und Skills des Film-Bots dreht sich um das Beantworten einfacher Fragen nach bestimmten Attributen eines Films oder eines Mitwirkenden. Diese Skills werden nach einem festen Strickmuster gebaut, das wir im Folgenden anhand des Beispiels der Abfrage des Geburtstages einer oder eines Mitwirkenden erklären.

Trigger-Bedingung des Skills

Die Trigger-Bedingung ist für diese Art von Skills ziemlich simpel, nämlich einfach das Erkennen des entsprechenden Intents, also in diesem Fall **@geburtstag-person**. Falls es keine dringenden Gründe gibt, das anders anzugehen, empfehlen wir Ihnen generell, Trigger-Bedingungen möglichst einfach zu halten.

Voraussetzung zur Ausführung des Skills

Bei der Pflege der Voraussetzungen wird es ein wenig interessanter. Zum einen müssen Sie sicherstellen, dass die zur Ausführung benötigte Entität in der Äußerung der Nutzer*innen korrekt ermittelt wurde. Zum anderen müssen Sie sicherstellen, dass die Entitätsanreicherung geklappt hat bzw. dass für die ermittelte Entität auch entsprechende Daten in der Filmdatenbank gefunden wurden. Im Fall unseres Beispiels muss also der Geburtstag einer Person gefunden werden, die durch die Entität #MITWIRKENDE repräsentiert wird.

Falls nun beispielsweise eine Nutzerin oder ein Nutzer eine Äußerung eingegeben hat, aus der die Absicht klar hervorgeht, den Geburtstag einer Person zu erfragen, in der aber deren Name nicht eindeutig zu identifizieren ist, führt dies dazu, dass die Entität nicht erfolgreich ermittelt werden kann. Um das zu überprüfen, müssen Sie eine Aktion für den Fall pflegen, dass die Entität #MITWIRKENDE fehlt (also für die Bedingung **If #mitwirkende is missing**, siehe Abbildung 10.13).

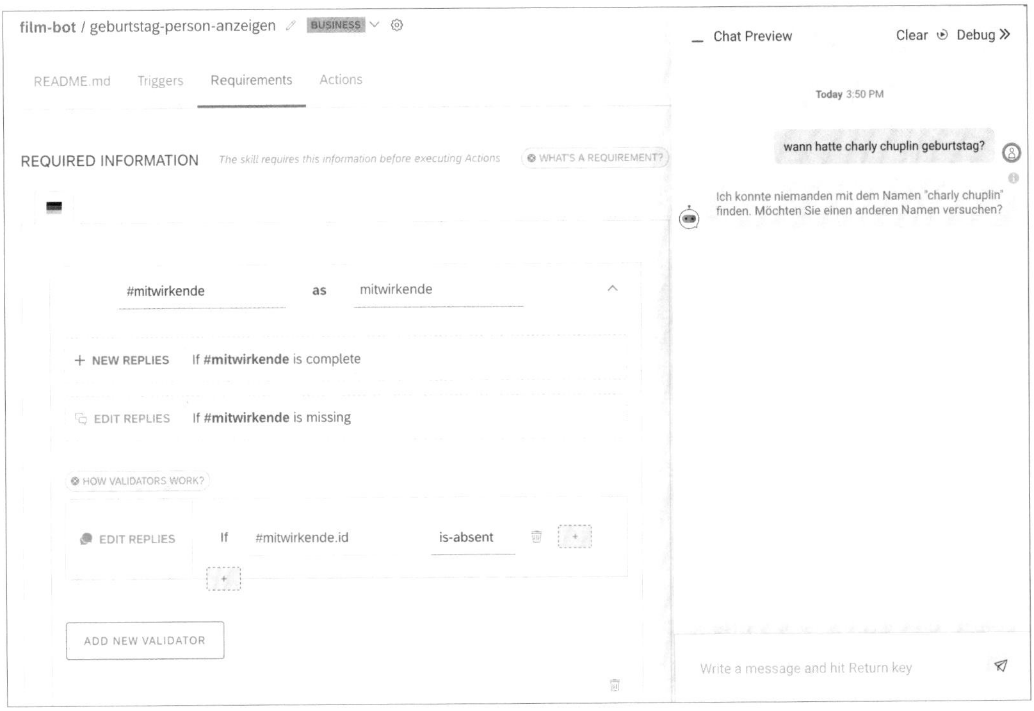

Abbildung 10.13 Voraussetzungen zum Anzeigen des Geburtstages überprüfen

Es ist ausreichend, als Aktion für diesen Fall eine einfache Textnachricht zu hinterlegen, die die Nutzer*innen auffordert, die fehlende Information nachzureichen, wie beispielsweise:

»Für den Geburtstag welcher Person interessieren Sie sich?«

Anreicherung einer Entität nicht möglich

Es kann jedoch auch passieren, dass eine Entität zwar korrekt ermittelt wurde, jedoch keine existierende Person damit verknüpft werden kann. Da es sich bei #MITWIRKENDE um eine freie Entität handelt, ist deren Ermittlung nicht mit dem Abgleich eines Katalogs oder einer Liste verbunden, wie es bei einer eingeschränkten Entität der Fall wäre. Vielmehr sind der Kontext und die Position der Entität im gegebenen Ausdruck entscheidend.

Es ist also möglich, dass die Entität `#MITWIRKENDE` nicht erfolgreich angereichert werden kann, sei es wegen eines Tippfehlers oder eines unbekannten Namens. In diesem Fall wäre die Erkennung der Entität als Voraussetzung für die Ausführung des Skills nicht ausreichend, was mit der Validierung überprüft werden kann. Eine einfache Art, dies zu erreichen, ist es zu prüfen, ob ein bestimmtes Attribut, das nur über die Anreicherung mit den Daten der Service-API gesetzt wird, für diese Entität existiert. Im Beispiel in Abbildung 10.13 erreichen wir diese über die Bedingung **If mitwirkende.id is-absent**. Die ID einer oder eines bestimmten Mitwirkenden wird in der Antwort des API-Service übergeben.

Wie im vorangegangenen Beispiel reicht auch in diesem Fall eine einfache Textnachricht aus, um bei den Nutzer*innen nachzufragen. Ein Beispiel für eine solche Nachricht sehen Sie im **Chat Preview** in Abbildung 10.13. In diesem Fall können Sie sogar den Wert der ermittelten Entität mittels der Variablen `{{#mitwirkende.raw}}` ausgeben, um die Nutzer*innen gegebenenfalls dezent auf einen Tippfehler aufmerksam zu machen und eine präzisere Antwort zu erreichen.

Überschreiben mit neuen Voraussetzungen

Es gibt einen weiteren Aspekt, den Sie durch geschickte Pflege der Voraussetzungen erreichen können. Nehmen Sie an, Sie möchten den gleichen Skill mehrfach hintereinander für verschiedene Werte ausführen, beispielsweise weil eine Nutzerin oder ein Nutzer gerade dabei ist, die Geburtstage mehrerer Schauspieler abzuklappern. Zur Erinnerung: Wenn eine Variable im Speicher bereits gesetzt ist, wird die aktuelle Entität nicht herangezogen, um diese zu überschreiben. Wenn Sie die Variable für den Wert der Entität `#MITWIRKENDE` also nicht löschen, wird immer wieder der Geburtstag der gleichen Schauspielerin oder des gleichen Schauspielers ermittelt.

Es gibt jedoch einige Kniffe, mit denen Sie neu ermittelte Entitäten nutzen können, ohne die zuvor ermittelten präventiv löschen zu müssen. Um einen dieser Kniffe anzuwenden, gehen Sie wie folgt vor:

1. Zuerst benötigen Sie eine optionale Voraussetzung, die Sie im Bereich **SECONDARY INFORMATION** auf der Registerkarte **Requirements** pflegen können (siehe Abbildung 10.14). Diese weist die Entität `#MITWIRKENDE` der Variablen `neu` zu.
2. Unter dieser Voraussetzung hinterlegen Sie nun eine Aktion vom Typ **Edit Memory**, die bei erfolgreichem Füllen dieser Variablen ausgeführt wird. Dies wird beispielsweise der Fall sein, wenn Sie diesen Skill ausführen möchten und dabei explizit einen neuen Mitwirkenden angeben.

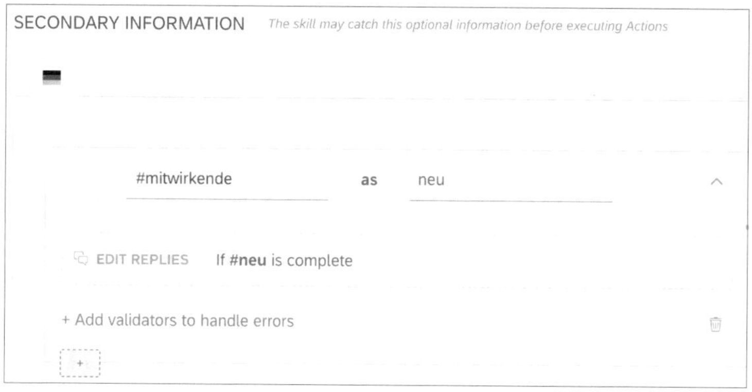

Abbildung 10.14 Pflegen einer optionalen Voraussetzung

3. In der Aktion überschreiben Sie nun die bestehende Variable `mitwirkende` mit dem frisch ermittelten Wert der Variablen `neu` (siehe Abbildung 10.15).

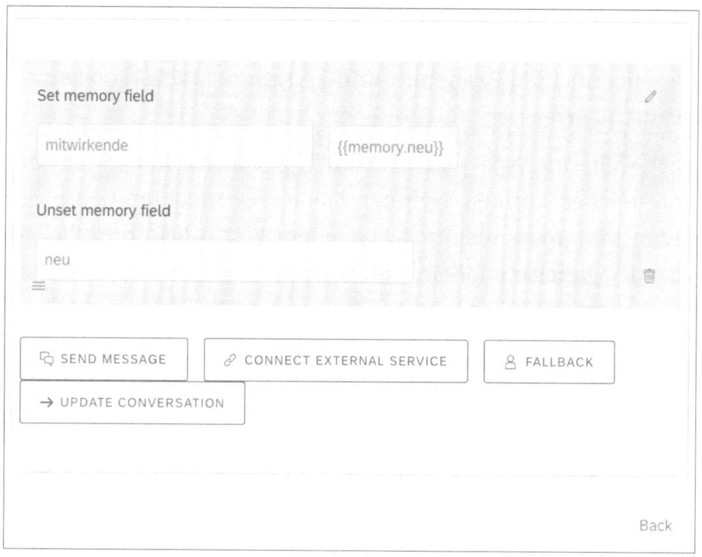

Abbildung 10.15 Überschreiben der Variablen »mitwirkende«

4. Abschließend sollten Sie sicherstellen, dass die Variable `neu` wieder auf ihren initialen Wert zurückgesetzt wird, damit dieser Kniff mehr als nur einmal funktioniert.

Aktionen beim Ausführen des Skills

Bevor Sie mit der Ausführung der Aktionen beginnen können, müssen Sie sich überlegen, ob der jeweilige Skill bereits alle benötigten Daten zur Verfügung hat oder ob unter Umständen weitere Daten nachgeladen werden müssen.

Modulare Programmierung

Ähnlich wie bei anderen Arten der Softwareentwicklung sollten Sie auch beim Bauen Ihrer Chatbots das Paradigma der *modularen Programmierung* anwenden. Das bedeutet, dass Sie, soweit möglich, die Wiederverwendbarkeit von Bausteinen gewährleisten sollten. Bausteine, die sich dazu anbieten, sind generische Skills zum Anzeigen von Nachrichten oder zum Laden bestimmter Daten von API-Endpunkten. Diese können Sie dann mittels einer Sprunganweisung bei Bedarf ausführen.

Daten nachladen

In unserem Beispiel benötigen wir für den Skill **geburtstag-person-anzeigen** den Namen und den Geburtstag einer oder eines Mitwirkenden. Den Namen haben wir bereits durch Anreicherung mithilfe einer Service-API an die Entität `#MITWIRKENDE` hängen können. Das Geburtsdatum fehlt jedoch noch und muss von einem anderen Endpunkt geladen werden. Diese Aktion kapseln wir in einen weiteren, dedizierten Skill mit dem sprechenden Namen **weitere-mitwirkende-attribute-laden**. Dieser wird mittels einer Sprunganweisung ausgeführt, falls die Speichervariable `mitwirkende`, die aus der gleichnamigen Entität hervorgeht, kein Attribut namens `birthday` aufweist (**If _memory.mitwirkende.birthday is-absent**, siehe Abbildung 10.16).

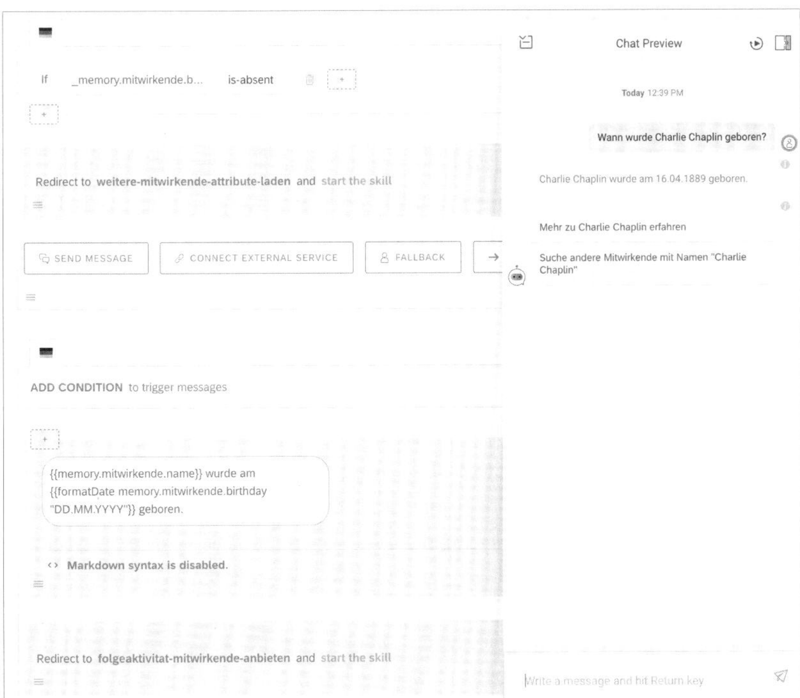

Abbildung 10.16 Aktionen des Skills »geburtstag-person-anzeigen«

In dem Skill **weitere-mitwirkende-attribute-laden** wird ein weiterer API-Endpunkt aufgerufen, der einige weitere Attribute zur bereits ermittelten Person lädt und diese dann an die bestehende Speichervariable hängt, wie Sie auch in Abbildung 10.17 sehen können.

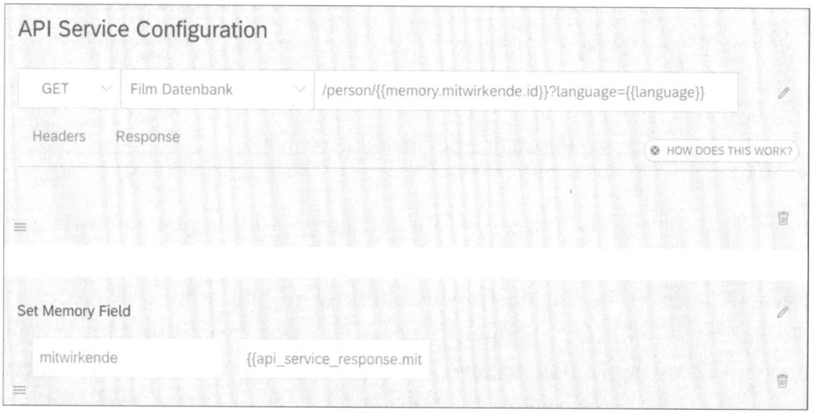

Abbildung 10.17 Aktionen zum Laden weiterer Attribute

Im Anschluss kann nun die Antwort auf die Anfrage der Nutzer*innen gegeben werden. Der einfache Satz dazu setzt sich aus den genannten Variablen zusammen:

```
{{memory.mitwirkende.name}} wurde am {{formatDate.memory.mitwirkende.
birthday "DD.MM.YYYY"}} geboren.
```

Optionen für den weiteren Verlauf

Zu guter Letzt sollen den Nutzer*innen noch zwei Optionen für den weiteren Verlauf der Unterhaltung angeboten werden. Hierzu wird der Skill **folgeaktivitat-mitwirkende-anbieten** gekapselt und ausgelagert. Er wird mittels Sprunganweisung ausgeführt und sorgt dafür, dass die entsprechende Schaltflächen zur Auswahl einer Option erzeugt werden.

[»]

Ein Skill für alle Attribute einer Entität?

Wenn Sie sich das immer gleiche Strickmuster eines Skills zur Abfrage einzelner Attribute eines Films oder einer bzw. eines Mitwirkenden anschauen, kommt Ihnen vielleicht die Frage in den Sinn, ob es nicht besser wäre, alle Attribute einer Entität in einem Skill abzufragen. Möglich wäre das, aber lassen Sie uns kurz überlegen, was das bedeuten würde. Anstelle einer Trigger-Bedingung hätten Sie die Liste aller relevanten Intents, die mit einer Oder-Verknüpfung verbunden wären. An den Voraussetzungen würde sich nichts ändern, egal, wie viele Attribute einer Entität Sie in einem Skill bearbeiten.

Dafür würde sich die Änderung beim Pflegen der Aktionen bemerkbar machen. Für die beiden Sprunganweisungen zu den Skills **weitere-mitwirkende-attribute-laden** und **folgeaktivitat-mitwirkende-anbieten** mit der jeweils gekapselten Funktionalität ändert sich noch nichts. Sie müssten jedoch pro Attribut eine eigene Nachrichtengruppe anlegen, die nur dann ausgeführt wird, wenn der entsprechende Intent ermittelt wurde. In dieser Nachrichtengruppe könnten Sie dann eine spezifische Nachricht für das jeweilige Attribut pflegen.

Sie könnten also unterm Strich ein wenig Aufwand beim Anlegen der Skills einsparen, würden dies jedoch mit schlechterer Wartbarkeit bezahlen, da die Aktionen des Skills dann sehr unübersichtlich würden. Beim Nachverfolgen von Fehlern hätten Sie mit diesem Grad der Granularität zu kämpfen.

10.3.4 Verwendung von Scripting zur Darstellung von Nachrichten

Variablen-Scripting

Im Rahmen des Film-Bot-Projekts wollen wir uns auch die Funktionalität des *Variablen-Scriptings* genauer ansehen. Dazu greifen wir zwei konkrete Beispiele heraus: Zum einen werden wir uns mit der Darstellung der Detailübersicht der Mitwirkenden beschäftigen und zum anderen mit einer dynamischen Ergebnisliste zur Anzeige der Darsteller*innen eines Films.

Darstellung der Mitwirkenden

Nachrichtenformat Karte

Die Detailansicht einer Person lässt sich am bestens mit dem Nachrichtenformat Karte umsetzen. So können Sie den Namen der Person und ein Foto sowie Geburts- und gegebenenfalls Todestag in der Kopfzeile unterbringen. In der angehängten Sektion haben Sie sogar noch Platz, um die Biografie der Person unterzubringen.

Skript zur Implementierung der Karte

Um dynamisch Einfluss auf die Darstellung nehmen zu können, empfiehlt es sich, das Nachrichtenformat **Custom** zu wählen und darin die Vorlage vom Typ **Card**. Basierend auf dieser Vorlage implementieren Sie die Darstellung der Karte per Skript, wie in Listing 10.1 gezeigt.

```
{
  "type": "card",
  "content": {
    "title": "{{escape memory.mitwirkende.name}}",
    "subtitle": "Geboren am {{formatDate memory.mitwirkende.birthday
    \"DD.MM.YYYY\"}} in {{memory.mitwirkende.place_of_birth}}",
    {{#if memory.mitwirkende.deathday}}
      "description": "Gestorben am {{formatDate
```

```
    memory.mitwirkende.deathday \"DD.MM.YYYY\"}}",
  {{/if}}
  "imageUrl": "{{memory.mitwirkende.profile_path}}",
  {{#if memory.mitwirkende.biography}}
  "sections": [
    {
      "title": "Biografie",
      "attributes": [
        {
          "value": "{{escape memory.mitwirkende.biography}}"
        }
      ]
    }
  ],
  {{/if}}
  "buttons": [
    {
      "title": "Filmografie",
      "value": "liste-filme-anzeigen",
      "type": "trigger_skill"
    }
  ]
 }
}
```

Listing 10.1 Detailansicht eines Mitwirkenden mittels Variablen-Scripting

Handlebars-Vorlagesprache

An drei Stellen kommen hier Helfer der *Handlebars-Vorlagesprache* (siehe Abschnitt 11.1.2, »Variablen-Scripting« für weitere Details) zum Einsatz, nämlich zur korrekten Formatierung eines Datums, zum Maskieren von Anführungszeichen mittels `escape` und zur Ermittlung, ob ein Attribut gesetzt werden soll:

- **Das Datum formatieren**
  Zur Formatierung wird der Helfer `formatDate` eingesetzt, mit dessen Hilfe man ein Datum nach einer gegebenen Vorlage ausgeben kann. Da es weltweit viele verschiedene Varianten zur Anzeige eines Datums gibt, können Sie mit diesem Helfer eine regionsspezifische Formatierung erreichen. In unserem Beispiel definieren wir eine Umwandlung eines Datums in ISO-Schreibweise in das in Deutschland übliche Pendant DIN 5008:2020-03.

- **Bestimmte Zeichen maskieren**
  In Zeichenketten, wie beispielsweise der Biografie einer Person, dürfen keine Anführungszeichen vorhanden sein, da diese die Zeichenkette vorzeitig beenden würden. Da dies aber natürlich vorkommen kann, müssen diese Zeichen mit einem Maskierungszeichen versehen werden. Dies leistet der Helfer `escape` für Sie, den Sie prinzipiell immer verwenden sollten, wenn Sie sich nicht sicher sein können, dass keine Anführungszeichen das entstehende JSON-Objekt invalidieren könnten.
- **Programmfluss steuern**
  Den letzten Helfer verwenden wir zum dynamischen Ausblenden bestimmter Attribute. In diesem Fall geht es um den Todestag einer Person und die Biografie, die wir nicht in allen Fällen anzeigen möchten. Die Datenbank enthält unter Umständen keinen Eintrag zur Biografie einer Person, und der Todestag wird verständlicherweise erst nach dem Ableben gepflegt. In beiden Fällen ist es besser, die entsprechenden Felder auszublenden, wenn sie keine Information beitragen, was mithilfe des `if`-Helfers erreicht werden kann. So werden die Attribute `description` und `sections` nur hinzugefügt, wenn die entsprechende `if`-Bedingung positiv ausfällt.

10

Liste der Darsteller eines Films

Dynamische Darstellung von Listen

Ein weiteres Einsatzgebiet, in dem die Helfer der Handlebars Template Language glänzen können, ist die dynamische Darstellung von Listen, wie sie beispielsweise beim Anzeigen von Suchergebnissen nötig ist. Im Fall des Film-Bots werden dynamische Listen bei der Anzeige von Suchergebnissen verwendet, aber auch, um die Filme einer Darstellerin oder eines Darstellers bzw. die Darsteller*innen eines Films aufzulisten, wie in dem folgenden Beispiel.

»eachJoin«

Der Name des hierfür verwendeten Helfers ist `eachJoin`. Seine Aufgabe ist es, über die Elemente eines gegebenen Arrays zu iterieren und den umschlossenen Block im Kontext des aktuellen Elements auszuführen. Damit kann also ein Listeneintrag pro Element des Arrays geschrieben werden. Innerhalb des `eachJoin`-Blocks können Sie dann direkt die Attribute des Elements der aktuellen Iteration referenzieren, also beispielsweise mit `{{name}}` direkt auf den Namen des Elements zugreifen, wie in Listing 10.2 gezeigt.

```
{
  "type": "list",
  "content": {
    "title": "Darsteller des Films {{escape memory.film.title}}",
```

```
      "subtitle": "{{memory.film.vote_average}}/10 - {{formatDate
      memory.film.release_date \"YYYY\"}}",
      "imageUrl": "{{memory.film.poster_path}}",
      "elements": [
      {{#eachJoin api_service_response.credits.body.cast}}
        {
          "title": "{{escape name}}",
          "subtitle": "{{escape character}}",
          "imageUrl": "{{profile_path}}",
          "buttons": [
            {
              "title": "Anzeigen",
              "value": "Zeige mir den Darsteller {{escape name}}",
              "type": "postback"
            }
          ]
        }
      {{/eachJoin}}
      ]
    }
  }
```

Listing 10.2 Listenansicht der Darsteller eines Films

10.3.5 Suche nach Filmen

Der vielseitigste Skill des Film-Bots ist wohl der Skill **nach-filmen-suchen**. Dessen Vielseitigkeit beginnt bereits bei den zugehörigen Intents **@nach-filmen-suchen**. Wie Sie in Abbildung 10.18 sehen können, ist der Datensatz eine bunte Mischung aus Äußerungen mit diversen Kombinationen aus mitspielenden Entitäten, wie beispielsweise Altersfreigabe, Mitwirkende, Sortierung oder Jahr. All diese Äußerungen eint, dass die dahintersteckende Absicht die Suche nach einem Film ist. Sie können jedoch nicht im Voraus sicher sein, welche Entitäten dazu entdeckt werden könnten.

Optionale Suchparameter

Aus diesem Grund sind in diesem Fall sämtliche Entitäten als optionale Voraussetzungen im Bereich **SECONDARY INFORMATION** zu pflegen, wie Abbildung 10.19 zeigt. Ordnen Sie dazu sämtliche gelisteten Entitäten einer entsprechenden Speichervariablen zu, die verwendet wird, falls diese von der natürlichen Spracherkennung ermittelt werden sollten. Das führt dazu, dass der API-Service-Aufruf zur Suche nach einem Film nur diejenigen Parameter füllt, die mittels Entitäten aus der Äußerung ermittelt wurden. Alle anderen werden nicht gesetzt.

Zur Ausgabe der Suchergebnisse wird eine dynamische Liste herangezogen, wie Sie sie bereits von der Darstellung der Mitwirkenden her kennen.

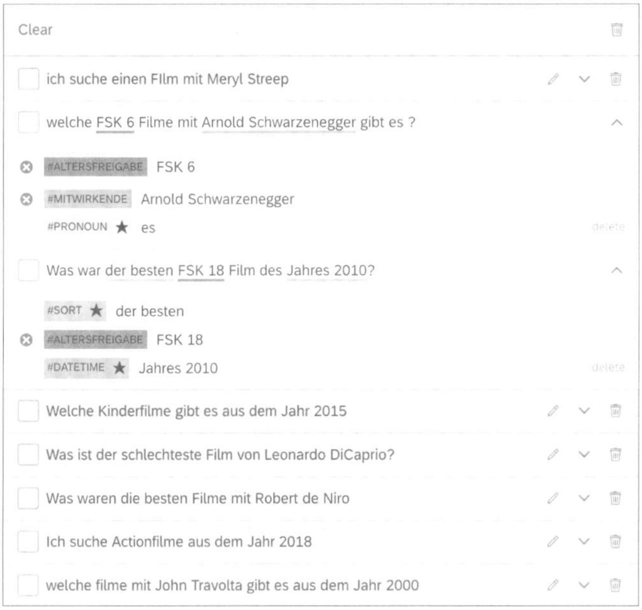

Abbildung 10.18 Äußerungen des Intents »@nach-filmen-suchen«

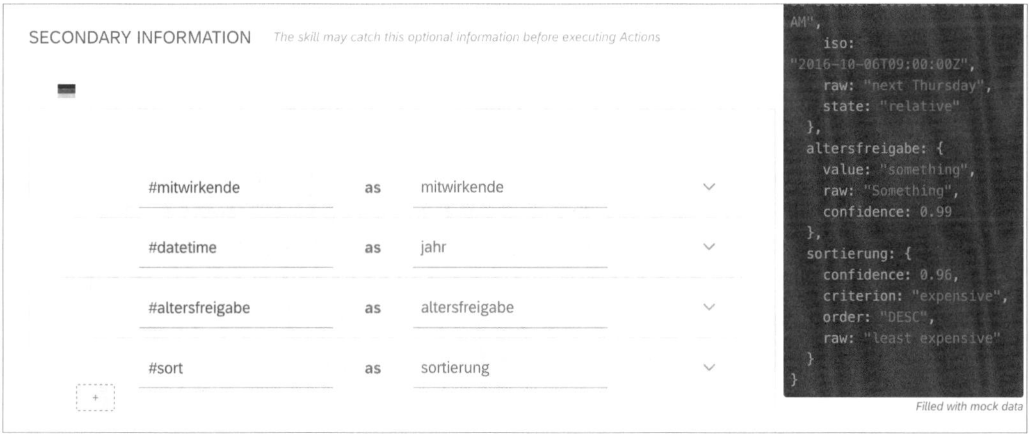

Abbildung 10.19 Optionale Voraussetzungen für die Suche nach einem Film

10.3.6 Abfangen nicht unterstützter Sprachen

Zu Beginn des Projekts haben wir festgelegt, dass der Bot nur die deutsche Sprache unterstützen soll. Aber was tun, wenn der Bot in einer anderen Sprache angesprochen wird, die er nicht beherrscht? Zur Erinnerung: Wird ein deutschsprachiger Chatbot in einer nicht unterstützten Sprache, z. B. Spanisch, angesprochen, wird die Sprachermittlung diese Sprache zwar erkennen, aber trotzdem die Standardsprache als Prozessierungssprache heranziehen. Diese Situation erkennen Sie daran, dass die ermittelte Sprache im Attribut `language` von der Prozessierungssprache im Attribut `processing_language` und der Sprache der Konversation im Attribut `conversation_language` abweicht. Nach der ersten Äußerung ist die Sprache der Konversation gesetzt, es wird keine Sprachermittlung mehr durchgeführt, und das Attribut `language` wird immer mit der Sprache der Konversation übereinstimmen.

Skill, wenn ermittelte Sprache nicht Deutsch ist

Man kann diese Situation, dass zu Beginn einer Konversation eine nicht unterstützte Sprache verwendet wird, recht einfach abfangen. Erstellen Sie dazu einen Skill mit dem Namen **fremdsprachen-abfangen**. Als Trigger-Bedingung reicht es aus, wenn bei der Sprachverarbeitung eine Sprache `language` ermittelt wurde, die nicht Deutsch ist, also **is-not de**. Voraussetzungen müssen Sie keine definieren.

In den Aktionen können Sie nun für jede Sprache, die Sie abfangen möchten, eine Nachrichtengruppe definieren, die als Bedingung jeweils überprüft, ob die jeweilige Sprache ermittelt wurde. Lassen Sie sich nicht verwirren, wenn die Nachrichtengruppe von einer schwarz-rot-goldenen Fahne geschmückt wird. Natürlich werden die Aktionen im Kontext der Sprache der Konversation ausgeführt, die Deutsch ist. Was aber in diesem Fall zählt, ist die ermittelte Sprache, und die könnte beispielsweise Spanisch sein.

Innerhalb dieser Nachrichtengruppen haben Sie nun die einmalige Gelegenheit, Ihren Nutzer*innen beizubringen, dass sie in einer nicht unterstützten Sprache mit Ihrem Chatbot kommuniziert haben. Einmalig ist diese Gelegenheit deswegen, weil danach die Sprache der Konversation gesetzt ist und Sie nicht mehr in der Lage sein werden, eine Äußerung in einer Fremdsprache zu erkennen, wie Sie auch in dem Beispiel in Abbildung 10.20 sehen können. Die zweite auf Spanisch formulierte Frage nach der Sprache, die der Chatbot spricht, kann er nicht verarbeiten.

[+]

Anpassung der Konfidenz reduziert Konflikte

Darauffolgende Äußerungen in einer von Ihrem Bot nicht unterstützten Sprache durchlaufen die Spracherkennung also in der Annahme, dass es sich um einen deutschen Text handelt. Dementsprechend abenteuerlich können gegebenenfalls die ermittelten Intents ausfallen. Bei einigen Tests an dem Film-Bot haben wir festgestellt, dass dies zu Konflikten mit zufällig ermittelten Intents führen kann, wenn der Grenzwert für die Konfidenz zu niedrig eingestellt ist. Nachdem wir den globalen Grenzwert für Intents auf 70 angehoben haben, was bedeutet, dass Intents mit einem Konfidenzwert von 0,7 oder niedriger ignoriert werden, konnten wir uns dieser Konflikte entledigen.

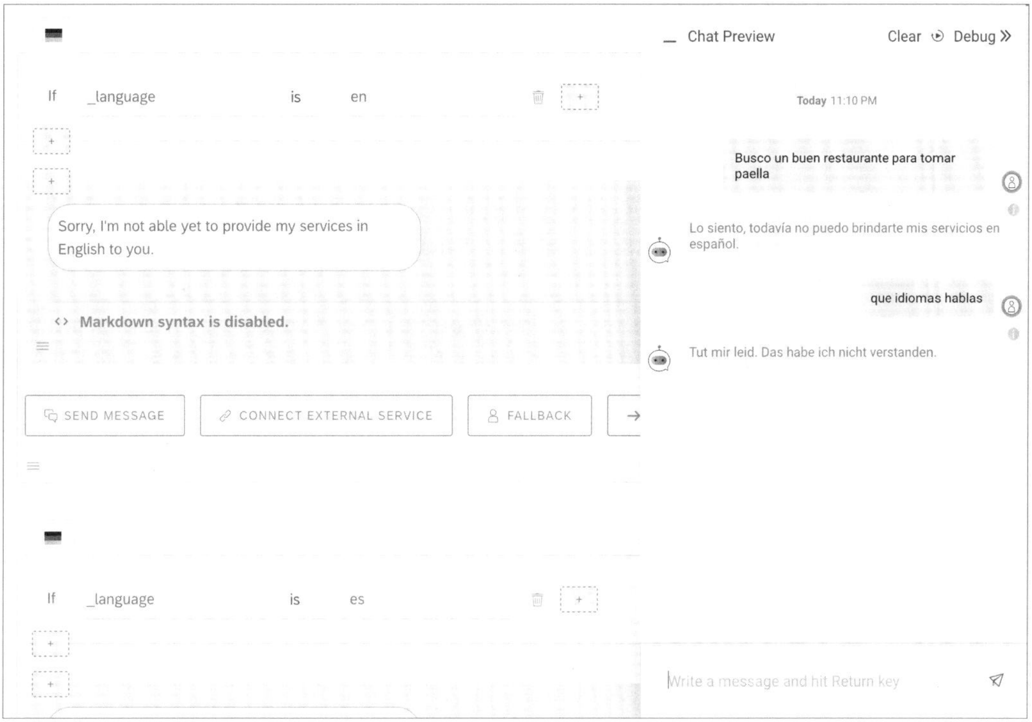

Abbildung 10.20 Abfangen einer nicht unterstützten Sprache

10.4 Den fertigen Bot bereitstellen

Produktiver Betrieb und Wartung

Jetzt wird es ernst: Die Entwicklungen an Ihrem Chatbot sind abgeschlossen, und Sie planen das Go-live. Spätestens jetzt müssen Sie sich überlegen, wie Sie den Chatbot im produktiven Betrieb warten möchten. Oberstes Ziel muss es sein, den produktiven Betrieb durch die Wartungsarbeiten so wenig wie möglich zu beeinflussen und unbeabsichtigte Änderungen am produktiven Bot zu verhindern. Um dies zu erreichen, sollten Sie ein Berechtigungskonzept für die Wartung entwerfen.

In den folgenden Abschnitten zeigen wir Ihnen, wie Sie die Versionen und Umgebungen bei der Wartung unterstützen und wie Sie den Film-Bot bereitstellen können.

10.4.1 Versionen und Umgebungen einsetzen

Um einen Chatbot sinnvoll produktiv betreiben zu können, sollten Sie das Konzept der Verwendung von Umgebungen verinnerlicht haben, das wir in Abschnitt 7.3, »Umgebungen verwenden«, beschrieben haben. In diesem Abschnitt definieren wir daher einige Umgebungen und deren Zweck als Grundlage für den Wartungszyklus.

Drei Umgebungen für den Film-Bot

Folgende Umgebungen haben wir für Film-Bot definiert:

- **Development**
  Die Entwicklungsumgebung ist die Standardumgebung, die beim Anlegen eines neuen Bots automatisch erstellt wird. Nur in dieser Umgebung soll es möglich sein, Skills zu bauen und zu warten.
- **Test**
  Die Testumgebung sollte der produktiven Umgebung möglichst ähnlich sein, vor allem was die Integration in Systemlandschaften und externe Bereitstellungskanäle betrifft (siehe auch Kapitel 11, »Integration von SAP Conversational AI«). In der Testumgebung wird eine Version des Bots validiert, bevor sie in der produktiven Umgebung aktiv geschaltet wird.
- **Produktivumgebung**
  In der produktiven Umgebung stellen Sie Ihren Bot den Nutzer*innen zur Verfügung. In dieser Umgebung sollten Sie Ihren Chatbot nicht verändern, sondern lediglich ausführen und natürlich mit den Werkzeugen der Registerkarte **Monitor** im Auge behalten.

Bei der Benennung der Versionen folgen wir für den Film-Bot dem vorgegebenen Muster und zählen die Ganzzahlen hoch, was zu den Versionen v1, v2, v3 usw. führt.

Wartungszyklus definieren

Was bedeuten die Umgebungen und Versionen nun für den Entwicklungs- und Wartungszyklus Ihres Chatbots? Ihre Entwicklung findet in der Umgebung **Development** statt. Da die Test- und die Produktivumgebung stabil bleiben sollen, dürfen diese beiden Umgebungen zu keiner Zeit die gleiche Version betreiben wie Ihre Entwicklungsumgebung, die ja per definitionem keine Garantie bezüglicher ihrer Stabilität geben kann. Das erreichen Sie, indem Sie Ihren Wartungszyklus in folgenden Etappen definieren. Der Startpunkt in Abbildung 10.21 ist hierbei die Version v2 im produktiven Betrieb. Die Version v3 befindet sich zu diesem Zeitpunkt in der Entwicklung:

1. Erzeugen Sie eine neue Version auf Basis der aktuellen Version Ihrer Entwicklungsumgebung. Da die Entwicklung bisher in Version v3 stattgefunden hat, erstellen Sie dazu die Version v4 auf Basis der Version v3.

2. Nun können Sie Ihre Entwicklungsumgebung auf die neue Version umstellen, in unserem Beispiel also v4.
3. Anschließend kann Ihre Testumgebung auf die Version v3 umgestellt werden.
4. Nach erfolgreichen Tests kann die Version v3 nun auch in die produktive Umgebung befördert werden. v3 ist nun produktiv, ohne von den Entwicklungen an der Version v4 gestört zu werden.

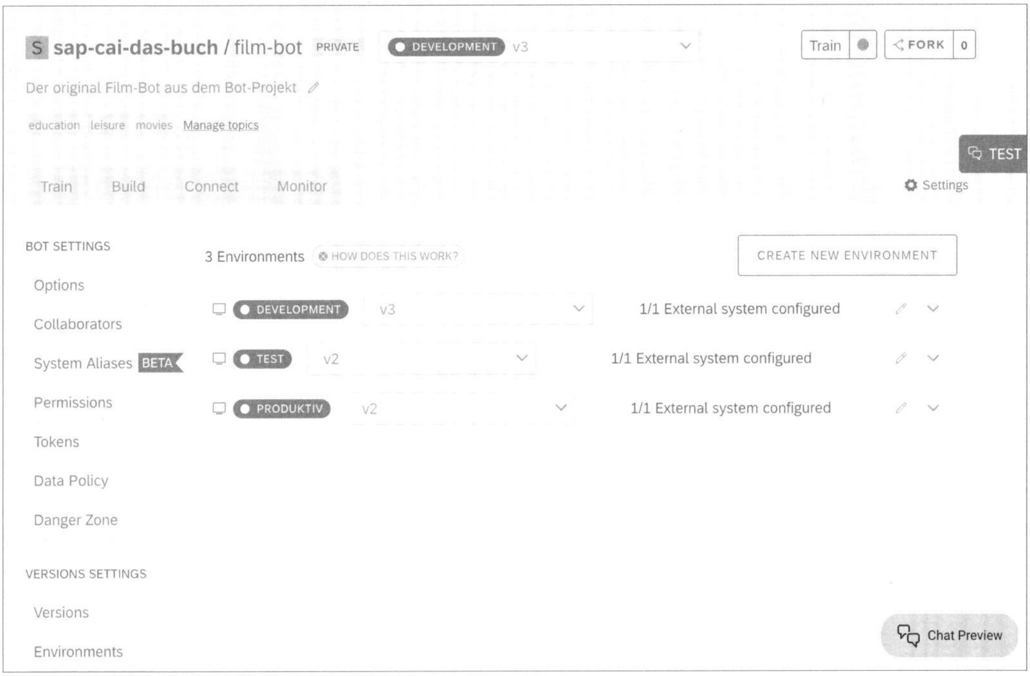

Abbildung 10.21 Die Umgebungen des Film-Bots und ihre aktuellen Versionen

10.4.2 Auswahl und Konfiguration der Bereitstellungskanäle

Zwei Bereitstellungskanäle für den Film-Bot

Da wir in der Darstellung der Nachrichtenformate von den attraktiven Layouts des SAP Conversational AI Web Clients profitieren möchten, konfigurieren wir Bereitstellungskanäle dieses Typs. Für den Film-Bot benötigen wir mindestens zwei Bereitstellungskanäle, den ersten für die produktive Umgebung und einen zweiten für die Testumgebung, die eine möglichst originalgetreue Abbildung der produktiven Umgebung sein soll. Die Entwicklungsumgebung benötigt nicht unbedingt einen externen Bereitstellungskanal, da während der Entwicklung mithilfe der Chat-Preview-Funktion ausreichend getestet werden kann.

Bereitstellungskanäle konfigurieren

Richten Sie die Bereitstellungskanäle im Bereich **User Channels** auf der Registerkarte **Connect** wie folgt ein:

- **Integrationseinstellungen**
  Wählen Sie das generierte Snippet mit einer einzelnen Channel ID als Art der Integration (**Use the generated code snippet with a single channel id**).
- **Englische Texte anpassen**
  Da sämtliche Textvorlagen englisch sind, wäre es zu empfehlen, diese Ihren Wünschen entsprechend anzupassen, z. B. die Beschriftungen der Schaltflächen und die Hinweise auf diese, den Titel in der Kopfzeile, die Willkommensnachricht oder den Platzhalter der Eingabezeile.
- **Name des Kanals**
  Geben Sie den Kanälen passende Namen, wie beispielsweise **test-kanal** und **produktiv-kanal**. Diese Namen werden in der Liste der konfigurierten Kanäle angezeigt.
- **Umgebung zuweisen**
  Nachdem Sie die Kanäle erstellt haben, müssen Sie diesen noch die jeweilige Umgebung zuweisen (siehe Abbildung 10.22).

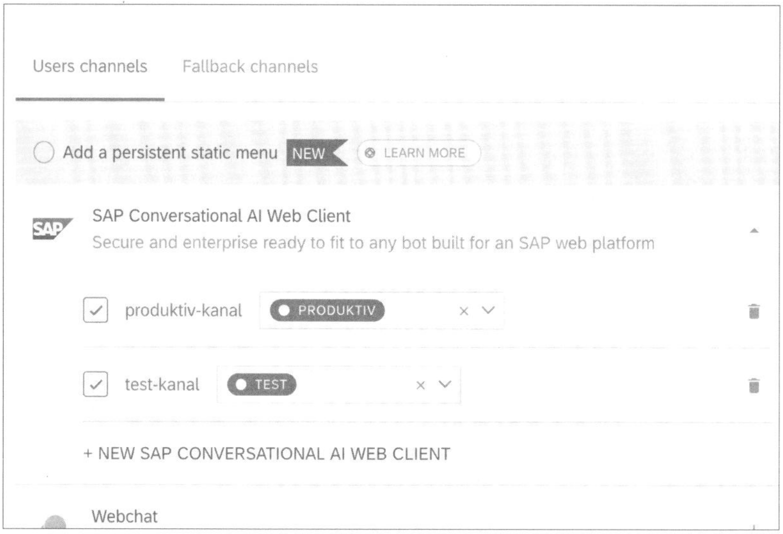

Abbildung 10.22 Web-Client-Bereitstellungskanäle auf der Registerkarte »Connect« konfigurieren

Bei der detaillierten Konfiguration können Sie sich nach Belieben austoben. Im Rahmen des Bot-Entwicklungsprojekts wollen wir hierauf nicht weiter eingehen. Weitere Details zu den Möglichkeiten finden Sie in Abschnitt 5.2, »SAP Conversational AI Web Client«.

10.4.3 Web Client auf einer Seite einbinden

Zu guter Letzt müssen Sie den Web Client auf einer Webseite einbinden. Auch dies ist ziemlich einfach und schnell zu erledigen, setzt aber Grundkenntnisse der Webentwicklung voraus. Und natürlich benötigen Sie eine Webseite, auf der Sie den Web Client einbinden können. Falls diese Voraussetzungen nicht erfüllt sind, können Sie diesen Abschnitt auch überspringen und sich mit der Integration des Web Clients in die Plattform SAP Conversational AI über den Chat Preview begnügen.

[+] 10

> **Lokaler HTTP-Server**
>
> Falls Sie keine Webseite besitzen, auf der Sie den Web Client integrieren könnten, haben Sie immer noch die Möglichkeit, einen lokalen HTTP-Server aufzusetzen, was beispielsweise mit *Node.js* sehr einfach zu erreichen ist. Anleitungen dazu können Sie in Internetsuchmaschinen mittels der Suchbegriffe »http server node js« finden.
>
> Alternativ können Sie auch einen Webhosting-Anbieter Ihrer Wahl nutzen.

Generiertes Skript

Die Integration an sich ist sehr einfach. Nachdem Sie einen Web-Client-Bereitstellungskanal erstellt haben, wird automatisch ein JavaScript-`script`-Block generiert, der sämtliche Details für eine erfolgreiche Integration enthält (siehe Abbildung 10.23).

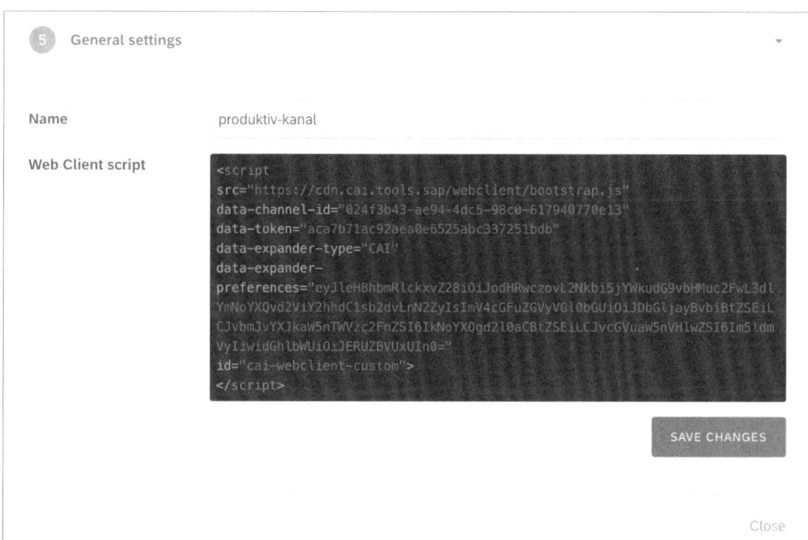

Abbildung 10.23 Web-Client-Skript des produktiven Kanals

Dieses Skript müssen Sie lediglich kopieren und in Ihre HTML-Seite einfügen. Das Einfügen sorgt dafür, dass ein sogenanntes *Bootstrap-Skript* beim Laden der HTML-Seite ausgeführt wird, das dann den Web Client unter Verwendung der mitgelieferten Attribute lädt und instanziiert. Weitere Integrationsoptionen lernen Sie in Abschnitt 11.3.1, »Integration des SAP Conversational AI Web Clients einrichten«, kennen.

10.5 Zusammenfassung

Dieses Kapitel hat Ihnen sämtliche Etappen eines Bot-Entwicklungsprojekts aufgezeigt, angefangen bei der ersten Idee und Definition des Anwendungsfalls bis hin zur Bereitstellung über den Web Client. Auf dem Weg haben wir Nutzerforschung und -befragungen durchgeführt, Daten und Konversationsflüsse modelliert, Intents traininert und Skills gebaut. Dabei haben Sie viele Tipps und Tricks erfahren. Wir gehen davon aus, dass Sie dieses Wissen bei Ihrem ersten eigenen Projekt gut gebrauchen können.

Kapitel 11
Integration von SAP Conversational AI

In diesem Kapitel schauen wir uns genauer an, wie Sie Ihre Bots in die Systemlandschaft integrieren können, damit sie bestehende Ressourcen nutzen. Dabei legen wir einen besonderen Schwerpunkt auf die Integration von SAP Conversational AI in die SAP-Welt.

Integration ist ein komplexes Thema, dass sich aus verschiedenen Blickwinkeln betrachten lässt, weil es verschiedene Formen der Integration gibt. Vielleicht wollen Sie andere Produkte mit SAP Conversational AI integrieren, seien es Lösungen von SAP oder von anderen Softwareanbietern, oder Sie wollen SAP-Conversational-AI-Services in Ihre bereits verwendete Entwicklungsumgebung integrieren. Weil es bei der Integration um die sinnvolle Einbindung geht, konzentrieren wir uns auf die bereits möglichen Integrationskonzepte im Rahmen der Chatbot-Entwicklung mit SAP Conversational AI.

Der Fokus dieses Kapitels liegt auf der Integration von SAP Conversational AI in andere SAP-Produkte.

In Abschnitt 11.1 vertiefen wir einige Aspekte der Anbindung von externen Ressourcen an die SAP-Conversational-AI-Plattform. Anschließend führen wir Sie in Abschnitt 11.2 in wichtige Funktionen der *SAP Integration Suite* und *SAP Extension Suite* ein, die für die Integration von SAP Conversational AI in die SAP-Systemlandschaft verwendet werden, und vertiefen das Konzept der System-Aliasse.

In Abschnitt 11.3 zeigen wir Ihnen, wie Sie den SAP Conversational AI Web Client in das *SAP Fiori Launchpad* integrieren können. Anschließend stellen wir Ihnen in Abschnitt 11.4 die technischen Voraussetzungen für Single Sign-on vor und zeigen Ihnen die Konfiguration. In Abschnitt 11.5 fassen wir die wichtigsten Punkte für die Integration mit SAP S/4HANA zusammen.

In Abschnitt 11.6 zeigen wir Ihnen schließlich eine Möglichkeit, um Ihre Bot-Versionen mit der Enterprise Edition von SAP Conversational AI automatisch zu testen.

11.1 Integration externer Ressourcen

In Abschnitt 4.5.2, »Verbindungen zu externen Services einrichten«, haben wir Ihnen bereits die Möglichkeiten vorgestellt, die SAP Conversational AI zur Anbindung externer Services bietet. Wir haben Ihnen gezeigt, wie Sie diese aufrufen und nutzen, nämlich mittels Webhooks oder einer API-Service-Konfiguration. »Extern« heißt in diesem Zusammenhang, dass die angebundenen Services nicht zur Plattform SAP Conversational AI gehören, sondern über das Kommunikationsprotokoll HTTPS aufgerufen werden.

11.1.1 Integrationskonzept

Die grundlegende Idee des Integrationskonzepts von SAP Conversational AI ist es, dass Sie Unterstützung bei der Integration in SAP-Produkte erhalten und Konfigurations- und Einstellungsaufwand, den Sie gegebenenfalls bereits betrieben haben, nicht noch einmal aufbringen müssen. In diesem Zusammenhang kommt dem Aufruf von Services mittels Schnittstellen eine zentrale Rolle zu.

Kanal- und Plattformintegration

In Abbildung 11.1 können Sie wichtige Integrationsszenarien erkennen. Links unten sehen Sie die Integration in die SAP Integration Suite. Darüber sehen Sie die Nutzer*innen von SAP Conversational AI mit verschiedenen Rollen und Zugängen. Während die Bot-Entwickler*innen beispielsweise direkt auf der Plattform operieren, erhalten die Nutzer*innen der Chatbots Zugang über die Bereitstellungskanäle.

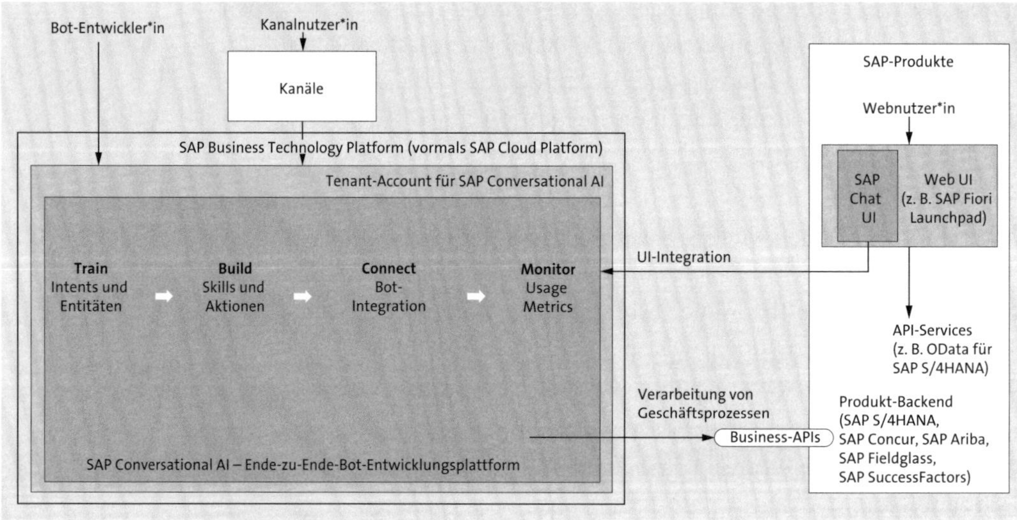

Abbildung 11.1 Integrationskonzept von SAP Conversational AI

Auf der rechten Seite ist die Integration mit SAP-Lösungen angedeutet. Die Integration in ein SAP Fiori Launchpad kann über ein Chat-UI wie den SAP Conversational AI Web Client erfolgen. Produktintegration

Als SAP-Backend-Systeme können z. B. SAP S/4HANA oder SAP SuccessFactors angebunden werden, um Geschäftsdaten über die Plattform SAP Conversational AI zu verarbeiten.

Bevor wir auf die verschiedenen Möglichkeiten der Integration der SAP-Conversational-AI-Plattform im Detail eingehen, sehen wir uns die Konzepte des Variablen-Scriptings, beispielsweise für API-Service-Aufrufe, und die Verwendung des OData-Protokolls noch einmal genauer an. Diese Konzepte bilden die Grundlage für die Beispiele in den folgenden Abschnitten.

11.1.2 Variablen-Scripting

Handlebars

Um flexibler und dabei gleichzeitig dynamischer agieren zu können, werden in SAP Conversational AI Skripte verwendet. Über solche Skripte können Sie z. B. Aktionen für Ihre Skills noch flexibler definieren. In den Skripten können Sie logische Ausdrücke und Funktionen der Handlebars-Vorlagensprache verwenden, die Sie in Abschnitt 10.3.4, »Verwendung von Scripting zur Darstellung von Nachrichten«, bereits eingesetzt haben. *Handlebars.js* (dt. *Lenker*) ist eine einfache Vorlagensprache. Sie verwendet jeweils eine Vorlage (Template) und ein Eingabeobjekt, um HTML-Texte oder andere Textformate zu generieren. Handlebars-Vorlagen sehen aus wie normaler Text, in den Handlebars-Ausdrücke eingebettet sind.

Helfer

Mit Handlebars.js können Sie vordefinierte Helfer verwenden, um auf Vorgänge im Konversationskontext zuzugreifen und diese auszuführen sowie um die Werte gemäß Ihren Anforderungen zu formatieren. Ein paar dieser Helfer haben Sie ebenfalls bereits in Abschnitt 10.3.4 kennengelernt. Skripte bieten in SAP Conversational AI somit mehr Flexibilität bei der Bearbeitung von Laufzeitdaten, auf die Sie in Skills zugreifen können. Diese Daten werden mithilfe von Variablen integriert, die zur Laufzeit während des Konversationsflusses durch tatsächliche Werte ersetzt werden. Diesem Konzept ist die Bezeichnung *Variablen-Scripting* zu verdanken. Als Bot-Entwickler*in können Sie mit diesen Daten Aktionen und Nachrichten erstellen.

[«]

Zusammenspiel von Skript und Variablen

Sie können Informationen nicht per Skript in Variablen speichern, da Skripte nur Lesezugriff auf den Speicher haben. Sie können jedoch mithilfe von Aktionen bestimmte Informationen in den Speicher schreiben, auf die dann als Variablen zugegriffen werden kann. Dieses Konzept der Speichervariablen haben Sie bereits in Abschnitt 4.5, »Aktionen erstellen«, kennengelernt. Wenn bei der Verwendung eines Skripts beispielsweise einer Variablen mit einem Helfer ein erforderlicher Parameter des Helfers fehlt oder dieser Parameter falsch ist, wird das entsprechende Skript nicht ausgeführt.

Verfügbare Helfer

Es können nicht alle von Handlebars bekannten Helfer auf der Plattform SAP Conversational AI genutzt werden. SAP Conversational AI stellt lediglich eine Auswahl zur Verfügung. Zusätzlich bietet die Plattform eigene Helfer an. Zum Zeitpunkt der Drucklegung dieses Buches werden Ihnen Helfer für den Einsatz mit folgenden Objekten angeboten:

- Objekten (Handlebars und JSON)
- Arrays und deren Elementen
- Strings
- OData-Services
- Wertevergleichen
- logischen Operatoren
- Nummern
- Datumsangaben

Da es sehr viele Helfer gibt, konsultieren Sie dazu am einfachsten das SAP Help Portal. Hier werden nicht nur die aktuell verwendbaren Helfer aufgelistet, sondern auch viele gute Beispiele gegeben (siehe *http://s-prs.de/v792210*).

NLG-Skripthelfer

Eine besondere Art von Helfern wollen wir Ihnen jedoch kurz näherbringen, nämlich die Helfer, die Sie für die natürliche Sprachgenerierung (Natural Language Generation, NLG) verwenden können. Wenn Sie Variablen z. B. für den Bot-Speicher, für API-Antworten etc. verwendet haben, können Sie beim Erstellen von Skripten diese *NLG-Helfer* verwenden, um die grammatikalische Korrektheit Ihrer Bot-Antworten zu verbessern. Diese Antworten sind an den dynamischen Daten der Variablen ausgerichtet. Die Grammatikhelfer können z. B. für die Ersetzung bestimmter und unbestimmter Artikel oder von Singular- oder Pluralformen von Wörtern in der Variablen-Scripting-Syntax verwendet werden. Sie nehmen normalerweise Arrays oder Listen als Eingabe entgegen und generieren daraus eine Phrase.

Nehmen wir als Ausgangsbasis z. B. folgendes Array:

```
pizzaTypen [
  "Margarita",
  "Peperoni",
  "Salami",
  "Hawaii"
]
```

Auf dieses Array wenden wir folgenden NLG-Helfer an:

```
{{list memory.pizzaTypen conjunction='oder' separator=','}}
```

Als Textausgabe wird daraus:

> *»Margarita, Peperoni, Salami oder Hawaii«*

[«]

> **Nicht erlaubte Elemente in Skripten**
> Generell sollten Skripte keine Zeilenumbrüche oder Tabulatoren enthalten.

Datenvariablen zur Laufzeit

Bei der Implementierung von Skills und den damit verbundenen Aktionen können Sie die folgenden Variablen verwenden:

- `{{conversation_id}}`
  ID des aktuellen Gesprächs
- `{{participant_data}}`
  Objekt mit Benutzerinformationen, die über den mit dem Bot verbundenen Kanal bereitgestellt werden, wie in Abschnitt 5.1, »Bereitstellungskanäle«, beschrieben. Für die Kanäle, die einen Benutzernamen angeben, wird diese Variable beispielsweise als Benutzername zurückgegeben. Sie können in diesem Fall einfach `{{participant_data.userName}}` verwenden.
- `{{{memory}}`
  Vollständiges Speicherobjekt. Sie können auf jedes Element zugreifen, z. B. mit `{{memory.pizzaTypen.raw}}`.
- `{{skill_occurences}}`
  Anzahl der aufeinanderfolgenden Vorkommen des aktuellen Skills
- `{{language}}`
  ISO-Code der aktuellen Konversationssprache
- `{{current_message}}`
  die von der Nutzerin oder dem Nutzer gesendete Nachricht
- `{{message_received_at}}`
  Zeitstempel, wann die Nachricht empfangen wurde

- {{nlp}}
  Das vollständige nlp-Objekt. Sie können auf jedes Attribut dieses Objekts zugreifen, z. B. mit {{nlp.sentiment}}.
- {{#entity}}
  Eine Instanz des Objekts nlp.entities.entity[0]. Sie können auf jedes Attribut dieses Objekts zugreifen, z. B. {{#entity.confidence}} oder {{#entity.city}}. Dies können auch Entitäten sein, wie beispielsweise Farbe, Telefon usw. Diese Variable kann nicht in Kombination mit Helfern verwendet werden, z. B. nicht in der Form {{#if #entity.confident}}.

  Listing 11.1 zeigt den Zugriff auf den Wert 0.99 über das Attribut nlp.entities.entity[0].confidence und auf den Wert "Heidelberg" über das Attribut nlp.entities.entity[0].city der Entität #LOCATION.

```
{
  "nlp": {
    "uuid": "feeafdd4-279d-4a58-47b4-ed80e28f7a8a",
    "source": "In Heidelberg scheint die Sonne",
    "intents": [
      {
        "slug": "wetterinfo",
        "confidence": 0.99,
        "description": "Wetterinformationen"
      }
    ],
    "entities": {
      "location": [
        {
          "confidence": 0.99,
          "raw": "Heidelberg",
          "country": "de",
          "lng": 8.6724335,
          "city": "Heidelberg",
          "formatted": "Heidelberg, Deutschland",
          "street_number": null,
          "place": "ChIJzdzMDgXBl0cR1zokRADq5u8",
          "state": "BW",
          "type": "locality",
          "postal_code": 69115,
          "lat": 49.3987524,
          "street_name": null
        }
```

```
        ],
        "wetterzustand": [
          {
            "confidence": 0.98,
            "raw": "scheint",
            "value": "scheint"
          },
          {
            "confidence": 0.98,
            "raw": "Sonne",
            "value": "sonne"
          }
        ]
      }, }
```

Listing 11.1 Beispiel einer NLP-Ausgabe (JSON-Objekt)

11.1.3 OData-Services

OData

Eine mögliche Schnittstelle zu Ihrem SAP-S/4HANA-Backend-System stellen *OData-Services* dar. Das *Open DataProtocol* (kurz OData) ist ein veröffentlichtes, auf HTTP basierendes Protokoll für den Zugriff auf Systemdaten.

> **Beispiel-OData-Service**
>
> Damit Sie sich mit OData-Services vertraut machen können, werden wir in unserem ersten Beispiel einen frei zugänglichen OData-Service verwenden. Dieser Service ist ohne Authentifizierung und spezielle Sicherheitsschritte verwendbar. Sie können die URL *https://services.odata.org/V4/OData/OData.svc/* in jedem Browser aufrufen, um den Serviceinhalt zu sehen. Dieser Service wird allerdings nicht auf Deutsch, sondern nur auf Englisch bereitgestellt, damit er international genutzt werden kann.

Beispiel-OData-Service

In Listing 11.2 sehen Sie die Auflistung der möglichen Entitäten des OData-Service, unter anderem die Entität `Products`. Wir werden diese in den folgenden Beispielen verwenden.

```
<service xmlns=http://www.w3.org/2007/app xmlns:atom=http://
www.w3.org/2005/Atom xmlns:m=http://docs.oasis-open.org/odata/ns/
metadata xml:base=https://services.odata.org/V4/OData/OData.svc/
 m:context="https://services.odata.org/V4/OData/OData.svc/$metadata">
       <workspace>
          <atom:title type="text">Default</atom:title>
```

```
        <collection href="Products">
         <atom:title type="text">Products</atom:title>
        </collection>
        <collection href="ProductDetails">
         <atom:title type="text">ProductDetails</atom:title>
        </collection>
        <collection href="Categories">
         <atom:title type="text">Categories</atom:title>
        </collection>
        <collection href="Suppliers">
         <atom:title type="text">Suppliers</atom:title>
        </collection>
        <collection href="Persons">
         <atom:title type="text">Persons</atom:title>
        </collection>
        <collection href="PersonDetails">
         <atom:title type="text">PersonDetails</atom:title>
        </collection>
        <collection href="Advertisements">
         <atom:title type="text">Advertisements</atom:title>
        </collection>
       </workspace>
</service>
```

Listing 11.2 Beispiel-OData-Service

Einzelne Produkte abfragen

Wenn Sie die URL des Service entsprechend den Regeln der OData-Version V4 um die Parameter »Produkte« und »ID=1« erweitern, erhalten Sie das erste Produkt, das in der über den OData-Service erreichbaren Datenbank hinterlegt ist. Da in der OData-URL-Terminologie ein Gleichheitszeichen (=) in »eq« (equals) umgewandelt wird, sollte Ihre URL somit wie folgt aussehen:

https://services.odata.org/V4/OData/OData.svc/Products/?$filter=ID eq 1

Das Ergebnis können Sie sich in Ihrem Browser oder einer Anwendung wie *Postman* anzeigen lassen. Bei Postman handelt es sich um eine frei verfügbare Kollaborationsplattform für die API-Entwicklung. Listing 11.3 zeigt das Ergebnis des Aufrufes des Produkts mit der ID 1. Die Informationen zu diesem Produkt werden hier in Schlüssel-Wert-Paaren abgebildet. Sie können so z. B. erfahren, dass es sich beim ersten Produkt um fettarme Milch handelt, die zu einem Preis von 3,5 verkauft wird.

```
{
"@odata.context":"https://services.odata.org/V4/OData/OData.svc/
$metadata#Products",
"value":[
        {
            "ID": 1,
            "Name": "Milk",
            "Description": "Low fat milk",
            "ReleaseDate": "1995-10-01T00:00",
            "DiscontinuedDate": null,
            "Rating": 3,
            "Price": 3.5
        }
    ]
}
```

Listing 11.3 Ausgabe des ersten Produkts des Beispiel-OData-Service

Wie Sie sehen, kommt der URL bei externen Aufrufen eine besondere Bedeutung zu. Um solche Aufrufe zu vereinfachen, wurde in SAP Conversational AI das Konzept der System-Aliasse eingeführt. Mithilfe von System-Aliassen sind Sie in der Lage, den wichtigen Teil des Aufrufes, beispielsweise den Adressteil einer URL, auf eine abstraktere Weise abzubilden und müssen ihn somit nur einmal pflegen. In Abschnitt 11.2.2, »System-Aliasse«, gehen wir noch einmal ausführlicher auf dieses Konzept ein.

Andere REST-Services

Anstelle eines frei verfügbaren OData-Service können Sie natürlich auch die OData-Services aus SAP S/4HANA oder andere externe REST-basierte und über HTTPS-APIs aufrufbare Services anbinden, wenn es Ihre Berechtigungen zulassen. Erforderlich sind beispielsweise entsprechende OAuth- oder BasicAuth-Berechtigungen.

11.1.4 Entitätswerte aus externen Service-APIs abrufen

In Abschnitt 3.4, »Entitätsanreicherungen hinzufügen«, haben wir Ihnen gezeigt, wie Sie Entitäten mit CSV-Dateien erweitern, und bereits erwähnt, dass Sie Entitätswerte über den Aufruf einer Service-API anreichern können. In Abschnitt 10.3.2, »Entitäten anreichern«, haben wir das für unseren Film-Bot umgesetzt. Die Möglichkeit des Abrufes von Entitätswerten wollen wir uns in diesem Abschnitt genauer anschauen. Sie können dazu einen externen Service aufrufen, um die gewünschten Werte für Ihre Entität hochzuladen und damit Ihrem Bot-Modell hinzuzufügen.

Ausführung mittels Fetch

Um Entitätswerte zu importieren, müssen Sie Ihre Service-API konfigurieren. Diesen Konfigurationsprozess starten Sie, indem Sie zu Ihrer benutzerdefinierten Entität navigieren und auf der Registerkarte **List of values** auf die Schaltfläche **FETCH VIA SERVICE API** klicken. Sie kennen diesen Konfigurationsprozess bereits aus Abschnitt 4.5.2, »Verbindungen zu externen Services einrichten«.

[»]

Verwendung der Sprachvariablen

Wenn Sie Ihre Entität in mehreren Sprachen verwenden, können Sie optional die Variable `{{<language>}}` in der URL, den Kopfzeilen oder dem Text verwenden, um die aktuell ausgewählte Sprache (z. B. "de" für Deutsch) an den externen Dienst zu übergeben.

Konfiguration und Test des Service

Konfigurieren Sie die **Authentication** (Authentifizierung), die **Headers** (Kopfelemente) und bei Bedarf den **Body** der API auf den entsprechenden Registerkarten, wie in Abbildung 11.2 angedeutet.

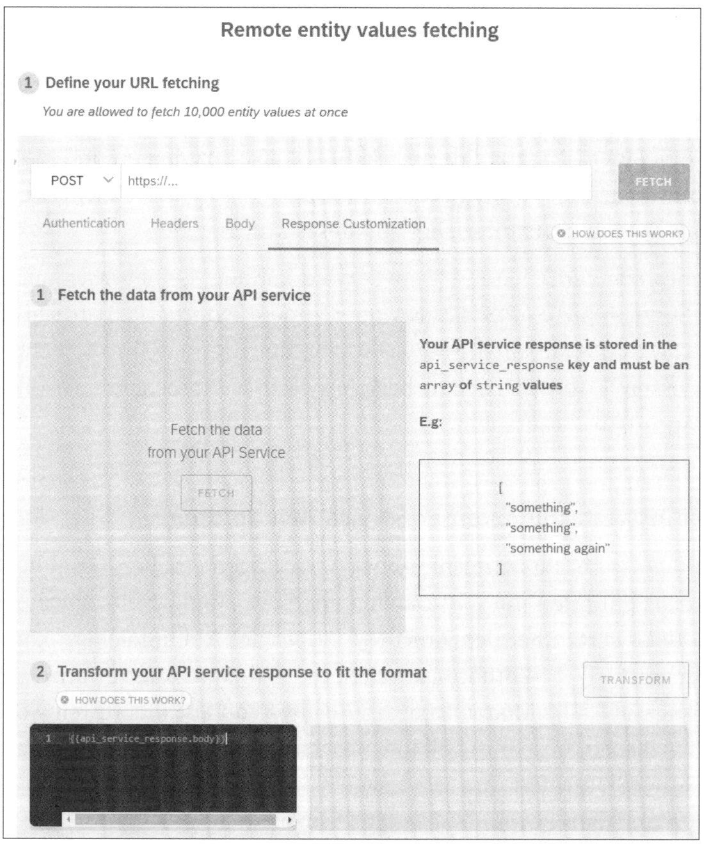

Abbildung 11.2 Startbildschirm zum Abrufen von Entitätswerten

Das Objekt, das als Ergebnis der Serviceverbindung ausgegeben wird, muss die Entitätswerte als Array aufführen. Es findet somit zum einen eine Überprüfung des Serviceaufrufes statt, zum anderen eine Transformation der Serviceantwort in das geforderte Format. Die Überprüfung des Serviceaufrufes erfolgt in Schritt 1, **Fetch the data from your API service**. Wir zeigen dies am Beispiel des im vorangegangenen Abschnitt vorgestellten OData-Service und werden hier die Produktdaten abrufen (siehe Abbildung 11.3). Wählen Sie dafür den HTTP-Typ **GET** und die passende Service-URL.

Abbildung 11.3 Antwort des API-Service anpassen

Überprüfung des Serviceaufrufes

Bevor Sie auf **FETCH** klicken, um die Daten abzurufen, können Sie auch schon die Antwort Ihres Serviceaufrufes anpassen. Aber auch nachdem Sie bereits die Daten abgerufen haben, ist dies noch möglich. Die Registerkarte **Response Customization** hilft Ihnen bei der richtigen Konfiguration, indem Fehler, die beim Serviceaufruf oder bei der Transformation in das Zielformat auftreten können, angezeigt werden. Die zu korrigierenden Anweisungen werden im Fehlerfall farblich gekennzeichnet, wie in Abbildung 11.4 zu sehen.

Transformation in ein String-Array

Für die Transformation wird wahrscheinlich ein Skript benötigt. Den automatischen Variablenvorschlag, wie in Abbildung 11.2 zu sehen, müssen Sie je nach Serviceantwortformat noch anpassen oder ersetzen. Sie können dieses Skript in Schritt 2, **Transform you API service response to fit the format**, bearbeiten, um sicherzustellen, dass die Antwort das richtige Format hat. Klicken Sie anschließend auf die Schaltfläche **TRANSFORM**.

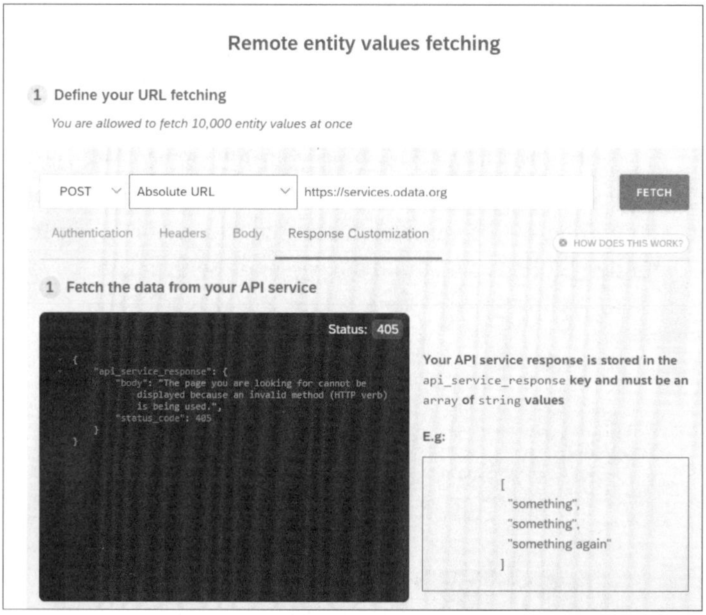

Abbildung 11.4 Fehler beim Serviceaufruf

In Abbildung 11.5 sehen Sie ein Beispiel für ein solches Transformationsskript. In dem Beispiel wurden die Helfer `JSON` und `Pluck` verwendet, um aus dem ursprünglichen Serviceergebnis ein JSON-Array zu erzeugen, indem die Namen der Produkte aufgeführt werden (rechts in Abbildung 11.5). Die Namen der Produkte aus dem OData-Beispielservices stehen uns somit als Werte für unsere Entität zur weiteren Verwendung zur Verfügung. Auch hier werden Fehler wieder farblich gekennzeichnet und können so direkt berichtigt werden.

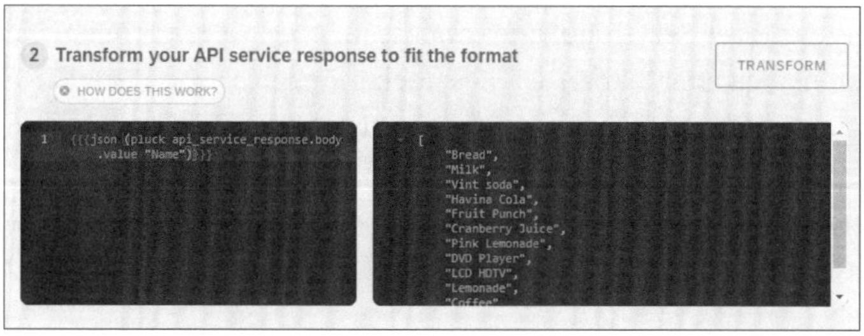

Abbildung 11.5 Transformation der Werte in ein JSON-Array

Daten importieren

Nachdem Sie den API-Serviceaufruf konfiguriert haben, müssen Sie sich in Schritt 3, **Select your import option**, noch entscheiden, ob Sie bereits auf der Plattform bekannte Entitätswerte mit den neuen Werten überschreiben und durch die neuen Werte ersetzen (**Replace**) oder die neuen Werte mit der vorhandenen Werteliste zusammenführen möchten (**Merge**, siehe Abbildung 11.6).

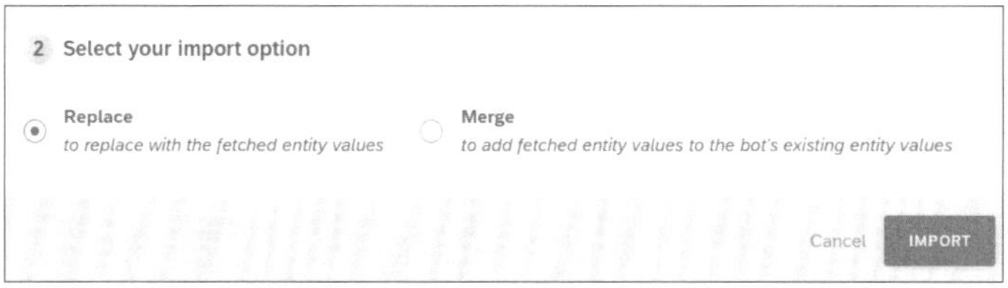

Abbildung 11.6 Entitätswerte importieren

Mit Ihrem Klick auf **IMPORT** werden die Entitätswerte der Plattform hinzugefügt, und Ihr Modell wird neu trainiert.

Import von Entitätswerten

Beachten Sie folgende Einschränkungen für den Import von Entitätswerten:

- Sie können bis zu 10.000 Entitätswerte gleichzeitig importieren.
- Der Importvorgang mit der Zusammenführungsoption wird für Entitätswerte, die bereits vorhanden sind, nicht ausgeführt.
- Wenn mehr als 10.000 Entitätswerte vorhanden sind, werden nur die ersten 10.000 Werte importiert.

11.1.5 Abrufen der Entitätsanreicherung

Eine benutzerdefinierte Entität kann viele verschiedene Werte und Anreicherungen haben. Sie können statische Anreicherungen mit Werten hinzufügen, die Sie manuell eingeben, oder wie im vorangegangenen Abschnitt gezeigt, eine Service-API so konfigurieren, dass die Werte dynamisch abgerufen werden. Letztere Methode eignet sich vor allem, wenn Sie viele Anreicherungen in einem externen System gespeichert haben. Wenn während einer Konversation eine Entität erkannt wird, wird ein API-Aufruf an den entsprechenden Service gesendet, und die Anreicherungen für den angegebenen Entitätswert werden zur Laufzeit abgerufen.

Konfiguration der Entitätsanreicherung

Um Entitätswertanreicherungen abzurufen, müssen Sie ebenfalls Ihren API-Service konfigurieren:

1. Navigieren Sie dazu zu Ihrer benutzerdefinierten Entität.
2. Auf der Registerkarte **Enrichments** entscheiden Sie sich für eine API-Servicekonfiguration und wechseln auf die Konfigurationsregisterkarte **Response Customization**.

3. Geben Sie zuerst den entsprechenden HTTP-Typ und die URL Ihres API-Service an, und speichern Sie dies mit der Schaltfläche **SAVE** (siehe Abbildung 11.7).

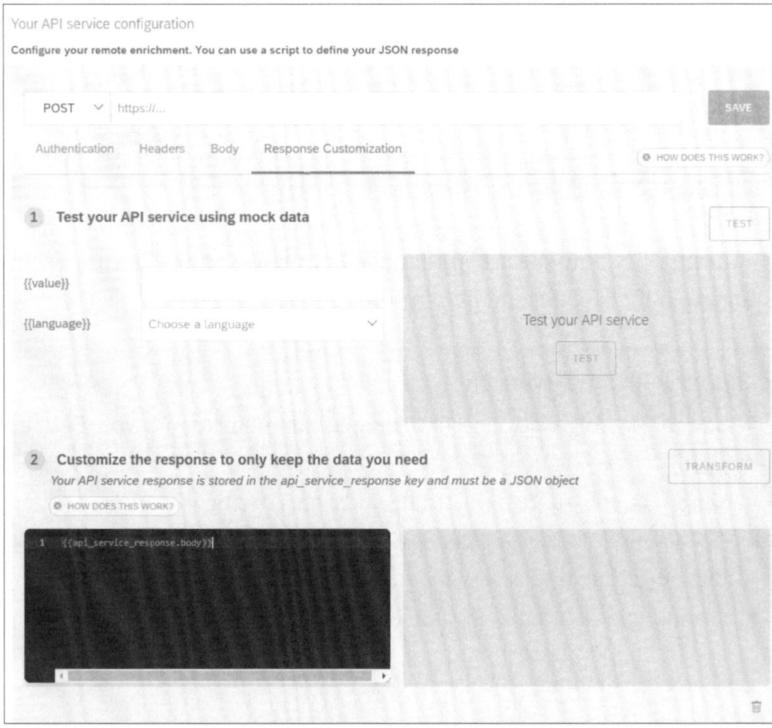

Abbildung 11.7 Entitätsanreicherung abrufen

4. Konfigurieren Sie die Authentifizierung (**Authentication**), die **Headers** und bei Bedarf den **Body** der API – abhängig vom HTTPS-Typ – auf den entsprechenden Registerkarten.
5. Bei der Konfiguration der Antwort (**Response Customization**) wird zunächst der Serviceaufruf in der gewünschten Sprache überprüft und anschließend die Transformation der Serviceantwort in das gewünschte Format durchgeführt.

Geben Sie zum Testen der API-Antwort einen Entitätswert ein, z. B. das Produkt »Milk« zum Testen unseres OData-Service, und wählen Sie eine Sprache aus. Klicken Sie dann auf **TEST** (siehe Abbildung 11.8). Der Wert `value` der Entität wird für Sie angenommen, sodass Sie auch direkt in der URL mit der Variablen `{{value}}` arbeiten können.

Abbildung 11.8 Abruf der Entitätsanreicherungen für den Entitätswert »Milk« testen

Sie können die API-Antwort mithilfe von Skripten anpassen. Mit der Anreicherung von Entitäten wollen Sie ein oder mehrere Schlüssel-Wert-Paare erhalten. Die über den API-Service übermittelten Daten müssen daher in das Format eines JSON-Objekts übertragen werden und folgende Form haben:

Serviceantwort mittels Skript anpassen

```
{"Schlüsselname": "{{api_service_response. ... .Wertname}}" }
```

Nachdem Sie das Skript angegeben haben, klicken Sie auf die Schaltfläche **TRANSFORM** (siehe Abbildung 11.9).

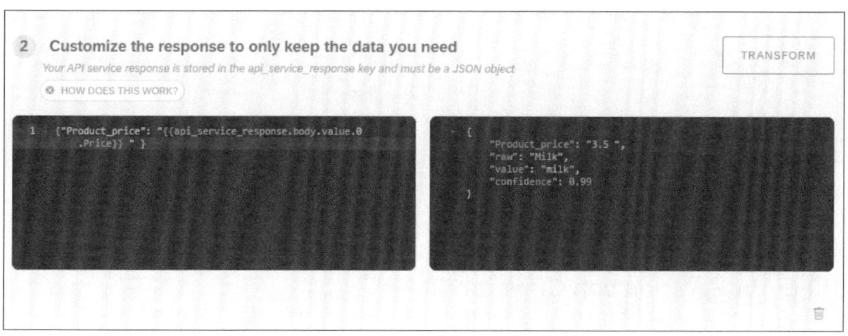

Abbildung 11.9 API-Serviceantwort ins JSON-Format transformieren

In Abbildung 11.9 sehen Sie die Verwendung der Anreicherung mit einem weiteren Schlüssel, hier dem Preis "`product_price`" des Produkts Milch, und dem zugehörigen Wert, hier 3,5. Der tatsächliche Wert wird erst zur Laufzeit ermittelt. Die Werte `raw`, `value` und `confidence` werden immer ermittelt und angereichert. Die hier dargestellte Testausführung soll Ihnen nur bei der Erstellung des Skripts und der Validierung des Serviceergebnisses behilflich sein. Im konkreten Fall würde der Produktname (hier »Milk«) von Nutzer*innen in einer Konversation mit dem Chatbot genannt und die Entität daraufhin zur Laufzeit mit dem entsprechenden Preis für diesen Produktnamen angereichert.

API-Serviceanreicherungen in einem Fork

Wenn Sie eine Entität per Forking kopiert haben, werden die Entitätswerte und Ihre Anreicherungskonfiguration mit Ausnahme der Berechtigungen bzw. Anmeldeinformationen ebenfalls kopiert. Im Fork können Sie dann sehen, dass die API-Serviceanreicherung deaktiviert ist, da die Anmeldeinformationen nicht übertragen wurden.

Falls Sie anstelle einer Anreicherung über einen API-Service lieber wieder auf eine selbst definierte Schlüssel-Werte-Paare-Liste umstellen wollen, können Sie dies in den Entitätseinstellungen ändern. Klicken Sie dazu auf die Schaltfläche **Entity settings**, und wählen Sie die Option **Mapping** (siehe Abbildung 11.10).

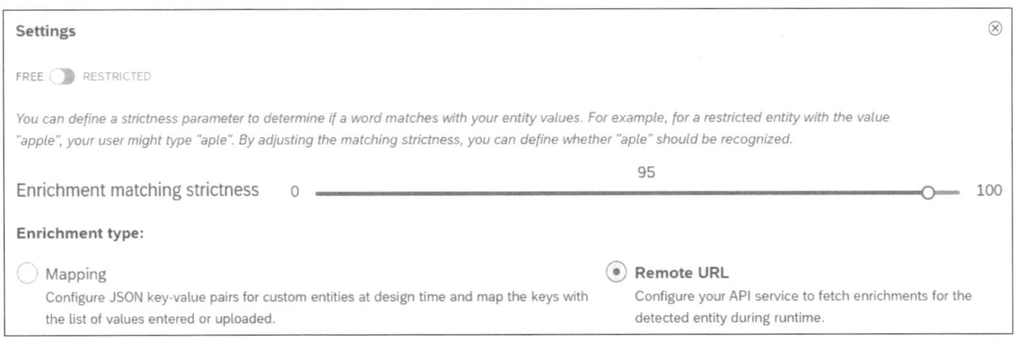

Abbildung 11.10 Entitätseinstellungen

11.1.6 Integration von Gravatar

Gravatar

SAP Conversational AI ermöglicht Ihnen die Einbindung von *Gravatar* als externen Service. Gravatar ist ein kostenloser Dienst für Website-Besitzer*innen, Entwickler*innen und Internetnutzer*innen, über den Sie sich einen *Avatar* erstellen können. Ein Avatar ist ein Bild, das Sie online repräsentiert. Dieses kleine Bild wird dann auf einer Website oder in einer Anwendung neben Ihrem Namen angezeigt.

Den Dienst Gravatar können Sie auf der Seite *https://en.gravatar.com/* erreichen. Gravatar selbst beschreibt die Vorteile des Dienstes wie folgt (von uns aus dem Englischen übersetzt):

> *»Gravatar ist ein weltweit anerkannter Avatar (Globally Recognized Avatar). Sie laden ein Bild hoch und erstellen Ihr Profil nur einmal. Wenn Sie dann auf einer Gravatar-fähigen Internetseite agieren, folgt Ihnen Ihr Gravatar-Bild automatisch dorthin.«*

Gravatars sind beispielsweise in jedem Konto des Content-Management-Systems *WordPress* automatisch enthalten, mit dem Sie Webseiten erstellen können. Auch von dem WordPress-Distributionssystem *Automattic* werden sie unterstützt (siehe *https://automattic.com*).

Profilbild personalisieren

Standardmäßig wird Ihnen Ihr Profilbild in SAP Conversational AI wie in Abbildung 11.11 angezeigt.

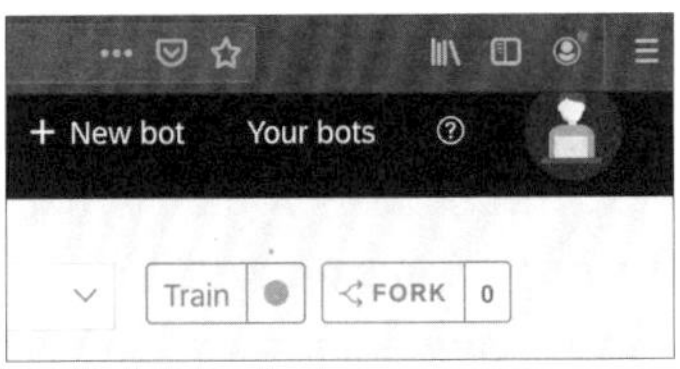

Abbildung 11.11 Profilbild in SAP Conversational AI

Möchten Sie Ihr Profilbild personalisieren, erstellen Sie sich einen Gravatar auf *https://en.gravatar.com*. Nutzen sie dazu die gleiche E-Mail-Adresse, die Sie für Ihren Zugang zu SAP Conversational AI verwenden. Ihr Gravatar-Bild wird automatisch in SAP Conversational AI integriert (siehe Abbildung 11.12).

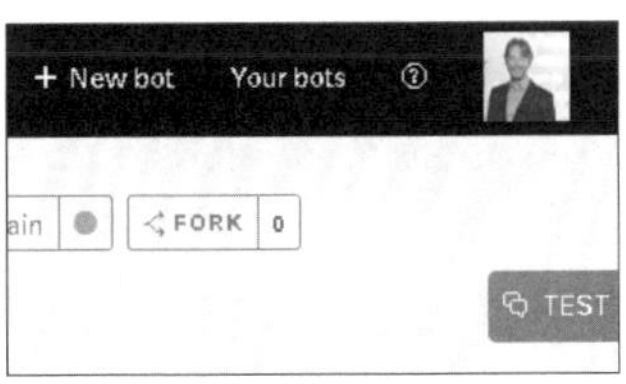

Abbildung 11.12 Personalisiertes Profilbild

11.2 Integration in die SAP Integration Suite

Wenn Sie bereits die *SAP Integration Suite* und *SAP Extension Suite* (vormals *SAP Cloud Platform*) einsetzen, haben Sie sehr wahrscheinlich schon ein Konto für Ihre Firma bzw. Ihr Projekt. Damit Sie möglichst wenig Pflegeaufwand haben, ermöglicht es SAP Conversational AI, Ihre im *Cloud Connector* konfigurierten Cloud-Verbindungen und insbesondere die Zieladressen (*Destinations*) des SAP Destination Service direkt in SAP Conversational AI wiederzuverwenden. SAP Conversational AI selbst wird auch auf der *SAP Business Technology Platform* (SAP BTP, vormals SAP Cloud Platform) in der *Cloud-Foundry-Umgebung* bereitgestellt.

Mit der Wiederverwendung der Vertrauens- und Sicherheitseinstellungen der SAP Integration Suite und SAP Extension Suite sparen Sie sich einen erneuten Konfigurationsaufwand für SAP Conversational AI. SAP verfolgt somit einen unternehmenstauglichen Ansatz, mit dem Sie sich gegenüber SAP-Systemen in der Cloud ausweisen und diese verbinden können. Falls Sie Ihre Verbindungen für SAP Conversational AI neu einrichten, müssen Sie diesen Aufwand umgekehrt für andere SAP-Services oder Produkte nicht wiederholen.

In diesem Abschnitt sehen wir uns die Pflege der Destinations zumindest kurz an. Diese Tätigkeiten werden häufig vom Systemadministrationsteam mit speziellen Berechtigungen ausgeführt. Aus diesem Grund gehen wir bei den Konfigurationen nicht in die Tiefe. Die Einrichtung des Cloud Connectors ist beispielsweise gut dokumentiert (siehe *http://s-prs.de/v792211*) und sehr systemspezifisch. Anschließend sehen wir uns genauer an, wie die Verwendung der technischen Systemverbindungen mittels der System-Aliasse in SAP Conversational AI verwaltet werden können.

11.2.1 SAP Destination Service

In Ihrer Verwaltungsumgebung der SAP Integration Suite und SAP Extension Suite, dem *SAP BTP Cockpit* (vormals *SAP Cloud Platform Cockpit*), können Sie die Sicherheits- und Verbindungseinstellungen für Ihr Konto pflegen. Dies wird in der Regel vom Systemadministrationsteam für alle Nutzerkonten (*Subaccounts*) eines Unternehmenskontos (*Global Accounts*) erledigt.

Verbindung mit SAP S/4HANA

In Abbildung 11.13 sehen Sie exemplarisch die Pflege einer Destination für die Verbindung zu einem SAP-S/4HANA-System. Die sicherheitsrelevanten Daten wurden hier geschwärzt. An diesen Stellen sollten Sie Ihre spezifischen Verbindungsdaten eingeben.

Name der Destination

Für die Anwendung innerhalb von SAP Conversational AI ist nur der Name der Destination von Bedeutung, hier im Beispiel `S4HANA`. Er wird für die Konfiguration des System-Alias benötigt.

In Abbildung 11.14 sehen Sie ein weiteres Beispiel für eine Destinationskonfiguration. Hier wurde ein OData-Service als Destination konfiguriert, nämlich der Beispiel-OData-Service aus Abschnitt 11.1.3, »OData-Services«. Für diese Destination wurde der Name ODATA_ORG_V4 vergeben.

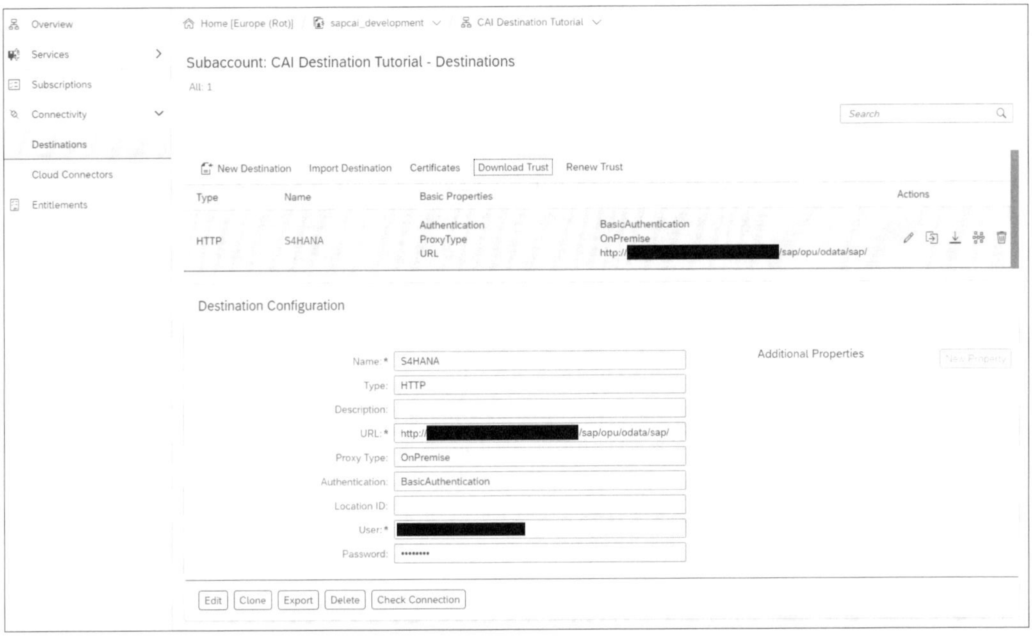

Abbildung 11.13 Destination für ein SAP-S/4-HANA-System

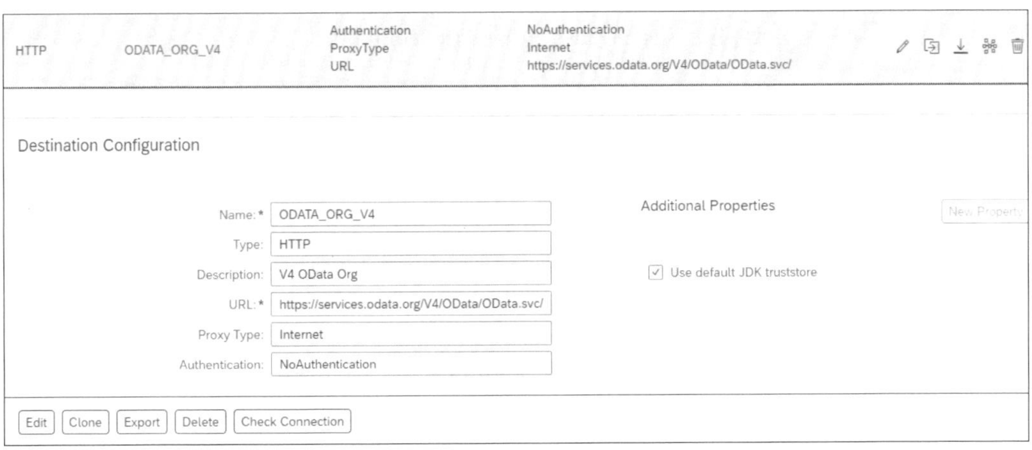

Abbildung 11.14 Destination für den Beispiel-OData-Service

Weiterführende Informationen zur Konfiguration von Destinations

Im SAP Help Portal erfahren Sie mehr über die Konfiguration von Destinations unter folgender URL: *http://s-prs.de/v792212*

Nachdem Sie wissen, wo Sie die Namen der Destinations in den Einstellungen des SAP Destination Service finden, wollen wir uns nun das Konzept der System-Aliasse noch einmal genauer anschauen.

11.2.2 System-Aliasse

In Abschnitt 7.1.4, »Aliasse für Backend-Systeme definieren«, haben wir Sie im Rahmen der Bot-Einstellungen bereits in das Konzept der System-Aliasse eingeführt. Mit dieser Art Spitznamen wird Ihnen die Verbindung zu externen Systemen ermöglicht. Sie können die Aliasse beim Konfigurieren von Webhooks und API-Serviceaufrufen verwenden. Auf der Registerkarte **System Aliase** in den Bot-Einstellungen werden sie vergeben.

Die Konfiguration der System-Aliasse auf der Plattform SAP Conversational AI wurde passend zur Verwaltung der Destinations in der Cloud-Foundry-Umgebung der SAP BTP konzipiert, um einen möglichst großen Teil wiederverwenden zu können. Mit den System-Aliassen können Sie die Arten von Verbindungen zu externen Systemen, die Ihr Bot verwendet, an einem zentralen Ort definieren. Die Details, wie die URL und Authentifizierung, können Sie dort separat pro Umgebung verwalten. In der Enterprise Edition von SAP Conversational AI können Sie Destinations auswählen, die über den SAP Destination Service verwaltet werden.

[»]

Betaphase der System-Alias-Funktionalität

Zum Zeitpunkt der Drucklegung dieses Buches war die Funktionalität der System-Aliasse für die Enterprise Edition von SAP Conversational AI noch in der Betaphase. Geringe Abweichungen zu den Funktionen, die Sie aktuell auf der Platform finden, sind daher möglich.

System-Alias-Funktion aktivieren

Falls Sie bereits länger mit SAP Conversational AI arbeiten, wird die Funktion der System-Aliasse nicht aktiviert sein. Wenn Sie die Funktion in Ihren Bot-Einstellungen im Bereich **System Aliases** über die Schaltfläche **ENABLE SYSTEM ALIASES** (siehe Abbildung 11.15) aktivieren, werden damit alle vorhandenen Webhooks und API-Servicekonfigurationen migriert. Überall dort, wo Sie eine relative URL, wie **/Products**, verwenden, wird anschließend zusätzlich zum relativen Pfad ein System-Alias namens **Basis-URL** erstellt und direkt referenziert. Wenn Sie die Basisauthentifizierung und OAuth einsetzen, werden separate System-Aliasse für jeden Benutzernamen oder jede Client-ID erstellt und entsprechend referenziert. Auch Authentifizierungsvorlagen werden durch System-Alias-Namen ersetzt.

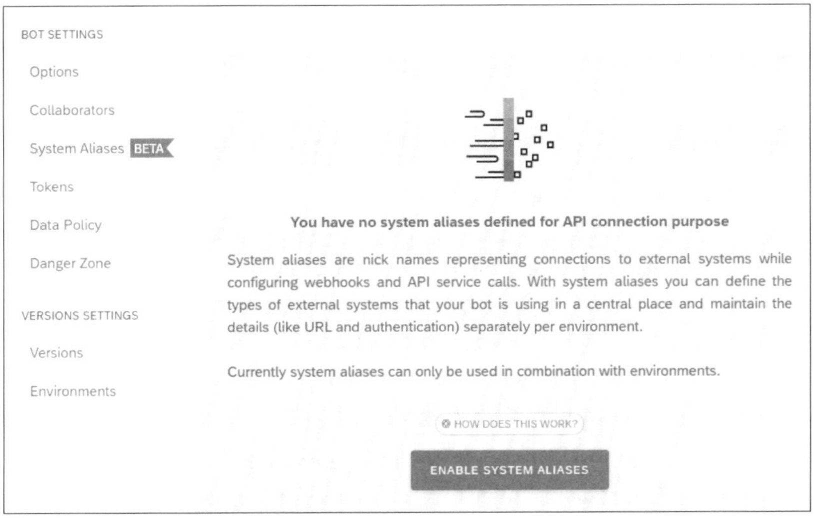

Abbildung 11.15 System-Alias-Aktivierung

Einen Bot auf das System-Alias-Konzept

Wenn eine absolute URL verwendet wird, wird bei der Migration Ihres bestehenden Bots in Ihren Unternehmensmandanten (Enterprise Tenant) für jede im Bot verwendete Zieladresse sowie für jede Authentifizierungsvorlage ein System-Alias erstellt. Für jeden im Rahmen der Migration erstellten System-Alias werden die Systemkonfigurationen auch für die Umgebung vorgenommen, in der die jeweilige Bot-Version bereitgestellt wird.

[!]

System-Alias-Funktionalität nicht deaktivierbar

Sobald Sie die System-Alias-Konfiguration in SAP Conversational AI aktiviert haben, können Sie nur noch System-Aliasse für Verbindungen in Ihrem Bot verwenden. Dieser Vorgang kann nicht mehr rückgängig gemacht werden.

System-Alias anlegen

Starten Sie mit der Konfiguration eines System-Alias, indem Sie im Bereich **System Aliases** der Bot-Einstellungen auf die Schaltfläche **+ Add Alias** klicken. Geben Sie einen Namen ein, z. B. »Mein erster Systemalias«, und bestätigen Sie mit der [↵]-Taste. Anschließend sehen Sie Ihren System-Alias in der Übersicht (siehe Abbildung 11.16). Sie können diesen Namen, wie Sie es von der Plattform gewohnt sind, mit einem Klick auf das Stiftsymbol ( ) ändern oder mit einem Klick auf das Mülltonnensymbol ( ) löschen.

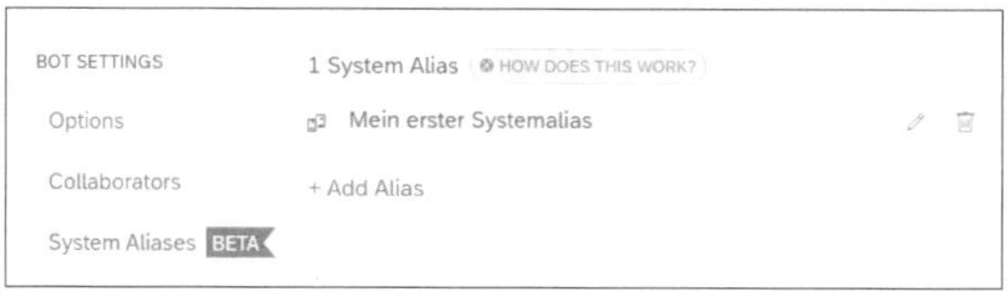

Abbildung 11.16 Übersicht der System-Aliasse

System-Alias konfigurieren

Sie können entweder direkt weitere System-Aliasse anlegen und pflegen, oder Sie können den gerade angelegten System-Alias zunächst konfigurieren. Stellen Sie bei mehreren System-Aliassen sicher, für jeden einen eindeutigen Namen zu definieren. Die vollständige Einrichtung des System-Alias erfordert anschließend die folgenden Schritte:

1. Wechseln Sie zur Registerkarte **Environments** in den Versionseinstellungen, und wählen Sie die Bot-Umgebung aus, für die Sie den Alias konfigurieren möchten (siehe Abbildung 11.17), z. B. die Entwicklungsumgebung. Die Plattform hilft Ihnen mit der Angabe, wie viele externe Systeme bisher für die gewählte Umgebung konfiguriert wurden (**0/1 External systems configured**).

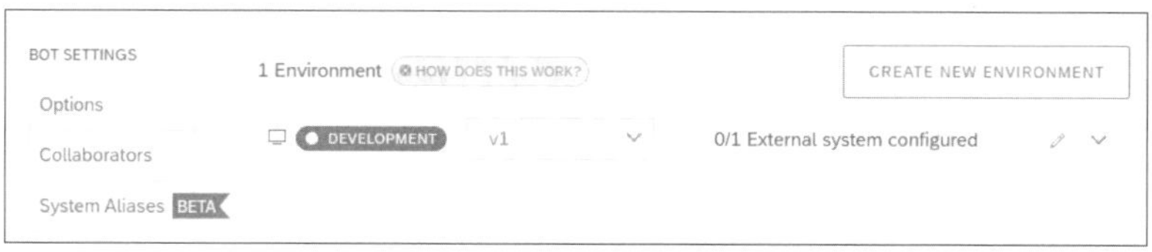

Abbildung 11.17 Konfiguration des System-Alias in der Pflege der Environments

2. Mit einem Klick auf das Aufklappsymbol ( ) rechts neben dem Stiftsymbol können Sie Ihre Konfiguration pflegen.
3. Nach der Expansion können Sie Ihre System-Aliasse sehen. Klicken Sie auf das Aufklappsymbol ( ) neben Ihrem System-Alias-Namen, um ein Dropdown-Menü zu öffnen, über das Sie den Typ der Systemverbindung wählen können (siehe Abbildung 11.18). Sie haben die Wahl zwischen einer **Destination** des SAP Destination Service und einer eigenen URL (**Custom URL**).
4. Falls Sie sich für eine eigene URL entscheiden, geben Sie die URL und die Authentifizierungsdetails für diese URL an. Falls Sie sich für eine Destination entschieden haben, selektieren Sie die gewünschte Destination aus der nun angezeigten Vorschlagsliste, die mit Ihrem Account auf Basis Ihres Enterprise Tenants abgeglichen wird. In unserem Beispiel wählen Sie `ODATA_ORG_V4` (siehe Abbildung 11.19).

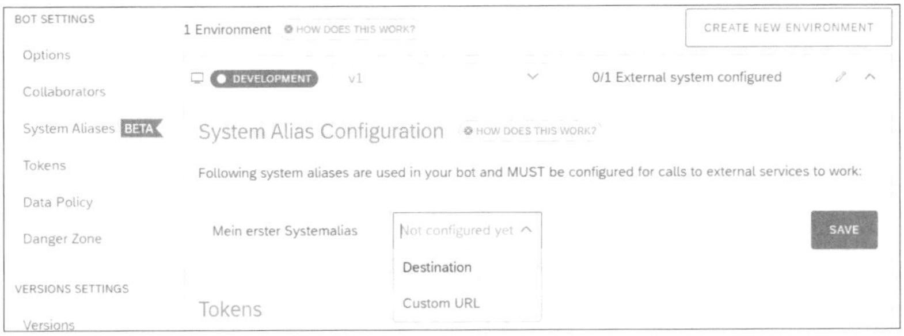

Abbildung 11.18 Typ des System-Alias auswählen

Abbildung 11.19 System-Alias – Wahl des Namens der Zieladresse

5. Mit einem Klick auf die Schaltfläche **SAVE** speichern Sie Ihre Konfiguration und können diese nun verwenden.

Auf diese Weise können Sie Verbindungen Ihres Bots zu den richtigen Backend-Landschaften aufrechterhalten, abhängig von der Umgebung, in der der Bot ausgeführt wird. Sie müssen je nach Anwendungsfall unterschiedliche Ziele und den entsprechenden Autorisierungstyp verwalten. Somit können Sie verschiedene Systeme beispielsweise in einer Produktiv- und Testumgebung warten.

System-Aliasse und Umgebungen gehören zusammen

System-Aliasse können nur in Kombination mit Umgebungen verwendet werden. Wenn Sie also eine API von SAP Conversational AI aus direkt mit dem Request-Token einer Bot-Version aufrufen, funktionieren API-Servicekonfigurationen oder Webhooks mit einem System-Alias nicht ordnungsgemäß. Verwenden Sie deshalb stattdessen das Request-Token Ihrer Umgebung.

Verwendung eines System-Alias

Als Nächstes zeigen wir Ihnen, wie Sie einen System-Alias verwenden. Wenn Sie einen API-Service oder einen Webhook konfigurieren, beispielsweise während Sie die Aktionen Ihres Bots definieren oder Entitätswerte und -anreicherungen abrufen, können Sie den entsprechenden System-Alias-Namen auswählen. Dieser wird daraufhin der Service-URL vorangestellt. Wenn Sie alternativ die vollständige URL definieren möchten, ohne einen System-Alias zu verwenden, müssen Sie die Option **Absolute URL** auswählen, wie in Abbildung 11.20 zu sehen.

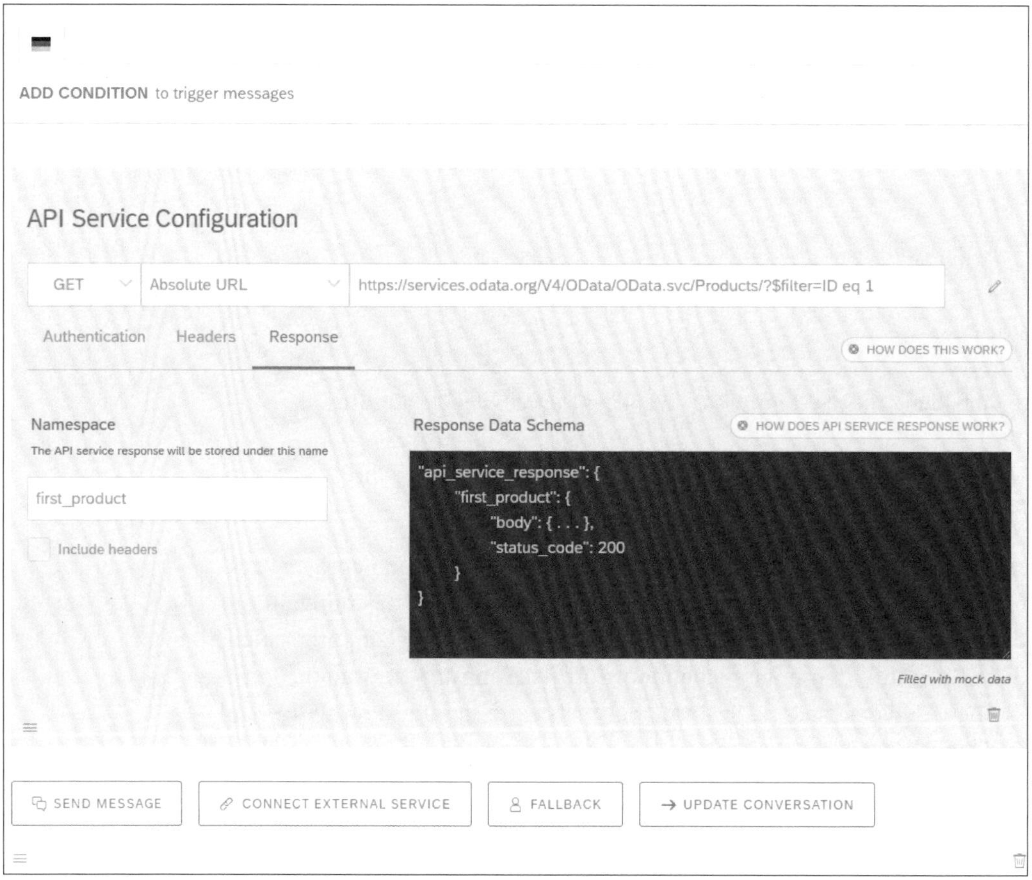

Abbildung 11.20 Verwendung einer absoluten URL mit aktivierter System-Alias-Einstellung

In Abbildung 11.21 sehen sie die Verwendung des System-Alias beim Abruf von Entitätswerten, wie wir sie in Abschnitt 11.1.4, »Entitätswerte aus externen Service-APIs abrufen«, gezeigt haben. Der System-Alias-Name »Mein erster Systemalias« wird hier mit der relativen URL **/Products...** kombiniert.

Abbildung 11.21 Verwendung eines System-Alias beim Abruf von Entitätswerten

Wenn der Aufruf des API-Service mit dem System-Alias erfolgreich ausgeführt werden kann, können Sie mit den Ergebnissen weiterarbeiten, wie Sie es gewohnt sind.

Forking eines System-Alias

Beim Forking eines Bots werden nur die System-Alias-Namen und nicht die Konfigurationen kopiert. Sie müssen die notwendigen Konfigurationen daher manuell im Ziel-Bot nachpflegen.

Falls Sie sich unsicher sind, wann Sie System-Aliasse verwenden sollten, können Sie folgende Faustregel anwenden: Es lohnt sich, einen System-Alias einzuführen, wenn Sie einen API-Service mehr als einmal in Ihrem Bot aufrufen wollen. Spätestens, wenn Sie bei einem weiteren Aufruf Ihre relative URL verändern, werden Sie System-Aliasse schätzen lernen.

Das Konzept der System-Aliasse ist auch eine gute Lösung bei verteilten Landschaften, die aus einer Entwicklungs-, Test- und Produktivlandschaft bestehen. Die System-Aliasse und relativen URLs können so wiederverwendet werden und müssen nur einmal in den Bot-Einstellungen der jeweiligen Systemlandschaft angepasst werden.

11.2.3 Integration eines Beispiel-Bots

Auch die Funktionalität der System-Aliasse wollen wir Ihnen an einem praktischen Beispiel zeigen, damit Sie ihre Anwendung einmal ausprobieren können. Erstellen Sie als Vorbereitung einen Intent, der auf Englisch formulierte Fragen nach Produkten versteht. Die Äußerungen sollten zu den Daten des OData-Service aus Abschnitt 11.1.3, »OData-Services«, passen. Erstellen Sie außerdem einen passenden Skill, der auf die Erkennung des Produkt-Intents (**If @product_information is-present**) reagiert, indem er Informationen zu den Produkten bereitstellt. Alternativ können Sie die (Development-)v1-Version des unter *https://cai.tools.sap/sap-cai-das-buch/odata-beispielbot* bereitgestellten Bots als Vorlage kopieren.

System-Alias für den Beispiel-OData-Service

Für die Entitätswerte, also die einzelnen Produkte, greift der Skill auf den externen OData-Service zu. Für diesen API-Service richten Sie wie folgt einen System-Alias ein:

1. In einem englischen intent-basierten Bot mit den Greetings- und Smalltalk-Intents und Skills navigieren Sie zu den Bot-Einstellungen in den Bereich **System Aliases** und aktivieren diese über die Schaltfläche **ENABLE SYSTEM ALIAS**. Bestätigen Sie dies mit **CONFIRM**.
2. Legen einen neuen System-Alias über die Schaltfläche **Add Alias** an. Wählen Sie den Namen »OData-Beispielservice«, und bestätigen Sie mit der [↵]-Taste.
3. Wechseln Sie in den Bereich **VERSIONS SETTINGS • Environments**, um Ihren System-Alias zu konfigurieren. Klappen Sie die Entwicklungsumgebung **DEVELOPMENT** auf und anschließend direkt Ihren System-Alias **OData-Beispielservice**, neben dem Sie auch eine Schaltfläche **SAVE** zum Speichern sehen.
4. Wählen Sie den Typ **Custom URL**, falls Sie die Enterprise Edition nutzen, wie in Abbildung 11.22 zu sehen, und tragen Sie wie in der Community Edition (siehe Abbildung 11.23) die URL »https://services.odata.org/V4/OData/OData.svc/« ein.
5. Wählen Sie als Authentifizierungseinstellung **No authentication**.
6. Wechseln Sie zu Ihrem Skill auf der Registerkarte **Build**, und wählen Sie die Registerkarte **Actions**.
7. Vielleicht wollen Sie auch vorab eine erste Textnachricht wie »Product information:« ausgeben, bevor Sie Ihren Service rufen und dessen Ergebnisse weiterverarbeiten.

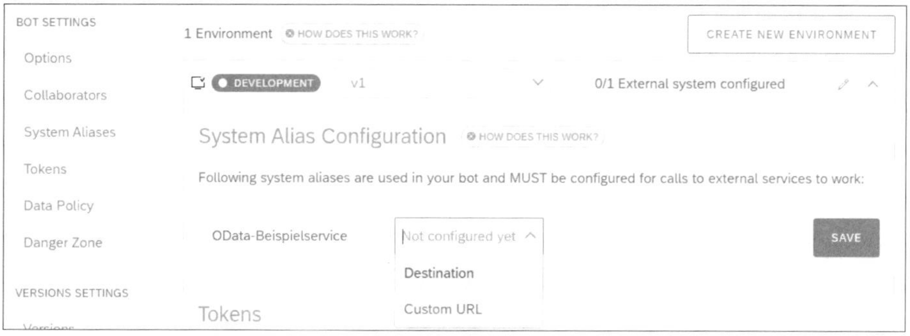

Abbildung 11.22 System-Alias-Umgebungseinstellung in der Enterprise Edition

Abbildung 11.23 System-Alias-Umgebungsseinstellung in der Community Edition

8. Wählen Sie in einer Nachrichtengruppe die Option **CONNECT EXTERNAL SERVICE** und anschließend **CONSUME API SERVICE** (siehe auch Abschnitt 4.5.2, »Verbindungen zu externen Services einrichten«).
9. Verändern Sie den HTTP-Typ des Serviceaufrufes von **POST** zu **GET**. Wählen Sie anstelle von **Absolute URL** Ihren System-Alias **OData-Beispielservice** aus. Als relative URL geben Sie »/Products« ein.
10. Wählen Sie in der Konfigurationsmaske **API Service Configuration** die Registerkarte **Response**, und tragen Sie Ihren Namensraum unter **Namespace** ein, z. B. »products«. Dieser Namensraum hilft Ihnen bei größeren Bot-Projekten und mehreren API-Serviceaufrufen.
11. Speichern Sie Ihre Konfiguration mit einem Klick auf die Schaltfläche **SAVE**.

Service API-Aufruf testen

Erstellen Sie nun auf der Registerkarte **Actions** im unteren Abschnitt eine Textausgabe mit der Variablen `{{api_service_response.products}}`. Falls Sie einen anderen Namensraum als `products` verwendet haben, geben Sie diesen nach dem Punkt ein. Im Chat Preview können Sie das Verhalten nun testen, indem Sie den Bot nach Produkten fragen. Damit erhalten Sie eine unformatierte Ausgabe wie in Abbildung 11.24.

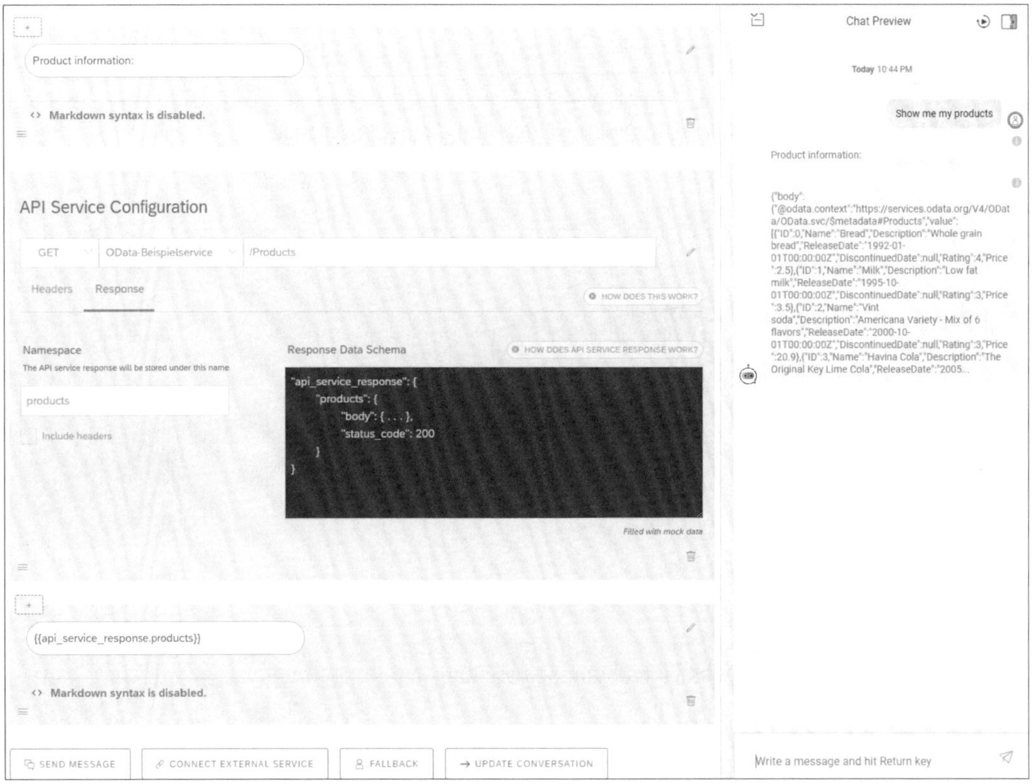

Abbildung 11.24 Test des Bots zum Aufruf des OData-Service mit unformatierter Variablenausgabe

JSON-Antwort im Chat Preview

In Abbildung 11.24 sehen Sie eine unformatierte Ausgabe der JSON-Antwort zur Variablen `api_service_response` im Chat Preview. Wenn Sie dieses Objekt in der Ausgabe des Chatbots sehen möchten, können Sie über das Infosymbol ( ) in die JSON-Sicht umschalten. Über einen Klick auf das Debug-Symbol ( ) oben rechts können Sie auch in die Debug-Konsole wechseln, um die Antwort auszuwerten.

Erweitern Sie nun Ihre Variable, und fügen Sie das folgende Variablenhelferskript hinzu (dafür müssen Sie zuerst über die Schaltfläche mit dem Stiftsymbol in den Editiermodus wechseln):

```
{{#eachJoin api_service_response.products.body.value}} "Product"
{{@index}}: "{{Name}}" {{/eachJoin}}
```

Nach der Speicherung und einer erneuten Eingabe im **Chat Preview** sollte Ihre Antwort nun ungefähr so aussehen wie in Abbildung 11.25 (diese Bot-Version finden Sie unter *https://cai.tools.sap/sap-cai-das-buch/odata-beispielbot-final*).

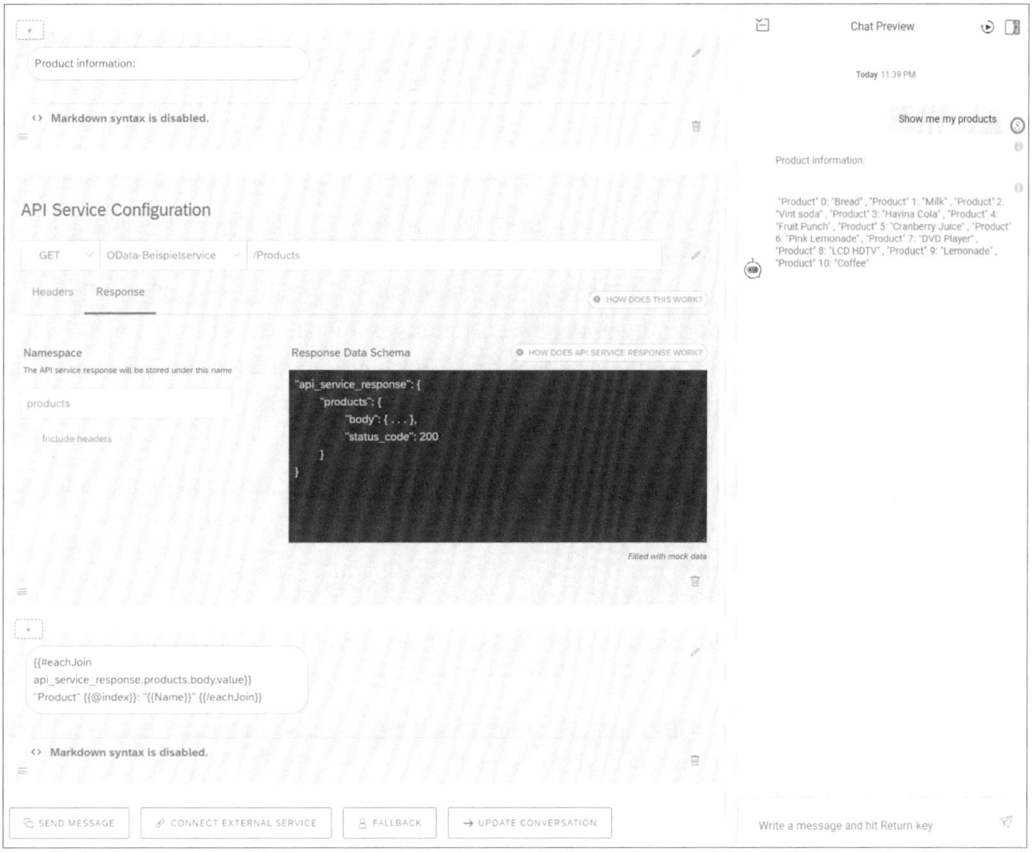

Abbildung 11.25 Test des Bots zum Aufruf des OData-Service mit Formatierung durch Variablen-Scripting

11.3 Integration ins SAP Fiori Launchpad

Voraussetzungen

Als weitere Möglichkeit der Integration lernen Sie in diesem Kapitel die Integration des SAP Conversational AI Web Clients in das SAP Fiori Launchpad kennen. Dieser Abschnitt richtet sich an technisch versierte Leser*innen, die bereits Erfahrungen mit der Integration von Anwendungen in das SAP Fiori Launchpad gemacht haben. Voraussetzung sind Berechtigungen eines Systemadmins oder Power Users. Die gezeigten Schritte haben nicht direkt mit der Bot-Entwicklung zu tun. Wenn Sie lediglich interessiert, wie sich der Web Client im SAP Fiori Lauchpad darstellt, können Sie direkt in Abschnitt 11.3.2, »Verwendung im SAP Fiori Launchpad«, weiterlesen. Für Projektleiter*innen ist die Integration jedoch ein relevanter Teil eines Bot-Projekts.

Im Folgenden werden wir nur grob die notwendigen Schritte zur Integration beschreiben. Eine ausführliche Konfigurationsanleitung finden Sie im SAP Help Portal unter: *http://s-prs.de/v792213*

11.3.1 Integration des SAP Conversational AI Web Clients einrichten

Web Client konfigurieren

In Abschnitt 5.2, »SAP Conversational AI Web Client«, haben Sie erfahren, wie Sie den SAP Conversational AI Web Client als Bereitstellungkanal konfigurieren. In Abbildung 11.26 sehen Sie den geführten Konfigurationsdialog mit den notwendigen Einstellungen für die Integration ins SAP Fiori Launchpad. Wählen Sie in Schritt 1, **Integration settings**, die Option **Use the generated code snippet with an application ID** aus. Belassen Sie es in den anderen Feldern bei den Vorschlagswerten.

Wenn Sie einen auf einem Snippet basierenden Kanal erstellen, können Sie dieses Snippet kopieren und in jede gewünschte Webseite einfügen.

Die Angabe eines Kanaltitels im Feld **Channel Title** ist optional. Er wird im Kanalauswahlmenü des SAP Conversational AI Web Clients angezeigt, wenn der konfigurierten Anwendungs-ID mehr als ein Kanal zugeordnet ist.

In den Schritten 2 bis 4 können Sie die Anzeige des Web Clients nach Ihren Anforderungen konfigurieren.

In Schritt 5, **General settings**, sind der Name des Kanals und die Angabe der Applikations-ID Pflichtparameter:

- **Application ID**
  In diesem Feld geben Sie die ID der Anwendung an, in die der SAP Conversational AI Web Client integriert ist. Die ID hängt von der Art des SAP-Produkts oder der Art der Integration ab (mittels Code Snippet bzw. vorkonfiguriert). Für SAP-S/4HANA-Systeme mit dem SAP Fiori Launchpad als Frontend ist die Applikations-ID wie folgt aufgebaut: <BOT_OWNER><SID><CLIENT> Der Slug der Bot-Eigentümerin bzw. des Bot-Eigentümers (d. h. des Benutzers oder der Organisation, der der Bot gehört) wird der ID automatisch vorangestellt. Ergänzen Sie die System-ID Ihres SAP-S/4HANA-Systems und den Client, z. B. »sap-cai-das-buch-XYZ001«.

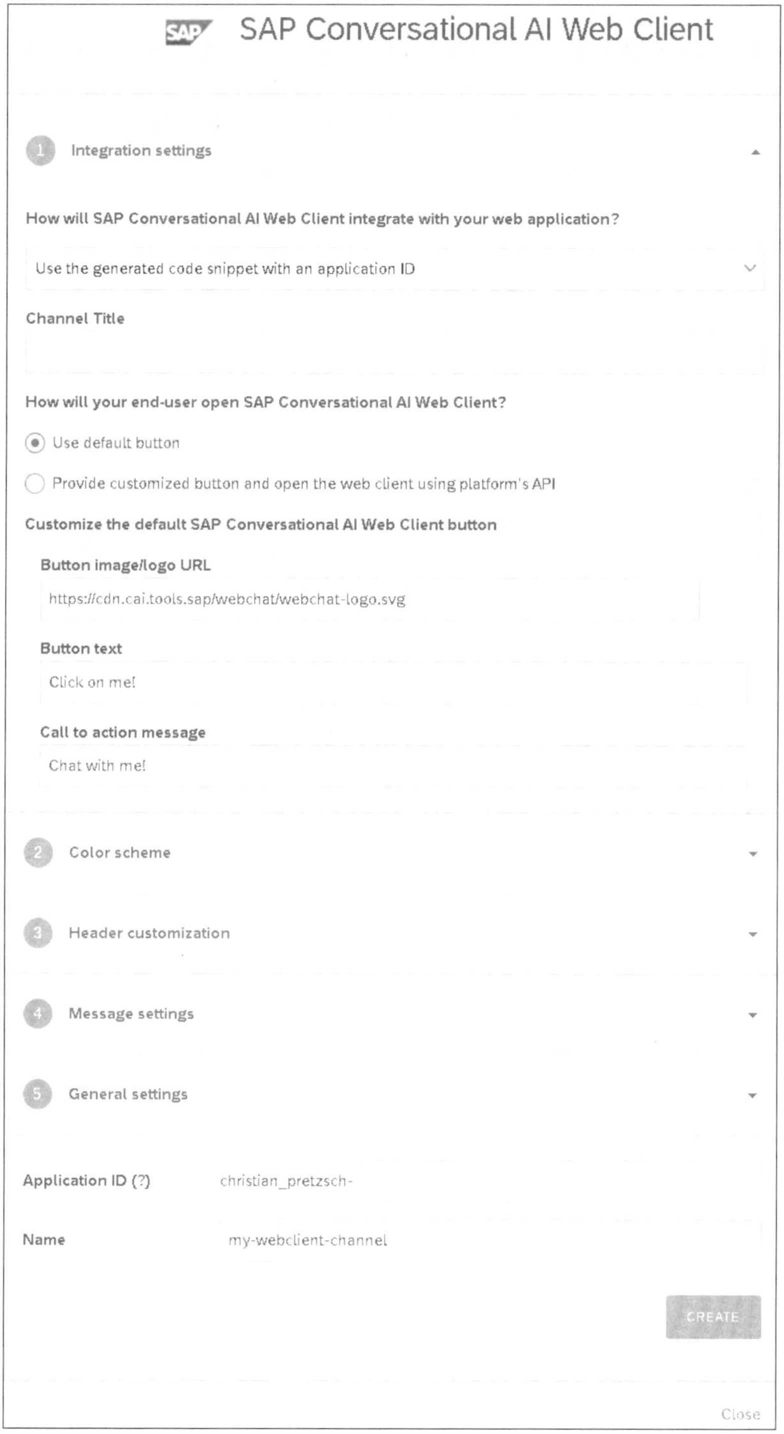

Abbildung 11.26 SAP Conversational AI Web Client – Kanalkonfiguration

[»]

Kein*e Bot-Inhaber*in in der Enterprise Edition

Bot-Inhaber*innen werden nur in der Community Edition von SAP Conversational AI und damit nur im Community-Mandanten angezeigt. Im Enterprise Tenant fällt der Bestandteil <BOT_OWNER> also weg.

- **Name**
  In das Feld **Name** tragen Sie den technischen Namen des Kanals ein, z. B. »mein-neuer-cai-botkanal«.

Damit haben Sie die notwendigen Schritte auf der SAP-Conversational-AI-Plattform erledigt. Wenn Sie den Web Client bereits integriert haben, können Sie nun direkt mit der Einbindung in das SAP Fiori Launchpad loslegen.

Technische Voraussetzungen

Der SAP Conversational AI Web Client wird in einem iFrame-HTML-Element ausgeführt. Voraussetzung ist, dass die Seite, auf der sich der Web Client befindet, dies in seiner Sicherheitsrichtlinie für Inhalte zulässt. Damit Sie den Web Client in Ihr SAP Fiori Launchpad integrieren können, müssen daher folgende technische Voraussetzungen erfüllt sein:

- Sie benötigen einen Subaccount für die Cloud-Foundry-Umgebung der SAP BTP. Unter folgendem Link finden Sie die SAP-Dokumentation für die Erstellung eines Subaccounts und die Aktivierung der Cloud-Foundry-Umgebung: *http://s-prs.de/v792214*
- Sie müssen Ihre Hosting-Domain über ein BCP-Ticket auf einer Positivliste mit dem Titel **SAP Conversational AI – Custom Domain Whitelisting** für die Komponente CA-ML-CAI-USM eintragen.
- Abonnieren Sie SAP Conversational AI für Ihren Subaccount (wie unter *http://s-prs.de/v792215* beschrieben).
- Sie müssen diese Infrastruktur für eine Integration in ein SAP Fiori Launchpad einrichten:
  - Konfigurieren Sie den Remote SAML-2.0 Identity Provider (IdP, siehe Abschnitt 11.4.1, »Single Sign-on einrichten«).
  - Aktivieren Sie den **Trust** zwischen Ihrem Subaccount der SAP BTP und dem IdP-Server.
- Wie bereits erwähnt, benötigen Sie außerdem Administrationsberechtigungen für den SAP Fiori Lauchpad Designer und Ihnen muss die Rolle *Cloud Foundry Security* auf der SAP Integration Suite und SAP Extension Suite zugewiesen sein.

Konfigurieren Sie die Zielzuordnungen (*Target Mapping*) im SAP Fiori Launchpad, und richten Sie die Kataloge und Rollen für den Zugriff auf den

Web Client auf dem SAP-Fiori-Frontend-Server ein. Sie können Benutzern im SAP Fiori Launchpad Zugriff auf verschiedene Bots gewähren, indem Sie ihnen Benutzerrollen zuordnen und Zielzuordnungen verwenden. Die Benutzer müssen auch einem Katalog zugewiesen werden, der das iFrame zur Einbettung des Web Clients hinzufügt.

Katalogeinstellungen

Als SAP-Fiori-Launchpad-Admin können Sie Benutzern einen oder mehrere Bots zuweisen, indem Sie SAP-Fiori-Kataloge erstellen. Orientieren Sie sich bei der Konfiguration in den Bereichen **Intent** und **Target** (Zielzuordnung) an den Werten in Tabelle 11.1. Den Konfigurationsdialog sehen Sie in Abbildung 11.27, hier für einen Bot, der beispielsweise im Bereich Beschaffung (Procurement) eingesetzt werden kann.

Feld	Wert
Semantic Object	`Shell`
Action	`bootConfig`
Application Type	**SAPUI5 Fiori App**
Title	frei gewählter Name für die Konfiguration
ID	`sap.cai.webclient`

Tabelle 11.1 SAP-Fiori-Katalogeinstellung für den SAP Conversational AI Web Client

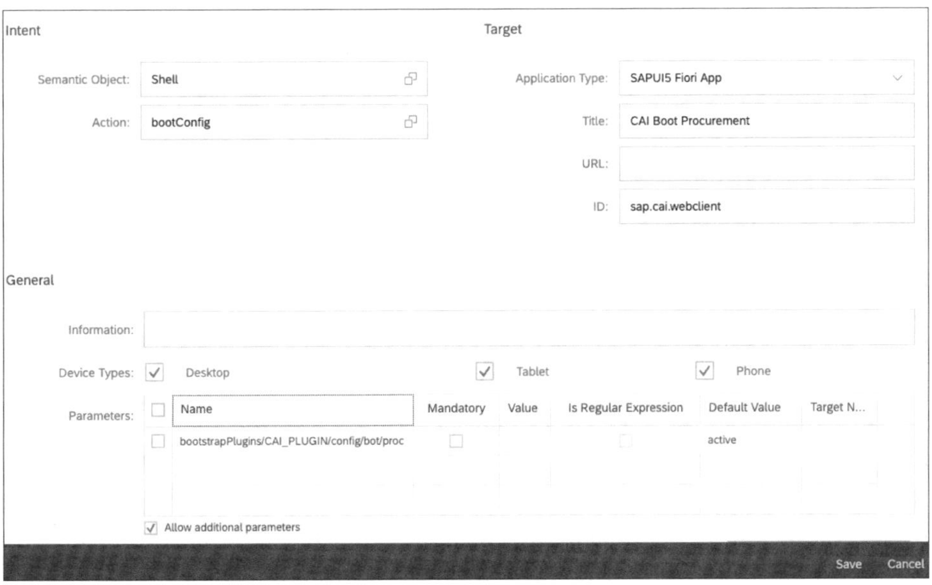

Abbildung 11.27 Beispielkonfiguration eines SAP-Fiori-Katalogs

Schlüssel für die Bot-Kennung

Anschließend fügen Sie im Abschnitt **General** den Parameter **bootstrapPlugins/CAI_PLUGIN/config/bot/<bot>** mit dem Wert (**Default Value**) »active« hinzu. **<bot>** steht für eine Zeichenfolge, mit der die Anwendungs-ID des Web-Client-Kanals nach dem Muster <Systemkennung+Mandant+>-<+Bot-Applikationskennung> oder <SID><CLIENT>-<bot> identifiziert wird.

In dem spezifischen Katalog für das Beschaffungswesen lautet der Parameter **bootstrapPlugins/CAI_PLUGIN/config/bot/proc**. Er muss im entsprechenden Backend-System, beispielsweise dem System mit der ID XYZ001, auf aktiv gesetzt sein. Diese Einstellung bezieht sich also auf einen Kanal mit der Anwendungs-ID `XYZ001-proc`. Sobald Sie diesem Katalog Benutzer zugewiesen haben, können diese diesen Kanal verwenden.

[»]

System-ID und Mandant abrufen

Die Werte für die System-ID (<SID>) und den Mandanten (<CLIENT>) für Ihren SAP-Fiori-Frontend-Server können Sie mit der API `sap.ushell.Container.getLogonSystem()` abrufen.

11.3.2 Verwendung im SAP Fiori Launchpad

Mehrere Bot-Kanäle

Wenn Sie Benutzern mehrere Bots zugewiesen haben, wird Ihnen im SAP Fiori Launchpad eine Liste aller Kanäle angezeigt. Die Nutzer*innen müssen dann einen Kanal per Mausklick auswählen. Nach der ersten Anmeldung wird standardmäßig der davor ausgewählte Kanal mit dessen Bot gestartet. Über einen Klick auf das Kanalauswahlsymbol oben können die Nutzer*innen die Liste der verfügbaren Kanäle erneut aufrufen und einen anderen Bot auswählen.

[»]

Standardkanal deaktivieren

Der Standardkanal (Default-Kanal) mit der Anwendungs-ID <SID><CLIENT> (in unserem Beispiel XYZ001) wird standardmäßig der Kanalauswahlliste hinzugefügt. Sie können den Standardkanal deaktivieren, indem Sie den Benutzern einen Katalog zuweisen, der dieselbe Aktion (`bootConfig`) erhält, wie in der Konfiguration des Katalogs in Abschnitt 11.3.1, »Integration des SAP Conversational AI Web Clients einrichten«, definiert. In diesem Fall muss der der Parameter **bootstrapPlugins/CAI_PLUGIN/config/defaultBot** auf inaktiv gesetzt sein.

Unsere Erläuterungen zur Einbindung des SAP Conversational AI Web Clients in das SAP Fiori Launchpad wollen wir hiermit abschließen. Im folgenden Abschnitt zeigen wir Ihnen noch eine Möglichkeit, wie Sie den Web Client programmatisch beeinflussen können – unabhängig davon, in welche Webseite er eingebunden ist.

11.3.3 SAP Conversational AI Web Client per API steuern

Beeinflussung mittels API

Der SAP Conversational AI Web Client bietet eine öffentliche JavaScript-API, die zur Laufzeit in Ihrer Webanwendung verfügbar ist, sobald der Web Client geladen wird. Diese API ist unter dem JavaScript-Objektpfad `window.sap.cai.webclient` verfügbar. Listing 11.4 zeigt die Methoden, die sie beinhaltet.


```
/**
 * Öffnet den Web Client
 */
- show()

/**
 * Verbirgt den Web Client
 */
- hide()

/**
 * Schaltet das Zeigen bzw. Verbergen des Web Clients. Dies kann an
   eine Schaltfläche in der Anwendungs-Shell angehängt werden
 */
- toggle()

/**
 * Setzt das Theme des Web Clients
 *
 * @param {string} themeName The name of the theme to be set
 */
- setTheme(themeName)

/**
 * Sendet die verwendete Nachricht zum Posten an den Webchat
 *
 * @param {string} message the string message to send to the webchat
 */
- sendMessage(message)
```

Listing 11.4 Methoden der SAP-Conversational-AI-Web-Client-API

Web-Client-Brücke aufrufen

In verschiedenen Szenarien kann die `webclientBridge` von dem JavaScript-Objekt `webclient` während bestimmter Schritte zur Laufzeit aufgerufen werden. Voraussetzung ist, dass die Hosting-Seite, in die der SAP Conversational AI Web Client eingebunden ist, die öffentliche API verwendet, um mit dem `webclient`-Objekt zu interagieren. Diese Bridge-API-Implementierung für den SAP Conversational AI Web Client (nach dem Design Pattern *Bridge*) muss unter dem JavaScript-Objektpfad `window.sap.cai.webclientBridge` verfügbar sein, bevor das Objekt `webclient` geladen wird. Sie kann für folgende Zwecke verwendet werden:

- Überschreiben bestimmter Kanaleigenschaften
- Bereitstellung kontextspezifischer Informationen, bevor eine Nachricht an den Bot gesendet wird

Funktionen zur Beeinflussung eines Kanals

Das Objekt `webclient` erwartet, die folgenden Funktionen in einem JavaScript-Objekt zu finden. Sie sind unter dem Objektpfad **window.sap-cai.webclientBridge** verfügbar:

- **getApplicationId**
  Die Anwendungs-ID `applicationId`, die beim Erstellen des Kanals SAP Conversational AI Web Client definiert wurde, kann wie im folgenden Beispiel im Datenset des Bootstrap-Skript-Tags festgelegt werden:

  ```
  <script src="<tenant_url>/resources/public/webclient/boot-
  strap.js" data-application-id="<bot_owner>-<applicationId>" >
  </script>
  ```

  Alternativ können Sie die Funktion `getApplicationId()` in der Bridge-API durch folgende Implementierung nutzen, um damit die Anwendungs-ID abzurufen:

  ```
  const getApplicationId = () => {
      return "<bot_owner>-<applicationId>"
  }
  ```

- **getChannelPreferences**
  Wenn der SAP Conversational AI Web Client einen bestimmten Kanal verwendet, ruft er zuerst die im Kanal definierten Einstellungen ab. Falls in der `webclientBridge` implementiert, wird die Funktion `getChannelPreferences()` aufgerufen. Mit dieser Funktion können Sie die Kanaleigenschaften lesen und verändern. Die Funktion erwartet ein JSON-Objekt oder ein JavaScript-`Promise`-Objekt, das in ein JSON-Objekt aufgelöst wird. Die von der Funktion `getChannelPreferences()` zurückgegebenen Eigenschaften überschreiben dann die Kanaleigenschaften. Die Beispielimplementierung in Listing 11.5 enthält die beiden Eigenschaftenschlüssel Akzentfarbe (`accentColor`) und Kopftitel (`headerTitle`).

```
function getChannelPreferences() {
  return {
    "accentColor": "#123456",
    "headerTitle": "My very own Bot"
  }
}
```

Listing 11.5 Beispielimplementierung der Methode »getChannel-Preferences()«

Weitere unterstützte Eigenschaften (`properties`) der `getChannelPreferences()`-Funktion sind in Tabelle 11.2 aufgeführt.

Eigenschaftenschlüssel	Typ	Beschreibung
`accentColor`	CSS-Farbwert	Akzentfarbe des Web Clients
`botMessageBackgroundColor`	CSS-Farbwert	Hintergrund einer Bot-Antwort
`botMessageColor`	CSS-Farbwert	Schriftfarbe einer Bot-Antwort
`complementaryColor`	CSS-Farbwert	sekundäre Akzentfarbe
`backgroundColor`	CSS-Farbwert	Hintergrundfarbe des Web Clients
`headerTitle`	String	Titel des Web Clients
`userInputPlaceholder`	String	Eingabeplatzhalter
`botPicture`	URL	Bild, das neben den Bot-Antworten angezeigt wird
`userPicture`	URL	Bild, das neben der Benutzermeldung angezeigt wird
`welcomeMessage`	String	Willkommensnachricht, die beim ersten Laden angezeigt wird

Tabelle 11.2 Eigenschaften der Funktion »getChannelPreferences()«

- **getMemory**
  Bevor irgendeine Nachricht an den Bot gesendet wird, versucht das Objekt `webclient`, die Funktion `getMemory()` über die Bridge-API aufzurufen,

falls diese Funktion vorhanden bzw. implementiert ist. Sie liest den Speicher aus und kann ihn beeinflussen. Auf diese Weise kann die Hosting-Seite dem Bot Kontextinformationen bereitstellen. Diese Funktion erwartet ein JSON-Objekt oder ein `Promise`, das in ein JSON-Objekt aufgelöst wird. Tabelle 11.3 führt die benötigten Kontextinformationen auf.

Schlüssel	Anforderung	Beschreibung
`memory`	erforderlich	ein Objekt wie: { `"firstName": "John", "lastName":"Doe"` }
`merge`	optional	Ein boolescher Wert. Wenn der Wert auf `true` gesetzt ist, werden die Nutzdaten (Payload) mit dem vorhandenen Speicher (Memory) zusammengeführt, wobei allgemeine Schlüssel überschrieben werden, die jedoch nicht in den Nutzdaten enthalten sind. Wenn der Wert `false` gesetzt ist oder der Attributschlüssel fehlt, wird der Speicher vollständig durch Ihre Nutzdaten ersetzt.

Tabelle 11.3 Schlüsselanforderungen der Funktion »getMemory()«

Das Objekt `webclient` erwartet, dass das Speicherobjekt in weniger als 10 Sekunden zurückgegeben wird. Andernfalls wird die Nachricht ohne `memory`-Wert gesendet.

- **onMessage**
  Das Objekt `webclient` rendert alle Antworten des Bots im Window `webclient`. Möglicherweise möchten Sie jedoch basierend auf der zurückgegebenen Nachricht Maßnahmen ergreifen. Dies wird mit der Funktion `onMessage()` ermöglicht. Jedes Mal, wenn das Objekt `webclient` eine Antwort vom Bot erhält, ruft er die Funktion `onMessage()` von dem Objekt `webclientBridge` auf, sofern diese Funktion implementiert ist. Dadurch werden die `channelId` als Argument sowie die Nachricht im JSON-Format übergeben. In Listing 11.6 sehen Sie eine beispielhafte Definition der Methode.

```
/**
 * Führen Sie Geschäftslogik aus, sobald eine Nachricht
   empfangen wurde
 * @param {array} aMessages a JSON array of messages
 */
function onMessage(aMessages)
```

Listing 11.6 Beispieldefinition der Methode »onMessage()«

Mit diesen beiden APIs und deren Methoden könne Sie das Verhalten des SAP Conversational AI Web Clients programmatisch beeinflussen. Der Web Client ist die Frontend-Komponente für Unterhaltungen mit Ihren in SAP Conversational AI entwickelten Bots und unterstützt die Ihnen bekannten Nachrichtentypen.

11.4 Berechtigungskonzept und Single Sign-on

Falls Sie nicht wollen, dass sich die Nutzer*innen beim Start des Web Clients erneut anmelden müssen, obwohl sie bereits am SAP Fiori Launchpad angemeldet sind, empfiehlt es sich, *Single Sign-on* (SSO) einzurichten. Diese Konfiguration stellen wir Ihnen in diesem Abschnitt vor.

Token zur Identifizierung von Benutzern

Möchten Sie, dass Ihr Bot den Nutzer*innen hilft, bestimmte Geschäftsvorgänge in ihrem Namen auszuführen (z. B. einen Urlaubsantrag zu erstellen), muss der Bot einen externen Service, wie einen OData-Backend-Service, aufrufen. Der externe Service sollte die sichere Übertragung von Informationen durch Ausgabe eines Benutzer-Tokens ermöglichen. Darüber können die Benutzer eindeutig identifiziert werden. Bei diesem Token handelt es sich um ein *JSON-Web-Token* (JWT). Benutzer müssen sich anmelden, um dieses Token zu erhalten.

11.4.1 Single Sign-on einrichten

Mit SSO können Benutzer ohne erneute Anmeldung auf den SAP Conversational AI Web Client zugreifen. Nach der Authentifizierung können die Nutzer*innen mit dem Chatbot interagieren, ohne bei jeder Anmeldung wieder Anmeldeinformationen angeben zu müssen.

SSO konfigurieren

Um die Benutzerauthentifizierung bzw. die einmalige Anmeldung mittels SSO zu konfigurieren, müssen Sie folgende Schritte ausführen:

1. Erstellen Sie als Admin zuerst eine Destination für Ihr Backend-System mit dem SAP Destination Service.
2. Verwenden Sie diese Destination, um die ausgehenden externen Serviceaufrufe auf der Registerkarte **Build • Actions** Ihres Bots zu konfigurieren.

Mit der SSO-Aktivierung können Sie auch den SAP Conversational AI Web Client in ein lokales SAP Fiori Launchpad oder in Ihre auf der SAP BTP basierende Weblösung integrieren.

[!]

SSO nur für die Enterprise Edition

Zum Zeitpunkt der Drucklegung dieses Buches wird die SSO-Funktion nur für Benutzer unterstützt, die bereits über Anmeldedaten für eine SAP-Lösung wie SAP S/4HANA, SAP Conversational AI oder andere verfügen.

Ablauf der Anmeldung

Abbildung 11.28 skizziert den Ablauf der Anmeldung und Authentifizierung via SSO. Nach der Anmeldung leitet der Web Client die Authentifizierung über die SAP-Conversational-AI-Plattform weiter.

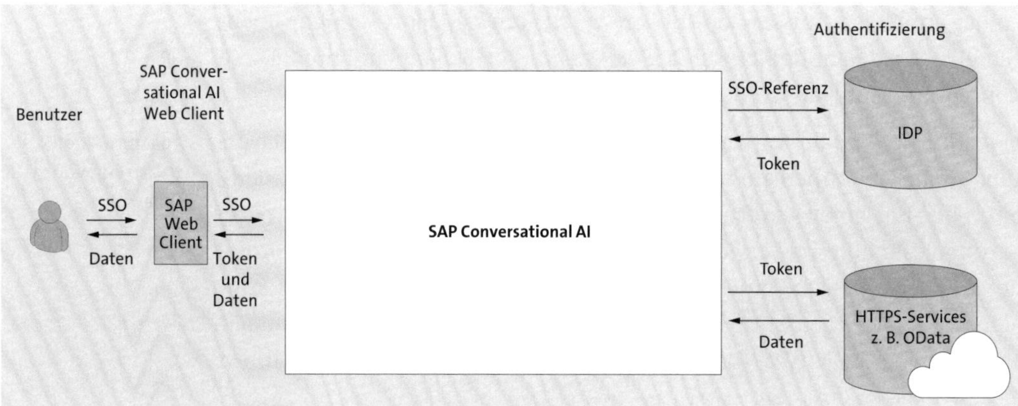

Abbildung 11.28 Anmelde- und Authentifizierungsfluss

Technische Anforderungen

Bei der Konfiguration müssen Sie folgende technische Anforderungen beachten:

- Führen Sie die Schritte zur Integration des SAP Conversational AI Web Clients in das SAP Fiori Launchpad aus (siehe Abschnitt 11.3.1).
- Überprüfen Sie die Konfiguration Ihres Identity Providers (siehe Abschnitt 11.4.2).
- Stellen Sie sicher, dass Ihre Principal-Propagation-Konfiguration funktioniert (siehe Abschnitt 11.4.3).
- Testen Sie, ob Ihr SAP Conversational AI Web Client korrekt eingebunden ist.
- Aktivieren Sie für Ihren Bot die System-Aliasse mit einer Destinationskonfiguration.
- Vergewissern Sie sich, dass die Benutzer die benötigten Rollen haben.

Natürlich könnten Sie den Web Client in einem SAP Fiori Launchpad auch ohne SSO nutzen. In diesem Fall müssen die Nutzer*innen sich allerdings noch einmal neu am Chatbot anmelden, obwohl Sie sich bereits für das SAP Fiori Launchpad authentifizieren mussten.

11.4.2 Identity Provider konfigurieren

Ein *Identity Provider* stellt die Benutzerbasis für Ihre Anwendungen bereit. Beispielsweise können Sie einen Unternehmens-IdP (*Corporate Identity Provider*) für Ihre Anwendungen verwenden. Eine entsprechende Systemlandschaft wird als *Identitätsverbund* bezeichnet. Die SAP Integration Suite und SAP Extension Suite unterstützen die *Security Assertion Markup Language* (SAML) 2.0 für den Identitätsverbund, um SSO zu gewährleisten.

Optionen zur Einrichtung des IdP

Sie haben die folgenden zwei Optionen, um einen IdP in der Administrationskonsole für die *SAP Cloud Identity Services* einzurichten. Dieser kann sowohl für benutzerdefinierte Anwendungen als auch für Systemanwendungen eingesetzt werden.

- **IdP für lokale Anwendungen**
  Ein lokaler IdP ist für den Service Identity Authentication als lokaler Standard-IdP für benutzerdefinierte Anwendungen und Systemanwendungen festgelegt. Über den lokalen IdP können Sie auf alle Anwendungseinstellungen in der Administrationskonsole zur Authentifizierung zugreifen.
- **IdP im Unternehmen**
  Der Service Identity Authentication kann auch als Proxy fungieren, um die Authentifizierung für benutzerdefinierte Anwendungen und Systemanwendungen an den externen Unternehmens-IdP zu delegieren.

Als Tenant-Admin können Sie Regeln für die Authentifizierung über den IdP definieren (z. B. Authentifizierung über die E-Mail-Domäne, Benutzertyp, Benutzergruppe und den IP-Bereich, der in der CIDR-Notation angegeben ist). Für SAML-2.0-Anwendungen können Tenant-Admins das vom IdP initiierte SSO von allen konfigurierten Unternehmens-IdPs aus aktivieren.

Für die vollständige SSO-Erfahrung muss der SAP-Fiori-Frontend-Server demselben IdP vertrauen wie der SAP Conversational AI Web Client und das SAP Fiori Launchpad. Verwenden Sie daher denselben IdP für die Anmeldung der Benutzer dieser Anwendungen.

11.4.3 Principal Propagation

Sie können das SSO aktivieren, indem Sie die Identität von Benutzern an ein Remote-System oder einen Remote-Service (in der Cloud-Foundry-Umgebung) weiterleiten.

Mit dem *SAP Connectivity Service* und dem *SAP Destination Service* können Sie die Identität von Benutzern der SAP BTP an ein Remote-System weiterleiten. Dieser Prozess wird als *Principal Propagation* bezeichnet. Alternativ finden Sie auch die Bezeichnungen *User Propagation* oder *User Principal Propagation*. Die Principal Propagation verwendet ein JSON-Web-Token (JWT) als Austauschformat für die Benutzerinformationen.

Es werden zwei Szenarien unterstützt, nämlich *Cloud zu on premise* mithilfe des Connectivity-Service und *Cloud zu Cloud* mithilfe des Destination-Service. Beim Szenario Cloud zu on premise muss der Cloud Connector eine Verbindung zu Ihrem lokalen System herstellen.

[»]

Anleitungen zur Trust-Konfiguration

Wie Sie den Cloud Connector und das Trust (Vertrauen) für Ihre Principal Propagation aufsetzen und konfigurieren, damit Sie beispielsweise ein SAP-S/4HANA-System über den Cloud Connector per HTTPS aufrufen können, ist in den folgenden Anleitungen im SAP Help Portal beschrieben:

- Cloud Connector: *http://s-prs.de/v792216*
- Principal Propagation: *http://s-prs.de/v792217*
- Trust für Principal Propagation: *http://s-prs.de/v792218*
- Generelle Informationen über den SAP Connectivity Service: *http://s-prs.de/v792219*

11.5 Konfiguration eines SAP-S/HANA-Frontend-Servers

Wie Sie nun wissen, können Sie potenziell jeden Service aufrufen, der ein bestimmtes Antwortformat erfüllt und über eine HTTPS-Schnittstelle erreichbar ist. Ein Weg, um ein SAP-S/4HANA-System anzubinden, ist der direkte Zugang über OData-Service-APIs in der Konfiguration der Aktionen eines Skills. Wie gezeigt, können Sie dazu die relevanten Destinations über das SAP BTP Cockpit pflegen oder den Zugriff über die SAP-Conversational-AI-Plattform selbst steuern.

Integration in SAP S/4HANA

Neben den in den vorangegangenen Abschnitten beschriebenen Schritten sollte für eine Chatbot-Integration in SAP S/4HANA auch Ihr Backend-System für die Verwendung der SAP Cloud Identity Services eingerichtet sein. Das bedeutet, dass Sie einen IdP und damit SSO eingerichtet und für die Verwendung konfiguriert haben sollten.

Plug-in

Für SAP S/4HANA 1809 oder ein neueres Release ist die empfohlene Methode zum Hinzufügen des entsprechenden SAP-Fiori-Launchpad-Plug-ins, wie eins für SAP Conversational AI, die Verwendung der Konfiguration des SAP Fiori Launchpads. Dafür benötigen Sie Administrationsrechte für den SAP Fiori Launchpad Designer. Die Konfiguration selbst erfordert nur zwei Schritte:

1. Fügen Sie ein SAP-Fiori-Launchpad-Plug-in in der ABAP-Fiori-Launchpad-Konfiguration ein. Eine Anleitung von SAP dazu finden Sie unter der folgenden URL: *http://s-prs.de/v792220*
2. Fügen Sie die Einträge aus Tabelle 11.4 im SAP Fiori Launchpad Designer in einem Katalog als Target Mapping ein.

Feld	Standardwert
UI5 Component ID	`sap.cai.webclient`
URL	*<subscription_path>/resources/public/webclient/fiori*

Tabelle 11.4 Parameter für die Konfiguration des SAP Fiori Launchpads

Den Wert für den *<subscription_path>* finden Sie in Ihrem SAP-BTP-Benutzerkonto. Auch hierzu finden Sie eine Anleitung im SAP Help Portal: *http://s-prs.de/v792221*

[!]

Beschränkung der Einbindung

Aufgrund der Cross-Origin-Validierung kann der SAP Conversational AI Web Client nur von einer Webseite in einer Domain namens *https://*.hana.ondemand.com* oder *https://*.s4hana.ondemand.com* aus eingebettet werden. Derzeit ist es nicht möglich, benutzerdefinierte Domänen hinzuzufügen und diese Liste zu erweitern.

Falls Sie eine ältere Version als SAP S/4HANA 1809 verwenden, folgen Sie den Anweisungen in Abschnitt 11.3, »Integration ins SAP Fiori Launchpad«. In der Regel erstellen Sie mit der Transaktion PFCG eine Rolle im SAP-Fiori-Frontend-Server und weisen ihr den Katalog zu. Anschließend weisen Sie Ihre neu erstellte Katalogrolle den relevanten Benutzern zu.

Damit schließen wir unsere Erläuterungen zur technischen Konfiguration der SAP-S/4HANA-Integation ab und wenden uns einer weiteren Integrationsfunktionalität der Enterprise Edition von SAP Conversational AI zu, den automatischen Tests.

11.6 Automatisierte Tests der Enterprise Edition

Vor allem im Unternehmensumfeld muss die Qualität von Chatbots sichergestellt werden. Eine verbreitete Methode hierzu ist die Integration von automatisierten Tests.

Sicherheitsnetz für Weiterentwicklung

Bevor Sie Ihren Bot für die Anwendung bereitstellen, müssen Sie die Qualität Ihres Bots überprüfen, um die Konsistenz der UX für die Nutzer*innen sicherzustellen. Auf der Registerkarte **Test**, die es nur in der Enterprise Edition gibt, können Sie die am häufigsten verwendeten Testsätze oder -ausdrücke automatisieren, um die erwartete Antwort des Bots zu überprüfen. Die Tests stellen somit eine Art Sicherheitsnetz dar, wenn Sie Änderungen an den Skills oder Intents des Bots vornehmen.

[»]

Test über APIs

Sie können alternativ auch Test-APIs verwenden, um Testfälle zu erstellen. Die Testfunktion auf der Registerkarte **Test** ist derzeit nur für intentbasierte Bots verfügbar, nicht für Frage-Antwort-Bots.

Einsatz automatisierter Tests

Automatisiertes Testen ist besonders nützlich, wenn Ihr Bot-Modell eng verwandte Intents mit ähnlichen Ausdrücken aufweist. Mit den Tests können Sie Ihren Bot kontinuierlich verbessern, ohne das vorhandene Modell zu invalidieren und damit gegebenenfalls zu verschlechtern. Intents, die vorher gut erkannt wurden, sollten auch weiterhin gut erkannt werden. Gleiches gilt natürlich auch für Ausdrücke mit eng verwandten Entitäten. Alle Berechtigungen, die für die Registerkarte **Train** gelten, sind auch für die Registerkarte **Test** gültig.

Regressionstests

Es wird empfohlen, automatisierte Regressionstests nach jeder Änderung im Konversationsfluss des Bots auszuführen. Damit können Sie frühzeitig festzustellen, ob eine Änderung den vorhandenen Bot-Fluss beeinflusst oder neue Fehler verursacht hat.

11.6.1 Die Registerkarte »Test«

Die Plattform SAP Conversational AI unterstützt Sie mit einer integrierten Testsuite dabei, automatisierte Tests für Ihre Chatbots umzusetzen. Diese finden Sie auf der Registerkarte **Test** (siehe Abbildung 11.29). Sie wird in der Enterprise Edition von SAP Conversational AI zusätzlich zu den bereits bekannten Registerkarten **Train**, **Build**, **Connect** und **Monitor** angeboten.

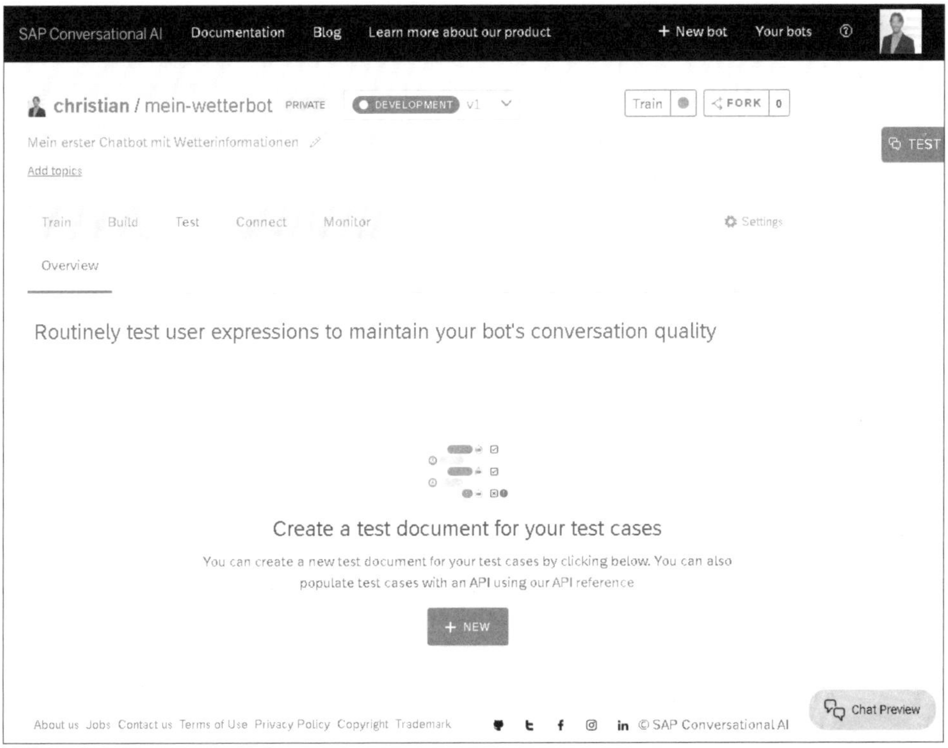

Abbildung 11.29 Die Registerkarte »Test«

Test anlegen

Auf dieser Registerkarte sehen Sie eine weitere vorselektierte Übersichtsregisterkarte mit dem Namen **Overview**. Sie können jederzeit einen neuen Test mit der Schaltfläche **+ NEW** erzeugen. Es öffnet sich ein Fenster, in dem Sie einen maximal 70 Zeichen langen Namen für Ihr sogenanntes *Testdokument* eingeben, wie beispielsweise »Mein erster Test«. Speichern Sie mit der Schaltfläche **ADD**.

Testdokument

Anschließend können Sie auf Ihrer Übersichtsseite eine Tabelle mit einem noch leeren Testdokument sehen (siehe Abbildung 11.30). Ein Testdokument ist eine Art Ordner, indem Sie Ihre Testfälle und Testläufe verwalten können.

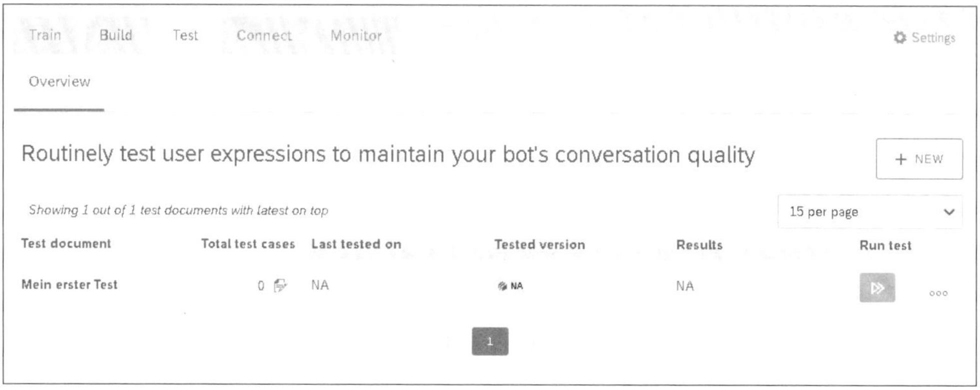

Abbildung 11.30 Testdokument

In der Spalte **Test document** sehen Sie den Namen Ihres Dokuments. Alle weiteren Spalten zeigen als Werte entweder »0« oder »NA« (für *not applicable*, d. h. unzutreffend) an, falls Sie noch keine Testfälle und Testläufe erstellt haben.

Testsymbole und ihre Bedeutung

Auf der rechten Seite, in der Spalte **Run test**, sehen Sie zwei Symbole. Das Startsymbol ( ) ist noch inaktiv, und wir kommen später darauf zurück. Mit einem Klick auf das Menüsymbol (ooo) erreichen Sie die folgenden Menüoptionen:

- **Testfälle verwalten**
  Über den Menüeintrag **Manage Test Cases** erreichen Sie Ihre Testfallverwaltung,die wir in Abschnitt 11.6.2, »Testfall erstellen«, vorstellen. Alternativ können Sie die Testfallverwaltung auch über das Symbol in der Spalte **Total test cases** aufrufen.
- **Testläufe anzeigen**
  Über den Menüeintrag **View Test Runs** erreichen Sie Ihre Testlaufverwaltung, die wir in Abschnitt 11.6.3, »Testläufe durchführen«, beschreiben.
- **Testdokument löschen**
  Über den Menüeintrag **Delete** können Sie Ihr Testdokument mit allen erstellten Testfällen und Testläufen löschen.

11.6.2 Testfall erstellen

Rufen sie zunächst die Testfallverwaltung auf. Über die Erstellung von Testfällen, können Sie die Erkennung von Intents und Entitäten in Ausdrücken automatisiert testen, ohne die Testkonsole, die Sie über die Schaltfläche **TEST** aufrufen, oder den Chat Preview zu verwenden.

Testfälle hinzufügen

Auf der Registerkarte **Document** sehen Sie Ihre erstellten Testfälle. In unserem Beispiel haben wir noch keinen Testfall erstellt (siehe Abbildung 11.31). Mit der Schaltfläche **+ NEW EXPRESSION** starten Sie die Erstellung eines Testfalls.

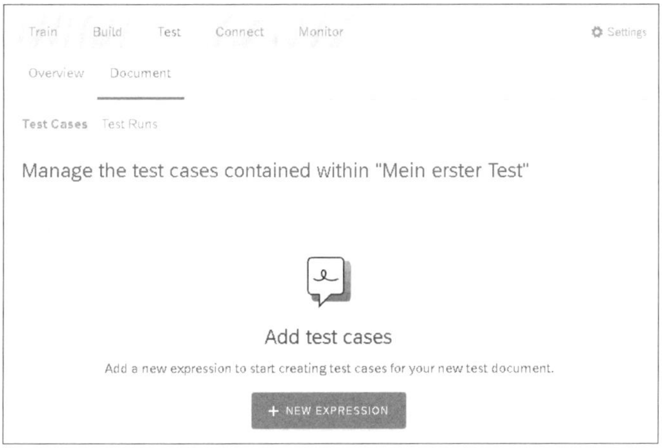

Abbildung 11.31 Übersicht der Testfälle eines Testdokuments

Eingabe von Äußerungen

Um einen Testfall zu erstellen, geben Sie Äußerungen ein, ähnlich wie bei der Eingabe von Ausdrücken bei der Intent-Erstellung auf der Registerkarte **Train** (siehe Abschnitt 3.2.2, »Ausdrücke hinzufügen«). Geben Sie die Ausdrücke in das Eingabefeld anstelle des Textes **Type an expression to create a test case** ein (siehe Abbildung 11.32).

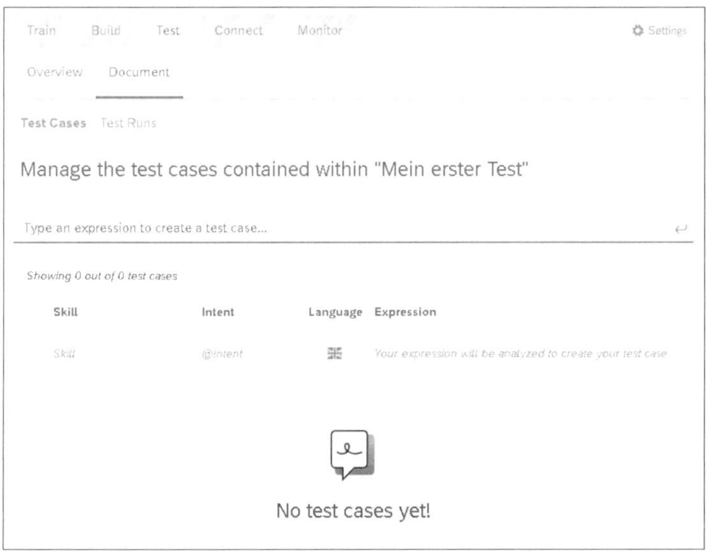

Abbildung 11.32 Erstellung eines Testfalls über die Eingabe von Äußerungen

Anschließend wird das Bot-Modell wie bei der manuellen Bedienung mittels der Testkonsole oder beim Chat Preview verprobt und Vorschlagswerte für erkannte Intents und Skills vorbelegt, wie in Abbildung 11.33 zu sehen. Diese können Sie manuell anpassen, falls gewünscht. Zum Beispiel könnten Sie hier schon einen neuen Intent wählen und dann an Ihrem Bot-Intent arbeiten, bis dieser erkannt wird und die Anzeige des Testergebnisses von Rot auf Grün springt.

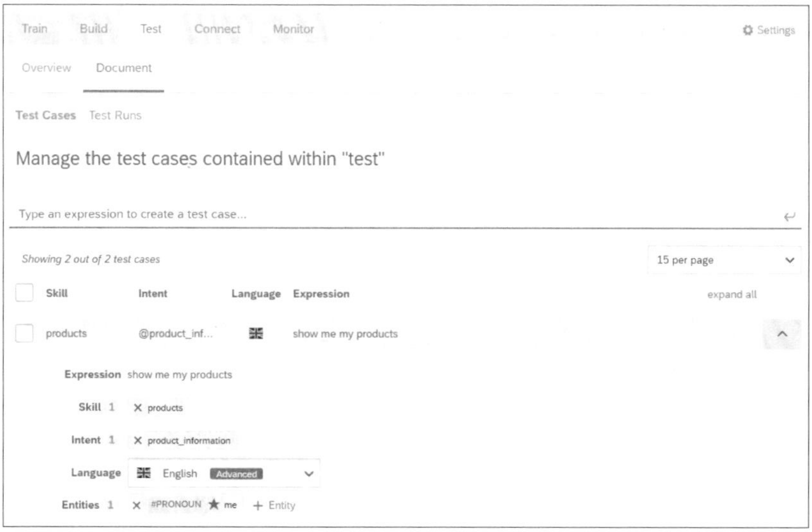

Abbildung 11.33 Vorschlagswerte für Intents und Skills

Auf der Registerkarte **Document • Test Cases** sehen Sie anschließend nun Ihren Testfall. In dem Beispiel in Abbildung 11.34 können Sie erkennen, dass mit der Äußerung »Hallo« der Skill **greetings** ausgeführt wird, ausgelöst durch die Erkennung des Intents **@greetings**.

Abbildung 11.34 Testfallübersicht

11.6.3 Testläufe durchführen

Auf der **Document**-Registerkarte gibt es eine weitere Registerkarte namens **Test Runs**. Hier werden Ihnen Ihre Testläufe angezeigt. In Abbildung 11.35 können Sie noch keine Testläufe sehen, sondern Ihnen wird eine Einstiegsseite angezeigt, die Ihnen empfiehlt, zur Registerkarte **Overview** zu wechseln, um dort einen Test zu starten.

Testlauf starten

Auf der Registerkarte **Overview** sehen Sie, dass Ihr Testdokument um den im vorangegangenen Abschnitt angelegten Testfall erweitert wurde. Zusätzlich ist jetzt das Startsymbol ( ) aktiviert worden, mit dem Sie Ihren Test starten können (siehe Abbildung 11.36). Klicken Sie auf dieses Startsymbol. Wählen Sie die Bot-Version aus, die Sie testen wollen, und starten Sie Ihren Testlauf mit einem Klick auf die Schaltfläche **Run**.

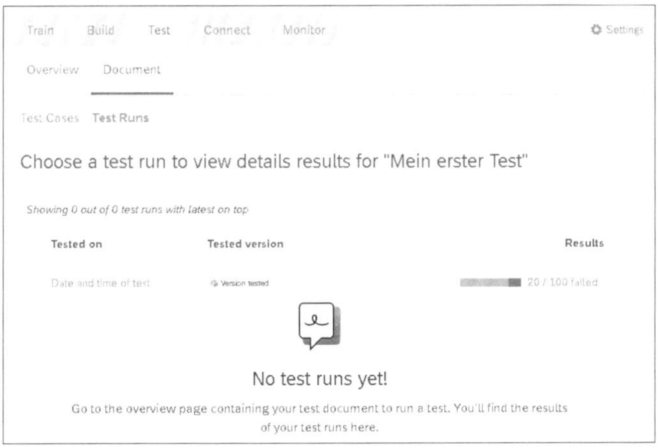

Abbildung 11.35 Testläufe eines Testdokuments

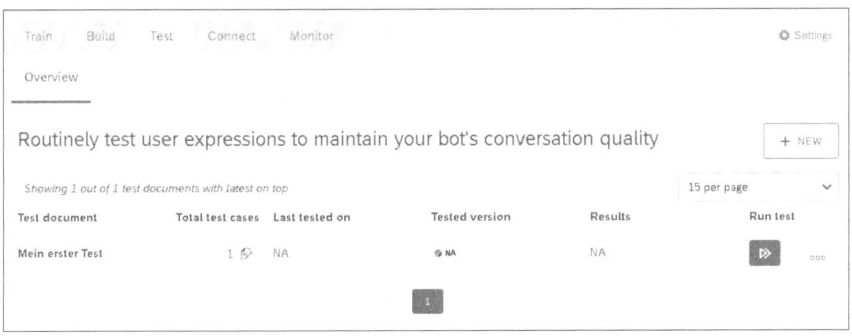

Abbildung 11.36 Testdokumentenübersicht

Testüberblick

In Abbildung 11.37 sehen Sie den durchgeführten Testlauf in der Übersicht. In der Ergebnisspalte (**Results**) ist die Anzahl der erfolgreich durchgeführten Testläufe für Ihre Testversion (**Tested Version**, hier »v1«) zu sehen. Erfolgreiche Tests erfüllen bei der Verwendung eines Testausdrucks die hinterlegten Testkriterien, d. h., die dafür hinterlegten Intents, Skills und Sprachen werden erkannt.

[»]

Unterschiedliche Versionen testen

Die Version der Testlaufausführung kann von der Version des Bots Ihrer aktuellen Entwicklungsversion abweichen. Der Zeitpunkt des letzten Testlaufs wird Ihnen als UTC-Zeit angezeigt und kann damit von Ihrer eigenen Zeit abweichen.

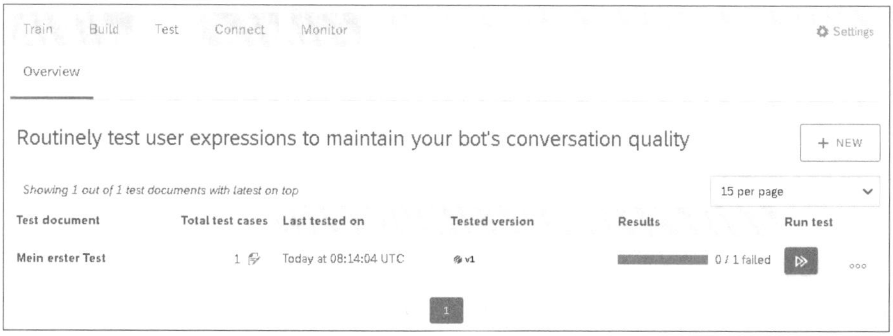

Abbildung 11.37 Testdokumentenübersicht mit Test

Verwaltung der Testläufe

Nach einem Testlauf können Sie Ihre Testläufe und den Zeitpunkt der Ausführung auch unter **Documents • Test Runs** einsehen, wie in Abbildung 11.38 gezeigt. Bei einem erfolgreichen Testlauf gibt es keine Notwendigkeit für eine weitere Analyse, daher ist ein Absprung in die Testdetailsicht hier nicht vorgesehen.

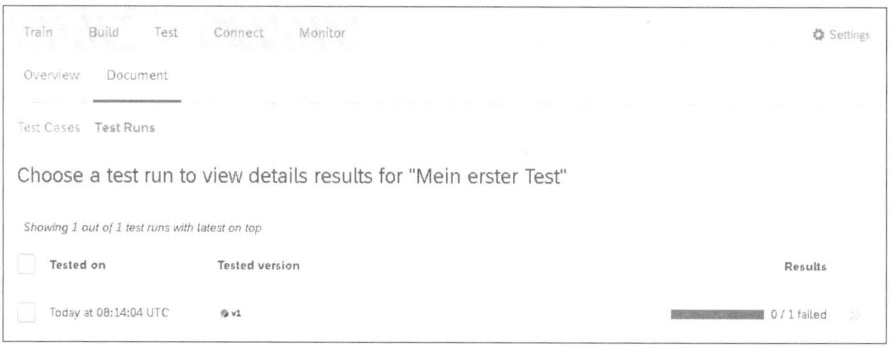

Abbildung 11.38 Erfolgreicher Testfall

Fehlerhafter Tests

Im Fall eines Testlauffehlers, wie in Abbildung 11.39 angezeigt, wird Ihnen dies durch eine rötliche Einfärbung des Ergebnisbalkens angezeigt. In der Spalte **Results** finden Sie das Ergebnis **1/4 failed** angedeutet. In einem von vier Testfällen wurden also entweder ein Intent, ein Skill oder die Sprache nicht fehlerfrei erkannt und der Test damit fehlerhaft ausgeführt.

Abbildung 11.39 Fehlerhafter Testfall

Zusätzlich wurde das Detailsymbol (») aktiviert, über das Sie zur Detailsicht des Fehlers abspringen können, die Sie in Abbildung 11.40 sehen. Im absichtlich erzeugten fehlerhaften Testbeispiel können Sie erkennen, dass für den Ausdruck »test« der Intent **@greetings** und der Skill **greetings** erkannt werden sollten, aber stattdessen der Intent **@test** und der Skill **fallback** erkannt wurden. Damit sind zwei der drei Testkategorien nicht erfüllt. Sie werden rötlich eingefärbt sowie in der mittleren Spalte explizit angezeigt. Das richtig erkannte Testkriterium der Sprache wird Ihnen in der untersten Zeile in neutralem Grau angezeigt.

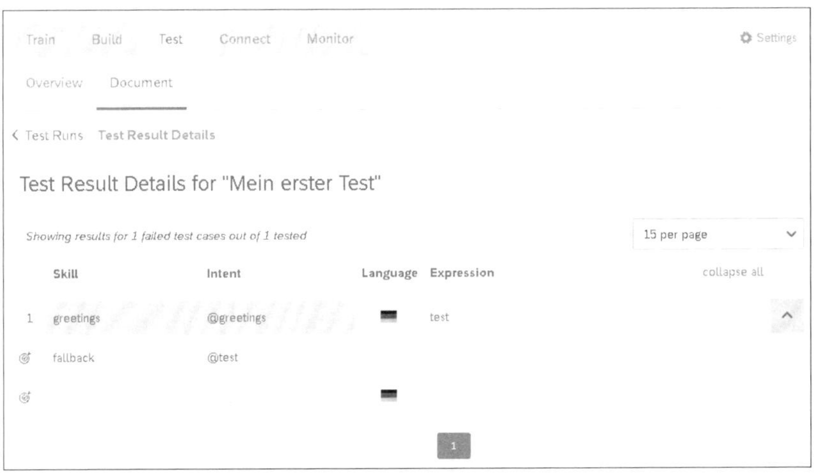

Abbildung 11.40 Fehlerdetailsicht zu einem Testfall

Auch in der Übersicht des Testdokuments wird Ihnen der fehlerhafte Verlauf eines Tests angezeigt (siehe Abbildung 11.41). Mit den hier gewonnenen Einsichten können Sie die betroffene Bot-Version reparieren oder Ihre Testfälle anpassen.

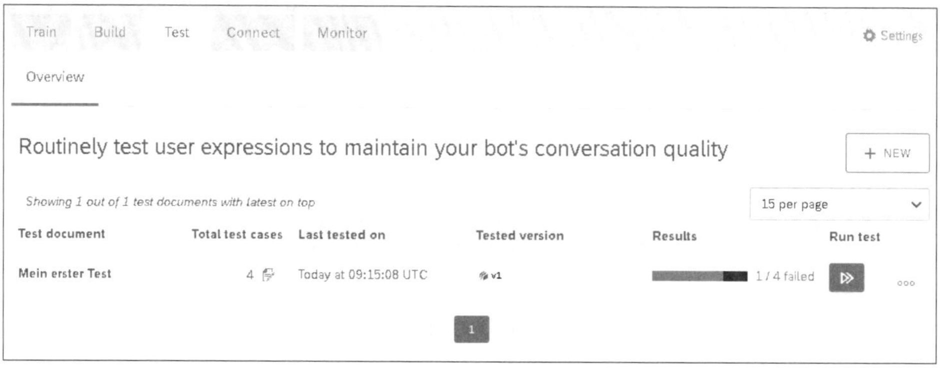

Abbildung 11.41 Testdokumentenübersicht mit Fehler

11.7 Zusammenfassung

In diesem Kapitel haben Sie Ihre Kenntnisse der Anbindung von externen Services vertieft. Sie kennen sich nun mit der Konfiguration und Verwendung der entsprechenden SAP-BTP-Services und den einschlägigen Konzepten der SAP Conversational AI aus, etwa den System-Aliassen. Sie wissen, wie Sie Ihre Bots über den SAP Conversational AI Web Client an das SAP Fiori Launchpad anbinden können. Auch mit den Begriffen SSO, IdP und Principal Propagation können Sie im Kontext der Integration von SAP Conversational AI etwas anfangen. Sie haben verstanden, wie Sie Ihre Chatbots in ein SAP S/4HANA-Backend-System einbinden können, um Geschäftsprozesse zu prozessieren. Zum Schluss haben Sie noch etwas über die Möglichkeit automatisierter Tests erfahren.

Kapitel 12
Ausblick und zukünftige Technologien

In unserem letzten Kapitel geben wir Ihnen einen Ausblick auf mögliche zukünftige Funktionen und Technologien, die für SAP Conversational AI geplant sind. Zudem wollen wir in unsere Glaskugel schauen und ein paar Trends im Bereich CUX beleuchten.

Zum Abschluss dieses Buches widmen wir uns kommenden Funktionen und Technologien von SAP Conversational AI sowie zukünftigen Trends im Bereich Conversational User Experience (CUX).

Verlässlichkeit der Informationen

Wir lösen uns demnach von der Darstellung des Status quo und schauen in die Zukunft. Sie kennen sicher die üblichen Haftungsausschlüsse (*Disclaimer*) von SAP im Kontext von zukünftigen Funktionen (und lieben sie wahrscheinlich genauso wie wir). Wir wollen an dieser Stelle trotzdem noch einmal darauf hinweisen, dass dieses Kapitel keine 100%ig verlässlichen Informationen enthalten kann. Natürlich fokussieren wir uns auf Funktionalitäten und Technologien, an denen bereits gearbeitet wird oder die mit einer hohen Wahrscheinlichkeit ausgeliefert werden können. SAP kann sich aber auch jederzeit anders entscheiden und strategisch umplanen.

Trends oder was gerade en vogue ist, unterliegt ebenso immer einer subjektiven Einschätzung. Wir haben nach bestem Wissen und Gewissen diejenigen herausgesucht, die Relevanz für dieses Kapitel haben.

In Abschnitt 12.1 stellen wir Ihnen einer Auswahl an zukünftigen Funktionen von SAP Conversational AI vor. Danach schauen wir uns in Abschnitt 12.2 einige Trends im Bereich der künstlichen Intelligenz an, die für die Weiterentwicklung der Plattform SAP Conversational AI Bedeutung haben könnten. In Abschnitt 12.3 werfen wir schließlich einen Blick auf Trends im Bereich von CUX.

12.1 Zukünftige Funktionalität von SAP Conversational AI

Wie Sie selbst wissen, kann keiner von uns in die Zukunft sehen. Dennoch wollen wir einige der geplanten Funktionalitäten und Technologien beschreiben, die SAP Conversational AI zukünftig bereichern sollen und

Ihnen noch mehr Unterstützung bei der Realisierung einer guten CUX bieten werden.

Einige dieser Funktionalitäten sind der aktuellen Roadmap entnommen, die Sie auf der SAP-Conversational-AI-Plattform über den Pfad **Documentation • What's New • Product Roadmap** in der Kopfleiste erreichen. Andere sind weiter von der Realisierung entfernt. Wir haben uns nicht für eine chronologische Darstellung entschieden, sondern stellen Ihnen eine subjektive Auswahl der aus unserer Sicht interessantesten Funktionen vor.

Verschieben von Chatbots

Für Chatbot-Entwickler*innen könnte die Möglichkeit, einen Chatbot von einem Tenant-Account der SAP BTP auf einen anderen zu verschieben, zukünftig sehr nützlich sein, z. B. um einen Bot von einem Entwicklungs- und Testmandanten in einen Produktivmandanten zu überführen. Diese Funktionalität ist vor allem bei größeren Bot-Projekten relevant, die sehr wahrscheinlich in einem unternehmensspezifischen Kontext durchgeführt werden.

Damit könnte es auch möglich sein, Ihre Chatbots als SAP-Partner als Zwischenlösung bereitzustellen, etwa für andere SAP-Partner oder -Kunden. Diese könnten den von Ihnen bereitgestellten Chatbot dann individuell weiterentwickeln. Natürlich wäre ein vollständiger Bereitstellungs- und Abonnementprozess für Ihre Chatbots eine zielführendere Lösung. Der beschriebene Transport kann einen Zwischenschritt vor der Umsetzung einer solchen Lösung darstellen.

Transport von Bot-Artefakten

Mit solch einer Funktionalität könnten Sie den Transport von Chatbots zwischen verschiedenen Systemlandschaften ermöglichen. Damit könnten Sie auch die Sicherheit erhöhen, indem Sie die Entwicklungs- und Testumgebung von der produktiven Nutzung des Bots trennen. Damit könnten Sie wiederum die Produktivität verbessern, indem Sie denselben Chatbot in mehreren Mandanten verwenden könnten, ohne die manuelle Arbeit zu wiederholen.

Verbesserungen der SSO-Konfiguration

In Abschnitt 11.4, »Berechtigungskonzept und Single Sign-on«, haben Sie bereits eine Möglichkeit für die Umsetzung von Single Sign-on (SSO) kennengelernt. Auch hier gibt natürlich noch etwas, das man verbessern könnte. Ein möglicher Verbesserungspunkt wäre hier die Möglichkeit, das Single Sign-on (SSO) mit dem SAP Conversational AI Web Client für On-Premise-Lösungen allein innerhalb der Chatbot-Konfiguration aktivieren zu können. Dafür müsste die bestehende Einschränkung für eine vollständige SSO-Integration behoben werden, für die heute noch ein Supportticket für SAP Conversational AI erforderlich ist. Möchten Sie diese Möglichkeit bereits nutzen, sollten Sie in diesem Supportticket eine Aufnahme in eine Genehmigungsliste (Whitelist) einer benutzerdefinierten Domäne anfordern.

Kombination von Frage-Antwort- und intent-basierten Bots

SAP Conversational AI unterstützt bisher zwei Arten von Chatbots, nämlich intent-basierte und Frage-Antwort-Bots. Eine Integration beider Bot-Typen in einen Chatbot ist bisher nicht möglich. Darum soll es zukünftig möglich sein, Chatbots für eine Ausführung von Szenarien zu aktivieren, in denen der Bot Geschäftsprozesse ausführen muss, die normalerweise mit Backend-Systemen verbunden sind, und gleichzeitig Fragen aus einer Wissensdatenbank beantworten kann. In diesen Szenarien sollen Nutzer*innen dann Antworten oder Informationen bereitstellen können, die auch Teil einer selbst gewählten Wissensbasis des Bots sind, z. B. über den Aufruf einer API.

[zB]

Bot zur Bearbeitung von Urlaubsanträgen

Vielen ist das Beispiel einer Applikation für Urlaubsanträge bekannt. Mit einer solchen Applikation können Nutzer*innen ihre Urlaubsanträge abfragen, erstellen, aktualisieren oder stornieren. In diesem Szenario könnte der Bot eine Aktion ausführen, die das Backend-System aufruft, in dem der Urlaubsantrag verarbeitet wird (intent-basierter Bot). Oder Sie könnten es den Nutzer*innen ermöglichen, nach der maximal noch zulässigen Anzahl von Urlaubstagen zu fragen. Die Antwort könnte der Bot aus einem Richtliniendokument für Urlaubsanträge zurückgeben (Frage-Antwort-Bot).

Übersetzung von Chatbot-Ressourcen

Bei der Unterstützung von mehrsprachigen Chatbots sollen Chatbot-Entwicklern*innen zukünftig besser unterstützt werden. Dafür sind beispielsweise automatisierte Übersetzungen der übersetzbaren Bot-Ressourcen möglich. Chatbot-Entwickler*innen müssten dieselbe oder eine ähnliche Bot-Konfiguration somit nicht mehr für verschiedene Zielsprachen neu erstellen.

Eine weitere denkbare Option wäre eine Integration mit einem Service für maschinelle Übersetzung. Mit Unterstützung eines solchen Service könnten Sie Ihren Bot wie gewohnt in einer Sprache anlegen und Nutzerfragen oder Bot-Antworten maschinell übersetzen lassen. Die Prozessierung des Chatbots würde vor bzw. nach der Übersetzung wie gewohnt ausgeführt.

Verteilte Entwicklung

Eine weitere Weiterentwicklung betrifft Bot-Entwicklungsprojekte. Den Projekten, die wir in diesem Buch beschrieben haben, liegt stets die Annahme zugrunde, dass ein Bot eine bestimmte Aufgabe oder einen Zweck erfüllt, von einem einzigen Team entwickelt und gewartet wird und in genau diesem Rahmen zur Verfügung gestellt wird. Es gibt jedoch eine ganze

Reihe von Gründen, warum das in der Realität nicht unbedingt so sein muss. Nehmen wir beispielsweise an, dass der Bot in einem recht komplexen Szenario eingesetzt wird, das von mehreren Teams implementiert wird, die über mehrere Standorte verteilt sind. In diesem Fall werden es die Entwicklungsteams schwer haben, an dem Bot zu arbeiten, ohne sich gegenseitig auf den Füßen zu stehen.

Ein anderes realistisches Szenario wäre, dass eine andere Abteilung einen Bot entwickelt hat, der verschiedene Skills bietet, die Sie gerne in Ihrem Bot wiederverwenden würden. Die Skills per Forking zu kopieren ist jedoch keine gute Alternative, da der Bot noch weiterentwickelt wird und Sie nicht von dessen Lebens- und Wartungszyklus abgetrennt sein möchten. Vielleicht trifft dies ja sogar für mehrere Bots zu, die Sie gerne miteinander integrieren würden.

Multi-Bot Manager

Die Lösung hierzu liegt in dem Konzept des *Multi-Bot Managers*. Ein Multi-Bot Manager ermöglicht es Ihnen, mehrere Bots miteinander zu verbinden, die unabhängig voneinander entwickelt wurden. Ziel ist ein einheitliches Nutzungserlebnis für diese Bots. In erster Linie geht es bei diesem Konzept um das Zusammenstellen von hauseigenen Chatbots, die sich elegant miteinander integrieren lassen. Für die Zukunft soll jedoch nicht ausgeschlossen werden, dass auch fremde Chatbots sich in dieses Konstrukt integrieren lassen.

Vorstufe für digitale Assistenz

Oft wird die Realisierung eines Multi-Bots als Vorstufe zu einem digitalen Assistenten angesehen, da das Zusammenspiel verschiedener Skills häufig als Eigenschaft eines digitalen Assistenten betrachtet wird. Wie bereits in Abschnitt 1.4, »Chatbot vs. digitaler Assistent«, erläutert, ist ein digitaler Assistent unserer Auffassung nach jedoch umfassender und komplexer.

12.2 Trends im Bereich der künstlichen Intelligenz

Im Bereich der künstlichen Intelligenz (KI) gibt es verbesserte Möglichkeiten durch Methoden wie maschinelles Lernen (Machine Learning, ML). Wir sehen uns in diesem Abschnitt zwei Trends an, nämlich Wissensgraphen (*Knowledge Graphs*) und Initiativen zur Verbesserung der Sprachtechnologie, die das Potenzial haben, CUX und damit auch SAP Conversational AI sehr stark zu beeinflussen und weiter nach vorne zu bringen.

12.2.1 Wissensgraphen

Semantic Web

Tim Berners-Lee, einer der Erfinder des Internets, schrieb 2001 in einem Artikel (aus dem Englischen übersetzt):

> *»Das Semantic Web ist eine Erweiterung des aktuellen Internets, in dem Informationen eine genau definierte Bedeutung erhalten, sodass Computer und Menschen besser zusammenarbeiten können.«*

Seit der Veröffentlichung dieser Vision hat die Entwicklung des *Semantic Webs* ihre ersten Schritte unternommen, indem Wissen in Form von semantischen Erweiterungen und Definitionen, insbesondere in Form von Webstandards, festgehalten wurde. Dies ermöglichte ein breiteres Repertoire an Anwendungen, die vor allem maschinelle Lernmethoden nutzten. Der Begriff des Wissens spielt auch im Konzept des Wissensgraphen eine zentrale Rolle.

Wissensgraph

Ein Wissensgraph repräsentiert eine Sammlung miteinander verbundener Beschreibungen von Entitäten (Objekten, Ereignissen oder Konzepten) und ihrer semantischen Beziehungen untereinander. Wissensgraphen stellen damit Daten über Verknüpfungen und semantische Metadaten in einen Kontext. Auf diese Weise bieten sie einen Rahmen für die Datenintegration, -zusammenführung, -analyse und -freigabe.

Ontologien für bestimmte Branchen

Es gibt verschiedene Ansätze für den Einsatz solcher Wissensgraphen. Ontologien über *Industry Graphs*, z. B. für das Gesundheits- oder Finanzwesen, umfassen beispielsweise alle möglichen Wissensstrukturen einer Branche bzw. einer Domäne. In diesen Ontologien wird das Fachwissen erfahrener Experten aus den Bereichen Betrieb, Entwicklung, Vertrieb und Unternehmensführung gesammelt. In einem Wissensgraph kann es in einer maschinell zu verarbeitenden Form zur Verfügung gestellt werden. Sie können so als Datenmodelle für maschinelles Lernen und Analysen verwendet werden.

Bei den Ontologien und Wissensgraphen kommt es sowohl auf die Größe als auch auf den Detailgrad und die Qualität der Modellierung an. Viele domänenspezifische Datenbanken können Tausende von Daten mit komplizierten Beziehungen und Namen enthalten. Diese sind nicht selten schwer zu verstehen. Sind die entsprechenden Experten gerade nicht verfügbar oder fehlt es an Dokumentation, stellen diese Datenbanken daher eine große Herausforderung bei der Umsetzung eines Wissensgraphen dar. Hier kommen neue Berufsfelder wie Data Scientists oder Wissensexperten ins Spiel, um die Lücke zwischen den Unternehmensanforderungen, inhaltlichen Fragestellungen und der Datenbasis zu überbrücken.

Modellierung von Wissensgraphen

Die Abbildung von Konzepten und den damit verbundenen semantischen Beziehungen in Wissensgraphen und Ontologien sind aber nicht nur das Ergebnis langer Zusammenstellungen durch Experten, sondern werden idealerweise auch automatisch aus unstrukturierten Rohdaten extrahiert. Oft werden frei zugängliche Datenmengen, wie beispielsweise *Wikidata*, eingesetzt, eine Wissensdatenbank, die ca. 55 Millionen Entitäten enthält und von vielen bekannten Anwendungen wie Amazon Alexa oder Apple Siri bereits zum Abrufen von Informationen (*Information Retrieval*) verwendet wird. Das Wissen wird in Ontologien oder in Graphstrukturen gespeichert und repräsentiert. Dabei spielen vor allem die semantischen Beziehungen oder Relationen zwischen den Entitäten und ihre Anordnung eine wesentliche Rolle. Oft basieren diese Relationen auf einfachen Datenstrukturen wie Subjekt → Relation → Objekt.

Wartung

Es ist keine triviale Aufgabe, funktionierende Wissensgraphen zu erstellen. Außerdem müssen diese auch erweitert und gepflegt werden. Stellen Sie sich vor, Sie hätten im Oktober 2020 aufgehört, den Wissensgraphen zur Politik der USA zu warten. Dann würden alle Fragen nach dem aktuellen Präsidenten falsch beantwortet werden. Bei der Wartung spielen vor allem die Konsistenz und damit die Qualität eine Rolle. Außerdem ist es von wesentlicher Bedeutung, wie skalierbar die verwendeten Ansätze sind.

Wissensgraphen im Einsatz

Google und andere große wichtige Technologiefirmen verwenden Wissensgraphen inzwischen für verschiedene Aufgaben, z. B. für das maschinelle Übersetzen oder zur Verbesserung von Suchbewertungen. Ein aktueller Trend ist auch die Verwendung im Bereich NLU (Natural Language Understanding, natürliches Sprachverständnis) und NLG (Natural Language Generation, natürliche Sprachgenerierung).

12.2.2 Verbesserung von Sprachtechnologie

EU-Förderungen

Natürlich wird im Bereich NLP (Natural Language Processing, natürliche Sprachverarbeitung) noch sehr viel geforscht, sowohl auf akademischer Seite als auch in der Wirtschaft. Viele Initiativen zur Forschung werden staatlich gefördert, um schnellere Erfolge erzielen zu können. Die Europäische Union fördert gerade sehr stark die Weiterentwicklung von Sprachtechnologien (*Language Technology*). Mit 24 offiziellen Sprachen und noch mehr Dialekten innerhalb des europäischen Staatenbundes und Wirtschaftsraumes liegt das Potenzial der Weiterentwicklung von Sprachtechnologien quasi auf der Hand.

Europäische Initiavitve für Sprachtechnologien

Eine sehr vielversprechende Initiative ist das *European Language Grid* (ELG, siehe *https://www.european-language-grid.eu/*). Dabei handelt es sich um eine Initiative für die europäische Sprachtechnologie-Gemeinschaft, die Industrie, Innovation und Forschung umfasst. Das ELG entwickelt eine skalierbare Cloud-Plattform, die Zugriff auf Hunderte von kommerziellen und nichtkommerziellen Sprachtechnologien für alle europäischen Sprachen bietet. Dies schließt auch die Ausführung von Tools und Diensten sowie von Datensätzen und Ressourcen ein.

Im Fokus stehen dabei natürlich maschinelle bzw. automatische Übersetzung oder ähnliche Technologien. In fast jedem heutzutage verwendeten digitalen Gerät oder Service kommt Sprachtechnologie zum Einsatz. Kontinuierliche Forschung, Innovation und Einsatz können uns daher langfristig beispielsweise zu geringeren Kosten solcher Technologien und näher an die Mehrsprachigkeit heranführen.

Die Gewährleistung einer angemessenen technologischen Unterstützung für alle europäischen Sprachen schafft auch Arbeitsplätze und Wachstumschancen im digitalen EU-Binnenmarkt. Sie kann die Qualität der öffentlichen Dienstleistungen verbessern und damit das Gefühl der Einheit und Zugehörigkeit in ganz Europa stärken.

Globale Initiative für menschliche Sprachen

Das *Human Language Project* (HLP, siehe *https://hlp.taus.net/*) ist eine globale Initiative des Netzwerkes *TAUS* (*https://www.taus.net/*), um Gemeinschaften von Muttersprachlern seltener Sprachen für die Erstellung von Sprachdatensätzen (*Corpora*) zu gewinnen. Ziel ist es, mehr Onlineinhalte in diesen Sprachen verfügbar machen zu können. TAUS wurde 2005 als Wissenszentrum für die Übersetzungsbranche gegründet und entwickelte sich zu einem Sprachdaten-Hub, der den Einsatz von Übersetzungstechnologie fördert.

Verständnis von natürlicher Sprache für bessere KI

Neben der Bereitstellung von Inhalten in seltenen Sprachen verfolgt das HLP noch andere Ziele. Eines dieser Ziele ist die Realisierung eines tieferen natürlichsprachigen Verständnisses (*Deep NLU*) von KI. Damit soll ein Durchbruch im Bereich gesprächsorientierter KI (Conversational Artificial Intelligence) erzielt werden.

Die Initiativen wie das HLP und das ELG bringen frischen Wind und neue Herangehensweisen in die linguistischen Betrachtungen ein, von denen die nächsten Generationen von Sprachtechnologien profitieren können. Innerhalb der EU gibt es beispielsweise folgende Bestrebungen:

- Unterstützung aller offiziellen europäischen Sprachen (und vieler anderer)

- Erlangung einer großen Reichweite und Abdeckung mit einer hohen Qualität und Präzision
- Erstellung und Bereitstellung von Algorithmen, Datensätzen und Ressourcen zu folgenden Wissensbereichen:
  - Modalitäten, wie Text, Texttypen, Sprache/Stimme, Bilder, Video usw.
  - kulturelle Einflüsse, wie Bräuche, Formalitäten, Humor, Emotionen, Subjektivität, Vorurteile, Meinungen usw.

Solches Wissen soll plattformübergreifend zur Verfügung gestellt werden, z. B. für Nachrichten, Telefongespräche, soziale Medien, Internet der Dinge, mobile Geräte und vieles mehr.

Sprachtechnologien im Aufmarsch

Entsprechende Initiativen haben bereits zu einer stärkeren Hinwendung zu NLP-Technologien geführt und können auch zukünftig einen erheblichen Einfluss auf die Reife und eine stärkere Verwendung von Sprachtechnologien haben, insbesondere im Bereich von Conversational AI.

12.3 Trends im Bereich Conversational User Experience

Unser bisheriger Fokus in diesem Buch lag auf der Entwicklung von Chatbots, die als eine Art Grundbaustein für digitale Assistenten dienen können. Im Bereich von CUX gibt es aber noch viele weitere Aspekte. In diesem Abschnitt wollen wir uns daher den Trends zuwenden, die in diesem Bereich Erfolg versprechend sind.

Notwendigkeit menschlicher Expert*innen

Je nach Anwendungsfall spielen verschiedene UX-Aspekte eine größere Rolle. Ein wichtiger und nicht zu vernachlässigender Teil ist hierbei die Einbindung der »digitalen« Mensch-zu-Mensch-Kommunikation. Es gibt weiterhin in vielen Fällen die Notwendigkeit, sich mit Menschen direkt auszutauschen, selbst wenn diese Kommunikation über einen Chatbot eingeleitet wird. Menschliche Expert*innen werden nie überflüssig sein, Chatbots oder digitale Assistenten können diese jedoch von einfachen, zeitfressenden Aufgaben befreien, sodass die Nutzer*innen wirklich von ihrer Expertise profitieren können.

[zB]

Spezialfälle in der Finanzbuchhaltung

Nehmen Sie als Beispiel Buchhalter*innen. Ein digitaler Assistent könnte diese Berufsgruppe mittels automatisierter Prozesse weitestgehend unterstützen. Es gibt in der Finanzbuchhaltung aber Problemfälle, die kein ML-Modell oder regelbasierter Ansatz lösen kann und die menschliche Expertise erfordern. Wenn Sie die »normalen« Geschäftsprozesse über einen Chatbot verwalten und kontrollieren können, entsteht möglicherweise die Erwartungshaltung, dass ein Bot bzw. digitaler Assistent auch diese menschlichen Eingriffe unterstützen kann.

Denkbar wäre auch ein Ansatz, bei dem Sie das Kollaborations- und Chattool aus der Webanwendung SAP CoPilot als separate wiederverwendbare Funktionalität verwenden. Diese könnten Sie auch direkt in das SAP Fiori Launchpad einbetten.

Erwartungshaltung durch die Umwelt

Heute gehören soziale Medien und Dienste für viele Menschen und demnach auch Mitarbeitende in Unternehmen zum täglichen Umgang mit dem Internet. Dort werden Wissensauswertungen genutzt, um Inhalte oder Werbung gezielt zu steuern. Idealerweise kann so das Erlebnis für die Nutzer*innen optimiert werden. Darüber, ob gezielte Werbung zu einer positiven UX führt, kann man geteilter Meinung sein. Es steht jedenfalls fest, dass die Erwartungshaltung zunimmt, dass eine Lösung auf eine bestimmte Nutzerin oder einen Nutzer zugeschnitten werden kann.

Diese Erwartungshaltung wird natürlich auch in das Unternehmensumfeld übertragen. Dennoch spielen der kollaborative Austausch, die soziale Interaktion mit Menschen und eine effektive Kommunikation im Sinne des Kooperationsprinzips mit seinen Konversationsmaximen (siehe den Abschnitt »Natürliches Sprachverständnis« in Abschnitt 1.2.1) immer noch eine zentrale Rolle, wenn Menschen miteinander interagieren.

Kollaboration zwischen Menschen

Im Geschäftsumfeld werden Kollaborationsfunktionen genutzt, um Aufgaben schneller, effektiver und damit auch produktiver zu erledigen. Die soziale Interaktion, insbesondere die Hilfestellung, dient dabei einerseits dem Weitergeben von Wissen und andererseits der Pflege und dem Aufbau sozialer Netzwerke. Über diese Netzwerke kann man wiederum schnell Hilfe für weitere Herausforderungen erhalten. Diese Kollaboration muss insbesondere beim Einsatz von digitalen Assistenten ermöglicht und sogar gefördert werden. Idealerweise durch eine gute CUX beflügelt, gewinnen dann sowohl menschliche Expert*innen als auch KI neue Erkenntnisse und werden produktiver in ihrer Zusammenarbeit.

Modulare Zusammenstellung von Bausteinen

Auch bei anderen Anbietern von Plattformen zur Entwicklung von Chatbots und digitalen Assistenten zeigen sich gewisse Trends. Ein Trend, der sich gerade abzeichnet, ist die Abwendung von monolithischen Entwicklungsansätzen hin zu einem modularen Ansatz. Dabei können bestimmte Services genutzt und eingebunden und andere explizit ausgeschlossen werden. Vorlagen zur direkten Verwendung dienen als Startpunkt der Entwicklung, und geführte Prozeduren helfen bei einer sinnvollen Zusammenstellung der Services.

Mitlernen und Wissensverbreiterung

Auch hier spielt die Erwartungshaltung von Nutzer*innen eine wichtige Rolle. Die Erwartungshaltung an die Personalisierung digitaler Assistenten über das Grounding (siehe Abschnitt 1.2.1, »Natürliche Sprachverarbeitung«) sowie an die Kenntnis der relevanten Geschäftsprozesse ist enorm gestiegen. Es wird erwartet, dass digitale Assistenten tatsächlich »mitlernen«, und zwar in einem stärkeren Maße, als es heute tatsächlich zu realisieren ist. Dafür gibt es viele Ursachen. Den Wissenskontext einzelner Nutzer*innen zu »erlernen« ist natürlich auch mit der Nutzung personenbezogener Daten verbunden. Diese Nutzung muss regulatorisch überprüfbar und nach den geltenden Gesetzen vertretbar sein.

Viele Nutzer*innen wollen zwar, dass die Systeme cleverer und intelligenter werden, möchten aber nicht, dass diese Ihnen aufzeigen, wo sie Schwachstellen haben, beispielsweise zu langsam oder zu umständlich arbeiten. Daher muss der Fokus digitaler Systeme nach wie vor auf der Wissensvermittlung und Verbesserung des Alltags jedes Einzelnen liegen.

Chatbots als Mehrwert

Digitale Assistenten können in Zukunft auch bei einer Kaufentscheidung eine entscheidende Rolle spielen, beispielsweise für ein Auto. Vielleicht würden Sie sich heute noch nicht allein wegen eines digitalen Assistenten für ein bestimmtes Automodell entscheiden, aber bei vergleichbaren Modellen sicher gegen die schlechtere Umsetzung des Assistenten. Dieser Trend lässt sich bereits heute bei Unternehmens-Bots und digitalen Assistenten erkennen.

12.4 Zusammenfassung

In diesem Buch haben Sie nun viel über Chatbots und die Zukunftstechnologie der digitalen Assistenten erfahren und gelernt, wie Sie diese in Einzel- oder kollaborativen Projekten einsetzen können. Sie haben ein Verständnis der grundlegenden Konzepte und Terminologie erworben und kennen den Unterschied zwischen intent-basierten und Frage-Antwort-Bots. Sie haben eine Idee entwickelt, welche Anwendungsfälle Sie umsetzen können und mit welchen Mitteln Sie dabei von SAP Conversational AI unterstützt werden.

Sie können jetzt Chatbots entwickeln, trainieren und kontinuierlich verbessern. Sie können diese Bots über die verschiedenen Kanäle bereitstellen und in andere SAP-Produkte integrieren, um mehr Anwendungsspielraum zu ermöglichen. Sie wissen, wie Sie Chatbots betreiben. Anhand der Beispiel-Bots in diesem Buch konnten Sie Ihr Wissen vertiefen und Ihren Lernerfolg vergrößern.

Damit sind wir nun am Ende dieses Handbuches für die Entwicklung von Chatbots und Projektsteuerung mithilfe von SAP Conversational AI angekommen. Wir hoffen, unser Buch hat Ihnen wichtige Erkenntnisse und ein Verständnis für SAP Conversational AI und die zugrunde liegenden Konzepte vermittelt und gute Ansätze für die Umsetzung von CUX gebracht.

Anhang

A Glossar 419

B Literaturverzeichnis 421

C Das Autorenteam 425

Anhang A
Glossar

Agile Principles (dt. *agile Prinzipien*), eine Liste von zwölf Prinzipien, die aus dem agilen Manifest abgeleitet wurden

Anreicherung Mittel, um Ihre Entitäten um zusätzliche Informationen zu erweitern

Application Programming Interface (dt. Programmierschnittstelle, kurz API), definierte Schnittstellen, um Programme und Dienste in andere Programme und Anwendungen einzubinden

Build (Registerkarte) Registerkarte zum Verwalten und Bauen von Skills für einen Chatbot

Community Edition frei zugängliche Version der Chatbot-Plattform SAP Conversational AI, auf der mehrere Kunden gleichzeitig agieren und deren Daten auf einem gemeinsamen Tenant gespeichert werden

Connect (Registerkarte) Registerkarte zur Konfiguration der Bereitstellungskanäle, mit denen ein Chatbot mit der Außenwelt verbunden werden kann

Conversational User Experience (dt. *gesprächsorientierte Nutzererfahrung*, kurz CUX), Erfahrung beim Umgang mit einer Anwendung durch textuelle oder gesprochene Eingabe sowie durch die Verarbeitung und Ausgabe von natürlicher Sprache

Developer Token Wird verwendet, um HTTP-Anfragen an Designzeitendpunkte authentifizieren zu können (→ Request Token). Es gibt pro Chatbot immer ein Developer Token, das für alle Versionen und Umgebungen gültig ist.

Enterprise Edition Kostenpflichtige Version der Chatbot-Plattform SAP Conversational AI, auf der nur Daten des Kunden-Tenants gespeichert werden. Stellt weitere Funktionalität für Unternehmenskunden bereit.

Entität Schlüsselwort, das in Äußerungen erkannt wird. Es gibt benutzerdefinierte und vordefinierte Goldentitäten.

Forking (engl. *to fork* – abspalten), Abspalten eines Zweiges von einem Entwicklungsprojekt. Das abgespaltene Objekt kann dann unabhängig weiterentwickelt werden.

Frage-Antwort-Bot ein Bot-Typ, der im Gegensatz zu intent-basierten Chatbots keine Aktionen ausführt, sondern auf das Beantworten von Fragen spezialisiert ist

Graphical View grafische Ansicht der Skill-Übersichtsseite auf der Registerkarte **Build**

Intent Absicht einer Äußerung einer Nutzerin oder eines Nutzers, die durch das Training eines Chatbots ermittelt werden soll

Intent-basierte Chatbots Klassischer Typ eines Chatbots in SAP Conversational AI. Die natürliche Spracherkennung ermittelt Intents und Entitäten, die als Trigger-Bedingungen für Skills dienen können.

Konversation (engl. *conversation*), eine Unterhaltung zwischen einer Nutzerin oder einem Nutzer mit dem Chatbot

List View Listenansicht der Skill-Übersichtsseite auf der Registerkarte **Build**

Monitor (Registerkarte) Bietet Werkzeuge zur Analyse von Protokolleinträgen zur Sprachverarbeitung sowie von Konversationen. Außerdem werden eine Trainingsanalyse und eine Übersicht der Verwendungsmetriken bereitgestellt.

Natürliche Sprachverarbeitung (engl. *Natural Language Processing*, kurz NLP), linguistisches Teilgebiet der künstlichen Intelligenz (KI), das es Computern ermöglicht, Sprachdaten zu verstehen und zu verarbeiten. Natürliches Sprachverständnis (engl. *Natural Language Understanding*, kurz NLU) als Teilgebiet von NLP zielt auf das Verständnis der Eingaben von Nutzer*innen ab. Bei der natürlichen Sprachgenerierung (engl. *Natural Language Generation*, kurz NLG) als Teilgebiet von NLP steht die maschinelle Generierung von natürlicher Sprache im Fokus.

OData (Open Data Protocol), ein HTML-Protokoll, das für viele SAP-S/4HANA-Datenservices verwendet wird

Organisation Dient der Koordinierung von Bot-Projekten, an denen mehrere Teams beteiligt sind, sowie der Abgrenzung von Rechten gegenüber einem Benutzerprofil in einem Organisationsprofil und der besseren Steuerung der Berechtigungen.

Persona Modellierung der Ziele und Bedürfnisse einer archetypischen Nutzerin oder eines Nutzers im Rahmen des nutzerorientierten Designs

Postman Eine Kollaborationsplattform für die API-Entwicklung. Die Funktionen von Postman vereinfachen jeden Schritt des Erstellens einer API und optimieren die Zusammenarbeit, sodass Sie schneller bessere APIs erstellen können.

Request Token Token, um HTTP-Anfragen an Laufzeitendpunkte zu authentifizieren (→ Developer Token). Das Request Token ist abhängig von der Version oder Umgebung des jeweiligen Chatbots.

Skill (dt. *Fähigkeit*), elementarer Baustein einer Konversation, die Fähigkeit, ein definiertes Ziel (z. B. aktuelles Wetter anzeigen) zu erreichen

Snippet ein kleiner Ausschnitt wiederverwendbaren Quellcodes

Test (Registerkarte der Enterprise Edition) Dient dem Erstellen, Verwalten und Ausführen von automatisierten Tests einer Bot-Version.

Train (Registerkarte) Stellt Technologien und Funktionen für das natürliche Sprachverständnis bereit. Hier können Sie Ihren Datensatz verwalten und Ihren Bot mit Intents und Entitäten trainieren.

Trigger (dt. *Abzug*), Auslösebedingungen für einen Skill. Wenn alle Trigger-Bedingungen erfüllt sind, kann ein Skill ausgeführt werden.

Voraussetzungen (engl. *Requirement*), die Informationen, die einem Skill vorliegen müssen, damit er erfolgreich ausgeführt werden kann

Variablenskript (engl. *Variable Scripting*), Dient der dynamischen Erzeugung von Inhalten zur Laufzeit, unterstützt durch Helfer der Handlebars-Vorlagensprache.

Anhang B
Literaturverzeichnis

Bücher

Austin, J. L. (1962): *How to Do Things with Words*, 1. Auflage, Oxford University Press

Grice, Herbert Paul (2004): *Logic and conversation*, Harvard University. Nachgedruckt mit Genehmigung von Elsevier von: Cole et al. (1975): Syntax and semantics 3: Speech arts

Jurafsky, Daniel; Martin, James H. (2019): *Speech and Language Processing*, Entwurf der 3. Auflage. In: *https://web.stanford.edu/~jurafsky/slp3/*

McTear, Michael F. (2004): *Spoken Dialog Technology: Toward the Conversational User Interface*, 1. Auflage, Springer Verlag

Pretzsch, Christian (2006): *IT Case Study: Ontology-based Answer Selection in Dialog Systems*, 1. Auflage, VDM Verlag

Searle, John R. (1969): *Speech Acts: An Essay in the Philosophy of Language*, Cambridge University Press

Artikel aus Internetquellen

Albaum, Claire; DeSylvia, Dwayne: *The Rise of Chatbots: Understanding Conversational AI*. Veröffentlicht am 31.5.2019. In: Michaelmanagement, *https://www.michaelmanagement.com/blog/instructors/a-look-at-conversational-ai* (zuletzt abgerufen am 16.11.2020)

Baron, Justine: *SAP Acquires Recast.AI to Accelerate Natural Language Processing Capabilities*. Veröffentlicht am 22.1.2018. In: SAP Conversational AI Blog, *https://cai.tools.sap/blog/sap-acquires-recast-ai-accelerate-natural-language-processing-capabilities/* (zuletzt abgerufen am 16.11.2020)

Berners-Lee, Tim; Hendler, James; Lassila, Ora (2001): *The Semantic Web. A new form of web content that is meaningful to computers will unleash a revolution of new possibilities*. In: Scientific American, Mai 2001.

Blankenship, Esther: *SAP CoPilot: Menschliche Note: SAP entwickelt einen digitalen Assistenten für Firmen*. Veröffentlicht am 26.10.2016. In: SAP News

Center, *https://news.sap.com/germany/2016/10/digitaler-assistent-unternehmen/* (zuletzt abgerufen am 16.11.2020)

Davies, Lucy: *U. S. Companies Losing Customers As Consumers Demand More Human Interaction.* Veröffentlicht am 5.3.2016. In: Accenture strategy, *https://newsroom.accenture.com/news/us-companies-losing-customers-as-consumers-demand-more-human-interaction-accenture-strategy-study-finds.htm* (zuletzt abgerufen am 16.11.2020)

Frison, Giancarlo: *What are Knowledge Graphs? An Overview.* Veröffentlicht am 13.08.2020. In: SAP Community, *https://blogs.sap.com/2020/08/13/what-are-knowledge-graphs-an-overview/* (zuletzt abgerufen am 16.11.2020)

Lee, Hyun: *Improve Customer Service via Queue Management System*, Veröffentlicht 2017. In: Qminder, *https://www.qminder.com/improve-customer-service-through-queue-management-system/* (zuletzt abgerufen am 16.11.2020)

Massey, Kyle: *What's in a slug?* Veröffentlicht am 24.11.2014. In: New York Times, *https://www.nytimes.com/times-insider/2014/11/24/whats-in-a-slug/* (zuletzt abgerufen am 16.11.2020)

Weitere Internetseiten

Auttomatic, WordPress.com: *Software for freedom, https://automattic.com/* (zuletzt abgerufen am 16.11.2020)

ELG, European Language Grid: *Platform for Language Technologies, https://www.european-language-grid.eu/* (zuletzt abgerufen am 16.11.2020)

Facebook IQ: More Than a Message: *The Evolution of Conversation, https://www.facebook.com/business/news/insights/more-than-a-message-the-evolution-of-conversation* (zuletzt abgerufen am 16.11.2020)

Gravatar, WordPress.com: *https://en.gravatar.com/* (zuletzt abgerufen am 16.11.2020)

HLP, Human Language Project: *Join TAUS human language project, https://hlp.taus.net/* (zuletzt abgerufen am 16.11.2020)

SAP Conversational AI: *https://cai.tools.sap/, https://api.cai.tools.sap/* (zuletzt abgerufen am 16.11.2020)

SAP Conversational AI – Documentation: *https://help.sap.com/viewer/product/SAP_CONVERSATIONAL_AI/latest/en-US* (zuletzt abgerufen am 16.11.2020)

The Python Standard Library: *Regular Expression Operations, https://docs.python.org/3/library/re.html* (zuletzt abgerufen am 16.11.2020)

B.1 Quellenangaben zu Abbildungen

Abbildung 1.3: *Beispielkonversation einer ELIZA-Nachbildung mit einem Probanden* (Quelle: Wikipedia: *https://en.wikipedia.org/wiki/ELIZA*, zuletzt abgerufen am 16.11.2020)

Abbildung 10.1: *Design-Thinking-Phasen* (Quelle: HPI Academy: *https://hpi-academy.de/fileadmin/_processed_/b/9/csm_Design_Thinking_Prozess_DE_b6280ad706.png*, zuletzt abgerufen am 16.11.2020)

Anhang C
Das Autorenteam

Thomas Müller ist gemeinsam mit Christian Pretzsch als Chief Product Owner für SAP Conversational AI tätig und arbeitet seit über 20 Jahren für die SAP SE. Nach seinem Studium der Informationstechnik wirkte er unter anderem als Entwickler und Architekt in den SAP Labs in Montreal am Web-Client-UI-Framework mit. Außerdem arbeitete er als Architekt bei SAP Design und war als Schulungsreferent und Redner bei externen und internen SAP-Veranstaltungen aktiv.

Christian Pretzsch leitet als Development Manager der SAP-KI-Organisation das deutsche Engineering-Team für SAP Conversational AI und ist gemeinsam mit Thomas Müller Chief Product Owner für SAP Conversational AI. Er ist seit über 15 Jahren bei SAP tätig. In dieser Zeit arbeitete er unter anderem als Entwickler, User-Experience-Advokat und Design-Thinking-Coach im Bereich SAP-ERP-Finanzwesen sowie als Entwicklungsexperte für natürliche Sprachverarbeitung und -generierung für digitale Assistenten wie SAP CoPilot. Christian Pretzsch tritt darüber hinaus als Redner bei externen und internen SAP-Veranstaltungen auf. Er studierte Computerlinguistik, angewandte Informatik und romanische Sprachwissenschaft an der Universität Heidelberg.

Index

?qna ... 257, 258
/conversation_states ... 280, 293, 299
/dialog ... 223, 271, 279, 286, 299
/request ... 279, 285, 299
#DATETIME ... 111
#LOCATION ... 112

A

A.L.I.C.E. ... 40
Abgleichgenauigkeit ... 97, 239
Absicht → Intent
Abspaltung → Forking
Admin ... 61, 318
agentenbasierte Dialogkontrolle ... 33
agile Entwicklung ... 310
agiles Manifest ... 310
Aktion ... 155
Arten ... 155
ausführen ... 156
Frage-Antwort-Bot ... 257
Skript ... 357
Alias ... 225, 243
ändern ... 226
hinzufügen ... 244
löschen ... 226
Ambiguität ... 303
Anforderung ... 314
Annotation → Tag
Anreicherung ... 115, 333
Schlüssel ... 111
Service-API ... 116
statische ... 116
Wert ... 117
Werte abrufen ... 365
Antwort formatieren ... 158
Anwendungsfall ... 311
Anwendungs-ID ... 191
Anzeigemodus ... 87
API-Endpunkt ... 228, 275
Dokumentation ... 276
Kategorien ... 279
API-Service ... 168, 170, 363
Archiv ... 205
Artificial Intelligence ... 35
Attribut ausblenden ... 343
Ausdruck
hinzufügen ... 99
logischer ... 355
regulärer ... 103
Struktur ... 100
Ausweichkanal ... 171
Ausweichsprache ... 300
Äußerungsakt ... 29
Authentifizierung ... 229, 276
Avatar ... 54, 368
Azure ... 188

B

Backend-System ... 225
Basic Authentication ... 169
Basisberechtigung ... 61, 66
Basis-URL ... 372
Bedingung ... 145, 257, 289
Benchmark ... 212, 215
benutzerdefinierte Entität ... 89, 101, 103
Benutzererlebnis ... 23
Benutzerinformation ... 182
Benutzerkonto ... 57
Benutzerrolle ... 385
Berechtigung ... 66, 221, 226, 327
Bot ... 227
Konzept ... 226
Registerkarten ... 227
Bereitstellung ... 347
Bereitstellungskanal → Kanal
Bild ... 164
Body Template ... 137
boolesche Algebra ... 148
Bootstrap-Skript ... 352
Bot ... 42
Analytics ... 57
Arten ... 71
bauen ... 331
Berechtigungen ... 328
bereitstellen ... 347
Besitz ... 233
Builder ... 55
Connector ... 56
Connector API ... 180
Einstellungen ... 221

Bot (Forts.)
*Entwickler*in* ... 318, 330
erstellen ... 74
Historie ... 38
intent-basierter ... 71, 407
Laufzeitverhalten ... 269
Lebenszyklus ... 234
löschen ... 234
Name ... 223
Namenskonvention ... 76
Sichtbarkeit ... 79
testen ... 269
trainieren ... 85
Training ... 55, 249
umbenennen ... 223
Version ... 234
verwalten ... 68
BTP → SAP Business Technology Platform
Build (Registerkarte) ... 131
Bundesdatenschutzgesetz ... 232
Business Skill ... 139
Button ... 162

C

Callback URL ... 223
Card ... 164, 341
Chat Preview ... 269
Chatbot → Bot
Chat-Client ... 270
Clear ... 204
Client Credentials ... 281
Client ID ... 230
Client Secret ... 230
Client-Certificate-Authentifizierung ... 230
Client-Credentials-Authentifizierung ... 230
Cloud Connector ... 394
Collaboration → Kollaboration
Collaborator ... 221
Community Edition ... 48, 379
Concierge-Prinzip ... 43
Consume API Service ... 56
Content ... 80
Conversational User Experience ... 23, 45
Conversational User Interface ... 24, 25
CSV-Datei ... 57
CUI ... 24, 25
cURL ... 276, 282
Custom Entity → benutzerdefinierte Entität
CUX ... 23, 45

D

Danger Zone ... 58, 222, 233
Data Policy → Datenschutzrichtlinie
Data Scientist ... 318, 328
Daten
Format ... 311
gesundheitsbezogene ... 232
personenbezogene ... 232
datengetriebenes Design ... 313
Datenmodell ... 311, 319
Datenobjekt ... 271, 319
Datenquelle ... 311
Datensatz ... 249, 321
Datenschutzrichtlinie ... 77, 222, 231
Datenvariable ... 357
Datum ... 111, 342
Debug-Konsole ... 270
Deep Blue ... 40
Default-Sprache ... 123
Design
datengetriebenes ... 313
nutzerorientiertes ... 314
Design Thinking ... 315
Designtime API ... 281
Destination ... 168, 370, 391
Developer Token ... 277, 278, 282
Development → Entwicklungsumgebung
Dialog ... 28
Dialoginitiative ... 32
Dialogmanagement ... 27, 32
Dialogstrategie ... 32
Dialogsystem ... 28, 34
aufgabenorientiertes ... 35
Historie ... 38
nicht aufgabenorientiertes ... 35
Digital Support Experience ... 197
digitaler Assistent ... 40, 43, 408, 413
Disambiguierung ... 34, 303
Frage-Antwort-Bot ... 254
Kontext ... 305
Skill ... 139, 304
Diskurs ... 28
DM ... 27, 32
Dokument, Frage-Antwort-Paare ... 249
Dr. Sbaitso ... 40
DSGVO ... 77

E

eingeschränkte benutzerdefinierte Entität ... 103
ELG ... 411
ELIZA ... 38
endlicher Zustandsautomat ... 32
Endlosschleife ... 289
Enrichment → Anreicherung
Enterprise Edition ... 379, 397
Entität ... 85, 88, 101
- *anlegen* ... 126
- *Anreicherung* ... 333, 361, 365
- *benutzerdefinierte* ... 101
- *eingeschränkte* ... 103, 337
- *Erkennung testen* ... 120
- *Fork* ... 93
- *freie* ... 101, 336
- *Gold-* ... 108
- *markieren* ... 115, 126, 332
- *mit regulären Ausdrücken* ... 103
- *Referenz* ... 124
- *Übersicht* ... 88
- *Verwendungsmetrik* ... 209
- *Wert* ... 102, 361
- *Werte importieren* ... 365
- *Wertegruppe* ... 117

Entwicklungslebenszyklus ... 241
Entwicklungsprojekt ... 309
Entwicklungsumgebung ... 69, 241, 348
Environment → Umgebung
Erwartungshaltung ... 413
Europäische Datenschutz-Grundverordnung ... 77
European Language Grid ... 411
Expression → Ausdruck
externe Ressource ... 354
externe Wissensanreicherung ... 34
externer Service ... 168

F

Fallback ... 56
- *Kanal* ... 194
- *Skill* ... 139

FAQ ... 34
FAQ-Bot → Frage-Antwort-Bot
Feed ... 57
Feedback ... 34
Fehlerbehandlung ... 153
Filter ... 202
- *Konversationsprotokoll* ... 218
- *Menü* ... 201
- *Protokoll* ... 259
- *Protokoll der Sprachverarbeitung* ... 205
- *zurücksetzen* ... 204

Finite State Machine ... 32
Floating Skill ... 139
F-Maß ... 216
Fork ... 67, 69, 92
Forking ... 92
- *Skill* ... 143
- *System-Alias* ... 377
- *Verschmelzung* ... 94

Frage, primäre ... 252
Frage-Antwort-Bot ... 72, 247, 407
- *bauen* ... 256
- *erstellen* ... 261
- *trainieren* ... 249

Frage-Antwort-Paar ... 251, 252
Frage-Antwort-System ... 34
freie benutzerdefinierte Entität ... 101
Frequently Asked Questions ... 34

G

Genauigkeit ... 216
Goldanreicherung ... 119
Goldentität ... 108
Google Places ID ... 113
grafische Ansicht ... 132
Grammatik ... 356
Gravatar ... 54, 368
Greetings ... 81
Grounding ... 34, 44, 414
Gruppe, Entitätswerte ... 117

H

Handlebars ... 342, 355
Header Template ... 137
Helfer ... 355
HLP ... 411
HTTP
- *Client-Programm* ... 276
- *Kopfzeile* ... 137
- *Methoden* ... 168
- *Nachrichtenrumpf* ... 137
- *over TLS* ... 168

HTTP (Forts.)
Server ... 351
Human Language Project ... 411

I

Identitätsverbund ... 393
Identity Provider ... 393
iFrame ... 384
Illokution ... 71
illokutionärer Akt ... 29
Image ... 164
Information Retrieval ... 410
Integration ... 190, 353
Integrationskonzept ... 354
intelligente Technologie ... 48
Intelligenz ... 36
Intent ... 55, 85, 95
ableiten ... 313
Analyse ... 215
anlegen ... 96, 125
Erkennung testen ... 120
Fork ... 93
Klassifizierung ... 216
Protokoll ... 206
Übersicht ... 87
Verwendungsmetrik ... 209
zuordnen ... 327
zuweisen ... 207
intent-basierter Bot ... 71, 407
Intention ... 29
Intercom ... 194
Intonation ... 31
Is Typing Bubble ... 224

J

Jabberwacky ... 39
JavaScript-API ... 191, 387
JSON ... 109
Datei ... 115
Objekt ... 270, 271, 319
Paar ... 117
Web-Token ... 391
Julia ... 39

K

Kanal ... 349
aktivieren ... 184

Kanal (Forts.)
anpassen ... 192
Fallback ... 194
Karte ... 164, 341
Karussell ... 166
KI ... 35
Klärung ... 33
Knowledge Graph ... 408
Kollaboration ... 70, 330, 413
Kommunikation ... 24
Kommunikationsschnittstelle ... 24
Konfidenzwert ... 97, 106, 258
Konfusionsmatrix ... 217
Kontext ... 273
Kontextobjekt ... 304
Konversation
analysieren ... 218, 270
ID ... 273
Kontext ... 273, 300
Maxime ... 30
Modellierung ... 319
Protokoll ... 218, 274
Sprache ... 299
Verwendungsmetriken ... 209
zurücksetzen ... 173, 270, 303
Zustand ... 273, 293
Kooperationsprinzip ... 29
Koreferenz ... 124
künstliche Intelligenz ... 35

L

language ... 203
Language Technology ... 410
Laufzeitendpunkt ... 279
Laufzeitumgebung, Endpunkte ... 279
Laufzeitverhalten ... 269
Least-Privilege-Prinzip ... 327
Lebenszyklus
Bot-Version ... 235
Umgebung ... 241
Lernen
bewachtes ... 37
maschinelles ... 37
unbewachtes ... 37
Leseberechtigung ... 328
Link ... 162
Liste ... 167
Ansicht ... 132
dynamische ... 343
Loebner-Test ... 36

Log ... 157
Log Feed ... 204, 260, 327
log_level ... 287
logischer Ausdruck ... 355
lokutionärer Akt ... 29

M

Map Enrichment ... 116
Markdown-Format ... 141, 158
maschinelles Lernen ... 37
Maskierungszeichen ... 343
Matching Strictness → Abgleichgenauigkeit
Mehrsprachigkeit ... 122, 298
Member → Mitglied
Memory → Speicher
Mensch-Maschine-Interaktion ... 24
Mensch-Maschine-Kommunikation ... 25
Mensch-zu-Mensch-Kommunikation ... 412
Message Body ... 169
Microsoft ... 188
Azure ... 188
Teams ... 188
Mitglied
entfernen ... 63
hinzufügen ... 63
Mithelfende*r ... 221
ML ... 37
MMI ... 24
Modell ... 85
modulare Programmierung ... 339
Monitor (Registerkarte) ... 201
Monitoring ... 201, 259
MS → Microsoft
Multi-Bot ... 72
Multi-Bot Manager ... 408

N

Nachricht ... 156
Nachrichtenformat
Button ... 161
Image ... 164
Karte ... 164
Karussell ... 166
Liste ... 167
Quick Reply ... 159
Text ... 158
Nachrichtengruppe ... 156, 257
Nachrichtenrumpf ... 169
Namespace ... 170
Natural Language Generation → natürliche Sprachgenerierung
Natural Language Processing → natürliche Sprachverarbeitung
Natural Language Unterstanding ... 27, 28
natürliche Sprache ... 27
natürliche Sprachgenerierung ... 27, 31
Helfer ... 356
natürliche Sprachschnittstelle ... 24
natürliche Sprachsynthese ... 31
natürliche Sprachverarbeitung ... 27, 123
API-Endpunkte ... 280
natürliches Sprachverständnis ... 27, 28
neuronales Netz ... 37
Newsletter ... 54
NLG → natürliche Sprachgenerierung
NLP → natürliche Sprachverarbeitung
NLU ... 27, 28
Nutzerbefragung ... 322
Nutzerforschung ... 316
nutzerorientiertes Design ... 314
Nutzung ... 314

O

OAuth2 ... 169
OAuth-Token ... 229, 276, 281
OData ... 359
ODER-Verknüpfung ... 149
Operand ... 258
linker ... 145
rechter ... 145, 148
Operator ... 145, 147
Ordnungszahl ... 125
Organisation ... 54, 59, 328
anlegen ... 59
Berechtigungen ... 66, 226
Einstellungen ... 65
öffentliche ... 59
private ... 59
Übersichtsseite ... 60
verwalten ... 62
Ort ... 112

P

PARRY ... 39
participant_data ... 182

PC Therapist III ... 40
perlokutionärer Akt ... 29
Permission → Berechtigung
Persona ... 314
personenbezogene Daten ... 232
Postback ... 162
Postman ... 360
primäre Frage ... 252
Principal Propagation ... 394
processing_language ... 203
Produktivumgebung ... 241, 348
Profil
  Bild ... 369
  Einstellungen ... 57
  Übersichtsseite ... 53
Pronomenauflösung ... 124, 238
propositionaler Akt ... 29
Propositionsakt ... 29
Prosodie ... 31
Protokoll ... 57
  Eintrag archivieren ... 207
  Eintrag löschen ... 207
  Einträge filtern ... 202
  herunterladen ... 208
  Intent zuweisen ... 207
  Sprachverarbeitung ... 204, 259
Prozessierungssprache ... 346

Q

qna ... 254
Qualitätssicherungsumgebung ... 241
Quick Reply ... 159

R

README.md ... 141
Recast.AI ... 41
Referenz ... 124
Registrierung ... 50
Regressionstest ... 396
regulärer Ausdruck ... 103
Representational State Transfer ... 108, 175
Request Token ... 238, 241, 243, 276, 278
Requirement → Voraussetzung
REST ... 108, 175
Rich Format ... 182
Ruby ... 148
Runtime API ... 277

S

SAML ... 393
SAP BTP → SAP Business Technology Platform
SAP Business Technology Platform ... 48, 369
  Cockpit ... 370
SAP Cloud Identity Services ... 393, 395
SAP Cloud Platform → SAP Business Technology Platform
SAP Connectivity Service ... 394
SAP Contact Center 356 ... 195
SAP Conversational AI
  Enterprise Edition ... 397
  Integration ... 353
  Skript ... 355
  zukünftige Funktionen ... 405
SAP Conversational AI Web Client ... 56, 189, 270, 349
  API ... 387
  auf Seite einbinden ... 351
  SAP Fiori Launchpad ... 382
SAP CoPilot ... 41
SAP Destination Service ... 168
SAP Extension Suite ... 370
SAP Fiori Launchpad ... 381
SAP Fiori, Katalog ... 385
SAP Help Portal ... 54
SAP Integration Suite ... 370
SAP S/4HANA ... 370
Satz ... 95
Satzanalyse ... 123
Schaltfläche, Typ ... 162
Schlüssel ... 117
Schreibberechtigung ... 329
Semantic Web ... 409
semantische Versionierung ... 235
semantisches Wissen ... 44
Sentiment Detection ... 124
Service
  API ... 116, 362
  externer ... 168
  Verbindung ... 168
Settings (Registerkarte) ... 221
SHRDLU ... 39
Sichtbarkeit ... 79, 234
Single Sign-on ... 56, 391, 406
Skill ... 55, 72, 131
  aktivieren ... 134
  anlegen ... 142

Skill (Forts.)
Ausführung erzwingen ... 326
Ausführungsanalyse ... 212
bauen ... 335, 344
Button ... 162
Disambiguierung ... 303
Dokumentation ... 141
entfernen ... 136
Fork ... 143
Frage-Antwort-Bot ... 256
hinzufügen ... 135
ID ... 273
Komponenten ... 138
Lebenszyklus ... 142
löschen ... 134, 144
markieren ... 134
Name ... 139
Prozessierung ... 289
Skript ... 357
Slug ... 273
Stack ... 273, 292, 325
suchen ... 134
Titel ... 140
Trigger ... 145, 149
Typ ... 139
verwalten ... 133, 138
Verwendungsmetrik ... 209
vordefinierter ... 75, 80
Skill-Gruppe ... 132, 134
aktivieren ... 136
anlegen ... 134
verwalten ... 134
Skript ... 341, 355
Transformation ... 363
Slack ... 187
Applikation ... 199
Kanal ... 197
Slot Filling ... 32, 42
Slug ... 60, 139, 223
Snippet ... 190, 281
Speicher ... 56, 156, 337
Feld ... 174
Objekt ... 357
Variable ... 293, 326, 337
Verwaltung ... 174
zurücksetzen ... 174
Sprachdatensatz ... 411
Sprache ... 77, 122, 298
ändern ... 173, 302
Frage-Antwort-Bots ... 248
zurücksetzen ... 303
Spracherkennung ... 122
Sprachermittlung ... 203, 300, 346
Sprachsynthese ... 31
Sprachtechnologie ... 410
Sprachverarbeitung
natürliche ... 27, 123
Protokoll ... 205
Sprechakt ... 29
Sprechakttheorie ... 29
Sprechblase ... 224
Sprunganweisung ... 172, 289, 295, 339
Wait for User Input ... 325
Sprungziel
dynamisches ... 172
statisches ... 172
SSO → Single Sign-on
Standardsprache ... 238, 300, 346
Stimmungserkennung ... 124
Suchparameter ... 344
Superlativ ... 125, 238
System-Alias ... 221, 225, 243, 361
Aktivierung ... 372
Forking ... 377
konfigurieren ... 373
verwenden ... 376
Szenario ... 312

T

Tag ... 88, 115
Target Mapping ... 384
TAUS ... 411
Team ... 61, 328
anlegen ... 64
löschen ... 64
Mitglied ... 64
verwalten ... 63
Teilnehmerdaten ... 182
teleologisches Dialogprinzip ... 29
Template ... 137
Tenant ... 49, 406
Test ... 120, 128
automatisierter ... 396
Dokument ... 397
Konsole ... 120, 334
Registerkarte ... 397
Umgebung ... 348
Testfall
erstellen ... 398
Verwaltung ... 398

Testlauf ... 214, 401
Version ... 402
Testlauf (Forts.)
Verwaltung ... 398
Text ... 158
formatieren ... 158
Schaltfläche ... 163
Thema ... 76
Token ... 67, 221, 229, 281
versionsspezifisches ... 238
Tooltip ... 61
Train (Registerkarte) ... 249
Training ... 85
Trainingsanalyse ... 212
Trainingsdaten ... 71, 249, 321, 322
Trainingsmodus ... 238
Transformation ... 334
Transport ... 406
Trefferquote ... 216
Trigger ... 140, 145
anlegen ... 149
Bedingung ... 257, 326, 335
Skill ... 294, 303
Trust ... 394
Turing-Test ... 36

U

Übersetzung ... 407
Uhrzeit ... 111
Umgebung ... 204, 240, 348
anlegen ... 242
Einstellungen ... 243
Lebenszyklus ... 241
umbenennen ... 242
UND-Verknüpfung ... 149
Unix-Zeit ... 273
Unterhaltung → Konversation
URL, absolute ... 376
Usage Metrics ... 57, 208
User Experience ... 23
User Experience Designer ... 318
User Propagation ... 394

V

Validierung
Datei ... 214
Voraussetzung ... 153
Variable ... 156, 337, 355, 357
Scripting ... 305, 341, 355
Serviceantwort ... 170
Verbindung ... 56
Verbindungskanal → Kanal
Version ... 234, 348
anlegen ... 235, 240
Einstellungen ... 237
löschen ... 236
umbenennen ... 236
v1 ... 234
Versionierung, semantische ... 235
Versionseinstellung ... 222
Versionsverwaltung ... 348
Verwendungsmetrik ... 57, 208
Verzögerung ... 224
Video ... 193
Voraussetzung ... 150, 292
anlegen ... 151
optionale ... 344
überprüfen ... 336
Validierung ... 153
Vorlage ... 137
Vorlagensprache ... 355
Vorschau ... 270

W

Wartung ... 347
Wartungszyklus ... 348
Watson ... 40
Web Client → SAP Conversational AI Web Client
Webbrowser ... 48
Webchat ... 184
Webhook ... 56, 168, 169, 195
Web-UI ... 48
Wikidata ... 410
Wissensgraph ... 408

Z

Zeitachse ... 210
Zeitstempel ... 206
Zielgruppe ... 233, 312
Zusammenarbeit → Kollaboration

- Flexible SAPUI5-Anwendungen entwickeln
- Von Bootstrapping über Layouts bis Smart Controls – alles in einem Buch
- Inkl. CUDQ-Methoden, neuer Bibliotheken und UIVeri5

Michael Englbrecht, Andreas Pflugrad

Das neue SAPUI5-Handbuch

Für Einsteiger und SAPUI5-Profis: Programmieren Sie Schritt für Schritt Ihre erste eigene Anwendung, oder starten Sie direkt mit Performanceoptimierung und Fehleranalyse. Dieses Buch beantwortet Ihre Fragen rund um die Anwendungsentwicklung mit SAPUI5. Beginnen Sie z.B. mit der Implementierung einfacher Controls und lernen Sie im Anschluss, wie Smart Controls Ihre Arbeit vereinfachen. Sie möchten lieber gleich wissen, wie Sie Ihre Apps um eigene Controls erweitern? Schlagen Sie es einfach nach!

751 Seiten, gebunden, 79,90 Euro
ISBN 978-3-8362-7523-1
erschienen Oktober 2020
www.sap-press.de/5067

Rheinwerk